青山学院中等部

〈収録内容〉

便利な DL コンテンツは右の QR コードから

解答用紙　過去年度　国語の問題は紙面に掲載 ⇒

※データのダウンロードは 2025 年 3 月末日まで。
※データへのアクセスには、右記のパスワードの入力が必要となります。 ⇒ 068938

〈合格最低点〉

	男子	女子		男子	女子
2024年度	167点	185点	2019年度	182点	202点
2023年度	169点	186点	2018年度	142点	167点
2022年度	178点	193点	2017年度	172点	195点
2021年度	162点	191点	2016年度	171点	191点
2020年度	178点	200点	2015年度	148点	167点

本書の特長

実戦力がつく入試過去問題集

▶ 問題 …………… 実際の入試問題を見やすく再編集。
▶ 解答用紙 …… 実戦対応仕様で収録。
▶ 解答解説 …… 詳しくわかりやすい解説には、難易度の目安がわかる「基本・重要・やや難」の分類マークつき（下記参照）。各科末尾には合格へと導く「ワンポイントアドバイス」を配置。採点に便利な配点つき。

入試に役立つ分類マーク

基本 確実な得点源！
受験生の 90％以上が正解できるような基礎的、かつ平易な問題。
何度もくり返して学習し、ケアレスミスも防げるようにしておこう。

重要 受験生なら何としても正解したい！
入試では典型的な問題で、長年にわたり、多くの学校でよく出題される問題。
各単元の内容理解を深めるのにも役立てよう。

やや難 これが解ければ合格に近づく！
受験生にとっては、かなり手ごたえのある問題。
合格者の正解率が低い場合もあるので、あきらめずにじっくりと取り組んでみよう。

合格への対策、実力錬成のための内容が充実

▶ 各科目の出題傾向の分析、合否を分けた問題の確認で、入試対策を強化！
▶ その他、学校紹介、過去問の効果的な使い方など、学習意欲を高める要素が満載！

解答用紙ダウンロード 解答用紙はプリントアウトしてご利用いただけます。弊社ＨＰの商品詳細ページよりダウンロードしてください。トビラのＱＲコードからアクセス可。

famima PRINT 原本とほぼ同じサイズの解答用紙は、全国のファミリーマートに設置しているマルチコピー機のファミマプリントで購入いただけます。※一部の店舗で取り扱いがない場合がございます。詳細はファミマプリント（http://fp.famima.com/）をご確認ください。

UD FONT 見やすく読みまちがえにくいユニバーサルデザインフォントを採用しています。

青山学院中等部

幼稚園から大学までの一貫教育 都心のハイセンスな ミッション系スクール

URL	https://www.jh.aoyama.ed.jp/

生徒数　764名
〒150-8366
東京都渋谷区渋谷4-4-25
☎03-3407-7463
山手線・私鉄・地下鉄各線渋谷駅
徒歩12分
銀座線・千代田線・半蔵門線表参道駅
徒歩10分

プロフィール　キリスト教に基づく独自の一貫教育

1874年、アメリカのメソジスト監督教会によって創立。日本のキリスト教学校の中でも長い歴史と伝統を持つ、代表的な総合学園のひとつである。幼稚園から大学までの全学的一貫教育。キリスト教信仰に基づく教育を目指し、神の前に真実に生き、真理を謙虚に追求し、愛と奉仕の精神をもって、すべての人と社会とに対する責任を進んで果たす人間の形成に努めている。

環境　多感な時期にうれしいカウンセラー

2014年、高等部新校舎が完成。図書館は、10万冊余もの豊富な蔵書と、広々とした閲覧室が自慢。視聴覚資料も豊富にある。また、心身が成長する大切な時期に的確な援助が行えるよう、校内にカウンセリング室も設置され、専門的な立場から常勤のカウンセラーがいつでも相談に応じてくれる。2019年に中等部新校舎が完成。「教科センター方式」を導入し、教科ごとに教材・教具が多く展示され、広々とした空間を備えている。

校外施設として、軽井沢に高等部「追分寮」がある。

軽快かつ清楚な服装

（中学部）　　（高等部）

カリキュラム　独語や仏語もある多彩な選択授業

高等部卒業生の約85％が青山学院大学に内部進学するため、受験に重点を置いた詰め込み学習とは一線を画している。中等部では、週5日制を実施。少人数制授業や習熟度別クラス制を導入するなど、基礎学力の充実を目指す。また、3年次の選択授業では、ほぼ全教科にわたって興味深い講座を用意している。高等部でも、週5日制を実施、土曜日には大学の教授による《学問入門講座》が開講されている。また2年次から選択科目をおき、3年次では授業時間の半分に選択科目をおいて、関心のあるものを深く学ばせるようにしているため、主要5教科はもちろん、各教科の特講や独語、仏語など多彩な科目の中から、個人の適性や進路に応じて自由に選ぶことができる。そのほか「聖書」が必修科目として含まれている。

学校生活　クラブ活動を積極的に支援

課外活動や生徒会活動、クラブ活動など、学業以外の活動も積極的に支援している。また、学校行事としては、イースター礼拝、クリスマス礼拝などの宗教行事のほか、球技大会、運動会、文化祭、スキー教室などがある。

[運動部]　剣道、サッカー、テニス（男・女）、バスケットボール（男・女）、女子バレーボール、水泳、卓球、チアダンス、バドミントン、ハンドボール、野球、ラグビー、陸上

[芸術部・文化部]　家庭、茶道、吹奏楽、箏曲、創作漫画、ハンドベル、アートクラブ、放送、マイコン、科学

[同好会]　ラクロス、国際交流、文芸、スキー、地理、歴史研究、音楽、オルガン、囲碁将棋、柔道、緑信会

ミッション系スクールならではの大学正門

進路　ほとんどの生徒が青学大に

高等部からは約85％が青山学院大学に進学している。内部進学は、高等部3年間の成績、および3年次の2回の学力テストなどを総合的に判断して推薦が行われ、大学側の決定を経て入学が認められる。その他専攻分野などの関係から約15％は、国立大学や、医学、薬学、芸術等の各分野へ進学している。

国際化　留学生や帰国生の受け入れ体制は万全

本校には創立当初より、在外生活を体験した生徒が多く通っていたこともあり、帰国生が馴染みやすい雰囲気を感じることができる。ともに刺激を与えあう中、自らも海外での生活を体験しようと、毎年15名前後の生徒が留学に出かける。他に、カナダホームステイ、イギリス・イタリアの学校との短期交換、スタディーツアーも充実している。海外からの交換留学生とも同じクラスで過ごすうちに、自然とグローバル社会に向かう気持ちも高まる。2015年文部科学省よりSGHの指定を受け、「サーバントマインド」を持つグローバルリーダーの育成を目指す。

2024年度入試要項

試験日　2/2

試験科目　国・算・理・社

2024年度	募集定員	受験者数	合格者数	競争率
男子/女子	約140	329/459	113/91	2.9/5.0

過去問の効果的な使い方

① **はじめに**　ここでは，受験生のみなさんが，ご家庭で過去問を利用される場合の，一般的な活用法を説明していきます。もし，塾に通われていたり，家庭教師の指導のもとで学習されていたりする場合は，その先生方の指示にしたがって，過去問を活用してください。その理由は，通常，塾のカリキュラムや家庭教師の指導計画の中に過去問学習が含まれており，どの時期から，どのように過去問を活用するのか，という具体的な方法がそれぞれの場合で異なるからです。

② **目的**　言うまでもなく，志望校の入学試験に合格することが，過去問学習の第一の目的です。そのためには，それぞれの志望校の入試問題について，どのようなレベルのどのような分野の問題が何問，出題されているのかを確認し，近年の出題傾向を探り，合格点を得るための試行錯誤をして，各校の入学試験について自分なりの感触を得ることが必要になります。過去問学習は，このための重要な過程であり，合格に向けて，新たに実力を養成していく機会なのです。

③ **開始時期**　過去問との取り組みは，通常，全分野の学習が一通り終了した時期，すなわち6年生の7月から8月にかけて始まります。しかし，各分野の基本が身についていない場合や，反対に短期間で過去問学習をこなせるだけの実力がある場合は，9月以降が過去問学習の開始時期になります。

④ **活用法**　各年度の入試問題を全問マスターしよう，と思う必要はありません。完璧を目標にすると挫折しやすいものです。できるかぎり多くの問題を解けるにこしたことはありませんが，それよりも重要なのは，現実に各志望校に合格するために，どの問題が解けなければいけないか，どの問題は解けなくてもよいか，という眼力を養うことです。

算数

どの問題を解き，どの問題は解けなくてもよいのかを見極めるには相当の実力が必要になりますし，この段階にいきなり到達するのは容易ではないので，この前段階の一般的な過去問学習法，活用法を2つの場合に分けて説明します。

☆偏差値がほぼ55以上ある場合

掲載順の通り，新しい年度から順に年度ごとに3年度分以上，解いていきます。

ポイント1…問題集に直接書き込んで解くのではなく，各問題の計算法や解き方を，明快にわかるように意識してノートに書き記す。

ポイント2…答えの正誤を点検し，解けなかった問題に印をつける。特に，解説の **基本** **重要** がついている問題で解けなかった問題をよく復習する。

ポイント3…1回目にできなかった問題を解き直す。同様に，2回目，3回目，…と解けなければいけない問題を解き直す。

ポイント4…難問を解く必要はなく，基本をおろそかにしないこと。

☆偏差値が50前後かそれ以下の場合

ポイント1～4以外に，志望校の出題内容で「計算問題・一行問題」の比重が大きい場合，これらの問題をまず優先してマスターするとか，例えば，大問2までをマスターしてしまうとよいでしょう。

理科

理科は①から順番に解くことにほとんど意味はありません。理科は，性格の違う4つの分野が合わさった科目です。また，同じ分野でも単なる知識問題なのか，あるいは実験や観察の考察問題なのかによってもかかる時間がずいぶんちがいます。記述，計算，描図など，出題形式もさまざまです。ですから，解く順番の上手，下手で，10点以上の差がつくこともあります。

過去問を解き始める時も，はじめに1回分の試験問題の全体を見通して，解く順番を決めましょう。得意分野から解くのもよいでしょう。短時間で解けそうな問題を見つけて手をつけるのも効果的です。くれぐれも，難問に時間を取られすぎないように，わからない問題はスキップして，早めに全体を解き終えることを意識しましょう。

社会

社会は①から順番に解いていってかまいません。ただし，時間のかかりそうな，「地形図の読み取り」，「統計の読み取り」，「計算が必要な問題」，「字数の多い論述問題」などは後回しにするのが賢明です。また，3分野(地理・歴史・政治)の中で極端に得意，不得意がある受験生は，得意分野から手をつけるべきです。

過去問を解くときは，試験時間を有効に活用できるよう，時間は常に意識しなければなりません。ただし，時間に追われて雑にならないようにする注意が必要です。“誤っているもの”を選ぶ設問なのに“正しいもの”を選んでしまった，“すべて選びなさい”という設問なのに一つしか選ばなかったなどが致命的なミスになってしまいます。問題文の“正しいもの”，“誤っているもの”，“一つ選び”，“すべて選び”などに下線を引いて，一つ一つ確認しながら問題を解くとよいでしょう。

過去問を解き終わったら，自己採点し，受験生自身でふり返りをしましょう。できなかった問題については，なぜできなかったのかについての分析が必要です。例えば，「知識が必要な問題」ができなかったのか，「問題文や資料から判断する問題」ができなかったのかで，これから取り組むべきことも大きく異なってくるはずです。また，正解できた問題も，「勘で解いた」，「確信が持てない」といったときはふり返りが必要です。問題集の解説を読んでも納得がいかないときは，塾の先生などに質問をして，理解するようにしましょう。

国語

過去問に取り組む一番の目的は，志望校の傾向をつかみ，本番でどのように入試問題と向かい合うべきか考えることです。素材文の傾向，設問の傾向，問題数の傾向など，十分に研究していきましょう。

取り組む際は，まず解答用紙を確認しましょう。漢字や語句問題の量，記述問題の種類や量などが，解答用紙を見て，わかります。次に，ページをめくり，問題用紙全体を確認しましょう。どのような問題配列になっているのか，問題の難度はどの程度か，などを確認して，どの問題から取り組むべきかを判断するとよいでしょう。

一般的に「漢字」→「語句問題」→「読解問題」という形で取り組むと，効率よく時間を使うことができます。

また，解答用紙は，必ず，実際の大きさのものを使用しましょう。字数指定のない記述問題などは，解答欄の大きさから，書く量を考えていきましょう。

青山学院の算数

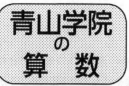

――出題傾向と対策
合否を分けた問題の徹底分析――

出題傾向と内容

出題分野1 〈数と計算〉

基本レベルの「四則計算」が毎年，出題されており，「計算の工夫」が試されている。さらに，「単位の換算」も毎年，なんらかの形で出題されており，「数の性質」も連続して出題されている。「概数」も，問われる場合がある。

2 〈図形〉

「平面図形」・「立体図形」の問題は毎年，出題されており，「相似」の出題率は高くない。

3 〈速さ〉

「速さの三公式と比」の問題も毎年，出題されている。「旅人算」の出題率も高いが，「時計算」はここ数年，出題されていない。

4 〈割合〉

「割合と比」の問題も毎年，出題されており，「速さの三公式と比」，「面積比・体積比」の利用法に慣れておくと解法が楽になる。「仕事算・ニュートン算」が出題されることもあり，練習しておこう。

5 〈推理〉

「論理・推理」の問題がよく出題されているほか，「場合の数」の出題率も低くない。

6 〈その他〉

「平均算」がほぼ毎年，出題されている。他の分野は，出題率が高くないが，年度によってそれぞれ出題されている。「消去算」の計算法に慣れておく必要がある。

出題率の高い分野

❶割合と比　❷平面図形・面積　❸立体図形　❹速さの三公式と比　❺単位の換算

来年度の予想と対策

出題分野1 〈数と計算〉…「四則計算」や「単位の換算」は基本中の基本であるから，毎日，練習しよう。

2 〈図形〉…「平面」「立体」「相似」の標準問題，融合問題を練習しよう。過去問で「図形」の問題だけ，連続して解いてみると，年度による難度の差がわかり，参考になる。

3 〈速さ〉…比を使う「旅人算」の解き方を練習しよう。近年，出題されていない「時計算」も含めて標準・応用レベルの練習が必要である。

4 〈割合〉…「相当算」・「仕事算・ニュートン算」・「分配算」のほか，「速さの比」「面積比」「比の文章題」の標準問題を練習しよう。過去問の反復練習により，出題レベルを把握しよう。

5 〈推理〉…「論理・推理」・「場合の数」・「数列・規則性」などの標準・応用問題を練習しよう。

6 〈その他〉…過去問を利用して「消去算」・「平均算」関連の問題を集中して練習しよう。

学習のポイント

●大問数13題前後　小問数16～20題　　●試験時間50分　満点100点

●過去問を利用して，出題率の高い分野を分野ごとに練習するのも有効である。

年度別出題内容の分析表　算数

（よく出ている順に，☆◎○の3段階で示してあります。）

	出題内容	27年	28年	29年	30年	2019年	2020年	2021年	2022年	2023年	2024年
数と計算	四則計算	○	○	○	○	○	○	○	○	○	○
	単位の換算	◎	◎	☆	○	◎	○	◎	☆	◎	◎
	演算記号・文字と式										
	数の性質	○		☆				○	○	◎	☆
	概　数		○			○					○
図形	平面図形・面積	☆	◎	☆	☆	☆	☆	☆	☆	☆	☆
	立体図形・体積と容積	☆	☆	◎	☆	○	◎	◎	○	☆	☆
	相似（縮図と拡大図）					○				○	
	図形や点の移動・対称な図形			○	◎	○	◎	○	☆	○	
	グラフ	◎		◎					○		
速さ	速さの三公式と比	☆	◎	☆	☆	○	☆	○	☆	○	○
	旅人算			○		○			○		
	時計算										
	通過算			◎		○		○			
	流水算									○	
割合	割合と比	☆	☆	☆	☆	☆	☆	☆	☆	☆	☆
	濃　度									○	
	売買算				○					○	
	相当算	○		○	○	○	○				
	倍数算・分配算										
	仕事算・ニュートン算			○							
	比例と反比例・2量の関係	○									
推理	場合の数・確からしさ		○					○			○
	論理・推理・集合		○			◎	○			○	○
	数列・規則性・N進法		◎	○	○			◎		◎	
	統計と表			○	○	◎	◎	☆		○	
その他	和差算・過不足算・差集め算	○									
	鶴カメ算					◎				○	○
	平均算	○	○		○	○	◎	◎	○		◎
	年令算			○							
	植木算・方陣算				◎						
	消去算		○		○		○	☆	☆	◎	◎

青山学院中等部

2024年度 青山学院中等部 合否を分けた問題 算数

5 「割合と比，平均算，鶴亀算」

「鶴亀算」がわかっていれば，速く解ける問題である。ただし，「りんごと柿の個数の比が1：3」という内容をどのように処理できるかが，ポイント。

【問題】

花子さんは1個80円のりんご，1個120円の梨，1個160円の柿を合わせて46個買ったところ，代金は6160円だった。
花子さんが買ったりんごと柿の個数の比が1：3のとき，梨の個数は何個か。

【考え方】

りんご1個…80円　　梨1個…120円　　柿1個…160円

りんご1個と柿3個の平均の値段
…(80＋160×3)÷4＝140(円)　←――　ここがポイント

したがって，梨の個数は
(140×46－6160)÷(140－120)＝14(個)　←　鶴亀算

受験生に贈る「数の言葉」――――――――――――「ガリヴァ旅行記のなかの数と図形」
作者　ジョナサン・スウィフト(1667～1745)
…アイルランド　ダブリン生まれの司祭

リリパット国…1699年11月，漂流の後に船医ガリヴァが流れ着いた南インド洋の島国
①人間の身長…約15cm未満　②タワーの高さ…約1.5m
③ガリヴァがつながれた足の鎖の長さ…約1.8m　④高木の高さ…約2.1m
⑤ガリヴァとリリパット国民の身長比…12：1　⑥ガリヴァとかれらの体積比…1728：1

ブロブディンナグ国…1703年6月，ガリヴァの船が行き着いた北米の国
①草丈…6m以上　②麦の高さ…約12m　③柵(さく)の高さ…36m以上
④ベッドの高さ…7.2m　⑤ネズミの尻尾(しっぽ)…約1.77m

北太平洋の島国…1707年，北緯46度西経177度に近い国
王宮内コース料理　①羊の肩肉…正三角形　②牛肉…菱形　③プディング…サイクロイド形
④パン…円錐形(コーン)・円柱形(シリンダ)・平行四辺形・その他

2023年度 青山学院中等部 合否を分けた問題 算数

11 「平面図形，面積」

問題自体は難しくない。問題の図形をどのように分割するかが，ポイントになる。

【問題】

右図は直角二等辺三角形と，同じ大きさの2つの半円を組み合わせたものである。

ABの長さは24cmで，点C，Dはそれぞれの半円の曲線の長さの半分に分ける点である。色がついた部分の面積は何cm^2か。

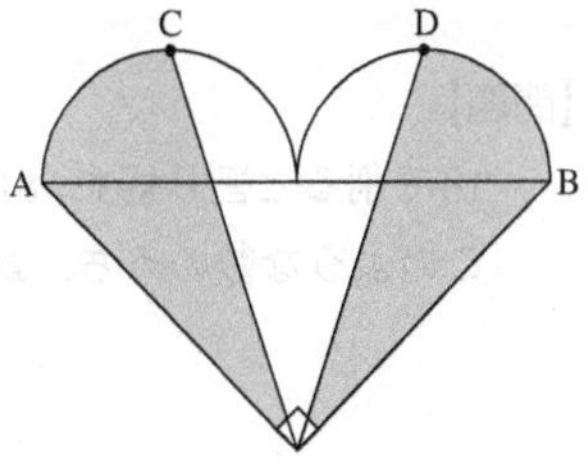

【考え方】

右図より，$6\times12+6\times6+6\times6\times3.14\div2=6\times18+18\times3.14=$
$108+56.52=164.52(cm^2)$

どう区切るかがポイント

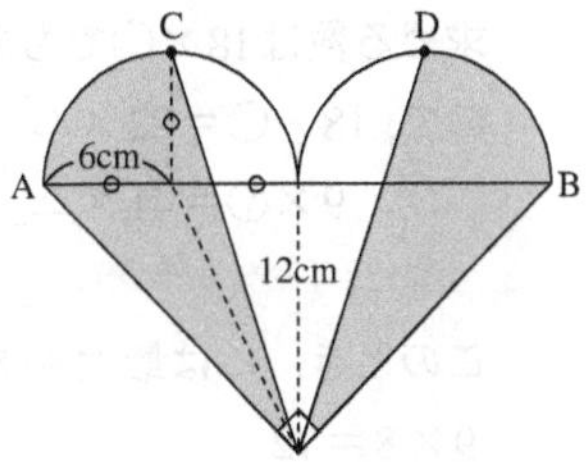

受験生に贈る「数の言葉」―――――――――バートランド・ラッセル(1872～1970)が語るピュタゴラス(前582～496)とそのひとたちのようす(西洋哲学史)

①ピュタゴラス学派のひとたちは，地球が球状であることを発見した。

②ピュタゴラスが創った学会には，男性も女性も平等に入会を許された。
財産は共有され，生活は共同で行われた。科学や数学の発見も共同のものとみなされ，ピュタゴラスの死後でさえ，かれのために秘事とされた。

③だれでも知っているようにピュタゴラスは，すべては数である，といった。
かれは，音楽における数の重要性を発見し，設定した音楽と数学との間の関連が，数学用語である「調和平均」，「調和級数」のなかに生きている。

④五角星は，魔術で常に際立って用いられ，この配置は明らかにピュタゴラス学派のひとたちにもとづいており，かれらは，これを安寧とよび，学会員であることを知る象徴として，これを利用した。

⑤その筋の大家たちは以下の内容を信じ，かれの名前がついている定理をかれが発見した可能性が高いと考えており，それは，直角三角形において，直角に対する辺についての正方形の面積が，他の2辺についての正方形の面積の和に等しい，という内容である。
とにかく，きわめて早い年代に，この定理がピュタゴラス学派のひとたちに知られていた。かれらはまた，三角形の角の和が2直角であることも知っていた。

2022年度 青山学院中等部 合否を分けた問題 算数

6 「数の性質」

> 問題自体は難しくない。
> つまり，「割られる数＝割る数×商＋余り」，「余りは割る数より小さい」という基本がわかっていれば解けるが，計算法がポイントである。

【問題】

18で割ると割り切れ，81で割ると商と余りが等しくなる数がある。
このような数のうち，最大の数は何か。

【考え方】

求める数は18×○でもあり，81×△＋△＝82×△でもある　←　△は商でもあり余りである

ので，18×○＝82×△
　　　9×○＝41×△　←　ここがポイント

このとき，△は最大80までの数で「9の倍数」であるから，
9×8＝72
したがって，求める数は82×72＝5904

受験生に贈る「数の言葉」

数学者の回想　　高木貞治1875～1960

数学は長い論理の連鎖だけに，それを丹念にたどってゆくことにすぐ飽いてしまう。論理はきびしいものである。例えば，1つの有機的な体系というか，それぞれみな連関して円満に各部が均衡を保って進んでゆかぬかぎり，完全なものにはならない。

ある1つの主題に取り組み，どこか間違っているらしいが，それがはっきり判明せず，もっぱらそればかりを探す。神経衰弱になりかかるぐらいまで検討するが，わからぬことも多い。夢で疑問が解けたと思って起きてやってみても，全然違っている。そうやって長く間違いばかりを探し続けると，その後，理論が出来ても全く自信がない。そんなことを多々経験するのである。(中略)

技術にせよ学問にせよ，その必要な部分だけがあればよいという制ちゅう(限定)を加えられては，絶対に進展ということはあり得ない。「必要」という考え方に，その必要な1部分ですらが他の多くの部分なくして成り立たぬことを理解しようとしないことがあれば，それは全く危険である。

青山学院の理科

――出題傾向と対策 合否を分けた問題の徹底分析――

出題傾向と内容

例年，大設問は5問，小問数は25問である。物理・化学・生物・地学の4分野からまんべんなく出題されている。また，実験・観察に関連づけた問題が多い。

問題は，標準レベルから応用レベルまで幅広く出されている。また，細かい知識を問う問題も多く出されている。解答形式は選択形式か記述形式であるが，文章記述の問題はない。ただし，計算問題が比較的多く出される。

25分という試験時間と問題数や問題のレベルを考えると，時間にあまり余裕がないので，手際よく問題を解かなければいけない。また，選択形式の問題においては，完答形式が多いので，注意深く選ぶ必要がある。さらに，問題文はあまり長くはなく，意図を読み取りやすい。

物理分野 2024年度は手回し発電機と回路，2023年度は浮力とてこのつり合いと滑車，2022年度は浮力がテーマになっている。また，それ以前には，光，導線のまわりの磁界，電熱線の発熱，物体の運動，熱気球などについて出題されている。いずれにしても，与えられた実験結果などにもとづいて現象の説明をしたり，思考力を試す問題などが出されている。したがって，日頃から，いろいろなパターンの問題に取り組んでおく必要がある。

化学分野 2024年度は水溶液と溶解度，2023年度は空気の成分，2022年度は炭酸アンモニウムの分解がテーマになっている。いずれにしても，これらの問題では，いろいろな種類の物質や水溶液，あるいは気体などを題材としながら，それらに関する知識や現象などについて幅広く問われている。したがって，物質に関して，しっかりとした知識を身につける必要がある。

生物分野 2024年度は昆虫の分類，2023年度は生物季節観測，2022年度は食物連鎖がテーマになっている。また，それ以前には，ヒトの誕生や植物や昆虫などを中心にして幅広く出題されている。いずれにしても，生物分野では，植物や動物に関する幅広い知識が必要とされている。日頃から，目にすることが多い題材をテーマとして出題されることが多いので，季節ごとに咲く花や昆虫のようすなど，身近な自然現象に関心を持っておくこと。

地学分野 2024年度はボーリング調査と地層，2023年度は乾湿計と黒球温度，2022年度は地域別の日の出と日の入りの時刻がテーマになっている。また，それ以前には，恐竜と化石，気象，地層，太陽と月，黒点や影の動きなどについて出題されている。示された調査結果や図などにもとづいて，知識問題だけではなく，思考力を試す問題も出される。したがって，地層のようすや太陽の動き，月の満ち欠けなどについて，しっかり学習しておく必要がある。

学習のポイント

●すべての分野において幅広い知識を身につけよう！示された条件や図を，しっかり読み取る力を身につけよう！

来年度の予想と対策

幅広い分野から出題されるので，苦手分野を作らないように意識しながら，まんべんなく学習をすすめることが大切である。

標準的なテキストや問題集を使って，特に，生物や地学に関する基本的な知識や解き方ををしっかりと身につけておく必要がある。その上で，化学や物理に関する計算問題にも十分に慣れておく必要がある。また，応用レベルの問題にも対応できる力が必要であり，与えられた条件を整理して，正確に問題を解くことができる力を身につけておくべきである。

年度別出題内容の分析表　理科

（よく出ている順に，☆◎○の3段階で示してあります。）

	出　題　内　容	27年	28年	29年	30年	2019年	2020年	2021年	2022年	2023年	2024年
生物的領域	植物のなかま	◎		◎		○	◎	☆		☆	
	植物のはたらき		○	☆	☆						
	昆虫・動物		☆			☆	☆	○	○	◎	☆
	人　体	☆					○				○
	生態系								☆		
地学的領域	星と星座					☆					
	太陽と月	○	☆		○					◎	
	気　象	☆		○		○	☆		☆	☆	○
	地層と岩石			☆	☆			☆			☆
	大地の活動							○	○		
化学的領域	物質の性質	◎					○		○	○	○
	状態変化		○		☆			○			
	ものの溶け方										☆
	水溶液の性質	☆	☆	◎			☆	☆	☆		○
	気体の性質	☆	◎	☆	☆		○		◎	☆	
	燃　焼				○	☆			○		
物理的領域	熱の性質	○				○					
	光や音の性質		○	☆		○				○	○
	物体の運動			○		☆		○			
	力のはたらき	☆			◎		☆	☆	☆	☆	
	電流と回路		◎	◎			○				☆
	電気と磁石	○	☆								
その他	実験と観察	◎			◎	◎		◎	◎		◎
	器具の使用法										
	環　境		○		○				○	○	
	時　事		○	○		○	○	○	○		○
	その他										

青山学院中等部

2024年度 青山学院中等部 合否を分けた問題 理科

■この大問で，これだけ取ろう！

1	小問集合	やや難	ウィルスの特徴，台風の進路と風向き，水酸化カルシウム，ノーベル賞などに関する知識問題と花火が光った高さに関する計算問題であった。3問以上は解きたい。
2	昆虫の分類	標準	(1)は，昆虫の体のつくりに関する知識問題，(2)は，昆虫の育ち方に関する知識問題，(3)～(5)は，昆虫の体のつくりや育ち方などの分類に関する知識問題であった。標準的な問題が多いので，4問は解きたい。
3	ボーリング調査と地層	やや難	(1)は，たい積岩に関する知識問題，(2)は，チャートの成分に関する知識問題，(3)は，地層の傾きに関する思考力を試す問題，(4)は，でい岩の層が出てくる地表からの深さに関する思考力を試す問題，(5)は，柱状図が示されていない地点の地表にある層に関する問題であった。3問以上は解きたい。
4	水溶液と溶解度	やや難	(1)は，水溶液の濃度に関する計算問題，(2)は，溶解度と温度の関係に関する問題，(3)は，マグネシウムと反応する水溶液と発生する気体に関する知識問題，(4)は，温度を下げたときの再結晶に関する知識問題，(5)は，温度を下げると同時に，水を蒸発させたときの再結晶に関するやや難度の高い計算問題であった。3問以上は解きたい。
5	手回し発電機と回路	やや難	(1)は，手回し発電機に対して，プロペラモーター・豆電球・LEDを並列につないだ回路に関する問題，(2)は，同じ手回し発電機2台を＋端子と－端子どうしをつなぎ，一方の手回し発電機のハンドルを回したときに，別の手回し発電機のハンドルがどのような向きに，どのくらいの速さで回るのかに関する問題，(3)は，豆電球と手回し発電機を直列につないだ回路に関する問題，(4)は，豆電球と手回し発電機を並列につないだ回路に関する問題であった。いずれも，実際の実験で確かめないと理解しずらい問題であった。3問以上は解きたい。

■鍵になる問題は5だ！

5の(1)では，手回し発電機を反対に回すと，回路に流れる電流の向きが反対になることを理解する必要があった。また，豆電球は，電流の向きが反対になっても明るさは変化しないが，プロペラモーターは電流の向きが反対になると，反対にまわり，LEDは電流の向きが反対になるとつかないことを理解しておく必要があった、

(2)は，2台の手回し発電機を＋端子どうしと－端子どうしをつなぎ，片方の手回し発電機を回したときに，もう一方の手回し発電機が同じ向きに回ることを理解しておく必要があった。

(3)と(4)は，手回し発電機と豆電球がつながった回路において，手回し発電機のハンドルを止めたときに，その分だけ抵抗が少なくなり，止める前よりも大きな電流が流れることを理解する必要があった。また，手回し発電機を逆回転させると，かん電池よりも大きな電流が流れるので，豆電球が明るく光ることを理解する必要があった。

2023年度 青山学院中等部 合否を分けた問題 理科

■この大問で，これだけ取ろう！

1	小問集合	やや難	月の満ち欠け，ブタの肺，塩化コバルト，潜望鏡，月と地球の重さなどに関する問題であり，幅広い知識を必要とされた。特に，月と地球の重さに関する計算問題は，やや難度が高い。3問以上は解きたい。
2	生物季節観測	標準	(1)は，生物季節観測に適した生物の条件に関する問題，(2)は，生物を季節順に並べる問題，(3)は，生物季節観測の見直しに関する問題，(4)は，クワとシオカラトンボに関する知識問題であった。標準的な問題が多く，4問以上は解きたい。
3	乾湿計と黒球温度	やや難	(1)は，湿球温度計の読み取りに関する問題，(2)は，湿球温度が気温よりも低い理由に関する問題，(3)は，熱中症に関する問題であった。また，(4)は，「黒球温度」に関する問題と暑さ指数」に関する計算問題であった。見慣れない問題もあったが，3問以上は解きたい。
4	浮力，てこのつり合い，滑車	やや難	(1)は，水中に浮かべた物体の重さに関する思考力を試す問題，(2)は，重さのある棒を使ったてこのつり合いに関する計算問題，(3)は，ばねはかりにかかる力に関する計算問題，(4)(5)は，動滑車を使った道具で，ひもを引く力やひもを引き上げる距離に関する計算問題であった。4問以上は解きたい。
5	空気の成分	やや難	(1)は，空気中に含まれているアルゴンに関する知識問題，(2)は，過去の大気中に大量に含まれていた二酸化炭素が減少した理由に関する問題，(3)は，空気の密度に関する計算問題，(4)は，空気の体積変化に関する難度の高い計算問題であった。3問以上は解きたい。

■鍵になる問題は4だ！

4の(1)では，「浮力の大きさは，物体が押しのけた液体の重さと等しい」というアルキメデスの原理を使う問題であった。また，このように物体が水中に浮いている場合は，「浮力の大きさと物体の重さがつりあっている」ことも理解しておく必要があった。したがって，このとき，「物体が押しのけた水の重さ＝浮力＝物体の重さ」である。

(2)は，ばねはかりをつるしてある場所を支点とするてこのつりあいに関する計算問題であったが，この場合は，棒に重さがあるので，棒の中心に200gの力がかかっていることに気がつく必要があった。

(3)は，下向きの力の合計がばねはかりにかかっていることを理解しておく必要があった。

(4)は，4種類の滑車の組み合わせにおいて，ひもにかかる力の大きさに関する計算問題であった。いずれにしても，ア・イ・エのように，1本のひもを使っている場合は，「ひもにかかる力＝物体の重さ÷物体を支えているひもの本数」で求められることを理解しておく必要があった。また，「物体を支えているひもの本数」とは，「動滑車にかかるひもの本数」のことであることも理解しておく必要があった。

(5)は，糸を引く力が少なくなった分，ひもを引く距離が大きくなることを理解する必要があった。

2022年度 青山学院中等部 合否を分けた問題 理科

■この大問で，これだけ取ろう！

1	小問集合	やや難	火山ガスの成分，カブトムシの胸部，胎児の活動，使い捨てカイロの原材料，ニュートンの発見などに関する問題であり，幅広い知識を必要とされた。特に，使い捨てカイロの中に含まれている活性炭の役割やニュートンによって発見されたプリズムによる太陽光の屈折に関する知識問題などは，やや難度が高いが，3問以上は解きたい。
2	生態系	標準	(1)は，マングロース林や食物連鎖に関する知識問題，(2)は，カニの特徴に関する知識問題，(3)は，草食動物と肉食動物の数の関係に関する思考力を試す問題，(4)は，マイクロプラスックと生物の関係に関する知識問題であった。選択肢の違いを見極めることで，4問は解きたい。
3	地域別の日の出と日の入りの時刻	やや難	(1)①は，日の出と日の入りの時刻から「渋谷」を見つける思考力を試す問題，②は，南中時刻を求める計算問題であった。また，(2)は，観察したのは何月であるのかを求める思考力を試す問題であった。さらに，(3)は，観察した日から2か月後の日の出と日の入りの時刻を選ぶ思考力を試す問題であり，(4)は，観察した日の日影曲線を選ぶ問題であった。(1)の問題が解けなければ，(2)～(4)の問題を解くことができないが，3問以上は解きたい。
4	炭酸アンモニウムの分解	やや難	(1)は，BTB溶液に関する基本的な問題であったが，(2)は，炭酸アンモニウムを加熱した時に発生する2種類の気体に関する思考力を試す問題であった。また，(3)は，二酸化炭素に関する知識問題であった。さらに，(4)は，石灰水に二酸化炭素を通し続けるときの反応に関する難度の高い問題であり，(5)は，実験で示された結果と同じ原因で起こる現象を選ぶ，思考力を試す問題であった。本文中に示されたヒントなどをもとにして，4問は解きたい。
5	浮力	やや難	(1)(2)(3)①は，アルキメデスの原理に関する計算問題であった。また，(3)②は，恐竜の模型の密度に関する計算問題であり，③は，恐竜の体重に関する計算問題であった。いずれも，思考力を試す問題であったが，3問以上は解きたい。

■鍵になる問題は③だ！

③の(1)①では，東にある地点ほど，「日の出の時刻」「南中時刻」「日の入りの時刻」が早くなることを理解しておく必要があった。また，②では，「太陽の南中時刻＝(日の出の時刻＋日の入りの時刻)÷2」で求められることを理解しておく必要があった。

(2)では，何月の太陽の動きであるのかを知るためには，「昼の長さ＝日の入りの時刻－日の出の時刻」を求めた上で，日がたつにつれて，昼間の長さがどのように変化したのかによって，観測したのが何月であったのかを理解することができた。

(3)では，観察した日から2か月後の日の出や日の入りの時刻を求めるためには，「日の出の時刻」「日の入りの時刻」「昼間の長さ」がどのように変化するのかを理解する必要があった。

青山学院の社会

―出題傾向と対策　合否を分けた問題の徹底分析―

出題傾向と内容

今年度は大問が7題，小問の解答欄は35か所で，昨年度より減った。記号で答える問題は1つ選ぶことが多いものの，やや広めの解答欄に2つないしすべて選ぶ問題もあるので注意が必要。本校に限らず，どの学校の入試問題でも設問に線引きをするくせをつけよう。解答形式は，記号選択が大半で，語句記入は4題，記述問題は今年度もなかった。

地　理　今年度の地理は1と2で，分量は全体の約4割である。1は地図を読み取る問題が中心だった。地図の読み取りは時間を要することもあるので，いったん後回しにしたほうがよい。2は気候や農業，林業などの一般的な問題が中心だったが，2023年に発表された，島の数が倍増したことに関連する問題が出され，時事問題と言える。

歴　史　歴史に関する問題は3から6で，分量は地理同様約4割だった。出題された時代は弥生時代～近現代と幅広いが，特に近現代の割合が大きい。時事問題の内容と言えるのは，3の問3，4の問1〈Ⅰ〉であり，事前の対策が必要だった。他の問題はオーソドックスな内容・難易度であり，確実に正解を重ねたい。

政　治　7で出題はされたものの，2022年の出生数や難民問題，インドの首相名を答えるなど，時事用語が中心で，日本の政治の仕組みや日本国憲法など，一般的な問題は出題されていない。来年度も同じような傾向が続く可能性が高いため，入試前年の時事問題には特に敏感になっておく必要がある。

学習のポイント

- ●ユニークな問題で焦らない。いったん飛ばして後でじっくり考えよう。
- ●歴史は年号だけ覚えるのでなく，その内容も押さえる。
- ●時事問題が多発するので普段からニュースに触れていこう。

来年度の予想と対策

地　理　地形図など，地図を用いた問題が来年度も出ると思われる。時間がかかるようなら他の大問から解くなど，事前に戦い方をイメージし，練習しておこう。三角州や河岸段丘などの独特な地形のでき方について，理科系の問題も考えられるため，教科をまたいだ学習が効果的。農産物や輸出入品の順位も出やすい。頭の中の最新データを常に更新するように心がける。

歴　史　年表やリード文を見ながら答える一般的な問題が出題される。年号はもちろん，その出来事の前後関係，因果関係を押さえた学習をする。並べ替えの問題も必ず出るだろう。古代から江戸時代までの大問とは別に，明治時代以降の近現代の大問が出題されるので，特に近現代の復習を重点的に行うとよい。

政　治　日本の政治に関する問題は多くは出ないと思われる。それ以上に要注意なのが国際系の問題で，毎年の出題数も多い。時事問題については入試の前年に話題となった出来事をテーマにしてさまざまな問題を派生させてくるだろう。そのため，他の中学校の受験対策以上に重点的に行うとよい。付け焼き刃な学習よりは，日ごろからニュースに関心を持てたら有利である。地理・歴史・政治，と明確に分かれている問題もあるが，各分野横断的な問題も出題される。また，難易度が高い初見の問題もあるかもしれないが，そこであわてる必要はない。25分という短い時間で解き切る必要があるため，少し考えてもわからなければ飛ばす。計算をしたり資料を読み取ったりで時間がかかりそうだと思ったら飛ばす。記述問題が出る可能性は低いので，最終的には解答用紙の空らんを自分の答えで埋めるようにしよう。

年度別出題内容の分析表 社会

（よく出ている順に，☆◎○の3段階で示してあります。）

			出題内容	27年	28年	29年	30年	2019年	2020年	2021年	2022年	2023年	2024年
地理	日本の地理	テーマ別	地形図の見方	◎		◎		◎		◎		◎	☆
			日本の国土と自然	◎	○	☆	◎	◎		☆	☆		☆
			人口・都市			○					○		○
			農林水産業	○					○		○		☆
			工業		◎				○	○	○		
			交通・通信	◎	☆		◎						○
			資源・エネルギー問題		☆				☆	○		○	
			貿易						☆			◎	
		地方別	九州地方										
			中国・四国地方	☆							☆		
			近畿地方										☆
			中部地方			◎				☆			
			関東地方										
			東北地方										
			北海道地方										
	公害・環境問題						○	◎			○		○
	世界地理			○	○	○		○	○	○	◎		
日本の歴史	時代別		旧石器時代から弥生時代		○		○				○	○	○
			古墳時代から平安時代	○	○	◎	◎	☆		◎	◎	○	◎
			鎌倉・室町時代	○		◎		○	◎	○		○	
			安土桃山・江戸時代	○	☆	○	○	☆	◎	◎	☆	☆	○
			明治時代から現代	☆	☆	☆	☆	◎	☆	◎	☆	☆	☆
	テーマ別		政治・法律	☆	◎	☆		◎	☆	◎	☆		◎
			経済・社会・技術		○			◎	◎		◎		
			文化・宗教・教育		◎	◎		◎	◎	◎	◎	◎	◎
			外交	◎	○	◎			☆	○	☆	☆	○
政治	憲法の原理・基本的人権												
	国の政治のしくみと働き			◎	◎	○	◎	◎	◎		◎		
	地方自治			○							○		
	国民生活と社会保障			○			◎						
	財政・消費生活・経済一般								◎			○	
	国際社会と平和			○	◎	◎	○					○	◎
時事問題				○	◎	◎	◎	◎	◎	☆	◎	☆	☆
その他							○		○				○

青山学院中等部

2024年度 青山学院中等部 合否を分けた問題 社会

6

今年度の大問数は7題で，小問数は35題と，2023年度と比べて増加した。解答形式は，35題中4題が語句記入で，残りは全て記号選択であり，記述問題は出題されなかった。とはいえ，本校の社会は制限時間が25分と短く，記号選択も複数ないしは全て選ぶ問題もあり，スピーディに解くことを常に意識していないと，時間が足りなくなって本来の実力を発揮できなかった，などということにもなりかねない。分野別に見ると，地理分野と歴史分野がそれぞれ15題ずつ，政治分野が5題ずつとなっていて，政治分野の5題も，一般的な政治の問題ではなく，国際系の問題・時事問題となっている。また，地理分野と歴史分野の大問に関しても，時事問題に関連するものがあり，本校合格のためには時事問題対策を念入りに行うとよい。時事問題以外の合否を分けた問題として挙げたいのは，地理分野・歴史分野の一般的な知識問題である。特に歴史分野では，近現代の出題割合が大きい傾向があるので，確実に押さえていこう。

6は太平洋戦争を含めた「15年戦争」とその前後の正確な知識が要求された。年表にすると以下のようになる。

1929　世界恐慌　ニューヨークのウォール街での株価大暴落
1931　柳条湖事件→満州事変(15年戦争の始まり)
1932　満州国成立　元首に清王朝最後の皇帝の溥儀を迎える
　　　五・一五事件　海軍将校により犬養毅首相が暗殺され，政党内閣が終わる
1933　国際連盟脱退
1936　二・二六事件　陸軍将校により高橋是清蔵相が暗殺される
1937　盧溝橋事件→日中戦争　首都南京を占領し，南京事件が起こる
1938　国家総動員法制定
1939　ドイツのポーランド侵攻→第二次世界大戦
1940　日独伊三国同盟，大政翼賛会結成
1941　米の配給制が始まる，日ソ中立条約
　　　12.8　ハワイの真珠湾攻撃，マレー半島上陸→太平洋戦争
1942　ミッドウェー海戦で敗北，衣料の切符制が始まる
1943　学徒出陣・勤労動員が始まる
1944　サイパン島が占領される→東条英機内閣総辞職，本土空襲・集団疎開が始まる
1945　2月　米英ソのヤルタ会談→ソ連の対日参戦が決定する
　　　3.10　東京大空襲
　　　4.1　アメリカ軍が沖縄に上陸，地上戦が始まる(～6.23)
　　　5月　ドイツが降伏
　　　7.26　米英中がポツダム宣言を発表，日本は黙殺
　　　8.6　広島に原子爆弾投下
　　　8.8　ソ連が日ソ中立条約を破り，宣戦布告
　　　8.9　長崎に原子爆弾投下
　　　8.14　ポツダム宣言を受諾
　　　8.15　天皇がポツダム宣言の受諾を国民にラジオで知らせる(玉音放送)
　　　10月　国際連合発足

以上のものは本校だけでなく，他校でも頻出の内容である。何度も書いてしっかり覚えておこう。

2023年度 青山学院中等部 合否を分けた問題 社会

1, 5

今年度の大問の数は5で，小問は30題と今までよりも少なめ。その分1問あたりの配点が上がったり，答えるのに時間がかかったりするようになった。とはいえ社会の制限時間は25分と，ほかの学校と比べると短めと言えるので，答えを出すのに時間がかかると思ったらその時は思い切って飛ばして次の問題に取りかかるなどの訓練を日ごろから意識していこう。今年度は1の問題の難易度が高く，答えるのに時間がかかる問題が多かった。また，5は1問を除いて2022年の時事問題に関係する問題で，事前に準備をしていなかった生徒は太刀打ちができなかったかもしれない。

1の問1は川の浸食作用について理科的な知識が，問2は縄文時代の人々がどのような場所に集落を作ったかの歴史的な知識が要求された。問3は現在の地図と江戸時代の古地図との見比べというユニークな問題で，このような問題を初めて解いたという生徒が多かったであろう。解くのに時間がかかるのでとりあえず後回しにするとよかった。問4は「同潤会アパート」という聞き慣れない建物に惑わされないこと。設問内に1925～27年とあるので，そこから考えれば1923年の関東大震災に関係しているというのはわかる。問5〈Ⅱ〉は，〈Ⅰ〉のニュータウンがまず書けるか，そしてニュータウンは多くの集合団地で構成されているという知識，さらに地形図ではどのように表されるか，まで知らないと答えられなかったので，特に難問だったと言える。問6〈Ⅰ〉の空中写真の並べ替えについて，このタイプの問題は手がかりになるものが必ずあるので，それを探そう。もちろん探すのに手間取るならばこの問題もいったん飛ばしてしまってもよい。〈Ⅱ〉は近年使われるようになった時事的な用語問題。知らなかった人も消去法で対処は可能だった。ヒートアイランド現象は社会的な用語で，知っている人も多いが，安易に飛びつかないこと。エルニーニョ現象・ラニーニャ現象はどちらかといえば理科分野の用語。本校の特徴である，理科と社会の教科横断的な問題である。それぞれどのような現象かがわかっていなければ今のうちに確認しておこう。

5の問題は問4の全国水平社に関する問題以外は2022年の時事問題と言える。全国水平社は1922年に結成されたが，この年は2022年から数えてちょうど100年だった。このような「ちょうど何年前」といういわゆるアニバーサリー問題も本校では比較的狙われやすいので，入試のある年やその前年から数えてちょうど何年前，の出来事は意識的に確認しておこう。全国水平社と答えるだけでなく，水平社宣言の穴埋め問題も出題されたが，「人の世に熱あれ，人間に光あれ」の部分まで問われた場合に答えられなかった人もいただろう。このような細部の部分で差がついてしまう。年号や用語はもちろんだが，その内容も知るためにはテキストの通読のみならず，資料集の確認をおすすめしたい。問1はSDGsの1つであるジェンダー平等について，問2は日本の政治分野における男女共同参画推進について，問3は刑法改正についての問題だったが，どの問題もただ用語を知っているだけでは答えられなかった難問である。特に問3については刑法が改正されたということと拘禁刑という制度ができたことまで知っていてもその目的や背景なしでは難しかった。

どの問題についても，まずは用語や年号などの基本部分から覚えていこう。これで50点満点のうち，6～7割ぐらいには到達できる。そしてそれ以上の得点を目指していくなら前後関係や因果関係，などの詳細の理解を深めていこう。

短い制限時間の中，どの問題をどの順で解いていくか，どの問題がやさしめでどの問題が難しいのか，この感覚は入試過去問を多く解くことで初めて身につくスキルである。答えの正誤だけでなく，解く順番は正しかったか，うまくいかなかったら次はどのように取り組むべきか，そこまで誠実に振り返ることを続ければきっと道が開ける。入試前日まであきらめずに今後の健闘を祈りたい。

2022年度 青山学院中等部 合否を分けた問題 社会

1

今年度は大問の数は6で，その中で1が地理分野，2から5が歴史分野，6は時事的な政治分野のものになっている。今年度も政治分野の内容は少ない。

設問の数が全体としては25分でこなすにはいささか多い，解答欄だけでも25以上あるという中で，短時間でてきぱきと答えていかねばならないのが本校の社会科である。その中で，受験生の差がはっきりと出そうなのが，今年度は1の地理の問題である。

1は中国・四国地方に関連する地理の問題となっており，小問が問1から問8まであり，問8は2問で構成されている。それぞれの設問はすべてバラバラであり，他の設問がヒントになるということはまずない。単純に中学受験生が持っているであろう知識だけで答えられるのは問1，問6，問8ぐらいである。残りは，持っている知識を動員して類推するなりしていかないと答えを絞り込むのは難しい。

問2は広島平野のでき方と，そこにある山のでき方を問うもの。広島平野が太田川の三角州にあるというのは受験生なら知っているであろうし，三角州は河川の運搬作用で運ばれてきた土砂が堆積したものというのは知っているはず。問題はそこの黄金山がどうやってできたのかということ。与えられている地形図を見て，黄金山以外の所にも目を向けて考えれば，三角州を形成した土砂が，海の中から出ている山の周りにも堆積し，陸地とつながったのではということは類推可能であろう。問3の中国四国地方の人口の多い都市を答えるものは，解説の方でも細かく書いたが，まず，人口の統計を覚えていて答えられるという受験生はいないであろう。人口と関連しそうな知識とつなぎ合わせて考えられるか否かが問題を解けるかどうかのカギである。問4もこの問題に関しての知識をズバリ持っているという受験生はまずいないであろうから，設問の言葉や与えられているものを見て考えられるかどうかがポイントになる。香川県とスペインのマドリードが気候的に似ているという設問の内容から，①と④は気温が高すぎるか低すぎるかで排除でき，雨温図の形から，②と③の違いを南北の半球の違いと判断できればスペインは日本と同様に北半球にあるので②に答えを絞れる。問5も，広島県の工業に関するデータを知っている受験生はいないであろうから，他の県との比較，周辺知識との関連付けで答えを絞っていける。問題になっている4県の工業の特徴がわかっていれば，答えを絞るのは容易で，④の輸送用機械の額が突出していることで，まずこれが愛知県と判断するのは難しくない。他に輸送用機械が挙がっているのは①と③でその額もかなり異なるので，大きい方の①が広島のものと判断するのも容易にできる。②と③で宮崎県と新潟県のどちらかとなるが，③には他の3県にない電子部品があることに目を向けられれば，電子工業関連の工場が進出している九州の県として宮崎県のものと判断できる。問7は，問題の内容そのものの知識はなくても，正答以外の選択肢の内容がいずれもおかしいということに気づけば，答えを絞り込むことは可能である。

この1以外の問題についても時間をかけてじっくり考えればかなりの高得点が狙える問題といえるが，短時間の中で解いていくことを考えるとちょっと手ごわい問題が多いといえる。日ごろから，時計を見ながら短時間で解くことに慣れることが必要であろう。その中で，過去問に取り組む際に，答え合わせなどをしながら，単に問題の答えを知るだけでなく，問題を解くうえでどのような考え方をしていけばいいのかを身につけることを意識してほしい。知識だけでなく，知識を使って上手に考えることができるようになれば，大きなアドバンテージとなるはずである。

青山学院の国語

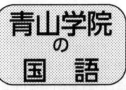

――出題傾向と対策　合否を分けた問題の徹底分析――

出題傾向と内容

文の種類，傾向：論説文，詩，小説

本年は詩1題，論説文2題，小説1題，漢字の独立問題の計5題であった。詩は内容について直接問われるほか，鑑賞文も設問に組み込まれる形で出題された。論説文はどちらも長さは標準的で，読み取りやすい内容だが，文章の細部の読み取りが必要で難易度はやや高い。小説は，全体の物語の展開とともに登場人物の心情のていねいな読み取りが求められている。

設問形式：書きぬき，空欄補充，選択式が中心

書きぬき，空欄補充ともに，本文のていねいな読み取りと，本文全体の論の流れをしっかりつかむことが必須だ。選択問題は難易度が高く，本文と照合しながらていねいに読み取っていく必要がある。短いながらも，心情を説明する記述式も出題されている。

漢字，知識問題：標準的難易度

漢字は書き取りのみの独立した大問として出題されている。ことばの意味や慣用句などは本文に組み込まれる形で出題され，いずれも難易度は標準的である。詩と小説では表現技法が出題された。ことばの意味や慣用句・ことわざ，四字熟語などは，意味を知らなければ答えられないので，さまざまな言葉や熟語をしっかりたくわえておきたい。

出題頻度の高い分野

❶論説文　❷小説（物語文）　❸詩　❹書きぬき　❺空欄補充

来年度の予想と対策

出題分野：論理的文章，文学的文章(物語，小説)，詩

○ 論理的文章が1～2題，文学的文章が1～2題，詩（解説含む）が1題という形で，大問4～5題構成の出題形式は今後も続き，幅広いジャンルからの出題が予想される。

○ 論理的文章は各段落の要旨をしっかりおさえ，筆者の考えがどのように述べられているかをていねいに読み取っていく。

○ 文学的文章では，主人公や登場人物の心情，性格を読み取りながら読み進めていくようにする。心情の変化の根拠もしっかりおさえる。また物語全体の展開を的確にとらえる。

○ 選択問題の難易度は高いので，各選択肢の文章と本文との照合を正確に行って正しい選択肢を見分けられる力をつけておきたい。

○ 空欄補充も，空欄のある場所の部分的な読み取りではなく，つねに全体の流れをおさえながら，的確な言葉を当てはめられるようにしておこう。

○ 大問の文章はそれほど長くないが，大問数が多いので時間配分には気をつける。一つの設問にかけられる時間が限られてくるので，難しい問題で止まってしまわないようにしよう。

学習のポイント

- 論説文では段落ごとに要約するなど，要旨をとらえる練習をしておくと，読解がスムーズになる。
- 問題数が多いので，時間配分のバランス感覚を身につけよう。
- さまざまな詩，幅広いジャンルの文章に読み慣れておこう。

年度別出題内容の分析表　国語

（よく出ている順に，☆◎○の3段階で示してあります。）

出題内容			27年	28年	29年	30年	2019年	2020年	2021年	2022年	2023年	2024年
設問の種類		主題の読み取り	○	○	○	○	○					
		要旨の読み取り	◎	◎	◎	○	◎	◎	◎	◎	◎	◎
		心情の読み取り	◎	◎	◎	◎	◎	◎	◎	◎	☆	☆
		理由・根拠の読み取り	◎	☆	◎	◎	○	◎	○	○	○	◎
		場面・登場人物の読み取り	◎	◎	◎	☆	◎	◎	◎	◎	◎	◎
		論理展開・段落構成の読み取り		○								
		文章の細部表現の読み取り	☆	☆	☆	☆	☆	☆	☆	☆	☆	☆
		指示語	◎		○						○	
		接続語	◎		○		○		○	○	○	○
		空欄補充	☆	☆	☆	☆	☆	☆	☆	☆	☆	☆
		内容真偽	○		○	○	◎	◎	◎	◎	○	◎
	根拠	文章の細部からの読み取り	☆	☆	☆	☆	☆	☆	☆	☆	☆	☆
		文章全体の流れからの読み取り	○	○	○	○	○	○	○	○	○	○
設問形式		選択肢	☆	☆	☆	☆	☆	☆	☆	☆	☆	☆
		ぬき出し	☆	◎	◎	◎	◎	◎	☆	◎	☆	◎
		記　述	○	○	○	○	○	○	◎	○	○	○
記述の種類		本文の言葉を中心にまとめる	○	○	○	○	○	○	○	○	○	○
		自分の言葉を中心にまとめる		○		○						
		字数が50字以内	○	○	○	○		○	○	○	○	○
		字数が51字以上					○					
		意見・創作系の作文										
		短文作成										
語句・知識		ことばの意味	○		○	○	☆	☆	◎	☆	○	◎
		同類語・反対語			○				○	○		
		ことわざ・慣用句・四字熟語	☆	◎	○	◎	○	◎	◎	◎	◎	○
		熟語の組み立て										
		漢字の読み書き	◎	☆	☆	☆	☆	☆	☆	☆	☆	☆
		筆順・画数・部首										
		文と文節										
		ことばの用法・品詞										
		かなづかい										
		表現技法				○	○	○	○		◎	◎
		文学史									○	
		敬　語										
文章の種類		論理的文章(論説文，説明文など)	◎	○	○	○	◎	◎	◎	◎	○	◎
		文学的文章(小説，物語など)	○	○	○	○	○	○	○	○	◎	○
		随筆文		○								
		詩(その解説も含む)	○	○	○	○	○	○	○	○	○	○
		短歌・俳句(その解説も含む)										
		その他										

青山学院中等部

2024年度 青山学院中等部 合否を分けた問題 国語

三 (6)

★合否を分けるポイント

――Ⓕ「ミームは私たちの脳のメモリをめぐって競争しています」とあるが，それはなぜか，「から」に続くように本文中から十六字で探し，はじめの六字を書きぬく問題である。本文の論の流れをとらえるとともに文脈を正確にたどり，設問の指示に従って的確に読み取れているかがポイントだ。

★着目すべき部分を見落とさないようにするには

Ⓕの「ミーム」について整理すると，人間の存在は新しい「増えて遺伝するもの」生み出し，リチャード・ドーキンスはそれを「ミーム」と名付けた→人間の脳に広がる考え方やアイデアのことを指す「ミーム」は〈人間の脳のなかでしか存在できない〉→ほとんどのミームは長続きしないが，長い間，世代を超えて伝わり，進化し続けるミームが存在し，「文化」や「芸術」と呼ばれる→ミームとして人間の脳の中で進化する文化や芸術は，時代を超えて引き継がれている増える能力の高いミームで，大きな魅力がある→芸術や文化は人の生存や子孫を残す可能性には，ほぼ何の影響も与えないが，受け取り手に大きな影響を及ぼし，心を動かす→芸術や文化というミームは私たちの脳の構造によく適応した形に進化した可能性があり，私たちに生きがいをもたらしてくれることから，人間とミームは共生している→文化や芸術というミームを維持し発展させていくことは人間にしかできない→Ⓕ「ミームは私たちの脳のメモリをめぐって競争しています」→その競争に勝ったミームが進化し，増えるものであるミームとともに予想もつかない魅力的な世界を作り出せるかもしれない，という内容になる。これらの論の展開から，Ⓕの理由は〈　〉の部分になるが，ミームというものがどのようなもので，私たちにどのような影響を与えているかをさまざまな具体例を挙げながら述べている部分が大半をしめており，Ⓕの「ミームは私たちの脳のメモリをめぐって競争しています」の理由を直接述べていないので，着目すべき部分を見落としてしまわないよう，注意する必要がある。本文全体の論の流れをおさえながら，「ミーム」について述べている部分をあらためて確認し直すという形で，読み取っていくことが重要だ。

五 (2)

★合否を分けるポイント

――Ⓑ「ぼくは辻井先生から視線をそらした」とあるが，その理由を説明した設問の文章の(　)に入る語句を指定された範囲から二十二字で探し，はじめの五字を書きぬく問題である。語句の意味を正しくとらえ，その語句を表す心情を的確に読み取れているかがポイントだ。

★意味がとらえにくい心情を表す語句の引き出しを増やしておく

説明している文章の「うしろめたさ」は，主人公の慎吾の心の根底にあるもので，慎吾がこの気持ちと向き合い，仲間とともに乗り越えていく様子が描かれている。「うしろめたさ」とは，気がとがめる，悪いことをしているような気がして自分を責めるような気持ち，というような意味で，慎吾の「うしろめたさ」が具体的にどのようなものであるかを――Ⓔより前で確認する。Ⓑ直後から，自分の気持ちを疑問に思っている慎吾の心情が描かれ，「バスケ部のみんなを……」から続く2段落で「バスケ部のみんなを避けているのは，部を辞めたことにうしろめたさがあるからだ」という心情が描かれている。さらにその「うしろめたさ」は「退部を決めてしまったのは，ぼくが【心の底でバスケ部を辞めることを望んでいたから(22字)】じゃないだろうか」と具体的に描かれていることから，【　】の部分が(　)に入る語句になる。文学的文章では「うしろめたさ」のような，意味がとらえにくい心情を表す語句が用いられることが多いので，心情を表すさまざまな語句とその意味を着実に増やしておこう。

2023年度 青山学院中等部 合否を分けた問題 国語

三 (2)

★合否を分けるポイント

――Ⓑ「とても興味深いショックを与えてくれる」を言い換えた表現を含む一文を第八段落より前から探し，はじめの三字を書きぬく問題である。本文の論の流れをとらえるとともに文脈を正確にたどり，設問の指示に従って的確に読み取れているかがポイントだ。

★論説文は整理しながら読み進めると理解しやすい

本文は，第一・二段落＝パラスポーツは多様な障害ある人が条件を整えることで平等に競うことができるスポーツと言えるが，主に障害ある人々が行う競技だとしても，障害者バスケットではなく車いすバスケット，視覚障害者サッカーではなくブラインドサッカーと私たちは呼んでいる→第三～六段落＝こうした見方は「とても興味深いショックを与えてくれる」のではないか。筆者やテレビ番組の女優が視覚障害のある選手とはプレーする能力が劣るブラインドサッカーでは，「見えないこと」を前提とした常識や価値を新たに身につけ，「見えない」なかで実践的な知恵や能力を鍛え上げていかねばならない→第七段落＝《ルールを守り，競技するための規律が遵守されるスポーツという空間で，ふだん私たちが『あたりまえ』だと思い込んでいる支配的な常識や価値が見事に転倒されるのです。》そしてこうした転倒こそがパラスポーツで感動を生み出す源泉である→第八段落＝障害をめぐるさまざまな決めつけや思い込みが息づいている支配的な常識や価値を「あたりまえ」としないことで，障害という「ちがい」と向き合い，考えていく想像力も豊かになる→第九段落＝「あたりまえ」の動きや状況判断がトレーニングを通して研ぎ澄まされていく過程は障害者も「健常者」も変わらないのだから，車いすでパラスポーツを体験してさもパラスポーツを理解できたかのようなコメントは一面的で皮相であることがわかる，という論の流れになっている。こうした流れを確認すると，――Ⓑの「興味深いショック」は，第七段落の《ルールを守り，……転倒されるのです。》という，私たちの「あたりまえ」の常識や価値が転倒されることであることが読み取れる。

――Ⓑ部分と，言い換えた表現を含む一文は，離れているが要旨としては同様のことを述べている。このように，論説文では同じ意味を表す内容を，さまざまに表現を変えながら述べていることが多い。段落同士のつながりといった本文の流れとともに，同じ意味のことを述べている箇所を丸で囲むなどして，わかりやすく整理しながら読み進めることが重要だ。

五 (6)

★合否を分けるポイント

――Ⓕ「美弥子さんのポスター作戦は大成功だった」について，結果として，美弥子さんの「ポスター作戦」は，次に挙げるイソップ寓話のどれに近いかを選ぶ選択問題である。イソップ寓話の知識が求められており，日ごろからさまざまな文章に触れているかがポイントだ。

★さまざまな文章に触れておこう

まずⒻが，健太くんの好きなベルカのイラストを描いたポスターによって，健太くんが本を返す気になった，ということをおさえる。本を黙って持ち出した健太くんを追いつめて犯人扱いするのではなく，健太くんの心にうったえる形で解決したことと，強引なやり方ではなく，おだやかで優しい気持ちで接することが人の心を動かすというイの「北風と太陽」の教訓が近い。選択肢それぞれの話と教訓を知っていないと正解できない問題なので，普段からさまざまな文章に触れておきたい。本文の内容を表したことわざを選ぶというような問題と同様，本文と他の文章やことわざなどを照らし合わせる問題に対応できるようにしておこう。

2022年度 青山学院中等部 合否を分けた問題 国語

三 (8)

★合否を分けるポイント

本文の内容と一致するものを二つ選ぶ選択問題である。本文の内容の要旨を的確にとらえるとともに，選択肢の文章を正確に読み取れているかがポイントだ。

★一字一句までていねいに確認していく

アは「そして，『存在』は……」で始まる段落で「他人はその人の存在を認めるか認めないかは，選ぶことができる」と述べていることの要旨になっている。最後の段落で，我々の社会にはあふれるほど選択肢があるのに不自由に感じることの理由として「『神のようなもの』がなんらかの理由で弱体化してしまっているからだ」と述べているので，「自分に責任感がない」を理由としているイは一致しない。「『神のようなもの』とは……」で始まる段落で，自分が尊敬し，信頼する対象は「神のようなもの」から「『世間』や『歴史』……といった，観念的なものに変わっていく」と述べているので，「格の高い人間」だけを挙げているウも一致しない。「一般に……」で始まる段落で「自分の存在を認める他人の眼差しが絶対に必要だ」と述べているので，正反対の説明をしているエも一致しない。オは「『神のようなもの』とは……」で始まる段落で，自由な主体になるために必要な「他人」の説明として，「神のようなもの」から「『世間』や『歴史』……といった，観念的なもの」を「絶対的に尊敬できる存在」と言い換えて説明しているので一致する。

一致しているア，オのように，本文そのままではなく本文の要旨や言い換えている選択肢，一致していないイ，ウ，エのように本文の語句を用いながらも，細かい部分で間違っている選択肢があるので，選択肢の文章をていねいに確認していくことが重要だ。

五 (6)

★合否を分けるポイント

この物語において，〈お父さん〉の体操着袋にまつわるエピソードは，〈ぼく〉にとってどのようなきっかけになったと考えられるか，〈お母さん〉との関わりに着目して，指定字数以内で説明する記述問題である。物語の展開をつかむとともに，設問の指示をふまえて的確に説明できているかがポイントだ。

★行動の背景にある心情を読み取る

「〈お父さん〉の体操着袋にまつわるエピソード」とは，〈ぼく〉のおばあちゃんである，お父さんのお母さんに，お母さんが手づくりしていた体操着袋をもう手づくりしないでいいよ，と小学生のお父さんが伝えたというものである。本文では，お母さんとの毎朝の見送りをやめたいけれど，そのことを話したらお母さんを傷つけてしまうかもしれないと悩んでいた〈ぼく〉が，自分と同じような経験をしていた昔のお父さんのエピソードをおじいちゃんから聞いたことで，お母さんに朝の見送りをやめることを話す，という展開になっているが，エピソードを聞いた→お母さんに朝の見送りをやめることを話す，という展開の背景にある〈ぼく〉の心情を説明する必要がある。「〈お母さん〉との関わり」＝悩んでいたが，きちんと話そうと決意した，ということが，「きっかけ」の具体的内容になる。

(5)でまとめられている文章に，エピソードを聞いたことで心が軽くなったとあることも参考になる。この設問では本文に描かれていないことを説明するので，他の設問を手がかりにしたり，本文の描写から心情を的確に読み取ったりして，求められていることを的確に説明していこう。

MEMO

大切なことはメモしておこうネ！

2024年度

★★★★★★★★★★★★★★★★★★★★★★★★

入　試　問　題

2024年度

青山学院中等部入試問題

【算　数】（50分）　＜満点：100点＞

□ にあてはまる数を入れなさい。円周率を使う場合は3.14とします。

1　$28-3\times(65-52\div13\times14)+2=$ □

2　$\left(1.05\div1\frac{2}{5}-0.11\times\square\right)\div\frac{2}{7}=0.7$

3　袋(ふくろ)にお菓子(か)がいくつか入っています。この袋から兄は全体の20％分の個数を取りました。次に，弟と妹がその残りからそれぞれ25％分と30％分の個数を取りました。袋に残っているお菓子の個数は，はじめの個数の □ ％です。

4　ラグビー部の昨年の部員数は30人でした。今年の１年生は昨年の１年生の２倍の人数が入部し，今年の３年生の人数は昨年の３年生の$\frac{6}{5}$倍の人数なので，今年の部員数は36人になりました。今年入部した１年生の人数は □ 人です。ただし，学年の途(と)中で退部した生徒はいないものとします。

5　花子さんは１個80円のりんご，１個120円の梨(なし)，１個160円の柿(かき)を合わせて46個買ったところ，代金は6160円でした。花子さんが買ったりんごと柿の個数の比が１：３のとき，梨の個数は □ 個です。

6　太郎くんは，毎月１日に同じ金額のお小遣(こづか)いをもらっています。ただし，１月だけは毎月の２倍の金額をもらいます。今年の１月末，太郎くんはいくらかお金を持っていましたが，翌月から毎月1800円ずつ使うと10か月で，毎月1720円ずつ使うと15か月でお金を使い切ります。
太郎くんが，今年の１月末からお小遣いを使わずにすべて貯金した場合，50000円を超(こ)えるのは □ か月後です。

7　英語の検定試験が行われ，受験者全員の平均点が53点でした。受験者の40％が合格し，合格者の平均点は合格基準点より10点高く，不合格者の平均点は合格基準点より20点低かったです。合格基準点は □ 点です。

8　ＡさんとＢさんは高速道路を利用して目的地まで同じ道をそれぞれの車で向かうことにしました。高速道路をＡさんは時速98km，Ｂさんは時速70kmで運転して行きましたが，途(と)中に工事区間があったため，この区間は二人とも同じ速さで運転しました。そのため，予定していた到着(とうちゃく)時間よりもＡさんは19分，Ｂさんは11分遅(おく)れました。工事区間の距離(きょり)は □ kmです。

9　20人のクラスで，1問5点の30点満点のテストを実施しました。下の表は最初にテストを受けた17人の生徒の結果をまとめたものです。後日欠席した3人がこのテストを受けたので，この3人の結果も加えたところ，平均値が0.5点下がり，中央値が20点，最頻値が25点となりました。この3人のテストの結果は点数の低い方から ☐ 点，☐ 点，☐ 点です。

点数（点）	0	5	10	15	20	25	30
人数（人）	0	0	3	5	1	5	3

10　円柱の形をした2つの容器A，Bがあります。
A，Bともに同じ一定の割合で水を入れると，入れ始めてからAは28分で，Bは36分でいっぱいになります。今，両方の容器をいっぱいにしてから，入れるときと同じ水量で底から同時に水を出したところ12分後に2つの容器の水面の高さは等しくなりました。
AとBの底面の面積の比は ☐ : ☐ で，高さの比は ☐ : ☐ です。

11　下の図1の三角形ABCを図2のように折りました。次に，図2の三角形BDCをBCで折り返すと図3のようになりました。最後に，図3の三角形BCDをBDで折り返すと図4のようになりました。色のついた部分の角度が8度のとき㋐の角の大きさは ☐ 度です。

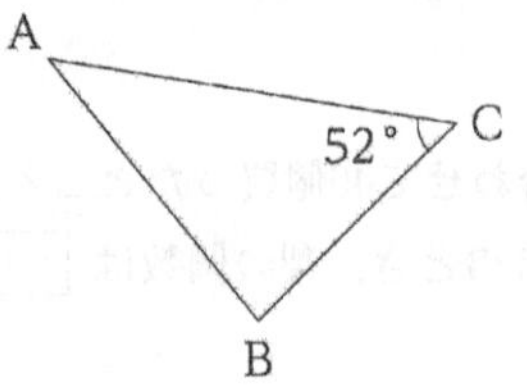

図1

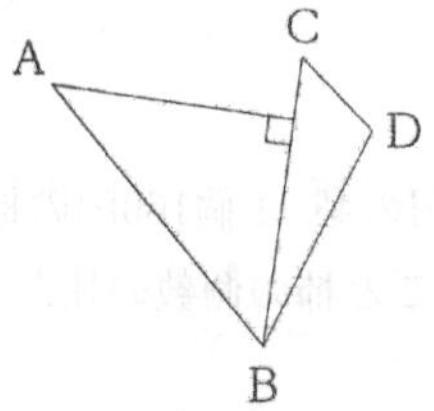

図2

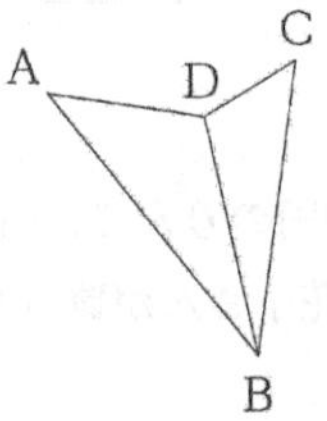

図3

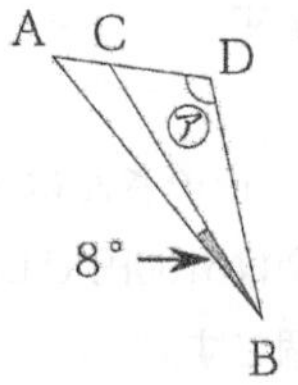

図4

12　図のように，大きさがすべて異なる4つの正方形を並べ，正方形の頂点のいくつかを線で結びました。色のついた部分の面積は ☐ cm^2 です。

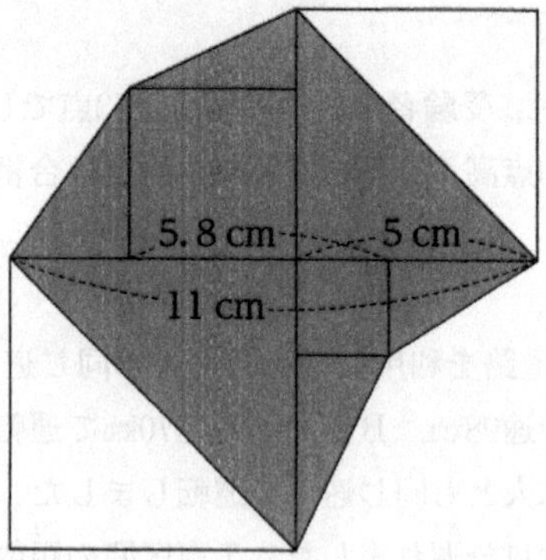

13　1から15までの整数を1つずつ書いた15枚のカードを，次のようにA～Dの4人に配りました。

・Aは5枚もらい，すべて奇数のカードでした。

・Bは4枚もらい，そのうちの1枚は[1]のカードで，4枚のカードの数の和は30でした。

・Cは3枚もらい，そのうちの1枚は[15]のカードで，3枚のカードの数の和は39でした。

・Dは3枚もらい，3枚のカードの数の和は偶数になりました。

(1)　Cの3枚のカードは，[15]と［　　］と［　　］です。

(2)　Bは[1]の他に必ず［　　］のカードを持っています。

(3)　4人の持っているカードの数がすべて決定できるような条件として正しいものを以下のア～エの中からすべて選びなさい。

ア　Aが[9]のカードを持ち，Bが[6]のカードを持つ。

イ　Aの持つカードの最大の数と最小の数の差が8になる。

ウ　Dの持つカードの数の和が14以下になる。

エ　Dの3枚のカードのうち一番小さい数と真ん中の数の積が一番大きな数になる。

14　図のような空(から)の水そうに，一定の割合で水が入る蛇口(じゃぐち)Aと一定の割合で水が出る蛇口Bを使って，次の2つの操作をしました。

【操作1】

はじめに蛇口Aを開き，水そうの$\frac{7}{12}$の高さまで水が入ったところで蛇口Bを開きました。その後，水そうが満水になったところで蛇口Aを閉じると，水を入れ始めてから80分後に水そうは空になりました。

【操作2】

はじめに蛇口Aを開き，水そうの$\frac{3}{4}$の高さまで水が入ったところで蛇口Bを開きました。その後，水そうが満水になったところで蛇口Aを閉じると，水を入れ始めてから72分後に水そうは空になりました。

(1)　操作1と操作2で蛇口Aだけを開く時間の差が4分のとき，1分間に蛇口Aから入れる水量と蛇口Bから出す水量の比は［　　］:［　　］である。

(2)　操作1において，水そうの$\frac{7}{12}$の高さまで水が入ったところで，たて40cm，横40cm，高さ50cmの直方体のおもりを完全に沈めて，蛇口Bを開けました。その後，操作を続けて，空になるまでにかかる時間を調べたところ，おもりを入れなかったときと比べて15分短縮されました。この水そうの容量は［　　］Lです。

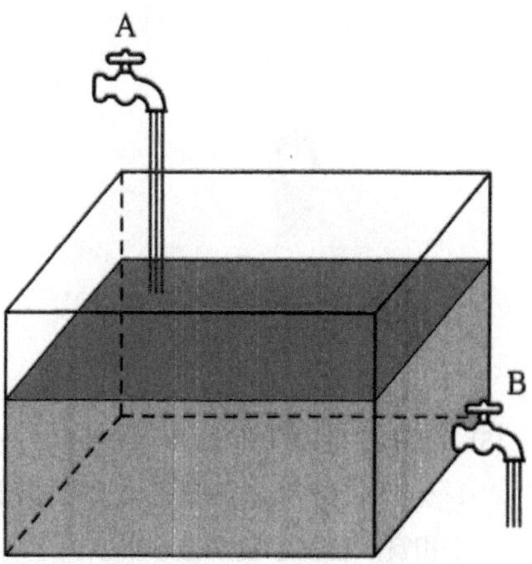

【理　科】（25分）　＜満点：50点＞

【注意】 記号がついているものはすべて記号で書きいれなさい。

1 次の問いに答えなさい。

(1) インフルエンザやCOVID-19（新型コロナウイルス感染症）は，ウイルスによってもたらされる病気です。ウイルスの特徴（ちょう）としてあてはまるものを選びなさい。

ア　呼吸をする

イ　分れつでふえる

ウ　栄養を吸収する

エ　遺伝子をもつ

オ　自ら移動する

(2) 台風が東京の東側を，南から北に通過する場合，東京の風向はどのように変化しますか。

ア　西→北→東　　イ　西→南→東　　ウ　東→北→西　　エ　東→南→西

(3) 水酸化カルシウム（消石灰）の特徴としてあてはまるものを２つ選びなさい。

ア　塩酸と反応して食塩を生じる

イ　土のグラウンドの白線用の粉として現在も広く利用されている

ウ　水に溶（と）かした水溶（よう）液を石灰水と呼ぶ

エ　貝がらと混ぜてチョークの原料として使用されている

オ　土に撒（ま）くことで土壌（じょう）の酸性化を防ぐ

(4) 花火が上空で光ってから2.5秒後にドーンと大きな音が聞こえました。打ち上がった花火が空中で音を出したのは地面から何mの高さですか。花火が見えた位置は地面から30°の角度，音が空気中を伝わる速さは秒速340mです。

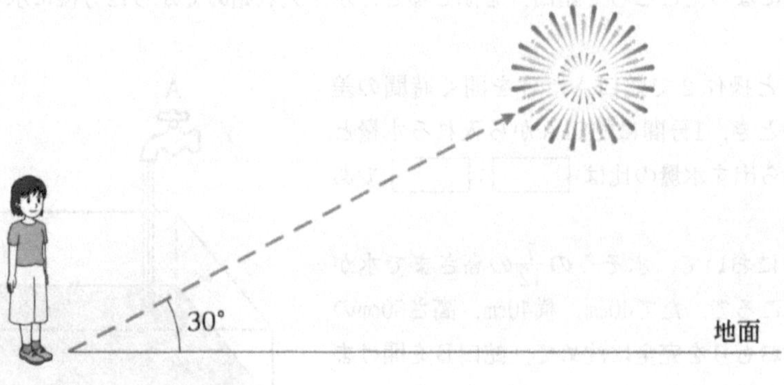

(5) 毎年12月に授賞式が行われるノーベル賞は［　X　］の発明により多くの財産を築いたアルフレッド・ノーベルの遺言によって創設された賞です。現在，自然科学部門の３つの賞と文学賞，平和賞，経済学賞があります。

① 文中のXにあてはまる言葉を答えなさい。

② 下線部の「自然科学部門の３つの賞」にはないものを選びなさい。

ア　生理学・医学　　イ　物理学　　ウ　化学　　エ　数学

2　昆虫はからだのつくりや生態によってなかま分けすることができます。ア～ケの昆虫を，図の条件１～４で分類すると，Ａ～Ｆの６種類のグループになります。

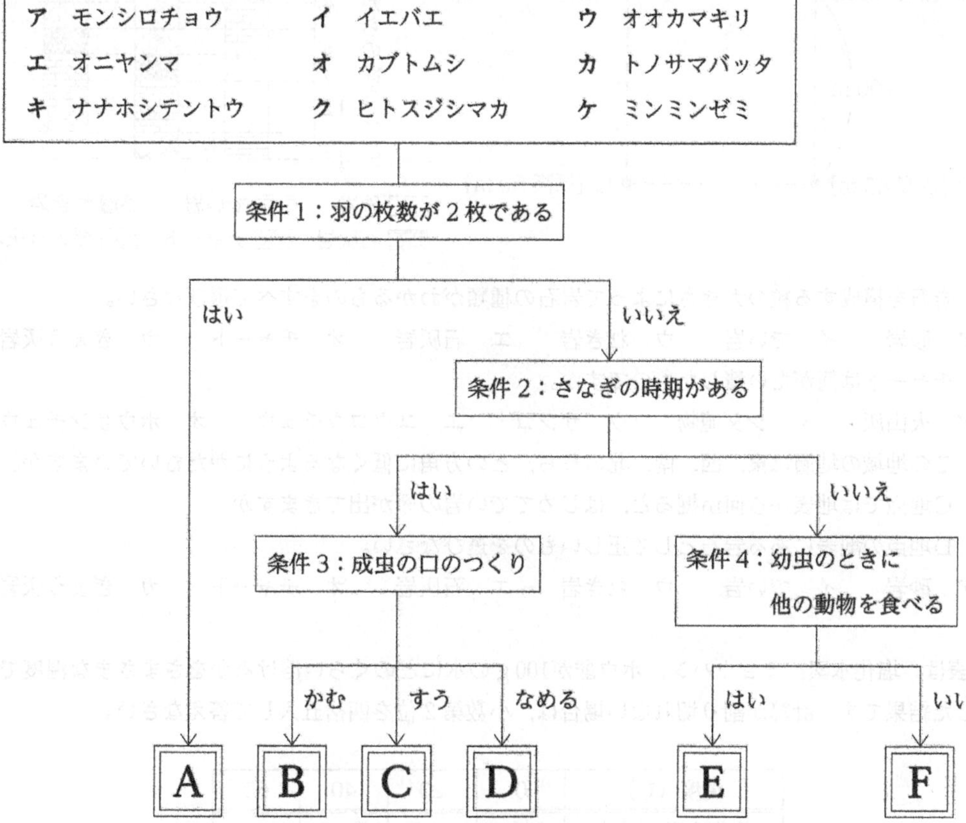

(1)　次の①，②が昆虫の特徴として正しい記述となるように［　］のあ～うからそれぞれ選びなさい。

①　羽は［　あ　頭部　　い　胸部　　う　腹部　］から生えている。

②　口からは［　あ　酸素　　い　栄養　　う　酸素と栄養　］を取り入れる。

(2)　条件２について，さなぎの時期がなく，成虫となる成長のしかたを何といいますか。

(3)　次の①，②の昆虫が属するグループをＡ～Ｆからそれぞれ選びなさい。

①　ナナホシテントウ　　②　ミンミンゼミ

(4)　ア～ケの昆虫が２つ以上属するグループをＡ～Ｆからすべて選びなさい。

(5)　条件１だけを「上の中，もしくは木の中に産卵する」に変更したとき，Ｃに属する昆虫をア～ケからすべて選びなさい。

3　図１のような標高と東西南北の位置関係にあるＡ～Ｄの４地点でボーリング調査を行いました。図２はその結果の一部です。なお，この地域の地層は東西南北のいずれかの方角にかたむいていますが，地層の厚さは一定で，曲がったり切れたりしていません。（図１，図２は次のページ）

図1

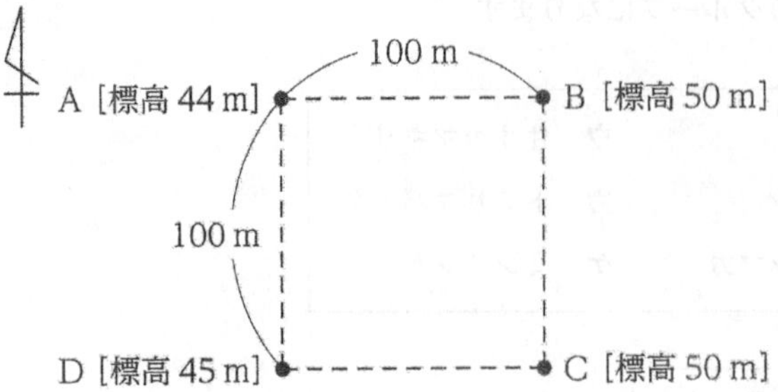

図2

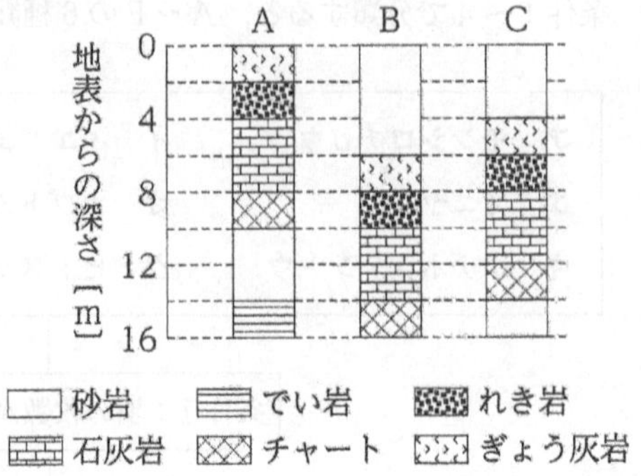

(1) 岩石を構成する粒（つぶ）の大きさによって岩石の種類がわかるものをすべて選びなさい。

ア 砂岩　イ でい岩　ウ れき岩　エ 石灰岩　オ チャート　カ ぎょう灰岩

(2) チャートは何がたい積したものですか。

ア 火山灰　イ シダ植物　ウ サンゴ　エ ユウコウチュウ　オ ホウサンチュウ

(3) この地域の地層は東，西，南，北のうち，どの方角に低くなるようにかたむいていますか。

(4) C地点では地表から何m掘ると，はじめてでい岩の層が出てきますか。

(5) D地点の地表にある岩石として正しいものを選びなさい。

ア 砂岩　イ でい岩　ウ れき岩　エ 石灰岩　オ チャート　カ ぎょう灰岩

4 表は，塩化水素，ミョウバン，ホウ酸が100 g の水にどのくらい溶（と）けるかをさまざまな温度で実験した結果です。計算が割り切れない場合は，小数第2位を四捨五入して答えなさい。

温度（℃）	0	20	40	60
塩化水素　(g)	84.2	67.1	54.9	45.3
ミョウバン (g)	5.7	11.4	23.8	57.4
ホウ酸　(g)	5.0	9.0	15.0	23.5

(1) 60℃ で水70 g にホウ酸を10 g 溶かしたときの濃度は何%ですか。

(2) この実験で水に溶かした3つの物質について表からわかることを選びなさい。

ア 温度が高くなるほど，固体も気体も溶ける量が増える

イ 温度が高くなるほど，固体は溶ける量が増えるが，気体は溶ける量が減る

ウ 温度が低くなるほど，固体も気体も溶ける量が増える

エ 温度が低くなるほど，固体は溶ける量が増えるが，気体は溶ける量が減る

オ 温度に関係なく，固体も気体も溶ける量は変わらない

(3) この実験で作った3種類の水溶（よう）液にマグネシウムを入れると気体が発生するものが1つありました。その水溶液に溶けている物質に丸をつけ，発生する気体の名称を答えなさい。

(4) 60℃ で水150 g にホウ酸を20 g 溶かし，20℃ まで温度を下げると何 g の結晶が出てきますか。

(5) 60℃ で水100 g にホウ酸を限界まで溶かした後，水溶液の温度を上げて水を蒸発させました。その後，40℃ まで冷やすと結晶が11.5 g 出てきました。水は何 g 蒸発しましたか。

5 手回し発電機を使ってさまざまな実験をしました。この手回し発電機は，ハンドルを回すと回転音が聞こえます。

(1) プロペラモーター，豆電球，LEDを並列につないだ回路に，手回し発電機の＋と－の端子を図1のようにつなぎ，ハンドルを回しました。プロペラは右に回り，豆電球とLEDは光りました。手回し発電機のハンドルを逆回転させるとどのようになりますか。それぞれ選びなさい。

図1

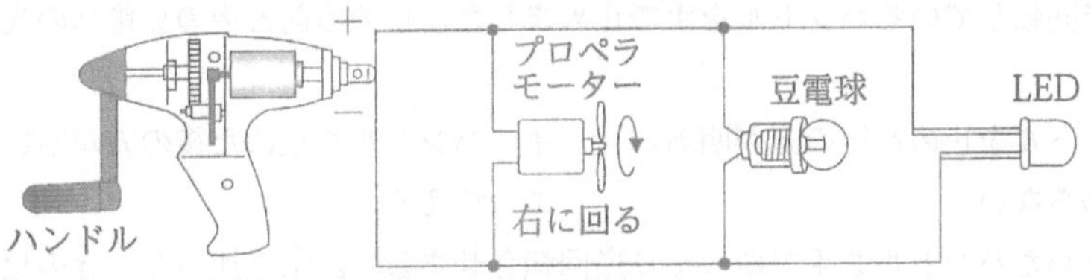

① プロペラ

ア 右に回る　イ 左に回る　ウ 回らない

② 豆電球とLED

エ 豆電球，LEDともに光る　オ 豆電球，LEDともに光らない

カ 豆電球は光るが，LEDは光らない　キ 豆電球は光らないが，LEDは光る

(2) 図2のように手回し発電機に乾電池と電流計をつないだところ，電流計の針が振れ，ハンドルが回転しました。ハンドルが回転したのは，手回し発電機に電流が流れ，モーターの役割をしたためです。

図2

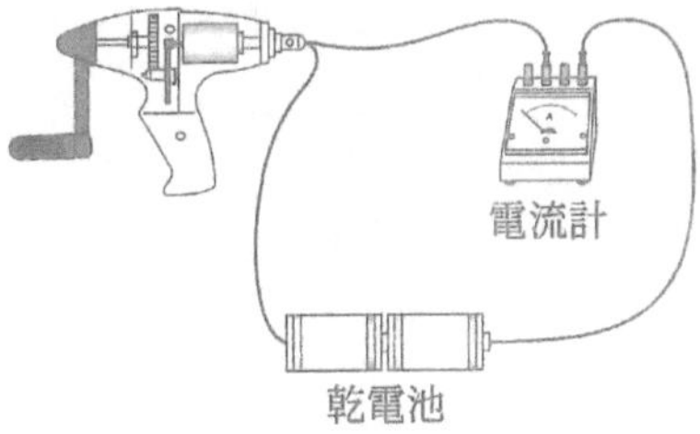

図3

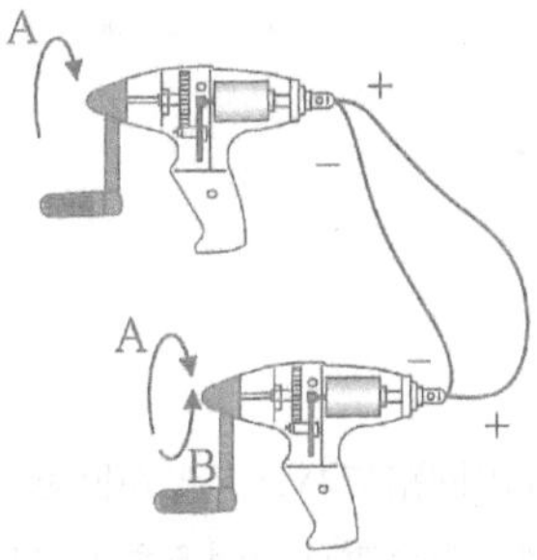

同じ手回し発電機2台を図3のように接続し，上の手回し発電機のハンドルをAの向きに回したところ，下の手回し発電機のハンドルも回転しました。下のハンドルの回転の向きと，回転の速さを選びなさい。

① 回転の向き

ア Aの向き　イ Bの向き

② 回転の速さ

ウ 上のハンドルと同じ　エ 上のハンドルより遅い　オ 上のハンドルより迷い

(3) 図2で回転しているハンドルを手で回転を止めると，電流計の針の振れが大きくなりました。次に，ハンドルから手をはなし，電流計の代わりに次のページの図4のように豆電球をつないだところ手回し発電機のハンドルは回転し，豆電球は光っていました。

図４

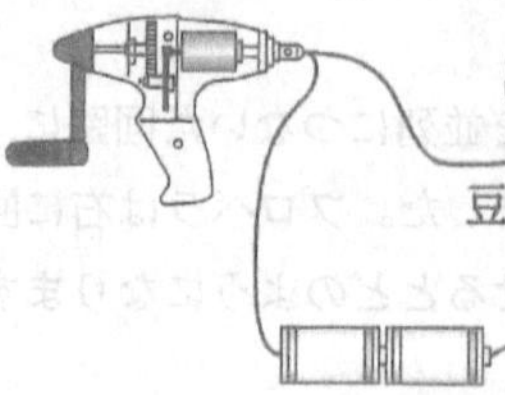

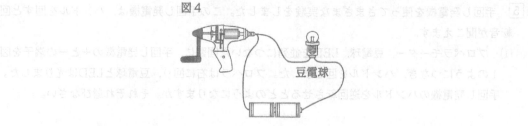

① 図４で回転しているハンドルを手で止めました。止める前と後の豆電球の光り方を選びなさい。

ア ハンドルを止めた後の方が明るい　　イ ハンドルを止めた後の方が暗い

ウ 変わらない　　エ 消える

② ①で止めたハンドルを手でゆっくり逆回転させました。①と比べたときの豆電球の光り方を選びなさい。

ア 逆回転させた方が明るい　　イ 逆回転させた方が暗い

ウ 光っているが明るさは変わらない　　エ 消える

(4) 図５のように豆電球に乾電池をつないで光らせました。次に，図６のように手回し発電機をつないだところ，手回し発電機のハンドルが回転しました。

図５

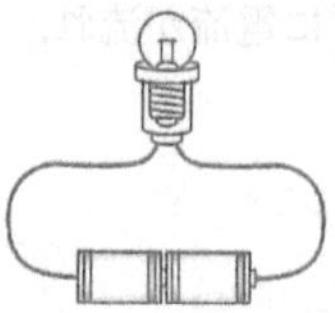

図６

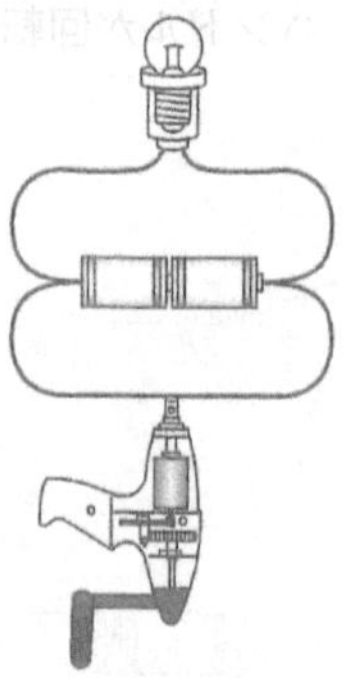

① 図６の回路でハンドルが回転しているときの豆電球の光り方を選びなさい。

ア 図５の豆電球の明るさとほぼ同じ

イ 図５の豆電球の方が明るい

ウ 図５の豆電球の方が暗い

② 図６の回路で手回し発電機のハンドルを手で止めたときの豆電球の光り方を選びなさい。

エ ハンドルを止める前とほぼ同じ

オ ハンドルを止める前の方が明るい

カ ハンドルを止めた後の方が明るい

【社　会】（25分）　＜満点：50点＞

1　琵琶（びわ）湖に関連して，あとの問いに答えなさい。

問１　図１は琵琶湖に流れ込む安曇川（あどがわ）の河口付近の地図です。図１の範囲に広くみられる地形として正しいものを下の【地形名】ア～オから１つ選び，記号で答えなさい。また，この地形が形成される際に最も影響を与える力を下の【作用】カ～コから１つ選び，記号で答えなさい。

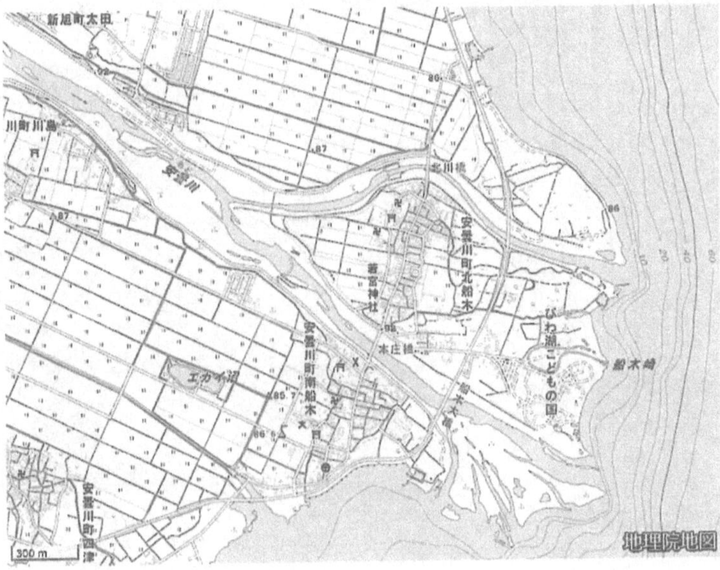

図１

【地形名】

ア：リアス海岸　　イ：扇状地　　ウ：河岸段丘　　エ：洪積台地　　オ：三角州

【作用】

カ：堆積（たいせき）　　キ：隆起　　ク：侵食　　ケ：沈降　　コ：運搬（うんぱん）

問２　琵琶湖から流れ出る河川は，上流から下流へ行くにつれて府県境界付近で名称が変わります。この河川はどのように名称が移り変わっていきますか。正しいものを次のア～カから選び，記号で答えなさい。

ア：（上流）瀬田川 → 宇治川 → 淀川（下流）
イ：（上流）瀬田川 → 淀川 → 宇治川（下流）
ウ：（上流）淀川 → 宇治川 → 瀬田川（下流）
エ：（上流）淀川 → 瀬田川 → 宇治川（下流）
オ：（上流）宇治川 → 瀬田川 → 淀川（下流）
カ：（上流）宇治川 → 淀川 → 瀬田川（下流）

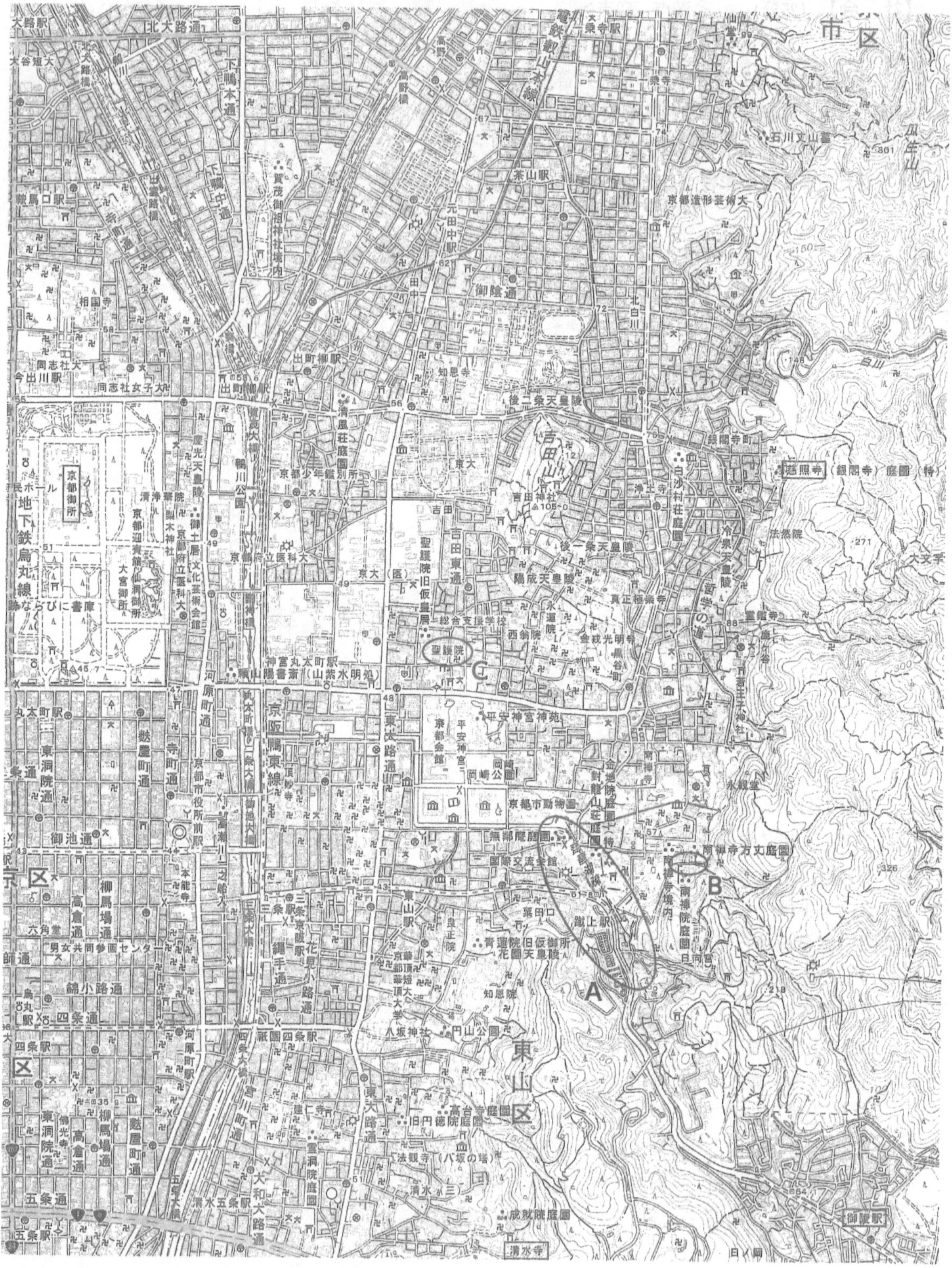

図２

＊国土地理院発行２万5000分の１地形図「京都東北部」を加工して作成

問３　図２のＡ（蹴上(けあげ)駅周辺）の範囲から読み取れることとして正しいものを次のア～エから２つ選び，記号で答えなさい。

ア：この場所は舟で往(い)き来することができないほど傾斜(けいしゃ)が急である。

イ：流れてくる水を利用した水力発電所がある。

ウ：この範囲内では，北西から南東に向かって水が流れている。

エ：「蹴上駅」とその西側にある「東山駅」を通る電車は地上を走っている。

問４　図２のＢの南禅寺境内(なんぜんじけいだい)には，「水路閣(すいろかく)」（写真１）と呼ばれる橋があります。ここを流れる水は琵琶湖から引いてきた水の一部です。「水路閣」を通った後，この水はどこに流れていきますか。最も適切なものを次のア～エから選び，記号で答えなさい。

写真１

ア：御陵(みささぎ)駅方面に流れていく　　イ：京都御所方面に流れていく

ウ：清水寺方面に流れていく　　エ：慈照寺(じしょうじ)（銀閣寺）方面に流れていく

問５　図２のＣ周辺は，京野菜で有名な「聖護院(しょうごいん)だいこん」や「聖護院かぶ」発祥(はっしょう)の地として知られています。これについて，次の〈Ⅰ〉・〈Ⅱ〉に答えなさい。

〈Ⅰ〉「聖護院だいこん」を次のア～エから選び，記号で答えなさい。

ア　　イ　　ウ　　エ

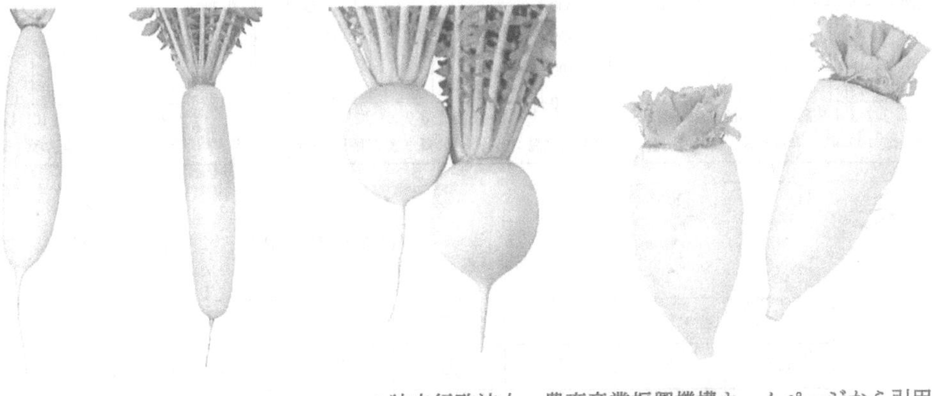

＊独立行政法人　農畜産業振興機構ホームページから引用

〈Ⅱ〉「聖護院だいこん」や「聖護院かぶ」以外にも，京野菜には京都の地名にちなんだ野菜が多く見られます。京野菜ではないものを次のア～エから１つ選び，記号で答えなさい。

ア：伏見(ふしみ)とうがらし　　イ：九条ねぎ　　ウ：賀茂(かも)なす　　エ：加賀れんこん

2 次の図3を見て，あとの問いに答えなさい。

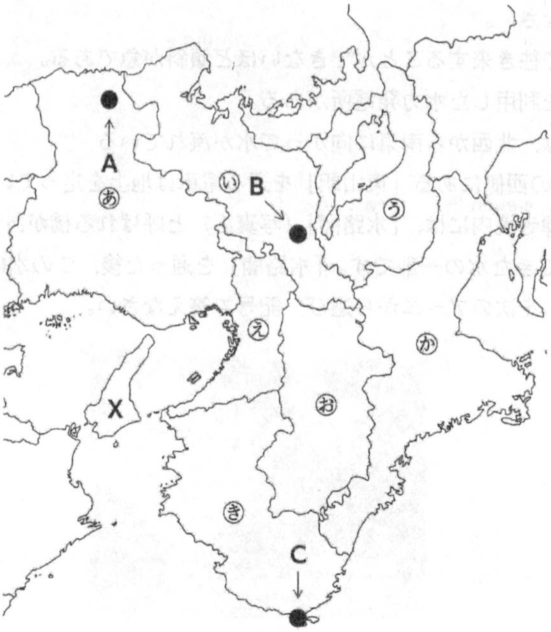

図3

問1　次の雨温図①～③は図3中A～Cの都市のいずれかのものを示しています。雨温図と都市の組み合わせとして正しいものを下のア～カから選び，記号で答えなさい。

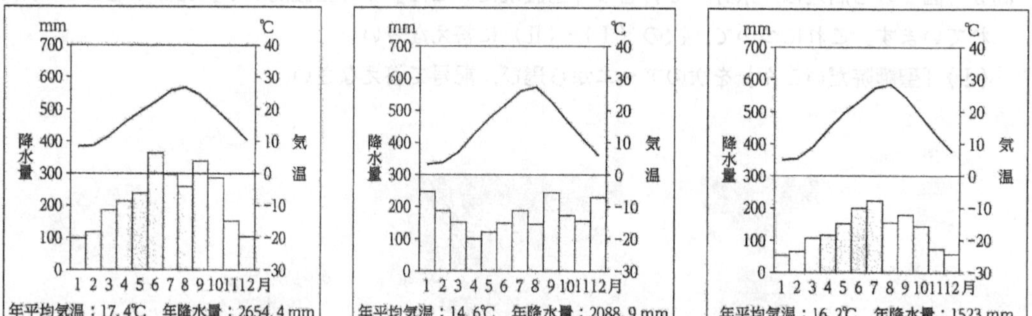

①　②　③

＊データはすべて2023年気象庁ホームページより作成

	ア	イ	ウ	エ	オ	カ
①	A	A	B	B	C	C
②	B	C	A	C	A	B
③	C	B	C	A	B	A

問2　次の〈Ⅰ〉～〈Ⅲ〉に答えなさい。

〈Ⅰ〉図3中のXで示した島の名称を答えなさい。

〈Ⅱ〉Xは全国的にも有名なタマネギの生産のほか，レタスやカーネーションの栽培(さいばい)が盛んな地域です，この島で行われている農業の形態として最も適切なものを次のア～エから選び，記号で答えなさい。

ア：高冷地農業　　イ：都市農業　　ウ：近郊農業　　エ：混合農業

〈Ⅲ〉昨年，国土地理院が日本の「島」の数え直しを行い，その数が2倍以上になりました。次の表1のア～エには「北海道・東北地方」，「関東地方」，「近畿地方」，「九州地方」のいずれかが当てはまります。また，表中の1位～4位は地方ごとに島の数が多い都道府県を示しています。これを見て，「近畿地方」にあたるものをア～エから選び，記号で答えなさい。

表1

	ア	イ	ウ	エ	中国・四国地方
1位	655	1473	635	1479	600
2位	540	861	244	1256	400
3位	203	666	97	691	396
4位	111	264	13	403	391
地方平均	215.6	501.1	141.3	574.9	272.3

注1）近畿地方は三重県を含み、福井県を含まない7府県で、九州地方は沖縄県を含む8県で集計
注2）都道府県境に位置する島については、またがる都道府県の数値にそれぞれ算入・集計

問3　近畿地方は林業が盛んな地域が多く，人工林の日本三大美林は「吉野」と「尾鷲(おわせ)」の2か所が近畿地方に存在しています。このうち，「尾鷲」について，この地域で生産されている樹種（木の種類）を次のア～オから選び，記号で答えなさい。また，その地域が存在する府県を図3のあ～きから選び，記号で答えなさい。

ア：サクラ　　イ：ヒバ　　ウ：ケヤキ　　エ：ヒノキ　　オ：スギ

問4　次のページの図4と図5はそれぞれ大阪にある空港周辺の地形図です。また，15ページの表2は2023年8月のある日に離発着する飛行機の旅客便数を時間帯ごとに集計したもので，表2の「空港ア」，「空港イ」は図4・5で示した空港のいずれかです。

図4の空港として正しいものをア・イのどちらかから選び，記号で答えなさい。また，そのように考えられる理由を下の【理由】カ～ケから1つ選び，記号で答えなさい。

【理由】

カ：大都市に近いため，空港の長時間稼働(かどう)が求められているから。

キ：周辺に広がる住宅地に対して，騒音や振動(しんどう)などに配慮(はいりょ)しているから。

ク：近年増えてきた，飛行機を利用しての通勤・通学に便利だから。

ケ：離発着の時間帯を分散させることで，空港の混雑を緩和(かんわ)させているから。

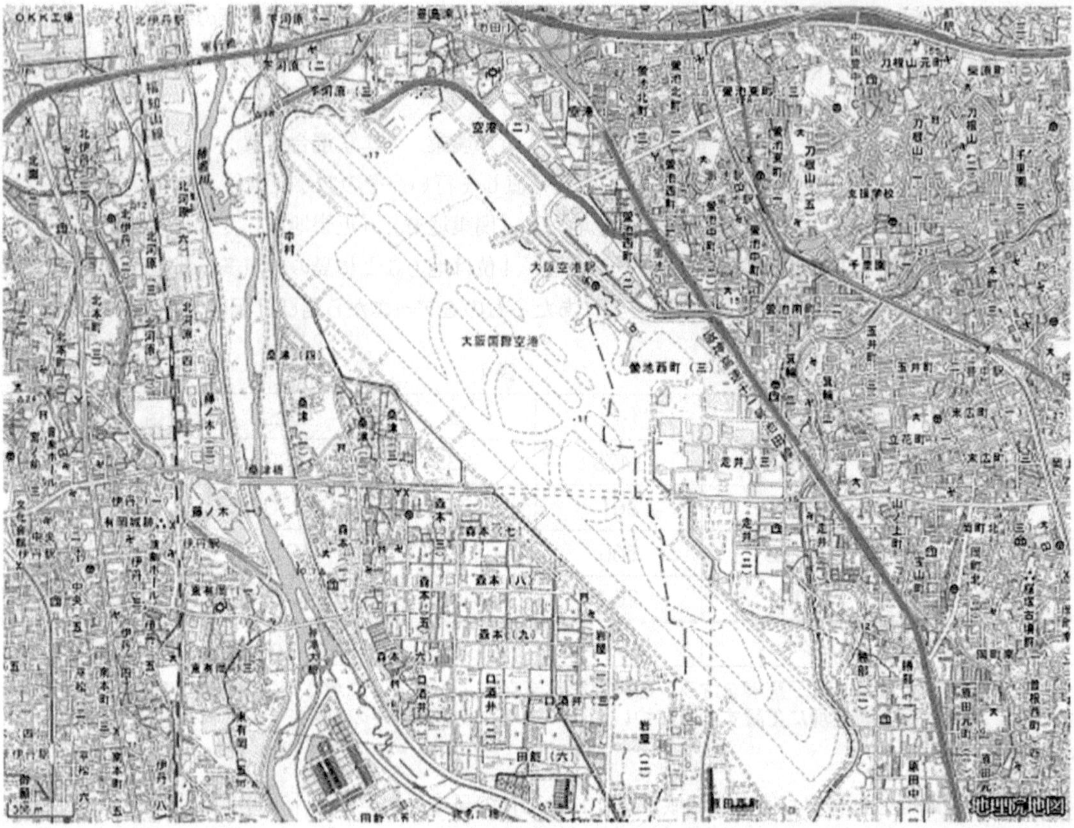

図４

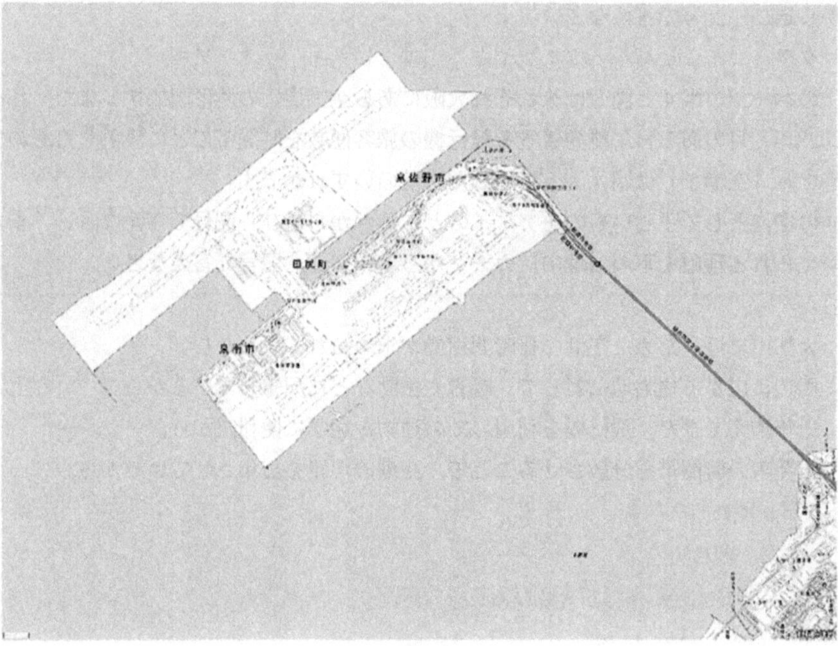

図５

＊地理院地図より作製
＊図４・図５の縮尺は異なる

表2

	時間帯	0時台	1時台	2時台	3時台	4時台	5時台	6時台	7時台	8時台	9時台	10時台	11時台
空港ア	出発便	–	–	–	–	–	–	–	26	14	15	16	18
	到着便	–	–	–	–	–	–	–	2	13	12	19	10
空港イ	出発便	1	–	–	–	–	–	4	9	11	17	14	16
	到着便	–	–	–	–	–	2	3	5	10	14	11	14

	時間帯	12時台	13時台	14時台	15時台	16時台	17時台	18時台	19時台	20時台	21時台	22時台	23時台
空港ア	出発便	12	13	14	13	14	17	23	5	–	–	–	–
	到着便	14	17	14	12	18	9	20	20	20	–	–	–
空港イ	出発便	13	13	12	12	17	13	15	13	13	6	2	5
	到着便	13	13	14	20	12	15	16	13	6	13	11	1

＊大阪国際空港・関西国際空港のホームページより作成

3 次の文章を読み，あとの問いに答えなさい。

> 夏休みに青山さんはクラブ活動でⓐ京都を訪れました。京都駅に降り立つと北側にはⓑ京都タワーがありました。次にたくさんのⓒ外国人旅行者がいることに気がつきました。行く先々では，さまざまな外国語が聞こえてきました。嵐山や鹿苑寺(ろくおんじ)（金閣寺）では外国人旅行者に道をたずねられたので地図などを使って説明をしました。

問1　下線部ⓐの場所で起きた歴史的なできごとを次のア～カからすべて選び，記号で答えなさい。

ア：戊辰(ぼしん)戦争最後の戦いの舞台となった。

イ：応仁の乱により焼け野原になった。

ウ：六波羅(ろくはら)探題がおかれた。

エ：生麦事件が起きた。

オ：江戸幕府の将軍徳川慶喜が大政奉還を行った。

カ：後醍醐(ごだいご)天皇が南朝をひらいた。

問2　下線部ⓑは平安京の「左京」地区の南端に近い位置にあります。京都タワーの展望室で京都駅を背にして周囲を眺めた時，平安京の内裏(だいり)（天皇の住まい）があったのは，どの方向と考えられますか。最も近いと考えられる方向を次のア～エから選び，記号で答えなさい。

ア：右ななめ前方　　イ：左ななめ前方　　ウ：右ななめ後方　　エ：左ななめ後方

問3　下線部ⓒに関連して，日本政府観光局（JNTO）によると，下線部ⓒの数は新型コロナウイルス感染症が世界的に流行し始めた2020年2月以降で初めて，2023年9月に200万人を超えました。次の〈Ⅰ〉・〈Ⅱ〉に答えなさい。

〈Ⅰ〉　下線部ⓒのような，外国から（自国へ）の旅行のことを何と呼びますか。正しいものを次のア～エから選び，記号で答えなさい。

ア：インバウンド　　イ：インクルーシブ　　ウ：インカム　　エ：インボイス

〈Ⅱ〉観光地において観光客が過度に集中し，地域住民の生活や自然環境に悪影響を及ぼしたり，混乱を招いてしまったりする状況を何といいますか。カタカナで答えなさい。

4 次の文章を読み，あとの問いに答えなさい。

日本の印刷の歴史はⓐ奈良時代の「百万塔陀羅尼」から始まります。764年に称徳天皇と対立した貴族が反乱を起こすと，天皇側は追討軍を派兵し鎮圧しました。その後，天皇は戦没者の冥福，国家の守護，安泰を祈り，「百万塔陀羅尼」をつくらせました。百万塔の中に納入された「陀羅尼経」は制作年代がわかり，かつ，現存するという点で世界最古のⓑ印刷物です。陀羅尼とは仏教経典の呪文を意味し，ⓒ法隆寺には3000点以上が伝存します。

＊印刷博物館資料より作成

問1　下線部ⓐに関連して，次の〈Ⅰ〉・〈Ⅱ〉に答えなさい。

〈Ⅰ〉 昨年，奈良県にある日本最大の円墳から盾形銅鏡と鉄剣（蛇行剣）が出土したことが公表されました。この円墳を次のア～エから選び，記号で答えなさい。

ア：石舞台古墳　　イ：富雄丸山古墳　　ウ：稲荷山古墳　　エ：高松塚古墳

〈Ⅱ〉〈Ⅰ〉の古墳がつくられたのは，4世紀後半といわれています。この前後のできごとア～エを年代順（古い順）に並べた時，1番目と4番目にあてはまるのはどれですか。それぞれ選び，記号で答えなさい。

ア：大仙（仁徳陵）古墳がつくられた。
イ：隋の皇帝である煬帝に倭から使者が送られた。
ウ：朝鮮半島の百済から仏教が正式に伝わった。
エ：奴国の王が漢に使いを送り，皇帝から金印を授かった。

問2　下線部ⓑで江戸時代に人気を博した浮世絵の説明として，正しくないものを次のア～エから1つ選び，記号で答えなさい。

ア：浮世絵の「浮世」とは現代風という意味で，浮世絵は当時の様子を題材にした絵である。
イ：多色刷りの版画で大量に印刷されたので，値段も安く，多くの人びとに買い求められた。
ウ：役者絵・風景画などが描かれ，葛飾北斎，近松門左衛門，歌川広重などの絵師が活躍した。
エ：浮世絵はヨーロッパの画家にも影響を与え，オランダのゴッホは浮世絵を集めていた。

問3　下線部ⓒについて，正しくないものを次のア～エから1つ選び，記号で答えなさい。

ア：聖徳太子が仏教を取り入れようとした蘇我氏のために建立した。
イ：1993年に日本で初めて世界遺産に登録された。
ウ：五重塔や金堂は国宝で，現存する世界最古の木造建築物である。
エ：冠位十二階が制定されたのと同時期の7世紀はじめに建立された。

5 次の文章を読み，あとの問いに答えなさい。

明治維新以来，日本は近代国家への道を歩み始めましたが，新政府は「五榜の掲示」において，江戸時代に引き続きキリスト教の禁教政策を継続していました。そうした中，条約改正のためⓐ欧米に派遣された政府の使節団は，交渉を始めるにあたって，行く先々でその政策について厳しい批判を受け，これをやめない限りは条約改正の交渉は難しいという見方を政府に伝えました。政府はこれらの批判も受け入れ，ⓑ1873年，キリスト教禁教の高札を撤廃し，実質的にキリスト教が認められるようになりました。

問1　下線部ⓐは，約2年に渡って欧米を中心とした世界を回り，近代的な政治制度や工業について調べた後，帰国しました。次の①・②にあてはまる人物を，あとのア～オからそれぞれ選び，記号で答えなさい。

①　使節団の団長　　②　使節団のメンバーに入っていなかった人物

ア：西郷隆盛　　イ：大久保利通　　ウ：木戸孝允（たかよし）　　エ：岩倉具視（ともみ）　　オ：伊藤博文

問2　下線部ｂについて，次の〈Ⅰ〉・〈Ⅱ〉に答えなさい。

〈Ⅰ〉同年のことがらを次のア～オからすべて選び，記号で答えなさい。

ア：学制　　イ：徴兵令　　ウ：地租改正条例　　エ：廃藩置県　　オ：西南戦争

〈Ⅱ〉同じ時期に政府を去った板垣退助らは，政府に「民撰（みんせん）（選）議院設立の建白書」を提出，国会の開設を要求しました。これがきっかけとなり，国民が政治に参加する権利の確立を目指す「(　1　)運動」が始まり，運動はやがて全国へと拡大していきました。

(　1　)に入る言葉を漢字4字で答えなさい。

6　青山学院中等部の近く（表参道）の交差点には次の文章が刻まれた碑（ひ）があります。この文章を読み，あとの問いに答えなさい。

> 和をのぞむ
>
> ⓐ太平洋戦争の末期、ⓑ昭和二十年五月、山の手地域に大空襲（くうしゅう）があり、
>
> 赤坂・青山地域の大半が焦土（しょうど）と化しました。
>
> 表参道では、ケヤキが燃え、青山通りの交差点付近は、火と熱風により
>
> 逃げ場を失った多くの人々が亡くなりました。
>
> 戦災により亡くなった人々を慰霊（いれい）するとともに、心から戦争のない
>
> 世界の平和を祈ります。
>
> 港区政六十周年にあたり、この地に平和を願う記念碑を建立します。
>
> 平成十九年一月
>
> 港区赤坂地区総合支所
>
> 区政六十周年記念事業実行委員会

＊一部 読みがなを入れています

問1　下線部ⓐについて，次の〈Ⅰ〉・〈Ⅱ〉に答えなさい。

〈Ⅰ〉下線部ⓐより前に起きた次のＡ～Ｃのことがらを年代順（古い順）に並べたとき，正しいものをあとのア～カから１つ選び，記号で答えなさい。

Ａ　満州事変が起こる

Ｂ　日独伊三国同盟を結ぶ

Ｃ　ドイツがポーランドに侵攻する

ア：Ａ→Ｂ→Ｃ　　イ：Ａ→Ｃ→Ｂ　　ウ：Ｂ→Ａ→Ｃ

エ：Ｂ→Ｃ→Ａ　　オ：Ｃ→Ａ→Ｂ　　カ：Ｃ→Ｂ→Ａ

〈Ⅱ〉下線部ⓐの説明として正しくないものを次のア～エから１つ選び，記号で答えなさい。

ア：日本はミッドウェー海戦で敗北し，戦況が悪化した。

イ：砂糖や米などの生活必需品は切符制・配給制となった。

ウ：学童の集団疎開が始まる。中学生以上の全員が工場などで働くようになった。

エ：日本がハワイのアメリカ軍やウラジオストクのソ連軍を攻撃して始まった。

問２　下線部ⓑの年に起きたできごととして正しくないものを次のア～エから１つ選び，記号で答えなさい。

ア：日本国憲法が公布される

イ：広島・長崎に原子爆弾が投下される

ウ：米軍が沖縄に上陸する

エ：国際連合が発足する

7　次の文章を読み，あとの問いに答えなさい。

厚生労働省の発表によると，2022年の合計特殊出生率＊は1.26で，2005年に並び過去最低でした。日本人の出生数は前年比で５％減少しており，ⓐ外国人を除く出生数が（　１　）を下回るのは1899年の統計開始以来初めてです。政府はこうした状況に対して，子どもや子育てに関する社会的問題の解決を一元化するため，こども家庭庁を創設させました。

一方，世界では人口が増加し続けています。国連の発表によると，昨年ⓑインドが中国を抜き，人口世界一になりました。

＊一人の女性が生涯のうちに産む子どもの数の平均のこと

問１　文中の空欄（１）に当てはまるものを，次のア～エから選び，記号で答えなさい。

ア：60万人　　イ：70万人　　ウ：80万人　　エ：90万人

問２　皆さんが生まれた2011年や2012年の年間出生数（日本における日本人の出生数）に最も近いものを次のア～エから１つ選び，記号で答えなさい。

ア：95万人　　イ：105万人　　ウ：115万人　　エ：125万人

問３　下線部ⓐについて，日本で生活したり，働いたりしている外国人に関連して，正しくないものを次のア～エから１つ選び，記号で答えなさい。

ア：日本で暮らす外国人は総人口の約2.5%（2022年末時点）を占め，そのうち最も多い国籍・地域はベトナムである。

イ：昨年，改正入管難民法が成立し，難民認定を申請中でも一部送還が可能となった。

ウ：日本は，ロシアによる侵攻から逃れてきたウクライナ人を難民とは別の枠組みで受け入れている。

エ：日本は難民認定の基準が厳しく，その認定率が著しく低い。これに対し，諸外国から基準の緩和を求められている。

問４　下線部ⓑの国について，次の〈Ⅰ〉・〈Ⅱ〉に答えなさい。

〈Ⅰ〉首相名をカタカナで答えなさい。（フルネームでなくてよい）

〈Ⅱ〉インドは現在，世界のIT業界において存在感を示しています。このように発展した理由として正しくないものを次のページのア～エから１つ選び，記号で答えなさい。

ア：長く続いた身分制度の影響(えいきょう)を受けない，新しい分野の職業に優秀な人材が集まったから。
イ：アメリカと約半日の時差があり，アメリカ企業による24時間体制での開発などが可能だったから。
ウ：過去にイギリスの植民地であったため，英語を話すことのできる人が多かったから。
エ：識字率が高く，独自の数学（算数）教育がほとんどの国民に行き届いていたから。

ア　なんとしても慎吾にバスケ部へもどってもらいたかった
イ　慎吾の退部の真相をなんとしても直接聞き出したかった
ウ　楽しんでいたこの場をどうにかしてごまかしたかった
エ　急に慎吾がバスケ部にいた昔に戻ったようで嬉しかった

(9)　――⑪「気まずさをまぎらわせている」とありますが、それはなぜですか。

ア　本当は自分もバスケをしたいがここで無理をするとこれまでの苦労が水のあわになってしまうから
イ　せっかくバスケ部の仲間が輪の中に入れてくれたのに気が付くと話すことがなくなってしまったから
ウ　どのタイミングで体育館からぬけ出そうかと昔の仲間の様子を観察していることが見すかされるから
エ　昔の仲間が自分の足を気遣いながらこの機会に謝罪しようとしていることに気づいてしまったから

(10)　――⑫「みんなの反応」とありますが、それに当てはまらないものはどれですか。

ア　慎吾のうそを受け入れるようによそおうこと
イ　慎吾のずるさを厳しく責めたてること
ウ　慎吾のすなおな気持ちを冷たくあしらうこと
エ　慎吾の行いに心からがっかりすること

(11)　この後、慎吾が吹奏楽部に入部するかどうかを決めるに当たって、本文での出来事から心に誓(ちか)ったことはどのようなことだと考えられますか。「信頼」「困難」という言葉を必ず使って、四十五字以上五十字以内で答えなさい。

正直、ぼくはみんなのことを疑っていた。あいつは怪我を理由にしてバスケ部から逃げた。そう思われているんじゃないかと想像して怖かった。

だけど、そんなことはなかったんだ。ぼくはずっと自分の本心を疑い続けていたのに、みんなはいまでもぼくのことを信頼してくれていたんだ。

ありがとう、とぼくは心からみんなに感謝した。なにいってんだよ、と雅人が茶化すようにぼくの肩を揺さぶってくる。

「……もっとみんなとバスケをしてたかったな」

みんなの顔を見ていたら泣いてしまいそうで、ぼくはステージの床を見つめてつぶやいた。

退部から半月以上がたってようやく、ぼくは自分のほんとうの気持ちに気がついた。

（如月かずさ『給食アンサンブル2』光村図書出版）

(1) ――Ⓐ「激しい運動をしなければ痛まないからだいじょうぶです。ありがとうございます、心配してくれて」に使われている表現技法をひらがなで答えなさい。

(2) ――Ⓑ「ぼくは辻井先生から視線をそらした」とありますが、左の文章はその理由を説明したものです。（　）に入る語句を――Ⓔより前の本文中から二十二字で探し、はじめの五字を書きぬきなさい。

（　）という「うしろめたさ」があったので辻井先生から視線をそらした。

(3) Ⓒ・Ⓓについて以下の問いに答えなさい。

① Ⓒに入る表現を答えなさい。

ア 戸惑い　イ 寂しさ　ウ 嬉しさ　エ 驚き

② Ⓓに入るひらがな一字を答えなさい。

(4) ――Ⓔ「いまのぼくにはもう、その勇気がなかった」とありますが、そのことが具体的な言動となっている表現は本文中に何度も見られます。その中で最初に描かれている言動をふくむ一文を探し、はじめの五字を書きぬきなさい。

(5) ――Ⓕ「辻井先生の顔には、滅多に見せないやさしい笑みが浮かんでいた」とありますが、辻井先生の提案はどのような働きかけになりましたか。

ア 怪我が治ったらできるだけはやくバスケ部に復帰する決意を改めて固める。

イ 「ぼく」が先輩を避けている気持ちを優先して同級生を事前に集めておく。

ウ バスケ部を辞めた理由が自分でもよく分からない「ぼく」の気持ちを整理する。

エ どちらの道に進むか決めきれない「ぼく」の心の弱さにあきれ決断を催促する。

(6) 次の一文は、【Ⅰ】～【Ⅳ】のうち、どこに入りますか。

もうこの放課後の体育館に、ぼくの居場所はない。

(7) ――Ⓖ「水くさいこと」を左のように言いかえたとき、「○◇○◇」に当てはまるひらがな四字を答えなさい。ただし○と○、◇と◇はそれぞれ同じひらがなが入ります。

○◇○◇しいこと

(8) ――Ⓗ「遠慮する暇もなく、ぼくは体育館の中に連れこまれてしまった」とありますが、この時のバスケ部員たちの思いを答えなさい。

ながぼくに気を遣ってくれているからだ。その証拠に、ぼくの脚や退部のことには、だれも触れようとはしない。【Ⅳ】

しばらく話したところで、ふいに会話が途切れた。一年生がスリーポイントシュートを決めて歓声をあげた。ぼくがそっちに注目するふりをして、①気まずさをまぎらわせていると、満が「慎吾」と話しかけてきた。不安をこらえるような、硬い表情で。

「おまえの脚のことを聞いたときから、謝らないとずっと思ってたんだ。成長痛だろうなんて適当なことをいって、ほんとうに悪かった。あのときすぐに病院に行くようにすすめてれば、部を辞めなくてすんだかもしれないのに……」

「えっ、そんなの謝ることないよ。ぼくだって、自分の脚が退部しなきゃいけないほどひどい状態になってるなんて思ってもいなかったんだから」

慌ててそういいかえしても、満の顔は晴れなかった。満だけじゃなくて、ほかのみんなもおなじように沈んだ顔をしていた。

バリーがおずおずとぼくにいった。

「けどよぉ、慎吾、最近ずっとおれらのことを避けてたろ。だからやっぱそのことで怒ってんじゃないかと思ってよぉ」

「誤解だよ！　ぼくがみんなと顔を合わせづらかったのは、ただ、バスケ部を辞めたことがうしろめたかったからなんだ」

口にした瞬間に、いってしまった、と思った。うろたえているぼくに、バリーが首を傾げて聞きかえしてきた。

「なんでだよ。退部は脚のせいなんだからしょうがないだろ。うしろめたさなんて感じる必要ないじゃん」

ほんとうのことを、正直に話さなくちゃいけない。たとえみんなに軽蔑されたとしても。そうしなければ、きっとこれからもみんなに、ぼくのことで責任を感じさせてしまう。

仲間たちの視線から逃れてうつむくと、ぼくはおそるおそるそのことを明かした。

「たしかに、脚のせいなんだけどさ。親とか医者に退部をすすめられたとき、ぼくははっきり嫌だっていわなかったんだ。続けようとしていれば、続けられたかもしれないのに。だからもしかするとぼくは、心の底でバスケ部を辞めたがってたのかもしれないって、そう思ってるんだよ。いくら練習してもみんなみたいにうまくなれないから、それがつらくて部活から逃げたんじゃないか、って……」

言葉を終えたあとも、ぼくは②みんなの反応が怖くてうつむいたままでいた。ぼくがびくびくしながら沈黙に耐えていると、満が最初に口を開いた。

「慎吾はそういうことはしないだろう」

それはまるで、ぼくがなにかおかしなことをいったかのような口調だった。驚いて顔を上げると、満は明らかに戸惑った表情を浮かべていた。

雅人が「だよな」と相槌を打ってぼくの顔を見た。

「おまえ、本気でそんなこと気に病んでたのかよ。おまえみたいに真面目で練習熱心なやつが、まだ頑張れるのに怪我のせいにしてあきらめたりするわけないだろ」

バリーともっさんもしきりにうなずいていた。その反応を目にしたとたん、胸の底から熱いものがこみあげてきた。

「それじゃあ」と職員室に入っていってしまう。

職員室の戸が閉められたあとで、ぼくはバスケ部のみんなが練習をしている体育館のほうを振りかえった。

体育館の床で、バスケットボールが弾む音が聞こえてくる。部活を辞めてまだ半月ちょっとしかたっていないのに、ぼくにはその音がやけに懐かしく聞こえた。【Ⅰ】

放課後の体育館を訪れるのは、退部のあいさつをしにいったとき以来だった。まだバスケ部のみんなと話をする決心がつかなくて、ぼくはこっそり体育館の中をのぞいてみた。

体育館の中では、バスケ部がすでに練習を始めていた。雅人も、バリーも、もっさんもいる。残りの部員は全員新入生だ。すごい、八人もいるじゃないか。これなら三年生が引退しても、部員不足に悩むことはなさそうだ。

雅人がおもしろいことをいったのか、一年生たちが笑いだした。雅人、愉快ないい先輩をしてるみたいだな。ぼくが退部する前は、新入部員の指導なんてめんどくさいとかいってたのに。

先輩らしく振る舞っている仲間の姿をながめているうちに、ぼくはたまらなく寂しくなった。【Ⅱ】

様子を見にきたりなんてしなければよかった。そう後悔しながら、ぼくはその場を立ち去ろうとした。ところがそのとき、姿の見えなかったもうひとりの二年生部員の満が、ちょうど体育館にやってきた。用事があって遅れたんだろうか。満はまだ制服姿で、ぼくを見て驚いた表情を浮かべていた。

「やっぱり慎吾か。こんなとこでのぞいてないで、中に入ればいいのに」

「いっ、いや、練習の邪魔をしちゃ悪いと思って……」

「そんな気を遣うことないだろ。おい、慎吾がきてるぞ！」

満が体育館の中に向かって声をかけると、すぐに雅人が飛んできた。もっさんとバリーもそのあとから駆けてくる。

「慎吾、この薄情者！　たまには顔見せろよなあ。寂しいだろ！」

「ご、ごめん。けど、退部したのに練習に顔を出すのは気が引けて……」

「Ⓖ水くさいこというなよ。とにかく中入れって」

Ⓗ遠慮する暇もなく、ぼくは体育館の中に連れこまれてしまった。

【Ⅲ】

体育館のステージにみんなと輪になって座ったものの、どんな話をしたらいいかわからず、ぼくはミニゲームをしている一年生たちを見ていった。

「新入部員、たくさん入りそうでよかったね」

「おう、勧誘頑張ったからな。それより慎吾は最近どうなんだよ。おまえのクラス、担任チャラ井だろ。あの人ちゃんと担任とかやれんの？」

「まあ、思ったよりちゃんとやってくれてはいるんだけど、やっぱり辻井先生のほうがよかったなあ」

それからぼくたちは自分のクラスのことや最近のできごとについて話をした。ぼくがまだバスケ部にいたころの、練習前や休憩時間とおなじように。

なのにぼくは仲間たちとのあいだに、これまではなかった距離を感じていた。

それはきっと、ぼくがみんなに隠していることがあるから。そしてみん

けど、もともとの体力のなさや運動神経の悪さをカバーすることはなかなかできなかった。仲間たちの中で、ぼくだけが取り残されていくように感じて、つらくなることも次第に多くなっていった。

だから退部をすすめられたとき、ぼくはあえて抵抗しなかったんじゃないだろうか。脚のことを理由にして、部活の苦しさから逃げたんじゃないだろうか。自分の意志で退部を決めたわけじゃないから、自分があのときほんとうはどうしたかったのか、ぼくはいまだにわからないでいる。

【中略】

翌週の放課後、教室で日直の仕事をしていたら、高城くんに話しかけられた。

「大久保、また吹奏楽部の見学にこないか？」

「あっ、きょうは用事があって……」

ぼくは反射的に嘘をついていた。高城くんは「そうか、じゃあしかたないな」と残念そうに教室を出ていった。

結局ぼくが吹奏楽部の見学に行ったのは一回きりだ。何度も見学に行ったら、入部を断れなくなりそうな気がして不安だった。たのしそうな部だな、とは思ったから、去年のぼくだったら入部を決めていたかもしれない。けれどⒺいまのぼくにはもう、その勇気がなかった。

書き終えた日誌を職員室に届けて廊下に出ると、そこでぼくはまた辻井先生に会った。あいさつだけしてすれ違おうとすると、「そういえば」と辻井先生がぼくを呼び止めた。

「大久保、吹奏楽部には入部することにしたの？」

「いえ、まだ迷ってるんです。あんまり自信がなくて……」

急に尋ねられたせいか、思わず本音がこぼれてしまった。ぼくのその返事に、辻井先生が首を傾げて聞きかえしてくる。

「未経験者だからってこと？　それなら新入生といっしょに丁寧に教えてくれるだろうから、心配はいらないと思うけど」

「未経験者っていうのもあるんですけど、それよりぼくは、バスケ部も辞めちゃったから」

「バスケ部はべつに辞めたくて辞めたわけじゃないでしょう」

「それは、そうだと思うんですけど……」

ぼくは歯切れの悪い声でこたえてうつむいた。

ほんとうにそうなんだろうか。もともと辞めたいと願っていたから、脚の故障を理由にして退部したんじゃないだろうか。

それがわからないから、ぼくは自分を信じられなくなっていた。吹奏楽部に入部しても、思うようにうまくなれなかったら、ぼくはまた逃げだそうとするかもしれない。いや、きっとそうなる気がする。ぼくはたぶん、そういうやつだから……。

自分に嫌気が差して、ぼくが制服のひざを見おろしていると、辻井先生がふいに尋ねてきた。

「退部してから、バスケ部の仲間には会った？」

「いや、なんとなく会いづらくて……」

「そういわずに、たまには顔を見せてやったら。きょうの六時間目、三年生は臨時の学年集会だったんだけど、それがまだ長引いてるみたいだから、いまなら先輩と顔を合わせずに部の仲間と話せるよ」

そう告げるⒻ辻井先生の顔には、滅多に見せないやさしい笑みが浮かんでいた。けれどぼくが驚いていると、すぐにその笑顔を引っこめて、

校舎の玄関を出たところで、ぼくはなんとなく足を止めた。そしてほとんど散ってしまった校舎前の桜並木をぼんやりながめていたら、「大久保」とだれかになまえを呼ばれた。

声をかけてきたのは、一年生のときの担任の辻井先生だった。しょっちゅうしかめっつらをしていて、ぶっきらぼうなしゃべりかたをする女の先生だけど、しかめっつらでもべつに怒っているわけじゃないことは、一年間のつきあいで知っている。

「ずいぶん帰るのが遅いけど、委員会の仕事でもしてた？」

「いえ、小宮山さんに誘われて、吹奏楽部の見学に行っていて……」

「ああ、部活見学。吹奏楽部は部員不足だって聞いたから、入部してあげたら喜ばれるんじゃない？」

辻井先生はそうすすめてから、ぼくの脚を見おろした。

「ひざの具合は、その後どう？」

「Ⓐ<u>激しい運動をしなければ痛まないからだいじょうぶです。ありがとうございます、心配してくれて</u>」

「そうか、それならよかった。だけど、バスケットを続けられなかったのは残念だったね」

はい、とこたえながら、Ⓑ<u>ぼくは辻井先生から視線をそらした。</u>

バスケ部を辞めてから、何人もの相手におなじようなことをいわれた。だけどぼく自身はほんとうに、残念に思っているんだろうか。

そのとき、五時を知らせるチャイムの音が聞こえた。それを耳にした瞬間、ぼくはふいに思いだした。バスケ部の練習は、たいていこのチャイムのあとで休憩時間になる。休憩中には、ここからも見える水飲み場にみんなでやってくることも多い。

「あのっ、これから病院に行かなくちゃいけないので、失礼します！」

ぼくはあたふたとお辞儀をしてその場を立ち去った。急に早足であるきだしたせいか、右ひざにズキッと痛みを感じた。

家に帰ると、ぼくはすぐに制服を着がえて病院に出かけた。ぐずぐずしていたら診察が終わるころには部活も終わって、帰り道でバスケ部の仲間と顔を合わせてしまうかもしれない。

バスケ部を辞めてから、ぼくは同級生の部員のみんなと会っていなかった。携帯電話を持っていないから、連絡を取りあってもいない。二年生になって、自分のクラスにバスケ部のメンバーがひとりもいないことを知ったときは、［Ⓒ］より［Ⓓ］っとする気持ちのほうがたぶん強かったと思う。

バスケ部のみんなを避けているのは、部を辞めたことにうしろめたさがあるからだ。ぼくが退部したのは、脚の故障が原因だった。医者にも親にも部活を辞めることをすすめられた。だけど、絶対に辞めたくないと強く抵抗していれば、どうにかしてひざをかばいながら、まだ部活を続けられていたかもしれない。

その道を選ばないで、まわりにすすめられるままに退部を決めてしまったのは、ぼくが心の底でバスケ部を辞めることを望んでいたからじゃないだろうか。退部をしてからずっと、ぼくはそんなふうに自分の心を疑い続けていた。

仲のいい同級生のみんなといっしょの部活はたのしかった。けれどそのみんながどんどん上手になって、大会でも活躍しているのに、ぼくは試合中もほとんどベンチに座ったままだった。

みんなに追いつこうとして、ぼくなりに必死に練習に打ちこんでみた

ア　自分の主張を最初から強く相手へ伝えなければ、互いに共感できる可能性や機会を失ってしまうから。

イ　まず自分語に翻訳して、相手を尊重して理解を深めて初めて、議論をうまく誘導できるようになるから。

ウ　相手を知ろうとする態度を示さずに議論を始めると、巧みな相手の誘導に乗って議論に勝てないから。

エ　自分との共通点や違いを明確にし、それを受け入れて初めて、ようやく議論を始めることができるから。

(5)　――Ⓓ「はやる」を言い表す擬態語として、最も適切なものはどれですか。

ア　もやもや　イ　はらはら　ウ　うずうず　エ　いらいら

(6)　――Ⓔ「不本意だけど相手の〝正しい〟に同調する」を説明するものとして、最も適切なものはどれですか。

ア　相手が自分の意見との相違点を認めるものの、相手の〝正しい〟意見に飲み込まれてしまう。

イ　必ずしも自分と符合するわけではないが、言葉巧みな誘導により相手の〝正しい〟を信じる。

ウ　意見を聞かれぬまま、一方的に相手の〝正しい〟主張を聞き、その論調に気圧され賛同する。

エ　相手と違う意見だったが、相手の〝正しい〟意見を受け入れ、結果的に自分が折れてしまう。

(7)　――Ⓕ「そうか、この人はこういう人だな!」と決めつけがちですのように、一方的にその相手の人となりや能力に評価をつけることを慣用表現で何と言いますか。□に当てはまるカタカナ四字を答えなさい。

□を貼る

(8)　この文章の内容として正しいものはどれですか。

ア　自分が相手との議論や意見交換を無益だと感じるのであれば、双方の間には望ましい関係が構築できていないということに等しい。

イ　まるっきり自分と考える方向性が違う人と出会ったとしても、話を聞くことによって、新たな関係性を構築することが可能である。

ウ　相手のことを極力知ろうと努め、議論の末に言葉で相手を納得させることができる人が、コミュニケーション能力の高い人である。

エ　互いに意見を何度も交わす中で良好な関係を構築し、同じ意見を持つようになって初めて相手とわかり合えたということができる。

五　次の文章を読み、あとの問いに答えなさい。

「ぼく」こと、大久保慎吾は中学一年の終わりにバスケ部を「ある理由」から退部した。そして二年生になり、クラスメイトの小宮山さんに誘われて、吹奏楽部の見学をすることになる。見学中は部長の日置先輩や同じクラスの高城君のおかげで、気持ちが少し吹奏楽部に傾き始めていた。

五時前に見学を切りあげて、ぼくは音楽室をあとにした。

吹奏楽部は練習中もなごやかなふんいきで、先輩と後輩の距離も近くて、それがなんだかとても魅力的に見えた。二、三年生の演奏を聴きながら、あんなふうに楽器を弾けたらきっとたのしいだろうな、とも思った。けれど帰り際、また見学にきてね、と声をかけてくれた日置先輩たちに、ぼくは曖昧な笑顔をかえすことしかできなかった。

なことを考える。

この発想は、「Ⓔ不本意だけど相手の〝正しい〟に同調する」のとはずいぶん違うでしょう。

コミュニケーションとは、こういうものなんです。相手の話をしっかり聞いて、この人は自分と根本的に異なる哲学を持っていると知ることができたら、〝正しい〟を押しつけ合うなんて無益なことはせずにすみます。

相手を知るために話を聞き、自分が感じたことを相手にぶつけて、納得のいく関係を築きましょう。

人の話を聞くと、もう一つ大切なものを手に入れることができます。

それは、「自分自身の考え」です。

そんなバカな、と思わないでください。

自分の考えというのは、もともとはあいまいなものです。いろんな経験をしたり、人とあれこれ話したりすることで、徐々に形になっていきます。

あるテーマで他人の意見を聞き、それを「自分語」に翻訳しつつ、心の声に耳を澄ます。

その通り！

それは違うな！

そういう繰り返しで、漠然としていた自分の考えに目鼻がついてくるのです。

最初は意見が異なっていたのに、話を聞いているうちに同調することだってあります。本当に納得できるのであれば、それもいい。

いずれにしても、コミュニケーションをしっかりと行っていれば、自分の考えが鮮明になります。鮮明になっていないようなら、まだまだコミュニケーション不足だということかもしれません。

でも、相手がどういう人なのかは、できるだけ早く知りたいものです。

なので、話をしていて何かひらめくと、Ⓕ「そうか、この人はこういう人だな！」と決めつけがちです。

でも、よくよく相手と話をしても、理解できたのは、まだほんの一部です。

だから、間違っても「キミがどういう人かわかった」などと言わないように。たとえ友人であっても、そんなふうにまとめられたら嫌でしょ。

そんな簡単にわかられてたまるか！と言いたくなるでしょ。

だから、物事も人も簡単に決めつけない。それは、あなたの脳内で弾けた〝正しい〟を疑う理由でもあります。

（真山仁『〝正しい〟を疑え！』岩波ジュニア新書）

(1) ――Ⓐ「意見」を言いかえた表現を本文中から六字で探し、書きぬきなさい。

(2) Ⅰ・Ⅱ・Ⅲ に適切な接続詞を次の中から選び、記号で答えなさい。ただし、同じ記号は二度使えません。

ア すると　イ たとえば　ウ つまり　エ さらに
オ ところで

(3) ――Ⓑ「聞く」をより詳しく説明した表現を本文中から二十五字で探し、はじめの五字を書きぬきなさい。

(4) ――Ⓒ「いきなり議論や意見交換を始めようとはしないでください」と筆者が忠告する理由は何だと考えられますか。

よくわからないんだけど、ギターでソロ演奏するハイな気分みたいなものかな？」と尋（たず）ねればいいんです。

一瞬（いっしゅん）、意外そうな顔をされたとしても、あなたがバンド活動をしていると事前に伝えておけば、相手は「そうかも」と共感してくれるかもしれません。

もう一つピンとこないようなら、「それって、どんな感じ？」と尋ねてくるでしょう。今度はあなたが、自分の興奮を素直（すなお）に話せばいいんです。

このように少しずつ接点を見つけ、共感を探していくやりとりを重ねると、徐々（じょじょ）に相手への理解が深まっていきます。

相手を理解するというのは、相手と同じ考えを持つことではありません。また、理解しただけでは、わかり合えたことになりません。

「理解した」とは、ある分野で相手がどういう意見を持っているかがわかっただけです。

その結果、同意できる点とできない点が見つかるはずです。

まずは、双方が同じ考えだとわかった点について、相手に伝えましょう。

そのときに共感が生まれます。他人の考えと隅（すみ）から隅まで同じということは、ありえません。でも、すべての価値観が異なるというのも稀（まれ）なのです。

コミュニケーションを進めるためには、共感が基盤（きばん）となります。その共感を深めることで、互いにわかり合える部分ができる。それを支えに、異なる価値観について意見交換をしていくと、相手を敵視したり、「絶対にわかり合えない」と決めつけたりするのを避（さ）けることができます。

決めつけたり、相手の言葉や考えを遮断（しゃだん）したりする、その瞬間に、コミュニケーションは終わります。

可能な限り、そういう事態を避ける。最終的に理解し合えない点が多いという結論に至ったら、互いの関係をどうしようかと考えればいいのですから。

コミュニケーションを始めた段階で大切なのは、こういう人なんだと認められるだけの情報交換をすること。それで十分です。

話をしていると、徐々に相手のことがわかってきます。また、どのような関係になるかも見えてきます。【中略】

他人を理解したいとき、共通項（きょうつうこう）を探すことから入ると、親しみが湧（わ）くし、相手の理解も早い。

私はたいていそういう姿勢で初対面の人に接しますが、相手の素顔がなかなか見えてこない場合もあります。

一見同じだと思っていたのに実は根幹で違ったと気づいたときの衝撃（しょうげき）ときたら、もうお手上げですね。

そんなときは、とにかくその違いをすべて受け入れることです。

「この人とは根本的にはわかり合えない」と納得すれば、そこから先は相手のことが「とてもよくわかる」ようになります。

なぜなら、根本的な価値観が違うから、その人の言動に共感できるわけがないという構えができるからです。

また、そういう発想をする人なら、こんな説明を受け入れてくれるかもしれないというアプローチ法も浮（う）かびます。

相手を説得しようとしても無駄（むだ）だから、双方は別物という前提で可能

りとりは成立しませんからね。

そのために、まず相手の話を聞きます。

相手が話し好きであれば、あなたは聞き手に回りましょう。相手がどういう考えや価値観を持っているのかをじっくり拾い、自分自身の考えや価値観と照らし合わせていきます。

［Ⅱ］、第一印象とは異なる相手の素顔が見えてきます。それによって、コミュニケーションの方法も決まっていきます。

でも、引っ込み思案で積極的に話さない人もいますよね。その場合は、あなたから話を切り出してみましょう。

そのときに心がけるのは、相手を知るための質問です。自己紹介から始めるのもいいでしょうが、それは相手が話しやすい雰囲気をつくるためです。

Ⓒいきなり議論や意見交換を始めようとはしないでください。互いについて語り合い、相手を知ることに徹します。

コミュニケーションを苦手だと感じるのは、この準備を怠っている場合が多いようです。

自分を知ってもらいたい、意見を聞き入れてもらいたい、その気持ちはわかります。でも、Ⓓはやる心を少しこらえて、まずは相手を知る――。

コミュニケーションは、そこから始まります。

話を聞くだけでコミュニケーションが上手になるなら、誰だってできそう。

そうなんですが、そうでもない。聞き方にコツがあるのです。

たいていの場合、初対面の人の話をすんなり理解するのは難しいものです。生きてきた環境が違い、そもそもどんな人かもわからないわけですから。何げなく聞いていると、半分も理解できないことがあります。

ただ聞き流しているだけでは、面と向かっていても、相手を知るために聞いているとは言えません。

じゃあ、どうすればいい？

話を聞きながら、脳内で自分の言葉に「翻訳する」んです。

［Ⅲ］、あなたは、スポーツはあまり得意ではなく、友人たちとのバンドでギターを弾いているとしましょうか。

話の相手はバレーボールに夢中で、アタッカーとして頑張っている人だとします。

仲間がレシーブしトスしたボールを、アタッカーとして打つ瞬間の緊張と興奮を話してくれます。相手の口調から、アタックの瞬間をいかに素晴らしいと感じているかはわかりますが、漠然としたものです。

そこで、相手の興奮をギターを演奏している自分自身に置き換えてみてください。

アタックの瞬間とは、ライブ中にあなたがギターのソロ演奏を務めるとき、に近いのではないでしょうか。

そう考えると、その興奮が一気に「自分ごと」として感じ取れます。

相手の話を、自分が理解できる言葉や風景に置き換える、これを「自分語にする」と定義しましょう。その瞬間、あなたと相手は急接近します。

これこそが、私の言う「聞く」ことなのです。

そんなの難しそうだな、と思うかもしれませんね。自分語への翻訳が正しいかどうかもわからないし。

そんなときは、話の切れ目を見計らって、「私はバレーボールのことは

ア　芸術や文化は人類を進化させるだけでなく、直面する困難を乗り越えるためのものだから。
イ　芸術や文化は歴史的な価値はあるものの、個人の生き方に影響を与えるものではないから。
ウ　芸術や文化は人々に感動などを与えるが、人類が子孫を残すことには影響を与えないから。
エ　芸術や文化は人間の心を動かすものだが、人間の寿命をちぢめてしまう性質のものだから。

(4)　[Ⓓ] に入る語を本文中から四字で書きぬきなさい。

(5)　――Ⓔ「妥当」はどのような意味で使われていますか。
ア　適切なこと　イ　常識的なこと
ウ　変わらないこと　エ　価値あること

(6)　――Ⓕ「ミームは私たちの脳のメモリをめぐって競争をしています」とありますが、それはなぜですか。「から」に続くように、本文中から十六字で探し、はじめの六字を書きぬきなさい。

(7)　本文の内容と合っているものを二つ選びなさい。
ア　すべての生物が社会を存続するために能力を身につけているように、人間はミームを使って社会を維持している。
イ　複雑な情報処理が可能な脳という器官があったため、ミームは「増えて遺伝するもの」として生まれることができた。
ウ　小説や漫画、ゲーム、科学も前の世代を参考にして、新しい要素が付け加えられながら継承され、進化してきた。
エ　ミームは人間の脳の構造に大きな影響を与え、人間はミームから感動を得るという相互に補い合う関係を築いてきた。
オ　未来に出現するミームは予測可能であり、新しい芸術や文化として人々に引き継がれていくことがわかっている。

四　次の文章を読み、あとの問いに答えなさい。

コミュニケーション能力、いわゆる「コミュ力」とは、弁が立つことだと考えている人が多いと思います。

言葉で相手を納得させたり、時には言い負かす力がある、そういうイメージですね。

でも、それは間違いです。

言葉巧みに相手を誘導する人を見ると、羨ましいと思うかもしれませんが、この「言葉巧み」というのが曲者です。

早口でまくし立てたり、相手の反論を徹底的につぶしたりする人は、議論では勝てても、相手の信頼を得られないことがあります。なぜなら、自分の主張を押しつけているだけだからです。

そもそもコミュニケーションとは、一方通行ではありません。自分と他者がⒶ意見を交換して、理解し合うことです。

[Ⅰ]、言いくるめられるのとは別次元の「納得」がなければ、コミュニケーションが成立したことにはなりません。

そのために重要なのは、話す力ではなく、実はⒷ聞く力なのです。「聞き上手は、話し上手」と、昔から言われています。それには理由があります。

コミュニケーションの第一歩は、相手がどういう人かを知り、何を考えているのか探ることです。

自分の考えと同じ点、違う点がわからなければ、双方が納得できるや

もと人間が持っている脳の構造に一番よく適応した形へと進化することはできるはずです。つまり、人間が寝ても覚めてもそのことしか考えられないくらいに魅力を感じたり、他の人にも魅力を伝えたくなるように進化するはずです。まさに、私たちが夢中になっている文化や芸術（映画、小説、漫画、ゲームなど）に該当するのではないでしょうか。

　そして、こうしたミームたちが、私たちに生きがいをもたらしてくれるのもⒺ妥当なことです。なぜなら、生きがいをもたらすようなミームほど、そのミームの宿主の人間はなんとか長生きして、そのミームをより魅力的にしたり、多くの人にそのミームを広めることに貢献してくれるはずだからです。ミームの側からすれば優秀な宿主となります。したがって、ミームはどんどん人間にとって、それなしでは生きていけないようなものとなっていくはずです。その意味で私たち人間はミームと共生しています。人間は脳というミームが存在する場所を提供し、ミームは私たちに生きがいを提供してくれています。相互補完的な関係です。

　こうした文化や芸術というミームを維持し発展させていくことは、人間にしかできません。文化や芸術は、人間の持つ複雑な情報処理が可能な脳という器官があることで、初めて生まれて増えることが可能になったものです。まさに人間らしい行為だと言えるでしょう。こうした作品の制作に参加する、あるいは一人のファンとして作り出すサポートをすることによって、私たちは他の生物とは違う生き方ができるかもしれません。

　さらに、こうした芸術や文化が魅力的なのは、どうなっているのか予想もつかずワクワクできるところです。生物としての人間の未来は、だいたい予想ができます。ただ長生きになって地球外へ広がっていくだけです。しかし、芸術や文化は、どんな新しいものがでてくるのかは予想もつきません。Ⓕミームは私たちの脳のメモリをめぐって競争をしています。その競争に勝った最も増えやすい（つまり魅力的な）ミームが進化します。未来に出現する作品は、今私たちが知っているどの作品よりも魅力的なものとなるはずです。

　私たち人間は、増える有機物質が作り出したひとつの現象です。【中略】同じく増えるものであるミームとともに、予想もつかず、魅力的で、生きていてよかったと思えるような世界を作りだせるかもしれません。

（市橋伯一『増えるものたちの進化生物学』ちくまプリマー新書）

(1) ――Ⓐ「人間にしかできないような方向性」とは、何をすることですか。本文中から二十四字で探し、はじめの六字を書きぬきなさい。

(2) ――Ⓑ「絵画以外でも音楽や演劇でも同じです」とありますが、どのような点が同じですか。

ア　寿命を終えても、生殖のたびに新しい要素が加わって改良される点。

イ　生物の進化と同じように、人間の脳のなかのみで進化を続ける点。

ウ　時代を超えて引き継がれるほど魅力的で、人々を夢中にさせる点。

エ　まったく新しいものが生み出され、ファンを増やす能力が高い点。

(3) ――Ⓒ「こうした芸術や文化の驚くべき点は、生物としての人間の生存に対して全く役に立たないところです」とありますが、なぜですか。

たジョークはより速く広がっていくはずです。こうしてジョークも進化することになります。ここで起きているのは、生物進化と同じ現象です。ただ、生物進化と決定的に異なるのは、ミームは人間の脳のなかでしか存在できないところです。したがって、皆が忘れてしまえばミームは簡単に絶滅してしまいます。

ほとんどのミームは長続きしません。すぐにその寿命を終えて、皆の脳のなかから消え去ってしまいます。10年前にどんなジョークが流行ったかなんてだれも覚えていないでしょう。しかし、稀にですが長い間、世代を超えて伝わり、進化し続けるようなミームも存在します。そうしたミームは、「文化」や「芸術」と呼ばれるようになります。

すべての文化や芸術もジョークと同じようにミームとして人間の脳の中で進化しています。たとえば西洋の美術も、12～14世紀のゴシック美術、15～16世紀のルネサンス美術、17世紀のバロック美術といったように、時代を経るにしたがって新しい要素を追加しながら進化してきました。ジョークと異なるのは、その増える能力です。ジョークであれば何年も経てば面白くなくなって、もうみんな忘れてしまいます。次世代に受け渡そうとする人はいなくなるでしょう。しかし、絵画の場合は数百年以上も前から歴史がつながっています。その間ずっと絵画の歴史は（一部の人にだけかもしれませんが）世代を超えて受け渡され、進化し続けています。前の世代を参考にしつつも、そこにはない新しい要素が付け加えられ続けています。増える能力が極めて高いミームだと言えます。

Ⓑ絵画以外でも音楽や演劇でも同じです。さらに映画でも、小説でも、ドラマでも、漫画でもアニメでもビデオゲームでも、さらには科学でも同じです。単にミームとして進化してきた歴史の長さが違うだけです。どの分野にも歴史があり、時代を超えて引き継がれている増える能力の高いミームです。増える能力が高いということは、すなわち、大きな魅力があり、ファンが多いということを意味します。

Ⓒこうした芸術や文化の驚くべき点は、生物としての人間の生存に対して全く役に立たないところです。実際のところ、どんなに素晴らしい芸術作品でも、映画や小説でも、その作品を見る人の生存や子孫を残す可能性には、ほぼ何の影響も与えないでしょう。むしろ、本来、生殖に費やすべきだった時間や労力が取られてしまうので、子孫の数を減らしているかもしれません。しかし、それなのにこうした作品は受け取り手に大きな影響を及ぼし、［Ⓓ］となっていることもあるように思います。誰しも寝食を忘れて映画、小説、漫画、ゲームなどに夢中になったことがあるでしょう。生きててよかったと思うくらいに心を動かされることもあるのではないでしょうか。【中略】

ただ、ひとつの可能性として、こうした芸術や文化というミーム自体が私たちの脳に広がりやすいようにうまく進化したということはあるかもしれません。つまり、芸術や文化といった増える能力の高いミームは、人間の脳の中で生きのびやすく、かつ増えやすいように変化しているという可能性です。言い換えると、ミームは腸内細菌のように人間と共生しているということです。

こう考えると、芸術や文化的な活動が私たちの生きがいにもなっていることも説明ができます。ミームは増えて遺伝するものなので、必ずより生きのびやすく広がりやすいものが進化します。ミームはただの情報なので、脳の構造に影響を与えることは難しいかもしれませんが、もと

(2) ――Ⓑ「彼はいわずにすんだのだ」とありますが、なぜですか。

ア　母親は息子の気持ちを考えて何も聞かないように配慮したから。
イ　息子は母親へ乱暴な言葉を投げかけるのをぐっと我慢したから。
ウ　弁当を食べず残したのはいやなことがあったからではないから。
エ　からっぽの弁当箱を母親に渡すことでいつも通りを装ったから。

(3) この詩に使われている表現技法について説明したものはどれですか。※選択肢に不備があったため、全員正答としました。

ア　母親の言い表せない思いが体言止めを用いて描かれている。
イ　畔の端で弁当をみつけた時の色彩が対比を用いて描かれている。
ウ　男子高校生の素っ気ない様子が比喩を用いて描かれている。
エ　学校帰りに偶然目にした光景が反復法を用いて描かれている。

(4) 次の文章を読んで、あとの問いに答えなさい。

> この詩の男子高校生は思春期を迎えている。きっと、学校のことを家で話さなくなったのだろう。ある日、何らかの理由で弁当に手をつけなかった。そのまま渡せば、母親はその理由を疑問に思い、ためらいをもちつつ、何かあったかを聞くだろう。Ⓒ親からの気遣いを予想すると、家に向かう足取りは重くなる。実際には、Ⓓほとんど手をつけられることなく捨てられた弁当。互いの思いを重ねながら、親子の日々は続いていく。

①　――Ⓒ「親からの気遣いを予想」した結果が読み取れる行を数字で答えなさい。

②　――Ⓓ「ほとんど手をつけられることなく」とありますが、そのことがわかる行を数字で答えなさい。

三　次の文章を読み、あとの問いに答えなさい。

資源の枯渇、温暖化、天変地異など、これから人類が直面するであろう困難を科学技術で乗り越えていけるとすれば、人類はもっと珍しく希少価値の高い存在になれるはずです。

しかし、私は何となく物足りなさも感じています。結局のところ達成しているのは、自分を含めた社会の存続で、すべての生物が今までやってきたことと方向性としては変わりません。アリでもハチでも自分たちの社会（コロニー）を存続させるために持てる能力を最大限に使っています。ハチが自身の存続に貢献する飛翔能力や攻撃能力（針）を持っているように、私たち人間社会は自身の存続に貢献する科学技術を持っています。

社会の存続のために頑張る姿は生物らしくはありますが、これが「人間らしい」と言えるかというと、少しためらいます。もっと自分や自分の属する社会の存続とは関係がなく、他の生物ではありえないような、Ⓐ人間にしかできないような方向性へ向かうことはできないでしょうか。【中略】

人間は増えて遺伝するものの末裔ですが、人間の存在は新しい「増えて遺伝するもの」を生み出しました。リチャード・ドーキンスはそれを「ミーム」と名付けました。「ミーム」とは人間の脳に広がる考え方やアイデアのことを指します。たとえばジョークもミームのひとつです。面白いジョークを聞いたら覚えて他の人にも伝えたくなるでしょう。こうしてジョークはたくさんの人の脳のなかに増えていきます。もっと面白くなるように改良する人もいるでしょう。そうすればジョークは変異し、その変異したジョークがさらに広がっていきます。より面白くなっ

【国　語】〈五〇分〉〈満点：一〇〇点〉

【注意】・本文は、問題作成上、表記を変えたり、省略したりしたところがあります。
・記号がついているものはすべて記号で書き入れなさい。
・句読点や「　」などの記号も一字とします。

一　次のカタカナを漢字に直しなさい。

(1) 先祖をクヨウする　(2) ヒダイ化した組織
(3) 期限をノばす　(4) ダイチョウに書く
(5) オンコウな性格

二　次の詩を読み、あとの問いに答えなさい。

べんとうばこ　山崎るり子

四すみが九〇度のごはんのかたまりとおかずらしきもの
型から逆さまにおとされたかたちで
Ⓐ田んぼの畔(あぜ)の端(はし)にあった
この大きさは男子高校生のお弁当だ
学校がえりにこっそり捨てたのだな
緑の草のなかななめの陽を浴(ひ)びて
ごはんが白くうかびあがっている

残された弁当箱をうけとって
母親は心配する
何かいやなことかあって
食事がのどをとおらなかったのだろうか
体のぐあいが悪くて食欲がでなかったのだろうか
いやいや　仲間とのつきあいで
購買(こうばい)でパンを買ったのかもしれない
女の子が息子(むすこ)のぶんのお弁当も
つくってきたとか？
それとも…
母親は思いきっていう
「何かあった？
ぐあいでも悪いの？」

「るっせえなあいちいちいちいち」と
Ⓑ彼(かれ)はいわずにすんだのだ
母親はからっぽの弁当箱を
いつものように洗い布巾(ふきん)でふきながら
明日のおかずをかんがえている

（山崎るり子『地球の上でめだまやき』小さい書房）

(1) ――Ⓐ「田んぼの畔の端にあった」とありますが、

① それに気づいたのはいつですか。

ア　未明
イ　昼間
ウ　夕暮
エ　深夜

② ①と考えた根拠を五字以内で書きぬきなさい。

2024年度

解答と解説

《2024年度の配点は解答欄に掲載してあります。》

＜算数解答＞《学校からの正答の発表はありません。》

[1] 3　[2] 5　[3] 36%　[4] 16人　[5] 14個　[6] 33か月後

[7] 61点　[8] $32\frac{2}{3}$km　[9] 5点・20点・25点

[10] （底面積の面積の比） 2：3，（高さの比） 7：6　[11] 109度　[12] 62.4cm^2

[13] （1） 10と14　（2） 12　（3） ア・エ　[14] （1） 3：2　（2） 576L

○推定配点○

[1]～[8] 各5点×8　他 各6点×10（[9]，[13]（1）・（3）各完答）　計100点

＜算数解説＞

[1] （四則計算）

28－3×9＋2＝3

[2] （四則計算）

□＝(1.05÷1.4－0.2)÷0.11＝0.55÷0.11＝5

基本 [3] （割合と比）

全体…100　兄の個数…20　弟と妹の個数…80×(0.25＋0.3)＝44

したがって，残りの個数の割合は100－(20＋44)＝36(%)

重要 [4] （割合と比，消去算）

昨年　1年生部員…①　2年生部員…[1.2]　3年生部員…[1]　昨年の部員数…30人

今年　1年生部員…②　2年生部員…①　3年生部員…[1.2]　今年の部員数…36人

昨年の部員数…①＋[2.2]＝30より，③＋[6.6]＝90　－ア

今年の部員数…③＋[1.2]＝36　－イ

アーイ…[6.6]－[1.2]＝[5.4]＝90－36＝54

[1]…54÷5.4＝10　①…30－10×2.2＝8

したがって，今年の1年生部員は8×2＝16(人)

重要 [5] （割合と比，平均算，鶴亀算）

りんご1個…80円　梨1個…120円　柿1個…160円

りんご1個と柿3個の平均の値段…(80＋160×3)÷4＝140(円)

したがって，梨の個数は(140×46－6160)÷(140－120)＝14(個)

重要 [6] （割合と比，消去算，概数）

1月末の所持金…○　1月を除く毎月のお小遣い…△　1月のお小遣い…△×2

1800円ずつ使う場合…○＋△×10＝1800×10＝18000　－ア

1720円ずつ使う場合…○＋△×(15＋1)＝○＋△×16＝1720×15＝25800　－イ

イーア…△×6＝25800－18000＝7800

△…7800÷6＝1300　○…アより，18000－1300×10＝5000

2月から12か月後の来年1月までの所持金…5000＋1300×(12＋1)＝5000＋16900＝21900(円)

2月から24か月後の2年後の1月までの所持金…21900＋16900＝38800(円)

したがって，所持金が50000円を超えるのは

(50000－38800)÷1300≒9より，24＋9＝33(か月後)

重要 7 **(割合と比，平均算)**

合格者と不合格者の人数比…40：60＝2：3

右図…色がついた部分の面積は等しく③＋②＝⑤が

10＋20＝30(点)に相当する。

したがって，合格基準点は53＋30÷5×3－10＝61(点)

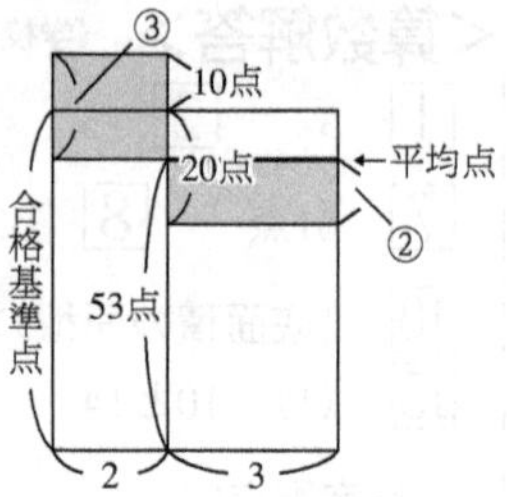

重要 8 **(速さの三公式と比，割合と比，単位の換算)**

98kmと70kmの最小公倍数…490km

490kmを時速70kmと98kmで進むときの時間差…490÷70－490÷98＝2(時間)

すなわち120分

工事区間を時速70kmと98kmで進むときの時間差…19－11＝8(分)

したがって，工事区間は490÷120×8＝$32\frac{2}{3}$(km)

重要 9 **(統計と表，平均算)**

17人の合計得点…10×3＋15×5＋20×1＋25×5＋30×3＝340(点)

17人の平均点…340÷17＝20(点)

3人の合計得点…(20－0.5)×20－340

＝50(点)

点数(点)	0	5	10	15	20	25	30
人数(人)	0	0	3	5	1	5	3

中央値20点…最低得点から10番目の生徒も最高得点から10番目の生徒も20点

最頻度25点…生徒が6人以上

したがって，3人の得点は5点，20点，25点

重要 10 **(平面図形，立体図形，割合と比)**

等しい水面の高さ…右図より，48

Aの高さ…48÷16×28＝84

Bの高さ…48÷24×36＝72

AとBの高さの比…84：72＝7：6

AとBの底面積の比…$\frac{1}{36}$：$\frac{1}{24}$＝2：3

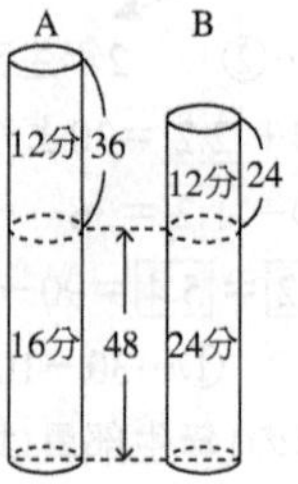

重要 11 **(平面図形)**

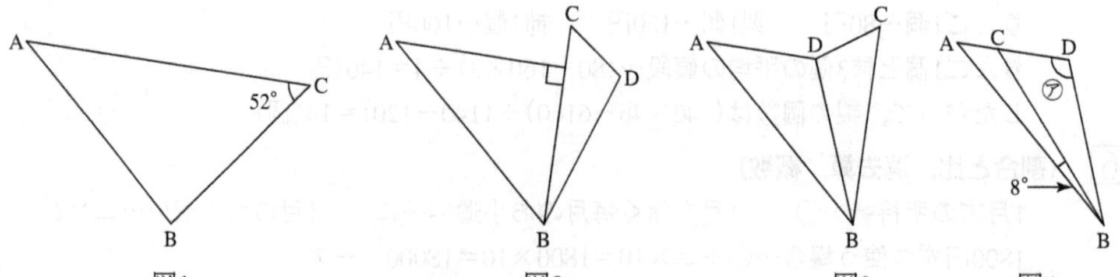

図1　図2　図3　図4

角PBC…右図より，180－52×2＝76(度)
したがって，角㋐は，52＋76÷4×3＝109(度)

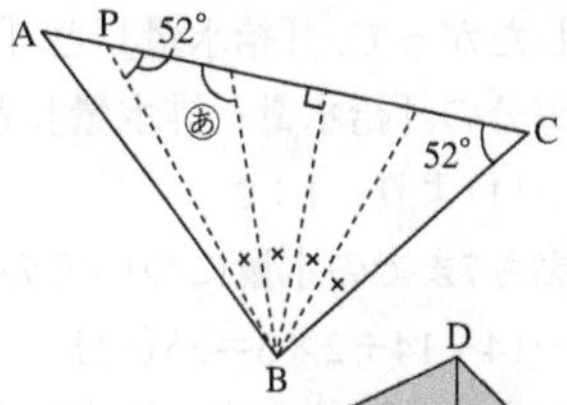

重要 12 (平面図形)

四角形ABCDの面積…(6＋5)×ア÷2＝5.5×ア(cm²)
四角形CGEFの面積…(6＋5)×イ÷2＝5.5×イ(cm²)
したがって，求める面積は18＋12.5＋5.5×(ア＋イ)
＝30.5＋5.5×5.8＝62.4(cm²)

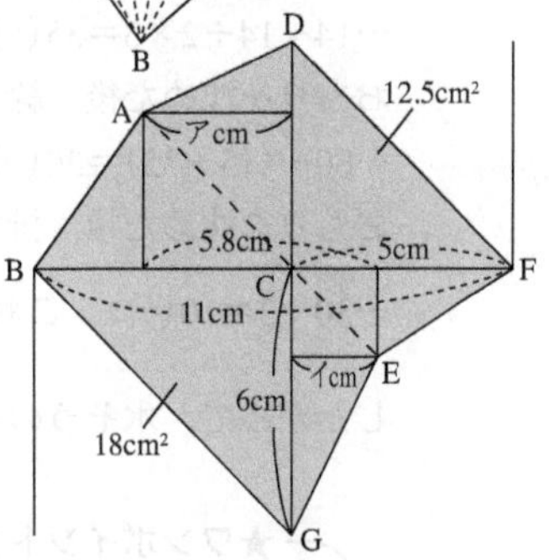

やや難 13 (数の性質，場合の数，論理)

カードの数…1から15までの整数
(奇数1，3，5，7，9，11，13，15　偶数2，4，6，8，10，12，14)
A…5枚のカードの数がすべて奇数
B…4枚のカードの数は1を含み，他の3つの数の和は29
C…3枚のカードの数は15を含み，他の2つの数の和は24
D…3枚のカードの数の和が偶数

(1) C…15以外の2つの数の和24＝10＋14または11＋13であり，Aの5枚のカードの数が奇数なので2つの数は10と14

(2) B…(1)より，3つの数の組み合わせは(4，12，13)(6，11，12)(8，9，12)
したがって，12のカードがある。

(3) ア…Bのカードの組み合わせが(1，6，11，12)の場合，Aのカードの組み合わせは(3，5，7，9，13)に決まり，Dのカードの組み合わせは(2，4，8)に決まる。
イ…Bのカードについて8＝13－5または11－3であり，決まらない。
ウ…Dのカードについて(2，4，6)(2，4，8)の場合も3つの数の和が14以下であり，決まらない。
エ…Dのカードについて(2, 4, 8)の場合，「最小の数と真ん中の数の積が最大の数」に決まる。

14 (平面図形，立体図形，割合と比，単位の換算)

水そうの高さ…12とする。
操作1…高さ7までAで給水し，その後，給水しながらBで排水して満水になると，排水だけする場合，80分後に水量が0になる。
操作2…高さ9までAで給水し，その後，給水しながらBで排水して満水になると，排水だけする場合，72分後に水量が0になる。

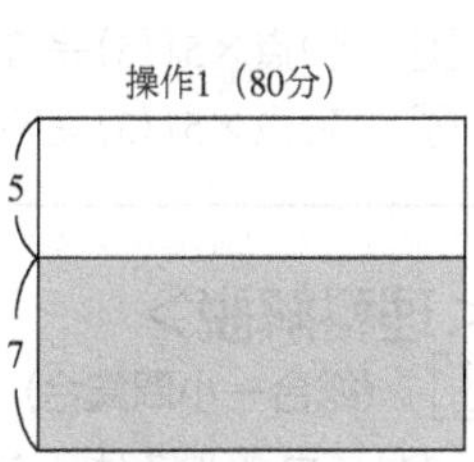

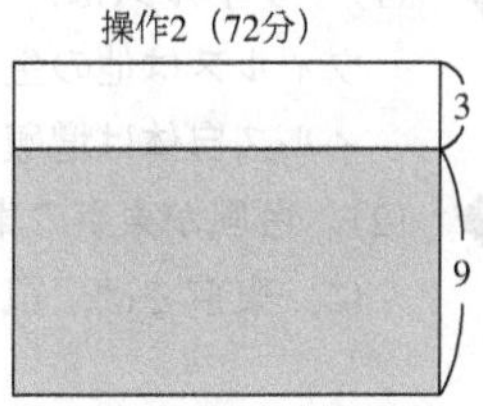

重要 (1) 高さ1だけ，Aで給水する時間
…4÷(9－7)＝2(分)
高さ1だけ，Aで給水しながらBで排水する時間
…(4＋80－72)÷2＝6(分)
毎分の「給水量」と「給水量－排水量」の比
…6：2＝3：1

したがって，「給水量」と「排水量」の比は3：(3－1)＝3：2

やや難 (2)　毎分の「給水量－排水量」と「排水量」の比

…(1)より，1：2

高さ7までの水量についての「給水時間＋排水時間」

…14＋14÷2×3＝35(分)

おもりを沈めた後，給水しながら排水する時間と排水する時間の合計

…80－(15＋35)＝30(分)

おもりを沈めた後，排水だけする時間

…30÷3＝10(分)，これに相当する高さは$7\div21\times10=\frac{10}{3}$

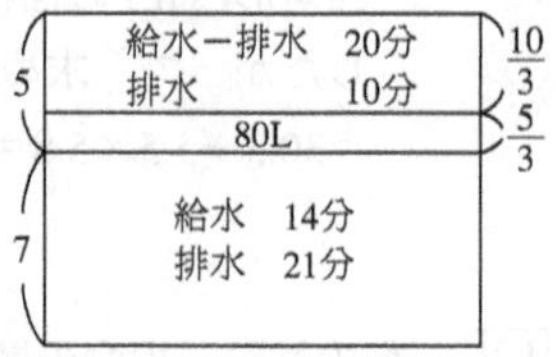

したがって，水そうの容積は$80\div\left\{12-\left(\frac{10}{3}+7\right)\right\}\times12=576$(L)

★ワンポイントアドバイス★

4「ラグビーの部員数」の問題は，「昨年の1年生」が「今年の2年生」になるという単純な事実がポイントであり，5「梨の個数」の問題は，他の問題よりは解きやすい。他の問題については，優先する問題選択が重要になる。

＜理科解答＞ 《学校からの正答の発表はありません。》

1　(1)　エ　(2)　ウ　(3)　ウ，オ　(4)　425(m)　(5)　①　ダイナマイト　②　エ

2　(1)　①　い　②　い　(2)　不完全変態　(3)　①　B　②　F　(4)　A，E　(5)　ア，ク

3　(1)　ア，イ，ウ　(2)　オ　(3)　北　(4)　18(m)　(5)　カ

4　(1)　12.5(%)　(2)　イ　(3)　(溶けている物質)　塩化水素　(気体)　水素　(4)　6.5(g)　(5)　20(g)

5　(1)　①　イ　②　カ　(2)　①　ア　②　エ　(3)　①　ア　②　ア　(4)　①　ア　②　オ

○推定配点○

1　各2点×5((5)完答)　2　各2点×5((1)・(3)各完答)　3　各2点×5

4　各2点×5((3)完答)　5　各2点×5((1)・(2)・(4)各完答)　計50点

＜理科解説＞

1　(総合—小問集合)

やや難 (1)　ウィルスは，タンパク質の殻(から)と遺伝子からできている。また，ウィルスは他の生物の細胞を利用して増殖することができるが，ウィルス自体は増殖することができない。

図a

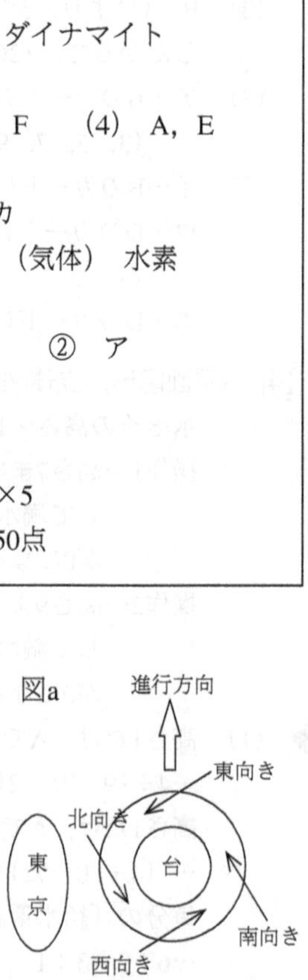

重要 (2)　台風が東京の東側を，南から北に通過する場合，右の図aのように，東京では，風向きが，東→北→西の順に変わる。

重要 (3) ア　塩酸と反応して食塩を生じるのは，水酸化ナトリウム水溶液である。
イ　白線として広く使用されているのは，炭酸カルシウムである。
ウ　水酸化カルシウム水溶液が石灰水である。(正しい)
エ　チョークの原料は炭酸カルシウムである。
オ　水酸化カルシウム水溶液はアルカリ性なので，土壌の酸性化を防ぐことができる。(正しい)

(4) 花火が2.5秒後に聞こえたので，花火までの距離は，340(m)×2.5＝850(m)である。したがって，図bのように，花火が見えた位置は地面から，850(m)÷2＝425(m)の高さである。

図b

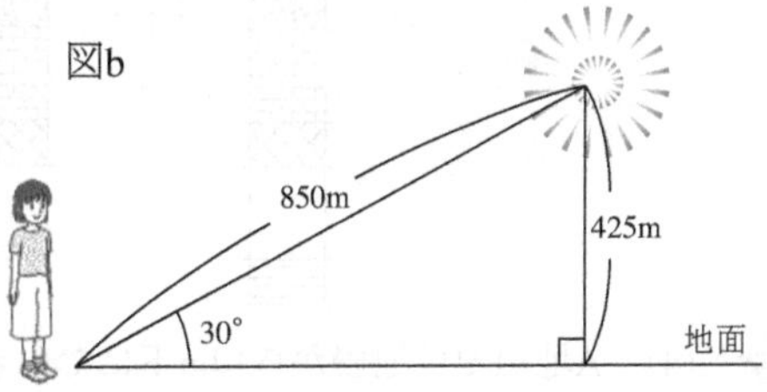

(5) ① アルフレッド・ノーベルはスェーデンの化学者で，ダイナマイトを発明した。
② 数学のノーベル賞はなく，国際的な賞としては，フィールズ賞がある。

2 (昆虫・動物―昆虫の分類)

重要 (1) ① 昆虫の胸部には，足が6本と羽がついている。また，羽の数は昆虫によって違う。
② 昆虫は，頭部についている口からえさを食べるが，酸素を取り入れるのは，腹部にある気門である。

重要 (2) 「卵→幼虫→さなぎ→成虫」と育つことを完全変態といい，「卵→幼虫→成虫」と育つことを不完全変態という。

重要 (3) ① ナナホシテントウには羽が4枚ある。また，さなぎの時期があり，かむ口なのでBが当てはまる。
② ミンミンゼミには羽が4枚ある。また，さなぎの時期がなく，幼虫のときには木の根の汁を吸うのでFが当てはまる。

(4) A　イエバエ(ハエ)とヒトスジシマカ(カ)には羽が2枚ある。
C　モンシロチョウには羽が4枚あり，さなぎの時期があり，吸う口である。
D　カブトムシには羽が4枚あり，さなぎの時期があり，なめる口である。
E　オオカマキリとオニヤンマ(トンボ)には羽が4枚あり，さなぎの時期がない。
また，オオカマキリは幼虫のときにアブラムシやバッタなど他の動物を食べ，オニヤンマは幼虫のときにボウフラ・ミジンコ・メダカなど他の動物を食べる。

(5) 「土の中，もしくは木の中に産卵する」のは，カブトムシ・トノサマバッタ・ミンミンゼミである。それ以外でさなぎの時期があり，吸う口なのは，モンシロチョウとヒトスジシマカである。

3 (地層と岩石―ボーリング調査と地層)

(1) 粒の大きさがれき岩は2mm以上，砂岩は0.06mm～2mm，でい岩は0.06mm以下である。

(2) チャートはホウサンチュウという動物プランクトンの骨格からできている。

(3) A地点の東側にあるB地点は，標高がA地点よりも，50(m)－44(m)＝6(m)高く，B地点では地表から6m下にある凝灰岩の層とA地点の地表にある凝灰岩の層が一致していることから，東西には傾いていないことがわかる(図c参考)。一方，B地点の南側にあるC地点は標高がB地点と同じであり，C地点では凝灰岩の層が地表から4m下にあることから，C地点よりも北にあるB地点の方が，6(m)－4(m)＝2(m)下がっていることがわかる(図d参考)。

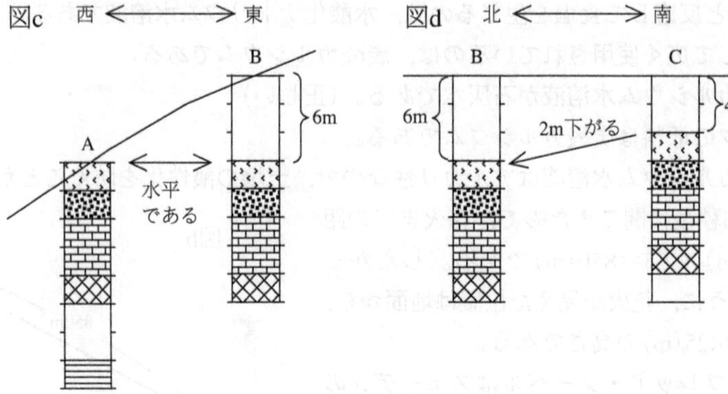

やや難 (4)　A地点では地表から14m下にでい岩の層があるので，C地点では，地表から，4(m)＋14(m)＝18(m)下にでい岩の層がある。

(5)　C地点の西にあるD地点は，C地点よりも標高が，50(m)－45(m)＝5(m)低く，地層の傾きはないので，C地点の地表から5m下にある凝灰岩の層がD地点の地表にあることがわかる。

4 (ものの溶け方―水溶液と溶解度)

(1)　70gの水に10gのホウ酸を溶かした70(g)＋10(g)＝80(g)の水溶液の濃度は，$\frac{10(\mathrm{g})}{80(\mathrm{g})}\times 100 = 12.5$(%)である。

(2)　気体の塩化水素は温度が低いほど水に多く溶ける。また，固体のミョウバンや食塩は温度が高い方が水に多く溶ける。

(3)　塩化水素の水溶液は塩酸であり，マグネシウムと反応すると水素が発生する。

(4)　20℃の水150gに溶けるホウ酸は，9.0(g)×1.5＝13.5(g)なので，出てくるホウ酸は，20(g)－13.5(g)＝6.5(g)である。

(5)　60℃の水100gにホウ酸を限度まで溶かし，40℃まで下げると，23.5(g)－15.0(g)＝8.5(g)のホウ酸の結晶が出てくる。このとき，水を蒸発させたことにより，さらに，11.5(g)－8.5(g)＝3(g)のホウ酸の結晶が出てきたので，蒸発した水の重さは，$100(\mathrm{g})\times\frac{3(\mathrm{g})}{15(\mathrm{g})}=20(\mathrm{g})$である。

5 (電流と回路―手回し発電機と回路)

(1)　①　プロペラは電流の向きが反対になると，反対の左に回る。

②　豆電球は電流の向きが反対になっても光るが，LEDは電流の向きを反対にすると，光らなくなる。

(2)　2台の手回し発電機の＋端子どうしと－端子どうしをつなぎ，上の手回し発電機のハンドルをAの向きに回すと，下の手回し発電機も同じAの向きに回る。ただし，このとき，電気のエネルギーの一部が熱のエネルギーなどに変わるので，下の手回し発電機のハンドルが回る速さは上の手回し発電機のハンドルよりも遅くなる。

(3)　①　図4で，手回し発電機のハンドルを手で止めると，手回し発電機のハンドルを回すのに使われていた電気のエネルギーが使われなくなり，豆電球は明るく光る。

②　手回し発電機のハンドルを逆回転させると，かん電池よりも大きな電流が豆電球に流れるので，豆電球は明るく光る。

(4)　①　図6は，かん電池に対して，豆電球と手回し発電機が並列につながっているので，手回し発電機のハンドルが回っていても，豆電球に流れる電流の大きさは図5と変わらないので，豆電球の明るさは図5と同じである。

②　手回し発電機のハンドルを手で止めると，抵抗の小さい手回し発電機のコイルの部分に多く

の電流が流れることになる。そのため，豆電球には手回し発電機のハンドルを止める前よりも少ない電流が流れるので，豆電球は暗くなる。

★ワンポイントアドバイス★

生物・化学・地学・物理の4分野において，基本問題に十分に慣れておこう。その上で，各分野の計算問題にもしっかり取り組んでおこう。

＜社会解答＞《学校からの正答の発表はありません。》

1 問1 (地形名) オ (作用) カ 問2 ア 問3 ア，イ 問4 イ
問5 〈Ⅰ〉 ウ 〈Ⅱ〉 イ

2 問1 オ 問2 〈Ⅰ〉 淡路(島) 〈Ⅱ〉 ウ 〈Ⅲ〉 ア 問3 (樹種) エ
(府県) ㋕ 問4 (空港) ア (理由) キ

3 問1 イ，ウ，オ 問2 イ 問3 〈Ⅰ〉 ア 〈Ⅱ〉 オーバーツーリズム

4 問1 〈Ⅰ〉 イ 〈Ⅱ〉 (1番目) エ (4番目) イ 問2 ウ 問3 ア

5 問1 ① エ ② ア 問2 〈Ⅰ〉 イ，ウ 〈Ⅱ〉 自由民権(運動)

6 問1 〈Ⅰ〉 イ 〈Ⅱ〉 エ 問2 ア

7 問1 ウ 問2 イ 問3 ア 問4 〈Ⅰ〉 (ナレンドラ・)モディ(首相) 〈Ⅱ〉 ア

○推定配点○

1 問3 2点(完答) 他 各1点×6 2 問2 各2点×3 他 各1点×5
3 問2 1点 他 各2点×3(問1完答) 4 問1 各2点×2(〈Ⅱ〉完答) 他 各1点×2
5 問1 各1点×2 問2 各2点×2(〈Ⅰ〉完答) 6 問1 各2点×2 問2 1点
7 問4 各2点×2 他 各1点×3 計50点

＜社会解説＞

1 (日本の地理―琵琶湖に関連する地形図や疏水，農業の問題)

重要 問1 図1に見られる，川の河口付近で作られる地形は三角州である。三角州は，川の水によって運ばれた土砂が堆積することで作られる。なお，アのリアス海岸は陸地の沈降，イの扇状地は三角州と同じく堆積，ウの河岸段丘とエの洪積台地は陸地の隆起の作用で作られる。

問2 琵琶湖の南西端から大阪湾へ流れる川は，府県境界付近で名称が変わる。上流の滋賀県では瀬田川，中流の京都府では宇治川，下流の大阪府では淀川となるので，アが正しい。

問3 図2のAの範囲は，南東の標高が約100m，北西の標高が約50mとなっており，範囲内の傾斜は急であると言える。また，中央北寄りには発電所の地図記号()が確認できる。なお，蹴上駅とその西側の東山駅を通る電車は点線で表されており，これは地下を通っていることを表す。よってアとイが正しく，ウとエは誤っている。

問4 図2の地形図は全体的に東側の標高が高く，西側は標高が低くなっている。Bの水路閣を通った後，水は標高の低い西側へ流れていくので，イの京都御所方面へ流れていく，が正しい。

やや難 問5 〈Ⅰ〉 聖護院だいこんは，球形でかぶに似た外見をしている。よってウが正しい。
〈Ⅱ〉 京野菜には，伏見，九条，賀茂などの地名がついている。エの加賀れんこんの加賀は石川県南部の旧国名なので誤りである。

2 (日本の地理―近畿地方を中心とする地形や気候，農業や林業などの問題)

基本 問1　Aは日本海側の気候で，冬の降水量が夏より多くなるので②が正しい。また，Bは内陸部にあるので，年間を通して降水量が少ない③，Cは太平洋側の気候で，夏の降水量が冬より多くなるので①である。よってオの組み合わせが正しい。

重要 問2　〈Ⅰ〉 図中Xの島は淡路島で，兵庫県に属している。　〈Ⅱ〉 淡路島は全国的にも有名なタマネギの産地であるほか，人口の多い都市の周辺で行われる近郊農業が盛んに行われている。
〈Ⅲ〉 2023年，国土地理院の調査により，島の数が約14000あることがわかった。都道府県別に見ると，長崎県，北海道，鹿児島県，岩手県，沖縄県の順に多い。よって，イが北海道・東北地方，エが九州地方である。残る2つのうち，和歌山県，三重県の順に島の数が多いアが近畿地方，1位の東京都は数が多いものの，2位以下は島数が大きく減るウが関東地方である。

基本 問3　人工の日本三大美林は天竜スギ，吉野スギ，そして尾鷲ヒノキとなるので樹種はエが正しい。また，尾鷲は三重県の地名であるので，府県は㋕が正しい。

問4　図4は大阪国際空港(伊丹空港)，図5は関西国際空港である。大阪国際空港は，周囲に住宅街が広がる内陸部に位置するため，騒音や振動に配慮して深夜から早朝の離発着が行われていない。よって空港はア，理由はキとなる。なお，関西国際空港は1994年に開港し，人工島に作られた海上空港なので，深夜から早朝の離発着が可能である。

3 (日本の歴史―京都に関連する問題，観光についての時事問題)

重要 問1　イの応仁の乱は，1467年から約11年間にわたって京都で行われた戦乱である。ウの六波羅探題は，1221年の承久の乱後に京都に設置された。また，オの大政奉還は，1867年に江戸幕府の第15代将軍徳川慶喜によって，京都の二条城で行われた。よってイ，ウ，オが正しい。なお，アの戊辰戦争最後の戦いは北海道の函館五稜郭の戦いで，1869年のこと。エの生麦事件は，1862年に現在の神奈川県横浜市で起きた。また，カの後醍醐天皇が南朝を開いたのは，吉野(現在の奈良県)で1336年のことである。

問2　平安京の左京地区は，天皇の住まいである内裏の東側に位置する。左京地区南端にある京都タワーは京都駅の北側にあり，京都タワーの展望室で京都駅を背にして内裏を見た場合，内裏は北西の方角，つまり左ななめ前方にある。

重要 問3　〈Ⅰ〉 外国から自国への旅行のことをインバウンドという。なお，イのインクルーシブは包括性などと訳し，性別や年齢，障がいの有無にかかわらず，だれもが排除されずに存在し，生活できることを表す。ウのインカムは，収入という意味の言葉である。エのインボイス(制度)とは，事業者が消費税を納めることに関連する制度で，日本では2023年10月から導入されている。
〈Ⅱ〉 観光地に観光客が過度に集中し，混雑や交通渋滞，ゴミ問題などのさまざまな悪影響を及ぼしている状況をオーバーツーリズムという。近年の日本では，インバウンドの増加により，各地でオーバーツーリズムが起きていると指摘されている。

4 (日本の歴史―印刷の歴史をテーマとした問題，時事問題)

重要 問1　〈Ⅰ〉 2023年1月，奈良県の富雄丸山古墳から，盾形銅鏡と国内最大の蛇行剣が出土されたと公表され，大きな話題となった。なお，富雄丸山古墳は4世紀後半に作られたと推定される全国最大規模の円墳である。　〈Ⅱ〉 アの大仙(仁徳陵)古墳が作られたのは倭の五王が活躍した5世紀半ば，イは607年の聖徳太子による遣隋使についての記述，ウの百済からの仏教伝来は538年(552年)，エの奴国王が後漢の皇帝から金印を授かったのは1世紀半ばの57年のこと。よって古い順にエ→ア→ウ→イとなり，1番目はエ，4番目はイとなる。

基本 問2　ウについて，葛飾北斎は『富嶽三十六景』，歌川広重は『東海道五十三次』などの浮世絵の作者として活躍したが，近松門左衛門は『曾根崎心中』『国姓爺合戦』など，人形浄瑠璃の脚本家であるので誤りである。

問3　聖徳太子は607年に法隆寺を建立したが，法隆寺は聖徳太子の父である用明天皇の病気治癒祈願を目的として建立されたのでアが誤っている。なお，蘇我氏に関わりが深い寺院として，奈良県明日香村にある飛鳥寺が知られる。

5　**(日本の歴史―明治維新に関連する問題)**

問1　1871年から1873年にかけて，岩倉具視を団長とする使節団が欧米に派遣された。この使節団には，大久保利通や木戸孝允，伊藤博文や津田梅子などが同行したが，後に征韓論に敗れて下野する西郷隆盛や板垣退助らは使節団に参加していなかった。

問2　〈Ⅰ〉　1873年のことがらとして，1月の徴兵令，7月の地租改正条例がある。よってイとウが正しい。なお，エの廃藩置県は1871年，アの学制は1872年，オの西南戦争は1877年のこと。

〈Ⅱ〉　土佐藩出身の板垣退助は，征韓論に敗れて1873年に故郷の高知に帰った後，立志社を結成して政府に民撰(選)議院設立の建白書を提出し，国会の開設を要求した。これがきっかけで自由民権運動が始まり，全国へ拡大していった。

6　**(日本の歴史―昭和時代の問題)**

問1　〈Ⅰ〉　Aの満州事変は1931年，Bの日独伊三国同盟は1940年，Cのドイツのポーランド侵攻は1939年のことである。よって，A→C→Bとなり，イが正解である。〈Ⅱ〉　太平洋戦争は1941年12月8日に，日本軍がハワイのアメリカ軍やマレー半島のイギリス軍を奇襲攻撃して始まった。よってエが誤り。なお，ソ連は1945年8月8日に日ソ中立条約を一方的に破棄して日本に宣戦布告し，満州や樺太の日本軍を攻撃した。

問2　昭和20年は西暦では1945年で，4月1日に米軍が沖縄に上陸し，8月6日に広島，9日に長崎にそれぞれ原子爆弾が投下され，そして10月に国際連合が発足した。アの日本国憲法公布は1946年11月3日のことなので誤りである。

7　**(政治―日本の出生数や外国人人口，インドに関する時事問題)**

問1　2022年の日本の出生数は約77万人となり，統計開始以来初めて80万人を下回った。

問2　2011年や2012年の年間出生数は，2011年が約105万人，2012年が約104万人である。よってイが正しい。

問3　日本で暮らす外国人のうち，国籍・地域別で最も多いのは中国で全体の24.8％，次いでベトナムで全体の15.9％である(2022年末時点)。よってアが誤っている。なお，イについて，2023年に改正入管難民法が成立し，難民認定を申請中でも，3回目以降の申請者は送還が可能となった。ウについて，2022年から始まったロシアのウクライナ侵攻により発生したウクライナ難民に関して，日本政府は「準難民」という別の枠組みで受け入れることを表明している。エについて，日本は難民認定の基準が他国と比べて厳しく，認定率は2022年で1.6％と著しく低い。

問4　〈Ⅰ〉　2024年2月現在のインドの首相はナレンドラ・モディである。〈Ⅱ〉　インドは世界のIT業界において存在感を示している。その理由として，IT最先進国であるアメリカとの時差が約半日で，アメリカ企業と24時間体制での業務が可能であること，過去にイギリスの植民地であったために国際的な言語である英語を話せる人が多いこと，教育に熱心で識字率が高く，独自の数学(算数)教育が行き届いていることなどが挙げられる。しかしその一方で，カースト制度と呼ばれるヒンドゥー教に基づく身分制度が現在も根強く残っており，優秀な人材が活躍する妨げになっているという批判もある。よってアが誤りである。

★ワンポイントアドバイス★

時事問題の割合が大きく，合格点突破のためには対策が不可欠となっている。それと同時に，多くの問題を短時間で正確に解く訓練も意識的に行おう。地形図の問題など，時間がかかる問題はいったん飛ばしたほうがよい。

＜国語解答＞ 《学校からの正答の発表はありません。》

一 (1) 供養 (2) 肥大(化) (3) 延(ばす) (4) 台帳 (5) 温厚

二 (1) ① ウ ② ななめの陽 (2) エ (3) イ (4) ① 9 ② 1

三 (1) 文化や芸術と (2) ウ (3) ウ (4) 生きがい (5) ア
(6) 人間の脳のな (7) イ・ウ

四 (1) 考えや価値観 (2) Ⅰ ウ Ⅱ ア Ⅲ イ (3) 相手の話を (4) エ
(5) ウ (6) エ (7) レッテル (8) イ

五 (1) とうちほう (2) 心の底でバ (3) ① イ ② ほ(っとする)
(4) けれど帰り (5) ウ (6) Ⅱ (7) よそよそ (8) エ (9) イ
(10) ア (11) (例) 困難を乗り越えるには，一人で抱えるのではなく仲間を信頼して本音で話し合うことが大切なのだということ。

○推定配点○

一 各2点×5 二 各2点×6 三 (4)・(5) 各2点×2 (7) 4点(完答)
他 各3点×4 四 (3)・(4)・(6)・(8) 各3点×4 他 各2点×6
五 (1)・(3)・(7) 各2点×4 (11) 5点 他 各3点×7 計100点

＜国語解説＞

基本 一 (漢字の書き取り)

(1)は亡くなった人に祈りをささげたり，お供え物をしたりすること。(2)は組織などが太って大きくなることで，それによってむだが増えるなど，悪い意味で使われることが多い。(3)は時間や日時をおくらせること。同訓異字で，まっすぐにする，勢力や能力などを大きくするという意味の「伸ばす」と区別する。(4)はある事がらを記録する大本となる書類。(5)は人がらがあたたかく，おだやかなこと。

二 (詩—細部の読み取り，表現技法)

基本 (1) 5行目に「学校がえり」とあり，6行目の「ななめの陽」は太陽が沈みかけている様子を表していることから，①はウ，②は「ななめの陽(5字)」である。

(2) 弁当箱がからっぽではない場合，心配して弁当を残した理由を聞いてくる母親に，21行目のように言っていたかもしれないが，からっぽの弁当箱を母親に渡すことで——Ⓑだった，ということなのでエが適切。からっぽの弁当箱を渡していることをふまえていない他の選択肢は不適切。

重要 (3) 6・7行目の「緑の草」と「ごはんが白く」で，それぞれの色を対比させているのでイが適切。アの「体言止め」は文末を体言(名詞)で終わらせる技法。ウの「比喩」は他のものにたとえる技法。エの「反復法」は同じ語句や似ている語句をくりかえし用いる技法。

やや難 (4) ① 9行目で，残された弁当箱を「母親は心配する」ことを，男子高校生は予想している。10～20行目は，弁当を残した理由を母親が具体的に考えている内容になっている。

② ――Ⓓは，1行目で「四すみが九〇度のごはんのかたまりとおかずらしきもの」と，弁当箱から捨てられた中身が具体的によまれている。

三 （論説文―大意・要旨・細部の読み取り，空欄補充，ことばの意味，内容真偽）

基本 (1) ――Ⓐは「こうした文化や……」で始まる段落で述べているように，「文化や芸術というミームを維持し発展させていくこと(24字)」は人間にしかできない，ということである。

(2) ――Ⓑは「どの分野にも歴史があり，時代を超えて引き継がれ……大きな魅力があり，ファンが多い」ミームである，ということなのでウが適切。Ⓑのある段落内容をふまえていない他の選択肢は不適切。

(3) ――Ⓒのある段落で，「芸術や文化」はどんなに素晴らしくても，「その作品を見る人の生存や子孫を残す可能性には，ほぼ何の影響も与えない」が，「生きててよかったと思うくらいに心を動かされることもある」と述べているのでウが適切。この段落内容をふまえていない他の選択肢は不適切。

(4) 「芸術や文化」がⒹとなっていることを，「こう考えると……」で始まる段落で，「生きがい(4字)」にもなっている，と述べている。

基本 (5) ――Ⓔは，適切でぴったり当てはまっているさまを表すのでアが適切。

重要 (6) 「人間は増えて……」で始まる段落で，ミームは「人間の脳のなかでしか存在できない(16字)」ことを述べており，そのため――Ⓕのようにしているということである。

やや難 (7) イは「人間は増えて……」「こうした文化……」でそれぞれ始まる段落，ウも「すべての文化や……」から続く2段落で述べている。アは「こうした芸術や……」で始まる段落内容，オも最後の段落内容と合わない。エの「ミームは人間の脳の構造に大きな影響を与え」も述べていない。

四 （論説文―大意・要旨・細部の読み取り，接続語，空欄補充，ことばの意味，慣用句）

(1) ――Ⓐは「相手が話し好きで……」で始まる段落で述べている「考えや価値観(6字)」のことである。

(2) Ⅰは直前の内容を言いかえた内容が続いているので「つまり」，Ⅱは直前の内容の結果として起こる内容が続いているので「すると」，Ⅲは直前の内容の具体例が続いているので「たとえば」がそれぞれ入る。

(3) 「そうなんですが……」から続く5段落で，――Ⓑの「コツ」は「話を聞きながら，脳内で自分の言葉に『翻訳する』」ことで，このことを「相手の話を……」から続く2段落で「相手の話を，自分が理解できる言葉や風景に置き換える(25字)」と定義することが「『聞く』ことなの」だと述べている。

重要 (4) ――Ⓒの「議論や意見交換」の準備としての「コミュニケーション」について「コミュニケーションの第一歩は……」から続く2段落で，「コミュニケーションの第一歩は，相手……を知り，何を考えているのかを探ることで」，「自分の考えと同じ点，違う点がわからなければ，双方が納得できるやりとりは成立しません」と述べているのでエが適切。これらの内容をふまえていない他の選択肢は不適切。

基本 (5) ――Ⓓは，急ぐ気持ちが先立って，落ち着きがなくなることなのでウが適切。アは心にわだかまりがあって気持が乱れるさま。イは心配するさま。エは思いどおりにならないなどでいらだたしいさま。

(6) ――Ⓔは，「不本意」すなわち自分の気持ちや考えに合っていないが，相手の考えに「同調」すなわち考えや意見に合わせる，ということなのでエが適切。他はいずれも「相手の〝正しい〟に同調する」の説明が不適切。

(7) 「レッテル」はオランダ語で，英語の「ラベル」のこと。商品などに貼り付ける札や印の意味から転じて，人や物事などに対する評価の意味になっている。

やや難 (8) イは「コミュニケーションとは，……」から続く2段落の内容をふまえている。アの「無益だと感じるのであれば……望ましい関係が構築できていない」，ウの「コミュニケーション能力の高い人」の説明，エの「同じ意見を持つようになって初めて相手とわかり合えたということができる」はいずれも述べていないので不適切。

五 (小説―情景・心情・細部の読み取り，空欄補充，ことばの意味，表現技法)

基本 (1) ――Ⓐは，「ありがとうございます。」と「心配してくれて」が普通とは逆になっているので「とうちほう(倒置法)」が使われている。

重要 (2) ――Ⓔより前の「バスケ部のみんなを……」から続く2段落で，「部を辞めたことにうしろめたさがあ」り，「退部を決めてしまったのは，〈心の底でバスケ部を辞めることを望んでいたから(22字)〉じゃないだろうか」という「ぼく」の心情が描かれているので，〈　〉の部分が(　)に入る。

(3) ① Ⓒは「自分のクラスにバスケ部のメンバーがいないことを知ったとき」に，バスケ部だった「ぼく」が感じるであろう気持ちなのでイが入る。

② Ⓓは，バスケ部を辞めたことに「うしろめたさ」がある「ぼく」は，「自分のクラスにバスケ部のメンバーがいないこと」に安心したという意味で，「ほ」が入る。

(4) ――Ⓔは，吹奏楽部に入部を決める「勇気がなかった」ということである。「ぼく」が吹奏楽部への入部を迷っている表現の中で最初に描かれている一文は，冒頭の「けれど帰り際，また見学にきてね，と声をかけてくれた日置先輩たちに，ぼくは曖昧な笑顔をかえすことしかできなかった。」である。

重要 (5) 辻井先生と話しながら，バスケ部を辞めた理由が「わからない」でいる「ぼく」は，――Ⓕ後で「わからない」気持ちをかかえながらも，「『なんとなく会いづら』」かったバスケ部のみんなが練習をしている体育館に向かっていることから，辻井先生の提案は「ぼく」が次に進むきっかけになったことが読み取れるのでウが適切。アの「バスケ部に復帰する決意を改めて固める」，イの「同級生を事前に集めて置く」，エの「『ぼく』の心の弱さにあきれ決断を催促する」はいずれも不適切。

(6) 一文は，バスケ部が練習をしている放課後の体育館を見て「ぼく」が思っていることなので，「先輩らしく振る舞っている仲間の姿をながめているうちに，ぼくはたまらなく寂しくなった」と感じている直後のⅡに入る。

(7) 「水くさい」と「よそよそしい」はどちらも，親しい間係なのに心にへだたりがあるという意味。

(8) ――Ⓗ前で，体育館をのぞいていた「ぼく」すなわち慎吾に驚きながらも，バスケ部員は「『……のぞいてないで，中に入ればいいのに』『気を遣うことないだろ。おい，慎吾がきてるぞ！』『たまには顔見せろよなあ。寂しいだろ！』」というような言葉を慎吾にかけているのでエが適切。慎吾が来てくれて嬉しいことを説明していない他の選択肢は不適切。

(9) 「ぼく」はバスケ部の仲間たちと「クラスのことや最近のできごとについて話をし」ているが，「みんなに隠していることがある」ため「仲間たちとのあいだに……距離を感じ」，「みんながぼくに気を遣ってくれている」中で「会話が途切れた」ため，「ぼく」は――Ⓘのようにしているのでイが適切。Ⓘ前の状況をふまえていない他の選択肢は不適切。

重要 (10) 「『心の底でバスケ部を辞めたがってたのかもしれない』」という「ぼく」の本心に対する「みんなの反応が怖」かったのが――Ⓙなので，「慎吾のうそ」とあるアは当てはまらない。

やや難 (11) バスケ部を辞めたことに「ぼく」がうしろめたさを感じていたことをみんなに正直に話した

ことで，想像していたこととは違って，みんなの気持ちを知ることができ，自分の気持ちに気づくこともできたことが描かれていることをふまえ，「困難」を乗り越えるには，一人で抱えるのではなく仲間を「信頼」して本音で話し合うことが大切なのだ，ということを心に誓ったと考えられる。「ぼく」の心情の変化を具体的に読み取り，最後にどのような心情になっているかを考えて説明しよう。

★ワンポイントアドバイス★

詩では，情景描写とその情景から作者が感じたことをていねいに読み取っていこう。

MEMO

大切なことはメモしておこうネ！

2023年度

★★★★★★★★★★★★★★★★★★★★★★★★

入　試　問　題

2023年度

青山学院中等部入試問題

【算　数】（50分）　　＜満点：100点＞

$\boxed{}$ にあてはまる数を入れなさい。円周率を使う場合は3.14とします。

[1] $59-7\times(16-15\div5\times3)+60\div4=\boxed{}$

[2] $\frac{1}{3}\times\left(1.7\div\frac{1}{\boxed{}}-1.25\times8\right)-\frac{3}{7}=\frac{40}{21}$

[3] ある分数は，$7\frac{1}{8}$ をかけると整数Aに，$12\frac{2}{3}$ をかけると整数Bになります。
ただし，整数AとBには１以外の公約数はありません。ある分数は $\boxed{}$ です。

[4] あるショッピングモールの敷地（しき）は正方形の形で，その面積は17.64haでした。
縮尺 $\frac{1}{10000}$ の地図上で，このショッピングモールの敷地の１辺の長さは $\boxed{}$ ㎜です。

[5] ３種類のおもり○，△，□があります。図１，２，３のように，てんびんにのせるとつり合い，図３の左の箱の重さは465ｇです。□のおもりの重さは１個 $\boxed{}$ ｇです。

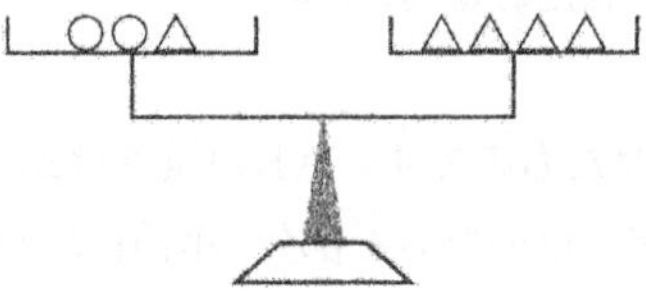

図１

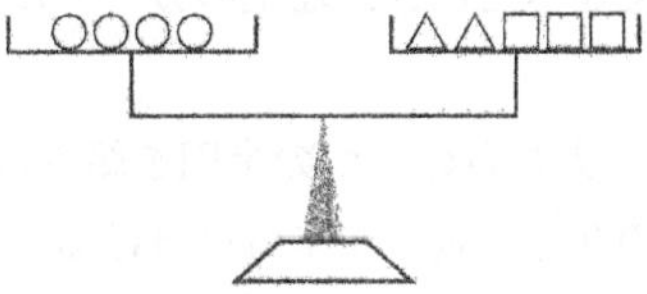

図２

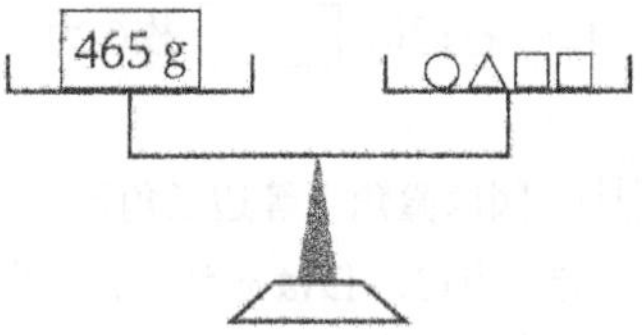

図３

[6] ある屋台では，かき氷を１杯（ぱい）120円，たこやきを１パック300円で販売（はん）しています。両方を１つずつ買うと代金の合計から30円値引きされます。
どちらか一方を買った人と両方を買った人の合計が150人，たこやきを買った人が72人で，売り上げの合計が34020円のとき，かき氷を買った人は $\boxed{}$ 人です。
ただし，１人の人が同じ品物を２つ以上買わないものとします。

[7] Aの容器には８％の食塩水が200ｇ，Bの容器には12％の食塩水が入っています。
Aの半分の量をBに入れ，よくかき混ぜてからその半分をAに戻したところ，Aの食塩水は10％になりました。Bの容器に最初に入っていた食塩水は $\boxed{}$ ｇです。

8　AからHの８人の立候補者に256人が投票して，３人を選ぶ選挙をしました。
下の表は開票途中の得票数です。Dはあと □ 票で当選確実になります。

立候補者	A	B	C	D	E	F	G	H
得票数	35	5	20	25	15	65	15	10

9　太郎君と花子さんは，それぞれ同じ速さのボートに乗って2400m離れた川の上流のA地点と下流のB地点を往復します。太郎君はA地点から，花子さんはB地点から同時に出発すると，B地点から900m離れたところで一度２人はすれ違い，その後６分40秒たって再びすれ違いました。川の流れの速さは分速 □ mです。

10　奇数を１つずつ書いたカードを１から順に並べて，下の図のような正方形をつくっていきます。

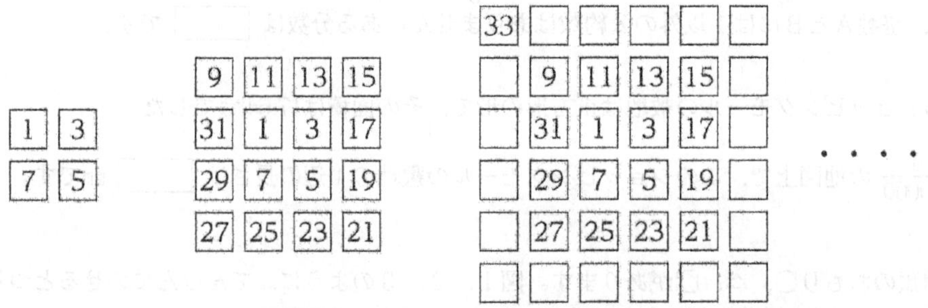

⑴　各辺に10枚のカードを並べたとき，カードに書かれた数で最大の数は □ です。

⑵　各辺に □ 枚のカードを並べたとき，左上のカードに書かれた数は513です。

11　図は直角二等辺三角形と，同じ大きさの２つの半円を組み合わせたものです。ABの長さは24cmで，点C，Dはそれぞれの半円の曲線の長さを半分に分ける点です。色の付いた部分の面積の合計は □ cm^2です。

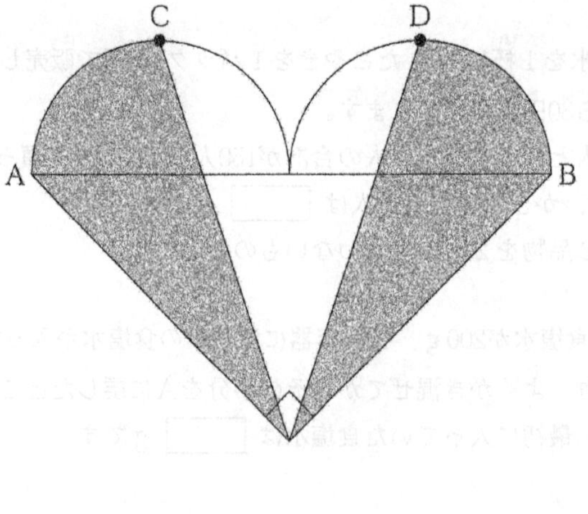

12 底面が１辺６㎝の正方形の四角柱を，図のように底面の半径が４㎝の円柱の一部にくいこむように組み合わせました。この立体の体積が780.76㎤のとき，アの長さは［　　］㎝です。

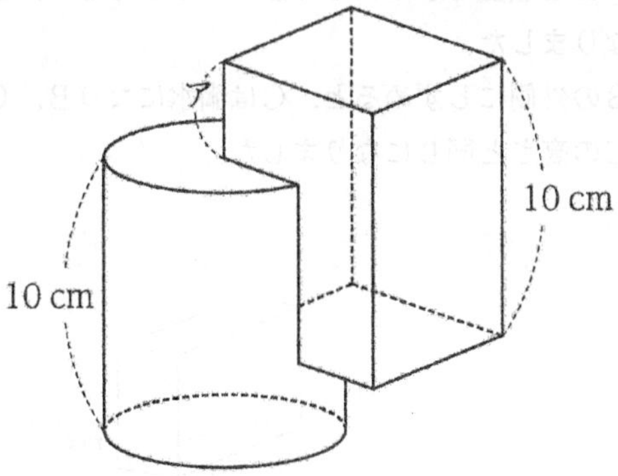

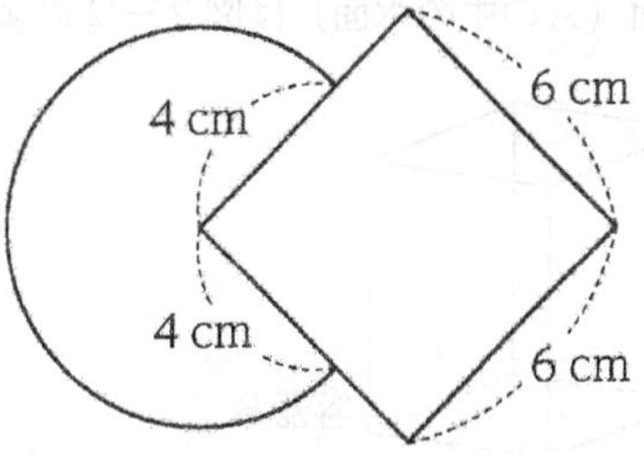

真上から見た図

13 図１は直角二等辺三角形で，点Dは辺BCを二等分する点です。これを図２のように折り，さらに図３のようにCDがBDと重なるように折りました。最後に図４のように三角形BEDをBDで折りました。色の付いた部分の角度は［　　］度です。

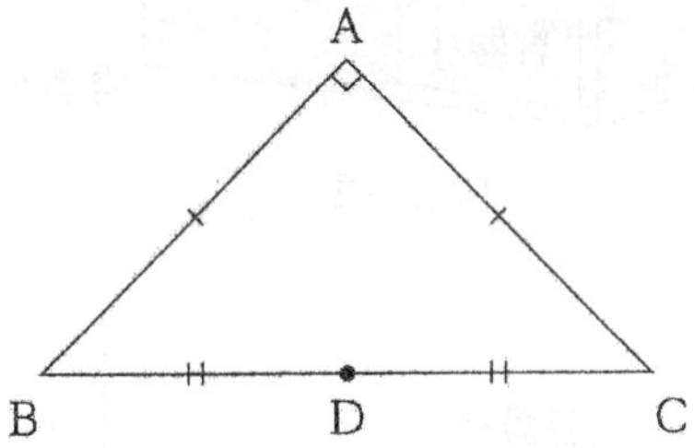

図１

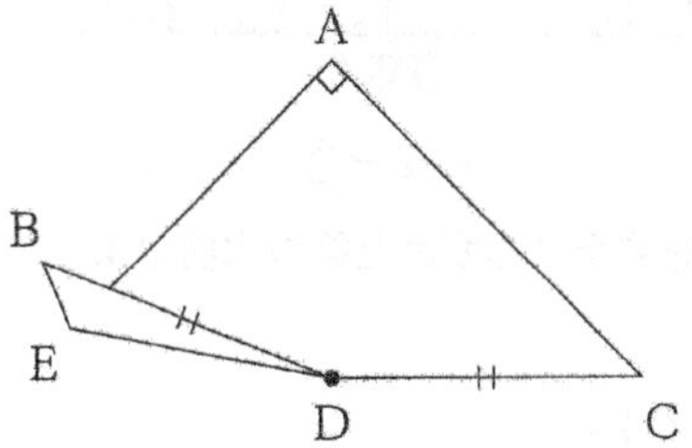

図２

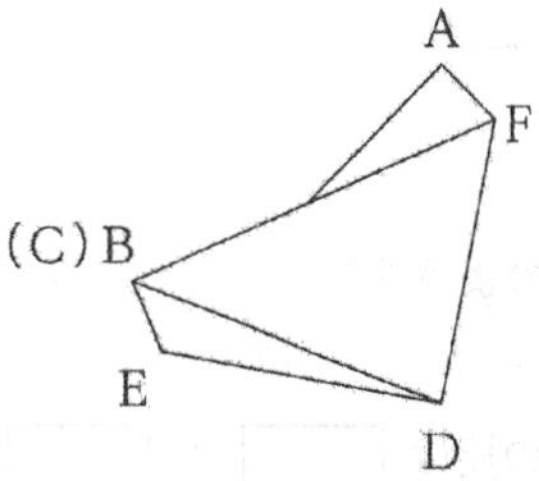

図３

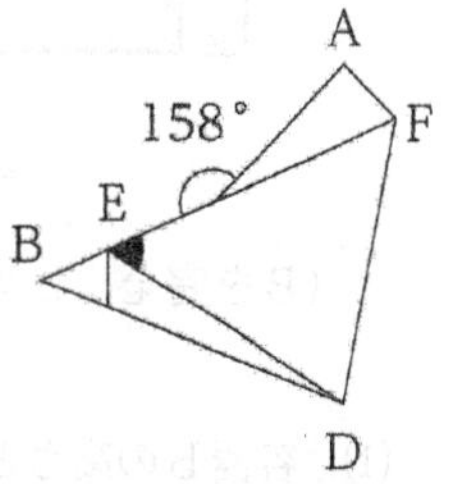

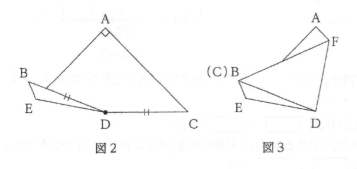

図４

14 図のような，ふたのない３つの容器Ａ，Ｂ，Ｃがあります。
これらの容器の底面積の比は35：21：５です。
まず図１－①のようにＡを水で満たしてから，Ｂを底面を水平にして静かにしずめると，初めのうちはＡから水があふれ出て図１－②のようになりました。
次に図２－①のようにＣを底面を水平にしてＢの外側にしずめると，Ｃは満水になりＢ，Ｃの外側の水面（Ａの中の水面）は図２－②のようにＣの高さと同じになりました。

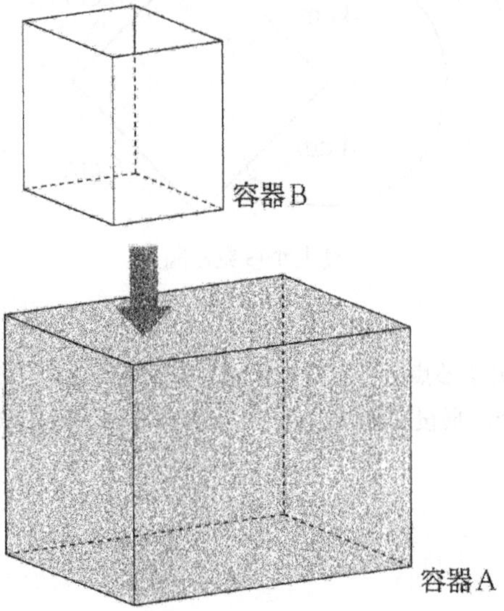

図１－①

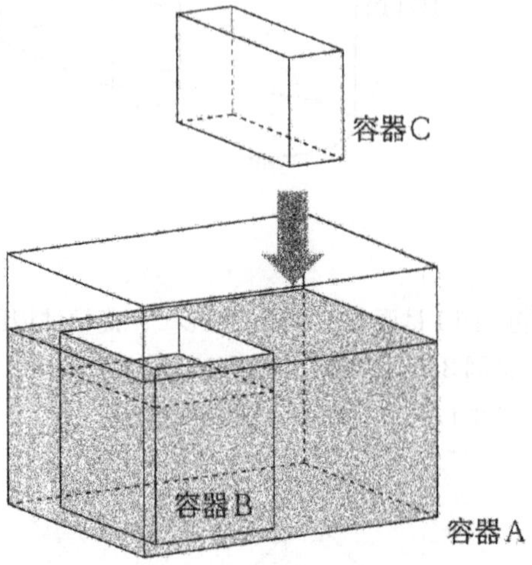

図２－①

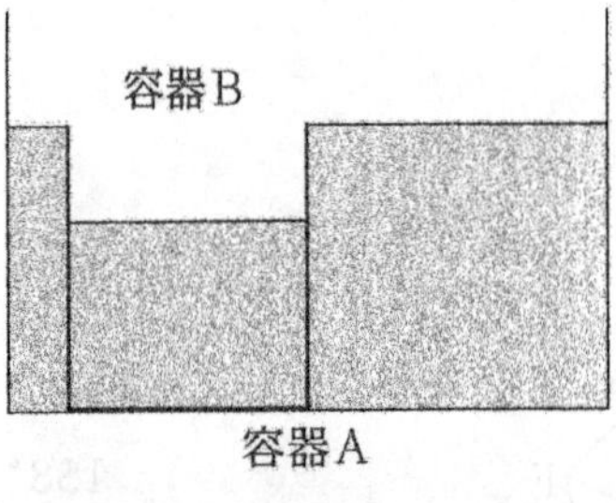

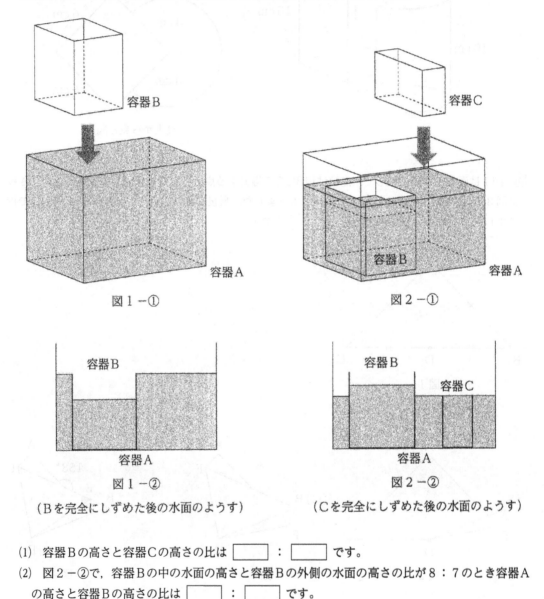

図１－②
（Ｂを完全にしずめた後の水面のようす）

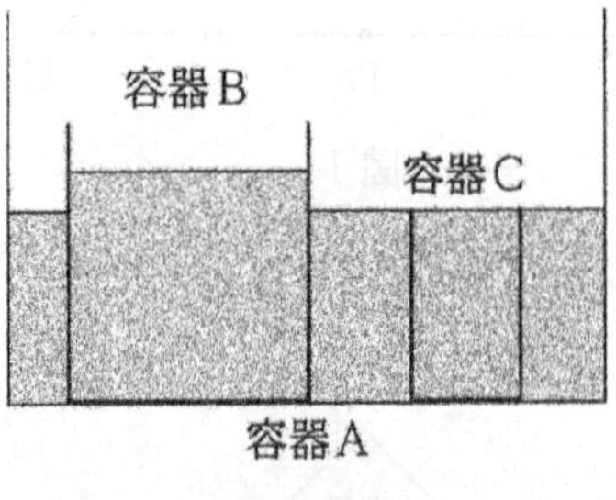

図２－②
（Ｃを完全にしずめた後の水面のようす）

(1) 容器Ｂの高さと容器Ｃの高さの比は □ ： □ です。
(2) 図２－②で，容器Ｂの中の水面の高さと容器Ｂの外側の水面の高さの比が８：７のとき容器Ａの高さと容器Ｂの高さの比は □ ： □ です。

【理　科】（25分）＜満点：50点＞

【注意】 記号がついているものはすべて記号で書きいれなさい。

1　次の問いに答えなさい。

(1)　ある日の日の出前，東の空を見上げると図のような月が見えました。翌日の同じ時刻に月を見た時に，月が動いた方向と，明るく見える部分の大きさの変化をそれぞれ選びなさい。

①　月が動いた方向

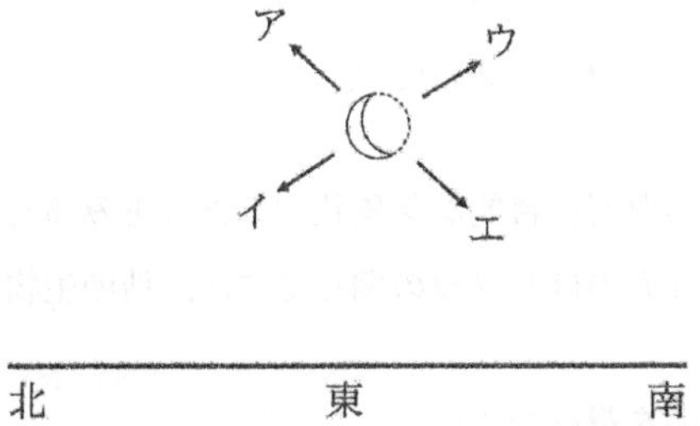

②　大きさの変化

オ　前日とまったく同じ

カ　少し小さくなる

キ　少し大きくなる

(2)　ほ乳類の肺は，肺胞という小さい球状の集まりからできています。観察用に取り出したブタの肺を空気でふくらませて，竹ぐしを刺したときに肺に起こる変化として正しいものを選びなさい。

ア　刺した瞬間に肺が割れる

イ　刺した瞬間に肺がしぼみ始める

ウ　刺した瞬間は肺に変化はないが，竹ぐしをぬくと肺がしぼむ

エ　刺した瞬間も，ぬいた後も肺に大きな変化はない

(3)　食品などの乾燥剤として使われるシリカゲルは無色ですが，水分を吸収すると色が青から赤に変化する物質を加えています。この物質を選びなさい。

ア　塩化コバルト　　イ　ブロモチモールブルー　　ウ　酢酸カーミン

エ　ヨウ素　　オ　ムラサキキャベツ

(4)　海中から潜望鏡を使って海上にある島を見ました。この潜望鏡は，２枚の鏡を使用して光を反射させる構造になっています。鏡の設置方法と見え方として正しいものをそれぞれ選びなさい。

①　鏡の設置方法

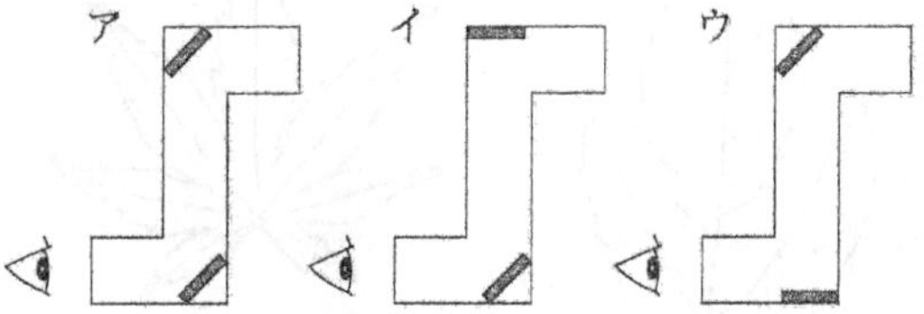

②　見え方

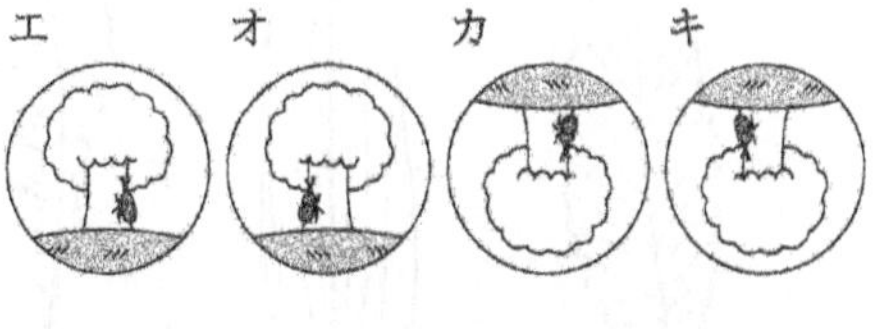

(5) 天体はとても重いので，日常的に使っている重さの単位で書くと0（ゼロ）の数がとても多くなってしまいます。例えば地球の重さは5,970,000,000,000,000,000,000,000kgとなります。そのため，次の方法で大きな数をあらわすことがあります。

300 → 3×10^2

300,000 → 3×10^5

10^5とは10×10×10×10×10＝100,000のことです。

このようにあらわすと地球の重さは5.97×10^{24}kg，月の重さは7.35×10^{22}kgとなります。地球の重さは月の重さの約何倍ですか。

ア 0.012倍　イ 0.12倍　ウ 8倍　エ 80倍　オ 800倍

[2] 気象庁では，季節のおくれ・進みや気候のちがいなど総合的な気象状況の推移をみるために，全国の気象台で生物季節観測を行っています。有名なものはサクラの開花ですが，他の生物についても観測を行っています。

(1) 観測の目的にあう生物の条件として正しいものを選びなさい。

ア 人の世話がこまめに必要な生物　イ 季節による変化が小さい生物

ウ 全国または特定の地域に広く分布している生物　エ 一般的には知られていない生物

オ 冬眠をする生物

(2) 次の5つが観測される日付を，1月からみて早い順に並べなさい。この日付は，生物季節観測の1991年～2020年までの東京観測所の平均値とします。

ア サクラの開花日　イ アジサイの開花日　ウ ウメの開花日

エ アブラゼミの鳴き声が初めて聞こえる日　オ ツバメが初めて観測される日

(3) 生物季節観測は見直しが行われ，2021年1月から動物および一部の植物が観測対象ではなくなりました。観測対象が減った理由として正しいものを選びなさい。

ア 観測対象の生物を保護するため

イ 観測が難しい生物が増えたため

ウ 観測される時期が，昔と比べて大きく変化したため

エ 観測を行う気象台の数が減ったため

オ 観測技術の向上により，生物を観測しなくても気象状況の推移がわかるため

(4) 青山学院中等部の庭でも観察でき，かつて生物季節観測の対象であったクワとシオカラトンボについて答えなさい。

① クワの葉のスケッチとして正しいものを選びなさい。

ア　イ　ウ　エ　オ

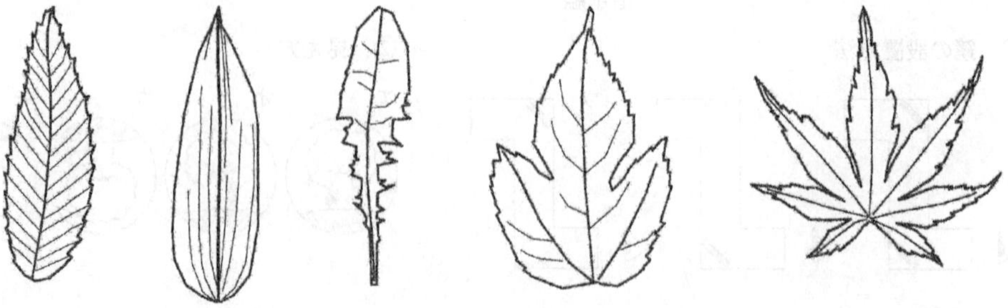

② シオカラトンボの冬の状態として正しいものを選びなさい。

ア 卵　イ 幼虫　ウ サナギ　エ 成虫

3 空気のしめり気をあらわす値として「湿度」があります。湿度は百分率(%)であらわされ，100%に近いほど空気中の水蒸気が多く，空気がしめっていることを示します。図1は，湿度を測るために用いられる「乾湿計」という器具です。乾湿計は温度計を2本使い，このうち1本は気温を測ります。もう1本は球の部分を，水をふくませたガーゼでおおい，これで「湿球温度」を測ります。湿球温度は気温よりも低くなり，その差から下の表を使って，空気中の湿度を求めることができます。例えば，気温が29℃，気温と湿球温度の差が4℃だとすると，空気中の湿度は71%となります。

図1　乾湿計

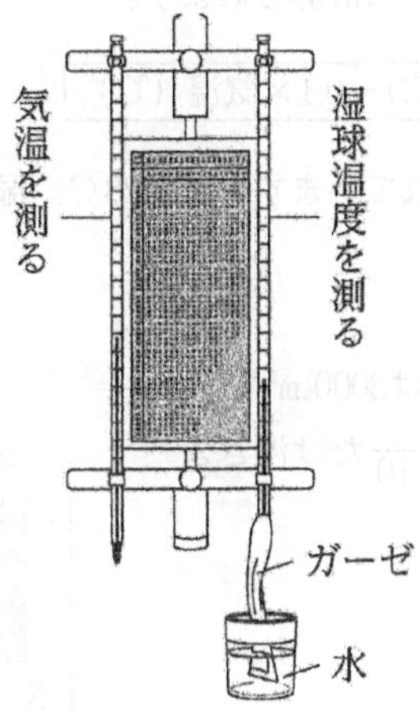

表　乾湿計が示す湿度（%）

気温（℃）＼気温と湿球温度の差	1	2	3	4	5
35	93	87	80	74	68
34	93	86	80	74	68
33	93	86	80	73	67
32	93	86	79	73	66
31	93	86	79	72	66
30	92	85	78	72	65
29	92	85	78	71	64
28	92	85	77	70	64

(1) ある日の気温は33℃，湿度は67%でした。このとき，湿球温度は何℃ですか。

(2) 下の文は，下線部についての説明です。①と②に当てはまる語句の組み合わせとして正しいものを選びなさい。

「湿球温度が気温よりも低くなるのは，ガーゼの水が蒸発するときに熱が（　①　）るためです。このガーゼの水は湿度が低いと蒸発（　②　）なり，多くの熱が（　①　）ます。」

ア ① 加えられ　② しやすく
イ ① 加えられ　② しにくく
ウ ① うばわれ　② しやすく
エ ① うばわれ　② しにくく

(3) 暑い日に湿度が高いと，熱中症になりやすくなります。その理由として正しいものを選びなさい。

ア 体の表面から熱をにがしにくくなるため
イ 風が吹きにくくなるため
ウ 空気中の水分が体内に入ると体温が下がりにくくなるため
エ 地面から放出される熱が上空へにげにくくなるため
オ 太陽の光が拡散されて気温が上がりやすくなるため

(4) 気温と湿球温度に加えて，黒球温度を測ることで「暑さ指数」を求めることができます。

① 黒球温度は，図２のように黒色にぬられたうすい銅板の球（黒球）の中心の空洞に温度計を入れ，日中に日差しがさえぎられることがない場所で観測します。黒球温度を変化させるものとして正しいものを選びなさい。

図２ 黒球温度を測る器具

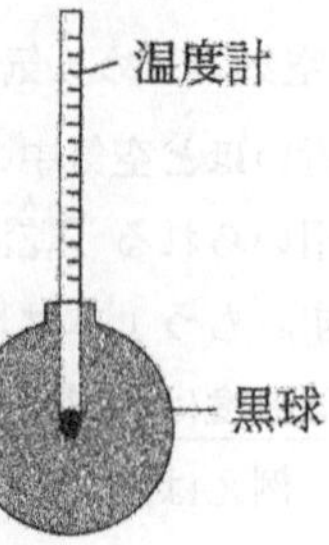

ア 直接ふれている物体から伝わる熱
イ 直接ふれていない物体から放出される熱
ウ 空気の流れによって運ばれる熱
エ 空気中の水蒸気が水滴になるときに放出される熱
オ 光によって銅がさびるときに放出される熱

② 暑さ指数は，熱中症を予防する目的で考案され，次のように計算されます。

暑さ指数＝0.7×湿球温度（℃）＋0.2×黒球温度（℃）＋0.1×気温（℃）

暑さ指数が28をこえると，熱中症の危険性が高まるとされています。気温28℃，湿度85%，暑さ指数が28となるときの黒球温度は何℃ですか。

4 物体X，Yを使って実験１～３を行いました。物体Xの体積は3000cm³です。

【実験１】 物体Xを水の中に入れたところ，物体Xは，体積の$\frac{1}{10}$だけ浮きました。

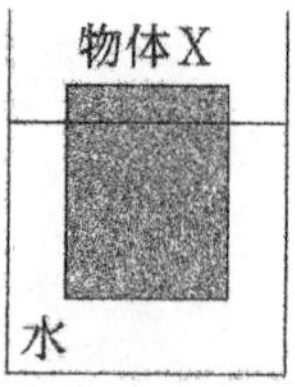

(1) 物体Xの重さは何ｇですか。

【実験２】 長さ100cm，重さ200ｇの太さが一様な棒を準備し，棒の左端から30cmの位置にばねはかりをつけ，上から支えました。この時，棒の左端に物体Xをつるし，右端に物体Yをつるした場合，棒は水平になりました。

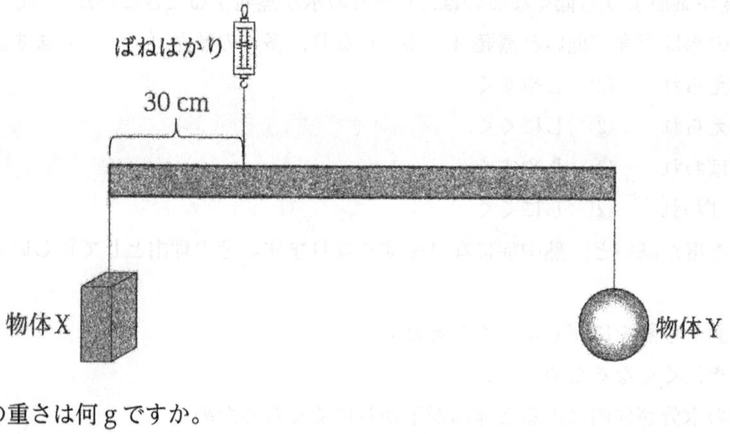

(2) 物体Yの重さは何ｇですか。

(3) ばねはかりは何ｇを示しますか。ただし，糸の重さは無視するものとします。

【実験３】 物体Ｘをア～エの４種類の滑車を使って，1.5mの高さまで持ち上げました。

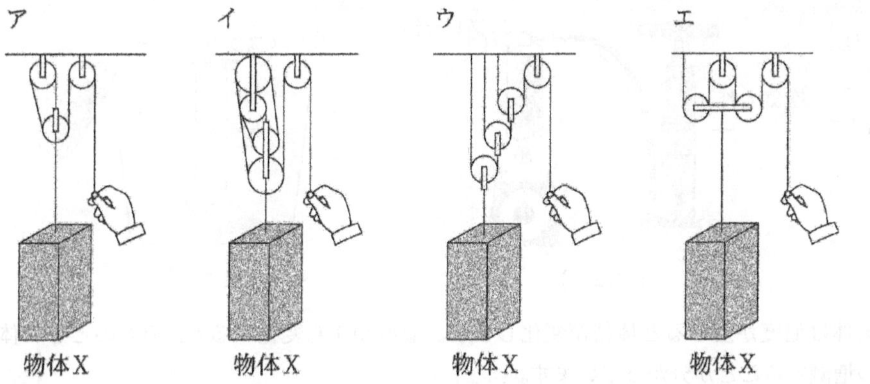

(4) 上の図から最も小さい力で物体Ｘを持ち上げられる滑車を選びなさい。

(5) (4)の滑車で，【実験３】を行った場合，糸を何ｇの力で何m引く必要があるか答えなさい。ただし，物体Ｘ自体の大きさと滑車・糸の重さは無視するものとします。

5 地球誕生時から現在までの長い期間でみると，空気の成分の割合は大きく変化しています。下の図は，地球誕生時と現在の空気の成分を比べたものです。

図 空気の成分（数字は％）

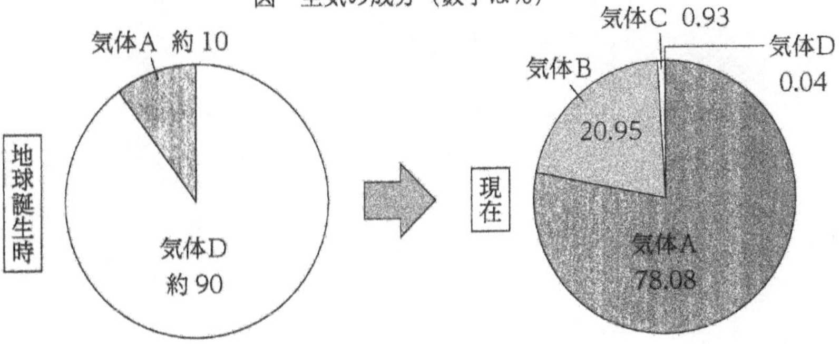

(1) 気体Ｃとして正しいものを選びなさい。

ア アルゴン　イ 二酸化炭素　ウ 水素　エ メタン　オ ヘリウム

(2) 下の文は，地球誕生時には多くあった気体Ｄが，現在少ない理由について説明した文です。①と②に入る語句をそれぞれ選びなさい。

「地球誕生時に，空気中に多かった気体Ｄは海水に溶け，海水中の（ ① ）とくっついて，海底に少しずつ積もっていき，（ ② ）となったためである。」

ア 鉄　イ カルシウム　ウ マグネシウム

エ 鉄鉱石　オ 石灰岩　カ 二酸化ケイ素　キ ボーキサイト

(3) 空気の重さを調べるために次のような実験をしました。実験結果から，空気1.0Ｌの重さを答えなさい。

【操作１】 空気入れで空のスプレー缶に空気を入れて，重さを測ったところ135.8ｇであった。

【操作２】 水に沈めたメスシリンダーに，【操作１】のスプレー缶から空気を入れたところ，250mLたまった。

【操作3】 スプレー缶の重さを測ったところ，135.5gになっていた。

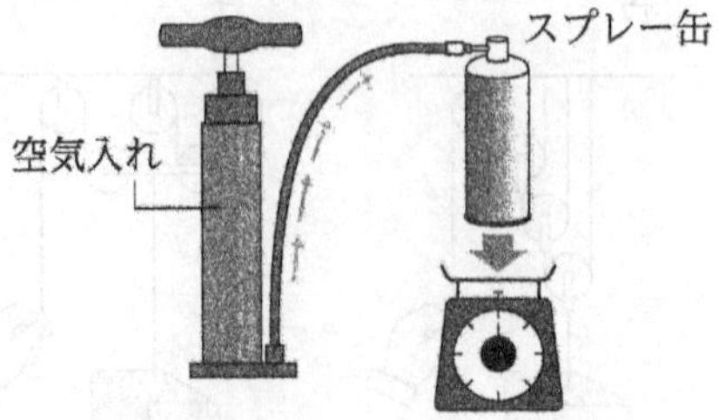

【操作1】

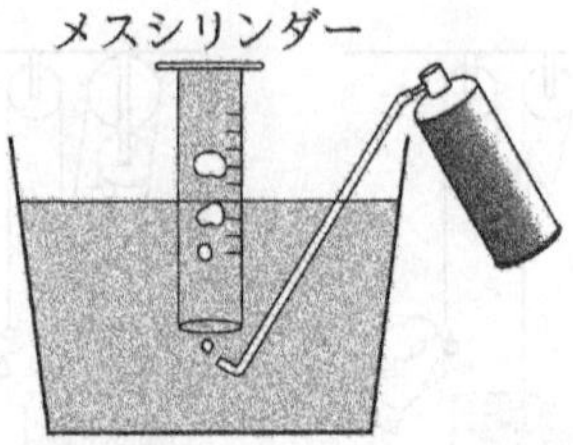

【操作2】

(4) 気体は温度が変わると体積が変化します。温度が1℃変化すると，0℃のときの体積の$\frac{1}{273}$ずつ増減することが分かっています。

① 0℃のときに1.0Lの空気は，氷点下5℃になると体積は何mLになりますか。小数第一位を四捨五入して整数で答えなさい。

② 27℃のときに600mLの空気があります。この空気をあたためて1.0Lにするには，何℃にすればよいですか。

【社　会】（25分）　＜満点：50点＞

1　青山学院中等部は昨年創立75周年を迎えました。青山学院周辺やこれに関連する地域について，あとの問いに答えなさい。

問１　次の渋谷周辺の地形を示した図１を見て，渋谷の地形の形成過程としてもっとも正しいと考えられるものを次のア～エから１つ選び，記号で答えなさい。

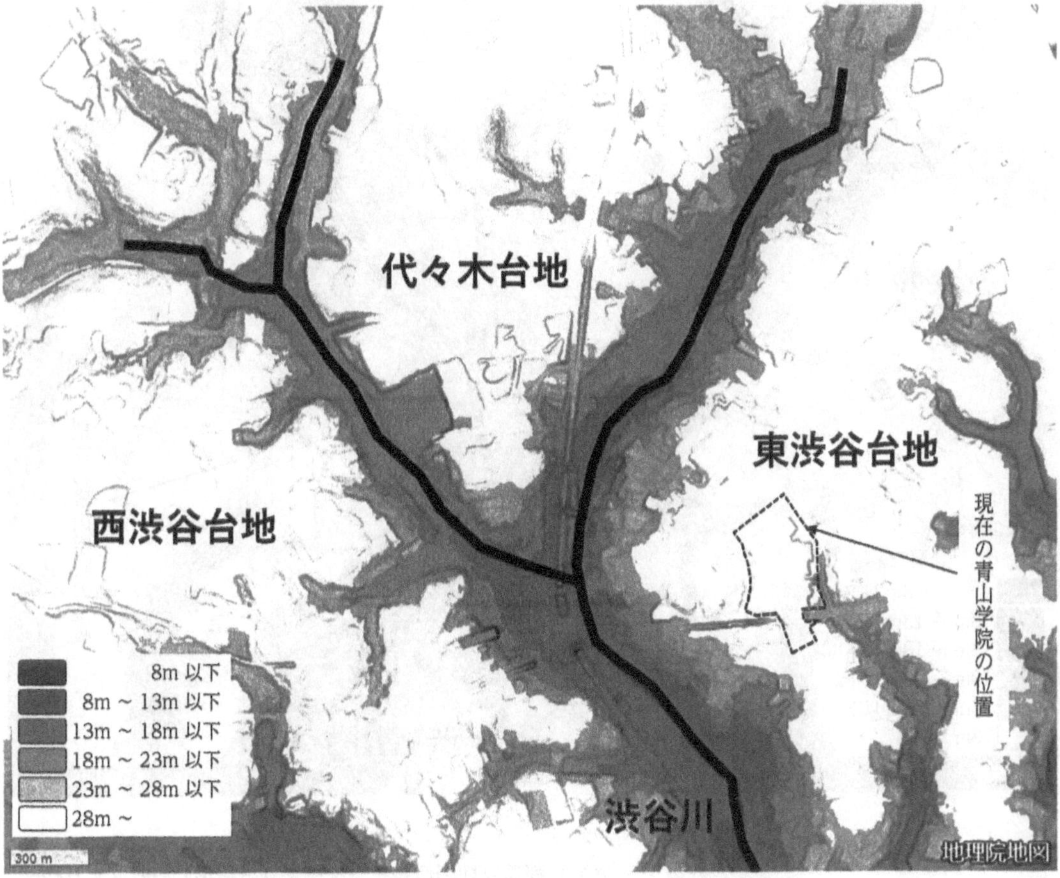

図１

ア：渋谷川の氾濫（はんらん）により周辺に土砂が運ばれ，渋谷川を囲むようにして３つの台地が形成された。

イ：東渋谷台地と西渋谷台地の間を渋谷川が侵食（しんしょく）し，その土砂が堆積（たいせき）して代々木台地が形成された。

ウ：もともとは１つの台地だったが，地震（じしん）で生じた断層に渋谷川が流れ，３つの台地に分断された。

エ：渋谷川の侵食作用により谷が形成され，もともと１つだった台地が３つに分断された。

問２　図２は渋谷周辺の地形を示しています。渋谷では縄文時代の遺跡がいくつか発見されています。図２中にある４種類の印のうち，縄文時代の【集落跡】を示しているものを下のア～エから選び，記号で答えなさい。また，集落がそこに形成された【理由】として正しいものを下のオ～クから選び，記号で答えなさい。

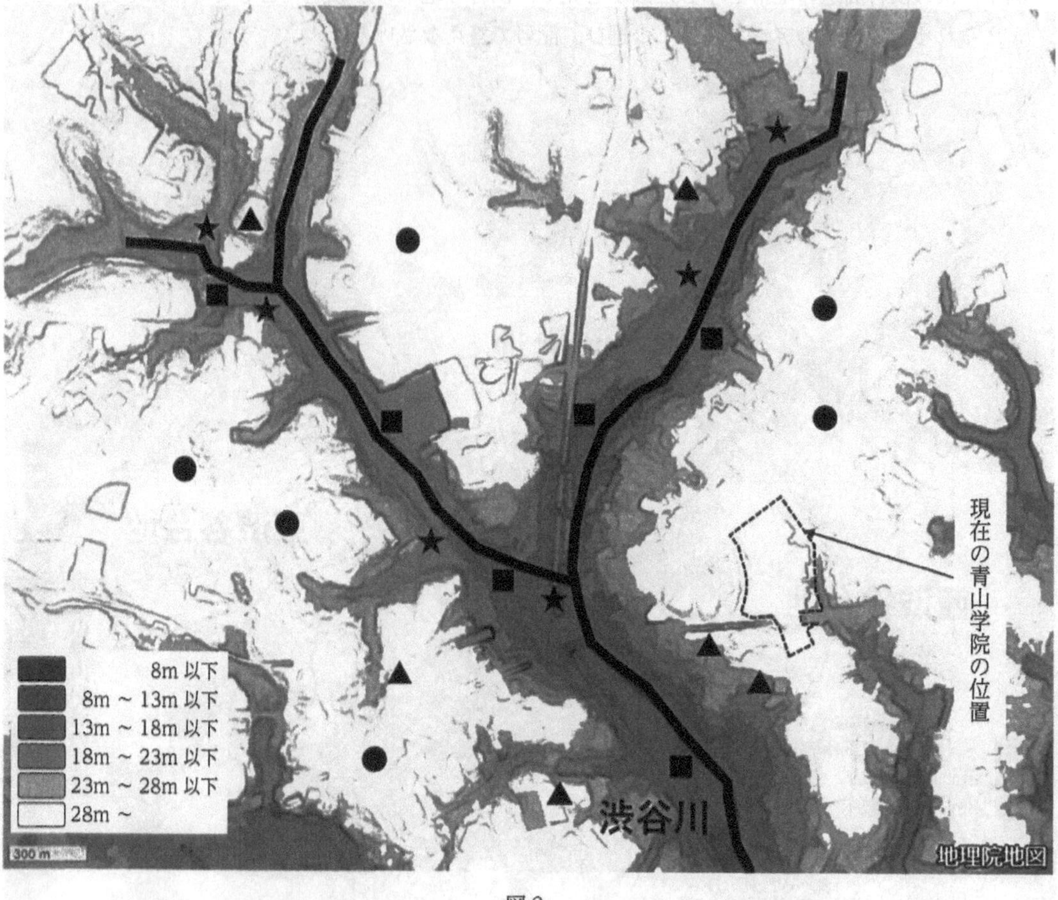

図２

＊東京都遺跡地図情報インターネット提供サービスより作成
https://tokyo-iseki.metro.tokyo.lg.jp/map.html#main

【集落跡】

ア：●　　イ：▲　　ウ：■　　エ：★

【理由】

オ：地盤が安定しており，他の集落からの襲撃に備えるやぐらを作りやすい地域だから。

カ：水路を作りやすく，集落の周りを堀で囲みやすい地域だから。

キ：生活用水が得やすく，河川の増水による被害を避けることができる地点だから。

ク：川の流れを利用した交易ができ，定期的な市を開催しやすい地点だから。

問3　青山学院中等部のある青山キャンパスの敷地（しきち）の大半は，江戸時代にはある大名の屋敷跡（やしきあと）地であったことが分かっています。図3は現在の渋谷周辺を示した地図で，点線で囲まれた範囲（はんい）は青山キャンパスを示しています。図3と次のページの図4を見比べたとき，青山キャンパスは誰の屋敷跡地であったと考えられますか。正しいものを次のア～エから選び，記号で答えなさい。

ア：青山大膳亮（だいぜんのすけ）　　イ：松平安藝守（あきのかみ）　　ウ：松平左京大夫（さきょうのだいぶ）　　エ：高木主水正（もんどのかみ）

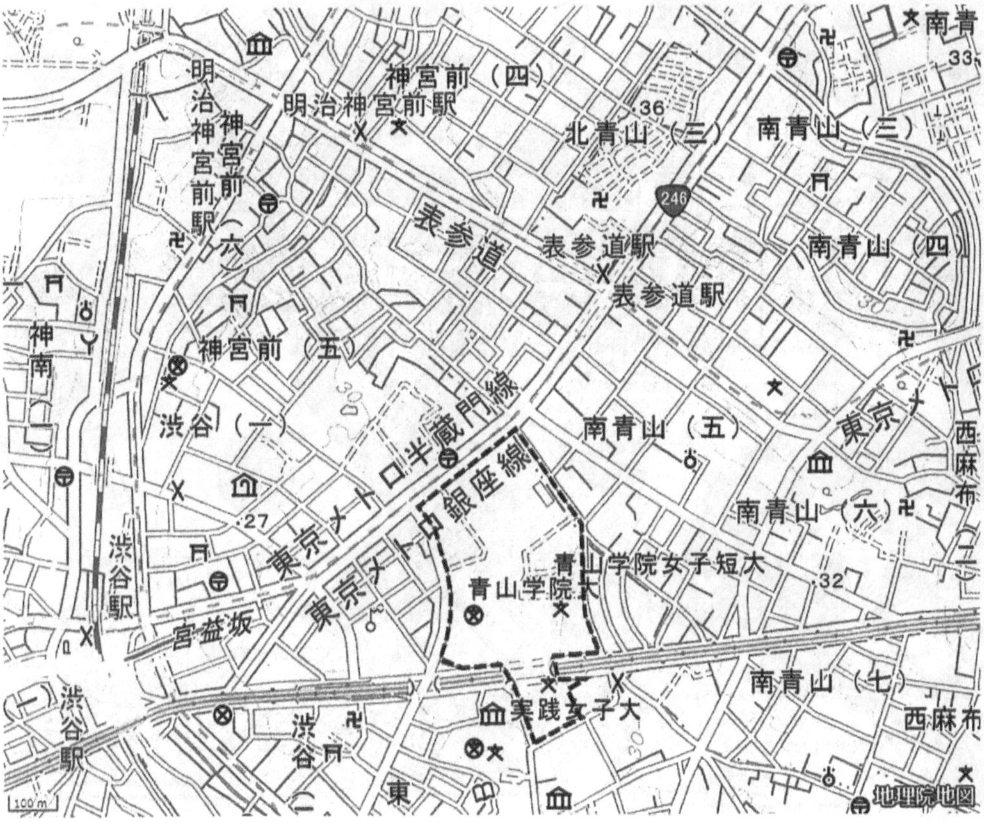

図3

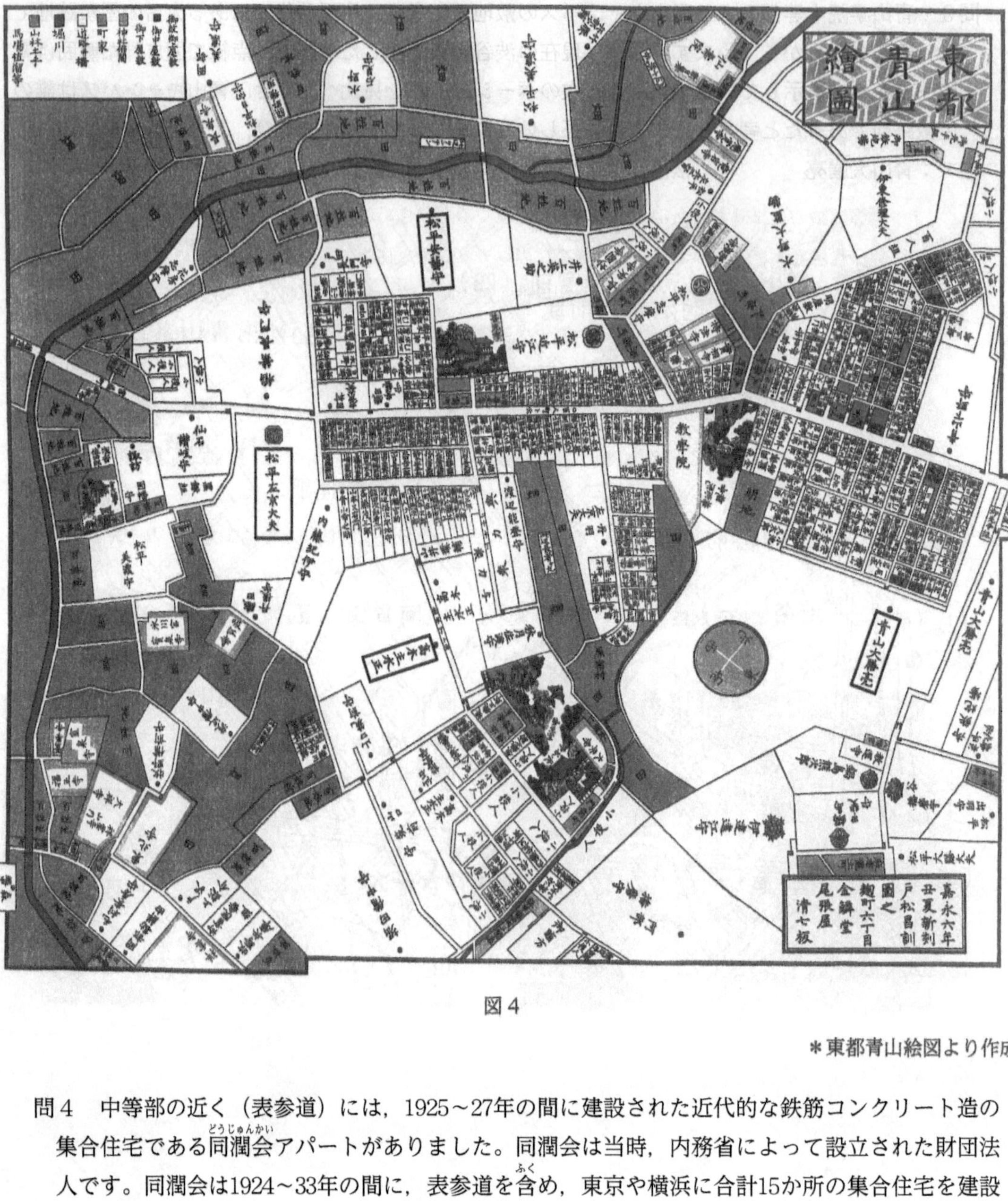

図４

＊東都青山絵図より作成

問４　中等部の近く（表参道）には，1925～27年の間に建設された近代的な鉄筋コンクリート造の集合住宅である同潤会(どうじゅんかい)アパートがありました。同潤会は当時，内務省によって設立された財団法人です。同潤会は1924～33年の間に，表参道を含(ふく)め，東京や横浜に合計15か所の集合住宅を建設しました。この同潤会アパートが建設された経緯(けいい)として正しいものを次のア～エから１つ選び，記号で答えなさい。

ア：護憲運動の高まりとともに人口が増加し，多くの人が住める住宅が必要となったため。

イ：第一次世界大戦によって荒廃(こうはい)した東京において，新たな住宅が必要となったため。

ウ：関東大震災によって被災した東京で耐震(たいしん)性・耐火性の高い住宅が必要となったため。

エ：次の戦争への機運が高まっており，戦火に耐えうる頑丈(がんじょう)な住宅が必要となったため。

問5　1955～73年に高度経済成長期を迎え，東京への人口集中が起きました。これを解消するために都心部と周辺地域とを鉄道などの交通手段で結び，郊外に残されていた丘陵(きゅうりょう)地を宅地化する開発が盛んに行われました。これについて，次の〈Ⅰ〉・〈Ⅱ〉に答えなさい。

〈Ⅰ〉　このように郊外の丘陵地において開発された住宅地を一般的に何と呼びますか。カタカナで答えなさい。

〈Ⅱ〉　これらの住宅地と同様の機能を持つ地域の地図として正しいものを次のア～エから選び，記号で答えなさい。

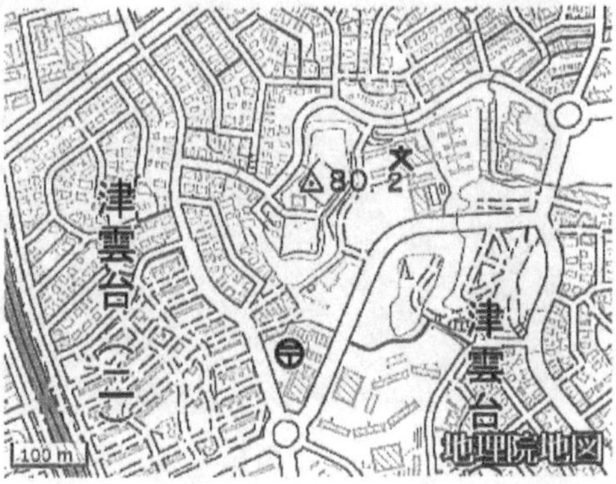

ア

イ

ウ

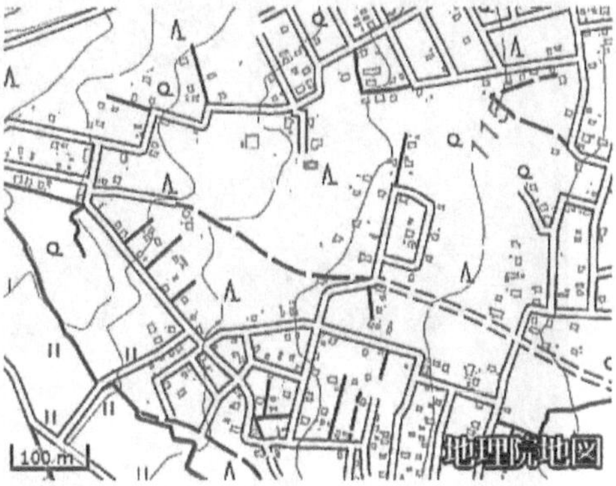

エ

問6　次のページの図5～図7は，ほぼ同じ地点を撮影(さつえい)したもので，「1948年」，「1992年」，「2019年」のいずれかの空中写真です。これらを見て，次の〈Ⅰ〉・〈Ⅱ〉に答えなさい。

〈Ⅰ〉　図5～図7を年代順（古い順）に並べたとき，正しいものを次のア～カから選び，記号で答えなさい。

ア：図5 → 図6 → 図7　　イ：図5 → 図7 → 図6

ウ：図6 → 図5 → 図7　　エ：図6 → 図7 → 図5

オ：図7 → 図5 → 図6　　カ：図7 → 図6 → 図5

〈Ⅱ〉　図5～図7の空中写真にも写っているように，都内にはまとまった緑地空間が点在しており，夏の暑い時期には周辺の市街地との間で気温の差が生じることが知られています。

　このように緑地空間が気温の差を生じさせる現象を何といいますか。正しいものを次のア～

エから選び，記号で答えなさい。

ア：ヒートアイランド現象　　イ：クールアイランド現象

ウ：エルニーニョ現象　　　エ：ラニーニャ現象

図5

図6

図7

＊いずれも国土交通省・国土地理院のホームページからダウンロードしたものを加工

2　2022年2月に始まったロシアによるウクライナ侵攻(しんこう)は，世界に大きな衝撃(しょうげき)を与えました。戦闘(せんとう)地域から離(はな)れている日本に住む私たちにとっても，「戦争と平和」について改めて考えさせられる出来事です。これに関連し，あとの問いに答えなさい。

問1　今回の侵攻が世界や日本に与えている影響(えいきょう)として正しいものを次のア～エから1つ選び，記号で答えなさい。

ア：ウクライナは半導体原料の主要産出国なので，侵攻によって原料の供給が滞(とどこお)り，世界中で半導体が不足して自動車やパソコンなどの生産に遅(おく)れが生じている。

イ：ウクライナはトウモロコシの主要な生産地であり，日本はウクライナからトウモロコシを多く輸入しているので，侵攻後日本におけるトウモロコシ価格が上昇(じょうしょう)するなどの影響がでている。

ウ：ウクライナは小麦の主要な生産地で，この小麦は北アフリカや南アジアなどの国々に輸出されていたため，輸出が滞ったことでこれらの地域で小麦価格が上昇するなどの影響がでている。

エ：ウクライナはヨーロッパ地域へ多くの電力を供給していたので，侵攻によって原子力発電所が停止したことで，ヨーロッパ各国で電力不足が深刻化している。

問２　今回の侵攻が世界や日本に与えている影響として正しいものを次のア～エから２つ選び，記号で答えなさい。

ア：欧米を中心に多くの外国企業がロシアから撤退した。

イ：国連総会では昨年３月に緊急特別会合が開かれ，ロシアへの非難決議案が出されたが，ロシアが拒否権を発動したため，採決されなかった。

ウ：フィンランドとノルウェーが昨年５月にNATO（北大西洋条約機構）への加盟を申請し，１か月あまりで承認された。

エ：EU各国は天然ガスなどのエネルギー資源をロシアから多く輸入していたため，ロシアへの経済制裁に関して足並みをそろえることが難しい状況である。

問３　図８～図10はロシアによるウクライナ侵攻以前の「石炭（2021年）」，「LNG（液化天然ガス）(2021年)」，「鉄鉱石（2020年）」のいずれかの資源の日本の主な輸入先とその輸入量を示しています。図８～図10に当てはまる資源の組み合わせとして正しいものを次のページのア～カから選び，記号で答えなさい。

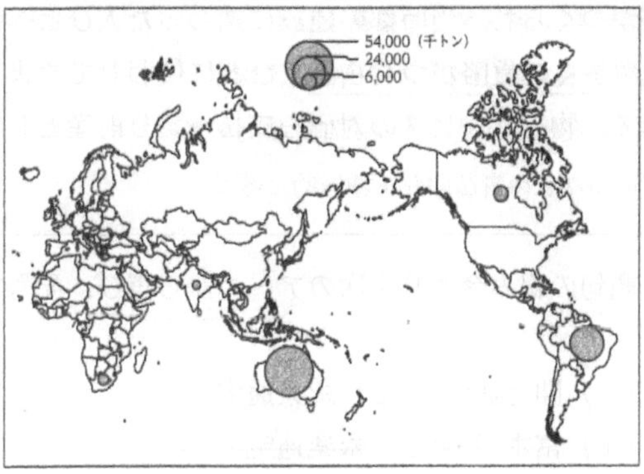

図８

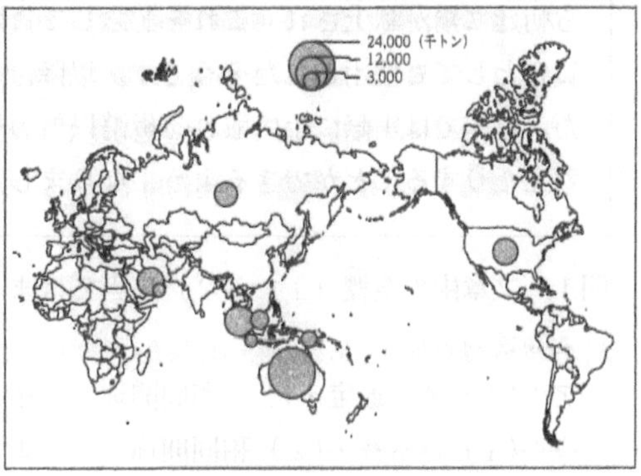

図９

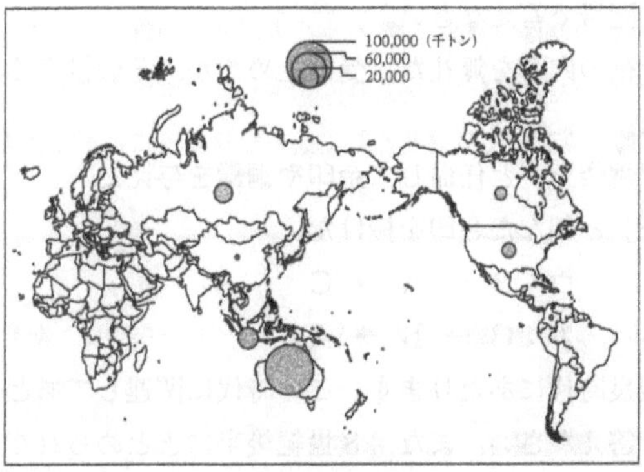

図10

＊『日本国勢図会 2021/22』、『日本国勢図会 2022/23』より作成

ア：図8　石炭　　図9　LNG　　図10　鉄鉱石
イ：図8　石炭　　図9　鉄鉱石　　図10　LNG
ウ：図8　LNG　　図9　石炭　　図10　鉄鉱石
エ：図8　LNG　　図9　鉄鉱石　　図10　石炭
オ：図8　鉄鉱石　　図9　石炭　　図10　LNG
カ：図8　鉄鉱石　　図9　LNG　　図10　石炭

問4　資源の乏(とぼ)しい日本は世界情勢の影響を受けやすいと考えられます。近年需要が増加しているレアメタルについては，海洋における資源開発をはじめ，安定的な供給を実現するためのさまざまな政策が進められています。このような政策として正しくないものを次のア～エから1つ選び，記号で答えなさい。

ア：資源産出国の動向や国際情勢に左右されないようにレアメタルの備蓄(びちく)を行う。
イ：1つの資源に対し，1か国との取引を原則とし，資源産出国との関係強化を図る。
ウ：代替(だいたい)材料の開発やより少ない使用量で生産できる技術の開発によって省資源化を図る。
エ：廃棄(はいき)される電子機器から再利用できるレアメタルなどの資源回収を積極的に行う。

3　次の文章を読み，あとの問いに答えなさい。

> 現在見つかっている日本最古の銅銭は（　1　）といい，683年頃にⓐ中国の銅貨を参考につくられたとされています。ⓑ8世紀に入ると（　2　）がつくられました。708年に武蔵国(むさしのくに)から朝廷(ちょうてい)に銅が献上(けんじょう)され，これを記念して貨幣(かへい)がつくられ，当時都の建設に携(たずさ)わった人びとへの賃金としても使用されたそうです。以降，ⓒ数多くの貨幣がつくられ人びとに使われてきました。近年では実際に手に取れる貨幣以外の形で，物やサービスの対価を支払ったり財産として蓄えたりすることができるようになりました。

問1　文章中の空欄(くうらん)（1）・（2）に当てはまる語句の組み合わせを次のア～エから選び，記号で答えなさい。

ア：（1）開元通宝・（2）和同開珎(かいちん)　　イ：（1）開元通宝・（2）永楽通宝
ウ：（1）富本銭(ふほんせん)・（2）和同開珎　　エ：（1）富本銭・（2）永楽通宝

問2　文章中の下線部ⓐと日本との関係について，次のA～Cの出来事を年代順（古い順）に並べたとき，正しいものを次のア～カから選び，記号で答えなさい。

A　中国の皇帝(こうてい)は，日本の使者が持参した手紙の内容を無礼だと受け止めたが，その後多くの留学生や僧(そう)が中国に行き，帰国後に活躍した。
B　中国の皇帝は，倭(わ)という国の女王を「親魏倭王(ぎ)」と任命し，金印や銅鏡を与えた。
C　中国の皇帝は，奴(な)国の王に「漢委奴国王(かんのわのなのこくおう)」と刻んだ金印を授けた。

ア：A → B → C　　イ：A → C → B　　ウ：B → A → C
エ：B → C → A　　オ：C → A → B　　カ：C → B → A

問3　文章中の下線部ⓑのうち80年あまりは奈良時代にあたります。この時代に関連してあとのア～エから正しくないものを1つ選び，記号で答えなさい。また，8世紀後半にまとめられたとされる和歌集を何といいますか。漢字で答えなさい。

ア：中国を参考に律令がつくられ，それに基づいて政治が行われるようになった。

イ：百済の要請を受けた日本は大軍を朝鮮半島に送ったが大敗したため，政治の中心地を移した。

ウ：戸籍に基づき6歳以上の人びとに口分田が与えられ，収穫した稲を一定の割合でおさめることになった。

エ：国際色豊かな文化が生まれ，シルクロードを経てきた多くの品物が正倉院におさめられた。

問4　文章中の下線部ⓒに関連して，次の〈Ⅰ〉・〈Ⅱ〉に答えなさい。

〈Ⅰ〉　江戸時代，特に西日本では銀が盛んに使用されました。日本の銀は世界に流通し17世紀はじめには世界の銀の流通量のうち3分の1を占めるようになったため，その主要な産地である中国地方の銀山はヨーロッパ人にも知られていたそうです。この銀山を何といいますか。漢字で答えなさい。

〈Ⅱ〉　2024年から新しいデザインの紙幣が流通する予定です。新しい五千円札の表面に描かれる肖像画の【人物】を次のア～オから選び，記号で答えなさい。また，その人物に関連する【事柄】を次のカ～コから1つ選び，記号で答えなさい。

【人物】

ア：与謝野晶子　　イ：野口英世　　ウ：津田梅子　　エ：渋沢栄一　　オ：北里柴三郎

【事柄】

カ：幼い頃手に火傷を負ったがそれに負けず医学の道を志した。アフリカで黄熱病の研究に取り組んだが，その最中に亡くなった。

キ：ドイツに渡り，感染症の一種である破傷風の新しい治療法「血清療法」を発見した。

ク：富岡製糸場の建設や銀行の設立に携わり，「日本の資本主義の父」と呼ばれた。

ケ：日露戦争に出兵した弟を思ってつくった詩が，文芸誌『明星』に掲載された。

コ：岩倉使節団に最年少で同行し，約10年間留学した後，帰国して教育に力を注いだ。

4　次の文章を読み，あとの問いに答えなさい。

図11の中で矢印が指しているのは「0哩標識」という石柱です。これは日本初の鉄道開通に向けた測量の際，起点として打たれた標識を復元したものです。最初の鉄道は，1872年にこの標識がある旧（　1　）停車場と（　2　）を結んで開通しました。その一部は海上を通っており，2020年に開業した（　3　）駅やその周辺の開発工事の際，その遺構（海上築堤）の一部が発掘されたことで話題になりました。

図11

問1　文章中の空欄（1）と（3）の組み合わせとして正しいものを次のア～エから選び，記号で答えなさい。

ア：（1）新橋・（3）天王洲アイル　　イ：（1）浅草・（3）高輪ゲートウェイ

ウ：（1）新橋・（3）高輪ゲートウェイ　　エ：（1）浅草・（3）天王洲アイル

問２　文章中の空欄（２）は，1858年に締結された条約により海外との貿易の拠点として発展してきました。（２）と条約の組み合わせとして正しいものを次のア～エから選び，記号で答えなさい。

ア：（２）浦賀・日米和親条約　　　イ：（２）横浜・日米和親条約

ウ：（２）浦賀・日米修好通商条約　　エ：（２）横浜・日米修好通商条約

問３　図12は，開通した鉄道の様子を描いた錦絵の一部です。線路が海上を通る様子が手前に描かれていますが，それに並行するような形で右手側に人通りの多い道が描かれています。この道は江戸時代，五街道の１つとして多くの人びとが往来していました。街道の名称を漢字で答えなさい。

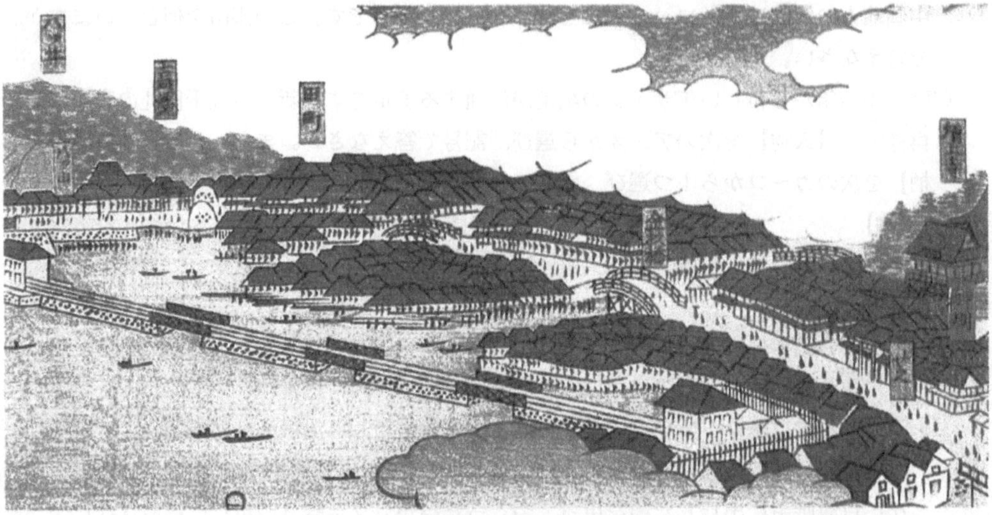

図12「東京蒸気車鉄道一覧之図」

＊国立国会図書館デジタルコレクションより作成

問４　文章中の下線部に関連して，次の〈Ⅰ〉・〈Ⅱ〉に答えなさい。

〈Ⅰ〉　これ以降，各地で鉄道が開通しました。これらの鉄道は輸出品の生産地と，港や都市との間を結ぶものが多かったといいます。明治初期最大の輸出品と，当時の鉄道の動力源となっていた資源の組み合わせとして正しいものを次のア～エから選び，記号で答えなさい。

ア：輸出品－銀・資源－石炭　　　イ：輸出品－生糸・資源－石炭

ウ：輸出品－銀・資源－鯨油　　　エ：輸出品－生糸・資源－鯨油

〈Ⅱ〉　この前後の時期は，近代化を目指す明治政府がさまざまな改革を行いました。これらの改革として当てはまらないものを次のア～カからすべて選び，記号で答えなさい。

ア：国民に土地の所有権を認め，土地の収穫高を基準にし，税率は収穫高の３％とした。

イ：新しい貨幣単位を採用し，幕末からの混乱した貨幣制度を立て直した。

ウ：学校制度が定められ，満６歳以上の男女はすべて小学校に通わせることが義務となった。

エ：電信網や，手紙や荷物を運ぶ手段として，飛脚にかわって郵便制度が整備された。

オ：全国統一の軍隊をつくるため，満20歳になった国民は全員，兵役の義務を負うことになった。

カ：多くの留学生を欧米に派遣して新しい科学や技術を取り入れ，多くの外国人教師を招いた。

5 次のⅠ・Ⅱの文章を読み，あとの問いに答えなさい。

Ⅰ	昨年7月に世界経済フォーラムが発表した2022年度版の「ジェンダーギャップ報告書」によると、日本のジェンダーギャップ指数*（「完全な男女平等」への達成度）は0.650で世界146か国中116位、主要先進7か国（G7）の中で最も順位が低い、という結果でした。その中でも、特に「政治分野」と「経済分野」の指数が低いのが特徴(とくちょう)的です。
Ⅱ	昨年6月、刑法が改正され、刑罰(けいばつ)から懲役(ちょうえき)刑（作業が義務）と禁固(きんこ)刑（作業なし）をなくし、新たに「拘禁(こうきん)刑」を導入することなどが決まりました。刑罰の種類が変更されるのは、刑法が明治時代に制定されて以来初めてのことです。

*「0」が完全不平等、「1」が完全平等を示し、数値が小さいほどジェンダーギャップが大きいことを示す。

問1　文章中の下線部は，日本の『第5次男女共同参画基本計画』用語解説では「(　1　)的・(　2　)的に形成された性別」と示されています。生まれついての性別と対になる表現で，「それ自体に良い・悪いの価値を含むものではなく，国際的にも使われている」ものだとしています。

空欄（1）・（2）に当てはまると考えられる語の組み合わせを次のア～エから選び，記号で答えなさい。

ア：（1）社会・（2）文化　　イ：（1）医学・（2）文化

ウ：（1）社会・（2）歴史　　エ：（1）医学・（2）歴史

問2　日本の政治分野の現状に関する説明として正しくないものを次のア～エから1つ選び，記号で答えなさい。ただし，ア～エはすべて2022年12月時点までの情報で考えること。

ア：衆議院議員に占める女性の割合は2割に満たない。

イ：参議院議員に占める女性の割合は3割に満たない。

ウ：これまで，衆議院もしくは参議院の議長に女性が就任したことはない。

エ：今まで内閣総理大臣に女性が就任したことはない。

問3　今回の刑法改正についての説明として正しいものを次のア～エから2つ選び，記号で答えなさい。

ア：昨年7月に改正刑法の一部が施行(しこう)され，拘禁刑の運用が始まった。

イ：拘禁刑導入は，刑罰の目的を「懲(こ)らしめ」から「立ち直り」に転換(てんかん)することである。

ウ：拘禁刑の導入と同時に，刑の執行(しっこう)を猶予(ゆうよ)する制度が廃止された。

エ：刑法改正の背景には，刑法犯の減少と再犯者の割合の高止まりがある。

問4　人権について，日本国憲法では基本的人権の尊重が基本原理の1つに示されていますが，現実にはジェンダーギャップだけでなく，さまざまな場面で差別や偏見(へんけん)が残っています。今から約100年前，差別撤廃(てっぱい)に向けて立ち上がった人びとが「全国(　3　)」を結成しました。全国(　3　)結成時の宣言は日本初の人権宣言とも呼ばれ，当事者が団結して差別撤廃に向けて訴(うった)えるべきという理念がうたわれ，「人の世に熱あれ，人間に(　4　)あれ」と結ばれています。

空欄（3）に当てはまる語を漢字3字で答えなさい。また，空欄（4）に当てはまる語を次のア～エから選び，記号で答えなさい。

ア：良心　　イ：光　　ウ：自由　　エ：権利

ア　哀れむような　　　イ　心配そうな
ウ　怒り出しそうな　　エ　悲しそうな

(4)　――Ⓓ「わたしはただ、黙ってうなずくことしかできなかった」とありますが、このときの〈わたし〉の気持ちを説明するものはどれですか。

ア　自分の浅はかな行動ゆえに周囲を不快にしてしまったことを後悔し、挽回するための方策を考えようとしている。
イ　美弥子さん自身も不明本に心を痛めているはずなのに、〈わたし〉にまで気遣ってくれていることに感激している。
ウ　衝動にかられて結局何もできなかったことに自責の念を抱き、これから事態がどう変化するのか不安に感じている。
エ　優しかった美弥子さんの今までにない一面に驚きつつ、自分の軽率な行動でかえって迷惑をかけたことを悔いている。

(5)　――Ⓔ「すがるような視線」とありますが、このときの健太くんの気持ちを説明するものはどれですか。

ア　自分に集められた視線から脱して、本を持ち出してしまった許しを得たい。
イ　クラスの男子から自分がもうからかわれないようにする術を教えてほしい。
ウ　男子でもファンタジーや絵本を読んでいいよと周囲に背中を押してほしい。
エ　どうしても借りたかった宮田さんの挿絵が描かれた本の魅力を共有したい。

(6)　――Ⓕ「美弥子さんのポスター作戦は大成功だった」について、結果として、美弥子さんの「ポスター作戦」は、次に挙げるイソップ寓話のどれに近いものですか。

ア　ウサギとカメ　　　イ　北風と太陽
ウ　アリとキリギリス　エ　犬と肉

(7)　美弥子さんの視点でまとめた次の文章を読み、あとの問いに答えなさい。

しおりは大好きな魔女シリーズがごっそりなくなったとき、安川くんを巻き込んで、悪い人を取り締まる［Ⓖ］みたいに館内の張り込みまでしてくれた。けど、さすがに公共の場で度が過ぎていると判断し、わたしは司書としてあの子たちに注意をした。
その後、健太くんの勇気ある告白によって、事態は解決へと向かった。健太くんが話し出した時は、罪の意識から［Ⓗ］様子だったけど、正直に謝る彼を私たちは許したの。
でも友達にからかわれて、健太くんもつらかったでしょうね。イラストを描いた宮田さんも実は男性だし、［Ⓘ］と思う。自分の好きな気持ちに素直になれるといいわね。

①　［Ⓖ］に当てはまる語を自分で考え、漢字二字で答えなさい。ただし、本文中の言葉を使ってはいけません。
②　［Ⓗ］に当てはまる言葉を本文中から八字で探し、書きぬきなさい。
③　［Ⓘ］に当てはまる言葉を本文中から二十一字で探し、はじめの五字を書きぬきなさい。

「勇気あるよな」

いままで黙って聞いていた安川くんが、ポツリとつぶやいた。

「え？」

健太くんが驚いたように顔を上げる。

「だってさ――」

安川くんは身を乗りだした。

「自分さえ黙ってたらばれなかったのに、こうして正直に名乗りでてきたわけだろ？ それって、すごい勇気がいると思うよ」

それを聞いて、わたしも安川くんの隣りで大きくうなずいた。感心するわたしたちを前にして、健太くんは慌てたように手を振った。

「そんなことないです。今日も、初めは返す気なんかなくって、何も持たずに図書館にきてたんです。だけど、掲示板のポスターを見たら、なんだか急に恥ずかしくなってきちゃって……それで、急いで家に帰って、カバンに本を詰めて持ってきたんです」

つまり、Ⓕ美弥子さんのポスター作戦は大成功だったわけだ。わたしが尊敬のまなざしを美弥子さんに向けると、

「いいこと教えてあげようか」

美弥子さんは突然声をひそめて、本の山の一番上にあった『空から落ちてきた魔女』を手に取った。

「この絵を描いている宮田環さんって、男の人なのよ」

「え？ ほんと？」

わたしは思わず声をあげた。安川くんと健太くんも、目を丸くして本の表紙を見つめている。美弥子さんは笑顔でうなずいて、さらに驚くようなことを話してくれた。

今回、ポスターにベルカのイラストを使ってもいいか確認するために、出版社につとめている知り合いに連絡をとったところ、なんと宮田さん本人から返事があったというのだ。

「名前が女の人みたいだから、よくまちがえられるらしいんだけど、実物は、ひげを生やしたクマみたいにおっきな人なんですって。だから――っていうのも、おかしいけど、男の子のファンがいても、全然恥ずかしくないと思うわ」

「そうよね」

わたしも横から援護した。

「好きな本を読むのに、男子も女子も関係ないもんね。男の子が絵本を読んでても、全然変じゃないと思うな」

健太くんは、しばらくの間黙って本の山を見つめていたけど、やがて何かを決心したように大きくうなずくと、美弥子さんに向かっていった。

「この本、あらためてちゃんと借りて帰ってもいいですか？ 学校に持っていって、教室で堂々と読んでみたいんです」

健太くんの言葉を聞きながら、わたしは、本が返却されたらもう一度安川くんに魔女シリーズをすすめてみようと心に決めた。

（緑川聖司『晴れた日は図書館へいこう』ポプラ文庫ピュアフル）

(1) Ⓐには、「よいことはためらわず、ただちに実行せよ」という意味のことわざが入ります。ひらがな六字で答えなさい。

(2) ――Ⓑ「厳しい顔」とありますが、このとき美弥子さんは〈わたし〉に何を伝えるために呼んだのですか。本文中から三十七字で探し、はじめの五字を書きぬきなさい。

(3) Ⓒに当てはまるものはどれですか。

「お姉さん、図書館の人と知り合いなの？」

男の子はなぜか少し緊張した様子で聞いてきた。さっき、掲示板の前で美弥子さんとお喋りしてたのを見ていたのだろう。

「そうだけど……図書館の人に、なにか用事？」

わたしが尋ねると、男の子は一瞬ためらうような素振りを見せながらも、

「これ……」

肩にかけていた大きなカバンを開いて、わたしたちのほうに差しだした。その中身を見て、わたしは思わず声をあげた。カバンの中で、ベルカが気持ちよさそうに空を飛んでいるではないか。

それは、『空から落ちてきた魔女』の表紙だった。

「ごめんなさい」

男の子は両手を膝の上でそろえると、机におでこがくっつくぐらいに頭を下げた。

彼は、しおりたちと同じ学校の三年生、高階健太くん。絵が大好きで、二週間ほど前に宮田さんの絵を偶然図書館で見つけて、いっぺんにファンになったという。

「男子がファンタジーとか絵本を読むのは、変ですか？」

急に聞かれて、わたしは一瞬言葉に詰まった。

「そんなことないと思うけど……」

否定しながらも、その Ⓔすがるような視線に気圧されて、安川くんに「男子ってそうなの？」と問いかける。

「うーん……」

安川くんはわずかに顔をしかめて、

「ファンタジーはともかく、絵本はちょっとかっこ悪いかなあ……」

すまなさそうにつぶやいた。

「やっぱり……」

うなだれる健太くんに、美弥子さんが声をかけた。

「もしかして、友達に何かいわれたの？」

その言葉に、健太くんは一瞬体を固くすると、力なくうなずいた。

「一学期に、学校の図書室で絵本を読んでたら、クラスの男子に見つかって、『男のくせに絵本なんか読んでる』って笑われたんです。それからずっと、そのことでからかわれてて……だから、夏休みに入ってホッとしてたんです」

男の子が絵本を読んで何が悪いんだろう、とわたしは思ったけど、さっき安川くんがいってたみたいに、三年生ぐらいの男の子の世界では、絵本を読むのはかっこ悪いことなのかもしれない。

健太くんは、かすかに震える声で続けた。

「図書館で宮田さんの本を見つけた時、初めはちゃんと借りるつもりで、カウンターに持っていこうとしたんです。そしたら、カウンターの手前にうちのクラスの子たちがいるのが見えて……その時、ぼく、絵本も持ってたし、見つかったら絶対にまた学校でからかわれると思って……だけど、どうしても借りて帰りたかったから……」

カバンに入れて、カウンターを通さずにこっそり持って帰ったのだと、ほとんど消えいるような声で健太くんはつけくわえて、もう一度「ごめんなさい」と頭を下げた。その時、

じゃない。いっそのこと、ポスターづくりを夏休みの自由研究にしてしまおうかな……。

「あれ？」

わたしの頭に、なにか引っかかるものがあった。それは、はじめはぼんやりとしたものだったけど、次第に形になって、確信に変わっていった。

わたしは足を止めると、安川くんのほうに向きなおった。

「ごめん。図書館に戻ってもいい？　ちょっと調べたいことがあるの」

調べてみると、盗まれた児童書にはすべて宮田環さんというイラストレーターが表紙と挿絵を手がけているという共通点があることが判明した。そして、夏休みが終わる五日前のこと……

美弥子さんが「こっちこっち」と手招きしながら、わたしたちをロビーへと誘う。

なんだろうと思いながらついていったわたしは、掲示板の前に立って、思わず

「すごいっ！」

と声をあげた。

『お知らせ掲示板』には、二枚の大きなポスターが貼ってあった。一枚は、本がまばらにしか入っていない本棚の前で女の子が泣いている絵で、泣いているのは、ベルカのともだちのケリーだ。その隣りには大きな文字で、

『本を持っていかないで……』

と書いてある。もう一枚は、魔女のベルカがほうきに乗って、袋をかついだ怪盗を追いかけている絵で、袋から本がこぼれ落ちているのが見える。ベルカの頭上には、やっぱり大きな文字で、

『本は正しくかりましょう』

「どう？　なかなかいいポスターでしょ？」

美弥子さんの自信に満ちた言葉に、

「うん」

わたしは大きくうなずいた。安川くんも、感心した様子でポスターを見つめている。

学生時代、美術部だった美弥子さんの絵は本当に素晴らしかった。しおりが振りかえると、小さな男の子も真剣な顔でポスターを見つめていた。やっぱりいい出来なんだなと、自分まで誇らしくなった。

再来年、わたしも中学生になる。中学校に入ったら文芸部に入るつもりだったんだけど、美術部なんかも悪くないな——わたしがポスターを眺めながら、そんなことをぼんやりと考えていると、

「あの……」

突然後ろから声をかけられた。振りかえると、さっき真剣な顔でポスターを見ていた男の子が、大きなバッグを肩にかけて、思いつめたような表情で立っていた。

「どうしたの？」

わたしが答えると、

しなのかどうかはわからないのだ。

男の子は、早足でロビーを通り抜けると、図書館の外へと出ていってしまった。わたしがその子の後を追いかけようかどうしようかと迷っていると、

「しおりちゃん」

いつの間にきていたのか、美弥子さんがロビーのすみから、わたしを手招きしていた。なんだろう、と思いながら近づくと、

「ちょっと話したいことがあるの。安川くんと一緒に、談話室まできてくれないかしら」

美弥子さんは、あまり見たことのないような、Ⓑ厳しい顔でいった。

「あなたたちが本を大事に思ってくれる気持ちは、すごくうれしいの」

談話室。どうして呼びだされたのかわからずに戸惑っているわたしたちを前にして、美弥子さんは静かな口調で切りだした。言葉ではうれしいといっているけど、とても［　Ⓒ　］顔をしている。

「でもね」

美弥子さんは身を乗りだして続けた。

「図書館は、みんなが本に囲まれて、楽しく過ごせる場所なの。たしかに、中には無断で本を持ちだしてしまうような人もいるけど、ほとんどの人たちは、ルールを守って本を借りていってくれる。だから、本どろぼうをつかまえようとしてくれるのはうれしいんだけど、そのために、図書館を利用してくれる人たちを疑ったり、見張るようなことは、してほしくないのよ」

美弥子さんの言葉を、わたしたちはただ、黙って聞いていた。返す言葉は何もなかった。そんなわたしたちを気遣ってくれたのか、美弥子さんは最後に、

「でも、気持ちは本当にうれしいのよ。ありがとう」

わたしの目をじっと見つめて、そういってくれた。

図書館からの帰り道。わたしは涙をこらえるのが精一杯だった。

「元気だせよ」

安川くんが、わたしのリュックをたたいて励ましてくれたけど、Ⓓわたしはただ、黙ってうなずくことしかできなかった。

美弥子さんに注意されたことだけが悲しいわけじゃない。図書館の本を盗んでいく人がいることや、そういう人たちをつかまえられなかったこと、そのために自分のとった行動が、ほかの人たちに嫌な思いをさせていたかもしれないこと――いろんなことが、頭の中をぐるぐると回っていた。

「張りこみよりも、もっといい方法考えようぜ。ほら、掲示板にポスター貼るとかさ」

うつむいたまま、トボトボと歩くわたしに、安川くんは次々と話しかけてきてくれた。

「そうだね……」

図書館の壁には、有名な少年探偵が『本をやぶらないで』とか『らくがきしないで』と呼びかけているポスターが何枚も貼られている。そのポスターに、魔女のベルカに登場してもらうというのはどうだろう――そんなことを想像していると、ちょっと元気が出てきた。『本を盗まないで』と呼びかけるベルカの姿を想像してみる。うん、なかなかいい

「ねえ、美弥子さん」
わたしは美弥子さんに詰めよった。
「なんとかならないの？　黙って持ちだしたら、ブザーが鳴って、警備員がとんでくるようにするとか……」
「ちょっと難しいわね」
美弥子さんは悲しそうな顔で、大きく首を振った。
「防犯設備をそろえたり、人を雇ったりするにはお金がかかるし……わたしたちにできるのは、これ以上本がなくならないように、『無断で持ちださないでください』って呼びかけることぐらいなのよ」
それでも、魔女シリーズを盗んだ犯人だけは絶対につかまえてやる――わたしは心の中で、こっそりと誓った。
美弥子さんと別れて一階に戻ると、わたしは安川くんに、盗まれた本のリストを渡した。ほかの人には絶対に見せないと約束して、美弥子さんから借りてきたのだ。
「どう思う？」
わたしが聞くと、
「本を盗っていったのが同じ人だったら、盗まれた本には、何か共通点があるんじゃないかと思うんだけど……」
安川くんは、真剣な顔でリストを何回も見なおした。
「茅野は、このリストの本を何冊か読んでるんだろ？　なにか思いつかないか？」
「うーん」
わたしはリストをにらんでうなり声をあげた。この中で読んだことがあるのは、魔女シリーズと『ソラネコの王国』、『星祭り』など、全部で七冊だ。魔女シリーズにネコは出てこないし、『ソラネコの王国』はネコしか出てこない。共通点を強いてあげれば、対象年齢が小学校高学年くらいのファンタジーが比較的多いかな、ということぐらいだった。
「わかんないな……けど、児童もののコーナーなんて、そんなに広くないんだから、見張ってたらいつか犯人が現れるんじゃない？」
わたしの言葉に、安川くんは少し驚いたように、目を丸くした。
「張りこむつもりなのか？」
「安川くん、協力してくれない？」
いくら広くないとはいっても、ひとりではやはり限度がある。安川くんは、ちょっと困った顔で首をひねっていたけど、結局うなずいてくれた。

【中略】

Ⓐ。わたしたちは、早速分担を決めて、児童書コーナーで二手に分かれた。本を探すふりをしながら、お客さんの行動を観察する。
そんな中、壁際の長椅子で大きな児童書を読んでいた男の子が、本を自分のカバンにしまいこんで立ちあがるのを見つけて、わたしは少し緊張した。たぶん、小学校の低学年くらいだろう。男の子はカウンターにはよらずに、まっすぐロビーへと足を向けた。
わたしは男の子の後をついていきながら、これからどうしようかと考えた。
男の子が読んでいたのは、もしかしたら家から持ってきた自分の本かもしれないし、図書館の本だったとしても、とっくに貸し出し手続きをすませているのかもしれない。外から見ただけでは、それが無断持ちだ

生徒B　そうだね。〈母〉が亡くなった後、Ⓕ残された庭の手入れにしばらくは消極的だったけど、帰国してからは［Ⓖ］で庭の手入れに向かっているね。

生徒A　〈父〉が庭を手入れしなかったのは、技術や興味がないという理由もあるけど、［Ⓗ］という理由もあるんじゃないかな。

生徒B　共通の話題がない〈父〉と〈私〉だけど、〈母〉が残してくれた庭のおかげで［Ⓘ］と思える日がいつか来るかもしれないね。

① ――Ⓕ「残された庭」とはどのような庭ですか。本文中から十字で書きぬきなさい。

② ［Ⓖ］に当てはまる言葉を本文中から五字で書きぬきなさい。

③ ［Ⓗ］に入るふさわしい言葉を三十字以上四十字以内で答えなさい。

④ ［Ⓘ］に当てはまる言葉を本文中から十字で探し、はじめの五字を書きぬきなさい。

［五］　次の文章を読み、あとの問いに答えなさい。

茅野(かやの)しおりは、本が大好きな小学五年生。家の近所に、いとこの美弥子(みやこ)さんが司書として働く雲峰(くもみね)市立図書館がある。美弥子さんは優(やさ)しく、しおりのあこがれで、本の先生でもある。最近、しおりは図書館に「不明本」という悲しい現実があることを教わった。多くが盗難(とうなん)で、美弥子さんも心を痛めている。

夏休みもあと十日。宿題の読書感想文で、クラスの安川くんからオススメを聞かれたしおりは、迷わず『空から落ちてきた魔女(まじょ)』を挙げた。人間の少女ケリーの庭に空から落ちてきた小さな魔女ベルカが、また空を飛べるようになるまでのお話。しかし、タイトルを聞いただけで、安川くんはあまりいい顔をしなかった。しおりは、強引(ごういん)に彼(かれ)を本棚(ほんだな)へ連れていくが、棚にはなく、貸出中にもなっていなかった。

「ちょっと聞いてもいい？」

そう前置きをして、わたしがいま検索(けんさく)した本のタイトルを告げると、美弥子さんの表情が、みるみるうちに険しくなっていった。そして、わたしの顔をじっと見つめると、

「実は、あのシリーズも不明本なの」

つらそうな顔でそういった。

「やっぱり……」

予想はしていたけど、実際にそうだとわかってみると、やっぱりショックは大きかった。

「最近、なんだか変なのよ……」

美弥子さんがため息をつきながら首をひねった。

美弥子さんによれば、夏休み後半、この一週間で急に二十冊以上が行方(ゆくえ)不明になったという。中でも児童書が十冊もなくなることは珍(めずら)しく、もしかすると同一犯かもしれない。という疑念が浮(う)かんだ。

ろ」

軽い足取りで、父はリビングのガラス戸を開いて庭へと出て行った。

（山本文緒『アイロンのある風景』より「庭」新潮文庫）

＊急逝…人が急に死ぬこと

(1) ――Ⓐ「人間いつどうなるか分からない」について、次の（　）に動物を表す漢字一字を入れて「人生の幸不幸は予測できないもの」という意味のことわざを完成させなさい。

塞翁（さいおう）が（　）

(2) ――Ⓑ「それを仕事始めの朝に小言を聞きながら食べた」とありますが、この時〈私〉はどのように食べていたでしょうか。

ア　自分が母を怒（おこ）らせているという自覚はあったので、来年こそは一緒に正月を過ごそうと反省しながら食べていた。

イ　なぜ自分だけが母の攻撃（こうげき）の対象になるかと不愉快（ふゆかい）に思いつつ、なんとか反撃（はんげき）の機会をうかがいながら食べていた。

ウ　どんなことがあっても母は自分の好物をとっておいてくれることに感謝していて、かみしめるように食べていた。

エ　自分に対する母の気づかいに感謝することなく、普段（ふだん）通り変わらない様子で何も気にせず聞き流して食べていた。

(3) Ⓒに入る表現を答えなさい。

ア　学校の発表会で主役を演じる

イ　会社でトラブルに立ち向かう

ウ　友達の家で遠慮（えんりょ）してふるまう

エ　公園で知らない子供を助ける

(4) ――Ⓓ「父は唇を尖らせて何やら考えた後、乱暴に申込書をテーブルに投げだした」とありますが、これはなぜですか。

ア　今までの自分では考えられないことを言ったが、自分の意志をこのままつらぬき通したかったから。

イ　突然の案内にどうしようかと迷っていたが、娘の否定的な意見に反発することで行くことを決めたから。

ウ　亡き妻のためにイギリス行きを決めたにも関わらず、娘が皮肉な言葉で茶化してきて腹が立ったから。

エ　本当は行きたくもないイギリス行きを決心したのに、娘がそれに反対するようなことを言ってきたから。

(5) ――Ⓔ「庭仕事にでも興味を持ってくれたら私も助かる」とありますが、これはどういうことですか。

ア　母を亡くして悲しみに暮れる父に、庭に興味を持つことで少しでも楽しく余生を送ってもらいたいと思った。

イ　母が作り込んだ花いっぱいの庭を一人で手入れするのは大変で、父も協力してくれればありがたいと思った。

ウ　父と母はいい夫婦といえなかったが、父が母の庭を手入れすることで二人のきずなが確かめられると思った。

エ　父が庭仕事に対して時間や気持ちを注ぐことで、自分が父から受けるストレスを少しでも減らせると思った。

(6) 次の会話はこの本文を読んだ生徒Aと生徒Bによるものです。あとの問いに答えなさい。

生徒A　イギリス旅行の前後で〈父〉の様子は変わっているね。

いたのだろう。

一応父にそれを見せると、煙草をくわえながら「俺が行ってこようかな」と意外なことを言いだした。

「でもお父さん、それホームステイだよ」

「それがどうした」

父は飛行機と英語が大嫌いで、母に無理矢理連れられてハワイに一度行ったことがあるが、それでもう二度と外国はごめんだと言っていた。

「それに、参加するのだってガーデニングおばさんばっかりだと思うな」

Ⓓ父は唇を尖らせて何やら考えた後、乱暴に申込書をテーブルに投げだした。

「あいつが楽しみにしてた旅行なんだから、俺が行って写真でも撮ってくる。どうせ暇だしな」

父と母は趣味嗜好が合わず、あまり仲のいい夫婦とはいえなかったが、連れ合いを亡くしてみればそういう気にもなるのだろう。これをきっかけにⒺ庭仕事にでも興味を持ってくれたら私も助かるので、それ以上反対はしなかった。

私の思惑は外れたようで、十日間のイギリス旅行から戻ってきた父に、特に変わった様子はなかった。「どうだった?」と尋ねても「ガーデニングばばあがいっぱい来てた」と憎まれ口を叩くだけだった。写真を見せてもらうと、見事なバラ園や、その前に立つおばさま方に混じって仏頂面の父が立っていた。ホームステイ先で撮ったらしい、外国人家庭の人達に囲まれている父は、困ったようにうっすら笑っていた。

だが旅行から戻って少したつと、父に変化が見られた。家を売り払ってマンションを買うと口癖のように言っていたのに、いつしかそれを言わなくなった。そして私に隠れるようにして、何やら庭の雑草を抜いたりしていた。

そして七月の最初の日曜日、一本の国際電話がかかってきた。父はちょうど買い物に出掛けていて留守で、私はつたない英語で冷や汗をかきながら応対した。どうやら父がホストファミリーに写真を送ったらしく、そのお礼だった。彼女はその家のおばあさんで、私が聞き取りやすいようにゆっくり話してくれた。

「あなたのお父様は大丈夫?」

彼女はそんなことを言った。元気なのかと聞かれたのかと思って、私はもちろん元気ですと答えた。

「彼は英語が話せなかったから理由が分からなかったけど、毎日夜になると子供みたいに大きな声で泣いていたのよ」

子供みたいに、というところを強調して彼女は言った。私は驚きに息を呑み、少し迷ってから、今年母が亡くなったことを話した。遥か遠い国のおばあさんも言葉をつまらせ、そして泣きはじめた。

電話を切るとちょうど父の車が車庫に入ってくる音がした。私は慌てて涙を拭ったが間に合わなかった。

「なに泣いてんだ?」

父は私の顔を見るなり言った。どう言っていいか分からず首を振る。

「リコリスの球根買ってきたから、植えるの手伝え」

「……リコリスって?」

「彼岸花だよ。お前もこの家に住むつもりなら、少しは花のこと勉強し

「俺は花なんか興味ない。だいたいこんな家に娘とふたりで住んでるのもこっぱずかしいのに。どうだ、ここ売り払ってそれぞれマンション買うか。その方が楽だ」

殊更明るく父は言ったが、私は曖昧に首を傾げておいた。定年後の父親ほど扱いにくいものはないと聞いていたが、まったくその通りだ。ゴルフ以外趣味らしきものがない父は時間を持て余しているようなので、料理やパソコンの教室にでも通ってみたらと勧めたのだが「くだらない」の一言がかえってくるだけだった。だいたいこの役は本来なら母が引き受けるものだったのに、何故私が父の鬱憤をぶつけられなくてはならないのだろうと、少し天国の母を恨んだりもした。

それでも父は、母がいなくなった家でひとり、必要に迫られて掃除や洗濯、簡単な料理を自分でするようになった。仕事一筋で何も家のことはできない人かと思っていたが、やれば案外器用にこなした。困ったことといえば、以前は私の帰宅時間になどうるさくなかったのだが、今は頼みもしないのに夕飯を作って待っていて、いちいち「遅い、何してたんだ」と言われることだった。

母がいなくなったことで、私の家事分担も当たり前だが増えた。下着なんかを父に洗濯させるのは気がひけたし、クリーニング屋通いとアイロンかけは私の仕事になった。朝食は私が作り、夕飯は父が作る。その片づけは料理をしなかった方がやる。私は会社が退けると父に電話をし、遅くまでやっている駅前のスーパーで必要な物を買って帰った。

こうして日常生活の役割分担がなんとなく決まっていった。そしていかに、私と父が母に多くの負担をかけていたか、逆に母がいかに私達を甘やかしていたかを知った。もう三十一歳にもなるというのに、私は起こしてくれる人がいなくなって、何度か会社に遅刻したくらいだ。

「お前、付き合ってる男がいるんだろう。さっさと結婚しちまえ」

庭の花を眺めながら父はなおも言った。私はそのカーディガンの背中を眺める。スーツやゴルフウェアでない姿の父はやけに老けて見えた。私は母とはいろいろ話をしてきたが、父とは用事以外のことをあまり話したことがない。長年同じ家で暮らしてきたが、この人が本当はどう思っているのか今ひとつ分からなかった。

「でもお父さん、ひとりで暮らせるの？」

「馬鹿言え。今でもひとりみたいなもんだ」

そうだな、となんとなく思った。母の死を乗り越えようとふたりで努力はしてきたが、一緒に暮らせて嬉しいという感覚からは程遠い。父が心配ではないといったら嘘だが、それこそ近所にマンションでも買って別々に住んだ方がいいのかもしれない。何しろ母の作り込んだ花いっぱいの庭だけは、ふたり共手入れをする気になれないのだから。ローラアシュレイの花柄の壁紙に囲まれて、無骨な父とがさつな私か暮らすのは何か違う。ここは母の家だったのだ。

父が本気でマンションのモデルルームを見に行きだした五月のはじめ、ポストに母宛の封書が舞い込んだ。ダイレクトメールのようだったので開けてみると、それはイギリスの観光局が日本人向けに作ったガーデニング講座ツアーの申込書だった。そういえば去年の暮れに「こんなのを見つけたから行ってみたい」と母からパンフレットを見せられた記憶がある。手紙を読むと母はもう予約金を振り込んでいて、あとは残金を支払うだけになっていた。半年も前から申し込んでさぞ楽しみにして

力がないからである。

エ　パラスポーツの選手は「健常」のアスリートと同じ能力を持つという支配的な価値観にとらわれているため、私たちはパラスポーツを特別視している。

四　次の文章を読み、あとの問いに答えなさい。

母が＊急逝して三ヵ月がたった。Ⓐ人間いつどうなるか分からないと理屈では知っていても、母の死はあまりにも突然だった。私はここ数年、まとまった休みのとれる年末年始は家をあけて海外で過ごすことが多かった。どうせ実家に住んでいて、毎日のように顔を合わせているのだから、特に家族と過ごそうとは思わなかったのだ。今年も正月は恋人と南の島へ行き、仕事が始まる前日に慌ただしく帰国した。私の好きな数の子と伊達巻を母はとっておいてくれて、Ⓑそれを仕事始めの朝に小言を聞きながら食べた。もう何年も新年を母と一緒に迎えていなかったことを今更後悔しても遅い。もう二度と母の作るお節を食べることはできないのだ。

あれは成人の日の翌日だった。朝、母は寒気と頭痛がすると言い、定年間近でもうそれほど仕事が忙しくない父が会社を休んで母を病院へ連れて行った。私は確か「寒いのに庭いじりなんかするから風邪ひくのよ」と言った。その日の昼過ぎ、会社に父親から電話がかかってきて、母の容態が急に悪くなったので帰って来いと言われ、慌てて病院へ駆けつけた時にはもう母の瞼は固く閉じられていた。昨日までまったくいつも通りで、雛菊の霜よけなんかを取り替えていたのに。

ひとつ違いの弟が転勤先から急遽戻ってきて通夜と葬儀を行った。身近な人を亡くすのは初めてだったが、父はもちろんのこと、私も弟も社会に出て十年近くたつので葬儀の段取りは分かっていたし、やることがいっぱいあったので、それをいかに合理的に片づけていくかでしばらくはあまり悲しい気持ちが湧いてこなかった。涙は出たのだが、なんというか［Ⓒ］時の気持ちに似ていて、自分の母親の葬儀という気がしなかった。慌ただしく弔問客に頭を下げながら、どうして隣に母がいないのか不思議に思った。

四十九日と納骨を終えると急にすることがなくなった。そこには母親の趣味で建てられた大きな出窓にレースのカーテンがかかった少女趣味の一軒家と、母の趣味で飾られた庭と、その住人としてはまったく似つかわしくない定年を迎えた父、働き盛りで家には寝に帰ってくるだけの娘が残された。弟はさっさと転勤先の大阪に帰ってしまい音沙汰がなくなった。

春のある休日、昼過ぎに起きだしてきた私に父が言った。

「どうすんだ、この庭」

「どうするって？」

「こんなに咲いちゃって」

父も私も花になど興味がなかったのでじっくり見たことがなかったのだが、春の花壇には色とりどりの花が咲き乱れていた。チューリップ、クロッカス、水仙、フリージア、あとは名前も知らない花々。

「お父さん、手入れすれば。時間あるんだし」

寝ぼけ眼で軽く言ったあと、私は父の不機嫌な顔を見て失言に気がついた。定年だけでも大きなストレスなのに、その上、父は定年後の長い時間を共に過ごすはずの母を失っているのだ。

(1)【Ⅰ】【Ⅱ】に当てはまる言葉を答えなさい。ただし、同じ記号は二度使えません。
ア もちろん　イ ところで　ウ つまり　エ たとえば

(2) ――Ⓐ「こうした見方」とはどれですか。
ア パラスポーツは身体障害に応じて条件を整えた平等な競技であるという見方。
イ 障害の部位や程度を乗り越えて感覚を研ぎ澄ませてスポーツに取り組む見方。
ウ パラスポーツを障害の有無ではなくスポーツの特徴として区別する見方。
エ ブラインドサッカーで筆者は障害のある選手に負けてしまうという見方。

(3) ――Ⓑ「とても興味深いショックを与えてくれる」を言い換えた表現を含む一文を第八段落より前から探し、はじめの三字を書きぬきなさい。

(4) Ⓒ にひらがな二字を入れ、「予想される好ましくない結末」という意味の言葉を完成させなさい。

(5) ――Ⓓ「ブラインドであるからこそさらに研ぎ澄ませるべき力」を具体的に言い換えた言葉を本文中から二十八字で探し、はじめの三字を書きぬきなさい。

(6) ――Ⓔ「障害をめぐるさまざまな決めつけや思い込みが息づいている支配的な常識や価値」とはどのようなものですか。
ア 障害のある人と「健常」者は同じ権利をもっていて両者の根本的部分は変わらない。
イ 障害のある人は「健常」者よりスポーツをする上で不利な条件を抱えて競っている。
ウ 障害のある人のためにつくられたスポーツはメディアで報じられる機会がすくない。
エ 障害のある人にとっても暮らしやすい社会をつくるために改善できる点はまだ多い。

(7) ――Ⓕ「いかに一面的で皮相であるか」とはどういうことですか。
ア 障害のあるアスリートが取り組んできたこれまでの努力を肯定した発言をしている。
イ 障害のある人に対して十分に言葉を選ばず思ったことをそのままコメントしている。
ウ パラスポーツのアスリートが経験してきたことを浅くしか理解できていない。
エ パラスポーツの特徴である車いす操作の難しさを根本的に体験できていない。

(8) 本文の内容と合っているものを答えなさい。
ア 多くのパラスポーツが存在する中で、障害のある選手に有利なルールが決められているスポーツとしてブラインドサッカーが例として挙げられている。
イ パラスポーツの選手たちは障害をもっているからこそ通じ合うことができ、そのチームワークの高さによって多くの人たちに感動をもたらしている。
ウ ブラインドサッカーを体験した女優がうまくボールを蹴ることができないのは、「見えないこと」を前提として、それに適応する能

る選手とは比べ物にならないほど劣っているからです。

こう書きながら、以前見たテレビ番組を思い出します（『旅するスペイン語』第四シリーズ＃一五「アルゼンチンサッカーの魅力に迫る！」（二〇二〇年一月二二日　NHK　Eテレ放送）。スペイン語を学ぶ語学番組ですが、ブラインドサッカーを紹介する回がありました。アルゼンチンはブラインドサッカーがとても強いのです。進行役の女優が練習場にお邪魔し、アイマスクをしてボールを蹴ったりしていました。当然、技量ある選手たちには彼女はかないませんが、そうしたシーンを見ていて、私は考えてみれば「あたりまえ」な事実に気づきました。

アイマスクをした瞬間、視覚は一時的に封じられますが、女優がいくら残りの感覚を駆使しても、音が出るボールに足をあわせ、うまく蹴ることはできません。ましてやゴールポストの両端と真ん中を叩いた音で、ゴールの広さやゴールまでの距離を把握し、キーパーを避けてシュートなどできないのです。他方、選手たちは、なんなくボールをあやつるし、見事にキーパーをはずしてシュートを決めるのです。

もし私がブラインドサッカーを極めたいと考えるならば、ブラインドであることに慣れ、Ⓓブラインドであるからこそさらに研ぎ澄ませるべき力に気づき、それを鍛えていかなければならないでしょう。【　Ⅰ　】、ブラインドサッカーという世界では、「見えること」をめぐる常識や価値がすべて無効となり、「見えないこと」を前提とした常識や価値を新たに身につけ、「見えない」なかでサッカーをすることができる実践的な知恵や能力を鍛え上げていかねばならないのです。

ルールを守り、競技するための規律が遵守されるスポーツという空間で、普段私たちが「あたりまえ」だと思い込んでいる支配的な常識や価値が見事に転倒されるのです。そしてこうした転倒が起こることこそ、パラスポーツが持つもう一つの面白さであり、感動を生みだす源泉ではないでしょうか。

【　Ⅱ　】、私がブラインドサッカーをして、少しばかり上手になったからと言って、視覚障害のある人々の気持ちやより深いところにある思いなどを完璧に理解などできないでしょう。でもⒺ障害をめぐるさまざまな決めつけや思い込みが息づいている支配的な常識や価値を「あたりまえ」だと思い込んでいた私の日常に、確実に亀裂が入るだろうし、私はそのことで障害という「ちがい」それ自体とよりまっすぐに向きあえるようになるだろうし、「ちがい」が私の日常にとって、どのような意味や意義を持つ「ちがい」であるのかを考えていくための想像力もより豊かになっていくだろうと思うのです。

何らかの理由で視覚が封じられた人々にとって、「あたりまえ」の動きや状況判断は、視覚以外の多くの感覚や彼らが生きてきたこれまでの体験から得た何かによって、達成されるものであり、「あたりまえ」の動きや判断は、トレーニングを通して、さらに研ぎ澄まされていくのです。こうした過程は、「健常」のアスリートと特に変わるところはないと思います。こう考えてくれば、車いすに乗ったりして、「健常」の私たちがパラスポーツを体験する機会がよくありますが、体験後「車いすの操作がむずかしかったが、面白かった」と、さもパラスポーツを理解できたかのようなコメントをすることが、Ⓕいかに一面的で皮相であるかがわかるのです。

（好井裕明『「感動ポルノ」と向き合う　障害者像にひそむ差別と排除』岩波ブックレット）

※本文の表記は原文に従いました。

も分かることでしょう。また詩の中の（ ⑥ ）という表現からも、物事が動き出して良い方向へと向かっていく様子がうかがえます。

この詩に使われているその他の表現技法としては、四連目の（ ⑦ ）があげられます。これにより、（ ⑧ ）があります。

(1) （①）に入る表現技法をひらがなで答えなさい。

(2) （②）に入る漢字一字を答えなさい。

(3) （③）（④）に適切な漢字一字を入れ、「（③）風」「（④）風」が対をなす表現になるようにしなさい。ただしそれぞれの下につく「風」は音読みとします。

(4) （⑤）に入るものはどれですか。

ア 外国と協力し先進的な制度を取り入れ、かがやく未来を夢見ている様子

イ 当時の人々がもとの生活を取り戻すために、ひたむきに歩んでいる様子

ウ つらい過去と向き合いながら、人々がそれらを忘れようとしている様子

エ 困難をのりこえながらも、厳しい現実が次々とつきつけられている様子

(5) （⑥）に入る表現を詩中から五字以内で書きぬきなさい。

(6) （⑦）に入る表現技法はどれですか。

ア 体言止め　イ 倒置　ウ 対句　エ 擬人法

(7) （⑧）に入るものはどれですか。

ア 本来は意志を持たない凧が、意識を持った存在のように感じられ読み手に親近感を持たせる効果

イ リズム感をよくすることで、凧が気持ちよく大空で動いている様子を読み手に印象づける効果

ウ たたみかけるような言い回しで、一つ一つの大変な様子を読み手に分かりやすくさせる効果

エ 直前の文の説明をしながらも、詩の中には書かれていない凧の動きを読み手に想像させる効果

三 次の文章を読み、あとの問いに答えなさい。

はたしてパラスポーツは障害をもつ人のためだけにあるのでしょうか。身体障害の部位や程度に応じて区分けして行われる水泳や陸上などの競技は、多様な障害ある人が条件を整えることで平等に競うことができるスポーツだと言えるでしょう。

しかし一括りにパラスポーツと呼んでも、そこには、障害ある人のために、という意味も一様ではなく、競技として、さまざまな違いや個性があることがわかります。主に障害ある人々が行う競技であるとしても、障害者バスケットではなく、車いすバスケットと私たちは呼んでいます。ブラインドサッカーも、視覚障害者サッカーではなく、ブラインド、つまり目が見えない状態で行うサッカーと私たちは呼んでいるのです。

Ⓐこうした見方は、Ⓑとても興味深いショックを与えてくれるのではないでしょうか。もちろん私が目隠ししてブラインドサッカーをやるとして、視覚障害のある選手と対等に競技できるでしょうか。とてもできないと思います。試合にもならず、普通にプレーする選手の足手まといになるのが Ⓒ です。視覚が遮られたなかで、周囲の声や音を聞きわけ、状況を瞬時に判断しプレーする能力において、私は視覚障害のあ

【国語】〈五〇分〉〈満点：一〇〇点〉

【注意】・本文は、問題作成上、表記を変えたり省略したりしたところがあります。
・記号がついているものはすべて記号で書き入れなさい。
・句読点や「　」などの記号も一字とします。

一　次のカタカナを漢字に直しなさい。

(1) 貴重品をアズける　(2) コウソウ建築物

(3) リョウシュウショの発行　(4) 判断をアヤマる

(5) 集団へのキゾク意識

二　次の詩と解説を読み、あとの問いに答えなさい。

※詩は作問の都合上、現代仮名遣いを使い、一部の漢字はひらがなに直しています。

凧　中村稔

夜明けの空は風がふいて乾いていた
風がふきつけて凧がⒶうごかなかった
うごかないのではなかったⒷ空の高みに
Ⓒたえず舞いあがろうとしているのだった

じじつⒹたえず舞いあがっているのだった
Ⓔほそい紐で地上に繋がれていたから
Ⓕ風をこらえながら風にのって
こまかに平均をたもっているのだった

ああ記憶のそこに沈みゆく沼地があり
滅び去った都市があり　人々がうちひしがれていて
そして　その上の空は乾いていた……

風がふきつけて凧がうごかなかった
うごかないのではなかった　空の高みに
鳴っている唸りは聞きとりにくかったが

（『現代詩文庫71　中村稔』思潮社）

【解説】

この詩は、四・四・三・三の十四行からなるソネットという形式で書かれています。題名にもなっている「凧」が何の（　①　）なのかは読み手次第であり、さまざまな想像をかき立てられる詩ですが、三連目の詩の内容やこの詩が一九五四年に出された詩集におさめられていたことをふまえ、「（　②　）後の日本や当時の人々」とすると、一つの具体性が浮かぶのではないでしょうか。

凧というものは風を受けて大空に上がっていきます。Ⓔ「ほそい紐で地上に繋がれていた」ことにより、一見Ⓐ「うごかなかった」ように見えるこの凧は、Ⓕ「風をこらえながら」とあるので、ある程度の強さの風の中にいたはずです。それは進む向きに（　③　）風の時もあれば（　④　）風の時もあったはずです。しかしそれらをうまく受けたり、かわしたりしながら、少しずつでもⒷ「空の高み」に上がっていく様子は、（　⑤　）が思い浮かびます。そのことは「たえず」という表現が二回使われているⒸ「たえず舞いあがろう」・Ⓓ「たえず舞いあがって」から

2023年度

解　答　と　解　説

《2023年度の配点は解答欄に掲載してあります。》

＜算数解答＞ 《学校からの正答の発表はありません。》

1 25　2 10　3 $\frac{24}{19}$　4 4.2mm　5 120g　6 112人

7 300g　8 24票　9 分速102m　10 (1) 199　(2) 18枚

11 164.52cm²　12 3.5cm　13 56度　14 (1) 19：14　(2) 7：5

○推定配点○

12～14 各7点×4　他 各6点×12　計100点

＜算数解説＞

1 (四則計算)

59－7×7＋15＝25

2 (四則計算)

$\frac{1}{□}=1.7\div\left\{\left(\frac{3}{7}+\frac{40}{21}\right)\times3+10\right\}=1.7\div17=\frac{1}{10}$　したがって，□＝10

重要 3 (数の性質)

$\frac{△}{□}\times\frac{57}{8}=A$　$\frac{△}{□}\times\frac{38}{3}=B$

△…8，3の最小公倍数は24　□…57，38の最大公約数は19

したがって，求める分数は$\frac{24}{19}$

重要 4 (割合と比，相似，数の性質，単位の換算)

17.64ha＝176400m²＝176400×1000×1000mm²，1764＝2×21×2×21

実際の正方形の1辺の長さ…42000mm

したがって，地図上の1辺の長さは42000÷10000＝4.2(mm)

重要 5 (割合と比，消去算)

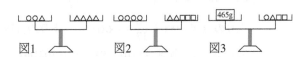

図1　図2　図3

○と△…図1より，○2個の重さが△3個の重さに等しい

○と□…○4個の重さが△6個の重さに等しい

△と□…図2より，△4個の重さが□3個の重さに等しい

○と△と□…△1個の重さが□$\frac{3}{4}$個の重さに等しく，○1個の重さが□$\frac{3}{4}\times6\div4=\frac{9}{8}$(個)の重さに等しい

したがって，□の重さは$465\div\left(\frac{3}{4}+\frac{9}{8}+2\right)=120$(g)

重要 6 **(割合と比，売買算，消去算，集合)**

かき氷1杯とたこ焼き1パックずつ買う値段…120＋300－30＝390(円)

かき氷だけを買った人数を△，たこ焼きだけを買った人数を○，両方を買った人数を□で表す。

△＋○＋□＝150，○＋□＝72…アより，△＝150－72＝78

120×△＋300×○＋390×□＝34020，12×△＋30×○＋39×□＝3402，4×△＋10×○＋13×□＝1134より，10×○＋13×□＝1134－4×78＝822…イ

イ－ア×10…3×□＝822－720＝102より，□＝102÷3＝34

したがって，かき氷を買った人は78＋34＝112(人)

重要 7 **(割合と比，濃度)**

A…8%の食塩水200g　B…12%の食塩水□×2(g)

1回目の処理…8%の食塩水100gと12%の食塩水□×2(g)を混ぜる

2回目の処理…8%の食塩水100gと8%の食塩水50gと12%の食塩水□gを混ぜる

すなわち，2回目の処理で8%の食塩水150gと12%の食塩水□gを混ぜると濃さが10%になったので10－8＝2＝12－10より，□＝150(g)，最初のBの食塩水は300g

重要 8 **(割合と比，統計と表)**

256÷(3＋1)＝64(票)より，Fは当選確実である。

立候補者	A	B	C	D	E	F	G	H
得票数	35	5	20	25	15	65	15	10

開票途中の総得票数…35＋5＋20＋25＋15×2＋65＋10＝85＋105＝190(票)

残りの票数…256－190＝66(票)

A・C・D…C・Dも35票になるためにはさらに35×2－(20＋25)＝25(票)必要

残りの票数…66－25＝41(票)

この後，A・C・Dから2人選ばれるときに必要な票数…41÷3＝13…2より，14票

したがって，得票数25票のDにとってさらに必要な票数は35－25＋14＝24(票)

重要 9 **(速さの三公式と比，流水算，割合と比，単位の換算)**

上りと下りの速さの比…900：1500＝3：5

右のグラフより，Bからアまでの時間を⑤にするとアからイまでの時間とウからエまでの時間はそれぞれ③，アからウまでの時間は⑤÷3×5＝$\boxed{\frac{25}{3}}$

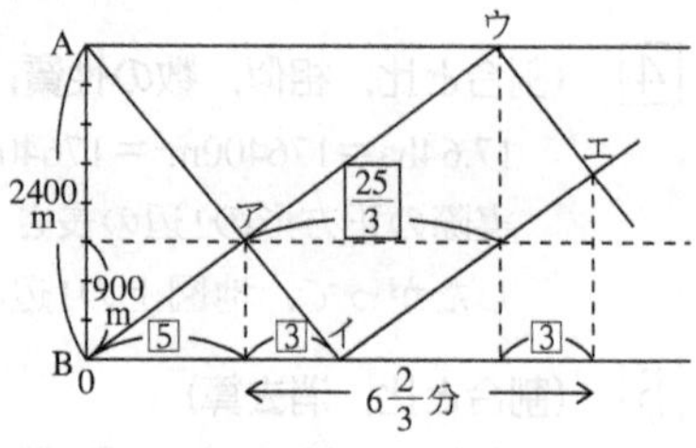

⑤の時間…$6\frac{2}{3}\div\left(\frac{25}{3}+3\right)\times5=\frac{50}{17}$(分)

上りの分速…$900\div\frac{50}{17}$＝306(m)　　下りの分速…306÷3×5＝510(m)

したがって，流速は(510－306)÷2＝102(m)

重要 10 **(平面図形，規則性)**

(1) 最大の数…1辺2枚のとき7，1辺4枚のとき7＋2×3×4＝31，1辺6枚のとき31＋2×5×4＝71，1辺8枚のとき71＋2×7×4＝127

したがって，1辺10枚のとき127＋2×9×4＝199

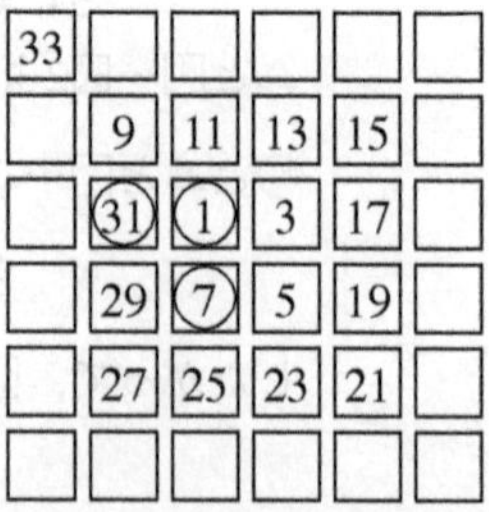

(2) 左上の数…1辺2枚のとき1，1辺4枚のとき9, 9－1＝8×1，1辺6枚のとき33，33－9＝24＝8×3，1辺8枚のとき33＋8×5＝

73，1辺10枚のとき73＋8×7＝129，したがって，
(513－129)÷8＝48＝9＋11＋13＋15より，求める
枚数は10＋2×4＝18(枚)

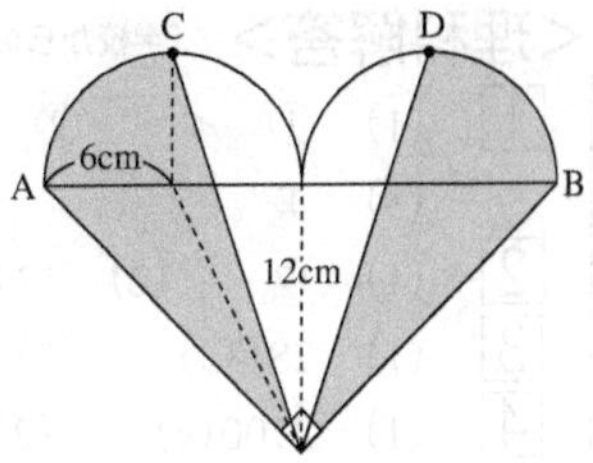

[11]　(平面図形，割合と比)

右図より，6×12＋6×6＋6×6×3.14÷2＝6×18＋18×3.14＝
108＋56.52＝164.52(cm^2)

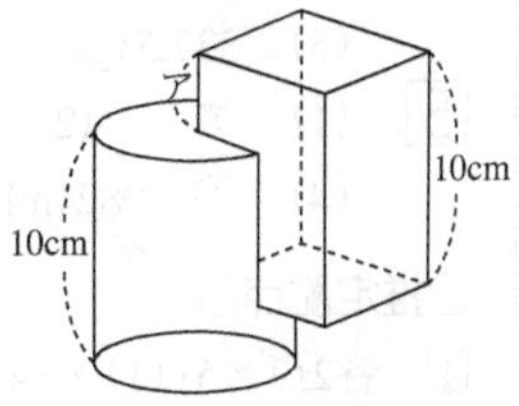

[12]　(平面図形，立体図形，鶴亀算，割合と比)

円柱以外の部分の体積…780.76－4×4×3.14×10＝278.36(cm^3)
正方形の面積…6×6＝36(cm^2)
右図の色がついた部分…36－4×4×3.14÷4＝36－12.56＝23.44
(cm^2)
したがって，アは(278.36－23.44×10)÷12.56＝3.5(cm)

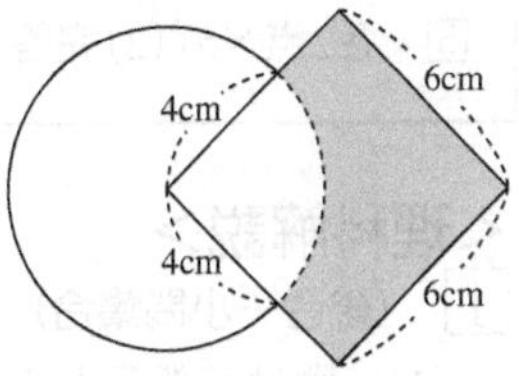

やや難 **[13]　(平面図形，図形や点の移動)**

右図より，計算する。
角AFG…180－158＝22(度)
角CGD…(22＋90)÷2＝56(度)
角GDC…180－(56＋45)＝79(度)
角B′DE′…(180－79×2)÷2＝11(度)
したがって，角アは45＋11＝56(度)

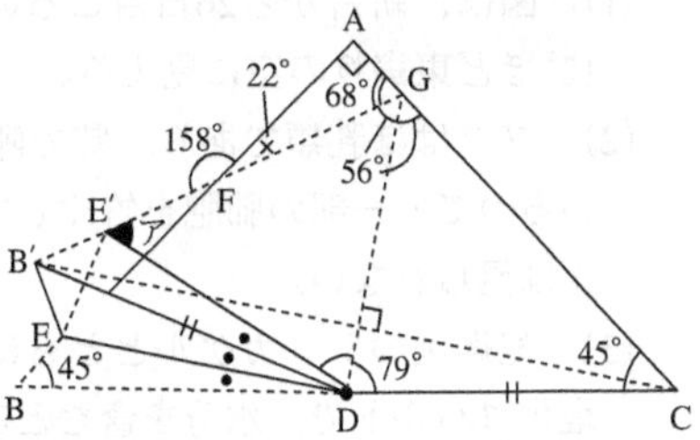

やや難 **[14]　(平面図形，立体図形，割合と比)**

(1)　A，B，Cの底面積をそれぞれ35，21，5として計算する。
図ク…Bの外部の水量は(35－21)×イ－5×ウ＝14×イ－5×ウ
図ケ…Bの外部の水量は(35－21)×ウ＝14×ウ
したがって，14×イ－5×ウ＝14×ウ，14×イ＝19×ウより，イ：ウは19：14

(2)　(1)より，ウが7のとき，イは19÷2＝9.5
図ケ…水量は35×7＋21×1＝266
図カ…14×9.5＋35×エ＝266より，エは(266－14×9.5)÷35＝3.8
したがって，ア：イは(9.5＋3.8)：9.5＝7：5

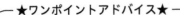

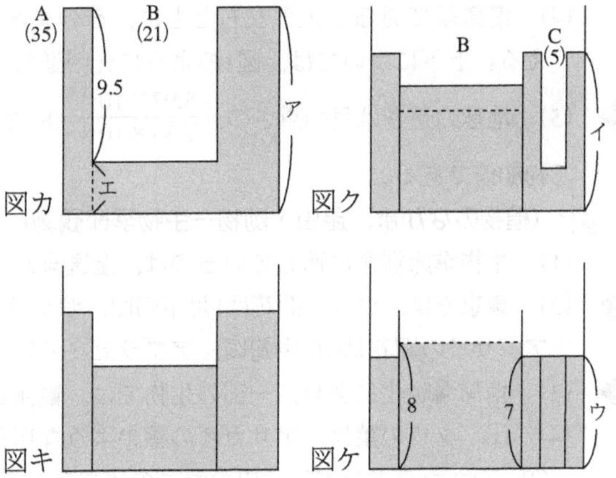

★ワンポイントアドバイス★

[9]「流水算」は，ダイヤグラムを描いてみるとヒントが見つかりやすく，[10]「カードの配列」は，(2)で，どう規則性を見つけるかが問題になる。[12]「立体図形」では鶴亀算を利用し，[13]「角度」，[14]「容器の高さ」は難しい。

＜理科解答＞ 《学校からの正答の発表はありません。》

1 (1) ① イ ② カ (2) エ (3) ア (4) ① ア ② エ
(5) エ

2 (1) ウ (2) ウ(→)ア(→)オ(→)イ(→)エ (3) ウ (4) ① エ ② イ

3 (1) 28(℃) (2) ウ (3) ア (4) ① イ ② 35(℃)

4 (1) 2700(g) (2) 1100(g) (3) 4000(g) (4) ウ
(5) 337.5(gの力で)12(m)

5 (1) ア (2) ① イ ② オ (3) 1.2(g)
(4) ① 982(mL) ② 227(℃)

○推定配点○

1 各2点×5((1)・(4)各完答) 2 各2点×5 3 各2点×5 4 各2点×5
5 各2点×5((2)完答) 計50点

＜理科解説＞

1 (総合—小問集合)

(1) 図は，新月から26日目ごろの月であり，翌日の日の出前には，明るい部分が小さくなって，12°ほど東寄りの空に見える。

(2) ブタはほ乳類であり，肺で呼吸する。また，肺は肺胞という細かい球状の集まりからできているので，一部の肺胞を竹ぐしで刺しても，肺全体には変化は見られない。

(3) 乾燥剤のシリカゲルとともに入れてあるのは，青色の塩化コバルトで，水分を含むと赤色になる。

(4) 潜望鏡で見ると上下左右ともに，そのままの景色が見える。上下については，図1のように光が進む。

図1

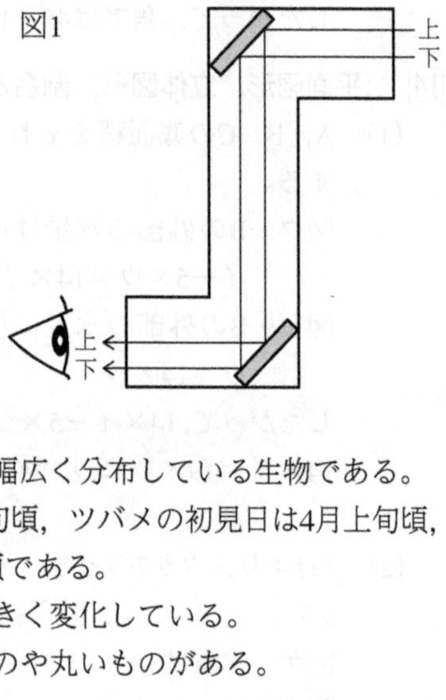

やや難 (5) 地球の重さは月の重さの，$\frac{5.97\times10^{24}}{7.35\times10^{22}}=81.2\cdots$(倍)より，約80倍である。

2 (植物のなかま，昆虫・動物—生物季節観測)

(1) 生物季節観測に適しているのは，全国または特定の地域に幅広く分布している生物である。

重要 (2) 東京では，ウメの開花は1月下旬頃，サクラの開花は3月下旬頃，ツバメの初見日は4月上旬頃，アジサイの開花は6月中旬頃，アブラゼミの初鳴日は7月下旬頃である。

重要 (3) 地球温暖化により，一部の生物では，観測される時期が大きく変化している。

(4) ① クワの葉は，アサガオの葉のような切れこみがあるものや丸いものがある。
② シオカラトンボは幼虫のヤゴの姿で冬をこす。

3 (気象—乾湿計と黒球温度)

(1) 表の気温が33℃で，湿度が67%のところを読み取ると，気温と湿球温度の差が5℃なので，湿球温度は，33(℃)−5(℃)=28(℃)である。

重要 (2) 湿球温度の球部は水をふくませたガーゼでおおっているので，湿度が低く，乾燥しているときは，水が多く蒸発して，まわりの熱をうばい，湿球温度は低い温度を示す。

(3) 暑い日で，湿度が高いと，汗をかきにくくなり，体の熱が外に逃げにくくなり，熱中症になりやすい。

やや難 (4) ① 黒球温度は，黒色にぬられたうすい銅板の球の中心に温度計を入れたもので，直接はふれていない銅板からの熱によって温度が高くなる。このことは，風の弱い日の日なたの温度を示している。 ② 気温が28℃で湿度が85%なので，表から，湿球温度は，28(℃)−2(℃)＝26(℃)である。したがって，黒球温度を□℃とし，暑さ指数を求める式に当てはめると次のようになる。28＝0.7×26＋0.2×□＋0.1×28より，□＝35(℃)である。

4 (力のはたらき—浮力，てこのつり合い，滑車)

(1) 物体Xは，水の中に，3000(cm³)×0.9＝2700(cm³)沈んでいる。したがって，物体Xは2700gの水を押しのけていることになり，アルキメデスの原理より，物体Xにはたらく浮力も2700gであり，浮力とつり合っている物体Xの重さも2700gである。

(2) ばねはかりをつるしている位置を支点とすると，支点から右の，50(cm)−30(cm)＝20(cm)の位置に棒の重さがかかり，支点から右の，100(cm)−30(cm)＝70(cm)の位置に物体Yがつり下げられるので，物体Yの重さを□gとすると，2700(g)×30(cm)＝200(g)×20(cm)＋□×70(cm)より，□＝1100(g)である。(図2参考)

(3) ばねはかりにかかる力は，2700(g)＋200(g)＋1100(g)＝4000(g)である。

図2

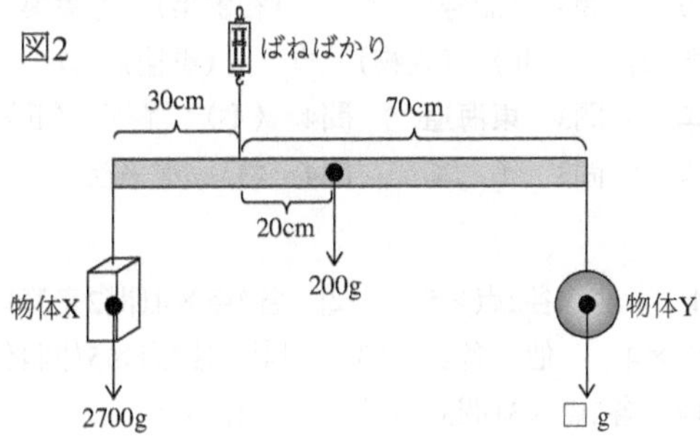

やや難 (4)・(5) ア・イ・エは，1本のひもを使い，それぞれ物体Xをつり下げている動滑車が，アでは3本，イでは5本，エでは4本で支えているので，それぞれ物体Xの重さの，アでは$\frac{1}{3}$，イでは$\frac{1}{5}$，エでは$\frac{1}{4}$の力になる。また，ウは3本のひもを使い，3つの動滑車で物体Xを支えているので，$\frac{1}{2}\times\frac{1}{2}\times\frac{1}{2}=\frac{1}{8}$の力になる。したがって，ウが最も小さい力になり，2700(g)×$\frac{1}{8}$＝337.5(g)である。また，物体Xを1.5mの高さまで持ち上げるには，ひもを，1.5(m)×8＝12(m)引く必要がある。

5 (気体の性質—空気の成分)

(1) 気体Aはちっ素，気体Bは酸素，気体Cはアルゴン，気体Dは二酸化炭素である。

(2) 二酸化炭素は海水中のカルシウムと結びついて炭酸カルシウムになる。また，おもに炭酸カルシウムが海の底で押し固められたものが石灰岩である。

(3) 250mL(0.25L)の空気の重さは，135.8(g)−135.5(g)＝0.3(g)なので，1.0Lの空気の重さは，$\frac{0.3(\mathrm{g})}{0.25(\mathrm{L})}$＝1.2(g)である。

やや難 (4) ① 0℃のときに1.0Lの空気は，−5℃になると，1.0(L)×$\left(1-\frac{5}{273}\right)$＝0.9816…(L)より，982mLである。 ② 0℃の空気の体積を□mLとすると，□×$\left(1+\frac{27}{273}\right)$＝600(mL)より，□＝546

(mL)である。したがって，1000mLになるときの温度を△℃とすると，$546(\mathrm{mL})\times\left(1+\dfrac{\triangle}{273}\right)=1000(\mathrm{mL})$より，△＝227(℃)である。

★ワンポイントアドバイス★

生物・化学・地学・物理の4分野において，基本問題に十分に慣れておこう。その上で，各分野の計算問題にもしっかりとり組んでおこう。

＜社会解答＞《学校からの正答の発表はありません。》

1 問1 エ　問2 （集落跡） イ　（理由） キ　問3 イ　問4 ウ
　問5 〈Ⅰ〉 ニュータウン　〈Ⅱ〉 ア　問6 〈Ⅰ〉 オ　〈Ⅱ〉 イ

2 問1 ウ　問2 ア，エ　問3 カ　問4 イ

3 問1 ウ　問2 カ　問3 （記号） イ　（和歌集） 万葉集
　問4 〈Ⅰ〉 石見(銀山)　〈Ⅱ〉 （人物） ウ　（事柄） コ

4 問1 ウ　問2 エ　問3 東海道　問4 〈Ⅰ〉 イ　〈Ⅱ〉 ア，オ

5 問1 ア　問2 ウ　問3 イ，エ　問4 (3) 水平社　(4) イ

○推定配点○

1 問2・問6 各1点×4　他 各2点×5　2 各2点×4(問2完答)
3 問3・問4〈Ⅱ〉 各1点×4　他 各2点×3　4 各2点×5(問4〈Ⅱ〉完答)
5 問4 各1点×2　他 各2点×3(問3完答)　計50点

＜社会解説＞

1 （地理―日本の地理，地形図の見方など）

問1 はじめは平らな土地でも，川などの水によって削られ，形が変わっていく。これを川の浸食作用という。

問2 縄文時代の人々は，水害の心配が少ない台地の上に集落を作った。同時に，生活に必要な水を得ることも大事だったため，水辺に近い台地上に集落があったと考える。

やや難 問3 図4は上が北西となり，やや傾いていることに注意。向きをそろえると，図3の下にある，青山学院大と実践女子大の間の東西に延びる道路と，そこから北東に延びる東京メトロ半蔵門線と銀座線が沿っている道路(国道246号線)の2つが，図4の上半分の道とほぼ同じ形だとわかる。よって青山キャンパスは図4の上半分にある松平安藝守の屋敷跡地となる。

基本 問4 同潤会アパートが建築され始めた1924年の前年の1923年9月1日に関東大震災が発生し，首都圏に大きな被害が出た。このアパートが建てられたのも関東大震災が原因である。

問5 〈Ⅰ〉 高度経済成長期に，都心部の周辺に作られた大規模な住宅地をニュータウンと呼ぶ。〈Ⅱ〉 地形図で見ると，長方形の団地が密集していることがわかる。ニュータウンは八王子市の多摩ニュータウン，横浜市の港北ニュータウン，大阪府の泉北ニュータウンが有名である。

基本 問6 〈Ⅰ〉 地図の右上にある競技場の設備が近代化されている順に選べばよい。〈Ⅱ〉 コンクリートに覆われた都市部は周辺部に比べて気温が高くなるが，これをヒートアイランド現象という。この対策として都市を緑地化し，植物の蒸散作用によって外気温を減らそうとする試みのこ

とをクールアイランドという。ウのエルニーニョ現象，エのラニーニャ現象はどちらも南米のペルー沖の海水温の高低によって起こる異常気象のことをいう。

2 （地理—世界地理，時事問題，資源・エネルギー問題，貿易など）

重要 問1　ウクライナは世界有数の小麦の生産国・輸出国である。2022年2月から始まったロシアによるウクライナ侵攻の影響で小麦の輸出が滞り，世界的な小麦の不足，値上がりにつながった。

問2　ウクライナに侵攻したロシアには世界から非難が集まり，欧米企業はロシアから撤退した。その一方で，ドイツなどEU各国はパイプラインを通した天然ガスなど，多くの資源をロシアから輸入しているため，自国経済の停滞を恐れてロシアへの制裁に消極的な国もあった。なお，イについて，拒否権の行使は安全保障理事会の決議に対するもので，総会では行使できない。ウについて，2022年5月にフィンランドとノルウェーがNATO[北大西洋条約機構]への加盟を申請したが，承認には現加盟国30か国すべての承認が必要とされるため，2022年内の加盟は実現しなかった。

基本 問3　日本の石炭の輸入先はオーストラリア，インドネシア，ロシアの順で，LNGはオーストラリア，マレーシア，カタールの順。鉄鉱石はオーストラリア，ブラジルの順である(2020年)。

問4　埋蔵量が少なかったり，採るのが難しかったりする金属をレアメタルという。産出国も少ないため，日本と輸出国との関係が悪化すると安定した輸入ができなくなり，国内産業に支障が出る恐れがある。そのため，なるべく多くの国から輸入することで入手量を安定させることが大切である。よってイが誤りである。また，使わなくなった電子機器などからレアメタルを取り出し，再利用すれば国内に多くのレアメタルが資源として存在する，という考え方を都市鉱山という。

3 （日本の歴史—外交，貨幣に関する問題など）

基本 問1　日本最古の貨幣は683年頃に作られた富本銭とされている。その後708年には和同開珎が作られ，主に都の周辺で使用された。なお，開元通宝は唐の時代の中国の貨幣。また，永楽通宝は明の時代の中国の貨幣で，勘合貿易により大量に日本に輸入され，国内で使用された。

重要 問2　A　607年に聖徳太子は小野妹子を遣隋使として派遣し，隋と対等な関係を築こうとした。当時の皇帝煬帝は手紙の内容に激怒したものの，日本と国交を結んだ。以後唐の時代になっても日本から多くの留学生や僧が中国へ渡った。　B　親魏倭王と任命された女王は邪馬台国の卑弥呼のことで239年のこと。　C　奴国王が後漢に使いを出し，金印を授かったのは57年のこと。

問3　奈良時代は710年平城京遷都から794年平安京遷都までの約80年あまりをいう。律令政治や班田収授法が行われ，外国からもたらされた品物が東大寺の正倉院におさめられている。また，奈良時代の文化は天平文化といい，最古の和歌集である万葉集が作られた。イは白村江の戦いのことで，663年のことなので7世紀のできごと。

重要 問4　〈Ⅰ〉　現在の島根県にある石見銀山は16世紀前半の戦国時代から明治時代まで多くの銀を産出し，各時代の日本の主要な輸出品となっていた。2007年には世界文化遺産に登録された。

〈Ⅱ〉　2024年からの日本の紙幣(日本銀行券)は一万円札が渋沢栄一，五千円札が津田梅子，千円札は北里柴三郎である。津田梅子は1871年の岩倉具視使節団に同行し，帰国後に女子英学塾(現在の津田塾大学)を開いた。なお，カは野口英世，キは北里柴三郎，クは渋沢栄一，ケは与謝野晶子に関する事柄である。

4 （日本の歴史—明治時代から現代，鉄道に関する問題など）

問1　日本初の鉄道は東京の新橋と当時最大の貿易港だった横浜間で，1872年に開通した。また，2020年にJR山手線，京浜東北線の新駅である高輪ゲートウェイ駅が東京都港区に開業した。

基本 問2　日本は1854年に日米和親条約を結び，その後1858年には日米修好通商条約を結んで外国との貿易を開始した。貿易港は横浜[神奈川]・神戸[兵庫]・函館・新潟・長崎の5つ。浦賀は1853年にペリーが来航した場所で，神奈川県の三浦半島南部にある港である。

基本 問3　江戸時代に整備された五街道のうち，神奈川の沿岸部を通るのは東海道。日本橋から京都の三条大橋までを結んでいた。途中の宿場は53つあり，難所としては箱根，大井川などがある。

重要 問4　〈Ⅰ〉　明治初期における日本の輸出品は生糸，茶の順に多かった。また，鉄道の動力は石炭を燃やす蒸気機関である。蒸気機関は18世紀後半にイギリスで初めて発明され，後に日本でも使用された。　〈Ⅱ〉　ア　1873年の地租改正は土地の所有者から地価の3%を現金で納めさせたので誤り。　オ　徴兵令は1873年に発布され，富国強兵政策のために国民皆兵とされたが，兵役の義務があったのは満20歳以上の男子だけだったので誤り。なお，イは1871年，ウは1872年，エは電信が1869年，郵便が1871年のことで正しい。カも留学生の派遣やお雇い外国人の招致で正しい。

5 （時事問題，日本の歴史－差別に関する問題，刑法改正など）

重要 問1　ジェンダーとは，生まれつきの性別とは異なり，「社会的・文化的に形成された性別」のこと。

やや難 問2　衆議院議長，参議院議長ともに女性が就任したことがあるのでウが誤り。また，男女の候補者の数ができる限り均等になることを目指す「政治分野における男女共同参画推進法[候補者男女均等法]」が2018年に作られた(2021年に改正)が，政治分野での男女比は圧倒的に男性が高い。女性の割合は衆議院では9.7%(2021年)，参議院では28%(2022年)となっている。内閣総理大臣も女性が就任したことは2023年2月現在ではない。

やや難 問3　2022年7月に改正刑法の一部が施行されたが，拘禁刑の運用はまだ行われていない。拘禁刑とは，これまでの懲役刑と禁固刑の区別をなくして一体化したもの。日本では犯罪者の再犯率が高く，服役を終えて出所してから再び罪を犯す人が多いため，懲らしめよりも立ち直りを行うように改めた。また，刑法改正によって執行猶予についても制度が緩和された。

問4　部落差別からの解放を目的として，1922年に全国水平社が京都で結成された。全国水平社宣言は「人の世に熱あれ，人間に光あれ」という言葉で結ばれている。

★ワンポイントアドバイス★

地形図の読み取りは時間がかかるため後回しにするとよい。時事問題が多いので受験する前年のニュースはしっかり確認しよう。

＜国語解答＞ 《学校からの正答の発表はありません。》

一　(1)　預(ける)　(2)　高層(建築物)　(3)　領収書　(4)　誤(る)　(5)　帰属(意識)

二　(1)　ひゆ　(2)　戦　(3)　③　順(風)　④　逆(風)　(4)　イ　(5)　夜明けの空　(6)　イ　(7)　エ

三　(1)　Ⅰ　ウ　Ⅱ　ア　(2)　ウ　(3)　ルール　(4)　おち　(5)　周囲の　(6)　イ　(7)　ウ　(8)　ウ

四　(1)　馬　(2)　エ　(3)　イ　(4)　ア　(5)　エ　(6)　①　母の趣味で飾られた庭　②　軽い足取り　③　(例)　母の思いがつまった庭を手入れするのは，母を思い出して悲しくなるから　④　一緒に暮ら

五　(1)　ぜんはいそげ　(2)　図書館を利　(3)　エ　(4)　エ　(5)　ウ　(6)　イ　(7)　①　(例)　刑事　②　思いつめたような　③　男の子のフ

○推定配点○
㊀ 各2点×5　㊁ (3)・(5)・(6) 各2点×4　他 各3点×4　㊂ (1)・(4) 各2点×3
他 各3点×6　㊃ (2)・(4)・(5) 各3点×3　(6)③ 4点　他 各2点×5
㊄ (1)・(7) 各2点×4　他 各3点×5　計100点

＜国語解説＞

基本 一 (漢字の書き取り)

(1)の音読みは「ヨ」。熟語は「預金」など。(2)は階を重ねた高い建物。(3)は受取人が支払者から代金を受け取ったことを証明する書類のこと。(4)は間違うこと。同訓異字で，わびるという意味の「謝る」と区別する。(5)は特定の組織などに所属し従うこと。

二 (詩一細部の読み取り，空欄補充，漢字の書き取り，表現技法)

基本 (1) ①には，あるものごとを別のものごとに見立ててたとえる表現技法である「ひゆ(比喩)」が入る。

(2) 本文の詩が「一九五四年に出された詩集におさめられていた」と解説しているので，1945年に終戦した第二次世界大戦の後という意味で，②には「戦」が入る。

(3) ③には進行方向に後ろから吹く風という意味で「順(風)」，④には③と反対に進行方向と逆方向に吹く風という意味で「逆(風)」がそれぞれ入る。

重要 (4) ⑤は「風」を「うまく受けたり，かわしたりしながら，少しずつでも『空の高み』に上がっていく様子」の「凧」にたとえられている「(戦)後の日本や当時の人々」のことなので，イが入る。「当時の人々」「『空の高み』に上がっていく様子」をふまえていない他の選択肢は不適切。

(5) ⑥には，新しい時代の始まりを意味する，一連目一行目の「夜明けの空(5字)」が入る。

(6) 四連目では「うごかないのではなかった」と「空の高みに／鳴っている唸りは聞きとりにくかったが」が普通の順序とは逆になっているので，イの倒置法が使われている。アは最後を体言(名詞)で止める技法。ウは表現が同じ，あるいは似ている2つの句を並べる技法。エは人ではないものを人に見立てて表現する技法。

やや難 (7) 「空の高みに／鳴っている唸りは聞きとりにくかったが」が「うごかないのではなかった」を説明しながら，凧が唸っている様子を想像させているのでエが適切。擬人法の説明であるア，イの「凧が気持ちよく」，ウの「一つ一つの大変な様子」はいずれも不適切。

三 (論説文一大意・要旨・細部の読み取り，指示語，接続語，空欄補充，内容真偽)

基本 (1) Ⅰは直前の内容を言いかえた内容が続いているので「つまり」ウが入る。Ⅱの文は「もちろん，○○だ。でも◎◎である。」という形で「◎◎」を主張する文の形になっている。

(2) ――Ⓐは「……障害がある人々が行う競技であるとしても，障害者バスケットではなく，車いすバスケットと私たちは呼んでいます」というような見方のことなので，ウが適切。Ⓐ直前の段落内容をふまえていない他の選択肢は不適切。

やや難 (3) 「ルールを守り……」で始まる第七段落で，――Ⓑを言い換えた表現を含む一文として「ルールを守り，競技するための規律が遵守されるスポーツという空間で，ふだん私たちが『あたりまえ』だと思い込んでいる支配的な常識や価値が見事に転倒されるのです。」と述べている。

基本 (4) Ⓒは漢字で「落ち」と書く。

(5) ――Ⓓは「こうした見方は……」で始まる段落の「周囲の声や音を聞きわけ，状況を瞬時に判断しプレーする能力(28字)」のことである。

(6) ――Ⓔは直前の段落で述べているように「普段私たちが『あたりまえ』だと思い込んでいる

支配的な常識や価値」，すなわち障害のある人がスポーツをするのは健常者より不利であるという常識や価値のことなので，イが適切。Ⓔ前後の内容をふまえていない他の選択肢は不適切。

(7) ――Ⓕの「一面的」は一つの面だけにかたよっているさま，「皮相」は物事の表面，うわべという意味なので，これらの意味をふまえたウが適切。Ⓕの意味を正しくふまえていない他の選択肢は不適切。

重要 (8) ウは「アイマスクを……」から続く2段落で述べている。アの「障害のある選手に有利なルールが決められている」，イの「チームワーク」，エの「同じ能力を持つという支配的な価値観にとらわれている」はいずれも述べていない。

四 (小説―情景・心情・細部の読み取り，空欄補充，ことわざ，記述力)

基本 (1) 「塞翁が馬」は〈昔，中国の老人(塞翁)の飼っていた馬が逃げたが，立派な馬をつれて帰ってきた。老人の子がその馬から落ちて足を折ったが，そのために戦争に行かずにすんだ。〉という故事から。

(2) ――Ⓑは，母の小言を気に留めることなく聞き流しながら，いつも通りの朝食を食べている様子なので，エが適切。普段と変わらない様子を説明していない他の選択肢は不適切。

(3) Ⓒは葬儀を「合理的に片づけていく」様子なので，個人的なことではなく事務的に行うという意味でイが入る。

重要 (4) ――Ⓓは，ガーデニングに興味がなく飛行機と英語が大嫌いだったのに，母が楽しみにしていた旅行先に自分が行くと決心した父の様子なので，アが適切。娘に対する反応を説明している他の選択肢は不適切。

(5) 「殊更明るく……」で始まる段落で描かれているように，父の鬱憤をぶつけられることに〈私〉は不満だったため，――Ⓔのように思っているのでエが適切。この段落の〈私〉の心情をふまえていない他の選択肢は不適切。

やや難 (6) ① ――Ⓕは「四十九日と……」で始まる段落にあるように「母の趣味で飾られた庭(10字)」のことである。

② 最後の場面で，イギリス旅行から帰国した父が「軽い足取り(5字)」で庭へ出て行ったことが描かれている。

③ 「『彼は英語が……』」で始まる場面の描写から，母を亡くした父の深い悲しみが読み取れるので，この場面の描写をふまえ，「母の思いがつまった庭を手入れするのは，母を思い出して悲しくなるから」というような内容で，父が庭の手入れをしなかった理由を説明する。

④ 「そうだな，……」で始まる段落で描かれているように，今は「一緒に暮らせて嬉しい(10字)」という感覚からは程遠いが，母の庭のおかげでそのように思える日が来るかもしれない，ということを生徒Bは話している。

五 (小説―情景・心情・細部の読み取り，空欄補充，ことわざ，文学史)

基本 (1) Ⓐは漢字で「善は急げ」と書く。

(2) 「『図書館は……』」で始まるせりふで，〈わたし〉と安川くんを気遣いながらも「図書館を利用してくれる人たちを疑ったり，見張るようなことは，してほしくない(37字)」ということを美弥子さんは話している。

(3) Ⓒには「うれしい」という感情とは反対の表情が入り，この後の話からもエが当てはまる。

(4) ――Ⓓ直後で，優しくてあこがれでもある「美弥子さんに注意されたことだけ」でなく，「自分のとった行動が，ほかの人たちに嫌な思いをさせていたかもしれない」という〈わたし〉の心情が描かれているので，エが適切。Ⓓ直後の〈わたし〉の心情をふまえていない他の選択肢は不適切。

(5) ――Ⓔは「『男子がファンタジーとか絵本を読むのは，変ですか？』」という問いかけに対して，助けとなるような返答を期待している健太くんの表情なので，ウが適切。苦しい状況の中で人の力などをゆいいつの頼みとするという意味の「すがる」を正しく説明していない他の選択肢は不適切。

やや難 (6) ——Ⓕは，健太くんの好きなベルカのイラストを描いたポスターによって，健太くんが本を返す気になったということなので，強引なやり方ではなく，おだやかで優しい気持ちで接することが人の心を動かすという教訓のイに近い。他の教訓は，アは思い上がって油断をすると物事を逃してしまう，また歩みが遅くても着実に進むことで最終的に大きな成果を得ることができるということ。ウは先のことを考えずに過ごすと後で困るということなど。エは欲張って落ち着いて物事を考えられないと失敗するということ。

重要 (7) ① Ⓖは「悪い人を取り締まる」とあり，本文で「警備員」という言葉が使われているので，「警察」ではなく「刑事」などが当てはまる。

② Ⓗには「突然後ろから……」で始まる段落の，深く考えて悩むという意味の「思いつめたような(8字)」が当てはまる。

③ Ⓘには「『名前が……』」で始まる美弥子さんのせりふの「『男の子のファンがいても，全然恥ずかしくない(21字)』」が当てはまる。

★ワンポイントアドバイス★

小説では，直接描かれていない心情を，表情や行動からていねいに読み取っていこう。

MEMO

大切なことはメモしておこうネ！

2022年度

★★★★★★★★★★★★★★★★★★★★★★★

入　試　問　題

2022年度

青山学院中等部入試問題

【算　数】（50分）　＜満点：100点＞

□ にあてはまる数を入れなさい。円周率を使う場合は3.14とします。

1　$30+10\times(55-40\div5)-10\times5=$ □

2　$2\frac{2}{3}\times\left\{3\frac{3}{4}-1.25\times\left(2.6-1\frac{2}{5}\right)\right\}=$ □

3　$\frac{2}{3}\div\left\{\left(\frac{3}{4}-\square\right)\times\frac{6}{7}+\frac{1}{2}\right\}=\frac{7}{6}$

4　明子さんと弟はお年玉をもらいました。明子さんのお年玉の$\frac{2}{5}$と弟のお年玉の$\frac{3}{4}$の金額の比は４：５です。明子さんがお年玉の半分を使い，弟が3000円を使ったところ，２人の残金は同じになりました。明子さんがもらったお年玉は □ 円です。

5　ＡからＦの６人がテストを受けました。Ａは72点，Ｂは80点，Ｃは65点，Ｄは51点で，Ｅの点数は６人の平均点より１点高く，Ｆの点数はＥよりも18点高かったです。６人の平均点は □ 点です。

6　18で割(わ)ると割り切れて，81で割ると商と余りが等しくなる数があります。このような数のうち最大の数は □ です。

7　太郎くんと花子さんがじゃんけんのゲームをします。２人の最初の持ち点はそれぞれ20点で，じゃんけんをして勝つと５点増え，負けると３点減り，あいこのときは２人とも１点ずつ増えます。何回かじゃんけんをしたところ，太郎くんの持ち点は32点，花子さんの持ち点は56点になりました。太郎くんがじゃんけんで勝った回数は８回，負けた回数は □ 回，あいこの回数は □ 回です。

8　深さが30cmの直方体の容器に，次のページの図のように円柱のおもりを置きました。この容器に毎秒50cm^3の割合で水を入れます。次のページのグラフは水を入れ始めてから42秒後までの水の深さを表しています。おもりの体積は □ cm^3です。

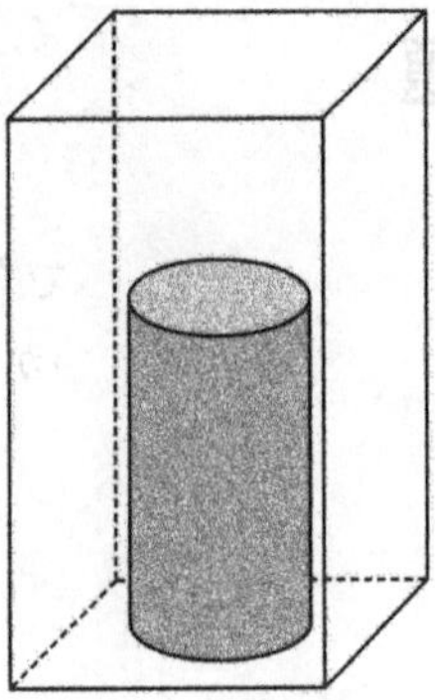

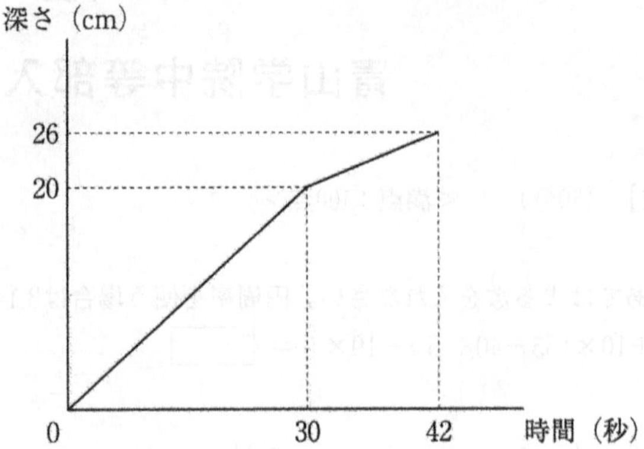

9　下の図形は２つの合同な長方形をつなげたものです。
点Ｐ，点Ｑはそれぞれ点Ａ，点Ｃを同時に出発し，辺AB，辺CD間を往復します。
点Ｐの速さを毎秒３㎝，点Ｑの速さを毎秒２㎝とするとき，点Ｐと点Ｑを結んだ直線が，この図形の対称の中心を最初に通るのは，点Ｐが動き始めてから［　　］秒後で，１分間以内に［　　］回あります。

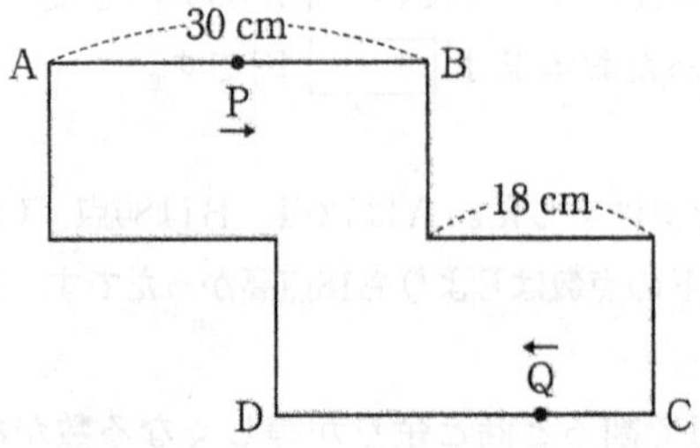

10　下の図１は，正方形の折り紙ABCDを点Ｃが辺AB上にくるように折ったものです。図２は図１の辺BEが辺AFに重なるように折ったものです。㋐は［　　］度です。

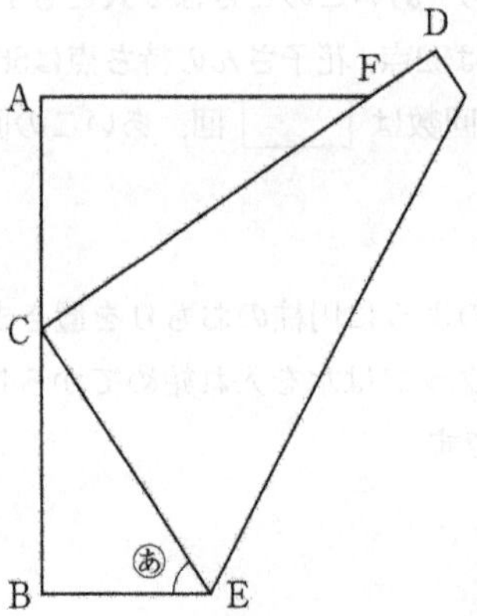

図１

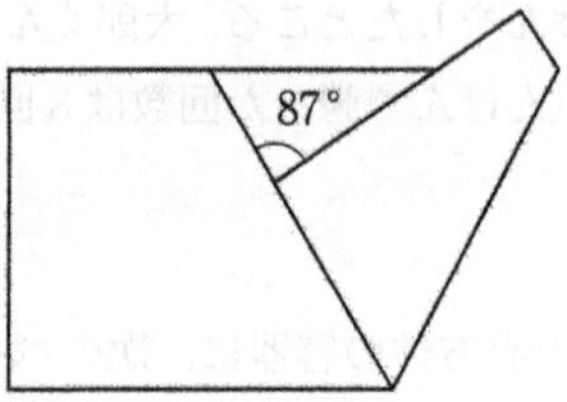

図２

11 太郎くんの家から300m離れた駅の途中には，100mおきに2つの信号機があります。この信号機はどちらも赤が1分，青が30秒点灯することをくり返します。太郎くんが8時に家を出て分速60mで歩くと，どちらの信号機でも信号待ちをして，8時5分36秒に駅に着きました。このとき，2つ目の信号を待つ時間は，1つ目の信号を待つ時間の3分の1でした。

(1) 太郎くんが1つ目の信号を待って再び歩き出すのは，8時 □ 分 □ 秒です。

(2) 太郎くんが家を出てから3分後に，弟が自転車に乗り分速240mで太郎くんを追いかけました。弟が太郎くんに追いつくのは8時 □ 分 □ 秒です。

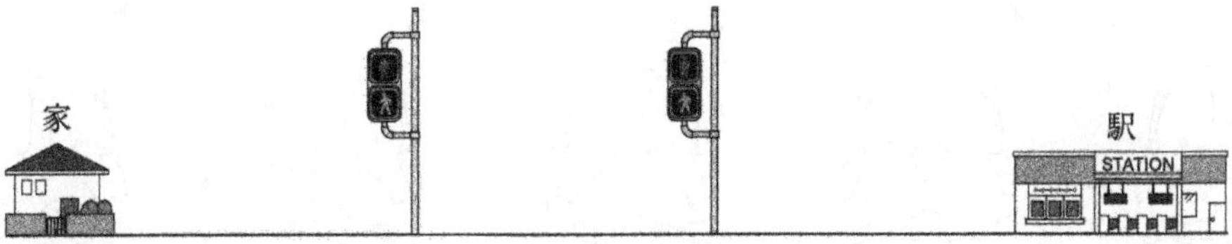

12 下の図は，面積が$60cm^2$の合同な正六角形をいくつかつなぎ合わせたものです。

(1) 図1の色のついた部分の面積は □ cm^2です。

(2) 図2の色のついた部分AとBの面積の差は □ cm^2です。

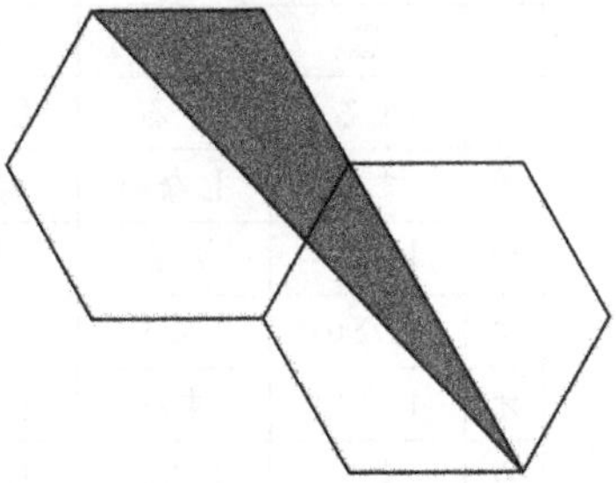

図1

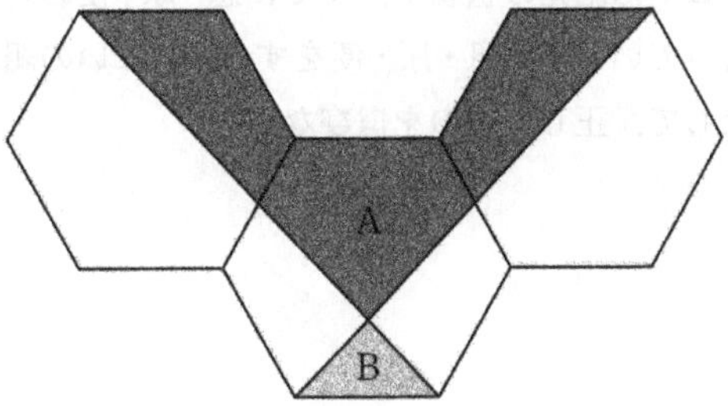

図2

13 ゆうじ君とひろ子さんが下の図のようなコースを走るマラソン大会に出場します。ゆうじ君は20kmの部に出場し，S地点を出発して，S→A→B→C→E→F→G→D→A→Sの順に通過し，再びS地点に戻ってきます。ひろ子さんは15kmの部に出場し，S地点を出発してS→A→B→C→D→G→D→A→Sの順に通過し，再びS地点に戻ってきます。
ゆうじ君は10時にスタートし，毎分200mの速さで走ります。ひろ子さんはゆうじ君の30分後にスタートし，毎分160mの速さで走ります。ゆうじ君はひろ子さんがスタートするとき，ちょうどE地点を通過し，さらに30分走るとG地点の1km手前の所にいました。2人はそれぞれ同じ速さで走り続けるものとします。

(1) D地点とG地点の間の距離は □ kmです。

(2) 2人がすれ違うのは □ 時 □ 分 □ 秒です。

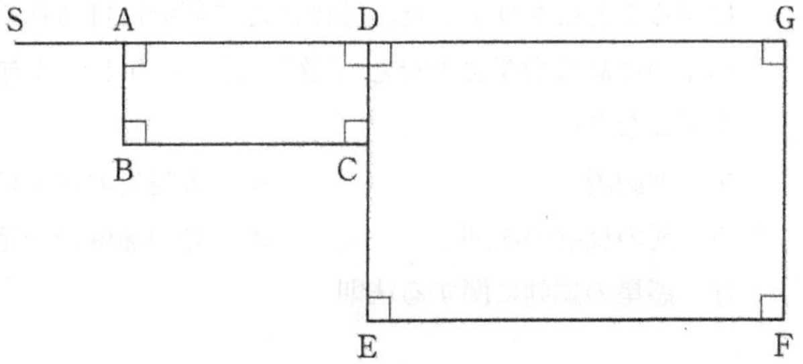

【理　科】（25分）＜満点：50点＞

【注意】・記号がついているものはすべて記号で書きいれなさい。

1　次の問いに答えなさい。

⑴　火山ガスに最も多く含まれている成分を選びなさい。

ア　水蒸気　イ　二酸化炭素　ウ　硫化水素　エ　二酸化硫黄　オ　ちっ素

⑵　カブトムシの胸部を矢印で正しく示しているものを選びなさい。

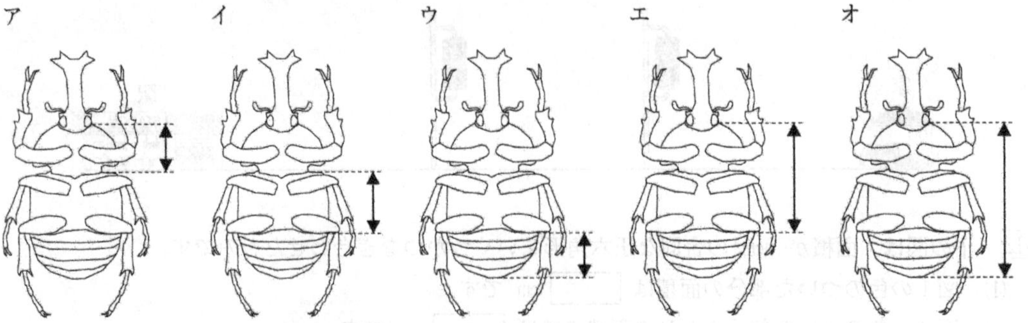

⑶　ヒトは胎児の状態で，すでに息・尿・便のいずれかを行っています。息・尿・便をする・しないの組み合わせとして，正しいものを選びなさい。

	息	尿	便
ア	する	する	しない
イ	する	しない	する
ウ	しない	する	する
エ	しない	しない	する
オ	しない	する	しない
カ	する	しない	しない

⑷　使い捨てカイロの原材料名を見てみると，鉄粉・食塩・活性炭と記されていました。活性炭の役割として正しいものを選びなさい。

ア　活性炭には小さな穴が開いており，その穴に酸素をためて反応を助ける

イ　活性炭は中心に水を含んでおり，反応を助ける

ウ　活性炭は黒色であるため，熱を吸収し，カイロ全体を温める

エ　活性炭同士がこすれ合うことにより，摩擦熱が生じ，カイロを内部から温める

オ　活性炭がカイロの袋の表面の繊維のすき間をふさぎ，熱が逃げるのを防ぐ

⑸　1665年，ロンドンではペストが大流行し，大学が閉鎖されてしまったため，ニュートンは故郷に戻ることになりました。彼はここで研究に打ち込み，３つの大発見をすることになります。その１つは高校数学における「微分法」，もう１つは有名な「万有引力の法則」です。残りの１つを選びなさい。

ア　地動説　　　　　　　　イ　太陽光の屈折に関する発見

ウ　光の反射の法則　　　　エ　光の速度が一定であることの発見

オ　惑星の運動に関する法則

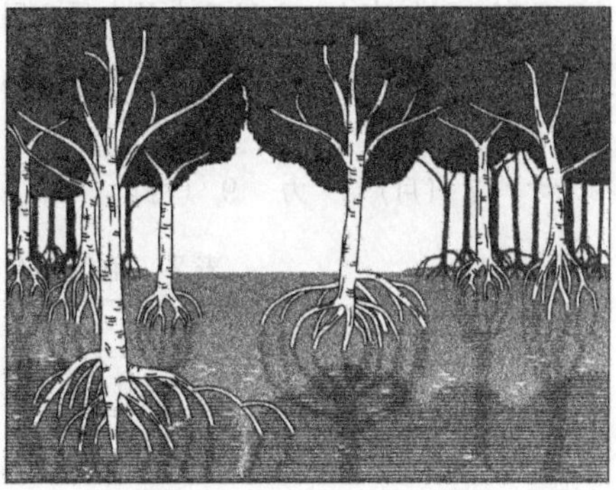

2 2021年7月，鹿児島県，沖縄県の島々が世界自然遺産に登録されることになりました。沖縄県西表島には，右の図のような一部が海水にひたった木による林が見られます。このような林は（A）林と呼ばれ，西表島の自然の特徴となっています。（A）林周辺にはカニやトビハゼといった様々な生物が見られ，食物連鎖の関係が成り立っています。（A）林をつくる植物のように，光合成によって自ら栄養分をつくり出す生物を（B）と呼びます。それに対して，他の生物を食べて栄養分を得る生物を消費者と呼びます。

⑴ 文中の（A），（B）に当てはまる言葉を答えなさい。

⑵ カニの一般的な特徴について，正しいものを選びなさい。

ア えらをもたず皮ふから酸素を吸収する
イ はさみを除いた足の数は5対10本である
ウ 足を失っても脱皮のときに再生できる
エ 周りの環境によらず体温は一定である
オ 背骨がある

⑶ （B）をえさとする動物を消費者①，消費者①をえさとする動物を消費者②とします。ある地域では，消費者②が生きていくためには，自分の重さの5倍のえさを必要とします。この地域で食物連鎖が持続するには，消費者たちがどのような関係である必要がありますか。

ア 消費者①全体の重さは，消費者②全体の重さの5分の1よりはるかに小さい
イ 消費者①全体の重さは，消費者②全体の重さの5分の1
ウ 消費者①全体の重さと消費者②全体の重さは同じ
エ 消費者①全体の重さは，消費者②全体の重さの5倍
オ 消費者①全体の重さは，消費者②全体の重さの5倍よりもはるかに大きい

⑷ 水中の食物連鎖では，近年マイクロプラスチックの影響が心配されています。この影響として正しいものを選びなさい。

ア 体内で分解されずにたまる　　イ 体内で分解されて有害な物質に変化する
ウ 筋肉に吸収されて運動しづらくなる　　エ 血液で運ばれて細い血管につまる

3 青山くんは地域別・日付別に日の出・日の入りの時刻を調べました。

⑴ 表1は X 月1日における時刻を，地点A～Dについてまとめたものです。

① 表1の地点A～Dは渋谷，福岡，広島，根室のいずれかです。渋谷はA～Dのどれですか。
② 表1の地点Aにおいて，太陽が南中する時刻を答えなさい。

表1　地域別の日の出・日の入りの時刻

地点	A	B	C	D
日の出	6時58分	7時04分	6時32分	6時30分
日の入り	17時00分	17時10分	16時28分	15時43分

⑵　表２は地点Ａにおける X 月８日，15日についてまとめたものです。
X に入る正しいものを選びなさい。

ア　１（月）　イ　３（月）　ウ　４（月）　エ　６（月）
オ　７（月）　カ　９（月）　キ　10（月）　ク　12（月）

表２　地点Ａの日付別の日の出・日の入りの時刻

日付	X 月８日	X 月15日
日の出	７時03分	７時08分
日の入り	17時00分	17時01分

⑶　地点Ａにおいて， X 月15日の２か月後の日の出・日の入りの時刻を選びなさい。

ア　日の出５時39分　日の入り18時42分
イ　日の出６時16分　日の入り18時21分
ウ　日の出６時56分　日の入り17時53分
エ　日の出７時16分　日の入り16時55分

⑷　青山くんは地点Ａで X 月１日に右の図のように棒を平らな地面に垂直に立て，その影の動きを日の出から日の入りまで記録しました。棒の影の先端はどのように動きましたか。下の図から正しいものを選びなさい。

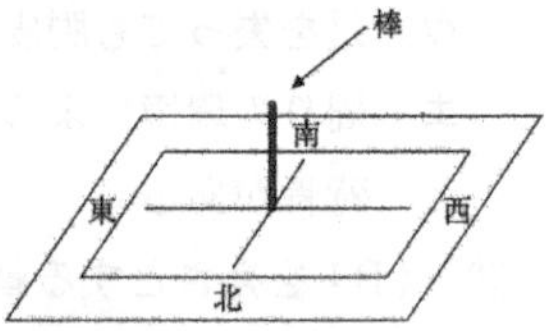

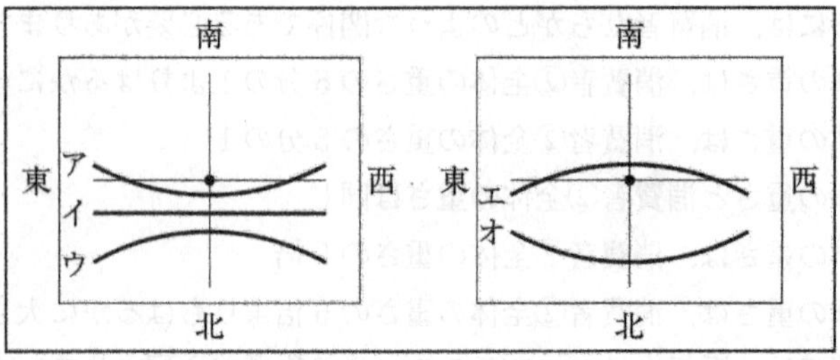

4　炭酸アンモニウムを加熱すると複数の気体が発生します。図のような装置を準備し，十分な量の炭酸アンモニウムを加熱するとフラスコＡのBTB溶液は青色，フラスコＢのBTB溶液は黄色，試験管Ｃの石灰水は白くにごりました。

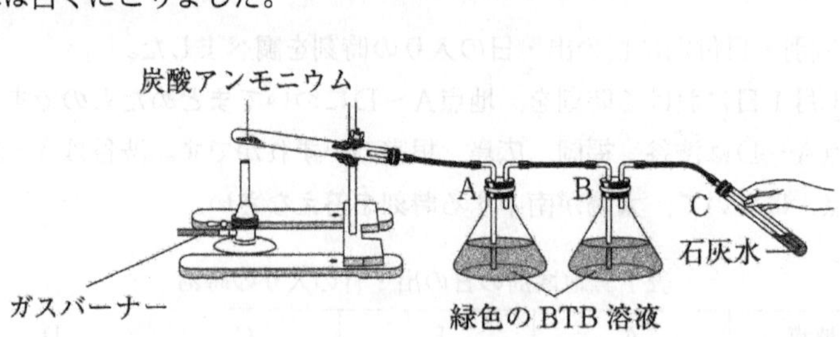

⑴　フラスコＡのBTB溶液は何性ですか。

⑵　フラスコＡとフラスコＢのBTB溶液が，異なる色に変化した理由として正しいものを選びなさ

い。なお，この実験でBTB溶液を青色にした気体を気体A，黄色にした気体を気体Bとします。

ア　気体Aと気体Bの発生量の違い

イ　気体Aと気体Bの水への溶けやすさの違い

ウ　気体Aと気体Bの重さの違い

エ　気体Aと気体Bの発生する順番の違い

オ　気体Aと気体Bの酸素との反応性の違い

(3)　試験管Cの石灰水を白くにごらせた気体について，正しいものをすべて選びなさい。

ア　チョークにうすい塩酸をかけると発生する　　イ　物が燃えるときに必ず発生する

ウ　空気中に3番目に多く含まれる　　エ　CO_2と表される

オ　二酸化マンガンとうすい過酸化水素水が反応すると発生する

(4)　加熱を続けていくと，試験管Cの白くにごっていた石灰水が変化しました。その後，加熱を続けても変化しませんでした。これを説明した下の文に合うように，①と②に入る言葉をそれぞれ選びなさい。

「試験管Cは［①］。それは［②］が生じるためである。」

ア　白い沈殿が生じる　　イ　次第に透明になる

ウ　炭酸カルシウム　　エ　炭酸水素カルシウム　　オ　塩化水素

(5)　図の装置の状態で火を消したとき，フラスコAのBTB溶液が加熱していた試験管に逆流しました。それが起こる原因と最も関係している現象を選びなさい。

ア　炭酸飲料が入ったペットボトルを温めると泡が発生した

イ　アルミニウムは塩酸にも水酸化ナトリウムの水溶液にもとける

ウ　冬の寒い日に息をはくと白くなった

エ　青色のリトマス紙に食酢をつけると赤くなった

オ　ベーキングパウダーを入れたケーキを焼くと膨らんだ

5　物体をばねはかりにつるしたところ，ばねはかりは150gを示しました。図1のような容器に水がいっぱいに入っており，ばねはかりにつるした物体を，この水に少しずつ沈めました。そのときのばねはかりの目盛りの値とこぼれた水の関係は次のページの表のとおりです。また，水の代わりに食塩水でも同じ実験を行いました。

図1

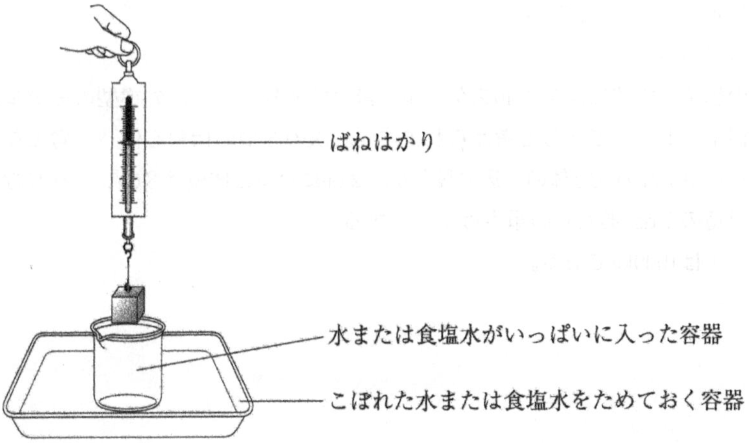

こぼれた液体の体積（cm^3）	10	20	30	40	50
水に沈めたときのばねはかりの目盛りの値（g）	140	130	120	110	100
食塩水に沈めたときのばねはかりの目盛りの値（g）	138	126	114	102	90

⑴　この物体の体積は140cm^3です。物体を水に全部沈めたときのばねはかりの目盛りの値を答えなさい。

⑵　物体を食塩水に沈めていったとき，途中で物体が浮いてしまい，もうそれ以上沈めることができなくなりました。このときに食塩水の水面の上に出ている物体の体積を答えなさい。

⑶　恐竜の模型を利用して生きていたころの恐竜の体重を予想します。

図2

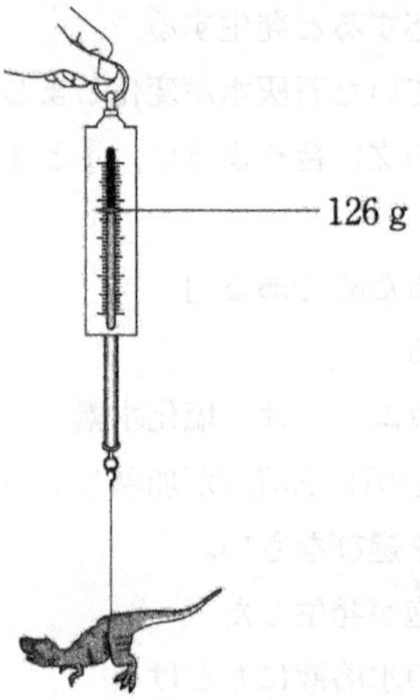

図3

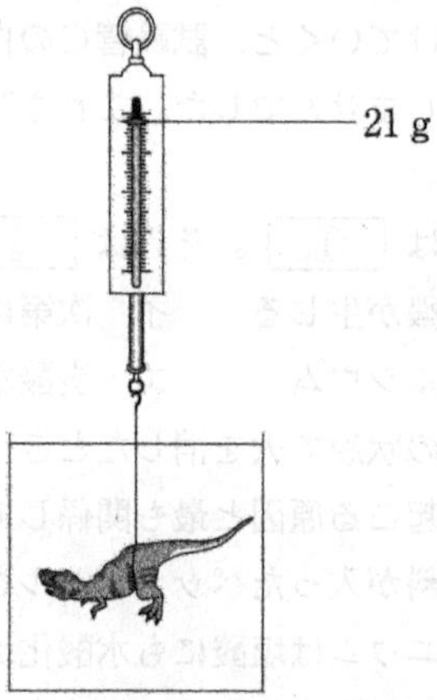

①　図2のように，恐竜の模型をばねはかりにつるしたところ，126 g を示しました。図3のように，そのまま全部水に沈めてばねはかりの目盛りを見たところ，21 g を示しました。この恐竜の模型の体積を求めなさい。

②　この恐竜の模型は，次のどの材質でできていますか。（　）内は1cm^3の重さです。

ア　木（0.9 g）
イ　プラスチック（1.2 g）
ウ　石こう（2.2 g）
エ　アルミニウム（2.7 g）
オ　鉄（7.8 g）

③　この恐竜の模型には1：40スケールと書いてあります。この模型のモデルになった恐竜の体重は何 t（トン）であると考えられますか。次の3つの情報を使って考えなさい。

1．一辺が1cmの立方体の一辺の長さが，2cmになると体積は8cm^3，3cmになると27cm^3になる。
2．恐竜の1cm^3あたりの重さは1 g とする。
3．1 t は1000kgである。

【社　会】（25分）　＜満点：50点＞

1　中国・四国地方について，あとの問いに答えなさい。

問１　次の図中のXの地域は日本有数のカルスト台地です。この台地の名称を答えなさい。また，この地域で見られる主な岩石として適切なものを下の①～④から１つ選び，番号で答えなさい。

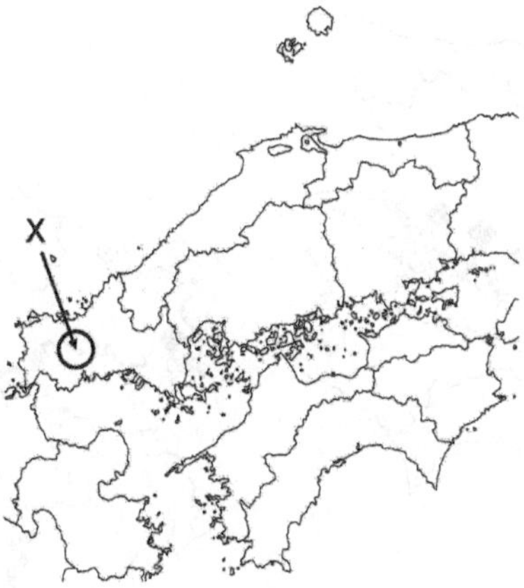

①　ゲンブ岩　　②　カコウ岩　　③　デイ岩　　④　セッカイ岩

問２　次の図は広島市の中心部を示したものです。これを見て，広島平野と黄金山の地形が形成された過程の組み合わせとして正しいものを下の①～④から選び，番号で答えなさい。

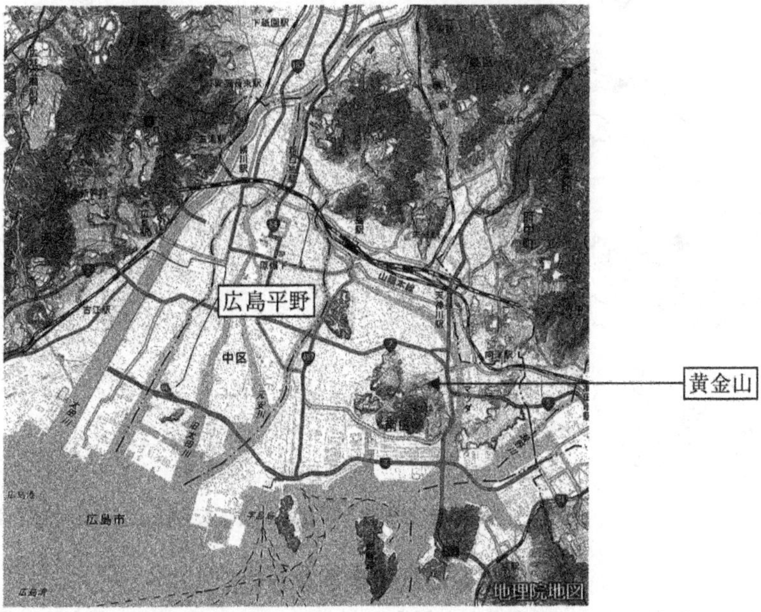

①　広島平野：土砂が堆積し陸地化した　・　黄金山：台地の一部が侵食され残った

②　広島平野：地面が隆起し陸地化した　・　黄金山：台地の一部が侵食され残った

③　広島平野：土砂が堆積し陸地化した　・　黄金山：島が陸地とつながった

④　広島平野：地面が隆起し陸地化した　・　黄金山：島が陸地とつながった

問３　中国・四国地方で人口の多い都市上位５つに印（◆）をつけた図を次の①～④から選び，番号で答えなさい。ただし，印は市役所のある地点を示しています。

①

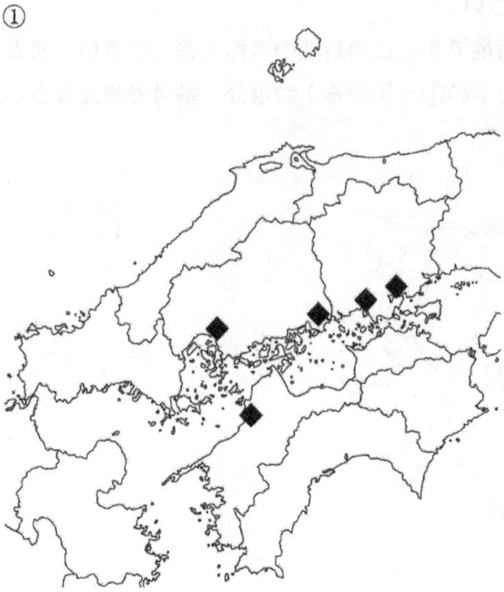

②

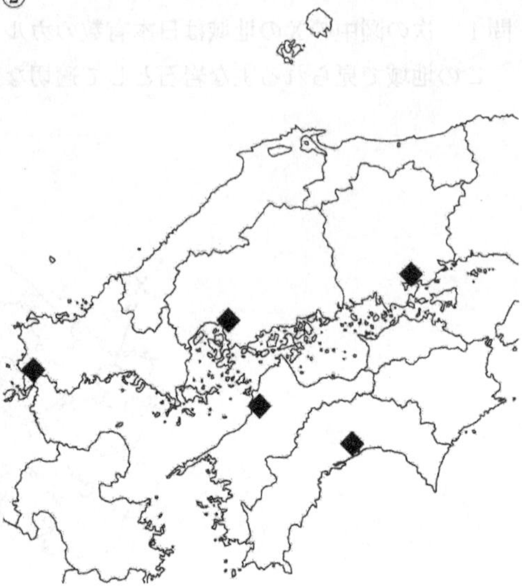

③

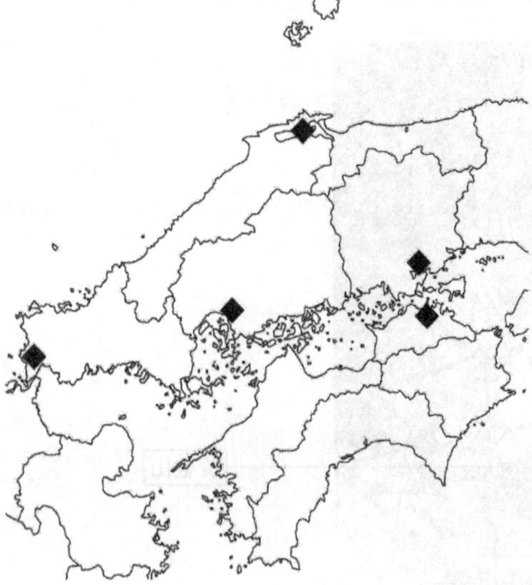

④

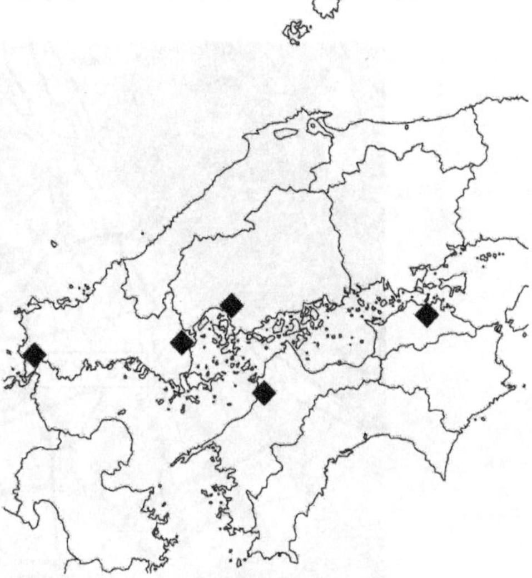

＊住民基本台帳に基づく人口、人口動態および世帯数より作成

（2020 年１月１日時点）

問４　香川県は，日本のオリーブ生産の大部分を占めている県です。その理由の１つに，世界のオリーブ生産量上位である地中海沿岸のヨーロッパの国々と気候が近いことが挙げられます。これを踏まえて，生産量世界第１位（2018年）＊であるスペインの首都マドリードの雨温図を次のページの①～④から選び，番号で答えなさい。

＊世界国勢図会 2021/22 より

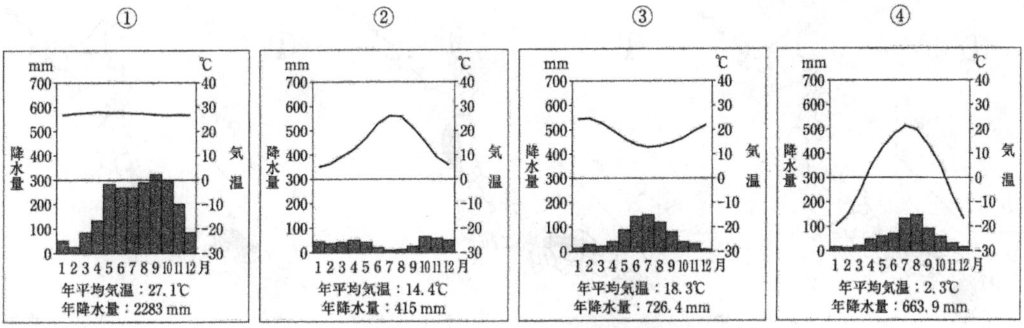

＊＊ CLIMATE-DATE.ORG （https://ja.climate-date.org）より作成

問５　次の表は工業出荷額上位５品目およびその割合を示したもので，表中①～④は広島県・愛知県・宮城県・新潟県のいずれかを示しています。これらのうち，広島県を示しているものとして正しいものを表中の①～④から選び，番号で答えなさい。

表　各県の工業出荷額上位５品目およびその割合

		1位	2位	3位	4位	5位
①	品目	輸送用機械	鉄鋼	生産用機械	食料品	プラスチック
	金額	350,383,574	132,125,190	91,309,487	65,970,135	57,142,602
	割合	34.9	13.2	9.1	6.6	5.7
②	品目	食料品	化学	金属製品	生産用機械	電気機械
	金額	76,624,163	50,739,015	48,808,077	37,892,161	26,509,321
	割合	17.2	11.4	11.0	8.5	6.0
③	品目	食料品	輸送用機械	石油・石炭	電子部品	生産用機械
	金額	65,794,566	56,434,050	55,207,740	44,057,523	41,939,317
	割合	14.5	12.4	12.2	9.7	9.3
④	品目	輸送用機械	電気機械	鉄鋼	生産用機械	食料品
	金額	2,693,416,875	293,559,359	251,296,183	240,271,332	172,515,837
	割合	55.3	6.0	5.2	4.9	3.5

（金額：万円　割合：％）

＊ 2018 年工業統計調査より作成

問６　次のページのア～ウの図は「レモンの収穫量」，「棚田の面積」，「カキ（牡蠣）の養殖量」の上位５県を示したもののいずれかです。ア～ウの図の組み合わせとして正しいものを下の①～⑥から選び，番号で答えなさい。

①　ア：カキ　　イ：レモン　　ウ：棚田
②　ア：カキ　　イ：棚田　　ウ：レモン
③　ア：棚田　　イ：レモン　　ウ：カキ
④　ア：棚田　　イ：カキ　　ウ：レモン
⑤　ア：レモン　　イ：棚田　　ウ：カキ
⑥　ア：レモン　　イ：カキ　　ウ：棚田

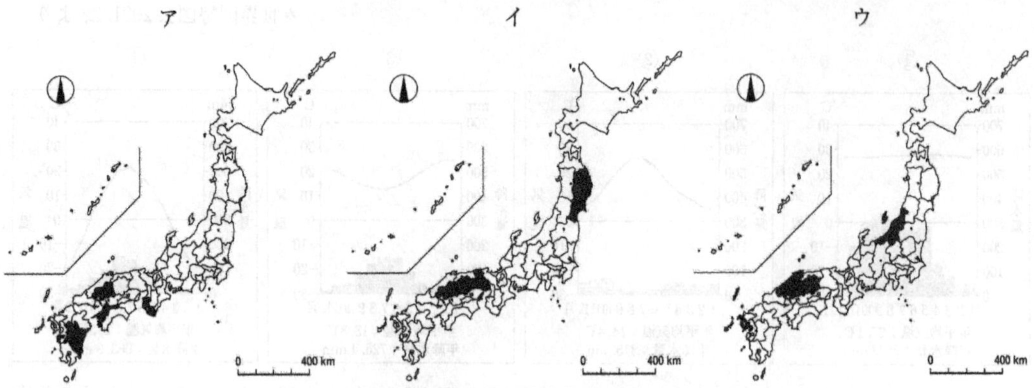

＊2005年農林業センサス
2018年特産果樹生産出荷実績調査
2021年漁業・養殖業生産統計　　より作成

問7　中国・四国地方において課題となっている環境(かんきょう)問題を説明した文として正しいものを下の①～④から1つ選び，番号で答えなさい。

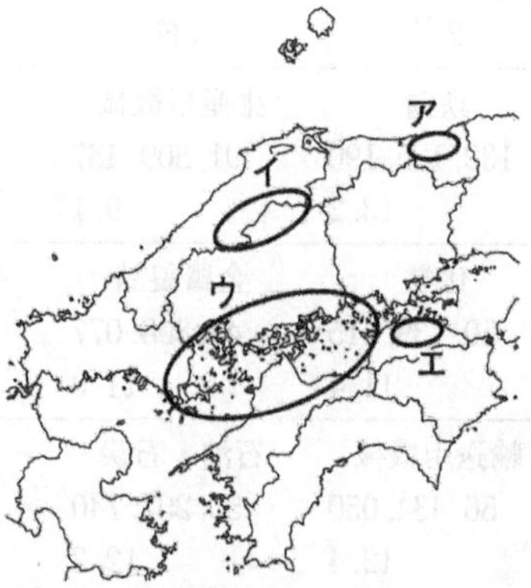

①　アの地域では近年の気候の変化で降水量が減少したため，砂漠(さばく)化が進行している。
②　イの地域では木材を燃料とする製鉄業が盛(さか)んであり，森林の減少が進行している。
③　ウの地域では周辺の地域から出た多くのゴミが流れつき，海底ゴミが問題視されている。
④　エの地域では塩の生産をしなくなったため，土壌(どじょう)中の塩分が増え，作物が育たなくなっている。

問8　広島県の「宮島」について，次の〈Ⅰ〉・〈Ⅱ〉に答えなさい。

〈Ⅰ〉　宮島はヒトモトススキが茂(しげ)り，日本ではここにしかいないミヤジマトンボの生息地でもあります。このような特色ある自然環境を守るため，2012年宮島は「ある条約」に登録されました。その条約とは何ですか。次の①～④から選び，番号で答えなさい。

①　ワシントン条約　②　ハーグ条約　③　ラムサール条約　④　バーゼル条約

〈Ⅱ〉　次のページのア～ウの写真と地名の組み合わせとして，正しいものを下の①～⑥から選び，番号で答えなさい。

①　ア：天橋立(あまのはしだて)　イ：宮島　ウ：松島　②　ア：天橋立　イ：松島　ウ：宮島
③　ア：松島　イ：宮島　ウ：天橋立　④　ア：松島　イ：天橋立　ウ：宮島
⑤　ア：宮島　イ：松島　ウ：天橋立　⑥　ア：宮島　イ：天橋立　ウ：松島

ア　　　　　　イ　　　　　　ウ

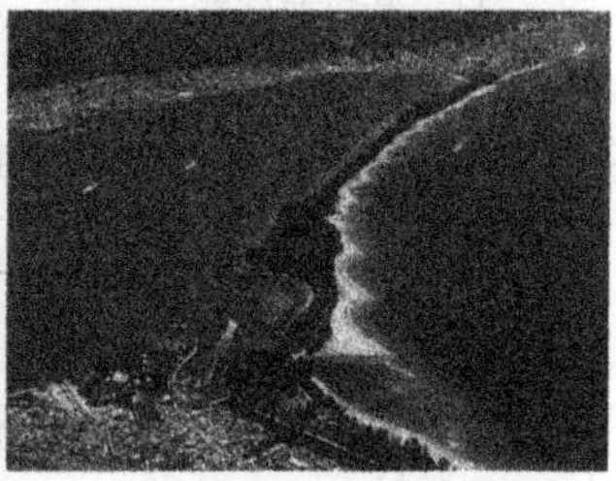

＊天橋立観光協会、一般社団法人広島県観光連盟、宮城県松島町　各団体のホームページより

2　次の文章を読み，あとの問いに答えなさい。

私たちの身の回りには，歴史を感じられる地名や名称が数多くあります。それらの由来は，地形の特徴（とくちょう），神社・寺院の名前，伝統産業などさまざまです。明治時代以降の近代化や，都市開発などで街並みは大きく変化し続けていますが，それらの由来を改めて考えてみることで，過去と現在のつながりに気づくことができ，新たな発見をすることができます。

問１　右の図は，（　X　）土器と呼ばれるものです。初めてこのような特徴を持つ土器が東京の文京区のある町で発見されたことから名づけられました。（X）に当てはまる語を答えなさい。また，（X）時代の遺跡（いせき）として当てはまらないものを次の①～④から１つ選び，番号で答えなさい。

＊「文化遺産オンライン」ホームページより

①　三内丸山遺跡
②　荒神谷（こうじんだに）遺跡
③　吉野ヶ里遺跡
④　登呂（とろ）遺跡

問２　千代田区にある紀尾井（きおい）坂は，紀伊藩（はん）と尾張藩の徳川家と，彦根（ひこね）藩の井伊家の三家の屋敷（やしき）があったことが由来とされています。紀伊藩・尾張藩は徳川の御三家です。御三家のもう一つの藩を漢字で答えなさい。また，井伊家は大老を務めた井伊直弼（なおすけ）が有名ですが，彼が暗殺される事件が起き，事件の名称にも含まれている場所を次の①～④から選び，番号で答えなさい。

①　半蔵門　　②　坂下門　　③　蛤（はまぐり）御門　　④　桜田門

問３　隅田川（すみだがわ）に架（か）かる勝鬨橋（かちどきばし）の名称は，1904年の戦争で日本海軍が旅順（りょじゅん）（リュイシュン）陥落（かんらく）を記念して，築地（つきじ）と月島を結んでつくられた「勝鬨の渡し」に由来していると言われています。次の〈Ⅰ〉・〈Ⅱ〉に答えなさい。

〈Ⅰ〉　この戦争後に結ばれた条約の内容として正しいものを次の①～④から１つ選び，番号で答えなさい。

①　相手国に朝鮮（ちょうせん）が独立国であることを認めさせた。
②　相手国に多額の賠償金（ばいしょうきん）を負担させた。
③　相手国は南満州の鉄道の利権を日本に譲（ゆず）った。
④　相手国は台湾（たいわん）を日本に譲った。

〈Ⅱ〉　この戦争で旅順陥落を指揮した陸軍大将は，現在，神社にまつられ，坂の名前の由来にもなっています。その人物は誰ですか。正しいものを次の①～④から選び，番号で答えなさい。

① 東郷平八郎(とうごう)　② 乃木希典(まれすけ)　③ 山本五十六(いそろく)　④ 山県有朋(ありとも)

3 次の文章を読み，あとの問いに答えなさい。

日本に茶が入ってきたのはⓐ平安時代のことで，ⓑ唐に渡った僧(そう)や留学生が，日本に戻るときに持ち帰ったことが始まりと言われています。当時の茶は，現在のような飲み物というより薬と考えられていました。室町時代中期に登場した村田珠光(じゅこう)は日本製の茶道具をも併(あわ)せて使用する草庵茶(そうあんちゃ)の湯を考案し，四畳半(よじょうはん)茶室も創り出しました。さらに草庵茶の湯をわび茶道として大成したのが，（　Y　）でした。

問1　下線部ⓐの内容として当てはまらないものを次の①～④から1つ選び，番号で答えなさい。

① 遣唐使(けんとうし)が廃止され日本風の文化がおこり，かな文字が誕生した。

② 武士で初めて太政大臣になる人物が登場し，栄華(えいが)を誇(ほこ)った。

③ 東大寺に大仏がつくられ，国家を安定させようとした。

④ 藤原頼通(よりみち)が宇治(うじ)に平等院鳳凰堂(ほうおうどう)をたてた。

問2　下線部ⓑの一人に空海という人物がいました。彼についての説明として正しいものを次の①～④から1つ選び，番号で答えなさい。

① 禅(ぜん)の修行(しゅぎょう)をしながら，墨(すみ)の濃淡だけで自然などをえがく水墨画(すいぼくが)を勉強し，日本風の墨絵を完成させた。

② 仏教の戒律(かいりつ)を教え，奈良に唐招提寺をたて，日本の仏教の発展に力を尽くした。

③ 各地をまわり仏教を広めながら庶民(しょみん)のために活動した。聖武天皇から大僧正(そうじょう)という僧の最高位を与えられた。

④ 真言宗を学んで帰国し，高野山に金剛峯寺をたてた。唐風の書の達人としても知られている。

問3　空欄（Y）に当てはまる人物として正しいものを次の①～④から選び，番号で答えなさい。

① 藤原定家　② 千利休　③ 小林一茶　④ 栄西

4 次の文章を読み，あとの問いに答えなさい。

青山学院中等部がある渋谷区や隣接(りんせつ)する港区には，多くの外国大使館があります。周辺を歩いてみると，複数の大使館が1つのビルに集まり，国旗がずらりと並ぶ風景や，広い敷地(しきち)を持つものなどさまざまで，各国の特徴や文化が感じられます。1854年，ⓐ日米和親条約をもってⓑいわゆる鎖国(さこく)体制がとかれた日本には，国交を求める外交官たちが訪れました。最初の4つの外国公使館はいずれも現在の港区に位置する寺に置かれました。外国公使や外交官をもてなす場にふさわしい寺院が多くあり，横浜や江戸城に近かったことなども理由として挙げられています。

問1　下線部ⓐについて，次の〈Ⅰ〉・〈Ⅱ〉に答えなさい。

〈Ⅰ〉 条約の内容として正しいものを次の①～④から1つ選び，番号で答えなさい。

① 下田・函館(はこだて)の両港は，アメリカ船が水や燃料，石炭などを日本で調達する場合に限って入港することが許された。

② 日本は輸出入品に対して，自由に税をかけられなかった。
③ 日本はアメリカ以外に，イギリス・オランダ・フランス・ロシアと対等な条約を結んだ。
④ アメリカ人が日本人に対して罪をおかした場合，日本の法律で裁判せず，アメリカの法律で裁判を行うことになった。

〈Ⅱ〉 下線部ⓐの後に起きた，次の〈できごと〉ア～ウを古い順に並べたとき，正しい組み合わせとなるものを下の①～⑥から選び，番号で答えなさい。

〈できごと〉
ア：薩英戦争　イ：薩長同盟　ウ：四国艦隊(かんたい)下関砲撃(ほうげき)事件

① ア→イ→ウ　② ア→ウ→イ　③ イ→ア→ウ
④ イ→ウ→ア　⑤ ウ→ア→イ　⑥ ウ→イ→ア

問２ 下線部ⓑに関連して，次の〈できごと〉ア～ウを古い順に並べたとき，正しい組み合わせとなるものを下の①～⑥から選び，番号で答えなさい。

〈できごと〉
ア：日本人の海外渡航の禁止　イ：ポルトガル船の来航禁止　ウ：スペイン船の来航禁止

① ア→イ→ウ　② ア→ウ→イ　③ イ→ア→ウ
④ イ→ウ→ア　⑤ ウ→ア→イ　⑥ ウ→イ→ア

5 次の年表をみて，あとの問いに答えなさい。

西暦(せいれき)	できごと
1951	ⓐサンフランシスコ平和条約を結んだ
	ア
1956	日本が国際連合に加盟した
	イ
（ あ ）	ⓑ沖縄が日本に復帰した
	ウ
1978	日本と中国が平和友好条約を結んだ
	エ
2001	ⓒアメリカ同時多発テロ事件が発生した
	オ
2021	東京オリンピック・パラリンピックが開催された

問１ 年表中の空欄(あ)に当てはまる年を算用数字で答えなさい。
問２ 次のA・Bのできごとは年表中のア～オのどこに当てはまるか，それぞれ記号で答えなさい。
A：消費税が導入される
B：日韓基本条約が結ばれる
問３ 年表中の下線部ⓐに関連して，次の〈Ⅰ〉・〈Ⅱ〉に答えなさい。
〈Ⅰ〉 同時に「〇〇〇〇〇〇条約」が結ばれました。〇に当てはまる漢字六字を答えなさい。
〈Ⅱ〉 当時世界は東側陣営(じんえい)と西側陣営に分かれ対立していたため，両陣営で核開発・核実験が盛んに行われました。核兵器と日本について述べた次の①～⑤のうち，正しくないものをすべて選び，番号で答えなさい。

① 日本は核兵器禁止条約に署名・批准している。

② 日本は核拡散防止条約に署名・批准している。

③ 日本は世界で唯一の戦争被爆国である。

④ 第1回原水爆禁止世界大会は，日本で行われた。

⑤ 池田勇人元首相が「(核兵器を) 持たず，つくらず，持ち込ませず」の非核三原則を提唱した。

問4 前のページの年表中の下線部ⓑでは，15世紀，それまで対立していた小国を統一する形で琉球王国が成立しました。当時，琉球王国は明に仕える形で国交を結び，東南アジアや日本，朝鮮との間で(　い　)貿易を行って，国際貿易の拠点として繁栄しました。(い) に当てはまる語をあとの①～④から選び，番号で答えなさい。

① 朱印船　② 奉書船　③ 中継　④ 南蛮

問5 前のページの年表中の下線部ⓒの後，アメリカはアフガニスタンに軍を派遣し，そのまま20年にわたって駐留することになりました。アフガニスタンの位置を次の図の①～④から選び，番号で答えなさい。また，その首都名を下のア～エから選び，記号で答えなさい。

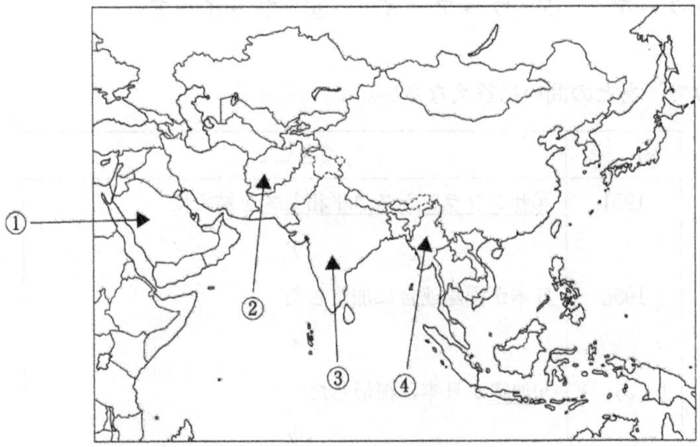

〈首都〉

ア：カブール　イ：リヤド　ウ：ネピドー　エ：デリー

6 次の文章を読み，あとの問いに答えなさい。

> 新型コロナウィルス感染症 (COVID-19) が世界に影響を及ぼし始めてからおよそ2年が経過しようとしています。感染拡大を防ぐための対応は国によって異なり，国内でもⓐ政府の定める国の方針とは別に，地域ごとにさまざまな対策が取られています。地方自治の単位であるⓑ地方公共団体 (地方自治体) には都道府県と市 (区) 町村があり，それぞれのトップであるⓒ首長を中心とする執行機関と議会から構成されています。地方・国，いずれも政治の方向性を決める最初の一歩はⓓ選挙における投票です。18歳以上の国民が皆ひとしく持っている権利を行使することが大切です。

問１　下線部ⓐに関連して，日本政府が実施した政策に当てはまらないものを次の①～④から１つ選び，番号で答えなさい。

① 昨年12月末時点で，すべての都道府県に対して緊急事態宣言が同時に出されたのは一度だけである。

② 緊急事態宣言は，都道府県単位で発出・解除される。

③ 集団接種・職域接種など，通常の病院や診療(しんりょう)所以外の場所でも新型コロナのワクチン接種が実施(じっし)された。

④ 変異株の流行に伴い，全国一斉休校が昨年も実施された。

問２　下線部ⓑに関連して，次の〈Ⅰ〉・〈Ⅱ〉に答えなさい。

〈Ⅰ〉 下線部ⓑの行う仕事として当てはまらないものを次のページの①～⑥から１つ選び，番号で答えなさい。

① 地方裁判所を設置する。　② 公園を設置する。

③ 公立学校の教員に給与を支払う。　④ 図書館を設置する。

⑤ 保健所を設置する。　⑥ ゴミを収集する。

〈Ⅱ〉 下線部ⓑの使うことのできるお金を大まかに分けると，（１）住民税などの税（＝地方税）収入（２）国からの交付金（３）国の機関や銀行からの借金（４）その他，の４種類となります。（１）は使い道を自由に決められる項目ですが，過疎(かそ)などに悩む自治体も少なくありません。そこで導入されたのが「ふるさと納税」制度です。この制度は「納税」とありますが実際には「寄附(きふ)」の仕組みで，一定の上限のもと「自分の選んだ自治体に寄附（ふるさと納税）を行った場合に，寄附額のうち2,000円を越える部分について，所得税と住民税から原則として全額が控除(こうじょ)（＊１）される」（＊２）ものです。寄附する人は自治体を自由に選ぶことができ，また自治体から特産品などをお礼（返礼品）としてもらえることもあるので，年々利用する人が増加しています。寄附された自治体にとっても自由に使えるお金が増える一方で，この制度には課題もあり，国と地方自治体が裁判で争うケースも発生しました。この制度の課題を次の①～④からすべて選び，番号で答えなさい。

＊１：控除とは「その人の状況に応じて，税負担を調整するもの」（国税庁ホームページより）で，この場合は寄附した人に戻されるという意味。

＊２：総務省「ふるさと納税ポータル」より引用

① 東京など首都圏(けん)に人口が集中しているため，首都圏の自治体に寄附が集中する点。

② 本来入るべき税金が入らず，税収が減る自治体が出る点。

③ ふるさとを離れて働きに行く人が多い過疎が進む自治体に，出身者の寄附が集中する点。

④ 税を納める人がサービスを受ける，という地方税の原則が崩(くず)れる点。

問３　下線部ⓒには都道府県知事が含まれます。都道府県知事の被選挙権年齢(ねんれい)と選出方法の組み合わせとして正しいものを次の①～⑥から選び，番号で答えなさい。

① 25歳以上，直接選挙　② 25歳以上，間接選挙

③ 30歳以上，直接選挙　④ 30歳以上，間接選挙

⑤ 35歳以上，直接選挙　⑥ 35歳以上，間接選挙

問４　下線部ⓓに関連して，昨年10月に衆議院が解散し，第49回衆議院議員総選挙が実施されました。これに関連した次のページの〈説明〉①～④から正しくないものを１つ選び，番号で答えな

さい。また，その際に改選された定数（議席数）を下の〈定数〉ア～エから選び，記号で答えなさい。

〈説明〉

① 衆議院の任期満了によって総選挙が行われたことは，戦後一例だけある。

② 総選挙は，衆議院の任期が終わるまでに実施しなければならない。

③ 総選挙では政党に所属する候補者は選挙区と比例代表の両方に同時に立候補することができる。

④ 第50回の総選挙からは，「アダムズ方式」という新たな議席配分方法を用いる予定である。

〈定数〉 ア：495　　イ：480　　ウ：465　　エ：450

問5 国会が，首相を含む内閣を辞職させる方法として正しいものを次の①～⑥からすべて選び，番号で答えなさい。

① 内閣信任案を衆議院が否決　　② 内閣信任案を参議院が否決

③ 内閣不信任案を衆議院が可決　④ 内閣不信任案を参議院が可決

⑤ 問責決議案を衆議院が可決　　⑥ 問責決議案を参議院が可決

(7) この物語の特徴としてふさわしいものを答えなさい。

ア 反抗期を迎える〈ぼく〉と子離れできない母親との関係性がテーマになっていて、母子のすれ違いを印象づける結末になっている。

イ 登場人物の行動が客観的な視点から描かれていて、主人公の〈ぼく〉の心情の変化は巧みな情景描写によって表現されている。

ウ 父親を失った悲しさから家族が立ち直るまでの状況が描き出され、互いの悲しみを思いやる優しさを読み取ることができる。

エ 思春期を迎えた少年の葛藤する気持ちに理解を示すおじいちゃんと、〈ぼく〉が母親との距離感に思い悩む様子が描かれている。

持ちを言いあらわす適切な言葉が分からなかったから。
イ　お母さんが下の名前で呼ばれたことや、自分があまえん坊だったと言われたことが恥ずかしく照れくさかったから。
ウ　友達にからかわれても大事な時間は優先するべきだ、というおじいちゃんからのアドバイスが見当外れだったから。
エ　不明瞭ではっきりとしなかった気持ちを整理すると、見送りをやめてほしいのは自分の意志ではないと気づいたから。

(2)　——Ⓑ「おもむろに」の意味はどれですか。
ア　突然に
イ　おどろいて
ウ　ゆっくりと
エ　元気よく

(3)　——Ⓒ「今のぼくの気持ち」を例えた表現を一文で本文中から探し、はじめの五字を書きぬきなさい。

(4)　——Ⓓ「胸がふるえる」とありますが、このときの〈ぼく〉の気持ちを答えなさい。
ア　おじいちゃんが予想もつかないことを言ったので緊張している。
イ　おばあちゃんがショックを感じていたことに心を痛めている。
ウ　お父さんに似ていると言われたことに戸惑いながら照れている。
エ　お父さんのことをさらに知りたいと気持ちが高ぶっている。

(5)　次の文章は、〈輝〉の視点から今回の出来事をまとめたものです。あとの問いに答えなさい。

　ぼくは、お母さんとの「大事な時間」についての悩みをおじいちゃんに打ち明けた。Ⓔおじいちゃんはいつもぼくのことを心配してくれる。子どもの気持ちに寄り添ってくれるんだ。すると、おじいちゃんの口から「Ⓕ渉」という名前が出てきた。どうやらお父さんにも同じような出来事があったらしい。そのエピソードを聞いて、ぼくは幾分心が軽くなったような気がした。
　終業式の朝、ぼくはお母さんに向けて「卒業宣言」をした。今考えてみれば、あの宣言はお母さんに向けたものというよりも、むしろⒼまだ追いついていないぼく自身の気持ちを整理するためのものだったのかもしれない。

①　——Ⓔ「おじいちゃんはいつもぼくのことを心配してくれる」とありますが、〈おじいちゃん〉が〈ぼく〉とのやりとりの中で、孫を心配している様子が分かる一文を本文中から探し、はじめの四字を書きぬきなさい。

②　——Ⓕ「渉」は〈ぼく〉の亡くなった〈お父さん〉のことですが、本文中には遠回しに別の表現で書かれているところが一カ所あります。五字以上十字以内で書きぬきなさい。

③　——Ⓖ「まだ追いついていないぼく自身の気持ちを整理する」とありますが、その過程が分かる一文を本文中から探し、はじめの四字を書きぬきなさい。

(6)　この物語において、〈お父さん〉の体操着袋にまつわるエピソードは、〈ぼく〉にとってどのようなきっかけになったと考えられますか。〈お母さん〉との関わりに着目して、四十字以上五十字以内で「〜きっかけ」につづくようにまとめなさい。

「そっ、わかったわ。今日でおしまいね」
あっさりとした口調だ。
「ほら、もう出る時間だよ」
そう言ってぼくをせかす。
ぼくは拍子(ひょうし)ぬけしてお母さんの顔を見つめた。
てっきり、なんで？とか聞かれると思って、いくつも言葉を用意していたのに。
お母さんが傷ついたらどうしようって心配していたけど、お母さんの顔はなんていうか、とても晴れ晴れとしている。
今日でおしまい。
自分で言った言葉を心の中でくり返してみる。
さみしく思っているのは、どうやらぼくのほうみたいだ。
「ほら、いったいった」
お母さんに手で追いはらわれる。
「いってらっしゃい」
「うん……、いってきます」
ドアを開けると、鼻先に風がふれた。つんとさすような冬の風ではなく、やさしく鼻の上をすべっていく春の風だ。
階段をかけおりて外に飛び出す。
団地のわきに立ちならんでいる桜の木は、ぽつぽつと花が開きはじめている。
見あげると、枝と枝のあいだから、水色の空がのぞいている。
ぼくはふと思った。空から見る桜の花は、どんなふうに見えるだろう。

春休みのあいだに、ぼくはゆっくり時間をかけて手紙を書こうと思っている。
香帆へ、送る手紙だ。
いつかの、香帆との会話を思い出す。お父さんに、また会えるだろうかと話したときのことだ。
お父さんに会えるかどうかは、正直なところ今でもわからない。
でも、香帆に伝えるんだ。きっと、ぼくたちは大丈夫(だいじょうぶ)だって。
それから、手紙には楽しいことをいっぱい書こう。学校のこと、あいかわらずのクラスメイトのこと。
香帆も、ぼくに楽しいことをいっぱい書いてくれるだろう。
いつものように、団地を見あげた。
ベランダに、お母さんが立っている。
「おーい、いってらっしゃーい」
身をのり出して、大きく手をふってくる。しかも、かなり大きな声だ。
まるで一年生のときに戻(もど)ったみたいだ。
はずかしいのとなつかしさで、ぼくの胸はいっぱいになった。
お母さんはさらに身をのり出して、手をふっている。
その姿を目に焼きつけて、
「いってきまーす」
大きく手をふり返した。

（葉山エミ『ベランダに手をふって』講談社）

＊お鈴…ふちをたたいて鳴らす仏具

(1) ――Ⓐ「ぼくはあいまいにうなずいた」のはなぜですか。
ア　同級生にからかわれたことが直接的な理由ではないが、自分の気

んな。
　ぼくのお母さんは仕事でいそがしいし不器用だから、手づくりでなにかをつくってくれたことはない。ぼくは手づくりの体操着袋をうらやましく思った。
　でも、お父さんはお父さんで、なにか思うところがあったんだろう。ぼくみたいに、クラスメイトにからかわれたのかもしれない。
　それとも、アップリケのついた袋になにか違和感があったのだろうか。
　ただ反抗(はんこう)したかっただけ、ということも考えられる。
　お父さんに聞いてみたい。
　心の底からそう思った。
　お父さんなら、Ⓒ今のぼくの気持ちもわかってくれるんじゃないだろうか。
「あのときの渉は、輝と同じ気持ちだったのかもしれないな」
　おじいちゃんはやさしく笑い、その目にしっかり映しこむようにぼくを見た。
　なつかしい人を見つけたみたいに、目を細める。
　おじいちゃんは、ぼくを見ながらぼくの中にお父さんを見ている。それがわかって、うれしいような、むずがゆいような気持ちになった。
「それに、渉はこんなことも言ってたんだ」
「なんて言ったの？」
　Ⓓ胸がふるえる。
「『お母さんには悪いけど、大人になるんだ』ってな」
　おじいちゃんの言葉が、午後の光の中にとけていく。
「どうだ、生意気なこと言うだろう？」
　おじいちゃんはうれしそうに笑った。
　うん、ほんとに生意気だと思った。
　だって、ぼくたちはまだ小学生で、大人がいなくてなにができるだろう。
　それでも、大人になる。
　ぼくは大人になるんだ。

　終業式の日がやってきた。
　明日からはじまる春休みに、ぼくの心はすでに浮き立(う　た)っている。
「お父さん、いってきます」
　＊お鈴(りん)を鳴らして、手を合わせる。
　写真のお父さんへそっと目配せをして、「よしっ」と気合を入れて立ちあがった。
　台所のお母さんのほうへ向かう。
「お母さん」
「なに？」
　流しで手を洗いながら、お母さんが顔をあげる。
「あのさ。いつもベランダで見送ってくれるじゃん。今日で最後にしようと思うんだ」
　ぼくは昨日から決めていた言葉を言う。
「ぼくさ、四月からは六年生だし、お母さんだって朝はいそがしいだろ。毎朝見送ってもらえてうれしかったけど、今日でおしまいにする」
　お母さんはきゅっと、蛇口(じゃぐち)の水をとめた。

の。

「みんなに笑われたのはショックだったよ。でもなんていうか、ぼく自身がこういうのはおかしいんじゃないかって、思うようになったんだ。おかしいっていうのとは、違うかもしれない。その、なんていうか。いやだとか、はずかしいとかじゃなくて、今のぼくには、なんか違うっていうか」

　サイズの合わない服を着ていて、気持ちよく体を動かせないような違和感。

　なんだろう、この気持ち。自分でもよくわからなくて、もやもやするんだ。

「でもさ、お母さんを傷つけたらどうしようって、心配なんだよね」

だって朝の見送りは、ぼくたちの大事な時間だから。

「でも、やめる」

　ぼくが言いきると、おじいちゃんはⒷおもむろに立ちあがった。腕を組みながら、塀の向こうの桜の木を見あげる。長くのびた枝が敷地にかかり、毎年桜の花をながめることができるのだ。

　枝のところどころには、ぷくっとふくらんだつぼみがならんでいる。薄紅色のつぼみは、春をとじこめたまま開く日をじっと待っている。

「なつかしいなぁ」

　おじいちゃんがしみじみとつぶやいた。

　おじいちゃんの視線の先を追うと、その目は桜の枝のずっと向こう。うすい雲がとけた空を見ている。

「おじいちゃん、なにがなつかしいの？」

「ん、あぁ、すまん」

　おじいちゃんはてれたように笑った。

「渉のことを、思い出したんだよ」

　渉。お父さんの名前だ。

「えっ、なんでなんで？　どうしてお父さんのこと思い出すの？」

　ぼくは興奮して、おじいちゃんのそでを引いた。お父さんの話を聞くとき、ぼくはいつも気持ちが高ぶってしまうんだ。

「あのときの渉も、今の輝と同じくらいの年だったな」

　おじいちゃんは再びベンチに腰をおろすと、お父さんの思い出話をしてくれた。

　それは、体操着袋にまつわる話だった。

　お父さんが小学生のころ、体操着袋はお母さん、つまりぼくのおばあちゃんが手づくりでつくっていた。

　お裁縫が得意なおばあちゃんは、学期がかわるたびに、お父さんの体操着袋をつくるのを、楽しみにしていたのだという。

「ＷＡＴＡＲＵ」と、アップリケをつけたりパッチワークにしたり、ずいぶん手のこんだものをつくっていた。

　だけどある日、お父さんはおばあちゃんに宣言した。

「もう手づくりしないでいいよ。自分で選んだのを買ってくるから」

　そう言って、お父さんは紺色の無地の袋を、自分のおこづかいで買ってきてしまった。

「おばあちゃん、ショック受けてた？」

「あぁ、さみしそうにしてた」

　そうだよな。

　息子のためにやっていたことを、突然、もういいって言われたんだも

「はーい」

結局、お母さんにはなにも言えずに、今日も家を出てきてしまった。

ぼくは、お母さんに言う言葉をいくつも考えていた。

（もう、見送りはしなくていいよ）

はっきり言いすぎるのは、よくないだろうか。

（ぼくって、四月からは六年生だよね）

遠まわしに言っても、伝わらないかもしれない。クラスのみんなにからかわれたことを、正直に話してみようか。

（ぼく、マザコンて言われたんだよ。それに、ぼくとお母さんはロミオとジュリエットみたいだって）

はぁーと、ため息をつく。

ぐずぐず悩んでいるあいだに、三学期はもうすぐおわろうとしていた。

〈ぼく〉は〈おじいちゃん〉の畑仕事を手伝ったあと、おそるおそる相談してみる。

二人でベンチに腰かけて、おじいちゃんに話しはじめた。

学校でからかわれたこと。お母さんにやめたいと言えずに悩んでいることを打ち明けた。おじいちゃんはあごに手をあてて考えこんだ。おじいちゃんの手は土でよごれていて、指先は茶色くそまっている。

「輝はあまえん坊だったからなぁ。千明さんも、大変だっただろうなぁ」

ぼくは顔を赤くした。

自分でも、それはわかってる。

千明さんというのは、お母さんのことだ。お母さんのことを下の名前で呼ばれるのは、とたんに変な感じがする。

「おれは、やめなくてもいいと思うな」

おじいちゃんが言った。

「いいじゃないか。ぜんぜん、おかしくなんかないぞ。まわりの言葉や目を気にして、好きなことをやめる必要はないんだ。輝とお母さんの、大事な時間だろう」

「うん」

Ⓐぼくはあいまいにうなずいた。

香帆も、同じように言ってくれたんだ。

「他人のいじわるな言葉になんか、耳をかたむけなくてもいいんだ。なっ、輝」

「うん」

うつむいたぼくの顔を、おじいちゃんはそっとのぞきこむ。

ぼくは、自分の気持ちをどう言い表したらいいのかわからなくて、頭の中で必死に言葉を探した。

他人の言葉は気にしなくていいと、おじいちゃんは言う。そのとおりだとぼくも思う。

だけど、違うんだ。たしかに、きっかけはみんなにからかわれたことだったかもしれない。みんなに笑われて、はずかしい思いをした。だけど。

「そうじゃないんだ。まわりに言われたからじゃないんだ。ぼくは自分の意志で、やめたいんだ」

そうだ。これはぼくの意志なんだ。ほかのだれでもない、ぼく自身

命の Ⓕ である。

（黒川伊保子『ことばのトリセツ』集英社インターナショナル新書）

＊安寧…おだやかで不安などがないこと、そのさま
＊横隔膜…胸部と腹部の間にある筋肉性の膜
＊腹腔…横隔膜の下部で腹部の内部

(1) ――Ⓐ「生返事」の意味はどれですか。
ア 弱々しい返事
イ はっきりした返事
ウ いい加減な返事
エ 白々しい返事

(2) ――Ⓑ「彼の次のことばが私の手を止めさせた」のはなぜですか。「～から」に続くように本文中から十九字で探し、はじめの五字を書きぬきなさい。

(3) ――Ⓒ「人生は、「能動的な確信」と共に始まるのである」とは、どういうことですか。
ア 生まれてきた多くの赤ちゃんは、自分が生まれてくる時に自分の意思で生まれてきたということ。
イ 胎児たちの母親は、自分の子どもが自分を選んで生まれてきてくれたと信じているということ。
ウ 胎児は、自分の生まれてきた状況を覚えているほど、胎内の意識がはっきりしているということ。
エ 生まれてくる赤ちゃんは、自分が母を選んだという意識が少なからず存在しているということ。

(4) Ⓓ に入る体の一部を表す漢字一字を答えなさい。

(5) Ⓔ に入る語はどれですか。
ア しかし　イ つまり　ウ また
エ なぜなら　オ あるいは

(6) Ⓕ に入る語はどれですか。
ア 養生（ようじょう）　イ 転生　ウ 転写　エ 映写

(7) 本文の内容に合わないものを答えなさい。
ア ことばとは、胎内で感じることができるものであり、母親の発音体感に伴って得られる。
イ 受精卵から細胞分裂していく生命の最初の過程は、基本的に全員同じように行われている。
ウ 赤ちゃんは胎内で聴覚野が完成してから、外部音声を拾って記憶することは可能である。
エ 聴覚野が完成する以前に獲得された体感や語感が、胎内記憶として脳に記録されている。

五 次の文章を読み、あとの問いに答えなさい。

幼いころに父を亡（な）くした輝（ひかる）（ぼく）はもうすぐ小学六年生になる。毎朝登校するときに母親と手をふり合うのが日課になっているが、その様子を同級生に見られてからかわれてしまう。同じく父を亡くした同級生の香帆（かほ）は「おかしいなんて思わない」と理解してくれたが、転校してしまった。輝は、そろそろ手をふり合うのをやめたいと思うが、母が傷つかないかで悩（なや）んでいる。

「輝、遅刻（ちこく）するよー、早くしなー」

まるで美しい詩のようだった。

幼児が語る胎内記憶には、共通の特徴があると言われている。高いところにいて（お空、雲の上、屋根の上など）、母親を見ていたということ。母親を選んでここに来たということ。息子の語った胎内記憶も、これに準じていた。

息子が、木の上に咲いていた、とは、私も思っていない。おそらく、最初の記憶が始まった、その瞬間のイメージが、彼の語彙の中では「木の上に咲いていた」に一番近かったのだろう。注目すべきは、彼や、胎内記憶を語る多くの子どもたちが、母を「選んできた」と確信していることだ。

卵子に幸運な精子がたどり着き、受精卵になる。受精卵が無事子宮壁に着床して、細胞分裂が進む。六週目には、後に脳と脊髄になる神経管のチューブができあがる。そんな生命の最初の歩みには、個人差はほとんどない。その歩みのどこで、脳は最初の「意識」を生み出すのだろうか。いずれにせよ、個人差のほとんどない領域で起こることだ。

その「意識」の初めに、母を選んだ確信がある。多くの胎内記憶を語る子に。ということは、おそらくすべての赤ちゃんに。実際に選んだかどうかは別にしても。

母を選んだということは、人生を選んだということだ。Ⓒ人生は、「能動的な確信」と共に始まるのである。そのことが、どうしようもなく、私を泣かせた。

私は語感の正体が体感であることを知るまでは、胎児がことばを知るのは［Ⓓ］からだと思っていた。つまり聴覚野が完成してから、ヒトはことばに出会うのだ、と。

胎児の聴覚野は、ほぼ三〇週目に完成するという。つまり、妊娠七か月目の後半には、外部音声を感知して、記憶の領域にしまうことが可能になる。我が家の息子のように、妊娠終盤の母親のセリフをそこから持ち出すことも、もちろん奇跡じゃなく、普通に可能なのだ。

［Ⓔ］、ことばの真髄が「筋肉のゆらぎ」「息の流れ」「音響振動」などの体感に由来するとしたら、それはもっと、驚くほど早い時期に起こることになる。なぜならば、母親がことばを発するとき、おなかの中にいる赤ちゃんは、母体の筋肉運動、息の音や声帯振動の音響のど真ん中にいるからだ。

想像してみてほしい。母親のおなかの、羊水の中に浮かんでいる自分を。*安寧に浮かんでいたかと思ったら、*横隔膜が勢いよく上下し、腹筋が緊張して、縮んだり張ったりする。声が*腹腔に共鳴して、細かい振動が起こる。――つまり、天井が上下し、壁が膨張・収縮を繰り返し、絶えず細かい振動が起こるのである。大地震に、雷を加えたような、そんな変化に気づかないわけがない。

神経がわずかでもできてくれば、揺れていることはわかる。妊娠のとてつもなく早い時期から、胎児は、「ことばに伴う物理現象」を感知しているのである。

【中略】

語感は、発音体感がもたらす脳のイメージであり、ことばの感性の核となるものだ。その体感は、最初に、母の胎内で、母の発音体感に同調するようにして獲得するのである。母親の血流と、筋肉の動きの「ゆりかご」の中で。口伝てならぬ〝命伝て〟で。

ならば、ことばとは、命のすべてを使って授けてもらうもの。まさに

由な主体を得られる。

エ　他人からどう見られるかばかりを気にすると、その人は自由ではないということになる。

オ　絶対的に尊敬できる存在に出会い、身を委ねることが、自由な主体を得る第一歩である。

四　次の文章を読み、あとの問いに答えなさい。

人は、いつ、ことばに出会うのだろう。

お母さんのおなかの中であることは間違いない。

では、その、いつ？

お母さんのおなかの中であることは間違いない、と私か確信しているのは、我が家の息子が、胎内で聞いたことばを覚えていたからである。

息子が二歳のある日、私たちは、ちゃぶ台の前にいた。

私は新聞を読み、息子は、私のトレーナーの裾を広げて、頭から入り込み、ご満悦だった。

寒い日だった。そのころの彼は、私の着ているものの中に入るのが大好きだったのだ。手が冷たいときは、上着の裾から潜り込んで、おっぱいで温めるのが、彼の常とう手段。その日も、そんなシーンだったのだと思う。私は、部屋が暖まるのを待ちながら、新聞を広げていた。

そうしたらふと、トレーナーの中の彼が、「ママ、ゆうちゃん、ここにいたんだよね」とつぶやいたのだ。

彼が、かつて私のおなかの中にいたこと。たぶん、私自身が教えたのか、他の大人が教えたのだろう。なので特段気にせず、「そうよ」とⒶ生返事をしながら、私は新聞を読み進めていた。しかし、Ⓑ彼の次のことばが私の手を止めさせた。「ママは、あかちゃんがんばってって、ゆった」

あかちゃん、がんばって。

このことばを言った期間は、明確だった。息子が生まれる三週間前まで、私は働いていた。最後の日も深夜残業していたくらいである。とはいえ、臨月に入るころからは、急におなかが張ることがあり、ここで出産はまずいと思った私は、おなかをさすって「あかちゃん、がんばって」と呪文のようにお願いしたのだった。

したがって、このセリフは、息子が生まれる五週間前から三週間前まで、長くとも二週間しか口にしなかったことばだったのだ。生まれてからは、この子を赤ちゃんと呼んだことはない。

私はその瞬間、彼が胎内記憶を語っているのだと確信した。そこで、私は、ずっと誰かに聞きたかったことを、息子に聞いてみることにしたのである。

その質問はなぜか、一回しかできないと直感した。一度引き出すのに失敗したら、その記憶はばらばらになって、記憶の海の底に沈んでしまうにちがいない……私は、慎重に彼と呼吸を合わせた。

「ゆうちゃんは、ママのおなかの中にいたんだよね」「うん」

ここまで慎重を期しながらも、私は、彼の答えを期待していなかった。しかし、彼は教えてくれたのだった。

「ママ、忘れちゃったの？」と、彼は、いぶかしげな顔でトレーナーの中から出てきた。

「ゆうちゃん、木の上に咲いてたじゃない。で、ママと目が合って～、それでもって、ここにきたんだよ」と言いながら。

は、言い換えるとどのような行為と同じだと言えますか。「～行為」につながるように、本文中から十七字で探し、はじめと終わりの三字を書きぬきなさい。

(5) ――Ⓔ「テストの点が悪いなど賢くなかったら、その存在は認められない」を説明するものとして、最も適切なものはどれですか。

ア 試験の点数が悪くても存在することが許されるのは、アルマンという人間だけである。

イ 賢いという条件が付帯するため、条件を満たしていないとアルマンにはなりえない。

ウ フレデリックとしてあるべき姿を満たしていない場合は、フレデリックと認められない。

エ 賢くないのは不幸なことなので、幸せを願われているフレデリックには不適切である。

(6) Ⓕ に当てはまるのはどれですか。

ア 他人がいてこそ自由を失うのである

イ 他人がいないなら人間は自由である

ウ 他人がいるから人間は自由になれない

エ 他人がいなければ人間は自由ではない

(7) 次の説明は、本文の要点をまとめたものです。空欄（くうらん）［Ⅰ］～［Ⅳ］に当てはまる適語を本文中から漢字二字で書きぬきなさい。

> 自分はこれから存在しよう、という強い意志をもって生まれてきた人間がいるだろうか。誰もが誰かに生んでもらってこの世に存在している。
>
> つまり、人間の「存在」とは、誰にとっても否応（いやおう）なしに与えられたものにすぎない。そんな我々が「自由な主体」を確立するためには、いくつかのステップをふむ必要がある。
>
> まずは、［ Ⅰ ］だ。［ Ⅰ ］とは、自分の存在を無条件に認めるものである。我々は生まれてすぐ［ Ⅰ ］によって全幅（ぜんぷく）の［ Ⅱ ］をよせた身近な他者から、存在の［ Ⅲ ］を得る。フレデリック少年の場合、［ Ⅲ ］を得てすぐ養父母の善意によってそれが奪われ、成長が阻（はば）まれてしまったと考えられる。
>
> そして、年を重ねるにつれて「他者」の範囲（はんい）が次第に広くなり、やがてただ与えられたにすぎなかった自分の運命が、まるで自分の［ Ⅳ ］において選びとったかのように意識が変わってゆく。ここで初めて「自由な主体」が顔を出すのである。
>
> 見方を変えると、「自由な主体」を確立するために、我々は他者からの［ Ⅲ ］欲求を潜在（せんざい）的に抱（いだ）いているということになる。我々は「自由になりたい」「自由が欲しい」と思うことがあるが、本当の意味で実現したいのならば、見えざる声に応答し、自分の［ Ⅳ ］を果たしていく必要があるのである。

(8) この文章の内容と一致（いっち）するものを二つ選びなさい。

ア ただ与えられたこの自分の存在を認めるか認めないかは、他人が判断することである。

イ 多くの選択肢の中から自由意志で選択できないのは、自分に責任感がないためである。

ウ 自分より格の高い他人がいるだけで、我々はそれを内面化し、自

長の最初の段階では、母親の占める割合が大きいだろう。母親、父親を一〇〇%信頼し、それに身を委ねるところからスタートする。やがて、父母以外の存在も、神のように感じるようになる。それは「世間」や「歴史」、または「人類そのもの」といった、観念的なものに変わっていく。

一般に、「自由」と言うとき、他人がいなければ一番自由だと思うだろう。他人がいると、相手のことを考えなければならないから、勝手なことができない。あるいは他人が邪魔するかもしれないから、「自由は妨げられる」と考えられている。

でも、今日の話は、そういう常識が間違っていることを示している。人間が「自由な主体」になるためには、自分の存在を認める他人の眼差しが絶対に必要だからだ。「他人がいると自由がない」ではなく、「［　Ⓕ　］」のだ。「自由」は、もともと他人を含み込んでいる。

【中略】

「自由」とは「責任」を担うことだ。英語で責任はレスポンシビリティー（responsibili-ty）と言う。レスポンシビリティーとはレスポンス（応答する、応える）ができるということ、つまり「責任」とは、応答できることをいう。では誰に応えるのか。「神のような存在」が私に呼びかけ、その呼びかけに応じる。それが、責任を持つということの意味なのだ。

では、最初の問いに戻ろう。我々の社会にはあふれるほど選択肢があるのに、なぜ不自由に感じるのか。それは例えばこんな感覚だと思う。目の前には選択肢がいくらでもある。インターネットで情報が得られ、「好きな人生を歩んでもいいよ」と言われ、山ほどの選択肢がある。欲しいもの、買いたいものもたくさんある。そして、「この中からどれか選びなさい」と言われる。だけど、好きなものが何かわからないし、どれを選べばいいのかもわからない。これはどうしてなのかというと、現代社会の中で「神のようなもの」がなんらかの理由で弱体化してしまっているからだと考えられる。そのため自由になれない。

（『生き抜く力を身につける〈中学生からの大学講義〉』ちくまプリマー新書より　大澤真幸「自由の条件」）

(1) ——Ⓐ「逆説」の意味はどれですか。

ア　真相を伝えるのにあえて矛盾させたもの。

イ　明らかに間違いを含んだ説明をするもの。

ウ　一見間違っているようで真理を表すもの。

エ　条件と結果との間に食い違いがあるもの。

(2) ——Ⓑ「牢獄」は、本文においてどのような意味で用いられていますか。言い換えている表現を本文中から三字で書きぬきなさい。

(3) ——Ⓒ「この話の中で～名前ではない」と分析する理由はどれですか。

ア「フレデリック」は、実の父母との辛い過去を断ち切るために、養父母がつけたものだから。

イ「フレデリック」には、これから幸せな人間になってほしいという強い願いが含まれるから。

ウ「アルマン」は、周囲のみんなが彼の存在を認め、特定の在り方を含む概念的なものだから。

エ「アルマン」は、彼が善人になろうが悪人になろうが関係なく、彼の存在についたものだから。

(4) ——Ⓓ「奪われた名前をもう一度彼に与える」というドルトの行為

デリック」は、ある特定の性質を指し示したため「概念」に近い。つまりこの子は、生まれてすぐに「アルマン」という名前をもらったが、「フレデリック」に変えられた瞬間、名前を失ったのだ。

ドルトは、Ⓓ奪われた名前をもう一度彼に与えることで、彼自身を取り戻させ、問題を解決したのである。

さて、ここで「自由とは何なのか」、そして、なぜ私たちはたくさんの自由があるような世界に生きているはずなのに、息詰まるような感覚を覚えるのか、といった問題に戻りたい。その理由を今の例をヒントにしながら考えてみよう。

人間が「自由な主体」になるとはどういうことか。人間は放っておけば「自由な主体」になるわけではない。ではどうすれば、責任を持った「自由な主体」になることができるか。

ドルトの治療でいえば、まず、「自由な主体」を確立させるために「アルマン」と呼びかけた。「アルマン」と呼びかけることは、誰かがその人の存在を一〇〇％認めてあげることにほかならない。一方、「フレデリック」は「存在」を認めるのではなく、その人が幸せで賢い人間である、という特定の在り方を示しているから、例えばⒺテストの点が悪いなど賢くなかったら、その存在は認められない。「名前」は、無条件でその人の「存在を認める」ものでなくてはならない。【中略】

そして、「存在」は「その存在を一〇〇％承認されると自由な主体に変化する」性質を持っている。その理由には、こんなからくりが働いている【図は省略】。まず、他人から認めてもらうということ。この存在の承認には、「他人」の存在がどうしても必要だ。このとき重要なのが、自分にとって自分の存在は選びようがない与えられたものだが、他人はその人の存在を認めるか認めないかは、選ぶことができるということだ。馬鹿にしたり無視したりもできるが、あえて認めている。これがポイントだ。

なぜ人は、他人に認められたら「自由な主体」になるのか。それは他人が認めてくれたという、「私を認めてくれた他人の気持ち・眼差し」を内面化するからだ。そうすると、ただ与えられた自分という存在を、あたかも自分が自分で選んでいるかのような錯覚が生まれる。自分が自分の運命を選んだような気分、これが「人生を引き受ける」ということだ。こうして、ただ生まれたにすぎない自分が、「この人生を、責任を持った大人として生きよう」と思うとき、自分の存在を自分で決めた「自由な主体」に変身するのである。

さて、フレデリックとアルマンの話で、先ほどはあえて触れなかった話がある。それは「アルマン」と普通の声で話しかけたときに効果はなかったのに、なぜ裏声やしゃがれ声を使った「オフの声」だと効果があったのか、だ。

この説明は、とても難しい。ただ、すでに言ったとおり、「オフの声」はどこからともなく聞こえてくるような声だ。外から聞こえてくる声は、天から降ってくるような、まるで神の声のように聞こえる。つまり、この「他者」＝「神のようなもの」に自分が認められることこそが重要なのだ。

「神のようなもの」とは、自分が尊敬し、信頼し、愛着を持っている人のことだ。全面的に信頼するような、自分よりも格の高い他者から、すべて認められているという感覚。この「神のようなもの」を担うのが、普通は親だ。もちろん親でなくてもいいし、親だけではない。だが、成

られ、孤児院に預けられた。後に養子をもらいにきた夫婦に引き取られ「フレデリック」と名づけられたが、就学後も字を覚えず、精神面・知能面の両方に大きな問題が見られた。ドルトは、診察中に彼が描く絵の中に一つだけ「a」という字が書かれていることに気づき、「a」がイニシャルではないかと考えた。実は、孤児院では「アルマン」という名で呼ばれていたのだ。

ドルトが最初に呼んだ時は無反応だったが、あえてしゃがれ声や裏声でわざと視線を外して「アルマン」と呼ぶと、彼が劇的な反応を示した。ドルトは裏声で名前を呼びながら、次第に普通の声に戻し、最後「あなたはアルマンなんでしょう」と話しかけると、その瞬間、いきいきとした顔を見せたという。「裏声（＝オフの声）」で話しかけたことで、フレデリックには、声がどこからともなく聞こえてくるように感じたのだろう。その後、彼の症状は急速に回復した。

なぜ、フレデリック少年に「アルマン」と呼びかけることで病気が治ってしまったのか。そして、それは何を意味しているのだろうか。

この話では、「アルマン」と「フレデリック」という二つの名前が登場している。しかし実は、Ⓒこの話の中で名前と言えるのは「アルマン」だけで、「フレデリック」は名前に思えるが、名前ではない。それに気がつくことが重要だ。どういうことか。

まず「アルマン」が名前なのは自明だ。孤児院に引き取られたときにつけられている。この子を「アルマン」と名づけたことで、「アルマン」と名前のついた個人が、この世の中に存在している」とみんなが認めた。

しかし養父母は、その子の名前をわざわざ「フレデリック」に付け替えた。なぜ、この養父母はアルマンという名前からフレデリックと名前を変えたのだろうか。

その理由はこう推測することができる。アルマンは親に捨てられた不幸な子だった。新しい養父母はその過去を断ち切りたかった。これからは不幸な過去を断ち切って、幸せな子になってほしい、あるいは、そういう不幸によって縛られていない、賢いいい子になってほしい。そういう気持ちを込めてフレデリックという名前をつけた。親としては、善意以外の何ものでもないが、そう考えて名づけたがゆえに、「フレデリック」は名前ではなくなってしまった。

「アルマン」という名前は、その子の存在につけられたものだった。将来、立派な大人になるかもしれないし、大悪党になるかもしれない。職人、学者、芸術家……、あらゆる可能性が開かれている。「いろいろな性質を持つかもしれないアルマンがいる」ということを示している。つまりこの「固有名」は、どのような性質を持つか分からないからこそ、すべてにおいて開かれていた。

ところが「フレデリック」という名前は、「アルマン」という名前を断ち切るためのものだ。「あなたのかわいそうな過去を捨てて生きてください」との意味が込められている。だから「フレデリック」と呼ぶ度に、「あなたは幸せな子として、賢い子として生きていきなさい」という意味がそこには含まれることになる。もちろんプラスの意味ではあるが、彼が幸せであろうか、賢いだろうか、馬鹿だろうか——そういうことを含んでいない「アルマン」とは違うものだ。

言い換えれば、「アルマン」はただ存在を認めた名前だったが、「フレ

イ　おとなりに張り合う自信にみなぎっている。
ウ　空想の自分の姿に夢中になり感激している。
エ　目が覚めそうなくらいの成績に驚いている。

(2)　Ⓑ に入る語はどれですか。
ア　飛び上がる
イ　ほほ笑み合う
ウ　あきれ返る
エ　見上げる

(3)　――Ⓒ「アッカンベーをした」ときの〈私〉の心情を説明しているものはどれですか。
ア　授業中に空想する自分を戒めようとした。
イ　勉強が苦手な自分をからかいたくなった。
ウ　みなの前で自分の体裁を取り繕うとした。
エ　不運が続いている自分を励まそうとした。

(4)　この詩を説明した次の文章について、あとの問いに答えなさい。

〈私〉は今、教室にいる。空想の中で「 Ⓓ 」の自分」に浸っていたら、先生から発せられた言葉に、思わず Ⓔ へと引き戻された。
　自分の点数は、いつもの通りぱっとしない五十五点。これが〈私〉の Ⓔ 。ひそかに胸に膨らんでいた期待は、まるで針でパンと穴を開けられた風船のように一瞬でしぼんでしまった。
　そんな〈私〉をよそに、〈おとなりさん〉はまたいつも通りの百点。
　あの子に嫉妬する気もさらさらないし、自分と比べたところで何にもならないけれど、この複雑な気持ちをどう表現しようか。
　Ⓖただ分かっていることは、たいして実力もないけれど、「 Ⓕ 」だけは一人前にもっている自分が今ここに存在する、という Ⓔ だ。

①　Ⓓ・Ⓔ に当てはまる語を漢字二字で答えなさい。ただし、対義語が入ります。
②　「 Ⓕ 」に当てはまる語を詩中から一語で書きぬきなさい。
③　――Ⓖ「ただ分かっていることは～だ」という作者の姿勢を表すものとして適切なものを二つ選びなさい。
ア　悲観的　イ　自虐的　ウ　生産的
エ　客観的　オ　攻撃的

三　次の文章を読み、あとの問いに答えなさい。

鍵が開いているのに部屋から出ることができない――これは一つのⒶ逆説だ。普通、「自由がない」というのは、牢獄のような閉じられた場所に入れられた状態だと私たちは考える。それに対して、部屋のドアが開いていれば、「自由がある」と思う。いつ、部屋から出て行ってもかまわないからだ。ところがこの話は、あまりにもたくさん選択肢があることが、逆にⒷ牢獄だと感じられるということを示している。

フランソワーズ・ドルトという優秀な精神科医が、あるとき六～七才くらいの男の子を診察した。彼は、生後まもなく親に捨て

【国　語】（五〇分）〈満点：一〇〇点〉

【注意】・本文は、問題作成上、表記を変えたり省略したりしたところがあります。
・記号がついているものはすべて記号で書き入れなさい。
・句読点や「　」などの記号も一字とします。

一　次のカタカナを漢字に直しなさい。

(1)　とんだイサみ足だった
(2)　エンムスびの神社
(3)　五輪の開会式でキシュを務める
(4)　エヒメ県のみかん
(5)　本のラクチョウを見つける
(6)　フワ雷同

二　次の詩を読み、あとの問いに答えなさい。

五十五点のあこがれ　　井場　千穂

あこがれの中に　私がいる
輝く光の中に　私がいる
Ⓐなんてすごいのだろう
みんなが　Ⓑ
そのすごさは　何か知らぬままに
そのすごさは　みんな知らぬままに
そんな平凡な空想の中で　聞えてくるのは……
「井場、五十五点！」
悲鳴に近い奇声を発しながら
すっ飛んでもらった一枚の紙きれを
小さく小さく折りたたむ

おとなりさんは……？
ああ……また百点だ……

あいた窓には　小粒の雨
たいしてみじめでもなければ
冗談を言う気にもなれない

あこがれの中に私がいる
そして私は　その私に
思いっきり顔をゆがませて
Ⓒアッカンベーをした

ぼんやりと見ていた空に
やがて太陽が顔をのぞかせた

（吉野弘『詩の楽しみ―作詩教室』岩波ジュニア新書）

(1)　――Ⓐ「なんてすごいのだろう」とありますが、このときの〈私〉の心情を説明しているものはどれですか。
ア　みんなから褒められていい気になっている。

MEMO

大切なことはメモしておこうネ！

2022年度

解　答　と　解　説

《2022年度の配点は解答欄に掲載してあります。》

<算数解答>　≪学校からの正答の発表はありません。≫

[1]　450　[2]　6　[3]　$\frac{2}{3}$　[4]　18000円　[5]　72点　[6]　5904

[7]　負け11回・あいこ5回　[8]　$500cm^3$　[9]　12秒後，5回　[10]　58度

[11]　(1)　(8時)2分7秒　(2)　(8時)4分4秒　[12]　(1)　$30cm^2$　(2)　$60cm^2$

[13]　(1)　4km　(2)　11時11分40秒

○推定配点○

[1]，[2]　各5点×2　他　各6点×15([7]完答)　計100点

<算数解説>

[1]　(四則計算)

$30+10\times47-50=450$

[2]　(四則計算)

$\frac{8}{3}\times\left(3\frac{3}{4}-\frac{5}{4}\times\frac{6}{5}\right)=\frac{8}{3}\times\frac{9}{4}=6$

[3]　(四則計算)

$\square=\frac{3}{4}-\left(\frac{2}{3}\times\frac{6}{7}-\frac{1}{2}\right)\times\frac{7}{6}=\frac{3}{4}-\left(\frac{2}{3}-\frac{7}{12}\right)=\frac{3}{4}-\frac{1}{12}=\frac{2}{3}$

重要　[4]　(割合と比，消去算)

明子さんと弟の最初の金額をそれぞれ○，△で表す。

$\left(○\times\frac{2}{5}\right)$：$\left(△\times\frac{3}{4}\right)$は4：5であり，$○\times\frac{2}{5}\times5=○\times2$と$△\times\frac{3}{4}\times4=△\times3$が等しく○：△は3：2である。このとき，それぞれの最初の金額を⑥，④とすると，③と④－3000が等しく，①が3000円に相当する。したがって，⑥は3000×6＝18000(円)

重要　[5]　(平均算)

A～Dの4人の平均点は(72＋80＋65＋51)÷4＝67(点)

右図より，色がついた部分の面積と斜線部分の面積が等しく

6人の平均点は67＋(1＋19)÷4＝72(点)

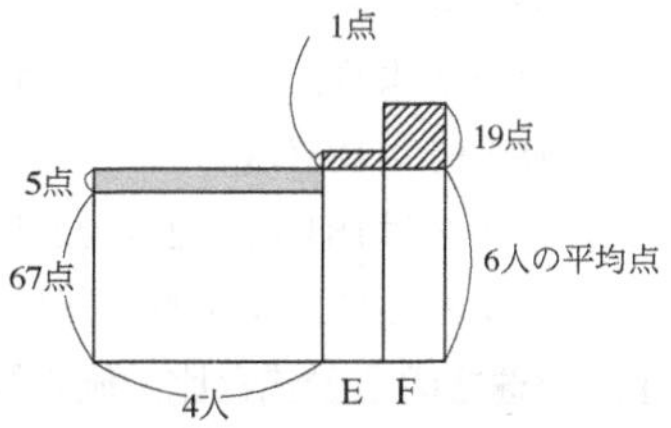

重要　[6]　(数の性質)

求める数は18×○でもあり，81×△＋△＝82×△でもあるので，18×○＝82×△，9×○＝41×△

このとき，△は最大80までの数で9の倍数であるから，9×8＝72

したがって，求める数は82×72＝5904

重要　[7]　(消去算)

太郎くんは8回勝ち，●回負け，△回あいこだったとする。

太郎くん：20＋5×8－3×●＋1×△＝60－3×●＋1×△＝32(点)　…ア

花子さん：20＋5×●－3×8＋1×△＝5×●＋1×△－4＝56(点)　…イ

アより，$1\times\triangle=3\times\bullet-28$，イより，$1\times\triangle=60-5\times\bullet$

$3\times\bullet-28$が$60-5\times\bullet$に等しく，$(3+5)\times\bullet=8\times\bullet$が$60+28=88$(点)に等しい。

したがって，●は$88\div8=11$(回)，△は$3\times11-28=5$(回)

重要 8　**(立体図形，グラフ)**

右図より，$(A-B)\times20=50\times30$

A－Bは$50\times30\div20=75(cm^2)$

$A\times(26-20)=50\times(42-30)$より，

Aは$50\times12\div6=100(cm^2)$

したがって，Bは$100-75=25(cm^2)$

体積は$25\times20=500(cm^2)$

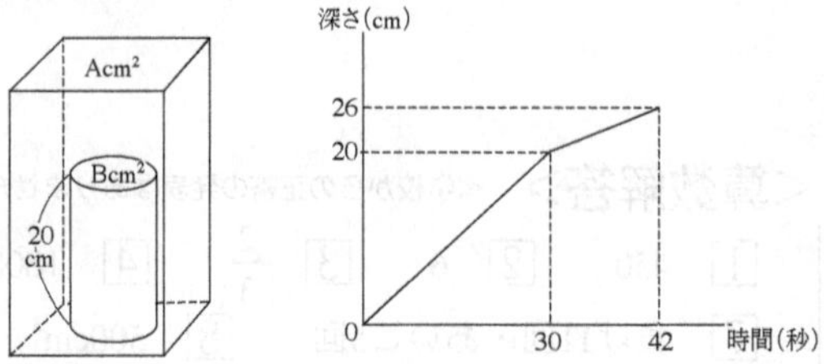

重要 9　**(平面図形，図形や点の移動，速さの三公式と比，割合と比，単位の換算)**

10秒後…図アより，Pは$3\times10=30$(cm)動いてBに着き，DQの間は$30-2\times10=10$(cm)

したがって，最初にPQがMを通るのは$10+10\div(3+2)=12$(秒後)

20秒後…図イより，Pは$3\times20=60$(cm)動いてAに着き，DQの間は$2\times20-30=10$(cm)

したがって，2回目にPQがMを通るのは$20+(30-10)\div(3+2)=24$(秒後)

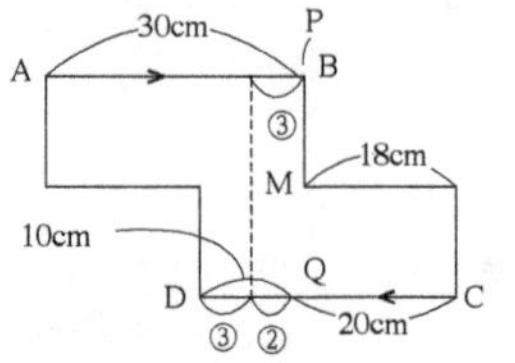

図ア〈10秒後〉

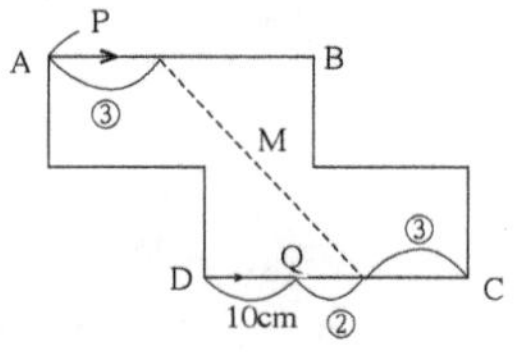

図イ〈20秒後〉

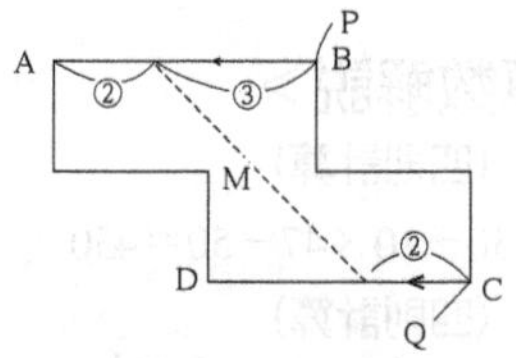

図ウ〈30秒後〉

30秒後…図ウより，Pは$3\times30=90$(cm)動いてBに着き，Qは$2\times30=60$(cm)動いてCに着く。したがって，3回目にPQがMを通るのは$30+30\div(3+2)=36$(秒後)

以下，同様に12秒毎にPQがMを通るので，求める回数は$60\div12=5$(回)

やや難 10　**(平面図形，図形や点の移動，消去算)**

図2より，×＋○は$180-87$

$=93$(度)…カ

あ＋○は90度…キ

あ＋×＋×は180度…ク

カ－キより，×－あは

$93-90=3$(度)…ケ

ク＋ケより，×＋×＋×は

$180+3=183$(度)

×＋×は$183\div3\times2=122$(度)

したがって，クより，あは$180-122=58$(度)

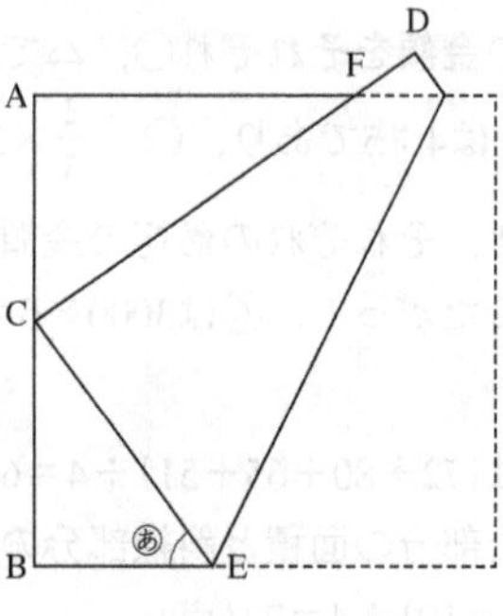

図1

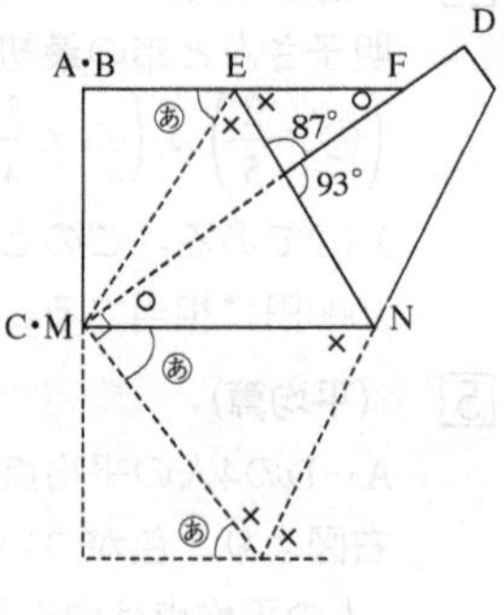

図2

重要 11　**(速さの三公式と比，旅人算，割合と比，単位の換算)**

100m進む時間…$\frac{100}{60}=1\frac{2}{3}$(分)すなわち1分40秒

(1)　2つめの信号機から歩き始めた時刻…5分36秒－1分40秒

=3分56秒

1つめの信号機に着いた時刻…1分40秒

2つめの信号機から歩き始めた時刻と1つめの信号機から歩き始めた時刻との差…3分56秒－1分40秒＝2分16秒

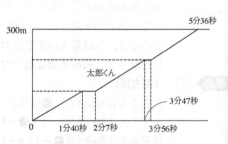

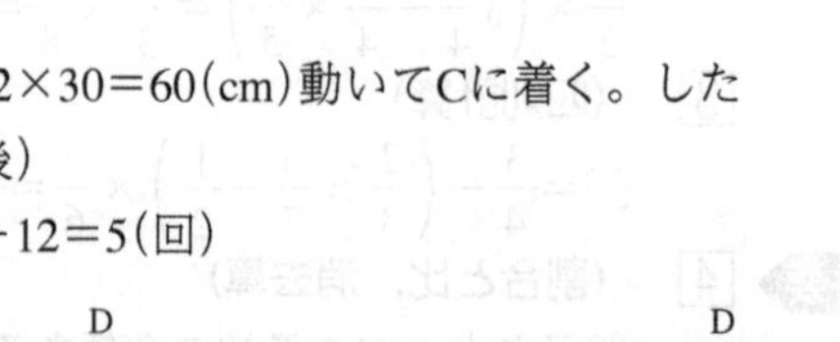

1つめと2つめの信号機で待っていた時間…2分16秒－1分40秒＝36(秒)

したがって，1つめの信号機から歩き始めた時刻は1分40秒＋36秒÷(3＋1)×3＝1分40秒＋27秒＝2分7秒

(2) 弟が1つめの信号機に着いた時刻…$3+\frac{100}{240}=3\frac{5}{12}$(分)すなわち3分25秒

弟が1つめの信号機から走り出した時刻…(1)より，2分7秒＋1分30秒＝3分37秒

弟が2つめの信号機を通過した時刻…3分37秒＋25秒＝4分2秒

太郎君が2つめの信号機から4分2秒までに歩いた距離…$\frac{60}{60}\times(62-56)=6$(m)

したがって，弟が太郎君に追いっくのは4分2秒＋6÷(4－1)秒＝4分4秒

重要 12 (平面図形，割合と比)

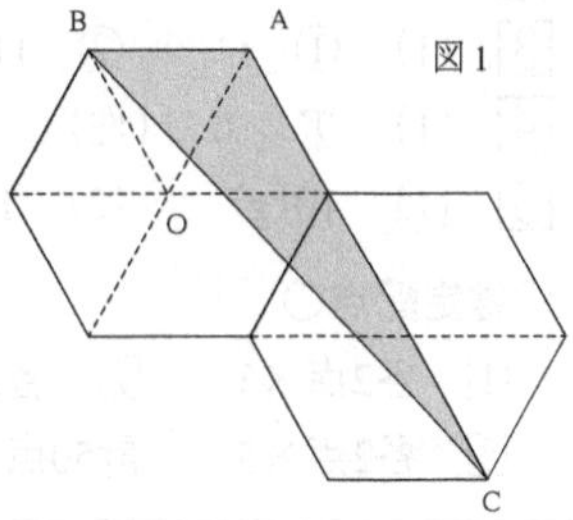

図1

(1) 図1より，正三角形OABの面積は60÷6＝10(cm^2)

したがって，三角形ABCは10×3＝30(cm^2)

(2) 図3より，図形ア×2＋図形イ＝正六角形＋図形B

図形ア×2＋図形イと図形Bとの差は正六角形

したがって，図2より，図形A－図形Bは正六角形の面積に等しく60cm^2

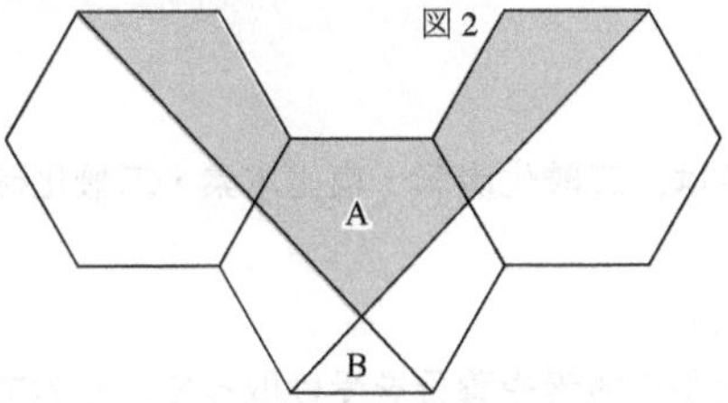

図2

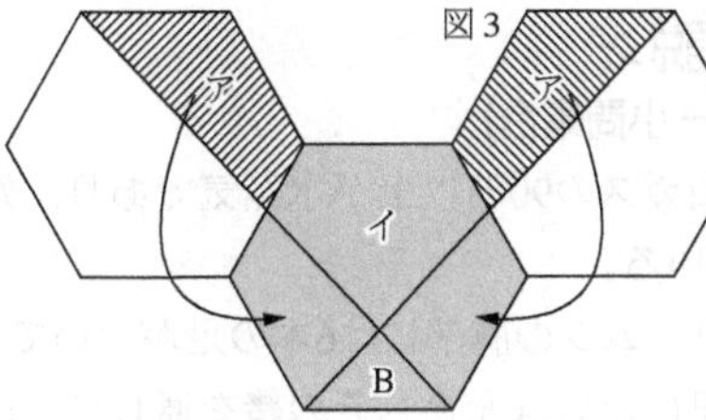

図3

やや難 13 (平面図形，旅人算，速さの三公式と比，消去算，単位の換算)

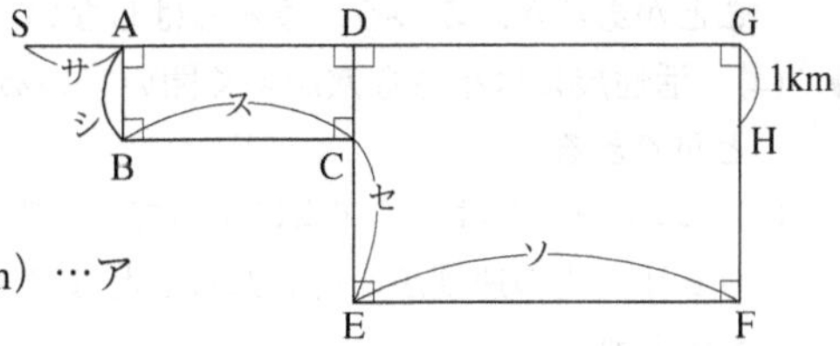

(1) 右図より，ゆうじ君が1周した距離は

サ＋シ＋ス＋セ＋ソの2倍であり，

サ＋シ＋ス＋セ＋ソは20÷2＝10(km)

ひろ子さんが1周した距離はサ＋シ＋ス＋ソの2倍であり，サ＋シ＋ス＋ソは15÷2＝7.5(km) …ア

セは10－7.5＝2.5(km)

サ＋シ＋ス＋セは200×30÷1000＝6(km)，サ＋シ＋スは6－2.5＝3.5(km) …イ

したがって，ア・イより，ソすなわちDG間は7.5－3.5＝4(km)

(2) (1)より，シ＋セ＋ソ＝6＋1＝7(km)，シ＋ソは7－2.5＝4.5(km)，シは4.5－4＝0.5(km)

イより，サ＋スは3.5－0.5＝3(km)

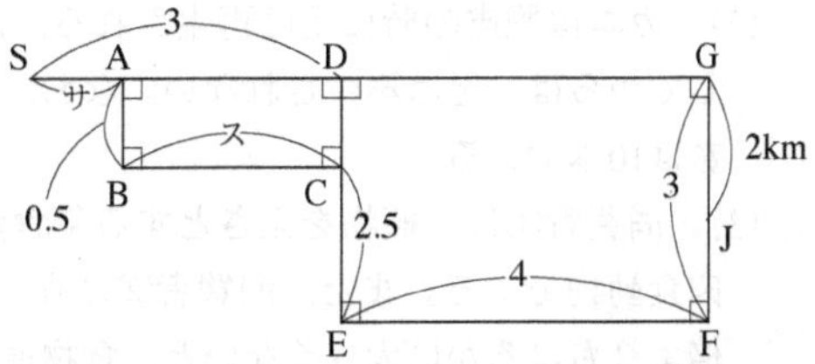

右図より，ひろ子さんが最初にDまで進んだ距離は3＋0.5×2＝4(km)，時間は4000÷160＝25(分)　このとき，ゆうじ君は30＋25＝55(分)，距離は200×55÷1000＝11(km)進んでおり，位置JはGの手前6＋7－11＝2(km)のところである。したがって，2人がすれちがうのは(2000＋4000)÷(200＋160)＝$16\frac{2}{3}$(分後)，すなわち10時55分＋16分40秒＝11時11分40秒

★ワンポイントアドバイス★

比較的，解きやすい問題は[1]～[3]「四則計算」，[5]「平均算」，[8]「容器内のおもり」，[11]「2つの信号機」などであり，次に，[4]「お年玉」，[6]「数の性質」も難しくはない。なお，「消去算」の解き方に慣れておくことが大事である。

＜理科解答＞ ≪学校からの正答の発表はありません。≫

[1] (1) ア　(2) エ　(3) オ　(4) ア　(5) イ

[2] (1) A マングローブ　B 生産者　(2) ウ　(3) オ　(4) ア

[3] (1) ① C　② 11(時)59(分)　(2) ク　(3) ウ　(4) ウ

[4] (1) アルカリ(性)　(2) イ　(3) ア・エ　(4) ① イ　② エ　(5) オ

[5] (1) 10(g)　(2) 15(cm^3)　(3) ① 105(cm^3)　② イ　③ 6.72(t)

○推定配点○

[1] 各2点×5　[2] 各2点×5　[3] 各2点×5　[4] 各2点×5((3)，(4)各完答)

[5] 各2点×5　計50点

＜理科解説＞

[1] (総合－小問集合)

重要 (1) 火山ガスの90％以上が水蒸気であり，残りは，二酸化炭素・塩化水素・二酸化硫黄などが含まれている。

重要 (2) カブトムシの胸部には6本の足がついている。

(3) 胎児はたいばんとへその緒を通して，母親から酸素や養分を受け取っているので，肺はまだ活動していない。また，胎児は羊水の中にいるので，生まれる前には，羊水を飲んで，尿をすることがあるが，ふつう，うんちはしない。

重要 (4) 活性炭には小さな穴が多く開いているので，表面積が大きくなり，内部に酸素を多く含むことができる。

(5) ニュートンはプリズムによって，太陽の光が7色に分かれる事を発見した。なお，地動説はガリレオ，光の速度が一定であることはフィゾー，惑星の運動の法則はケプラーによって，それぞれ示された。

重要 [2] (生態系－食物連鎖)

(1) 西表島(いりおもて)の河口には，広大なマングローブ林が見られる。また，光合成を行い，自ら養分をつくる植物を自然界の生産者と呼ぶ。

(2) カニは脱皮の時に足は再生される。ただし，脱皮の回数は決まっているので，最後に脱皮をしてからは，足は再生されない。なお，カニはえらで呼吸を行う。また，はさみを入れて，足の数は10本である。

(3) 消費者①は，植物をえさとする草食動物である。また，消費者②は，草食動物をえさとする肉食動物である。また，消費者②に食べられる消費者①全体の重さは，消費者②全体の重さの5倍よりもはるかに大きくないと，食物連鎖が続かない。

(4) マイクロプラスチックは，5mm以下の微少なプラスチックのことで，魚やクラゲなどが体内に取り入れても，消化されずにそのまま残っている。

3 (気象－地域別の日の出と日の入りの時刻)

(1) ① 表1において，日の出や日の入りの時刻が早い地点から並べると，D→C→A→Bの順になる。したがって，東から西の順に，Dが根室，Cが渋谷，Aが広島，Bが福岡である。

地点	D(根室)	C(渋谷)	A(広島)	B(福岡)
日の出	6時30分	6時32分	6時58分	7時04分
日の入り	15時43分	16時28分	17時00分	17時10分

② 地点Aの南中時刻は，(6：58＋17：00)÷2＝22：118÷2＝11：59より，11時59分である。

やや難 (2) 表2で，8日の昼の長さが，17：00－7：03＝16：60－7：03＝9：57より，9時間57分であり，15日の昼の長さが，17：01－7：08＝16：61－7：08＝9：53より，9時間53分である。したがって，昼の長さが約10時間と短く，日がたつにつれてしだいに短くなっていることから，12月5日と12月15日の記録であることがわかる。

やや難 (3) 12月15日の2か月後の2月15日は，昼の長さが長くなるので，日の出の時刻が7時8分よりも早くなり，日の入りの時刻が17時1分よりも遅くなる。このような条件に当てはまるのは，ア～ウである。また，2月15日は春分の日の3月下旬の1か月ほど前なので，昼間の長さが12時間よりも短い。したがって，昼間の長さが，17：53－6：56＝16：113－6：56＝10：57より，10時間57分のウである。

やや難 (4) 12月1日の太陽の南中高度は低く，冬至の日に近いので，棒のかげの先端の動きはウのようになる。

4 (物質の性質，気体の性質－炭酸アンモニウムの分解)

重要 (1) 白色の固体である炭酸アンモニウムを加熱すると，アンモニアと二酸化炭素と水に分解する。気体Aのアンモニアは水に非常によくとけてアルカリ性になるので，フラスコAのBTB溶液は青色になる。一方，気体Bの二酸化炭素は水に少しだけとけて酸性の炭酸水が生じるので，フラスコBのBTB溶液は黄色になる。

重要 (3) ア チョークに含まれている炭酸カルシウムと塩酸が反応すると二酸化炭素が発生する。正しい。 イ 鉄が燃えると酸化鉄になり，二酸化炭素は発生しない。 ウ 空気中には，ちっ素が約78%，酸素が約21%，アルゴンが約0.9%含まれていて，二酸化炭素は約0.04%しか含まれていない。 エ 二酸化炭素の化学式はCO_2である。正しい。 オ うすい過酸化水素水に二酸化マンガンを加えると，過酸化水素が水と酸素に分解する。

やや難 (4) 石灰水に二酸化炭素を通すと炭酸カルシウムが生じて白くにごる。また，さらに，二酸化炭素を通し続けると，炭酸カルシウムは炭酸水素カルシウムになり，水にとけて，液は透明になる。

やや難 (5) ア 炭酸飲料を温めるととけている二酸化炭素がとけきれずに出てくる。 イ アルミニウムは塩酸にも水酸化ナトリウム水溶液にもとけて水素が発生する。 ウ 息が白くなったのは，空気が冷やされたため，含まれる水蒸気量が凝結して，水滴になったからである。 エ 青色リトマス紙が赤くなったのは，食酢が酸性だからである。 オ ベーキングパウダーには炭酸水素ナトリウムが含まれているので，加熱すると，二酸化炭素と水と炭酸ナトリウムに分解する。この変化は，炭酸アンモニウムに起きた変化と同じである。

5 (力のはたらき－浮力)

重要 (1) 表の結果からもわかるように，物体が押しのけた液体の重さと同じ大きさの浮力を受ける(アルキメデスの原理)。また，水の場合は，1cm^3の重さが1gなので，物体を全部水に沈めると，140cm^3の水を押しのけることになり，ばねはかりの目盛りは，150(g)－140(g)＝10(g)になる。

やや難 (2) 表の結果から，10cm^3の食塩水の重さは，150(g)－138(g)＝12(g)なので，1cm^3の食塩水の重さは，12(g)÷10＝1.2(g)である。したがって，150gの物体が押しのけることができる食塩水の体積は，$1(\text{cm}^3)\times150\div1.2=125(\text{cm}^3)$なので，食塩水の水面の上に出ている物体の体積は，$140(\text{cm}^3)-125(\text{cm}^3)=15(\text{cm}^3)$である。

(3) ① この模型にはたらく浮力は，$126(\text{g})-21(\text{g})=105(\text{g})$なので，この模型の体積は105cm3である。

② この模型の1cm^3あたりの重さは$\dfrac{126(\text{g})}{105(\text{cm}^3)}=1.2(\text{g})$

③ 模型のスケールは長さの比なので，この模型のモデルとなった恐竜の体積は，$105(\text{cm}^3)\times40\times40\times40=6720000(\text{cm}^3)$である。

したがって，重さは，$6720000(\text{g})=\dfrac{6720000(\text{g})}{1000\times1000}=6.72(\text{t})$

★ワンポイントアドバイス★

生物・化学・地学・物理の4分野において，基本問題に十分に慣れておこう。
その上で，各分野の計算問題にもしっかりとり組んでおこう。

＜社会解答＞ ≪学校からの正答の発表はありません。≫

[1] 問1 (名称) 秋吉台 (番号) ④ 問2 ③ 問3 ① 問4 ② 問5 ①
問6 ⑥ 問7 ③ 問8 〈Ⅰ〉 ③ 〈Ⅱ〉 ⑤

[2] 問1 (語) 弥生(式) (番号) ① 問2 (藩名) 水戸藩 (番号) ④
問3 〈Ⅰ〉 ③ 〈Ⅱ〉 ②

[3] 問1 ③ 問2 ④ 問3 ②

[4] 問1 〈Ⅰ〉 ① 〈Ⅱ〉 ② 問2 ⑤

[5] 問1 1972 問2 A エ B イ 問3 〈Ⅰ〉 日米安全保障(条約)
〈Ⅱ〉 ①，⑤ 問4 ③ 問5 (位置) ② (首都) ア

[6] 問1 ④ 問2 〈Ⅰ〉 ① 〈Ⅱ〉 ②，④ 問3 ③ 問4 (説明) ④
(定数) ウ 問5 ①，③

○推定配点○

[1] 問1 各2点×2 他 各1点×8 [2] 各2点×4(問1，問2各完答)
[3] 各1点×3 [4] 各1点×3 [5] 問1～問3 各2点×5 他 各1点×3
[6] 問1，問2，問5 各2点×4 他 各1点×3 計50点

＜社会解説＞

[1] (日本の地理－中国・四国地方についての問題)

問1 カルスト地形は石灰石が多い地形で，ヨーロッパのイタリア北西部からバルカン半島の北部のスロヴェニアのあたりにカルストと呼ばれる場所があり，そこからついた名称。山口県のカルスト地形で有名なのが秋吉台。カルスト地形には石灰石の層を地下水が削ってできる鍾乳洞が見られるところが多く，秋吉台にも秋芳洞がある。

重要 問2 広島市は太田川の河口の三角州に拡がる。三角州は川が上流から運んできた粒子の細かい土砂が堆積してできる地形で，広島平野は海であったところに太田川が運んできた土砂が堆積したところで，海の中の小島が取り込まれて山として残っている場所もある。

やや難 問3 ① 中国・四国地方にある政令指定都市は広島市と岡山市の二つ。また，参議院議員選挙で

人口が少なく合区とされているのが高知県と徳島県，島根県と鳥取県である。このことを前提にして考えれば，岡山県と広島県の都市が入っていて，高知県，徳島県，島根県，鳥取県の都市が含まれていないものを選ぶと①しかない。岡山県にある左側の都市が岡山市で，右が倉敷市，広島県の右が福山市で左が広島市，対岸の愛媛県の都市は松山市。

問4　②　スペインのマドリードは地中海性気候の場所で，気温は年間を通して比較的温暖で，降水量が夏は非常に少なく，冬にある程度降水があるのが特徴。グラフの①は熱帯の雨季と乾季とがはっきりしたサバナ気候のもの，③は地中海性気候のものだが南半球にみられるもの，④は冷帯の気候のもの。

重要 問5　表の①が広島県のもの。輸送用機械の生産額が非常に高い④が愛知県になる。②が新潟県で，③が宮崎県。宮崎県には高速道路沿いの場所や空港のそばにコンピュータ関連の工場が進出しているので電子部品がある。

基本 問6　⑥　レモンは比較的温暖な土地を好むのでア。カキの養殖で有名なのが宮城県と広島県なので，その両方を含むのはイ。棚田がみられる場所は山がちな場所で，新潟県でも南部の山が多い地域や，中国・四国地方の県の中で中国山地の中に入るあたりには棚田がみられる。

問7　③　瀬戸内海の海底のゴミのほとんどは瀬戸内海を取り囲む周囲の場所から来た家庭ゴミだとされる。瀬戸内海に流れ込む河川が運んできたものや，海岸に捨てられたゴミが波にさらわれて海に流れ込み，海底に沈んでいるとされる。

問8　〈Ⅰ〉③ ラムサール条約は渡り鳥を頂点とする食物連鎖の環境を保全するために湿地を保護するもの。宮島は2012年に海岸の一部がラムサール条約に登録された。①のワシントン条約は絶滅の危機に瀕している動植物を保護する条約。②のハーグ条約は子どもが外国に連れ去られた場合に，子の親がその子どもを連れ戻すための障害となるものについて対応しながら，その外国の法的な措置をあおいで取り戻すための条約。〈Ⅱ〉⑤　いわゆる日本三景のもの。アが安芸の宮島を御神体とした厳島神社，イは仙台湾の松島，ウが京都府の日本海側の場所にある天橋立。

2 **(日本の歴史－歴史に関連する地名に関する問題)**

基本 問1　①　写真は形がシンプルな弥生土器。弥生時代の遺跡ではないのが①の三内丸山遺跡で，これは縄文時代のもの。

問2　④　井伊直弼が1860年に水戸浪士により殺害されたのが桜田門外の変。桜田門は皇居の南にある。半蔵門や坂下門も皇居にあるもので，蛤御門は京都御所にある。

問3　〈Ⅰ〉③　日露戦争のポーツマス条約に含まれるもの。これ以外は日清戦争の下関条約の内容。〈Ⅱ〉②　日露戦争の際に陸軍を率いていた一人が乃木希典(第3軍)。東郷平八郎は海軍(連合艦隊司令長官)。山本五十六は太平洋戦争開始時の連合艦隊司令長官。山県有朋は長州藩出身で幕末の時期の奇兵隊に参加していた人物で，明治に入ってからは陸軍の基礎を築き，西南戦争で活躍したあと，政治の世界でも活躍するようになり首相にもなった。

3 **(日本の歴史－茶に関連する問題)**

問1　③　東大寺の大仏が造立されたのは8世紀の奈良時代。

問2　④　空海は弘法大師とも呼ばれ，書の大家として有名。

問3　②　千利休は堺の商人で，侘び茶を極めた。

4 **(日本の歴史－「外交」に関連する歴史の問題)**

重要 問1　〈Ⅰ〉①　日米和親条約で開港することになったのが下田と函館。②と④はこの条約の段階では関税自主権や領事裁判権に関する不平等な内容は含まれていないので誤り。③は日米和親条約と同様のものを結んだ相手はイギリスとオランダ，ロシアでフランスは含まれていないので誤り。〈Ⅱ〉②　ア　1863年→ウ　1864年→イ　1866年の順。

問2 ⑤ ウ 1624年→ア 1635年→イ 1639年の順

5 (日本の歴史ー戦後史に関連する問題)

問1 1972年は沖縄返還までは佐藤栄作首相で，その後田中角栄首相となり，日中共同声明で中華人民共和国との間で国交が正常化する。

問2 A 消費税導入は1989年なのでエの時期。 B 日韓基本条約締結は1965年なのでイの時期。

問3 〈Ⅰ〉 日米安全保障条約はサンフランシスコ平和条約と同時に日米間で締結されたもので，アメリカ軍による占領が終わった後も，米軍が日本に駐留できるようにし，日本はアメリカに便宜を図る一方で，アメリカ軍は日本の防衛に力を貸すというもの。この後，10年毎に更新となっており，1960年の更新時には日本が防衛に関しより関与する内容の新安全保障条約になった。

〈Ⅱ〉 ① 日本は核兵器禁止条約にはいまだ署名・批准していない。 ⑤ 非核三原則を掲げたのは佐藤栄作首相。

基本 問4 ③ 琉球はある国から輸入した品々を他の国へ輸出する中継ぎ貿易を行っていた。

重要 問5 アフガニスタンの場所は②で首都はカブール。①はサウジアラビアで首都はリヤド，③はインドで首都はニューデリー，④はミャンマーで首都はネピドー。

6 (時事問題ー時事に関する問題)

問1 ④ 新型コロナウィルスの急激な広がりで，2020年春に全国の学校が一斉休校になったが，その後は，全国での一斉の休校は行われていない。

重要 問2 〈Ⅰ〉 ① 地方裁判所は司法権の裁判所の組織の中のもので地方自治体の管轄ではない。

〈Ⅱ〉 ② ふるさと納税を行うと，納税者が自分が居住している自治体へ行う納税額は減るので，ふるさと納税をやっていない自治体で，その居住者のかなりの人がふるさと納税でほかの自治体に納税してしまうと，その居住している自治体への納税額は減ってくる。 ④ ふるさと納税が広がった背景には納税をすることで得られる返礼品の魅力が大きい。ただ，一方で，本来の地方自治の在り方でいえばその自治体へ納税する人が，その自治体が住民に対して行うサービスを受けていないということが生じてくる。

問3 ③ 都道府県知事と参議院議員のみが被選挙権年齢が満30歳以上で，その他は満25歳以上。地方自治体の首長ならびに議会の議員は住民による直接選挙で選出される。

やや難 問4 ④ アダムズ方式は国勢調査による人口の動向を選挙の区割りに当てはめていくもので，議席配分の方式ではない。比例代表で現在とられている議席配分方式はドント式。

現在の衆議院議員は小選挙区選出分が289，比例代表が176の合計465人。

問5 ①，③ 衆議院の中で内閣の不信任案が可決もしくは信任案が否決されれば，内閣は10日以内に衆議院を解散するか内閣が総辞職することを選ばなければならない。内閣が総辞職するパターンとしては，この他に首相が在職中に欠けた場合があり，首相が自ら辞任するか，何らかの事情で亡くなった場合には，内閣は総辞職しなければならない。衆議院の内閣不信任案可決に対して，参議院では首相個人もしくは個々の閣僚への問責決議を行うことはできるが，衆議院の内閣不信任とは異なり，参議院の問責決議には法的拘束力はないので，参議院で仮に問責決議案が可決しても，首相や閣僚がそれを受けて辞職しなければならないわけでははない。

★ワンポイントアドバイス★

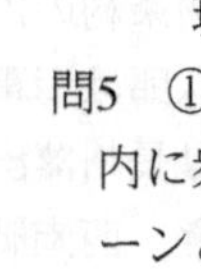

それぞれの問題の難易度はさほど高くはないが，短時間でこなすことを考えると，悩む問題は要注意と考えた方が良い。状況によっては，消去法で答えを絞り込んでいく方が早いこともあるので，臨機応変に対応していくことが必要。

＜国語解答＞ ≪学校からの正答の発表はありません。≫

一 (1) 勇(み足) (2) 縁結(び) (3) 旗手 (4) 愛媛(県) (5) 落丁
(6) 付和(雷同)

二 (1) ウ (2) エ (3) エ (4) ① Ⓓ 理想 Ⓔ 現実 ② あこがれ
③ イ，エ

三 (1) ウ (2) 不自由 (3) エ (4) その人～あげる(行為) (5) ウ
(6) エ (7) Ⅰ 名前 Ⅱ 信頼 Ⅲ 承認 Ⅳ 責任 (8) ア，オ

四 (1) ウ (2) 彼が胎内記 (3) エ (4) 耳 (5) ア (6) ウ
(7) ウ

五 (1) ア (2) ウ (3) サイズの合 (4) エ (5) ① 輝はあま
② なつかしい人 ③ さみしく (6) (例) 毎朝の見送りをやめるのは母を傷つけるかもしれないと悩んでいたが，きちんと母に話そうと決意する(きっかけ)
(7) エ

○推定配点○

一 各2点×6 二 (1)・(3)・(4)③ 各3点×3((4)③完答) 他 各2点×4
三 (1)・(2)・(7) 各2点×6 他 各3点×5((8)完答)
四 (2)・(3)・(7) 各3点×3 他 各2点×4
五 (2) 2点 (6) 4点 他 各3点×7 計100点

＜国語解説＞

基本 一 (漢字の書き取り，四字熟語)

(1)は調子に乗ってやりすぎて失敗すること。(2)は人と人とのつながりや出会いを結ぶこと。(3)は団体の行進などで，そのしるしとなる旗を持つ役目の人。(4)は四国地方の県。(5)は本のページがぬけおちていること。(6)は自分にしっかりとした考えがなく，他人の意見にすぐ賛成すること。

二 (詩－細部の読み取り，空欄補充，対義語)

(1) ――Ⓐは「空想の中」で「あこがれ」と「輝く光の中」にいる〈私〉に対して〈私〉自身が思っていることなので，ウが適切。「空想」にふれていない他の選択肢は不適切。

(2) 空欄Ⓑは「みんな」が〈私〉にあこがれている様子を表すので，立派だと思うという意味もふくめてエが適切。

やや難 (3) ――Ⓒは空想の中の〈私〉＝みんながあこがれている〈私〉に対して，テストが五十五点だった現実の〈私〉が「アッカンベーをした」ので，現実の自分を励まそうとしたとあるエが適切。空想の中の自分と現実の自分をふまえていない他の選択肢は不適切。

重要 (4) ① 空欄Ⓓは空想の中で輝いてみんなにあこがれられている自分なので「理想」,空欄Ⓔは「理想」の対義語である「現実」が入る。 ② 「たいして実力もない」けれど，詩のタイトルにあるように，理想の自分への「あこがれ」だけはもっている，ということである。 ③ ――Ⓖの「たいして実力もないけれど」とあることから，自分で自分を責めるさまという意味のイが適切。また，自分の外から観察した自分のことを述べているので，自分という主体を離れて物事を見たり考えたりするさまという意味のエも適切。アは未来に希望がないと考えるさま。ウは自分から物を作り出す，または有効な結果が期待されるさま。オは相手を激しく責めるさま。

三 (論説文－大意・要旨・細部の読み取り，空欄補充，内容真偽，ことばの意味)

基本 (1) 「逆説」は「急がば回れ」「負けるが勝ち」のように，一見すると正しくなさそうだが，実は真

理や正しいことを表すという意味の言葉。

(2) ——Ⓑの「牢獄」は「自由がない」ということを述べており，最後の段落の「不自由」のことである。

(3) 「言い換えれば……」で始まる段落で,「アルマン」はただ存在を認めた名前であるのに対し,「フレデリック」はある特定の性質を指し示したものであることを述べているので，エが適切。この段落内容をふまえていない他の選択肢は不適切。

(4) 「ドルトの治療で……」で始まる段落でⒹの行為として，「アルマン」と呼びかけることは，誰かが「その人の存在を一〇〇％認めてあげる(17字)」ことにほかならない，と述べている。

重要 (5) ——Ⓔは「フレデリック」は「存在」ではなく，幸せで賢い人間であるという特定の在り方を示しているから，賢くなかったら「フレデリック」の存在は認められない，ということなのでウが適切。「アルマン」の説明をしているア, イは不適切。エの「賢くないのは不幸なことなので」も不適切。

(6) 空欄Ⓕは「他人がいると自由がない」こととは反対の意味の言葉が入るので，エが適切。他人がいることで自由になることを説明していない他の選択肢は不適切。

重要 (7) 空欄Ⅰは「自分の存在を無条件に認めるもの」なので「名前」が当てはまる。「この説明は……」から続く2段落で，自分よりも格の高い他者から全面的に信頼されるような，すべて認められているということが重要であることを述べているので, 空欄Ⅱは「信頼」が当てはまる。「そして，……」で始まる段落で「他人から認めてもらうということ」を「存在の承認」と述べているので, 空欄Ⅲは「承認」が当てはまる。「『自由』とは……」で始まる段落で,「自由」とは「責任」を担うことで，責任を持つとは「神のような存在」の呼びかけに応じることであると述べているので，空欄Ⅳは「責任」が当てはまる。

やや難 (8) アは「そして,『存在』は……」で始まる段落，オは「『神のようなもの』とは……」で始まる段落で，それぞれ述べている。最後の段落で「神のようなもの」が弱体化したため自由になれないと述べているので,「自分に責任感がないため」とあるイは一致しない。「『神のようなもの』とは……」で始まる段落で，信頼する対象は「神のようなもの」から「世間」や「歴史」といった観念的なものに変わっていくと述べているので,「格の高い人間がいるだけで」とあるウも一致しない。「一般に，……」で始まる段落で「自分の存在を認める他人の眼差しが絶対に必要だ」と述べているのでエも一致しない。

四 （論説文－大意・要旨・細部の読み取り，接続語，空欄補充，内容真偽，ことばの意味）

(1) 「生返事」の「生」は不十分な，中途半端な，という意味で，いい加減ではっきりしない返事のこと。

重要 (2) ——Ⓑについて，息子が生まれる前に筆者が口にしていたことばのことを「『ママは，あかちゃんがんばってって，ゆった』」と息子が言ったことで「彼が胎内記憶を語っているのだと確信した(19字)」と述べている。

(3) 「能動的」は進んで物事をしようとするさま。——Ⓒは，おそらくすべての赤ちゃんには最初の「意識」の初めに母を選んだ確信がある，ということなのでエが適切。Ⓒ前の内容をふまえていない他の選択肢は不適切。

基本 (4) 空欄Ⓓは「聴覚野」に関連することなので「耳」が入る。

(5) 空欄Ⓔ前と相反する内容が直後で続いているので，逆接のアが入る。

(6) 空欄Ⓕは「ことばとは，命のすべてを使って授けてもらうもの」であるので,「命」を写し取ること，という意味でウが入る。アは健康に注意して元気でいられるように努めること。イは生まれ変わること。エは映画をうつすこと。

やや難 (7) 「神経がわずかでも……」で始まる段落で「妊娠のとてつもなく早い時期から，胎児は，『ことばに伴う物理現象』を感知している」と述べているのでアとエは合うが，「胎内で聴覚野が完成してから」とあるウは合わない。イは「卵子に……」で始まる段落で述べている。

五 **(小説－情景・心情・細部の読み取り，空欄補充，ことばの意味，記述力)**

(1) ――Ⓐ後で「自分の気持ちをどう言い表していいのかわからなくて，頭の中で必死に言葉を探した」という〈ぼく〉の心情が描かれているので，アが適切。Ⓐ後の心情をふまえていない他の選択肢は不適切。

基本 (2) 「おもむろに」は動作が静かでゆっくりしている様子。突然に，不意に，という意味と間違えやすいので注意する。

(3) 「『みんなに笑われたのは……』」ではじまる〈ぼく〉の言葉の後で，「今のぼく」の気持ちを「サイズの合わない服を着ていて，気持ちよく体を動かせないような違和感。」という一文でたとえている。

(4) ――Ⓓは，今の〈ぼく〉と同じ気持ちだったかもしれないお父さんの話を，おじいちゃんからもっと聞きたいと思って気持ちが高ぶっていることを表しているので，エが適切。Ⓒ前の「お父さんに聞いてみたい」という〈ぼく〉の心情をふまえていない他の選択肢は不適切。

重要 (5) ① 悩んでいる〈ぼく〉の話を聞いたおじいちゃんの「『輝はあまえん坊だったからなぁ。』」という言葉から，孫である〈ぼく〉を心配しているおじいちゃんの心情が読み取れる。 ② 「『あのときの渉は……』」で始まる場面で，今の〈ぼく〉と同じような状況だった父親の渉のことを思い出して話をしているおじいちゃんの様子を，「なつかしい人(6字)」を見つけたみたいに，目を細めると描いている。 ③ ――Ⓖの「まだ追いついていないぼく自身の気持ち」は，「お母さんに向けて『卒業宣言』をした」ことに〈ぼく〉の気持ちが追いついていない，ということで，この気持ちの整理の過程として「終業式の日……」で始まる最後の場面で「さみしく思っているのは，どうやらぼくのほうみたいだ。」という一文で〈ぼく〉の心情が描かれている。

やや難 (6) (5)の今回の出来事をまとめた文章にあるように，〈お父さん〉の体操着袋のエピソードを聞いたことで心が軽くなり，お母さんに「卒業宣言」をしている。本文のおじいちゃんとのやり取りで，朝の見送りをやめることで「『お母さんを傷つけたらどうしよう』」と悩んでいたこと，またお母さんには決めていた言葉をきちんと話していることを，設問の指示にある「〈お母さん〉との関わり」としてふまえた上で，どのようなきっかけになったかを具体的に説明する。

重要 (7) 本文は，毎朝の見送りをからかわれたことで悩む〈ぼく〉と，〈ぼく〉の悩みに理解を示し，お母さんとの関わりを考えるきっかけとなる話をしてくれたおじいちゃんの様子が描かれているので，エが適切。見送りは今日でおしまいにすると言う〈ぼく〉を，お母さんは「晴れ晴れとし」た様子で受け止めているので，アの「子離れできない母親」は不適切。本文は〈ぼく〉の視点で描かれているので，イの「客観的な視点」も不適切。ウの「父親を失った悲しさ」も描かれていないので不適切。

★ワンポイントアドバイス★

選択肢の文章では，本文の要旨として言い換えている語句をしっかりとらえていこう。

MEMO

大切なことはメモしておこうネ！

2021年度

★★★★★★★★★★★★★★★★★★★★★★★★

入　試　問　題

2021年度

青山学院中等部入試問題

【算　数】（50分）　＜満点：100点＞

□ にあてはまる数を入れなさい。円周率を使う場合は3.14とします。

1　$253-3\times(72-52\div4)-11\times3=\square$

2　$\frac{5}{8}\times1\frac{1}{3}-\left(\frac{11}{6}-\frac{3}{4}\right)\div22.75=\square$

3　$15-\left\{10-\left(\square-8\right)\times0.5\right\}\times\frac{1}{3}=12$

4　ゆうじ君はお菓子屋さんに行きました。このお店ではプリンをケーキよりも３割安く売っています。1000円でプリンを５個買おうとすると，1000円でケーキを３個買ったときのおつりの半分だけお金が足りなくなります。ケーキの値段は □ 円です。

5　ある鉄道は，上り電車と下り電車どちらも時速45kmで一定の間隔で運行しています。太郎君はこの鉄道の線路に沿った道を，自転車で時速15km の速さで走ると，12分ごとに上り電車とすれ違いました。このとき，太郎君は □ 分ごとに下り電車に追い抜かれます。

6　A君とB君とC君の３人の所持金の比は最初９：８：５でした。３人がそれぞれ買い物をしたところ，A君とC君の残った所持金の差は3000円，B君とC君の残った所持金の差は1800円になりました。３人が使った金額の比が７：８：５だったので，A君の最初の所持金は □ 円です。

7　下の表は，16人の生徒が30点満点のテストを受けた結果を表したもので，中央値が23.5点，平均値が24点でした。このとき，表のアの人数は □ 人，エの人数は □ 人です。

得点（点）	20	21	22	23	24	25	26	27
人数（人）	1	2	1	ア	イ	ウ	5	エ

8　あるクラスでテストをしたところ，クラス全体の平均点は58.5点で，最高点と最低点の差は56点でした。さらに最高点をとった１人を除いて平均点を計算すると57.4点，最低点をとった１人を除いて平均点を計算すると59点になりました。このとき，このクラスの人数は □ 人で，最高点は □ 点です。

9　A地からB地とC地を経由してD地まで行くのに，次のページの表のような行き方があります。かかる時間の合計は１時間以内，運賃の合計は1000円以内となるような行き方は □ 通りあります。ただし，待ち時間は考えないことにします。

A地からB地

乗り物	運賃（円）	かかる時間（分）
モノレール	500	15
電車	350	20
バス	250	30

B地からC地

乗り物	運賃（円）	かかる時間（分）
高速船	500	10
普通船	250	20

C地からD地

乗り物	運賃（円）	かかる時間（分）
タクシー	500	5
路面電車	300	8
バス	150	15
無料自転車	0	30

10　右の図は２つの合同な正方形が重なったものです。㋐の図形と㋑の図形の面積の比が４：３のとき，㋐の図形の周の長さと㋑の図形の周の長さの比は［　］：［　］です。

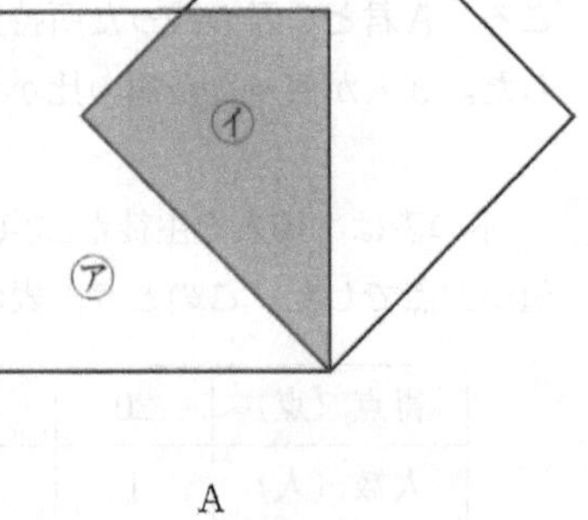

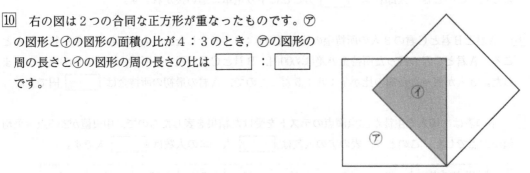

11　正五角形の形をした折り紙があります。図のように，点Bと点Cが重なるように折り目ADをつけて戻した後，点Cが折り目AD上にくるように折りました。(あ)の角度は［　］度です。

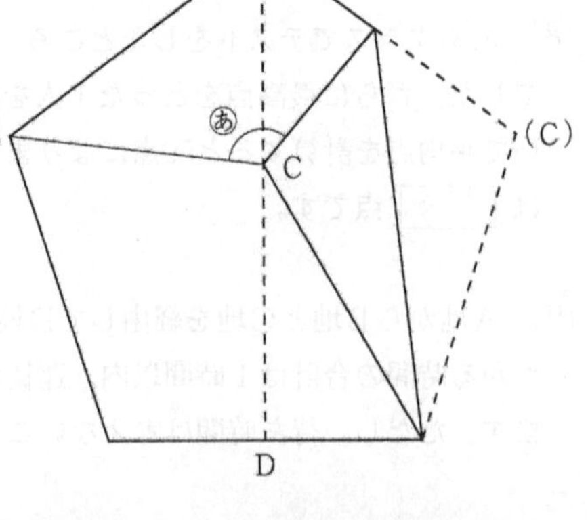

12 右の図はたて４㎝，横２㎝の２つの合同な長方形と半径が４㎝，中心角が60°の４つの合同なおうぎ形を組み合わせたものです。色のついた部分の面積は □ cm^2です。

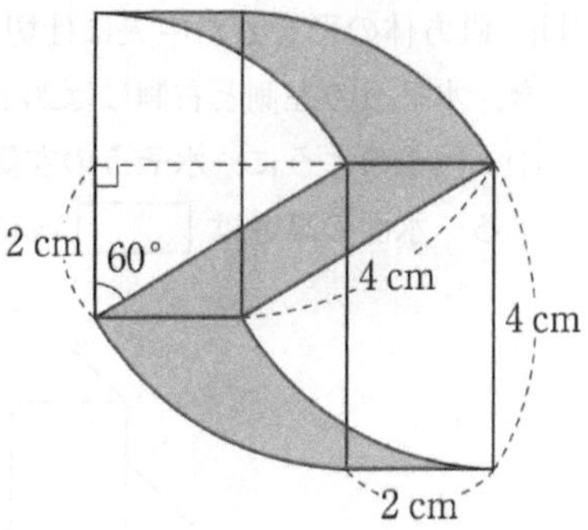

13 ある公園の噴水(ふん)は，水のふき出し口が図のように，２つの円に沿ってそれぞれ10個並んでいます。噴水は決まった時刻になると，①のふき出し口から水が出ます。その後は１秒ごとに②→③→ … →⑨→⑩の順で水がふき出し，⑩までくると，今度は⑨→⑧→ … →②→①の順で水がふき出します。この動きを10分間くり返します。

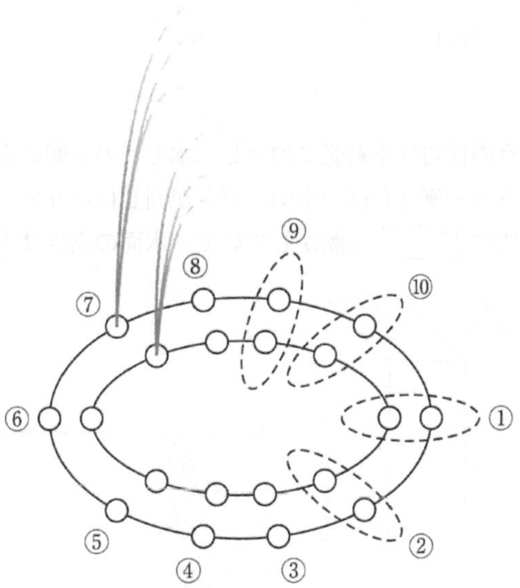

(1) 噴水が始まってから２分後に水が出るのは □ 番のふき出し口です。

（答えは数字に○を付けても，付けなくても良いです。）

(2) ある日，外側の円の噴水の⑩のふき出し口が故障してしまいました。そこで，内側の円の噴水はこれまで通りの動きで，外側の円の噴水は①→②→ … →⑧→⑨→⑧→ … →②→①の順で水がふき出すようにしました。噴水が始まってから10分間で，内側と外側のどちらも①のふき出し口から同時に水が出るのは □ 回です。ただし，噴水が始まったときを１回目とします。

14　直方体の形をした中央に仕切りがある水そうがあります。この仕切りは左右に動かすことができ，水そうの左側と右側には20cmの高さまで水が入っています。

(1)　図１のように，水そうの左側に底面積が300cm^2の直方体の形をしたおもりを底まで入れたところ，水面の高さは ☐ cmになりました。

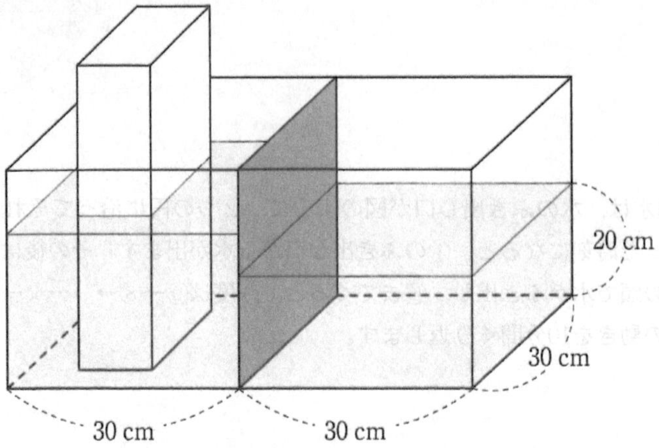

図１

(2)　図２のように，水そうの仕切りを右側に動かし，水そうの左側に入っていたおもりをまっすぐ10cm持ち上げると水そうの左側と右側の水面の高さが同じになりました。
このとき，仕切りは右側に ☐ cm動かしていて，水面の高さは ☐ cmです。

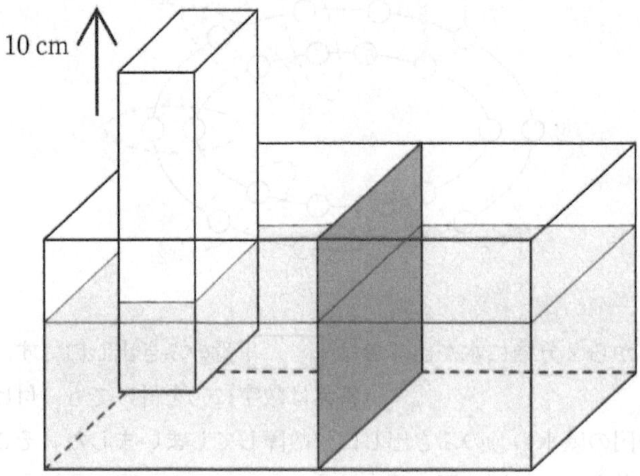

図２

【理　科】（25分）　＜満点：50点＞

【注意】　・記号がついているものはすべて記号で書きいれなさい。

1　次の問いに答えなさい。

(1)　2020年のノーベル物理学賞は，ブラックホールの研究に対しておくられました。受賞者の１人は，ある科学者が提唱した「相対性理論」をもとに，ブラックホールの存在を証明しました。「相対性理論」を提唱した科学者を選びなさい。

ア　ペンローズ　　イ　ニュートン　　ウ　ガリレオ　　エ　エジソン

オ　アインシュタイン

(2)　セキツイ動物ではないものを２つ選びなさい。

ア　カナヘビ　　イ　カワセミ　　ウ　カモノハシ

エ　ウミウシ　　オ　ヤドカリ　　カ　タツノオトシゴ

(3)　2021年３月11日で，東日本大震(しん)災の発生からちょうど10年になります。震災の日の14時46分，三陸沖で発生した本震のマグニチュードは9.0，同日15時15分に茨城県沖で発生した余震のマグニチュードは7.6でした。マグニチュードの値が0.2大きくなることは，地震のエネルギーが２倍になることを示しています。この震災で本震の地震のエネルギーの大きさは，茨城県沖の余震の何倍ですか。

(4)　次の文章はドライアイスを観察したものです。

「ドライアイスを部屋に置くと，ドライアイスの周りの空気に$_A$白くもやもやしたものがあらわれた。この$_B$白いもやもやは少したつと消えた。」

下線部A，Bと同じ現象は次のどれですか。それぞれ選びなさい。

ア　氷を部屋に放置すると，とけて水に変化する

イ　コップに水を入れて放置すると，水が少しずつ減っていく

ウ　晴れた日の朝に，植物の葉につゆがつく

エ　冬の寒い日に，池の水面がこおる

オ　空気中の水分が除湿剤(しつざい)に吸収される

カ　水と二酸化炭素をペットボトルに入れてふたをしてふると，ペットボトルがへこむ

(5)　停止しているエレベーターの床(ゆか)に台ばかりを置き，台ばかりに100ｇのおもりをのせました。その後，20秒でエレベーターが１階から６階まで昇(のぼ)りました。このときの台ばかりの値の変化を示したグラフはどれですか。

ア

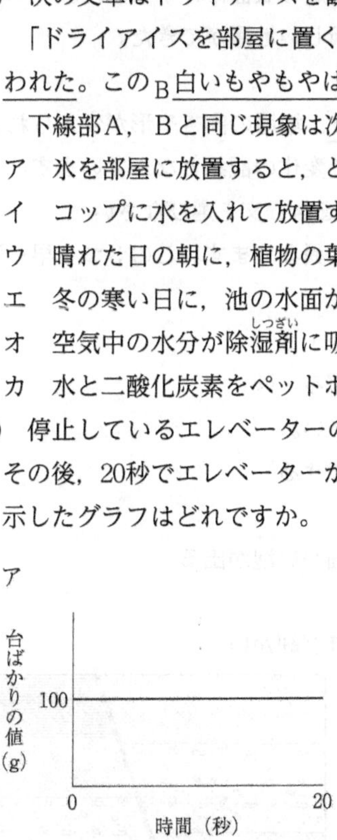

イ

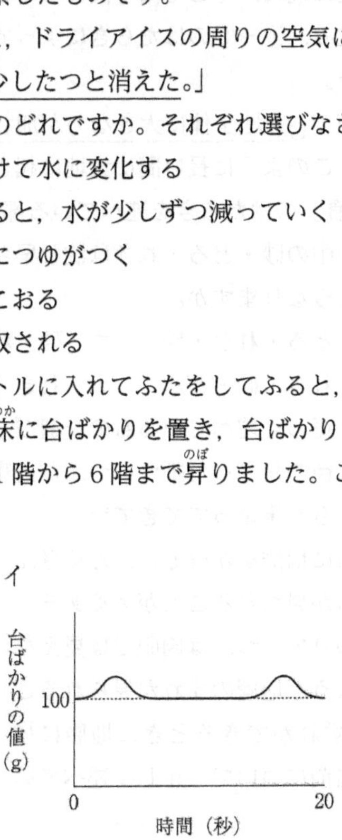

ウ

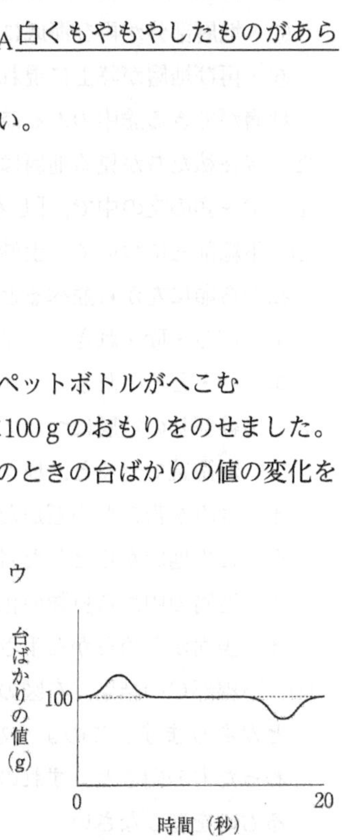

エ

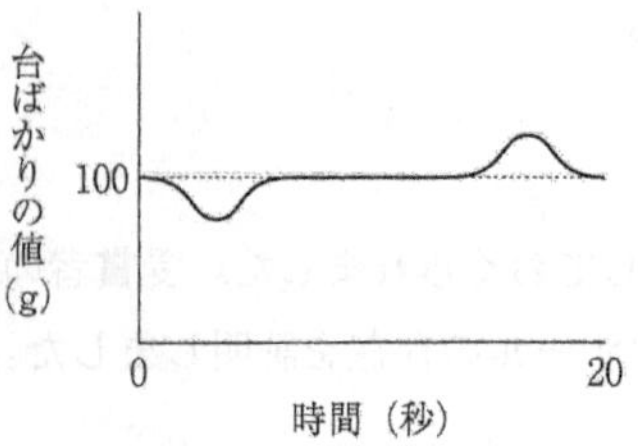

オ

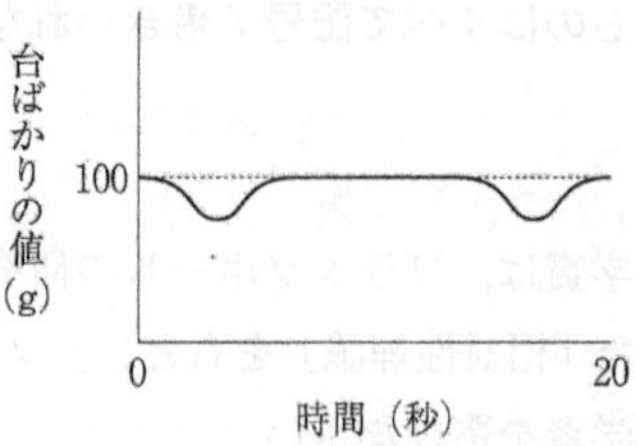

2 神奈川県三浦市の城ヶ島では，写真のように地層が横倒しになった様子が見られます。この土地ができるまでに起きたことを順にまとめると，以下のようになります。

① かつて海底であったこの土地に，川の流れによって細かな石や砂を含む土砂が運ばれた。

② 運ばれた$_A$土砂が海底に降り積もり，長い年月をかけて地層になった。

③ 火山の噴火による$_B$火山灰も降り積もって新しい地層をつくった。

④ 海底が押し上げられ陸上に現れ，そこで雨や波によって地層の表面がけずられた。

⑤ 地層部分が再び海底に沈み，①～③のはたらきによって新しい地層ができた。

⑥ 再び地層が陸上に現れた。

地層ができる途中のある時点で$_C$大地全体に大きな力が加わり，地層の向きや形が変えられました。現在私たちが見る地層は，このように長い間に大地に起きた変化の記録となっています。

⑴ ①～⑥の文の中で，「しん食」のはたらきを述べている部分を含む文を選びなさい。

⑵ 下線部Aについて，土砂の中の砂・どろ・れきは沈む早さが異なります。この3つを早く沈む物から順に左から並べるとどうなりますか。

ア どろ・砂・れき　　イ どろ・れき・砂　　ウ 砂・れき・どろ
エ 砂・どろ・れき　　オ れき・砂・どろ　　カ れき・どろ・砂

⑶ 下線部Bの地層について，正しく述べているものを選びなさい。

ア 顕微鏡で見ると，様々な色の角ばった細かいつぶが観察できる
イ 丸みを帯びた小石がたくさん集まってできている
ウ この地層からとれた岩石に塩酸をかけると，たくさんの細かい泡が出る
エ 地層の中から貝類の化石が見つかることがよくある
オ 表面がなめらかな手ざわりで，つぶは肉眼では見えないほど細かい

⑷ 下線部Cの結果，右図のような地層のずれが見られることがあります。このようなずれができるときに地層に加わった力の向きと，ずれの名前について，正しく述べているものを選びなさい。

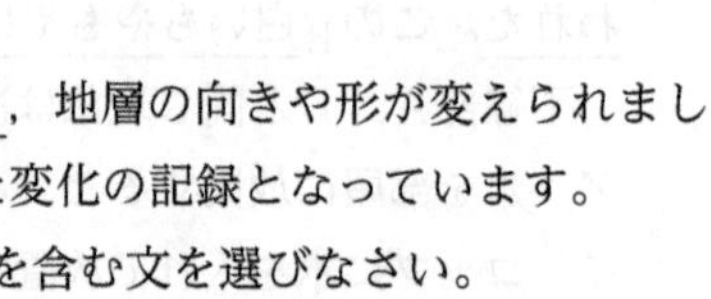

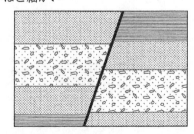

ア 両側から押される力によってできた正断層
イ 両側から引かれる力によってできた正断層

ウ　両側から押される力によってできた逆断層

エ　両側から引かれる力によってできた逆断層

(5)　今から77万年前～12万年前の年代に，初めて日本の地名を由来とする名前がつくことが，2020年2月に正式に決定しました。これは日本のある市に見られる地層が，この年代のものとみられる特ちょうをはっきり示しているためです。この市を選びなさい。

ア　市原市　　イ　長岡市　　ウ　多摩市　　エ　千歳市　　オ　秩父市

3　コスモスは毎年同じ季節に花を咲(さ)かせる植物です。コスモスがどのような光の条件で花を咲かせるか調べました。次の問いに答えなさい。

(1)　次の花の中からコスモスを選びなさい。

ア

イ
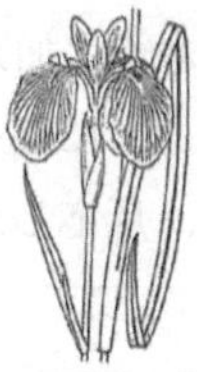

ウ

エ

オ

(2)　コスモスと同じ季節に花を咲かせる植物を選びなさい。

ア　キク　　イ　ツバキ　　ウ　ハハコグサ　　エ　オオイヌノフグリ　　オ　レンゲ

開花前のコスモスを用意し，光の条件を変えて1ヵ月育てました。条件と結果は以下のとおりです。

【実験1】　条件A～Dのように，1日の中で光を当てる時間を変えた。

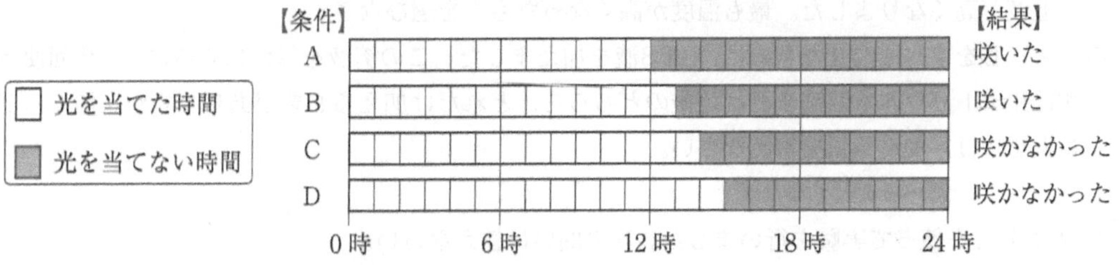

(3)　実験1の結果から考えられることとして，次の文の（　）に入る数字を答えなさい。

「コスモスの花が咲く条件は，明るい時間が（①）時間以下か，暗い時間が（②）時間以上である。」

【実験2】　条件E～Gのように，1日の中で光を当てる時間を2回に分けた。

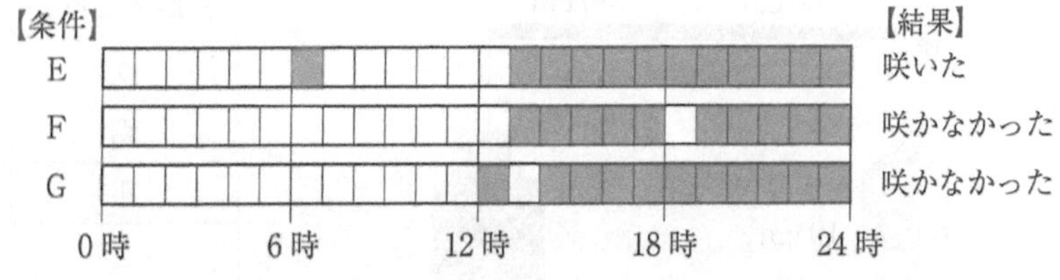

(4)　実験1と2の結果から，コスモスの花が咲く条件と考えられるものをあとから選びなさい。

ア　1日の中で暗い時間の合計　　　　　　　イ　1日の中で明るい時間の合計
ウ　1日の中で連続した暗い時間　　　　　　エ　1日の中で連続した明るい時間
オ　1日の中で暗い時間と明るい時間の割合

⑸　これまでの実験から，次の条件HとIではそれぞれどのような結果になると予想されますか。

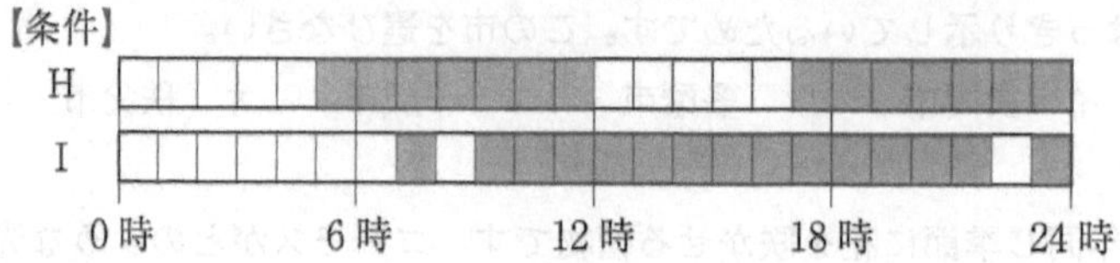

ア　H：咲かない　I：咲かない　　イ　H：咲かない　I：咲く
ウ　H：咲く　　　I：咲かない　　エ　H：咲く　　　I：咲く

4　うすい水酸化ナトリウム水溶液10cm³に，うすい塩酸を表のように加えて溶液A～Eをつくりました。それぞれの溶液をおだやかに加熱して，水を蒸発させたあとに残った固体を調べたところ表のような結果となりました。また，溶液A～Eに鉄を加えると，反応したものが1つでした。

溶液	A	B	C	D	E
水酸化ナトリウム水溶液（cm^3）	10	10	10	10	10
塩酸（cm^3）	0	4	8	12	16
水を蒸発させて残った固体の種類	1	2	2	1	1

⑴　Bを蒸発させて残る2種類の固体をそれぞれ答えなさい。
⑵　A～Eのうち，BTB液を加えると，青色になるものをすべて選びなさい。
⑶　A～Eのうち，アルミニウムを加えても反応しないものを選びなさい。
⑷　A～Eをつくる過程で，水酸化ナトリウム水溶液と塩酸を混ぜるとき，混ぜる前に比べて溶液の温度が高くなりました。最も温度が高くなったものを選びなさい。
⑸　A～Eをすべて混ぜたものに，BTB液を加えました。この溶液を緑色にするには，今回使った水酸化ナトリウム水溶液または塩酸のどちらを，どれだけ加える必要がありますか。加える溶液に丸をつけ，加える量を答えなさい。

5　おもりXを使って実験を行いました。次の問いに答えなさい。
図1のようにおもりXと225gのおもりをつるしたとき，棒が水平になりました。
なお，おもりXの体積は19cm³です。また，棒と糸の重さは考えないものとします。

図1

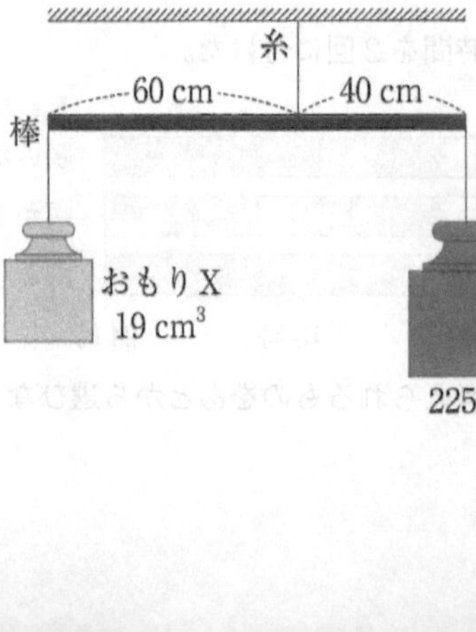

表1

物質	1 cm^3 あたりの重さ（g）
アルミニウム	2.70
鉄	7.87
銅	8.96
銀	10.50
金	19.32

⑴　前のページの図１より，おもりＸの重さは何ｇですか。

⑵　前のページの表１はいろいろな物質の体積１㎤あたりの重さをまとめたものです。おもりＸの物質は何ですか。

⑶　ばねＡにおもりＸをいくつかつるしたところ，ばねＡの長さが表２のようになりました。
ばねＡをもとの長さの３倍にするためには，おもりＸを何個つるす必要がありますか。

表２

おもりＸの数（個）	1	2	3	4
ばねＡの長さ（cm）	16	20	24	28

⑷　図２のように，ばねＡとばねＢ（ばねＡと同じばねを半分に切ったもの）をつなげ，おもりＸを２個つるしました。このとき，ばね全体の長さは何cmになりますか。なお，ばね自体の重さは考えないものとします。

⑸　図３のように，ばねＡにおもりＸをつるし，おもりＸを水に半分の体積だけ沈(しず)めたところ，ばねＡの長さは何cmになりますか。割り切れない場合は小数第２位を四捨五入し，小数第１位まで求めなさい。

図２

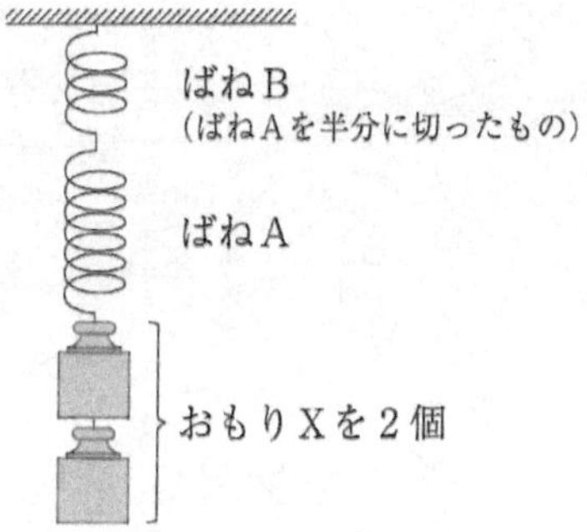

図３

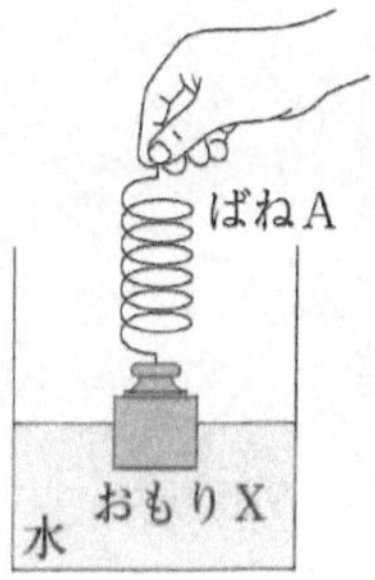

【社　会】（25分）　＜満点：50点＞

1　図1を見て，あとの問いに答えなさい。

（編集の都合で，80％に縮小してあります。）

図1

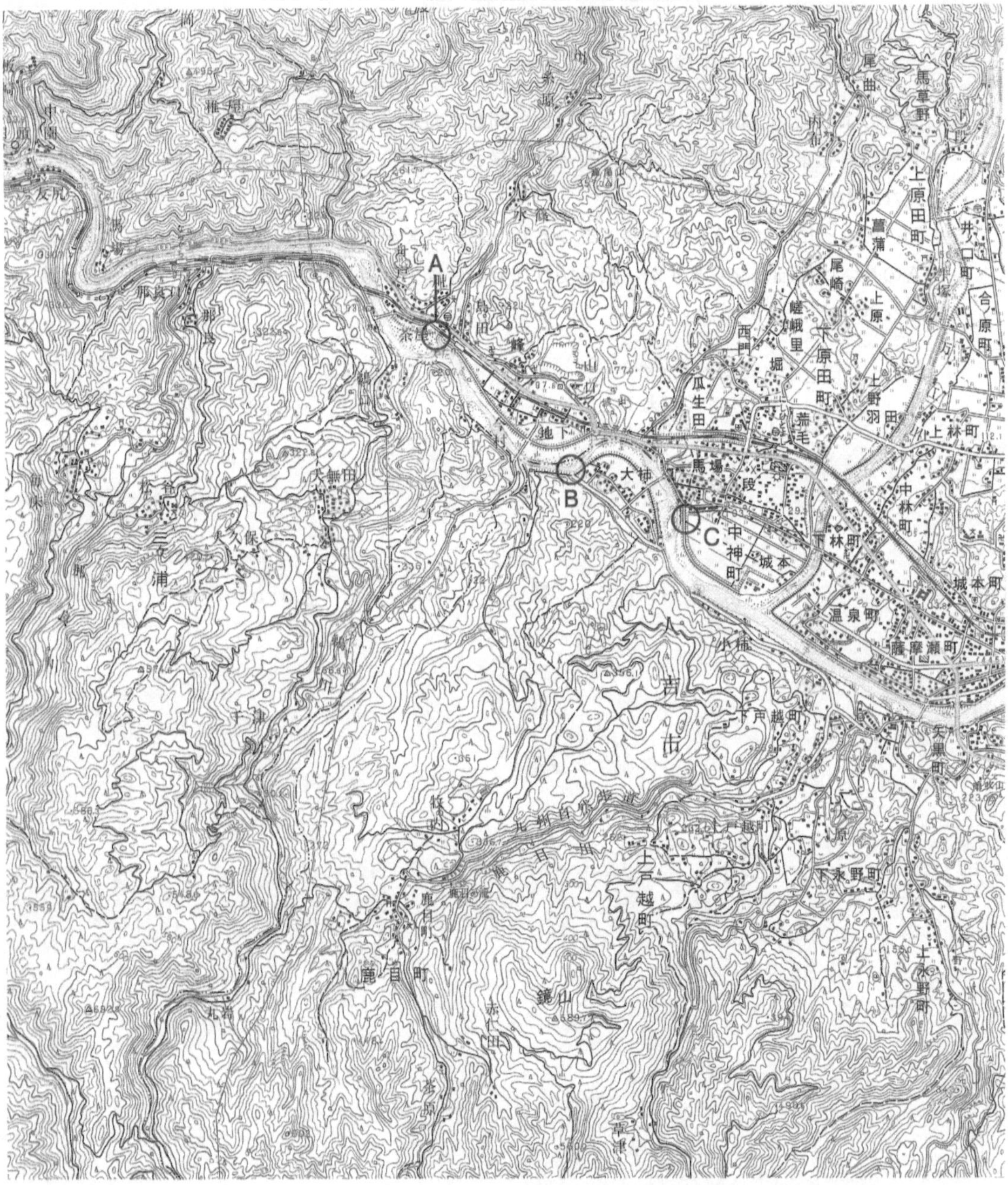

＊国土地理院発行５万分の１地形図「佐敷」を加工して作成

問１　図１のＢの地点を通る河川が流れる方角を次の①～④から選び，番号で答えなさい。

①　南東から北西へ流れている。

②　南西から北東へ流れている。

③　北東から南西へ流れている。

④　北西から南東へ流れている。

問２　図１のＡ～Ｃの地点付近では，堤防(ていぼう)を越えて河川が氾濫(はんらん)しました。河川が氾濫しやすい原因として正しくないものを次の①～④から１つ選び，番号で答えなさい。

①　河川の傾斜(けいしゃ)が急である。

②　河川が蛇行(だこう)している。

③　河川が合流している。

④　河川が分流している。

問３　「令和２年７月豪雨(ごうう)」では，図１の河川以外にも氾濫した河川がありました。その河川の流路を示した図として正しいものを次の①～④から１つ選び，番号で答えなさい。

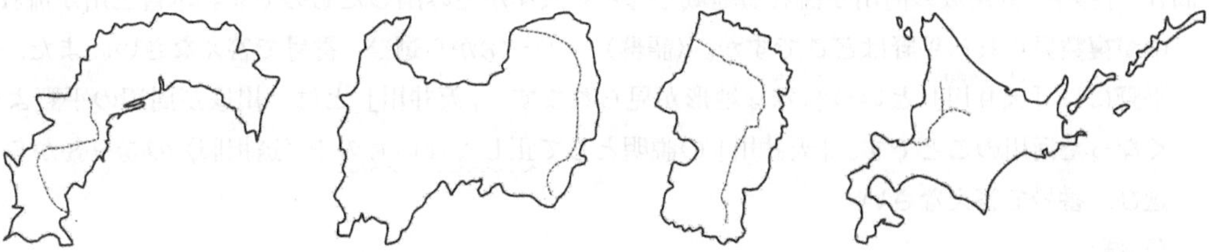

①　②　③　④

＊上図の縮尺は、同じではない。

2　あとの問いに答えなさい。

問１　中部地方のある都市では，諏訪湖(すわこ)を水源とする天竜川の流れを活(い)かし，切り出した木材をいかだに乗せ，下流に運んで楽器の原料にしました。この都市に吹(ふ)く「からっ風」により木材が乾燥(かんそう)しやすい，ということも楽器製作に適した条件です。「楽器の町」とも呼ばれるこの都市の雨温図を次の①～④から選び，番号で答えなさい。

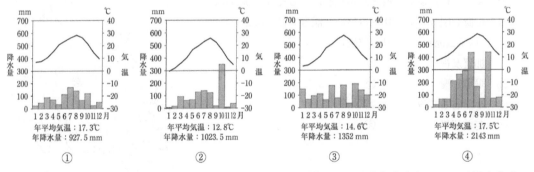

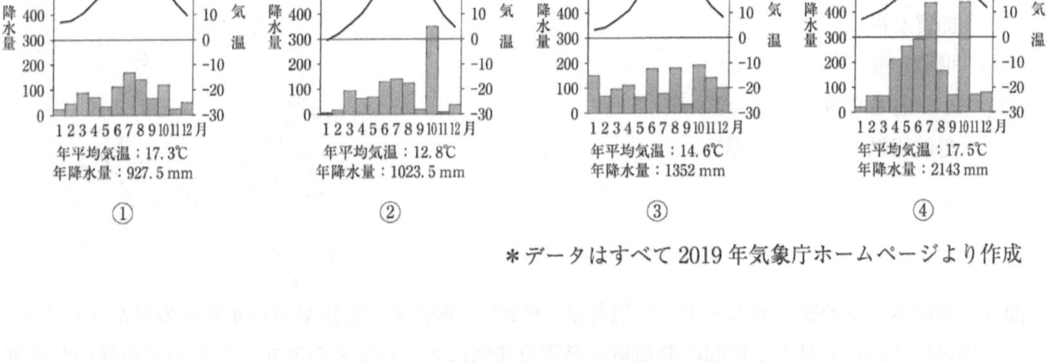

年平均気温：17.3℃
年降水量：927.5 mm
①

年平均気温：12.8℃
年降水量：1023.5 mm
②

年平均気温：14.6℃
年降水量：1352 mm
③

年平均気温：17.5℃
年降水量：2143 mm
④

＊データはすべて 2019 年気象庁ホームページより作成

問２　戦国時代，甲府盆地では，釜無川とその支流に堤防をつくるなどの治水工事が行われ，これにより洪水被害が緩和され，農業の発展につながりました。「甲斐の虎」と呼ばれ，この治水工事を指示した戦国大名を次の①～④から選び，番号で答えなさい。また，工事が行われた地域を図２の(あ)～(え)から選び，記号で答えなさい。

①　織田信長
②　上杉謙信
③　武田信玄
④　今川義元

図２
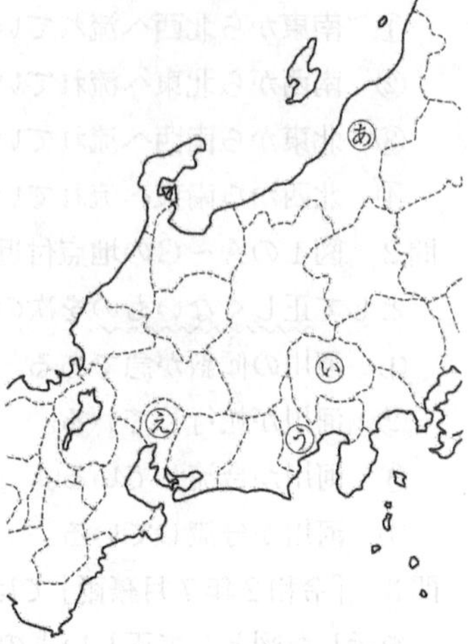

問３　「輪中」は複数の河川が流れる地域で暮らす人々が生み出したものです。木曽三川が流れ，輪中が複数見られる平野はどこですか。〈語群〉の①～④から選び，番号で答えなさい。また，その平野には「天井川」という特殊な地形が見られます。「天井川」とは，川底が周辺の平野より高くなった河川のことです。「天井川」の説明として正しくないものを〈選択肢〉の⑤～⑧から１つ選び，番号で答えなさい。

〈語群〉
①　越後平野　②　富山平野　③　関東平野　④　濃尾平野

〈選択肢〉
⑤　「天井川」は，人工の堤防をつくったことで川底に土砂がたまり形成される。
⑥　「天井川」の対岸に行く方法として，橋の他にトンネルという方法もある。
⑦　「天井川」は，川底が周囲よりも高いため，氾濫時に洪水の被害が小さくて済む。
⑧　「天井川」は，河川の上流域より下流域のほうが形成されやすい。

問４　次の①～④に記した中部地方の伝統的工芸品と図３の県の組み合わせのうち，正しくないものを１つ選び，番号で答えなさい。また，選んだ選択肢が正しくなるように，県の位置を図３の(あ)～(け)から選び，記号で答えなさい。

	〈工芸品〉	〈県の位置〉
①	加賀友禅	(う)
②	飛騨春慶	(か)
③	小千谷ちぢみ	(あ)
④	越前和紙	(え)

図３

問５　次のページの表１の①～④には福井県・長野県・静岡県・愛知県のいずれかの県が入ります。この表はこれらの県の１年間の発電量を発電方法別にまとめたものです。この中から静岡県を選

び，番号で答えなさい。

表1

（単位：1,000 kWh）

	水力発電所	火力発電所	原子力発電所	風力	太陽光
	電力量	電力量	電力量	電力量	電力量
①	5,588,498	1,661,582	0	279,056	391,042
②	1,637,591	7,253,118	26,717,218	31,785	24,372
③	7,929,013	49,647	0	0	158,230
④	754,597	69,570,632	0	97,329	407,042

＊2019年度電力調査統計より作成

3 あとの問いに答えなさい。

問1　2019年3月に自然災害伝承碑の地図記号が新たに制定され，これから新しく発行される地形図には記載されていく予定です。この新たに制定された自然災害伝承碑を示す地図記号を次の①～④から1つ選び，番号で答えなさい。

①

②

③

④

問2　被災地へボランティア活動に行く際の心得として，もっとも適切なものを次の①～④から1つ選び，番号で答えなさい。

①　食料は，持参すると荷物が重くなってしまうので，現地で調達すればよい。

②　被災地では，受け入れる自治体が宿泊施設を用意してくれるので，そこに泊まればよい。

③　服装は切り傷などを防ぐために長袖・長ズボン，靴は動きやすいように運動靴が望ましい。

④　活動中のケガなどに備えて，出発地で申請し，ボランティア活動保険に加入することが望ましい。

問3　自然災害の多い日本ではその被害を大きく受ける一方で，普段の生活においてはそれらの恩恵を受ける場面も存在します。このことについて説明した文として正しくないものを①～④から1つ選び，番号で答えなさい。

①　リアス海岸では湾の奥まった場所に波が集中するため，津波の際に被害が大きくなるが，普段は大きな波がくることを利用し，サーフィンを目的とする観光客を呼び込んでいる。

②　大きな河川に近い地域では大雨による河川の氾濫により，家屋や作物への浸水被害が起こるが，度重なる氾濫によって堆積した豊かな土壌が形成されているため，作物栽培に適している。

③　活火山に近い地域では火山の噴火に伴う溶岩流や火砕流，火山灰などによる被害のリスクが高まるが，マグマの熱によって温められた地下水を温泉として利用することができる。

④　台風は強風や高潮によって港や船などに被害をもたらすが，海水がかき混ぜられることにより，海水面の温度上昇を防ぎ，海底に酸素をもたらすことによって海中の生態系を維持している。

問４　河川の氾濫に備え，多くの場所に堤防が建設されています。堤防の中には写真１に見られるように河川から少し離(はな)れた場所に建設されるものがあります。このように，堤防の建設される位置が河川から少し離れた位置である理由としてもっとも適切なものを次の①～④から１つ選び，番号で答えなさい。

写真１

① 堤防を建設したときにあった住宅地の端(はし)に合わせてつくられたから。
② かつての街道に沿うようにしてつくられたから。
③ 河川が増水した時に，一時的に水を溜(た)める場所を確保するため。
④ 河川の状況変化に合わせて，堤防を拡張する余地を残しておくため。

4 次の文章を読み，あとの問いに答えなさい。

　ⓐ音楽は私たちの生活を豊かにするものの１つです。歓(よろこ)びや感動を与えてくれたり，傷ついた心をなぐさめてくれたりします。2016年，ボブ・ディランが歌手として初めてノーベル文学賞を受賞しました。彼の代表作『風に吹かれて』は単なるヒット曲というだけではなく，プロテストソング，いわゆる社会体制への抗議(こうぎ)の歌として1960年代の若者を中心としたⓑ社会運動に大きな影響(えいきょう)を与えた作品として知られています。
　また，イギリスのロック歌手デヴィッド・ボウイは，1987年６月，東西対立の象徴(しょうちょう)と言われていた「ベルリンの壁(かべ)」の西側で野外コンサートを開催(かいさい)しました。当時東ドイツでは，西側のロックを聴(き)くことは禁止され，若者たちは密(ひそ)かに持ち込まれた録音やラジオによってロックを聴いていました。彼はあえて，スピーカーの４分の１を壁（東ベルリン）側に向けて配置しました。西ベルリンの会場には約８万人の聴衆がいましたが，東ベルリン側にも約５千人の若者が集まり，警察の解散命令にもかかわらず，「壁よ，なくなれ！壁から出してくれ！」と自由を求める声をあげました。それから２年後の1989年，ⓒ「ベルリンの壁」は崩壊(ほうかい)しました。

問１　文章中の下線部ⓐに関連して，次のページの図Ａと同時代の説明として正しいものをあとの①～⑤から１つ選び，番号で答えなさい。また，図Ａは，太鼓(たいこ)などを演奏している土でできた焼き物の人形です。この人形を何といいますか。ひらがなで答えなさい。

図A

出典：東京国立博物館

図B

東京国立博物館

図C
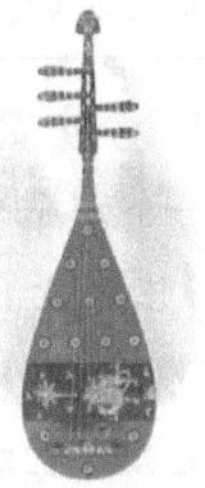
宮内庁

図D

① 中国の皇帝から「漢委奴国王」と刻まれた金印がおくられた。
② 小野妹子ら遣隋使が派遣された。
③ 狩りを中心とした移動生活をするようになった。
④ 稲作が始まり，人々は水田の近くに定住した。
⑤ 奈良盆地を中心とした大和地方に，王を中心とした強力な政権が生まれた。

問2　図Bは楽器を手にした盲目の僧を描いています。このような僧たちが楽器を奏でつつ語った物語は何ですか。次の①～④から１つ選び，番号で答えなさい。また，この楽器の名称をひらがなで答えなさい。
① 宮廷の華やかな恋愛や権力闘争など貴族社会を描いた物語
② 源氏の繁栄と没落を描いた物語
③ 作者の考えや日々の生活で感じたことなどを描いた物語
④ 平家の繁栄と没落を描いた物語

問3　図B～図Dについて古い順に並べたものを，次の①～⑥から１つ選び，番号で答えなさい。ただし，図Cはこの楽器が日本に入ってきた時代，図B・Dに関しては絵の中で描かれている時代として答えなさい。
① B→C→D　② C→D→B　③ D→B→C
④ D→C→B　⑤ C→B→D　⑥ B→D→C

問4　下線部ⓑに関連して，昨年アメリカに端を発した人種差別に反対する運動が世界中に広がりました。次の①～④を古い順に並べた時，２番目と４番目にあたるものを番号で答えなさい。
① 南北戦争の最中，北軍を率いたリンカーン大統領は，「奴隷解放宣言」を出しました。これによって黒人たちは奴隷の身分から解放されました。
② 黒人差別反対運動を非暴力抵抗運動として行ったマーティン・ルーサー・キング牧師は，「私には夢がある」という演説を行い，黒人と白人が平等になる社会を実現する夢を語りました。
③ バラク・オバマ氏が初めて黒人としてアメリカ大統領に選ばれました。
④ アメリカ独立宣言では，「すべての人間は生まれながらにして平等」とされましたが，当時この「すべての人間」には黒人奴隷は含まれていませんでした。

問5　下線部ⓒの後，東西ドイツは統一しドイツ連邦共和国となりました。次の文章は，昨年３月，当時のドイツ首相が新型コロナウィルス感染症（COVID－19）拡大防止政策について国民に向けて発したメッセージの一部です。この首相はドイツが壁で分断されていた時代，東ドイツで育ちました。文章中の空欄（X）に適する語句を次の①～④から選び，番号で答えなさい。また，この人物名（フルネームでなくてよい）をカタカナで答えなさい。

> 日常生活における制約が，今すでにいかに厳しいものであるかは私も承知しています。イベント・見本市・コンサートがキャンセルされ，学校も大学も幼稚園も閉鎖され，遊び場で遊ぶこともできなくなりました。連邦と各州が合意した休業措置が，私たちの生活や（　X　）に対する認識にとり，いかに重大な介入であるかを承知しています。これらはドイツ連邦共和国がかつて経験したことがないような制約です。次の点はしかしぜひお伝えしたい。こうした制約は，渡航や移動の自由が苦難の末に勝ち取られた権利であるという経験をしてきた私のような人間にとって，絶対的な必要性がなければ正当化し得ないものなのです。（　X　）においては，決して安易に決めてはならず，決めるのであればあくまでも一時的なものにとどめるべきです。しかし今は，命を救うためには避けられないことなのです。

①　社会主義　　②　共産主義　　③　独裁主義　　④　民主主義

問6　第二次世界大戦後，現在に至るまで各地でさまざまな対立が生じ，戦争や紛争が繰り返されています。次のア～オを古い順に並べ替えた時，4番目にあたる〈できごと〉を選び，記号で答えなさい。また，「アメリカ同時多発テロ」はいつのできごとですか。〈選択肢〉から選び，番号で答えなさい。

〈できごと〉

ア：湾岸戦争　　イ：第四次中東戦争　　ウ：朝鮮戦争

エ：ベトナム戦争　　オ：イラク戦争

〈選択肢〉

①　アとイの間　　②　ウとエの間　　③　アとオの間　　④　イとエの間

5　右の年表はある人物の略歴です。あとの問いに答えなさい。

西暦	できごと
1823	（　1　）誕生
	ア
1853	海防意見書を幕府に提出
	イ
1866	第二次長州征討の停戦交渉
	ウ
1868	（　2　）と会談・江戸城無血開城
	エ
1899	（　1　）死去

問1　年表中の空欄（1）・（2）にあてはまる人物をそれぞれフルネームで答えなさい。

問2　（1）の人物は日本政府の代表団と共にアメリカに渡りました。その時乗船した軍艦の名称を次の①～④から選び，番号で答えなさい。また，アメリカに渡った時期を年表中のア～エから1つ選び，記号で答えなさい。

①　サスケハナ号　　②　咸臨丸

③　ノルマントン号　　④　対馬丸

問3　1858年に江戸でコレラが大流行したという記録が残されています。この年に起こったできごととして正しいものを次のページの①～④から1つ選び，番号で答えなさい。またこの当時，他国に先駆けて産業革命をなしとげ，世界の工業生産のおよそ半分を占め「世界の工場」と呼ばれていた国はどこですか。国名（正式名称でなくてよい）をカタカナで答えなさい。

① 日米修好通商条約が締結(ていけつ)された。　② 日米和親条約が締結された。
③ 四国艦隊下関砲撃(ほうげき)事件が起きた。　④ ペリーが浦賀に来航した。

問４　次のＡ～Ｃの〈できごと〉は年表中のア～エのどの時期にあてはまりますか。次の①～⑥の組み合わせから正しいものを１つ選び，番号で答えなさい。

〈できごと〉

Ａ　大政奉還(ほうかん)が行われる。

Ｂ　西南戦争が起こる。

Ｃ　大塩平八郎の乱が起こる。

① Ａ：ア　Ｂ：ウ　② Ａ：ア　Ｃ：ア　③ Ｂ：ウ　Ｃ：イ
④ Ａ：ウ　Ｂ：エ　⑤ Ａ：ウ　Ｃ：イ　⑥ Ｂ：エ　Ｃ：イ

6　次の文章を読み，あとの問いに答えなさい。

> 人間の歴史を振り返ると，感染症の流行が社会に変化をもたらしたことが何度もありました。ⓐ新型コロナウィルス感染症拡大に伴う変化も私たちが今まさに体験しているところです。みなさんに身近な学校という場においても，ⓑインターネットを活用した教育が普及(ふきゅう)しつつあります。しかし，インターネットは便利な反面，使い方に注意しなければならない側面があります。

問１　下線部ⓐにより，社会にどのような変化が起こりましたか。あてはまらないものを次の①～⑤から１つ選び，番号で答えなさい。

① 人と人との距離(きょり)や人が集まって行う活動について見直しが行われ，生活様式に変化が起こった。

② 飲食物を含め，自宅への配送サービスの需要(じゅよう)が増えた。

③ テレワークの導入が進んだことによって，都心のオフィス需要が減った。

④ 国境を越えたヒトの移動に制限がかかることによって，グローバル化にブレーキがかかった。

⑤ 経済活動が停滞(ていたい)したことにより，あらゆる業種で業績が悪化した。

問２　下線部ⓑに関連して，次の〈Ⅰ〉・〈Ⅱ〉の問いに答えなさい。

〈Ⅰ〉　インターネット上の情報が正しいかどうかを判断するには，いくつかの方法があります。次の①～④の中で，もっとも効果が薄いものを１つ選び，番号で答えなさい。

① その情報の発信者を確認する。

② その情報だけでなく，複数の情報源を比較(ひかく)する。

③ その情報が自分の考え方と似た内容のものかどうかを考える。

④ その情報で誰が得をして，誰が損をするのかを考える。

〈Ⅱ〉　インターネットの発達・普及により，プラットフォーマーと呼ばれる検索(けんさく)エンジンなどを提供する企業(きぎょう)の影響力が強くなっています。プラットフォーマーの提供する検索エンジンなどのサービスを，私たちは基本的に無料で使うことができます。それは，私たちがプラットフォーマーに対して，お金とは別の「あるもの」を提供しているからです。それは企業などに乱用されるおそれがあるので，その運用などに法律で規制をかけています。「あるもの」とは何ですか。漢字四字で答えなさい。

(6) ――Ⓕ「……」で、直前の核心をつく娘の問いかけに〈拓朗〉はひどく動揺している。それは、他にも〈拓朗〉のどのような様子から推察できますか。本文中から五字で書きぬきなさい。

(7) Ⓖに入る語を答えなさい。

ア 怒り　イ 諦め　ウ 後ろめたさ　エ 驚き

(8) ――Ⓗ「素直に真琴に謝られて、拓朗はうろたえた」とありますが、このときの〈拓朗〉の気持ちを答えなさい。

ア これまで家族の存在をないものにし、店の経営しか頭になかった自分に幻滅している。

イ 妻と娘が自分の知らないところで気づかってくれていたことに心から感激している。

ウ 家族に対しても何の気持ちも返せていない自分に気づき、不甲斐なさを感じている。

エ 自分が苦労を背負い込んでいる間に、娘が知らぬ間に成長したことに心が揺れている。

(9) 次の文章は、〈真琴〉と〈拓朗〉のそれぞれの視点から今回の出来事をまとめたものです。あとの問いに答えなさい。

●真琴の視点

自分の部屋の片づけをしていたら、押入れから見慣れないノートが出てきた。中身は誰かの日常の断片が分かるメモやレシピだ。ちょうどお父さんが帰ってきたので、そのレシピ通りに作った親子丼を出してみたら、ずいぶん驚いた様子で喜んで食べてくれた。ノートから目を離さないお父さんは、考え込みながら急に笑ったり泣いたり、まるで百面相だ。そのノートは私が生まれる前に亡くなったおばあちゃんのものらしい。Ⓘお父さんにとってそれはただの古いノートではなく、特別な意味を含むもののようだった。

●拓朗の視点

真琴が初めて作ってくれた飯は本当にうまかった。でも、心によぎる違和感と既視感。真琴は掃除中に古いノートを見つけたのだという。私は一目で急死したおふくろのものだと分かった。記憶の中のおふくろは、息子を育てながらいつも額に汗を光らせて食堂を切り盛りし、大らかで豪快で笑顔を絶やさない女性だった。おかげで店はいつも常連客で賑わっていたけど、このノートを見て、店が繁盛した本当の理由、そして自分に足りないものが何か思い知らされた。Ⓙおふくろを目の前に、息子の顔に戻っているのを真琴に見られたくなくて、終始隠そうとしたが、押し寄せる感情を私はどうすることもできなかった。

① ――Ⓘであることが最初に分かる〈拓朗〉の行動を本文中から一文で探し、はじめの三字を書きぬきなさい。

② ――Ⓙであることが分かる〈拓朗〉の動作を本文中から九字で探し、はじめの三字を書きぬきなさい。

とを中学生の娘に正直に話してどうする、という自分に対する［Ⓖ］の感情がわき起こる。

複雑な思いで瞳を揺らす父親の顔を見つめ返して、真琴がちょっと肩をすくめた。

真琴は、美姫が電話で「いいパートはないか」と友人に相談していたのをこっそり聞いたという。拓朗は、これまで悟られないよう生活費だけはきちんと渡してきた妻の美姫に店が危ういことを勘づかれ、さらに自分に内緒で仕事を探していたという事実に打ちのめされていた。

「わたしもさ、ちょっと反省したんだ」

「真琴が何を反省するって云うんだよ」

「冷たくしてたじゃん、わたし、お父さんに」

「あ…ああ、そうかな」

「したんだよ。それ、自分でも判ってるから。お父さんが仕事から帰ってだらだらしてるの目にすると腹がたって仕方なかったし。暗い顔して、自分が一番大変なんだって無言でアピールしてるみたいで、だけど全然やる気なさそうで投げやりなの。それって何が云いたい訳ってつっ込みたかった」

「……面目ない」

「ううん、だってほんとうに大変だったんだよね。だからわたしのほうが悪かったの、ごめんなさい」

「いや……」

Ⓗ素直に真琴に謝られて、拓朗はうろたえた。何なのだ、この展開は。美姫も真琴も自分の知らないところで心配してくれていたのだ。家族の誰も判ってくれないと嘆いていた自分を心底莫迦だと思う。

おれのほうこそ、今まで家族の何を見ていたんだ、ちくしょう。

客も、家族も、おれはきちんと見てこなかった。自分のことに精いっぱいで、自分だけ大変だと思い込んでいた。そんなやつがやる店が繁盛する筈がないじゃないか。天国でおふくろも呆れて見ているに違いない。すまない、おふくろ……。

猛省する言葉が今さら天国に届いても何がどうなるものでもない。それでも拓朗は謝らずにはいられなかった。

（片島麦子『想いであずかり処　にじや質店』ポプラ社）

(1) 〈　〉を含む――Ⓐは、「合点がいく、納得した」という意味の動作です。漢字一字で体の一部を入れなさい。

(2) ［Ⓑ］に入る語を答えなさい。

ア　うらめしそうに　　イ　不愉快そうに

ウ　おもしろそうに　　エ　疑わしそうに

(3) ――Ⓒ「誇り」とありますが、母のどのような点を「誇り」に思ったのですか。三十字以上三十五字以内でまとめなさい。

(4) ――Ⓓ「目先の利益」とありますが、本文中で言いかえられている部分を十四字で探し、はじめと終わりの二字をそれぞれ書きぬきなさい。

(5) 〈　〉を含む――Ⓔは、「他人の意見を聞かず自分だけでよいと思い込んでいる」という意味です。〈　〉にそれぞれひらがな二字を入れなさい。

の食堂に自分と同い年くらいの子どもが食べにきていたら、母は同じようにおまけしてあげただろう。それを息子の特権だと他の客に対して優越感を抱いていたあの頃の自分に教えてやりたい。

莫迦だなあ、拓朗。お前のおふくろはそんな器の小さい人じゃなかったんだよ。

母が守り続けたあの食堂にいる人たちはみんな平等だった。客でも息子でも関係なく、心を配り、その人に見あったものを提供しようと母は努力した。努力……、いや、愛情といったほうがいいかもしれない。息子の拓朗がないがしろにされた訳ではなく、それこそ家族のような愛情であの食堂を訪れた人々に接していたのだ。

おふくろの味はみんなのものだった。

その事実に気づいた今、拓朗は一抹のさびしさを覚えた。けれどもそれ以上に母を誰かに自慢してまわりたいくらいⒸ誇りに思った。自分に何が足りなかったか、拓朗には判った気がした。

おれは客を見ていなかった。見ていたのは伝票と、客が落としていった金ばかりだった。

常連のようにきてくれていた客も、あの客は家族連れだからあんまりアルコールの数が出ない、とか、サラリーマンのひとり客を晩酌程度の注文で長居して、とか、覚えたのは注文の数や滞在時間に対する不満のようなことばかりで、せっかく足を運んでくれた客に自分が何を返せるか考えたこともなかった。そんな店長がやっている店から次第に足が遠のいてしまうのはあたり前じゃないか。拓朗はその客たちの顔をすっかり忘れてしまっている自分に愕然とした。

店をはじめた頃はまだ情熱を持ってやっていたと思う。若かったし、希望にあふれてもいた。店を繁盛させ、美姫や真琴に楽をさせてやりたい、念願の新築マイホームだっていつか手に入れてみせると夢を語ることもできたのだ。

それがいつしか店の経営に追われ、Ⓓ目先の利益ばかり考えるようになっていた。少し儲かれば浮かれ、少し損をするとやる気を失くした。いったい自分は何にふりまわされ、くるくると同じ場所で踊らされた挙句に自滅したのか。誰もそんなⒺ〈　〉り〈　〉りなダンスを見せられたくもないのに。

「ちょっ、お父さん。ほんとにどうしたの？」

焦った真琴の声がすぐ近くで聞こえた。

「どうしたって……」

自分はもう笑ってはいない筈だと拓朗は思い、怪訝そうに頬に手をあてると意外にも濡れていた。

泣いている、のか、おれ。

これじゃあ真琴に心配されても仕方ない。慌ててごまかそうと意味もなく咳ばらいをしてみせる。

「うー、ごほん」

「お店、潰れそうなの？」

「Ⓕ……」

今度こそ絶句した。いつの間にか横に立っている真琴の顔をはじかれたように見あげた。しばらく言葉が出てこない。

「……どうしてそんな風に思うんだ？」

違う、と咄嗟に口にできなかったことを拓朗は後悔した。どうせいつか判ることだという思いと、だとしても母親の美姫にも話していないこ

かった。

　母のためと口では云いながら、自分の勝負のために居酒屋みなみを開業したことを怒っているだろうか。それとも売り払わなかっただけましだと考えてくれるだろうか。そんなことになるとはまったく予想していなかった時期の母の文字を追っても答えが見えてくる筈もない。拓朗の記憶の中で、食堂を切り盛りしていた母はいつも楽しそうだった。店を小走りに駆けまわる額には汗が光っている。家に帰ると足がむくむと云って、よく手でもんでいた。疲れていたのは子どもの目から見ても明らかだったのに、なぜか母の笑顔しか思いだせない。

　丁寧に綴られたレシピが拓朗には意外だった。母はもっとおおらかでおおざっぱな女性だと思っていた。くよくよしなさんな、おなかがいっぱいになれば人間大抵のことはどうでもよくなる、それが口癖だった。くる客にも同じようなことを云っていたのを聞いた覚えがある。小さな身体ながら、そういうどんと構えたところが常連客たちに人気があった。だからてっきりおふくろの味も母の長年の勘だよりのものだと思い込んでいたのだ。

　ノートにはレシピだけではなく、客の好みや健康面、ちょっとした会話から得られたようなささやかな情報がメモされていた。たとえば、誰々さんは高血圧だから塩分は少なめに、とか、誰々さんはこの間入れ歯にしたばかりだからやわらかめのおかずを、とか、誰々さんはニンジン嫌いだから抜いてあげてごはんは大盛、とか、その程度のメモだ。時には食堂でふるまう料理のことだけではなく、客の娘の誕生日を覚え書きしておいて、その横に「ちらし寿司を渡すのを忘れない！」と記されていたりもした。

　そういえば、おれの誕生日の時も必ずちらし寿司だったよな。

拓朗は甘い桜でんぶの味を唐突に思いだし、ほほえんだ。あれは自分だけの特別な味かと思っていたけれど、見たこともない客の娘が誕生日に家で同じものを食べていたのかと想像すると、何だかおかしかった。

「何、お父さん。にやにやして、気持ち悪い」

　てっきりテレビを見ているのかと思ったら、真琴がソファの背越しに拓朗を観察していた。

「笑ってないさ」

「そお？」

　見られていたのが恥ずかしくて口もとをひきしめると、真琴は［Ⓑ］云いながらまたテレビのほうに顔を向けた。

　気をとり直して再びページをめくり、数ページいったところで今度こそ拓朗は大きく吹きだした。

「ちょっと、どうしたの？」

　突然げらげらと笑いだした父親に驚いて、真琴がすごいはやさでふり返ると鋭く云った。

「やっぱり笑ってるじゃん」

「いや、悪い、悪い……」

　そう云って笑いを抑えようとしてもしばらくは無理そうだった。拓朗は突然気づいてしまったのだ、自分の大きな勘違いに。

　自分だけが特別だと感じていたちらし寿司を誰か他の子も食べていた、それだけじゃない。母がいつも食堂で拓朗にだけこっそりおまけをつけてくれていたのは自分の息子だからという理由ではなかったのだ。それはあの頃の拓朗が食べ盛りで成長期の子どもだったからだ。もしあ

「冷めちゃうからさ、ほら、食べてよ」

「ああ、そうだな」

腰を落ちつけ、いただきます、と手を合わせるとさっそく箸をとった。どんぶりを手に持った瞬間、あれ、とかすかに違和感があった。親子丼の卵からかまぼことしいたけが顔を出していたからだ。その具材に見覚えがあるような気がしたのだ。

ちらりと上目遣いで真琴のほうに目をやると、にこにことうれしそうに見ている。はやく感想を聞きたくて仕方ないといった表情に、ともかくまずは食べてみせなければと口に運んだ。

……！

ひとくち食べて、ぎょっとした。拓朗は一瞬自分の口の中で何が起こったか判らなかった。こんな莫迦なことがあるだろうか。はじめて食べた娘の手料理の味がずっと追い求めていたものと同じだなんて。

それはおふくろの味そのものだった。

「何？　そんなにまずい？」

目を見開いたまま動きをとめた拓朗を見て、真琴が不安そうに顔を覗きこんできた。その声ではっとわれに返る。

「いや、うまい。うまいんだよ、すごく」

「ほんと？　よかった」

「なあ、真琴。この味……」

拓朗が訊ねると、真琴は、へへ、と笑いながら移動した。調理器具を並べた棚に隠してあったらしいノートを手にとると、じゃーん、と云って目の前に出した。

「実はさ、これを見ながらつくったんだよ」

「何だよ、それ」

見覚えのないノートだった。拓朗は右手で箸を持ったまま、左手でノートを受けとった。表紙に並ぶ文字を食い入るように見つめる。

「部屋の片づけをしてたら押入れから出てきたんだ。ねえ、それ、誰の字？」

「お前の……おばあちゃんの字だよ」

混乱する頭で何とか答える。その答えを聞いた真琴が「わあ、やっぱり」と小さく歓声をあげてⒶ〈　　〉をうった。

「そうじゃないかと思ったんだ。だってここ、もとはおばあちゃんの家だったんでしょ」

「……ああ」

思ってもみない形での「おふくろの味」の出現に、拓朗はしばし呆然とした。

食事を終え、拓朗はお茶を啜りつつ母のレシピノートをじっくり読みはじめた。

右さがりのなつかしい母の文字。このノートが真琴の手によって発見されたことが不思議でならない。母は孫の顔を見ることなく亡くなった。真琴も祖母の顔は写真でしか見たことがない。美姫のおなかのふくらみが少し目立ちはじめた頃、母は店で突然倒れ、それからしばらくして帰らぬ人となった。病院に運ばれた時にはすでに意識不明で、そのままの状態がずっと続いた。だからこんなレシピノートがあったことも拓朗は知らないし、母に今後の店をどうしたいのか、訊ねることもできな

(4) ――Ⓓ「愚にもつかない」の意味を答えなさい。

ア　うしろむきな　　イ　おぼろげな

ウ　うがった　　エ　ばかげた

(5) ――Ⓔ「適切な判断と、子どもが自分の才能あるいは可能性に目を開かれることの重要性」を言いかえているのはどれですか。

ア　子供がやろうとしていることの意味とそれが確実に成功する可能性の重み

イ　親が正しいと思ったことと子供がこれから伸びて行くであろう可能性の重み

ウ　安全性に対する是非の判断と子供が大人になったときに花開く可能性の重み

エ　失敗するかもしれないと足ぶみすることと失敗しないという可能性の重み

(6) ――Ⓕ「子どもや若者には～挫折も経験したほうがいい」とありますが、次の文はその理由を説明したものです。（①）・（②）に入る語を本文中から漢字二字で書きぬきなさい。

> 失敗や挫折の経験を積むことで（　①　）をもって判断できるようになり、それがめぐりめぐって（　②　）と同等のはたらきを子供や若者に与えるから。

(7) Ⓖ に入る漢字三字の熟語を、次の漢字を組み合わせて答えなさい。

用　無　義　果　味　意　効　有

(8) ――Ⓗ「同じ目線」を言いかえた表現を本文中から十一字で探し、はじめの三字を書きぬきなさい。

(9) 本文の内容と合っているものを答えなさい。

ア　筆者にとって最大の理解者である妻の存在は大きく、常に筆者のやることに賛成してくれてその可能性を伸ばしてくれた。

イ　ポジティブな「相槌」によって人間関係は飛躍的に発展して、将来的にも自分がやれることの幅をも大いに広げてくれる。

ウ　親は子どもの可能性にふたをすることなく、できるだけおだてながら多くの失敗をさせて様々な経験を積ませる方がよい。

エ　相談を受けたときに相手の意見にじっくりと耳を傾け、「私にはわからない」と言えれば本当の相談者として認められる。

四　※問題に使用された作品の著作権者が二次使用の許可を出していないため、問題を掲載しておりません。

（出典：『何のために「学ぶ」のか〈中学生からの大学講義〉1』ちくまプリマー新書より　本川達雄「生物学を学ぶ意味」）

五　次の文章を読み、あとの問いに答えなさい。

> 拓朗は、妻の美姫と中学生になる娘の真琴と三人暮らし。十四年前、ひとりで食堂を切り盛りしていた母が急に亡くなり、拓朗は食堂を改装して居酒屋を始めたが経営がうまくいかず、思いつめていた。店をたたむ前に、せめて亡き母の「おふくろの味」をもう一度口にしたいと願ってやまなかった。

ある。実行しないであきらめるよりは、実行して失敗を経験するほうが、はるかに[Ⓖ]な時間となるはずである。

実際に実行するまで行かなくとも、子どもが考えたことを思考実験として推し進めるように誘導することも大切であろう。ある思いつきを話しだしたら、「それで、次はどうするの？」と話を次に進める。一つの思いつきから、次のアイデア、手順、経路などなど、さまざまの可能性について、彼自身が考えを進められるように背中をおしてやるだけで、自らものを考えられるという自信を持つことができるものであり、さらにそれが例えば親に褒められたりすることで得る自信こそが、成功体験と同じような効果を持つはずなのである。

親はおだて上手であることが、必須であると思っている。日常のちょっとしたおだてが積み重なることによって、子どもの可能性の開き方は大きく影響を受けるはずである。

意見を言わずに、じっと相手の言葉に耳を傾ける。すぐに何か言ってしまいたくなるものだが、それを辛抱して聞き続け、相談する相手の一歩上からものを言おうとしないこと、これはしかし、思っている以上にむずかしいことではある。

特に相談をしてきた相手が自分より歳下、未熟、あるいは組織での身分（嫌な言葉だ、位置づけくらいの意味で）が下の者である場合、得てして相談を受けたものは、その言葉にじっと耳を傾けるというよりは、「それらしい」言葉で辻褄をあわせようとするものだ。ともにⒽ同じ目線で考えてみようというよりは、自分の地位にふさわしい対応を無意識に求めるのであろう。

相談された内容に対して、なかなか「私にはわからない」というひと言が言いにくい。相手は、何であれ私のひと言を待っているのだという意識から、得てして毒にも薬にもなりにくい「もっともらしい言葉」、いかにも「それらしい言葉」を援用して、その場をまとめてしまおうとする精神の傾斜を無しとしない。これは私自身を省みても、そんな場面を思い出すことは一度や二度ではない。

難しいことではあるが、まず、相手の言葉に寄り添いながら、海抜ゼロメートルの位置から、可能性の最大値を考えてみること、そんな自らの思考傾向の意識化こそ、若い世代の可能性をいっぱいにまで延ばせる、あるいは開かせる契機があると言ってもいいだろう。

（永田和宏『知の体力』新潮新書）

＊フィードバック…ここでは「反応を示す」の意
＊ベクトル…方向性

(1) [Ⓐ]（二カ所）には「ポジティブ」と対になる語が入ります。カタカナ五字で答えなさい。

(2) ――Ⓑ「誰かを相手に、取り敢えず話すことによって自分の考えをまとめようとする会話」とありますが、これと対照的な会話はどのようなものですか。「（～）会話」に続くように本文中から十五字以上二十字以内で探し、はじめと終わりの三字を書きぬきなさい。

(3) ――Ⓒ「自分の考えのマグマに形を与えようという意欲」とはどのようなものですか。

ア　自分の熱い情熱に支えられた考えを考え直したいという思い
イ　自分の限りある考えの可能性をさらに伸ばしたいという思い
ウ　自分のまとまりきらない考えを何とかものにしたいという思い
エ　自分の内からわき起こった考えに意味を見出したいという思い

分の考えを進めるために必要な会話というものがあるのである。

　そんなとき、会話あるいは対話の相手に求めているものは、端的(たんてき)に言って「相槌(あいづち)」なのではないだろうか。「相槌」というのは、取り敢えず相手の意見を受け容(う)れることからなされるものである。「なるほど」でもいいし、「おもろいなあ、それで」と促(うなが)すのでもいい。「それ、すごいなあ」なんて相槌を打ってくれれば、喜んでどんどん自分の考えが開いていく。歩幅(ほはば)もどんどん大きくなっていく。

　そんなポジティブな「相槌」によって、次々に自分のアイデアが展開し、どんどん深く、あるいは高く伸(の)びていくのを実感するとき、「俺(おれ)って、結構いいこと考えてるよなあ」と、自分の能力というものの蓋(ふた)が開かれていくのを実感するものだ。自分が全的に受け容れられていると感じることができるとき、人間はもう一歩先の自分に手が届くものである。自分という存在が世界に対して開かれていくという体験である。

　逆に、こちらが考えを述べ始めると、取り敢えずそれを否定するところから対話を始めるという人も結構いるものだ。否定的、あるいは消極的な反応しかできない人である。自分の意見を述べるというのは、自分で考え抜(ぬ)いた理論を堂々と展開するといった場面とは違う場合のほうが圧倒的に多いのである。

　おずおずと意見を述べ、相手の反応を見ながらその軌道(きどう)修正を行うというのが、日常の場面である。そんなときに、冒頭(ぼうとう)から、「それは意味無いだろう」とか、「そんなことは誰でも考えつくことだよ」とか、「それは無理だよ」、あげくに「ばかばかしい」などの反応が返ってきたら、もはやⒸ自分の考えのマグマに形を与(あた)えようという意欲が完全消滅(しょうめつ)することだけは確かである。

　そんな常に［　Ⓐ　］な反応しかできない相手とは付き合わないに限ると私は思っている。損である。否定的、消極的な対話の相手は、自分を小さくすることはあっても、自分の可能性を開いてくれる存在にはなり得ない。まずは受け容れることから始める。相談される場合だけでなく、日常生活における家族や友人たちとの付き合いのなかで、これが意識しないでもできるような自分にしておきたいものである。

　このことは特に自分の子どもとの対応について心したいものである。親が子に対するとき、子どもが何か言うと、すぐさまそれを否定ないしは無視してしまう親は結構いるものだ。「そんなⒹ愚(ぐ)にもつかない空想みたいなことを考えてないで、早く勉強しなさい」なんて、思い当たる親も少なからずいるだろう。

　そんな反応が、子どもの可能性を無為(むい)に摘(つ)み取ってしまっていることに、ほとんどが気づいていない。親として、子どもの言うことの是非(ぜひ)を判断して、正しい方向性を示しているつもりの親が断然多いが、Ⓔ適切な判断と、子どもが自分の才能あるいは可能性に目を開かれることの重要性を較(くら)べてみれば、どちらが子どもの将来にとって大切であるかは、あらためて言うまでもあるまい。

　子どもが思い切ったアイデアや思いつきを口にして、親がそれに否定的に反応する場合、多くは親がそれが無理だと判断することからくるのだろう。やってもきっと失敗する、挫折(ざせつ)も味わうかもしれないし、第一、そんなばかばかしいことに費(つい)やすのは時間の無駄(むだ)であると判断する。

　しかし、前にも述べたように、Ⓕ子どもや若者には失敗経験こそが必要なのである。挫折も経験したほうがいい。なによりまずいのは、まだやりもしないで、それが無駄と言われてやる気をなくしてしまうことで

(3) ――Ⓓ「わたしのすまいとして足りるのだ」とはどういうことですか。

ア 療養中で健康な生活を送ることは難しいが少しでも長生きすることを誓う。
イ 自分に向けられた優しさを感じてこの瞬間が恵まれていることに痛感する。
ウ これまでは気づかなかった自然の豊かさを感じることができて心が安らぐ。
エ ひとりでいると落ち込みやすいが看病してくれる人のおかげで気が紛れる。

(4) この詩を説明した次の文章について、あとの問いに答えなさい。

> この詩の作者は、今、何らかの Ⓑ に冒され、自由に外を出歩けない状態にある。
> 閉ざされた部屋で過ごすことを余儀なくされてはいるものの、自分が心をゆるした人やものに囲まれて感じている Ⓔ 、そしてそこから得られる満足感。作者は、この部屋で誰もが襲われるはずのⒻ閉塞感から解放され、人生の最期を安心・納得して迎え入れようとしている。

① 詩中と説明文中の Ⓑ には同じ語が入ります。自分の言葉で漢字一字で答えなさい。

② Ⓔ に入る表現を答えなさい。

ア 少しの後悔　イ つのる期待
ウ 小さな幸福　エ 明るい希望

③ ――Ⓕ「閉塞感から解放され」とありますが、作者を外の世界につなげているものを詩中から一語で書きぬきなさい。

三 次の文章を読み、あとの問いに答えなさい。

私の連れ合いが亡くなって、私にもっとも辛かったのは、私の話を聞いてくれる存在を失ったことであったかもしれない。私たち夫婦は、とにかくよくしゃべる夫婦であった。そして、今になって気づくことは、どうもお互いが正の＊フィードバックをかけあっていたような気がする。

相手の話を否定したり、Ⓐ な反応をするのではなく、ポジティブに受け取る。その第一歩は、相手の話に興味を持つこと以外ではないが、「その考え、おもしろいよね」という＊ベクトルでまず自分をその話のなかに組み入れられるか。それが話を聞く第一歩であろう。もし、相手の話に、さらにポジティブな反応を返すことができれば、これ以上ありがたい話し相手はないだろう。

もちろん客観的に、かつ冷静に判断して、的確なゴー、あるいはストップのシグナルを出せることは大切なことである。しかし、私たちが日常、話を聞いて欲しいと思うのは、たいていの場合は、まだ自分の考えがまとまっていないけれども、なんとか人に話す過程で、あるいは聞いてもらう過程で、その考えの輪郭をはっきりさせたいというような、いまだ〈考え〉としても形をなしていないような状態で投げかける場合のほうが、圧倒的に多いような気がする。

Ⓑ誰かを相手に、取り敢えず話すことによって自分の考えをまとめようとする会話、あるいは、話をしながら、まだ見いだせていない解決策をなんとか模索しようとする会話。意識するとしないにかかわらず、自

【国　語】（五〇分）〈満点：一〇〇点〉

【注意】・本文は、問題作成上、表記を変えたり省略したりしたところがあります。
・記号がついているものはすべて記号で書き入れなさい。
・句読点や「」も一字とします。

一　次のカタカナを漢字に直しなさい。

(1)　コクソウ地帯　(2)　エイセイを打ち上げる
(3)　魔がサす　(4)　小説のヒヒョウ家
(5)　親コウコウ　(6)　タイマイをはたく

二　次の詩を読み、あとの問いに答えなさい。

わたしの世界　　志樹逸馬

窓があるから
ベッドにいても空が見える
窓の外には草の生えているⒶ大地がある
戸だなには本立がついていて
いつも話相手になることを待っている
食器と
ひと枝の花と
体温を計りにくる看護婦さんと
食事を運んでくれる助手さんと
日に1度はかならずたずねてくれる妻と
卓上のオモチャの子犬と
ここにある
わたしの一日
どんな［Ⓑ］にかかっても
ひかりのそそぐ窓があり
ベッドをささえるⒸ大地があれば
草木のにおう風が吹き
人を恋いうる場所があれば
そこは
Ⓓわたしのすまいとして足りるのだ

（志樹逸馬『志樹逸馬詩集』方向社）

(1)　この詩には擬人法が用いられていますが、最初に出てくる一行を詩中から探し、はじめの二字を書きぬきなさい。

(2)　――Ⓐ「大地」と――Ⓒ「大地」の違いとして、ふさわしいものはどれですか。

ア　――Ⓐは離れたところにあるありふれた自然であるのに対して、――Ⓒは〈わたし〉を支える心強い場所
イ　――Ⓐは生命力溢れる豊かな自然であるのに対して、――Ⓒは衰えていく〈わたし〉が最期を迎える場所
ウ　――Ⓐは憧れを感じてやまない遠くの自然であるのに対して、――Ⓒは〈わたし〉のそばにある色あせた場所
エ　――Ⓐは健康な人に近い自然であるのに対して、――Ⓒは〈わたし〉のような病人でも自然を感じられる場所

MEMO

大切なことはメモしておこうネ！

2021年度

解　答　と　解　説

《2021年度の配点は解答欄に掲載してあります。》

＜算数解答＞ ≪学校からの正答の発表はありません。≫

1 43　2 $\frac{11}{14}$　3 10　4 300円　5 24分ごと　6 8100円

7 ア　4人　エ　2人　8 36人　97点　9 9通り　10 7：5　11 126度

12 12cm^2　13 （1）7番　（2）5回

14 （1）30cm　（2）仕切り　$2\frac{8}{11}$cm　高さ22cm

○推定配点○

13，14　各7点×4（14（2）完答）　他　各6点×12（7，8各完答）　計100点

＜算数解説＞

1 （四則計算）

$253-3\times11-3\times59=253-3\times70=43$

2 （四則計算）

$\frac{5}{8}\times\frac{4}{3}-\frac{13}{12}\times\frac{4}{91}=\frac{5}{6}-\frac{1}{21}=\frac{11}{14}$

3 （四則計算）

$\square=\{10-(15-12)\times3\}\times2+8=10$

やや難 4 （割合と比，消去算）

ケーキ1個の値段を10にすると，プリン1個の値段は$10\times(1-0.3)=7$であり，$10\times3=30$と$7\times5=35$の差$35-30=5$が，プリン5個を買うときに足りなくなる金額の3倍に等しい。したがって，「ケーキ3個分＋おつり」の$30+\frac{5}{3}\times2=\frac{100}{3}$が1000円に相当し，ケーキ1個は$1000\div\frac{100}{3}\times10=300$(円)

重要 5 （速さの三公式と比，通過算，割合と比）

時速の和は$45+15=60$(km)，差は$45-15=30$(km)であり，電車の間隔は一定なので，電車に追い抜かれる時間は$60\times12\div30=24$(分)

やや難 6 （割合と比，消去算）

B君とC君の所持金の比と買い物をした金額の比は8：5のまま変わらず，残りの金額も8：5のままであるから，$8-5=3$が1800円に相当し，C君の残金は$1800\div3\times5=3000$(円)，A君の残金は$3000+3000=6000$(円)である。したがって，C君の残金3000円と買い物の金額⑤の和3000＋⑤と，A君の残金6000円と買い物の金額⑦の和6000＋⑦の比が5：9であり，3000＋⑤の$\frac{9}{5}$倍，5400＋⑨が6000＋⑦に等しくA君の最初の所持金は$(6000-5400)\div(9-7)\times7+6000=8100$(円)

重要 7 （統計と表，平均算）

ア…中央値が23.5点であり，20点から23点までの人数は$16\div2=8$(人)であるから，23点の人数は$8-(1\times2+2)=4$(人)

エ…24点×イ＋25点×ウ＋27点×エ＝$24\times16-(20+21\times2+22+23\times4+26\times5)=78$(点)

イ＋ウ＋エ＝$16-(1\times2+2+4+5)=3$(人)　$24\times1+25\times1+27\times1=76$(点)より，$24\times1+$

27×2＝78(点)　　したがって，27点の人数は2人

得点(点)	20	21	22	23	24	25	26	27
人数(人)	1	2	1	ア	イ	ウ	5	エ

重要 8　**(平均算，消去算)**

最低点を□とすると，最高点は□＋56である。全体の人数を○＋1とすると，総得点は58.5×○＋58.5であり，これが57.4×○＋□＋56と59×○＋□に等しい。したがって，57.4×○＋56＝59×○より，人数は56÷(59－57.4)＋1＝36(人)，最高点は58.5×36－59×35＋56＝2106－2065＋56＝97(点)

基本 9　**(統計と表，場合の数，単位の換算)**

以下の9通りがある。

モノレールと高速船と無料自転車…500＋500＋0＝1000(円)
15＋10＋30＝55(分)

モノレールと普通船とバス…500＋250＋150＝900(円)
15＋20＋15＝50(分)

電車と高速船とバス…350＋500＋150＝1000(円)
20＋10＋15＝45(分)

電車と高速船と無料自転車…350＋500＋0＝850(円)
20＋10＋30＝60(分)

電車と普通船と路面電車…350＋250＋300＝900(円)
20＋20＋8＝48(分)

電車と普通船とバス…350＋250＋150＝750(円)
20＋20＋15＝55(分)

バスと高速船とバス…250＋500＋150＝900(円)
30＋10＋15＝55(分)

バスと普通船とタクシー…250＋250＋500＝1000(円)
30＋20＋5＝55(分)

バスと普通船と路面電車…250＋250＋300＝800(円)
30＋20＋8＝58(分)

A地からB地

乗り物	運賃(円)	かかる時間(分)
モノレール	500	15
電車	350	20
バス	250	30

B地からC地

乗り物	運賃(円)	かかる時間(分)
高速船	500	10
普通船	250	20

C地からD地

乗り物	運賃(円)	かかる時間(分)
タクシー	500	5
路面電車	300	8
バス	150	13
無料自転車	0	30

重要 10　**(平面図形，割合と比)**

図1において，直角三角形PQRとPSRは合同であり，図2において，台形カと三角形キの面積比は(4＋3÷2)：(3÷2)＝11：3である。したがって，A×2＝11＋3＝14のとき，A＝14÷2＝7，B＝3であり，㋐と㋑の周の比は(7×4)：{(7＋3)×2}＝7：5

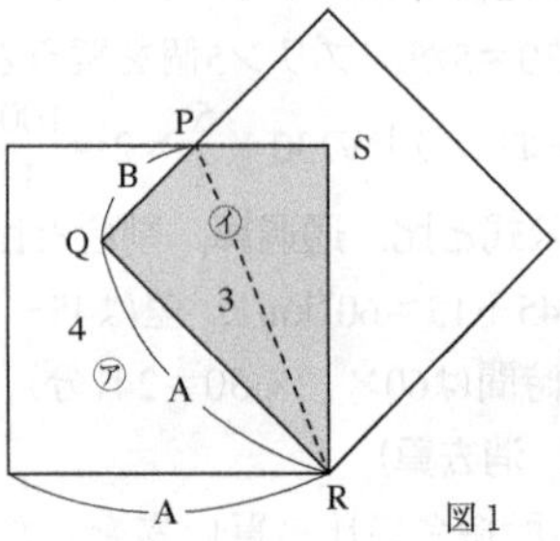

図1

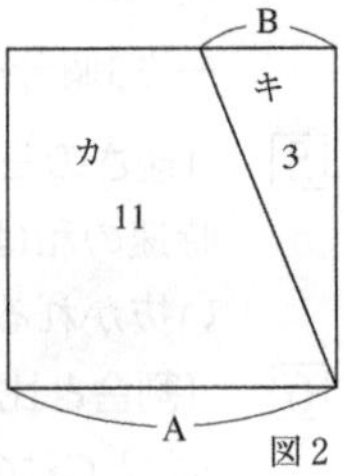

図2

基本 11　**(平面図形，図形や点の移動)**

図3において，三角形CEFは正三角形であり，二等辺三角形ECBの頂角BECは108－60＝48(度)，底角ECBは(180－48)÷2＝66(度)である。したがって，角㋐は360－(66＋60＋108)＝126(度)

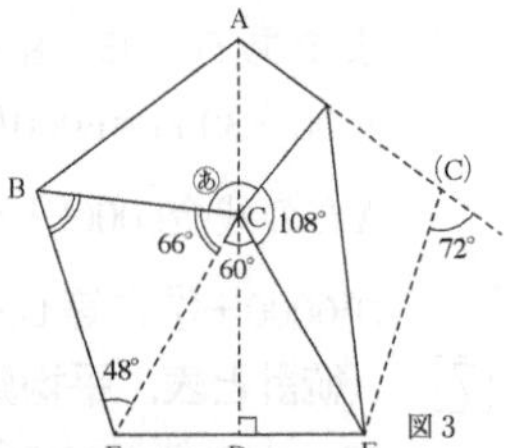

図3

重要 12　**(平面図形)**

次ページの図5において，全体の図形の面積は長方形2つと扇形2つの面積の和から平行四辺形の面積を引くことによって求められる。したがって，図4において色がついた部分の面積は長方形2つの面積から平行四辺形の面積を引いた大きさに等しく4×2×2－2×2＝12(cm^2)

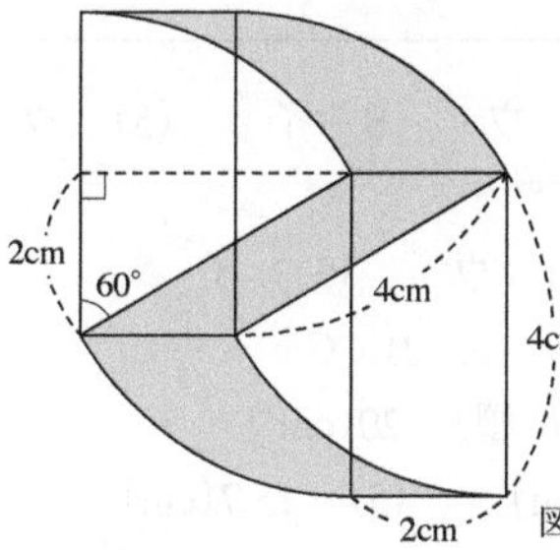

図4

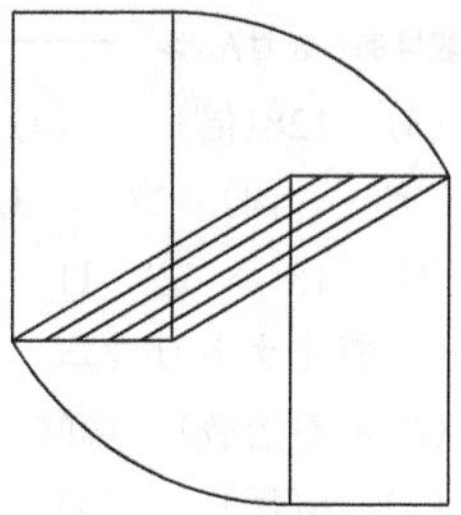
図5

重要 13 **(平面図形，規則性，数の性質，単位の換算)**

(1) 最初①から水が出た後，1秒後に②から水が出て，以下のように連続する。

0秒	1秒	2秒	3秒	4秒	5秒	6秒	7秒	8秒	9秒
①	②	③	④	⑤	⑥	⑦	⑧	⑨	⑩
10秒	11秒	12秒	13秒	14秒	15秒	16秒	17秒	18秒	19秒
⑨	⑧	⑦	⑥	⑤	④	③	②	①	②
20秒	21秒	22秒	23秒	24秒	25秒	26秒	27秒	28秒	29秒
③	④	⑤	⑥	⑦	⑧	⑨	⑩	⑨	⑧

上の規則において，⑩の時刻は9秒，27秒，45秒，…，$9+18\times6=117$(秒)と続き，$60\times2=120$(秒後)に水が出るのは⑦からである。

(2) (1)より，①は0秒，18秒，36秒，54秒，…と続き，⑩がない場合は，①が0秒，16秒，32秒，48秒，…と続く。したがって，0秒の後，18と16の公倍数である144秒毎に両側の①から同時に水が出るので，$60\times10=600$(秒間)では，$600\div144$の商$+1$より，5回

14 **(平面図形，立体図形，割合と比)**

基本 (1) $30\times30\times20\div(30\times30-300)=30$(cm)

重要 (2) 下図において，□cmの部分の水量は$1800\times10+300\times□=300\times□+18000$(cm^3)に等しく，これが$1800\times□$(cm^3)に等しい。したがって，水面の高さは$10+18000\div(1800-300)=22$(cm)，仕切りを動かした長さは$30-20\times30\div22=2\frac{8}{11}$(cm)

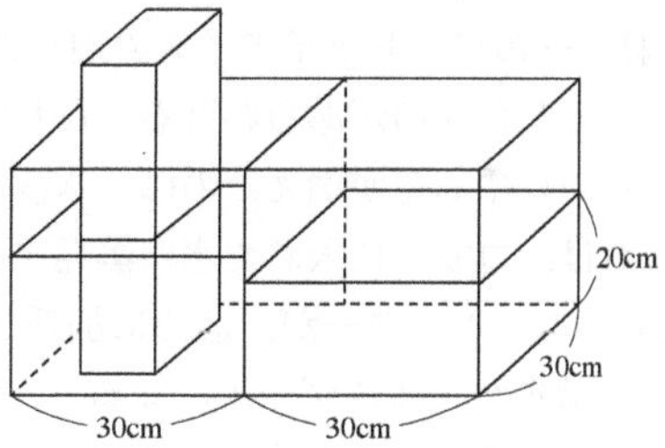

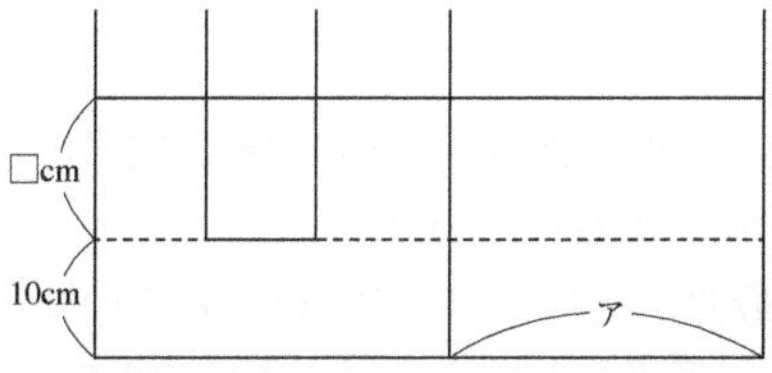

★ワンポイントアドバイス★

まちがいやすく解き方がわかりづらい問題は，4「ケーキの値段」，6「所持金」，8「平均算」，10「図形の周」などであるが，これらも特に難しいというレベルではない。自分にとって解きやすい問題から，着実に解いていこう。

＜理科解答＞ ≪学校からの正答の発表はありません。≫

1 (1) オ (2) エ，オ (3) 128(倍) (4) A ウ B イ (5) ウ
2 (1) ④ (2) オ (3) ア (4) ウ (5) ア
3 (1) エ (2) ア (3) ① 13 ② 11 (4) ウ (5) イ
4 (1) 食塩[塩化ナトリウム]と水酸化ナトリウム (2) A，B，C
(3) D (4) D (5) (加える溶液) 塩酸 (体積) 20(cm^3)
5 (1) 150(g) (2) 鉄 (3) 6(個) (4) 30(cm) (5) 15.7(cm)

○推定配点○
1 各2点×5((4)完答) 2 各2点×5 3 各2点×5((3)完答)
4 各2点×5((1)・(2)・(5)各完答) 5 各2点×5 計50点

＜理科解説＞

1 (総合－小問集合)

(1) ペンローズは宇宙の成り立ちの研究，ニュートンは「万有引力の法則」の発見，ガリレオは「ふりこ」の規則性などの研究，エジソンは「電球」などの発明をした人物である。

(2) ウミウシは無セキツイ動物の軟体動物の仲間，ヤドカリは無セキツイ動物の節足動物の仲間である。なお，それ以外はすべてセキツイ動物の仲間で，カナヘビはハ虫類，カワセミは鳥類，カモノハシはホ乳類，タツノオトシゴは魚類である。

やや難 (3) 本震のマグニチュード9.0と余震のマグニチュード7.6の差は，9.0－7.6＝1.4である。一方，1.4÷0.2＝7なので，本震のエネルギーの大きさは，余震のエネルギーの大きさの，2×2×2×2×2×2×2＝128(倍)である。

重要 (4) －79℃のドライアイスの周りの空気が冷やされると，水蒸気が水滴になることで，白くもやもやしたものがあらわれる。これは，植物の葉につくつゆと同じ変化である。また，少したつと，白いもやもやが消えたのは，水滴が周りの空気にあたためられて水蒸気になったからである。これは，コップに入れた水が蒸発することで，少しずつ減っていくのと同じ変化である。

やや難 (5) エレベーターが，最初に加速して上昇するときは，台ばかりは100gよりも少しだけ大きい値を示すが，速さが一定になると，台ばかりは100gを示す。最後に，減速して止まるまでの間は，100gよりも小さな値を示す。

2 (地層と岩石－流水のはたらきと地層)

(1) 海底が押し上げられ陸上になり，浸食された後，土地が沈降して再び海底になり，新しい地層がたい積することを不整合といい，浸食された面を不整合面という。

重要 (2) 川から海に運ばれた土砂は，粒が大きいれきが最初に沈む。続いて，砂，どろの順に沈む。

重要 (3) ア．火山灰が降り積もって押し固められた岩石を凝灰岩という。火山灰は流水のはたらきを受けずにたい積するので，粒が角ばっている。 イ．れき岩のこと。 ウ．石灰岩のこと。 エ．貝類の化石は砂岩に多く含まれている。 オ．泥岩のこと。

やや難 (4) 地震のとき，左右から押されるような強い力が加わると，図のように，上側の方が持ち上がるようにずれる。このようなずれを逆断層という。

やや難 (5) 千葉県市原市で「地磁気の逆転」を示す地層が見つかり，「チバニアン」と命名された。

3 (植物のなかま－コスモスの開花)

重要 (1) アはナデシコ，イはアヤメ，ウはカタクリ，オはヒナゲシである。

重要 (2) コスモス，キクは秋に開花する。なお，ツバキは冬，ハハコグサ・オオイヌノフグリ・レン

ゲは春に開花する。

(3)　実験1では，AとBだけで開花している。また，明るい時間が，Aでは12時間，Bでは13時間である。一方，暗い時間が，Aでは12時間，Bでは11時間である。したがって，明るい時間が13時間以下か暗い時間が11時間以上で開花することがわかる。

やや難 (4)　実験2では，明るい時間が13時間のFや12時間のGにおいて，開花しなかった。反対に，暗い時間が11時間のEでは開花している。したがって，コスモスの開花の条件は，連続した暗い時間(11時間以上)であることがわかる。

やや難 (5)　Hでは，連続した暗い時間が7時間しかないので開花しない。一方，Iでは，連続した暗い時間が13時間なので開花する。

4　(水溶液の性質－塩酸と水酸化ナトリウム水溶液の中和)

(1)　Aにおいては水酸化ナトリウムの固体が1種類だけ残る。また，BとCにおいては，塩酸と水酸化ナトリウム水溶液の中和によって生じた食塩(塩化ナトリウム)とあまった水酸化ナトリウム水溶液中の水酸化ナトリウムの2種類の固体が残る。さらに，A～Eに鉄を加えると，反応したものが1つだけであったので，Dでは，塩酸と水酸化ナトリウム水溶液が完全に中和して中性になっていることがわかり，Eでは，塩酸があまり，酸性になっているので，鉄がとけることがわかる。

(2)　A～Cはアルカリ性なので，BTB溶液を加えると青色になる。

(3)・(4)　Dでは，塩酸と水酸化ナトリウム水溶液が完全に中和するので，液の温度が最も高くなる。また，中性の食塩水になるので，アルミニウムはとけない。

やや難 (5)　A～Eをすべて混ぜると，水酸化ナトリウム水溶液は，$10(\mathrm{cm}^3)\times5=50(\mathrm{cm}^3)$になり，塩酸は，$4(\mathrm{cm}^3)+8(\mathrm{cm}^3)+12(\mathrm{cm}^3)+16(\mathrm{cm}^3)=40(\mathrm{cm}^3)$になる。一方，完全に中和するときの体積の比が，水酸化ナトリウム水溶液：塩酸＝10：12＝5：6なので，50cm^{3}の水酸化ナトリウム水溶液と完全に中和する塩酸の体積が，$50(\mathrm{cm}^3)\times\frac{6}{5}=60(\mathrm{cm}^3)$である。したがって，塩酸を$60(\mathrm{cm}^3)-40(\mathrm{cm}^3)=20(\mathrm{cm}^3)$加える必要がある。

5　(力のはたらき－てこのつり合いとばね)

(1)　てこのつり合いより，おもりXの重さは，$40(\mathrm{cm})\times225(\mathrm{g})\div60(\mathrm{cm})=150(\mathrm{g})$である。

(2)　おもりXの1cm^{3}あたりの重さは，$150(\mathrm{g})\div19(\mathrm{cm}^3)=7.89\cdots(\mathrm{g})$より，鉄でできていることがわかる。

(3)　表2から，ばねAは，おもりX1個で，$20(\mathrm{cm})-16(\mathrm{cm})=4(\mathrm{cm})$のびるので，おもりをつるさないときの長さが，$16(\mathrm{cm})-4(\mathrm{cm})=12(\mathrm{cm})$である。したがって，もとの長さの3倍は，$12(\mathrm{cm})\times3=36(\mathrm{cm})$であり，そのときのばねAののびが，$36(\mathrm{cm})-12(\mathrm{cm})=24(\mathrm{cm})$なので，つるしたおもりXの数は，$24(\mathrm{cm})\div4(\mathrm{cm})=6$(個)である。

やや難 (4)　図2では，おもりX2個の重さが，ばねAとばねBにかかる。したがって，表2から，ばねAは20cmになり，半分に切ったばねBは，もとの長さもばねののびも半分になるので，$20(\mathrm{cm})\div2=10(\mathrm{cm})$になる。したがって，ばね全体の長さは，$20(\mathrm{cm})+10(\mathrm{cm})=30(\mathrm{cm})$になる。

やや難 (5)　おもりXを水に半分の体積だけ沈めたので，$19(\mathrm{cm}^3)\div2=9.5(\mathrm{cm}^3)$より，ばねAにかかる力は9.5g軽くなり，$150(\mathrm{g})-9.5(\mathrm{g})=140.5(\mathrm{g})$の力がかかる。

したがって，ばねAの長さは，$12(\mathrm{cm})+4(\mathrm{cm})\times\frac{140.5(\mathrm{g})}{150(\mathrm{g})}=15.74\cdots(\mathrm{cm})$より，15.7cmである。

★ワンポイントアドバイス★

生物・化学・地学・物理の4分野において，基本問題に十分に慣れておこう。
その上で，各分野の計算問題にもしっかりとり組んでおこう。

＜社会解答＞ ≪学校からの正答の発表はありません。≫

1 問1 ④ 問2 ① 問3 ③

2 問1 ④ 問2 大名 ③ 地域 い 問3 語群 ④ 選択肢 ⑦
問4 番号 ② 位置 き 問5 ①

3 問1 ② 問2 ④ 問3 ① 問4 ③

4 問1 番号 ⑤ 人形 はにわ 問2 番号 ④ 楽器 びわ 問3 ②
問4 2番目 ① 4番目 ③ 問5 ④ メルケル首相
問6 できごと ア 選択肢 ③

5 問1 (1) 勝海舟 (2) 西郷隆盛 問2 番号 ② 時期 イ
問3 番号 ① 国名 イギリス 問4 ④

6 問1 ⑤ 問2 〈Ⅰ〉 ③ 〈Ⅱ〉 個人情報

○推定配点○

1 各2点×3 2 各2点×5(問2～問4各完答) 3 各2点×4
4 各2点×6(問1・問2・問3・問4～問6各完答)
5 各2点×5(問1・問3各完答) 6 各2点×2(問2完答) 計50点

＜社会解説＞

1 （日本の地理－地形図，河川氾濫についての問題）

問1 ④ 設問の地形図は縮尺が5万分の1なので，等高線は20メートルごとになる。読み取りづらいが，図の左端付近で河川が大きく蛇行している所の友尻という地名の少し下に307という数字があり，ここから数えていくと，川の辺りは大体標高80m前後になる。また，川沿いに見ていき，右端近くの温泉町という地名のところが100mの数字があり，ここから等高線を数えると60m前後となる。したがって図の左が高く右が低いことになるので川は北西から南東に流れていると判断できる。

重要 問2 ① 河川の傾斜が急であれば流れも急になるので，その場所に水は溜まりにくいため氾濫することは少ない。むしろ流れがゆるい場所の方が危険。

問3 ③ 令和2年7月の豪雨で氾濫を起こしたのは選択肢の中だと山形県の最上川。①は高知県の四万十川，②は富山県の黒部川，④は北海道の石狩川。

2 （日本の地理－中部地方に関する問題）

やや難 問1 ④ 浜松市は例年だとここまで降水量が多くはないが，2019年は多かった。①は気温は近いが降水量が少なすぎる。②は気温が浜松にしては低く，降水量も少ない。③は1月の降水量が多いので日本海側と見た方がよい。

基本 問2 ③ 現在の山梨県の辺りを支配していた戦国大名は武田氏。

問3 ④ 濃尾平野はいわゆる木曽三川の木曽川，長良川，揖斐川が流れ，かつては河川の氾濫が多かったことから輪中が多く形成されている。また，天井川は川底が周囲よりも高いことで，いったん堤防が決壊し氾濫すると復旧するのが大変なので⑦が誤り。

問4 ② 飛驒は岐阜県の辺りの昔の名称なので場所がきとなる。

問5 ① 静岡県は北側には赤石山脈があり，その山間に水力発電所もあり，南は海になっているので火力発電所もあり，また風力発電，太陽光発電も比較的さかんに行われているので①となる。②は原子力発電が大きいので福井県，③は火力発電が他と比べるとかなり低いので内陸の長野県，④は火力発電の比率がかなり高くなるので愛知県。

3 (日本の地理－災害に関連する問題)

基本 問1 ①は煙突，③は灯台，④は電子基準点のもの。

やや難 問2 ①，② 災害のボランティア活動で大事なのは現地に負担をかけないこと。食糧や飲み水などが被災者への支援物資になるものなので，それをボランティアがあてにするのは間違い。また，被災地では避難所へ被災した人を収容するので精一杯なので，ボランティアがそこに負担をかけるのも問題外。 ③ ボランティア活動の際には，まず自身のみの安全を図ることが大事。長袖・長ズボンはもちろんのこと，足回りに関しては，運動靴だと浅く，汚水や土などが入りやすく，また被災地だと尖ったものが散乱していることもあり，靴底や靴の外側が丈夫な長靴などの方が良い。

問3 ① リアス海岸の地域は海岸線が複雑になっていることで，波が普段は穏やかなのでサーフィンなどには向かない。緩やかな海岸線の場所の方が良い。

重要 問4 ③ 河川が普段流れている場所よりも一段高い場所を少し広くとっておくことで，万が一流量が増えても，その場所までで水を溜めておければ堤防を越える可能性は低くなる。

4 (日本の歴史－「音楽」に関連する歴史の問題)

問1 図Aは埴輪(はにわ)。古墳の土をもってある部分の土が崩れないようにするために用いられている他，埋葬された人が死後の世界で，生前と同じような暮らしをできるようにするために，家や馬，人などの形をしたはにわを墓に置いたともみられている。当初は古墳は権力者がその力を示すために大きな墓を作ったもので，大きな権力が存在したと見られている近畿地方を中心に巨大な古墳が作られた。③は旧石器時代，①と④は弥生時代，②は飛鳥時代のもの。

問2 琵琶は普通は弦が4本の楽器。問題の図Cの写真は東大寺正倉院にある五弦の琵琶で，五弦の琵琶はきわめて珍しい。琵琶法師の弾き語りで伝えられてきたのが，平氏の盛衰を題材とした平家物語。

重要 問3 Cは奈良時代，Dは「源氏物語絵巻」で平安時代，Bが鎌倉時代。

問4 ④ 独立宣言が出されたのは1776年→① 奴隷解放宣言が出されたのは1863年→② キング牧師が有名な演説をしたのは1963年→③ バラク・オバマが大統領に就任したのは2009年。

やや難 問5 ドイツの首相はアンゲラ・メルケルで，旧東ドイツ時代は物理学者として活躍し，ベルリンの壁が1989年に崩壊して東西冷戦が終わると政治家に転身した。空欄Xに入る言葉は，文脈から判断し，国民の生活などを制限することが，国民の総意に基づく政治を基本とする民主主義に反するということが読み取れればわかる。

問6 湾岸戦争は1991年，第四次中東戦争は1973年，朝鮮戦争は1950年から1953年，ベトナム戦争は1965年から1975年，イラク戦争は2003年から2011年。アメリカの同時多発テロは2001年9月11日なので，タイミングとしては湾岸戦争とイラク戦争との間の時期になる。

5 (日本の歴史－勝海舟に関連する問題)

問1 1 勝海舟は江戸幕府の下級武士の家に生まれ，蘭学を身につけたことで取り立てられ，西洋式の船に関する事柄を学び，日本の西洋式の海軍創設にかかわる。 2 西郷隆盛は薩摩藩の下級武士の家に生まれたが，藩主の島津斉彬に取り立てられ活躍するようになる。斉彬の死後，浮き沈みがあったが，薩長同盟を結び，朝廷と接近し，戊辰戦争の際には新政府側の軍隊で重要な役割を果たした。

問2　②　咸臨丸は幕府が購入した二隻目の西洋式の蒸気船で，スクリューを使って出港・入港し，普通に航海する際には帆を広げ帆船として航行した。サスケナハ号は1853年，1854年にペリーが日本を訪れた際に乗っていた船。ノルマントン号はイギリスの貨物船で1886年に三重県・和歌山県沖で遭難沈没し，その際に外国人の船長や船員が乗っていた日本人を助けず，そのことを日本が問題として処罰しようとしても日本が外国に領事裁判権を与えていたためにできず，条約改正への期待が高まった。対馬丸は日本の貨物船で，1944年に来る沖縄戦に備えて沖縄から本土へ疎開する子供や老人をのせて航行していた際に，アメリカ軍の潜水艦の攻撃を受けて沈没し，多数の民間人の犠牲者が出た対馬丸事件で有名になった。

問3　世界で最初に産業革命がおこったのがイギリスで，18世紀の中頃で日本では享保の改革が終わる頃。イギリスで上質の綿織物を安く大量に作れないかということで始まる。工業の飛躍的な発展に動力の変化が加わったことで産業革命となり，イギリスは他国に先駆けて成し遂げた様々な工業における発展を門外不出とし，他の欧米の国々が産業革命を迎えるのはその100年ほど後で，1858年頃はアメリカで産業革命が進み始めていた頃になる。1858年の日米修好通商条約に関税自主権を日本に与えないことが入っているのは，アメリカが当時イギリスとの間で問題となっていたことを，アメリカが産業革命達成後に日本との間で問題とならないようにするために先手を打ったものである。日米和親条約は1854年，四国連合艦隊の下関砲撃は1864年，ペリーが浦賀に来航したのは1853年，1854年。

重要　問4　④　大政奉還は1867年なのでウ，西南戦争は1877年なのでエ，大塩平八郎の乱は1837年なのでアの時期になる。

6　(時事問題－時事に関する問題)

問1　⑤　新型コロナによって世の中に起こった様々な変化に関する問題。経済活動が停滞したのは事実だが，この状況の中で新たに成長している業種もある。

やや難　問2　〈Ⅰ〉　③　インターネット上の情報の信ぴょう性を判断するには，いかに客観的に見て信用できるものかどうかというのが一つの基準になる。自分の考えに似ているというのは主観的な判断で信ぴょう性はない。〈Ⅱ〉　インターネット上の様々なサービスを利用する際に，無料で提供されているサービスでも利用前にあらかじめ利用者が何らかの利用の手続き等をすることが必要なものが多くある。その登録の際に利用者がサービスを提供する側に開示してしまっている個人情報は，そのサービスを提供する側が悪用できないように個人情報保護の法制度が設けられているが，実際にはインターネットのサービスを利用する側が様々な危険性も十分に理解した上で個人情報をむやみに提供しないように自衛するしかない部分もある。

★ワンポイントアドバイス★

通り一遍の勉強ぐらいだとわかりづらい問題もあるが，記号選択の問題は正解を見つけられない場合には消去法で答えを絞り込んでいく方が早いこともあるので，臨機応変に対応していくことが必要。

＜国語解答＞ ≪学校からの正答の発表はありません。≫

一 (1) 穀倉 (2) 衛星 (3) 差(す) (4) 批評 (5) 孝行 (6) 大枚

二 (1) いつ (2) ア (3) イ (4) ① 病 ② ウ ③ 窓

三 (1) ネガティブ (2) 否定的～きない (3) ウ (4) エ (5) イ
(6) ① 自信 ② 成功 (7) 有意義 (8) 海抜ゼ (9) ウ

四 (1) 満 (2) 世代交代 (3) はれもの (4) ウ (5) イ (6) 世のさ
(7) Ⅰ 快感 Ⅱ 安心 (8) エ

五 (1) 手 (2) エ (3) (例) 食堂を訪れた人々みんなに，家族のような愛情をもって接していた点。 (4) 伝票～た金 (5) ひと(り)よが(り) (6) 瞳を揺らす (7) ア (8) ウ (9) ① 表紙に ② 口もと

○推定配点○

一 各2点×6 二 (1)・(4)①② 各2点×3 他 各3点×3
三 (1)・(4)・(6)・(7) 各2点×5 他 各3点×5
四 (4)・(6)・(8) 各3点×3 他 各2点×6
五 (1)・(2)・(5)・(7) 各2点×4 (3) 4点 他 各3点×5 計100点

＜国語解説＞

基本 一 (漢字の書き取り)

(1)は，稲や麦などの穀物を多く産出する地域。(2)は，地球などの周囲を公転する人工の物体のこと。(3)の「魔が差す」は，悪魔が心に入りこんだように，一瞬判断や行動を誤ること。(4)は，良い点や悪い点を指摘して自分の評価を述べること。(5)は，子として親を大切にすること。(6)は，多額のお金のことで，「大枚をはたく」は，多額のお金を使うこと。

二 (詩－細部の読み取り，空欄補充，表現技法)

基本 (1) 「擬人法」は人間ではないものを人間に見立てて表現する技法で，「いつも話相手になることを待っている」の主語は「本立」なので，擬人法が用いられている。

(2) Ⓐは病室の窓から見える，ありふれた自然である。Ⓒは「わたしのすまいとして」のベッドをささえてくれる場所，ということなので，アが適切。Ⓐ＝風景としてのありふれた自然，Ⓒ＝〈わたし〉を支える心強い場所，ということを説明していない他の選択肢は不適切。

重要 (3) 自分の世話をしてくれる「看護婦さん」や「助手さん」，毎日たずねてくれる「妻」だけでなく，「窓」や「食器」「本立」「卓上のオモチャの子犬」など，自分を支えてくれる人やものに囲まれている今の状況に思いを寄せているので，イが適切。自分を支えてくれる人やものへの思いを説明していない他の選択肢は不適切。

やや難 (4) ① 詩中の「にかかっても」，説明文中の「に冒され」から，「病(やまい)」が入る。 ② 説明文の「自分が心をゆるした人やもの」について，日常のひとつとして世話をしてくれる人たち，また，ひとつひとつはささいなものだが，「わたし」の心の支えになっているものとして詠まれているので，ウが適切。説明文で「閉ざされた部屋で過ごすことを余儀なく(そうせざるを得ないこと)されて」「人生の最期を安心・納得して迎え入れよう」と述べているので，他の選択肢は不適切。 ③ 病室にいる作者は，「窓があるから」外の風景が見えるので，作者を外の世界につなげているものは「窓」である。

三 (論説文－大意・要旨・細部の読み取り，空欄補充，内容真偽，ことばの意味，反対語)

(1) 物事を楽観的，積極的，肯定的にとらえるという意味の「ポジティブ」の反対語は，悲観的，

消極的，否定的にとらえるという意味の「ネガティブ」。

(2) 傍線部Ⓑと対照的な会話をする人として，「逆に，……」で始まる段落で，「否定的，あるいは消極的な反応しかできない(20字)」人について述べており，「～会話」にも続くので，この部分を書きぬく。

重要 (3) 傍線部Ⓒは「もちろん客観的に，……」で始まる段落で述べているように，まだまとまっていない，〈考え〉としても形をなしていないような，自分の考えの輪郭をはっきりさせたい，ということなので，ウが適切。まとまっていない自分の考えを形にしたいということを説明していない他の選択肢は不適切。

(4) 傍線部Ⓓは，愚(おろ)かな話であると言えないほど愚かであるということで，ばかげていて問題にもならないという意味。

重要 (5) 傍線部Ⓔの「適切な判断」は，親として正しい方向性を示していることである。「自分の才能あるいは可能性に目を開かれること」は，「そんなポジティブな……」で始まる段落で述べているように「相槌」によって能力の蓋が開かれ，高く伸びていくという可能性のことなので，イが適切。「適切な判断」と「自分の……開かれること」を正しく説明していない他の選択肢は不適切。

(6) 傍線部Ⓕ直後～次段落で，Ⓕの説明として，実行して失敗を経験する，あるいは実際に実行しなくても，親に褒められたりすることで得る「自信」(＝①)こそが，「成功」(＝②)体験と同じような効果を持つはずである，ということを述べている。

基本 (7) 空らんⒼには，意義や価値があるという意味の「有意義(ゆういぎ)」が入る。

(8) 傍線部Ⓗは，相手と「同じ目線」ということで，このことと同様のことを最後の段落で「海抜ゼロメートルの位置(11字)」から，相手の可能性の最大値を考えてみる，と述べている。「海抜」は海水面から測った陸地の高さのことで，ここでは，相手との目線の差がないという比喩で用いている。

やや難 (9) 「相手の話に興味を持つこと」「もちろん客観的に……的確なゴー，あるいはストップのシグナルを出せることは大切なことである」と述べているので，アの「常に筆者のやることに賛成してくれて」は合っていない。「ポジティブな『相槌』によって」自分の考えが開いていき，歩幅も大きくなることは述べているが，イの「人間関係は飛躍的に発展して」とは述べていない。ウは「しかし，前にも……」から続く3段落で述べている。「『私にはわからない』というひと言が言いにくい」と述べているが，エの「『私にはわからない』と言えれば本当の相談者として認められる」とは述べていない。

四 **(論説文－大意・要旨・細部の読み取り，接続語，空欄補充，内容真偽，反対語，慣用句・四字熟語)**

(1) 「中身や内容がない」という意味の「虚しい」の対義語は，「満ち足りている」すなわち「しかし，私たちは……」で始まる段落にある「満(たされない)」である。

(2) 「世代交代」の読みは「せだいこうたい」。

基本 (3) 「はれもの に触る」は，皮ふがはれてうみなどをもったできもののことで，痛いはれものにふれるような感じで接する，ということ。

重要 (4) 「一番簡単なのは……」から続く2段落で，「ときがたてば秩序あるものは必ず無秩序になってい」き，「壊れてきたら直せばいい」という考えで「現存する世界文化遺産は」「新しい部分と古い部分がごっちゃになっているのだから」「遺産というかたちで保存するしかな」く「現役でバリバリ働けるというものでもない」と述べているので，ウが適切。「無秩序」を「秩序」にして保存するということを説明していない他の選択肢は不適切。

(5) 空らんⒺ直前の内容(死ぬと虚しく，どこかに永遠がないと心が落ち着かないので，人間は天国の永遠を考えて宗教を生み出したこと)とは相反する内容(生命そのものが「この世の永遠」であること)が続いているので，イが適切。

(6) 「虚しい学問なんて……」で始まる段落の「世のさまざまな物事について知ることは，すなわち自分の世界を広げる(32字)(ことができる)」が，傍線部Ⓕを言いかえている表現である。

重要 (7) 「虚しい学問なんて……」で始まる段落で，さまざまな物事について知って自分の世界を広げることで脳みそが「快感」を覚えること，また「生物学だけを……」で始まる段落でも，いろんな分野の学問を勉強するうちにこの結論(＝永遠を得られること)にたどり着いたことは，脳みそにとってかなりの「快感」であるうえ,「安心」して生きて,死んでいける,と述べていることから，Ⅰには「快感」，Ⅱには「安心」が入る。Ⅱ直後に，Ⅱとは逆のこととして「知らなければ不安が募ってゆく」と説明していることから，Ⅱには「不安」の対義語が入ることも参考にする。

やや難 (8) 最後の段落で「生物学」は「脳みそのパン」であることを述べているので，アは合っていない。「何をどうしたって…」で始まる段落で「生命そのものが『この世の永遠』」は生物学の見方であることを述べているので，イも合っていない。「伊勢神宮は式年遷宮」という「同じものを建て替えて続けていくというやり方」で「機能している」ことは述べているが，「一番簡単……」で始まる段落で，物理学では「ときがたてば秩序あるものは必ず無秩序になっていく」と述べているので，ウも合っていない。エは「それに対して……」で始まる段落で述べている。

五 **(小説－情景・心情・細部の読み取り，空欄補充，ことばの意味，慣用句，記述力)**

(1) 傍線部Ⓐの「手を打つ」は，感情が高ぶって思わず両手を打ち合わせているという意味。

(2) 空らんⒷは，にやにやしていることを指摘したのに否定する父に対する真琴の様子なので，エが適切。Ⓑ後で「やっぱり笑ってるじゃん」と話していることも参考にする。

重要 (3) 傍線部Ⓒ前で，母は「家族のような愛情であの食堂を訪れた人々に接していた」ことが描かれており，このことを「誇り」に思っているので，この部分を指定字数以内にまとめる。

(4) 傍線部Ⓓは，「おれは客を……」で始まる段落で描かれている「伝票と，客が落としていった金(14字)」のことである。

基本 (5) 「ひとりよがり(善がり)」は，「自分よがり」ともいう。

(6) 傍線部Ⓕ後「瞳を揺らす」という描写は視線が安定していない様子で，拓郎の動揺が読み取れる。

(7) 空らんⒼは「『お店，潰れそうなの？』」という真琴の問いかけに，咄嗟に否定しなかったからといって「正直に話してどうする」という，自分自身に対する「怒り」の感情がわき起こったということである。

重要 (8) 傍線部Ⓗ直後で，美姫も真琴も自分の知らないところで心配してくれていたのに，家族の誰も判ってくれないと嘆いていた自分を心底莫迦だと思い，自分のほうこそ，今まで家族の何を見ていたんだ，という拓朗の心情が描かれており，「自分を心底莫迦だと思う」「ちくしょう」から自分の不甲斐なさを感じていることが読み取れるので，ウが適切。自分自身に対する「不甲斐なさ」すなわち，情けない思いを説明していない他の選択肢は不適切。

やや難 (9) ① 冒頭の場面で，「ノート」を見ながら親子丼を作ったと言う真琴からその「ノート」を受け取り,「表紙に並ぶ文字を食い入るように見つめる」拓朗の様子が描かれている。その「ノート」の表紙の文字は「なつかしい母の文字」で，まぎれもなく拓朗の母が残したレシピノートだったため，拓郎にとっては「特別な意味を含むもの」だったのである。 ② 「拓朗は甘い桜でんぶ……」で始まる場面で，母のレシピノートを見ながら，自分の誕生日に母が作ってくれたちらし寿司を思いだしてにやにや笑っているのを真琴に見られ，恥ずかしくて「口もとをひきしめる(9字)」拓朗の様子が描かれている。

★ワンポイントアドバイス★

詩では，作者が置かれている状況もふまえて，作者が感じていることをしっかり読み取っていこう。

2020年度

★★★★★★★★★★★★★★★★★★★★★★★★

入　試　問　題

2020年度

青山学院中等部入試問題

【算　数】（50分）　＜満点：100点＞

【注意】 □ にあてはまる数を入れなさい。円周率を使う場合は3.14とします。

1　$63 - 3 \times (21 - 20 \div 5 \times 4) = \square$

2　$\left(5\frac{1}{12} - 1\frac{3}{4} \times \frac{1}{3}\right) \div 2.25 = \square$

3　$2\frac{2}{5} \div \frac{4}{15} \times \left(\frac{4}{\square} - 0.25\right) - 2.5 = \frac{11}{28}$

4　降水量は降った雨がそのまま溜（た）まった場合の水の深さのことであり，mmで表します。縮尺2500分の１の地図上で3.5㎠である平地における１時間の降水量が20mmでした。このときの雨の量は500mLのペットボトル □ 本分です。

5　ある中学校では，運動部の生徒は全体の$\frac{4}{7}$，文化部の生徒は全体の$\frac{1}{3}$，運動部と文化部のどちらにも入っていない生徒は全体の$\frac{5}{21}$，運動部と文化部の両方に入っている生徒は144人でした。この学校の全校生徒は［ア］人で，運動部のみに入っている生徒は［イ］人です。

6　1500mL入りのびんＡと1200mL入りのびんＢがあります。Ａには$\frac{3}{8}$，Ｂには$\frac{3}{4}$の水が入っています。いまＡの水の$\frac{1}{3}$をＢに移してからＢに入っている水の$\frac{4}{5}$をＡに移しました。Ａには □ mLの水が入っています。

7　ひろし君は分速90ｍの速さで家から学校に向かいました。弟はひろし君が出発した５分後に分速60ｍの速さで学校に向かいました。ひろし君は学校に着いた８分後に忘れ物に気づいて，取りに戻るために同じ速さで家に向かうと学校から450ｍのところで弟に出会いました。家から学校までの道のりは □ ｍです。

8　ある中学校で英語のテストをしたところ平均は68点でした。女子の人数は全体の64％で平均は71.5点です。欠席した５人の男子が次の日にテストを受けたので，女子の人数は全体の60％になりました。この５人の男子の平均は66.4点です。男子全員の平均は □ 点です。

9　兄と弟はエスカレーターに乗ってホームのある階から改札のある階まで移動します。兄が５段歩いて上がる間に弟は３段歩いて上がると，兄は50段，弟は40段歩いたところで改札のある階に着きました。エスカレーターの段数は［　　］段です。

10　あるお店ではA，B，C３種類のキャンディがあり，それぞれの値段は100gあたり480円，390円，345円です。Aのキャンディの量とBのキャンディの量の比を　4：5　にして，Cをいくらか加えた詰め合わせを作ったところ，100gあたり420円になりました。このとき，A，B，Cのキャンディの量を最も簡単な整数の比で表すと［　　］：［　　］：［　　］です。

11　図の㋐は底辺６cmの直角二等辺三角形で，㋑と㋒は一辺４cmの正方形です。㋐，㋑，㋒はそれぞれ２cmずつ離れています。㋑は秒速１cmで，㋒は秒速２cmで矢印の方向に同時に移動しました。７秒後に㋐，㋑，㋒の３枚が重なる面積は［　　］cm^2です。

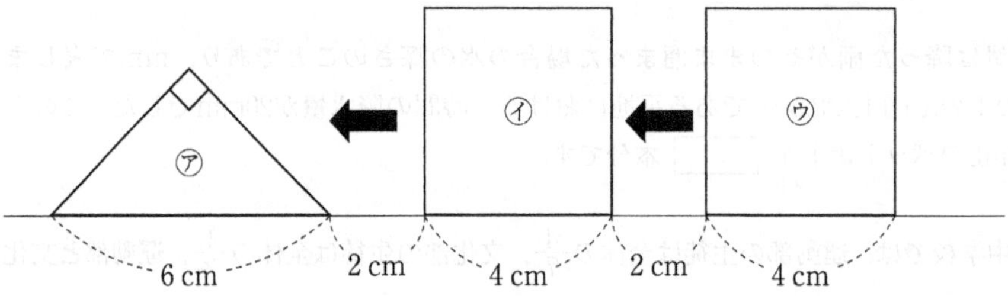

12　図は中心が点O，半径が２cmの円で，直径ABとCDは垂直に交わっています。
この円を中心Oを通るようにBE，DFで折り曲げます。色のついた部分の周りの長さは［　　］cmです。

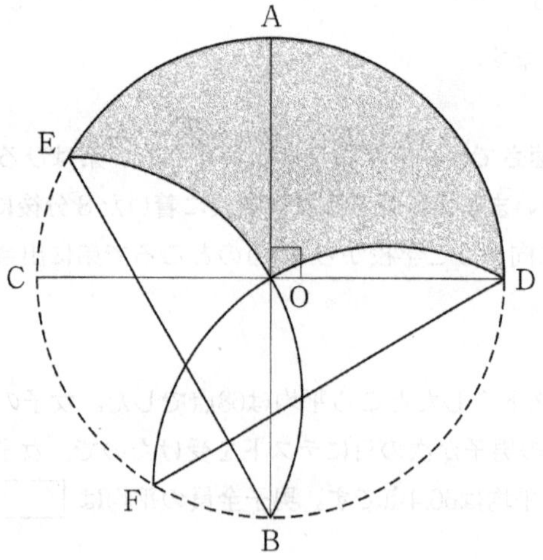

13　図１は底面が正方形の四角柱と底面が直角二等辺三角形の三角柱を組み合わせた容器で，中に水が入っています。図２と図３は図１の容器を異なる面を下にして置いた図です。

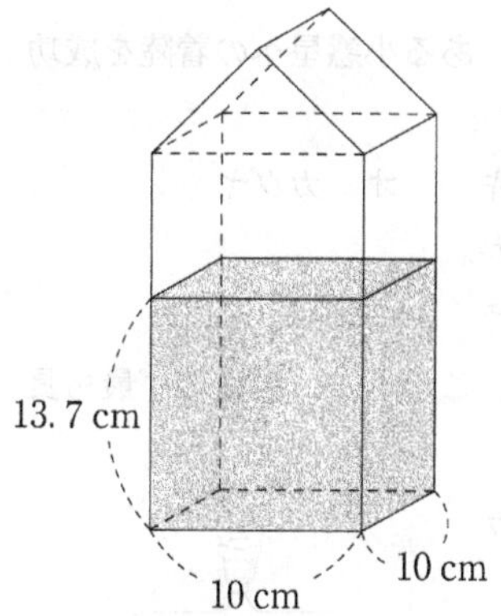

図１

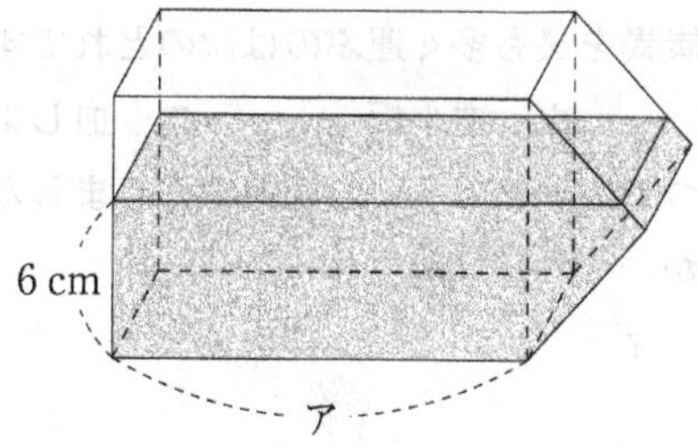

図２

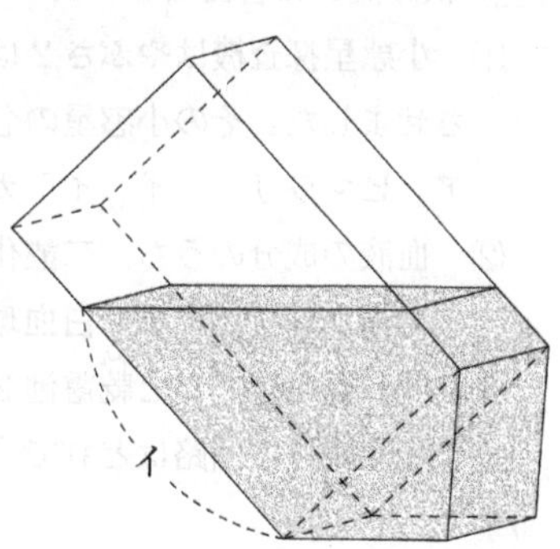

図３

⑴　図２のアの長さは [　　] cmです。

⑵　図３のイの長さは [　　] cmです。

14　ある中学校の売店ではあんパン100円，クリームパン150円，カレーパン250円で売っています。表１はある日に売れたパンの数を，表２は生徒が使った金額を表しています。同じ商品を２個以上買った生徒はいませんでした。

表１

パンの種類	売れた数（個）
あんパン	57
クリームパン	80
カレーパン	75

表２

使った金額（円）	人数（人）
100	26
150	32
250	40
350	?
400	?
500	8

⑴　パンを２個買った生徒のうち，クリームパンを買った生徒の人数はあんパンを買った生徒の人数よりも [　　] 人多いです。

⑵　パンを１個買った生徒のうち，カレーパンを買った生徒の人数は [　　] 人です。

【理　科】（25分）　＜満点：50点＞

1　次の問いに答えなさい。

⑴　小惑星探査機はやぶさ２は，2019年７月に地下物質の採取のため，ある小惑星への着陸を成功させました。その小惑星の名前を選びなさい。

ア　ヒマワリ　　イ　イトカワ　　ウ　リュウグウ　　エ　アカツキ　　オ　カグヤ

⑵　血液の成分のうち，二酸化炭素を最も多く運ぶのは次のどれですか。

ア　赤血球　　イ　白血球　　ウ　血小板　　エ　血しょう

⑶　同じ豆電球２つと乾電池２つでア～オの５つの回路を作りました。このうち，豆電球が最も長く光り続ける回路はどれですか。

ア

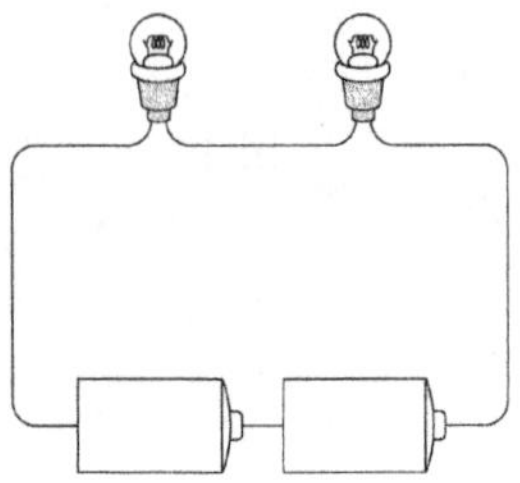

イ

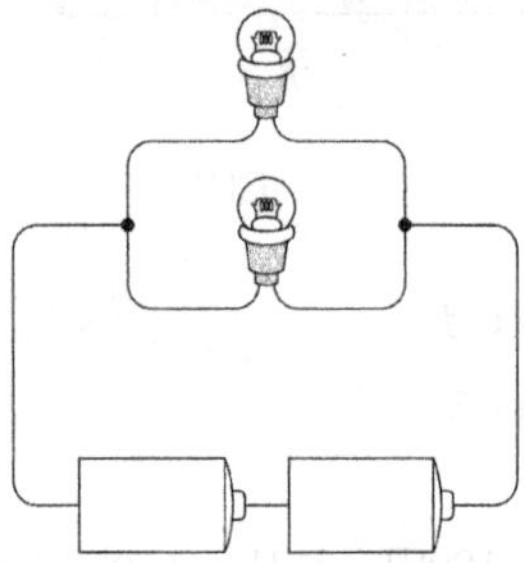

ウ

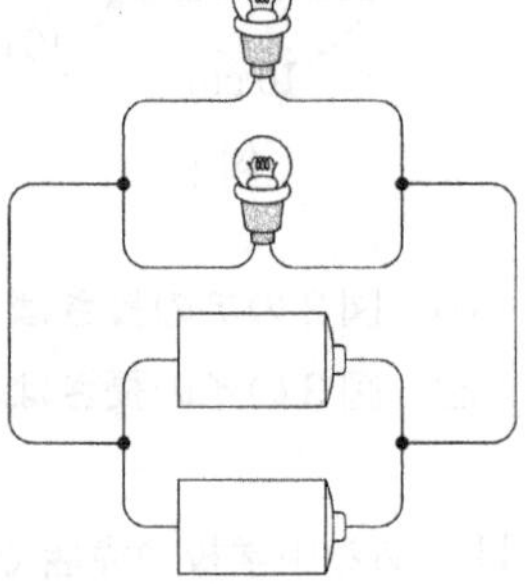

エ

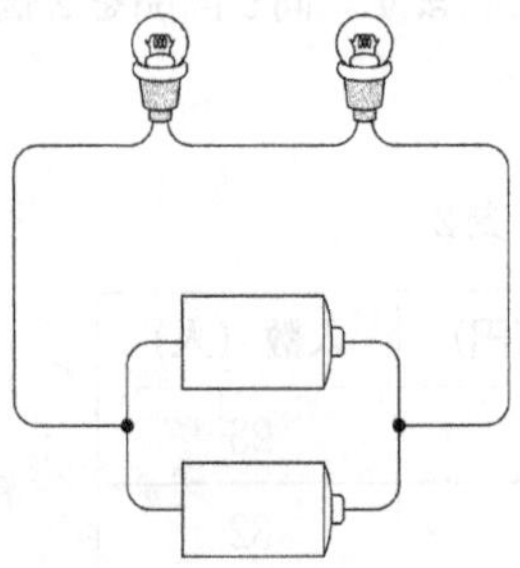

オ

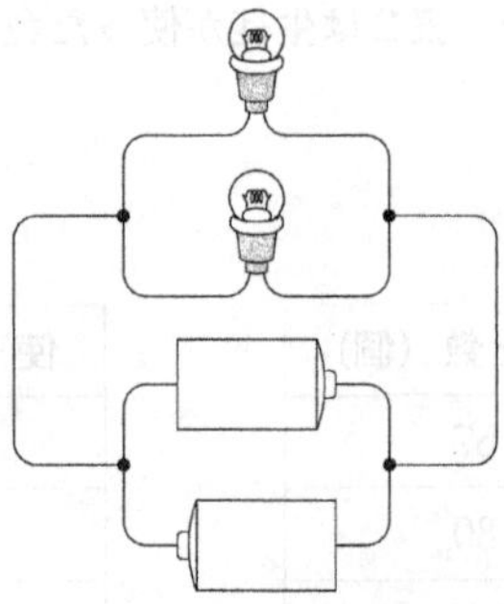

⑷　食酢の入ったビーカーに生卵を殻ごと入れ，数日間放置すると卵の外側にある白色の殻がなくなり，少しふくらみ，薄い膜で覆われた弾力のある卵になります。この卵を水でよく洗い，非常に濃い食塩水に数日漬けておくと卵はどうなりますか。

ア　さらに大きくふくらむ　　イ　少ししぼむ　　ウ　膜が破れる

エ　膜が黒色に変わっていく　　オ　変わらない

⑸　今年の東京オリンピック・パラリンピック競技大会の約5000個のメダルは，全国各地から集めたリサイクル金属で作られています。それぞれのメダルの原材料は次のようになっています。

金メダル：純銀に６ｇ以上の金メッキ

銀メダル：純銀（１cm^3あたりの重さは10.5ｇ）

銅メダル：丹銅（銅と亜鉛の合金　１cm^3あたりの重さは8.8ｇ）

銀メダルの重さが550ｇであることがわかっています。すべてのメダルの大きさ（体積）が同じであるとすると，銅メダルは銀メダルに比べて約何ｇ軽いでしょうか。次の中から選びなさい。

ア　17ｇ　　イ　52ｇ　　ウ　63ｇ　　エ　89ｇ　　オ　234ｇ

2 2月のはじめは1年の中でも最も寒い時期で，他の季節に比べて見かける生物が少なくなります。

⑴ 寒い時期に外で活動できない動物は，体温の調節ができません。このような動物を [X] 動物といいます。Xにあてはまる言葉を漢字2文字で答えなさい。

⑵ 寒い時期にナナホシテントウはどの状態で過ごしますか。

ア 成虫　イ さなぎ　ウ 幼虫　エ 卵　オ 決まっていない

⑶ ニホンヤマネは，ヒトと同じほ乳類ですが，暖かい時期にたくさん食べ，寒い時期は何も食べずに冬眠をして過ごします。ニホンヤマネが，たくわえたエネルギーを節約するために，冬眠中に行っていることを選びなさい。

ア 集団であたため合う　イ 呼吸をしない

ウ 自ら栄養をつくり出す　エ 体温を低くする

⑷ 寒い時期に花や葉をつけている植物も見られます。①，②にあてはまる植物をそれぞれ選びなさい。

① 2月頃（ごろ）に花を咲（さ）かせて，1年中，葉をつけている。

② 2月頃に葉をつけて，9月頃に花を咲かせる。

ア コスモス　イ ツバキ　ウ ヒガンバナ　エ ホウセンカ　オ アジサイ

3 空気に含まれる水蒸気が小さな水滴（てき）になることで雲はできます。

⑴ 雲が白く見える理由として正しいものを選びなさい。

ア 雲があっても太陽光がまっすぐ進むため

イ 雲が太陽光をすべて吸収するため

ウ 雲の中で太陽光が様々な方向へ反射するため

エ 雲が太陽光をすべて熱に変えるため

⑵ 雲は空気の上昇（しょう）によって発生することがあります。空気が上昇するしくみを選びなさい。

ア 温められた空気は膨（ぼう）張し，密度が小さくなるため

イ 温められた空気は膨張し，密度が大きくなるため

ウ 温められた空気は圧縮され，密度が小さくなるため

エ 温められた空気は圧縮され，密度が大きくなるため

雲の発生にはしつ度が関係します。しつ度は次のように求められます。

$$\text{しつ度〔\%〕}=\frac{\text{空気}1\,\mathrm{m}^3\text{に含まれている水蒸気量〔g〕}}{\text{その温度の空気}1\,\mathrm{m}^3\text{に含むことができる最大の水蒸気量〔g〕}}\times 100$$

次の表と次のページの表は空気1 m^3に含むことができる最大の水蒸気量の一覧です。この表を見ると温度によって空気中に含むことができる最大の水蒸気量が変わることがわかります。

温度〔℃〕	10	11	12	13	14	15	16	17	18	19	20	21
最大の水蒸気量〔g〕	9.4	10.0	10.7	11.3	12.1	12.8	13.6	14.5	15.4	16.3	17.3	18.3

温度〔℃〕	22	23	24	25	26	27	28	29	30	31	32	33
最大の水蒸気量〔g〕	19.4	20.6	21.8	23.0	24.4	25.7	27.2	28.7	30.4	32.0	33.8	35.6

(3) 25℃で，1 m^3 に4.6 g の水蒸気を含む空気があるとします。前のページの式と表から，この空気のしつ度は何%になりますか。

ア　10%　　イ　15%　　ウ　20%　　エ　25%　　オ　30%

(4) 空気が上昇すると100mで1℃温度が下がります。同じ空気でも温度が下がることで，しつ度は上がります。温度が下がることでその空気に含むことができる最大の水蒸気量が下がるからです。

28℃で，しつ度25%の空気が1200m上昇したときに，しつ度は何%になりますか。

(5) 空気の上昇によってしつ度が100%になったとき，雲はでき始めます。31℃で，しつ度40%の空気があります。この空気は何m上昇すると雲ができ始めますか。

4 A～Eの5つの水溶液があり，これらは砂糖水・アンモニア水・塩酸・水酸化ナトリウム水溶液・食塩水のいずれかです。これらの水溶液を4つの実験で調べました。それぞれの水溶液の濃度は5%です。

実験1	Cの水溶液を赤色リトマス紙につけると青色に変化した。
実験2	Aの水溶液を蒸発させると立方体のような形の結晶が見えた。
実験3	Dに亜鉛の板を入れると気体が発生した。
実験4	DとEから鼻をさすようなにおいがした。

(1) Cの水溶液にBTB溶液を入れると何色になりますか。

(2) 蒸発させても固体が生じないものをA～Eからすべて選びなさい。

(3) 実験3で発生した気体の特徴に合うものをすべて選びなさい。

ア　発泡入浴剤が水に溶けるときに発生する気体

イ　マッチの火を近づけると小さな爆発が起きる気体

ウ　空気の21%を占める気体

エ　水上置換法で集めることができる気体

(4) 実験3の亜鉛の板を同じ重さの亜鉛の粉末に変更して実験した場合どうなりますか。

ア　気体が発生する速度が速くなり，発生する気体の量が増える

イ　気体が発生する速度が速くなるが，発生する気体の量は変わらない

ウ　気体が発生する速度は変わらないが，発生する気体の量が増える

エ　気体が発生する速度も発生する気体の量も変わらない

(5) 10mLのDに3mLのCを入れたときに起こる変化を選びなさい。

ア　水溶液の温度が上がる　　イ　水溶液の温度が下がる

ウ　水溶液が白くにごる　　エ　水溶液から気体が発生する

5 図のようなさおばかりがあります。さおに使った棒の長さは80㎝で，太さと重さは一様です。棒のはしのAから20㎝のところにひもを結んで上からつるし，Aから5㎝のところに200gの皿がつけてあります。100gのおもりBを，上からのひもを結んだ位置からAとは反対側へ10㎝のところにつるしたところ，さおばかりは水平になりました。数値はすべて整数で答えなさい。

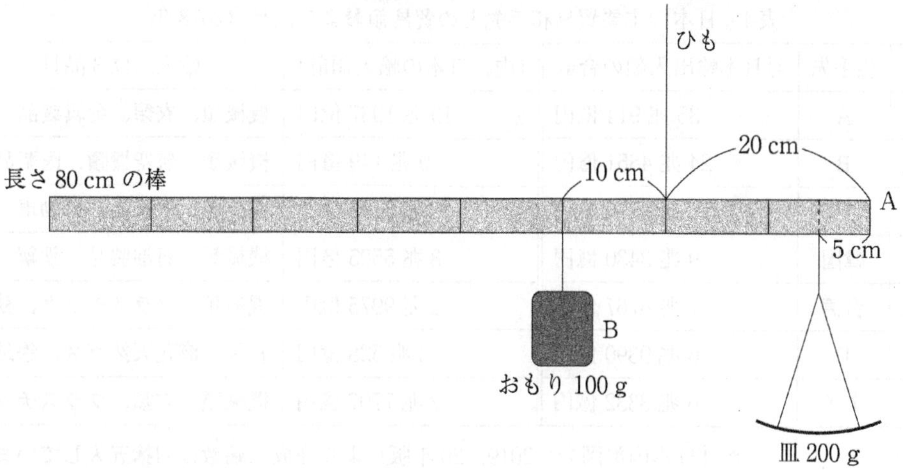

⑴ このさおに使った棒の重さは何gですか。

⑵ 皿に40gの物体をのせたとき，おもりBをAから何㎝のところにつるすとつり合いますか。

⑶ 皿にある重さの物体をのせたとき，おもりBがAから48㎝のところでつり合いました。のせた物体の重さは何gですか。

⑷ このさおばかりと支点・力点・作用点の位置関係が同じものを選びなさい。

ア ピンセット

イ 空き缶（かん）つぶし器

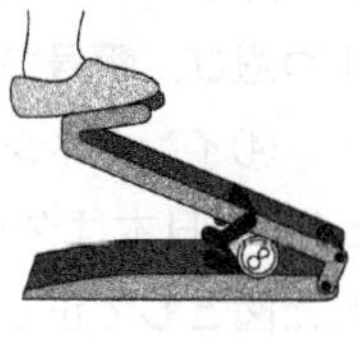

ウ ホッチキス

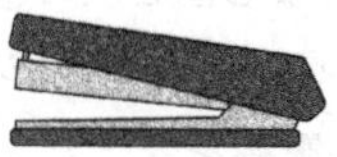

エ せんぬき

オ くぎぬき

⑸ このさおばかりと同じしくみのはかりを，パン屋の職人さんが愛用することがあります。その理由を選びなさい。

ア 同じ重さのものを何度もはかりとることに適しているから

イ 重さを0.01gきざみで正確にはかることに適しているから

ウ 軽いものをはかりとることに適しているから

エ 重いものをはかりとることに適しているから

オ いろいろな重さのものを素早くはかりとることに適しているから

【社　会】（25分）　＜満点：50点＞

【注意】・特に指示がないものは，すべて漢字で答えなさい。

1　次の表1を見て，あとの問いに答えなさい。

表1　日本の主要貿易相手先との貿易額および品目（2018年）

	相手先	対日本輸出入額の合計	（内、日本の輸入額計）	輸入上位3品目
1位	A	35兆914億円	19兆1937億円	機械類、衣類、金属製品
2位	B	24兆4851億円	9兆149億円	機械類、航空機類、医薬品
3位	C	18兆9276億円	9兆7185億円	機械類、医薬品、自動車
4位	韓国	9兆3430億円	3兆5505億円	機械類、石油製品、鉄鋼
5位	台湾	7兆6767億円	2兆9975億円	機械類、プラスチック、鉄鋼
6位	D	6兆9390億円	5兆528億円	石炭、液化天然ガス、鉄鉱石
7位	タイ	6兆3332億円	2兆7707億円	機械類、肉類、プラスチック

＊『日本国勢図会　2019／20年版』より作成（端数は四捨五入しています）

問1　表中のA～Cの組み合わせとして正しいものを次の①～⑥から1つ選び，番号で答えなさい。

①A：アメリカ　B：EU（欧州連合）　C：中国
②A：アメリカ　B：中国　C：EU
③A：中国　B：アメリカ　C：EU
④A：中国　B：EU　C：アメリカ
⑤A：EU　B：中国　C：アメリカ
⑥A：EU　B：アメリカ　C：中国

問2　表中のDにあてはまる国を次の①～⑤から1つ選び，番号で答えなさい。

①ブラジル　②ロシア　③サウジアラビア　④インドネシア　⑤オーストラリア

問3　1993年，やませの影響を受けてコメが不作となり，日本はタイからコメを緊急輸入しました。この年の東北地方におけるコメの生産状況を示した図として正しいものを次の①～④から1つ選び，番号で答えなさい。

①

②
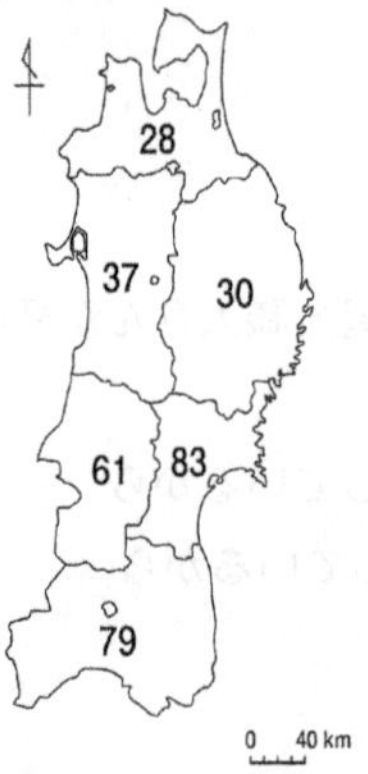

③
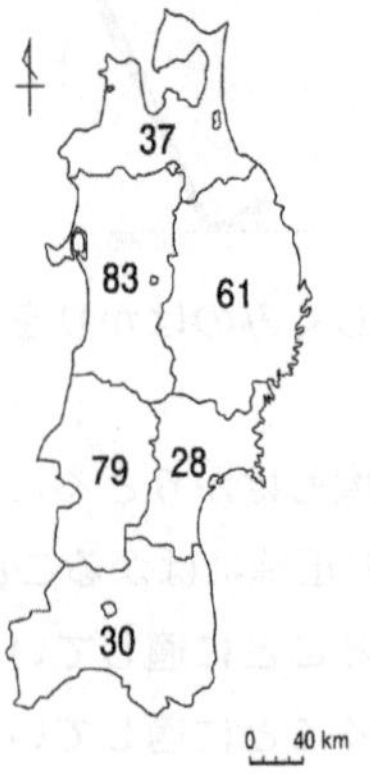

④
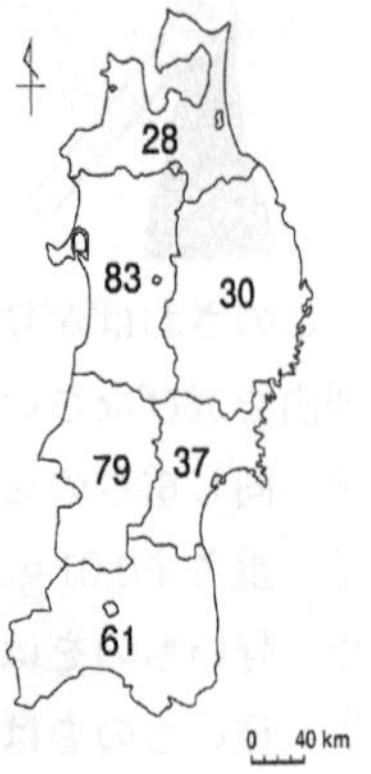

＊「作物統計調査」より作成（数値は平年値を100とした場合と比較したものです）

2 次の図１は，1960年と2018年の日本の輸出入品の内訳を示したものです。これを見て，あとの問いに答えなさい。

図１ 日本の主要輸出入品 （単位：%）

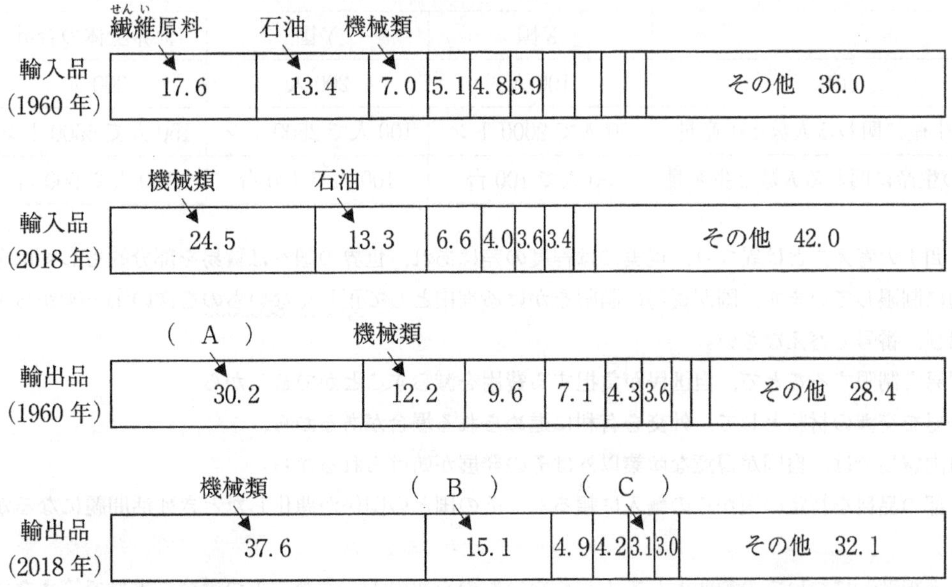

＊『日本国勢図会 2019／20年版』より作成

問１ 図中の（A）・（B）にあてはまる品目を次の①～⑤からそれぞれ選び，番号で答えなさい。

①鉄鋼 ②自動車 ③繊維品 ④木材 ⑤船舶

問２ 図中の（C）の輸出先は大半が中国および東南アジアでした。しかし，2017年末以降，中国や東南アジア諸国が相次いでこの品目に関連する輸入規制を強化した結果，輸出量は減少傾向です。この品目（C）と，関係の深い国際的な取り決めの組み合わせとして正しいものを次の①～⑥から１つ選び，番号で答えなさい。

①水銀・バーゼル条約 ②水銀・水俣条約
③アルミニウム・水俣条約 ④アルミニウム・モントリオール議定書
⑤プラスチック・バーゼル条約 ⑥プラスチック・モントリオール議定書

3 次の文章を読み，あとの問いに答えなさい。

> 第二次世界大戦後，世界の国々は ⓐ自由で多角的な貿易を目指して協力するようになりました。世界恐慌のあと，植民地を持つ国々がそれぞれの植民地を囲い込む形で貿易を行うブロック経済圏をつくったことが，第二次世界大戦が起こった要因の１つだったためです。現在では，自由貿易を目指す国際機関として ⓑＷＴＯ（世界貿易機関）があります。

問１ 下線部ⓐの考え方は，イギリスの経済学者リカードが提唱した「比較優位論」を根拠としています。これは，貿易を制限するよりも自由貿易をしたほうが世界全体で産み出される富の量（生産量など）を大きくすることができる，という考え方です。この考え方を説明するため，次のページの表２の数値例を用意しました。Ｘ国とＹ国からなる表２の世界において，世界全体での小麦の生産量を維持したまま，世界全体での自動車の生産量を最大で何台にできますか。算用数字で答えなさい。

表2

	X国	Y国	世界全体の合計
人口	100人	200人	300人
小麦の生産に関わる人数と生産量	50人で2000トン	100人で2500トン	150人で4500トン
自動車の生産に関わる人数と生産量	50人で100台	100人で400台	150人で500台

問2　問1の考え方とは異なり，現実には程度の差はあれ，世界の国々は貿易を部分的もしくは全面的に制限しています。国が貿易に制限をかける理由として正しくないものを次の①～④から1つ選び，番号で答えなさい。

①貿易を制限することで，自国民が負担する費用を減らすことができるから。

②貿易を交渉の材料として，外交を有利に進められる場合があるから。

③自由貿易では，自国が得意な産業以外はその発展が妨げられるから。

④一部の品目を特定の国からの輸入に頼ると，その国との関係が悪化したとき死活問題になるから。

問3　下線部ⓑについての説明として正しくないものを次の①～④から1つ選び，番号で答えなさい。

①貿易に関して二国間で対立が起こった場合，当事国からの訴えを受けて解決に向けて対処する役割も担う。

②第二次世界大戦の反省に基づき，1948年に自由で多角的な取引を目指して発足した。

③交渉分野の広がりや加盟国の増加にともない，先進国と発展途上国の対立が続くなど，交渉がまとまりにくくなってきている。

④特定の国に認めた最も有利な貿易の条件は全加盟国に平等に適応されるという，最恵国待遇の原則が定められている。

問4　貿易によって生じる事がらとして正しくないものを次の①～④から1つ選び，番号で答えなさい。

①生産地と消費地が遠くなることによって，生産物あたりの環境にかかる負荷が大きくなる。

②船舶の運航や座礁などによって，排出される油や有害な液体が海洋汚染を引き起こす。

③積み荷が軽い場合，船体に海水を入れるが，海水に含まれる微生物などが移動し生態系を破壊する。

④製品をつくる工程が複数国にまたがることにより，一部の部品供給が停止しても全体には影響しない。

問5　アメリカでは，近年の技術開発により天然ガスや石油など一次エネルギーの自給率が高まり，他国から一次エネルギーを輸入する割合が低下しつつあります。このアメリカにおける技術開発にともなう変化は何革命と呼ばれているでしょうか。あてはまる語句を答えなさい。

4 次の文章を読み，あとの問いに答えなさい。

幕府とは，もともとは将軍の住まいという意味でしたが，のちにⓐ征夷大将軍（せいいたいしょうぐん）を中心とする武士の政権を指すようになりました。これまでに開かれたⓑ鎌倉幕府・ⓒ室町幕府・ⓓ江戸幕府のうち，最も長く続いたのは江戸幕府です。

問1 下線部ⓐに坂上田村麻呂（さかのうえのたむらまろ）を任命した天皇が行った事がらとして正しいものを次の①～④から1つ選び，番号で答えなさい。

①墾田（こんでん）永年私財法を制定した

②法隆寺を建てさせた

③奈良に都を移した（平城京）

④京都に都を移した（平安京）

問2 下線部ⓑのしくみの説明として正しいものを次の①～⑤からすべて選び，番号で答えなさい。

①承久の乱の後に設置された遠国奉行は，京都の警備や朝廷の監視（かんし）が目的である。

②御家人（ごけにん）の取り締（し）まりや警察のような仕事を担ったのは侍所である。

③政所は政治を行うだけでなく，裁判も請け負った。

④国ごとに御家人の取り締まりや軍事・警察のような仕事を担ったのは守護である。

⑤源頼朝の後，源氏の将軍は3代までで途絶え，北条家が将軍職に任命された。

問3 下線部ⓒの3代将軍足利義満の行った事がらとして正しいものを次の①～⑤からすべて選び，番号で答えなさい。

①中国に使者を送り，貿易を開始した。

②南北朝の統一を実現した。

③禅宗（ぜんしゅう）を保護し，建長寺を建てた。

④慈照寺東求堂同仁斎（じしょうじとうぐどうどうじんさい）を建てた。

⑤観阿弥（かんあみ）・世阿弥（ぜあみ）親子を保護した。

問4 下線部ⓓの時代について書かれた次のアとイの文章を読み，下線部がすべて正しい文章には番号欄（らん）に○を書き入れ，正しくない場合は下線部の①～⑥の番号を書き出し，正しい語句を漢字で答えなさい。ただし，正しくない文章は，下線部を1カ所訂正すれば，正しい文章になるものとする。

ア この時代，新しい学問として国学と蘭（らん）学が発達した。代表的な国学者には『古事記』の解説書である『古事記伝』を書いた①本居宣長（もとおりのりなが）があげられ，蘭学者にはオランダ語の人体解剖（かいぼう）書『ターヘル＝アナトミア』を翻訳（ほんやく），『解体新書』を刊行した②平賀源内（ひらがげんない）と③前野良沢（りょうたく）があげられる。

イ ④菱川師宣（ひしかわもろのぶ）は東海道の名所風景を「東海道五十三次」に描（えが）き，⑤葛飾北斎（かつしかほくさい）は富士山を「富嶽（ふがく）三十六景」に，⑥東洲斎写楽（とうしゅうさいしゃらく）は役者絵を描いた。それらの作品は，多色刷（たしょくず）りの版画で大量に印刷され庶民（しょみん）に親しまれた。

5 次の文章を読み，あとの問いに答えなさい。

> 青山学院は ⓐ明治初期にアメリカから来日した３人の宣教師が開校した３つの学校を源流としています。ⓑ第二次世界大戦後，中等部は新しく男女共学の中学校として開設されました。

問１　下線部ⓐのできごととして正しくないものを次の①～⑤からすべて選び，番号で答えなさい。

①明治政府は財政を安定させるため，地租（ちそ）改正を行い，土地所有者に地券を発行した。

②明治政府は学制を公布し，６歳以上のすべての男女に教育を受けさせようとした。

③明治政府は新しい国づくりのため廃藩（はいはん）置県を行い，旧藩主を府知事や県令に任命した。

④明治政府は西洋の国々に追いつくために，徴兵令を出し，例外なく男子を兵役につかせた。

⑤明治政府は官営工場を建てたり，鉱山を開発したりして，近代産業を育成した。

問２　下線部ⓑのできごとア～エを古い順に並べたとき，２番目と４番目の組み合わせとして正しいものを次の①～④から１つ選び，番号で答えなさい。

〈できごと〉

ア　教育基本法制定　　イ　日本国憲法公布　　ウ　朝鮮（ちょうせん）戦争勃発（ぼっぱつ）　　エ　ソ連と国交回復

①（２番目）ア　（４番目）ウ　　②（２番目）イ　（４番目）ウ

③（２番目）ア　（４番目）エ　　④（２番目）イ　（４番目）エ

6 次の年表を見て，あとの問いに答えなさい。

西暦（せいれき）	できごと
1951	サンフランシスコ平和条約が結ばれた
	ア
（　1　）	東京オリンピックが行われた
	イ
1990	東西ドイツが統一された
	ウ
2001	アメリカ同時多発テロが発生した
	エ
2020	東京オリンピック・パラリンピックが行われる

問１　年表の（1）の年を西暦で答えなさい。また，この年のできごととして正しいものを次の①～④から１つ選び，番号で答えなさい。

①国民総生産（ＧＮＰ）が世界第２位になった。

②東名高速道路が開通した。

③カラーテレビの普及率（ふきゅうりつ）が白黒テレビの普及率を超えた。

④東海道新幹線が開通した。

問２　次のＡ～Ｄのできごとは年表のア～エのどの時期にあてはまりますか。組み合わせとして正しいものを次のページの①～⑧から２つ選び，番号で答えなさい。

〈できごと〉

Ａ　国連平和維持活動（PKO）で自衛隊がカンボジアに派遣（はけん）された

Ｂ　民主党政権が成立した

Ｃ　日韓基本条約が結ばれた

Ｄ　日本が国際連合に加盟した

①A：ウ　B：ウ　②A：ウ　B：エ
③A：エ　B：ウ　④A：エ　B：エ
⑤C：ア　D：ア　⑥C：ア　D：イ
⑦C：イ　D：ア　⑧C：イ　D：イ

問３　今年の東京オリンピックについて，開会式前日，開会式当日，閉会式翌日を祝日にする法案が成立しました。このとき移動する祝日の組み合わせとして正しいものを次の①～④から１つ選び，番号で答えなさい。

①海の日，スポーツの日，文化の日　②海の日，山の日，文化の日
③山の日，スポーツの日，文化の日　④海の日，スポーツの日，山の日

7　昨年７月に行われた参議院議員選挙に関して，あとの問いに答えなさい。

問１　選挙後の８月に開かれた国会の種類と，その際に改選された定数の組み合わせとして正しいものを次の①～⑥から１つ選び，番号で答えなさい。

①特別国会・121議席　②特別国会・124議席　③特別国会・127議席
④臨時国会・121議席　⑤臨時国会・124議席　⑥臨時国会・127議席

問２　選挙後，国会議事堂でバリアフリー化の改修工事が行われたことが話題になりました。最近では，障がいの有無や年齢（ねんれい）・性別にかかわらず，すべての人が安全に使いやすい施設（しせつ）や製品・環境がデザインされることが多くなっています。そのようなデザインを何デザインといいますか。カタカナで答えなさい。

問３　この選挙の投票率は，国政選挙としては戦後２番目に低い48.8％でした。民主主義において投票率が低下すると，どのような問題が起こりやすくなりますか。正しくないものを次の①～④から１つ選び，番号で答えなさい。

①有権者の意見が正しく国政に反映されにくくなる。
②利益団体など，一部の人々に利益を誘導（ゆうどう）する政治が行われやすくなる。
③大きな政党の候補者が当選しやすく，小さな政党の候補者が当選しにくくなる。
④選挙で各政党が獲得した票数の割合と，国民全体での支持率が異なってしまう。

8　昨年10月に消費税が10％に増税されました。これについて述べた文として正しくないものを次の①～④から１つ選び，番号で答えなさい。

①今回の増税分は，国の借金返済に使い道が限定されている。
②今回の増税後も，日本は年間の収入（歳入（さいにゅう））が支出（歳出（さいしゅつ））を下回っている。
③今回の増税は，過去２回先送りにされたものである。
④今回の増税時に，軽減税率が導入された。

9　次の〈Ⅰ〉・〈Ⅱ〉にあてはまる人物名を次の①～⑤からそれぞれ選び，番号で答えなさい。

〈Ⅰ〉　難民問題解決を目的とした国連機関の高等弁務官を2000年まで10年間務めた。
〈Ⅱ〉　30年以上にわたりパキスタンやアフガニスタンにおいて，医療（いりょう）活動や用水路建設を通じて，現地の人々を支援した。

①天野之弥（あまのゆきや）　②中村哲（なかむらてつ）　③明石康（あかしやすし）　④黒柳徹子（くろやなぎてつこ）　⑤緒方貞子（おがたさだこ）

きぬきなさい。

(6) Ⓖ には、「言葉や話の内容がひどく乱れる様子」を表す言葉が入ります。左の空らんにひらがなを入れ、その言葉を完成させなさい。

し□□も□□

(7) ―Ⓗ「びっくりして、何も言えなかった」のはどうしてですか。

ア あれだけネイルを塗ることに否定的だった泰子先生が、子どもたちにネイルをすることをすすめていたから。

イ ネイルをしていた「私」を怒った泰子先生が、実は自分自身もネイルに憧れていることがわかったから。

ウ 「私」のことをきつく注意した泰子先生が、「私」のいないところで「私」をしっかりほめてくれていたから。

エ 萌香ちゃんの爪噛みを気にかけた泰子先生が、それを直すことで萌香ちゃんのお母さんまでも助けていたから。

(8) ―Ⓘ「出て行ける雰囲気じゃなかった」とありますが、それはどのような雰囲気でしたか。

ア 本人がいないところで泰子先生を話題にして割って入ることができない雰囲気

イ えな先生と萌香ちゃんのお母さんが仲直りをして和気あいあいとした雰囲気

ウ 萌香ちゃんの変化をお母さんと二人で喜びあって盛り上がっている雰囲気

エ お母さんに会えた萌香ちゃんが満面の笑みで二人の時間を楽しんでいる雰囲気

(9) Ⓙ に入る体の一部分を、ひらがな二字で答えなさい。

(10) ―Ⓚ「泰子先生は「あら、生意気」とちょっとおどけた」とありますが、このときの泰子先生の気持ちを答えなさい。

ア 自分が目をかけていたえな先生が、人知れず悩んでいたことに過去の自分が重なりこの先を思いやる気持ち

イ ふてくされた顔だったえな先生が、心をいれかえて苦手な保護者と上手にやりとりできたことに安心した気持ち

ウ いつまでも新人と思っていたえな先生が、いつの間にやら肩(かた)を並べるほど一人前の先生になっていて驚いた気持ち

エ これまですれ違いを重ねてきてしまったえな先生が、自分と打ち解け目標を持てたことをうれしく思う気持ち

(11) ―Ⓛ「泰子先生とこんなふうに話したかった」とありますが、萌香ちゃんの件で「私」と泰子先生が心を許し合えたのはなぜですか。その理由を本文中から十四字で探し、はじめの五字を書きぬきなさい。

(12) ―Ⓜ「ああ、見つけた、と私は思った。」とありますが、「私」は「自分が幼稚園にいる理由」を見つけました。その具体的内容を三十五字以上四十字以下で答えなさい。

の。一方で、ちょっとはお化粧するのが大人の身だしなみだって言うお母さんもいる。いろんな考え方があるからね。あなたのネイルにしたって、萌香ちゃんの爪噛み治しにひと役買ったのは間違いないと思う。でも、必ずしもいい方向に行くとは限らないし、すべての保護者さんが受け入れてくれるかはわからない。かんじんの子どもたちにとって何がいいかは、私たちがそのつど Ⓙ で感じるしかないのよ」

私はうなづいた。不思議なくらい心が落ち着いていた。

ひとつひとつがライブなんだ。試行錯誤(しこうさくご)で、体当たりで、合っているかどうかわからない正解を探し続ける。毎日毎日、音を立てるように大きくなっていく子どもたち。ひとりひとりと向き合いながら、きっと私も、伸(の)びていく。

「難しいですね。すごく大変だけど……でも、やりがいってこういうことを言うんだなって、わかった気がします」

私が言うと、Ⓚ泰子先生は「あら、生意気」とちょっとおどけた。

「私、ずっとえな先生のこと気になっちゃって、つい厳しすぎること言ってたかもしれないわ。あなた、私の若いころに似てるのよね」

「え」

反射的に体がのけぞる。

「なに嫌(いや)がってるのよ！」

「嫌がってませんよ！」

私たちは笑い合った。そんなことは初めてだったけど、ほんとうは私も、もうずいぶん前からⓁ泰子先生とこんなふうに話したかったような気がする。

Ⓜああ、見つけた、と私は思った。

（青山美智子『木曜日にはココアを』宝島社）

(1) ──Ⓐ「心配と好奇の混ざった視線」とはどのようなものですか。

ア　ネイルまでも禁じる園側を強く非難しつつ、えな先生に同情をする視線

イ　えな先生の身を案じつつも、今回どれだけ怒られるか興味を寄せる視線

ウ　泰子先生の様子におそれつつも、えな先生がなぜ怒られるのか悩む視線

エ　園の雰囲気をあやぶみつつも、えな先生は怒られるべきと指摘する視線

(2) Ⓑ に入る語を答えなさい。

ア　高圧的　　イ　感情的　　ウ　意図的　　エ　悲観的

(3) ──Ⓒ「ふいっと顔をそむけられた」ときの瑠々ちゃんのお母さんの気持ちとしてあてはまらないものを答えなさい。

ア　「私」のことを園に告げ口した後ろめたい気持ち

イ　子どもに余計な事を教えたことを怒る気持ち

ウ　「私」に対する意地を張った負けおしみの気持ち

エ　「私」との余計ないざこざをさけたい気持ち

(4) Ⓓ、Ⓔ に共通して入る、「私的な事や時間」という意味の語をカタカナ六字で答えなさい。

(5) ──Ⓕ「私がどうしてネイルを取らなかったか」とありますが、その具体的な理由が書かれた一文を本文中から探し、はじめの五字を書

「最初はネイルをかわいいと思ったみたいで、それがきっかけだったのはたしかです。でも、えな先生がネイルを取ったあと、泰子先生がみんなに言ったんですって。えな先生の手は、働き者の手だよねって。たくさん笑って、たくさん食べて、なんでも楽しくがんばっていると、えな先生みたいにきれいな爪になるよ。大人になってから、爪に色を塗ってオシャレしたいなと思ったとき、元気な爪だったら素敵だよって」

……泰子先生がそんなこと？

Ⓗびっくりして、何も言えなかった。萌香ちゃんのお母さんは、自分の手をじっと見る。

「爪って健康のバロメーターですもんね。私、しばらく自分の爪なんか見てなかった。夫は仕事が忙しくてほとんど家にいなくて、ひとりで育児を背負ってる気がして……キリキリしてたなぁって気づきました。転勤先では、もっと家族一緒にいられると思うんです。私も萌香ときれいなピンクの爪になれるように、元気で、笑顔でいたいと思います」

お母さんが笑ったときの目元は萌香ちゃんとよく似ている。

おかあさーん、と萌香ちゃんの明るい声がして、こちらに向かって走ってくるのが見えた。

「さびしいわねぇ、お別れなんて」

振り返るといつの間にか泰子先生がいて、私は「ひっ！」と飛び上がった。道端で突然ヘビに出くわしたみたいな私に、泰子先生が眉をひそめる。

「そんなに驚かなくても。挨拶しようと思ってさっきからそばにいたけど、Ⓘ出て行ける雰囲気じゃなかったから」

泰子先生は、なんだかきまり悪そうにそっぽを向き、門に向かって歩き出した萌香ちゃん親子に目をやった。

私は「あの……」と切り出したが、かぶせるように泰子先生は言う。

「べつに、あなたのことかばったわけじゃないから。まあ、でも……」

泰子先生はやっと、私の顔を見た。

「がんばっているっていうのは、本当でしょ」

泰子先生がいつになく穏やかな口調で言うので、私は面食らってしまった。もしかしたら、私のことを意外とわかってくれているのかもしれない。そう思ったら、なんだかジンときた。そんな私をちらりと見ると、泰子先生は強い口調で言った。

「だいたいねぇ、ちゃんと説明してくれれば私だって頭ごなしに注意したりしなかったのよ。ふてくされた顔で黙ってないで、ちゃんと話してくれたらよかったのに」

いつものようにきつく言われているのに、威圧的には感じなかった。泰子先生自身じゃなくて、私の受け止め方が変わったからだと気づく。

「どう説明すればいいのか、よくわからなかったんです。瑠々ちゃんのお母さんが怒るのも無理ないって思うし」

私が答えると、泰子先生はふと真剣な表情を浮かべた。

「わからなくても、話してほしい。私も経験があるの。あなたぐらいのころ、色付きのリップクリームを塗っててね。口紅ってほどじゃなかったんだけど、子どもを抱っこした拍子に、シャツについてしまって。男の子だったの。その子のお母さんからいかがわしいって非難されたわ」

「そんな……」

「ううん、私が悪い。だからなるべく体に色をつけないようにしてきた

「とにかく、ネイルは取りなさい」

「……わかりました」

やっとのことでそれだけ言い、私はぎゅっと拳を握った。ピンクの爪を隠すみたいに。

その夜、これから幼稚園で働くことの「理由」が見いだせなくなった「私」は、以前から憧れていたいとこの「マコちゃん」が留学し、今では英語講師をしていることを思い出す。そして自分も幼稚園を辞め、外国へ行って自分の好きなことをしようかと考えたりもした。

萌香ちゃんが退園すると園長から聞かされたのは、10月も半ばに差しかかったころだ。

お父さんの急な転勤で、来週には引っ越しするという。

「えな先生」

お迎えのとき、萌香ちゃんのお母さんから呼び止められた。普段口数が少なくて控えめな彼女から、声をかけられたのは初めてだった。

「萌香がお世話になりました」

「……萌香ちゃん、お引っ越ししちゃうんですね」

「ええ」

ほんの少し間があって、何か言わなくてはと思ったところでお母さんが口を開いた。

「えな先生、萌香ね、爪噛みが治ったんですよ」

お母さんが静かな笑みをたたえて言う。

「あの子、前は指の爪をぜんぶ噛んでしまって、ひどいときは血が出るくらいで……。悩みました。育児書を読むと、やめなさいと叱ってはいけないとか、愛情不足が原因だとかって書いてあるし。こんなに大事に想ってるつもりなのにどうしてって、まるで自分が責められているようにも思いました」

「……」

「一ヶ月ぐらい前、えな先生の爪はきれいなピンクなんだよって、うれしそうに話してました。萌香もあんなきれいな手になりたいって。だから爪はもう噛まないって、自分から。ギザギザで伸びる間もなかった爪が、今ではちゃんと揃ってます」

萌香ちゃんのお母さんは声を震わせる。私も胸がいっぱいになって、涙がこぼれそうだった。ああ、よかった。私の願いは通じていた。私がマコちゃんに憧れたように、萌香ちゃんが私のピンクのネイルを素敵だと感じてくれたなら、爪噛みしなくなるかもしれないと思ったのだ。

「ありがとうございます」

深々とお辞儀をするお母さんに、私は Ⓖ になって言った。

「でも、私、すぐネイル取っちゃったから、萌香ちゃんガッカリしたんじゃないかと思います」

お母さんは身体を起こす。

「いいえ。萌香がきれいだと言ってたのは、ネイルを取ったあとの爪のことです」

「え？」

「泰子先生から、聞いてません？」

聞いていない、何も。泰子先生の名前が出てくること自体、予想外だった。

天災に対応できなくなってしまう。

ウ　様々な人が暮らす社会において辛さはお互いを抑制し、暮らしやすい環境を作るために必要である。

エ　甘さや辛さは心と密接につながっており、甘く考えることで大衆にわかりやすい研究が可能になる。

四　※問題に使用された作品の著作権者が二次使用の許可を出していないため、問題を掲載しておりません。

五　次の文章を読み、あとの問いに答えなさい。

幼稚園の先生になって1年半の「私」は、園では「えな先生」と呼ばれている。園には「ネイル禁止」という暗黙のルールがあったが、9月のある日「私」はネイルを落とし忘れて出勤してしまった。しかし翌日からはある「理由」でネイルをつけて出勤すると…

「事務室に来て」

閉園の後、片付けをしていたら泰子先生が私の耳元でぼそりと言った。金曜日の夕方のことだ。同僚数名からⒶ心配と好奇の混ざった視線で見送られつつ、私は泰子先生の後についていった。

泰子先生は勤続15年のベテランで、「化粧をしない先生」だ。眉毛さえ描かない。顔立ちは整っているから、メイクしたらけっこう美人なのにと思う。だけど彼女にしてみれば大きなお世話だろう。いつも［Ⓑ］で、私は最初からなんとなく彼女に好かれていないだろうなと感じていた。事務室でふたりになり、ドアを閉めると泰子先生は言った。

「あなたねぇ、手、見せてごらんなさいよ」

前置きもなく、第一声、それだった。言われるまま右手を差し出すと、泰子先生は乱暴に私の指をつかんだ。

「何考えているの、ネイルなんかして！」

そう言い放つと、今度は汚いものを捨てるように私の手をはらう。

「添島瑠々ちゃんのお母さんから苦情がきているのよ。あなたのせいで、瑠々ちゃんが爪にマジックを塗って困るって。あなた、子どもたちに、お店に行かなくても自分で簡単にできるって言ったらしいわね。どうしてそんなけしかけるようなことするの」

そういえばさっき、瑠々ちゃんのお母さんとすれ違った。私が挨拶したら、Ⓒふいっと顔をそむけられたっけ。彼女がよくきているボーダーシャツの後ろ姿を私は思い出す。

「けしかけたわけじゃ……」

「言い訳しないで。他のお母さんたちだって気づいているわよ。あなただけじゃなくて園全体の印象が悪くなるのよ？」

私は奥歯をかみしめた。そんなふうに頭ごなしで私が悪いと断定されたら何も言えない。黙っていると、泰子先生は勝手に話を進めていく。

「仕事が終わったら彼氏とデートとかでオシャレしたいんだろうけど、仕事は仕事、［Ⓓ］は［Ⓔ］できっちり分けないとだめだよ」

違う。ぜんぜん違う、違います。否定しようとして、やめた。泰子先生は常に自分が正解なんだろう。話しても無駄な気がした。私だって、自分なりに一生懸命に仕事に取り組んでいる。でも、Ⓕ私がどうしてネイルを取らなかったか、その「理由」をどう説明すればいいのかわからなかったし、私にはそれが正解なのかも自信がなかった。

自分自身の中にある可能性までも押えてしまうことがある。学問が飛躍的な進歩をする時には、誰かが今まで思いもかけなかった新しい考えを思いつくとか、新しい物事を見つけだすとかいうことがきっかけとなっている。私どもの持っている既成の概念や知識と相容れないようなものを受けいれる気持を私どもが持っていなければ、自分の心の中で、あるいは他の人の心の中で成長すべき新しい大切なものが萎んでしまうおそれがある。そこで甘さというか包容力というか＊オープンマインデッドネスというか、そういうものが私ども学者の気持、学者の平素からの心構えとして大変大切になってくる。そういうものが実際すぐれた学者の中にはどこかに見出されるのである。

（湯川秀樹『詩と科学』平凡社）

＊オープンマインデッドネス…偏見なく新しいものを受けいれる広い心

(1) ――Ⓐ「学校の先生が点数をつける時の甘さ辛さ」とありますが、学校の先生が辛く点数をつける目的は何ですか。「～ため」に続くように、本文中から二十一字で探し、はじめの五字を書きぬきなさい。

(2) ――Ⓑ「私人としては甘くても公人としては辛くなければならない」とありますが、どういうことですか。

ア　他人の言動に対しては寛容な心で受け止めるべきだが、限度を超えないように働きかけてもらえる第三者がいなければならないということ。

イ　他人の言動に対して批判的になりすぎない方がよいが、限度を超えたときにはそれを指摘できる辛さを持っていなければならないということ。

ウ　他人の言動に対しては寛容な心で受け止めるべきだが、自分の言動に対しては常に批判的に辛さを持ってやっていなければならないということ。

エ　他人の言動に対して批判的になりすぎない方がよいが、自分の言動に対してはそれが許される甘さを持っていなければならないということ。

(3) Ⓒ、Ⓓ、Ⓔ、Ⓕには「甘さ」、「辛さ」のいずれかが入ります。「甘さ」が入るものをすべて選び、アルファベットで答えなさい。

(4) ――Ⓖ「学者にも甘さと辛さの両面が必要である」のはどうしてですか。

ア　学問の飛躍的な進歩にはある種の諦めが必要で、諦めがないと研究の芽生えを摘んでしまうおそれがあるから。

イ　研究ばかりしていると視野が狭くなるので、たまには息抜きをして頭をリフレッシュさせる必要があるから。

ウ　自分とは異なる他人の考えを受け入れることで、これまでにない新しい考えが浮かんでくることがあるから。

エ　自分自身の可能性を広げて新しい考えを生み出すためには、他人の考えに対して批判的になる必要があるから。

(5) ――Ⓗ「ある種の甘さ」を別の言葉で言いかえた一語を本文中から漢字三字で書きぬきなさい。

(6) 本文の内容と合っているものを答えなさい。

ア　点数を甘くつけることで学生はより意欲的に勉強するようになるので、評価に辛さは全く必要ない。

イ　人々が甘さを持つことで社会の居心地は良くなるが、急に訪れる

【国　語】〈五〇分〉〈満点：一〇〇点〉

【注意】・句読点や「　」も一字とします。

一　次のカタカナを漢字に直しなさい。

(1) 文章のテイサイを整える　(2) 国民のギム

(3) 飛行機のソウジュウ　(4) 条約にショメイする

(5) 判断をユダねる　(6) 運動会がエンキになる

二　※問題に使用された作品の著作権者が二次使用の許可を出していないため、問題を掲載しておりません。

三　次の文章を読み、あとの問いに答えなさい。

食物に甘さや辛さがあるように、人間にも甘さと辛さがあるようである。Ⓐ学校の先生が点数をつける時の甘さ辛さは、ある程度までその先生の人間の甘さ辛さを反映しているようである。

学生の身になって見ると、予測していたより良い点数をつけてくれた先生には何となく好感を持つだけでなく、その課目が好きになり、よく勉強するようになる場合が多いから、どちらかといえば、点の甘い方が教育的効果は大きそうに私には思える。

ところがこういう風に思えるということ自身が、甘い人間である証拠であるかも知れない。反対に勉強しなくても、良い点をつけてくれるから、サボってやろうという心掛けの学生も相当あり得るのである。本当に学生のためを思うなら、自分の実力をきびしく反省させる機会を与える方が正しいという考え方もあるであろう。

しかし私の今までの経験では、叱って反省さすことによってよくなる場合よりも、ほめて奨励することによってよくなる場合の方が多いようである。一々の場合によっていろいろ違うにしても、統計的に見ると、甘すぎる方が辛すぎるよりも結果はよさそうである。

一つの社会を構成する人間の皆が仲好く気持よく暮して行くためには、各人がそれぞれある程度の甘さを持っている必要があることは確かである。お互いにあまり批判的すぎる社会は居心地が悪い。

しかしどういう社会にも危険性はある。例えばその中のある一人、またはある一部のグループの勢力が不当に増大し、自分勝手なことばかりするとか、あるいは常軌を逸した危険な行動をするような事態に立ちいたる危険性はどのような社会にも潜んでいる。こういう危険を予め防ぐためには、各人がある種の辛さを保持していることが必要である。Ⓑ私人としては甘くても公人としては辛くなければならないというようなことが時々起ってくる。人間の辛さの全然必要でないような社会は天国以外にはないかも知れない。一人一人の人間を取って見ても、一生［Ⓒ］だけで無事に暮せる人はよほど運の好い人である。そういう場合もたいてい誰かが代りに［Ⓓ］を引きうけているのである。

私ども科学者というものは気難しくて、［Ⓔ］よりも［Ⓕ］の目立つ人達だと思われがちのようであるが、それも必ずしも当っていない。Ⓖ学者にも甘さと辛さの両面が必要である。非常にすぐれた学者、特に学問の進歩に建設的な役割を果した学者には、必ずⒽある種の甘さが見出されるのである。

辛さばかりが勝つと人の仕事に対して批判的になりすぎて、うまくゆけば物になる研究の芽ばえを摘んでしまうおそれがあるばかりでなく、

2020年度

解　答　と　解　説

《2020年度の配点は解答欄に掲載してあります。》

＜算数解答＞ ≪学校からの正答の発表はありません。≫

1 48　2 2　3 7　4 87500本分　5 ア 1008人　イ 432人
6 1245mL　7 2790m　8 62.5点　9 80段　10 20：25：6　11 6.5cm^2
12 9.42cm　13 (1) 20cm　(2) 16.2cm　14 (1) 17人　(2) 28人

○推定配点○
1, 2各5点×2　他　各6点×15　計100点

＜算数解説＞

1 **(四則計算)**
$63-3\times(21-16)=48$

2 **(四則計算)**
$\left(5\frac{1}{12}-\frac{7}{12}\right)\times\frac{4}{9}=\frac{9}{2}\times\frac{4}{9}=2$

3 **(四則計算)**
$\frac{4}{\square}=\left(\frac{11}{28}+2\frac{14}{28}\right)\div\left(\frac{12}{5}\times\frac{15}{4}\right)+\frac{1}{4}=\frac{81}{28}\div9+\frac{1}{4}=\frac{16}{28}=\frac{4}{7}$

重要 4 **(単位の換算)**
実際の面積…$3.5\times2500\times2500$(cm^2)
ペットボトルの本数…$3.5\times2500\times2500\times2\div500=7\times12500=87500$(本分)

基本 5 **(割合と比，相当算，集合)**
ア…生徒全体の$\frac{4}{7}+\frac{1}{3}+\frac{5}{21}-1=\frac{1}{7}$が144人であり，全体は$144\times7=1008$(人)
イ…運動部にだけ入っている生徒は全体の$\frac{4}{7}-\frac{1}{7}=\frac{3}{7}$であり，$144\times3=432$(人)

重要 6 **(割合と比)**
最初のAの水量…$1500\times\frac{3}{8}$(mL)
AからBへ水を移した後のBの水量…$1500\times\frac{3}{8}\div3+1200\times\frac{3}{4}=1500\times\frac{1}{8}+1200\times\frac{3}{4}$(mL)
最後のAの水量…$1500\times\left(\frac{3}{8}-\frac{1}{8}\right)+1500\times\frac{1}{8}\times\frac{4}{5}+1200\times\frac{3}{4}\times\frac{4}{5}=375+150+720=1245$(mL)

やや難 7 **(速さの三公式と比，割合と比)**
右図において，ひろし君と弟の分速の比は
90：60＝3：2であり，弟が出発したとき
ひろし君は$90\times5=450$(m)進んでおり
ひろし君が学校に着いたとき，弟は学校から
$450+60\times(8+450\div90)=450+780$(m)手前

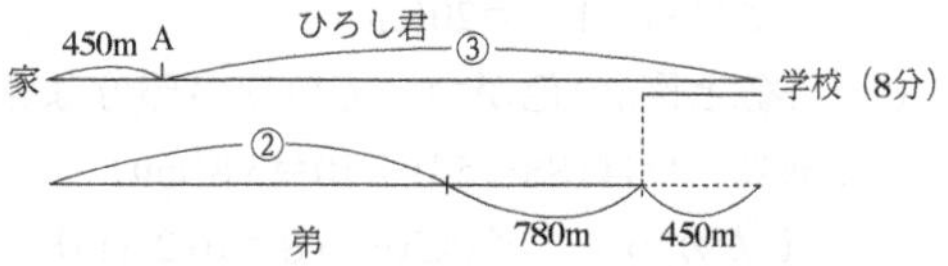

にいる。したがって，③－②＝①が$450+780-450=780$(m)であり，家から学校までは$780\times3+450=2790$(m) …③＋450と②＋780＋450が等しい。

重要 8 **(割合と比，平均算)**

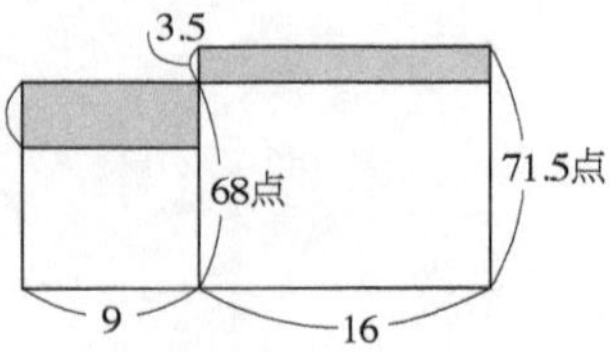

男子5人が欠席した日の男子と女子の人数比は(100−64)：64 ＝9：16であり，右図において，色がついた部分の面積が等しいので，この日の男子の平均点は

$68-(71.5-68)\times16\div9=61\frac{7}{9}$(点)である。

この日の全体の人数が□のとき，□×0.64が□×0.6＋5×0.6 ＝□×0.6＋3に等しく，□は3÷(0.64−0.6)＝75(人)であり，この日の男子の人数は75×(9＋16)×9＝27(人)，男子の全体の人数は27＋5＝32(人)である。

したがって，男子の平均点は$\left(61\frac{7}{9}\times27+66.4\times5\right)\div32=62.5$(点)

やや難 9 **(速さの三公式と比，割合と比)**

兄が50段上ったとき，エスカレーター自体が5×3＝15(段)動いたとすると，これと等しい時間に，弟は30段上って，エスカレーター自体が15段動いている。この後，弟が40−30＝10(段)上ると，エスカレーター自体が15÷(30÷10)＝5(段)動く。したがって，兄弟の段差50−40＝10(段)がエスカレーター自体の5段に相当し，エスカレーターは50＋15×(10÷5)＝80(段)ある。

…弟の式では40＋(15＋5)×(10÷5)＝80(段)

重要 10 **(割合と比，平均算)**

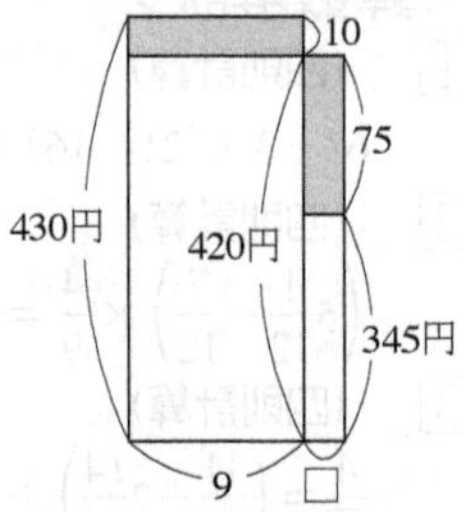

AとBの量を4:5にして詰め合わせると，これら100gあたりの値段は(480×4＋390×5)÷(4＋5)＝3870÷9＝430(円)になり，右図において，色がついた部分の面積が等しく□は(430−420)×9÷(430−345)＝1.2である。

したがって，A，B，Cの量は4：5：1.2＝20：25：6

重要 11 **(平面図形，図形や点の移動，速さの三公式と比)**

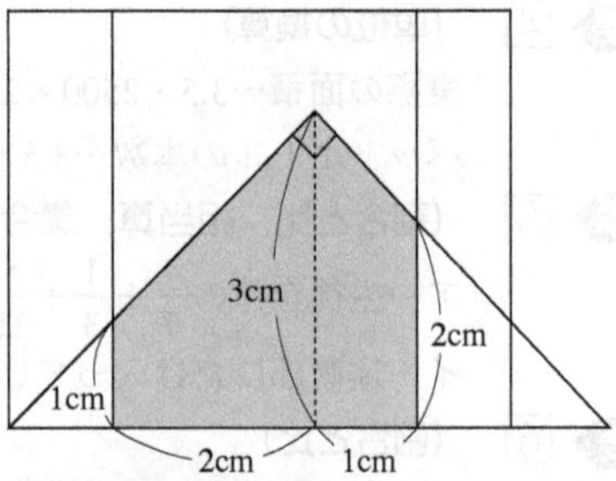

7秒で㋑は7cm移動し，㋒は14cm移動する。

右図より，3枚が重なった部分の面積は

$(1+3)\times2\div2+(3+2)\times1\div2=4+2.5=6.5(cm^2)$

重要 12 **(平面図形，図形や点の移動)**

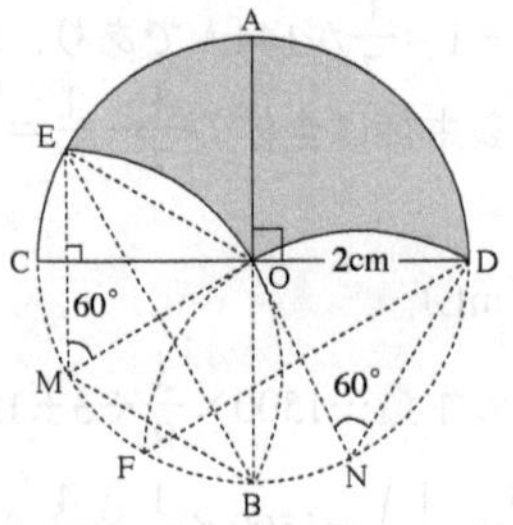

右図において，三角形OEM，ONDは正三角形であり，色がついた部分の周は

2×2×3.14÷360×(180−30＋60×2)

＝4×3.14÷360×270＝3×3.14＝9.42(cm)

重要 13 **(立体図形，平面図形)**

(1)　図1と図2の色がついた部分の面積は等しく6×ア＋10×5÷2−4×4÷2＝13.7×10より

 アは(137−17)＝20(cm)

(2)　図2と図3の色がついていない部分は等しく，(1)より，ウ×10＋10×10÷2＝4×20＋4×4÷2であり，ウは(88−50)÷10＝3.8(cm)

したがって，イは20−3.8＝16.2(cm)

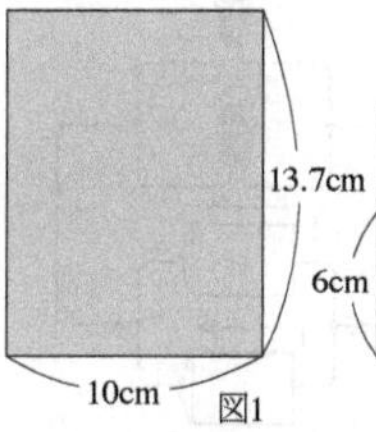

図1

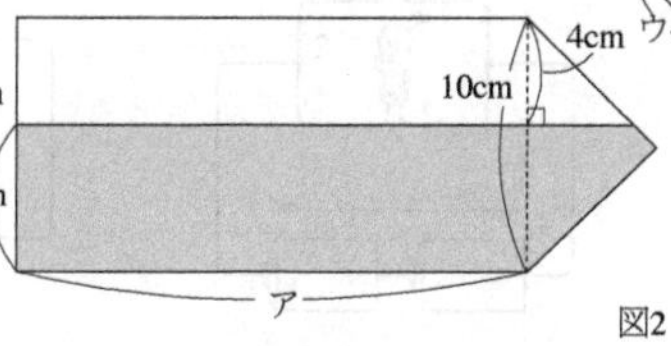

図2

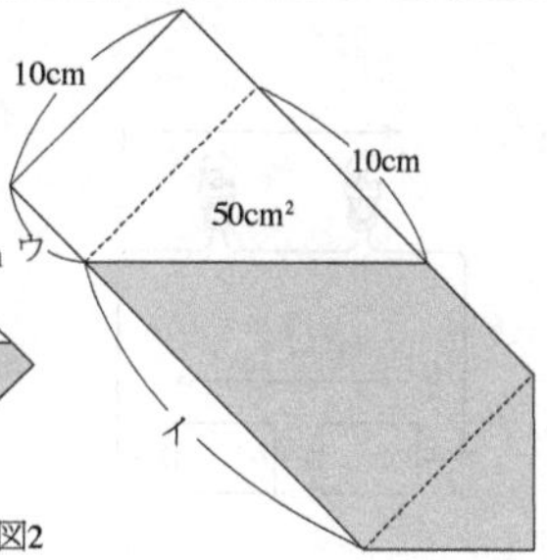

図3

14 （統計と表，消去算）

重要 (1) 右表より，計算する。

	使った金額(円)	人数(人)
あん A	100	26
クリーム B	150	32
カレー C	250	40
あん・クリーム D		
あん・カレー E	350	?
クリーム・カレー F	400	?
あん・クリーム・カレー G	500	8

あん…A＋D＋E＋G＝26＋D＋E＋8＝57より，

D＋E＝57－34＝23，

クリーム…B＋D＋F＋G＝32＋D＋F＋8＝80より，

D＋F＝80－40＝40

したがって，F－E＝40－23＝17であり，

「クリーム・カレー」と「あん・カレー」の「クリーム」と「あん」の差は17人

やや難 (2) (1)より，C＋D＝D＋F＝40，C＝Fであり，C－E＝17…①

カレー…C＋E＋F＋G＝C＋E＋C＋8＝75より，C×2＋E＝75－8＝67…②

①＋②より，C×3＝17＋67＝84，Cすなわち「カレー」だけは84÷3＝28(人)

★ワンポイントアドバイス★

まちがえやすい問題は，4「単位換算と縮図」，7「速さの三公式と比」，8「平均算」，9「エスカレーター」，14(2)「カレーパンの人数」であるが，これらも特に難しいというレベルではない。解きやすい問題を着実に解こう。

＜理科解答＞ ≪学校からの正答の発表はありません。≫

1 (1) ウ (2) エ (3) エ (4) イ (5) エ

2 (1) 変温 (2) ア (3) エ (4) ① イ ② ウ

3 (1) ウ (2) ア (3) ウ (4) 50(％) (5) 1600(m)

4 (1) 青(色) (2) D，E (3) イ (4) イ (5) ア

5 (1) 100(g) (2) 36(cm) (3) 120(g) (4) オ (5) ア

○推定配点○

1 各2点×5　2 各2点×5　3 各2点×5

4 各2点×5((2)は完答)　5 各2点×5　計50点

＜理科解説＞

1 （総合－小問集合）

(1) はやぶさ2は，小惑星リュウグウから地下物質を採取して，2020年に地球に帰還予定である。

重要 (2) 液体成分の血しょうは，養分や不要物および二酸化炭素を溶かして運ぶ。なお，固体成分の赤血球は酸素を運ぶ。

重要 (3) アの回路に流れる電流を1とすると，それぞれの回路に流れる電流は，次のようになる。

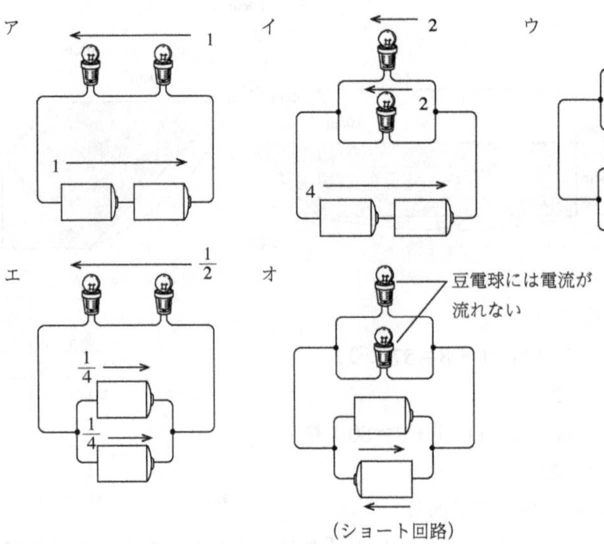

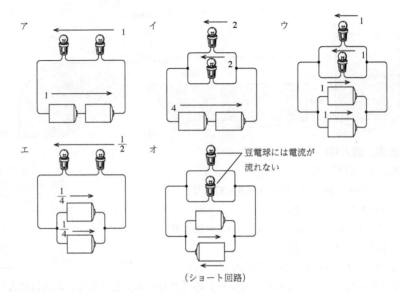

(4)　薄い膜で覆われた弾力のある卵を非常に濃い食塩水につけると，卵の中の水分が濃い食塩水に移動するので，卵は少ししぼむ。なお，水の中に入れると，水が卵の中に移動して，卵はふくらむ。

(5)　550gの銀メダルの体積は，$\frac{550}{10.5}$(cm^3)である。したがって，同じ体積の銅メダルの重さは，$\frac{550}{10.5}\times 8.8 = 460.9\cdots$ (g)より，約461gである。したがって，同じ体積の銅メダルは銀メダルよりも，$550-461=89$(g)軽い。

2　(昆虫と動物・植物のなかまー生物の冬越し)

重要 (1)　体温が変わらない動物を恒温動物といい，ほ乳類や鳥類があてはまる。

重要 (2)　ナナホシテントウは，冬は，成虫の状態で落ち葉の下などに集まって越冬する。

(3)　ほ乳類のニホンヤマネは，冬は体温を下げて，冬眠する。

重要 (4)　①　ツバキは，一年中，葉をつける常緑樹であり，冬から春先にかけて花をさかせる。

②　ヒガンバナは秋から春先にかけて葉をしげらせる。また，9月の下旬頃に花を咲かせる。なお，コスモスやホウセンカは夏から秋にかけて，アジサイは夏の初めにそれぞれ花を咲かせる。

3　(気象ー雲と湿度)

重要 (1)　雲に含まれている水滴の中で，光が屈折したり，いろいろな方向に反射したりすることで，全体としては，白く見える。

重要 (2)　温められた空気は膨張することで，同じ体積あたりの重さが軽くなり，密度が小さくなるので，上に上がり，対流が起こる。

(3)　25℃での最大の水蒸気量は23.0gなので，湿度は，$\frac{4.6}{23.0}\times 100 = 20$(%)

やや難 (4)　28℃での最大の水蒸気量は27.2gで，湿度が25%なので，水蒸気量は，$27.2\times 0.25 = 6.8$(g)である。一方，空気が1200m上昇すると，温度が，$1\times\frac{1200}{100} = 12$(℃)下がり，$28-12=16$(℃)になる。したがって，16℃の最大の水蒸気量は13.6gなので，湿度は，$\frac{6.8}{13.6}\times 100 = 50$(%)である。

やや難 (5)　31℃での最大の水蒸気量は32.0gで，湿度が40%なので，水蒸気量は，$32.0\times 0.4 = 12.8$(g)である。一方，表より，最大の水蒸気量が12.8gのときの温度が15℃なので，温度が，$31-15=16$(℃)下がったことがわかる。したがって，空気は，$100\times 16 = 1600$(m)上昇した。

4 （水溶液の性質－水溶液の判別）

基本 (1) 赤色リトマス紙が青色になったのでアルカリ性の水溶液であり，BTB溶液に入れると青色になる。

(2) Aの水溶液からは立方体の結晶が出たので食塩水である。また，Dの水溶液はにおいがあり，亜鉛を溶かすので塩酸である。さらに，においがあるEの水溶液はアンモニア水であり，においがなくアルカリ性の水溶液であるCは水酸化ナトリウム水溶液，残りのBの水溶液は食塩水である。

(3) 亜鉛と塩酸の反応により水素が発生する。水素は空気中で燃えて水が生じる。

(4) 亜鉛を粉末にすると，表面積が大きくなるので，塩酸との反応が早くなるが，水素の発生量は変わらない。

(5) 塩酸と水酸化ナトリウム水溶液の中和反応により食塩と水が生じる。また，このとき，中和反応により，熱が発生する。

5 （力のはたらき－さおばかり）

(1) 長さが80cmの棒の重心は，ひもから左に，40－20＝20(cm)の位置，200gの皿は，ひもから右に，20－5＝15(cm)の位置にある。したがって，棒の重さを□gとすると，□×20＋100×10＝200×15より，□＝100(g)である。

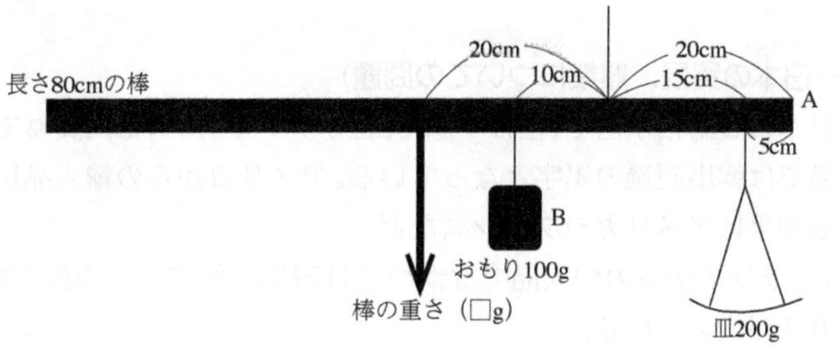

(2) 皿に40gの物体をのせたので，200＋40＝240(g)となる。したがって，100gのおもりの支点からの距離を□cmとすると，100×20＋100×□＝240×15より，□＝16(cm)なので，Aからの距離は，16＋20＝36(cm)である。

やや難 (3) おもりBはひもから，48－20＝28(cm)左の位置にあるので，皿と物体の合計の重さを□gとすると，100×20＋100×28＝□×15より，□＝320(g)である。したがって，物体の重さは，320－200＝120(g)てある。

(4) さおばかりは，支点が間にあるてこである。なお，ピンセットやホッチキスは力点が間にあり，空き缶つぶし器やせんぬきは作用点が間にあるてこである。

(5) パン屋の職人さんは，同じ重さのパンを作り続ける必要がある。

★ワンポイントアドバイス★

生物・化学・地学・物理の4分野において，基本問題に十分に慣れておこう。その上で，各分野の計算問題にもしっかりとり組んでおこう。

＜社会解答＞ ≪学校からの正答の発表はありません。≫

1 問1 ③ 問2 ⑤ 問3 ④
2 問1 (A) ③ (B) ② 問2 ⑤
3 問1 720台 問2 ① 問3 ② 問4 ④ 問5 シェールガス(革命)
4 問1 ④ 問2 ②, ④ 問3 ①, ②, ⑤
問4 ア 番号 ② 語句 杉田玄白 イ 番号 ④ 語句 歌川広重
5 問1 ③, ④ 問2 ③
6 問1 1964(年)・番号 ④ 問2 ②, ⑦ 問3 ④
7 問1 ⑤ 問2 ユニバーサル(デザイン) 問3 ③
8 ① 9 〈Ⅰ〉 ⑤ 〈Ⅱ〉 ②

○推定配点○
1 各1点×3 2 各1点×3 3 問1, 問5 各3点×2 他 各1点×3
4 問4の語句 各3点×2 問4の番号 各1点×2 他 各2点×3 5 各2点×2
6 各1点×4 7 問2 3点 他 各2点×2 8 2点 9 各2点×2 計50点

＜社会解説＞

1 (日本の地理－日本の貿易, 農業についての問題)

問1 ③ 現在, 日本の貿易相手国で1位は中国で2位がアメリカ。対中国貿易では輸入超過の赤字で, 対アメリカ貿易では輸出超過の黒字となっている。アメリカからの輸入品目に航空機類があるが, これが含まれる相手はアメリカやフランスなど。

問2 ⑤ オーストラリアからの輸入品ではかつては石炭, 鉄鉱石, 牛肉が主力であったが, 近年では液化天然ガスが増えている。

やや難 問3 ④ やませは夏の時期に北東から吹く冷涼な風なので, その被害も太平洋側の方が深刻になるので, 太平洋側に作況指数が低い県が固まっているものを選べばよい。

2 (日本の地理－日本の輸出入に関する問題)

問1 A 1960年のころの日本の輸出品の主力はまだ繊維製品であった。 B 自動車が現在の輸出品の中では主力のイメージもあるが, 機械類という品目もかなり広範囲にわたっていて, この中に輸送用機械以外の様々なものが含まれていると考えればよい。

やや難 問2 ⑤ 輸出品としてのプラスチックはリサイクル用の廃棄物として集められた廃プラスチック。これの輸出相手に中国や東南アジアがあったが, 廃プラスチックの輸出入に関するバーゼル条約が改められ, リサイクル不可能な廃プラスチック(余計なものが混ざっていたり, 汚れのひどいもの)の輸出入を禁じる内容に改められたことで, 日本から海外へリサイクル用に送り出されていた廃プラスチックのかなりの量が行先を失っているのが現状。

3 (地理－貿易に関する問題)

重要 問1 表2をよく見て考えることが重要。X国, Y国のそれぞれの得意とするものを考え, それを最大限有効活用させた場合を考える。X国は自動車の生産よりは小麦の生産に向いており, Y国は逆に自動車の生産の方に向いていることが表からわかる。そこで, 全体の小麦の生産量を維持したまま自動車の生産量を増やすには, X国の国民すべてで小麦を作り, Y国の中で残りの足りない分の小麦を作り, それ以外の人間で自動車生産を行うように考える。そうするとX国で小麦は4000トン生産できるので, Y国で残りの500トンを生産するようにすれば, そこに20人を割けばよいことがわかる。そうすると残りの180人で自動車を生産した場合, 100人で生産できる台数の

1.8倍になるので400×1.8＝720となるので720台という数字が出せる。

重要 問2 「貿易を制限する」というやり方には一般的には自国から輸出するのを抑えるのと，海外からの輸入を抑えるのとの2種類がある。②と④は第二次世界大戦の直前の時代の日本とアメリカとの間を考えるとわかりやすい。アメリカが日本に対して圧力をかけるのにアメリカから日本への石油の輸出を制限するという措置をとり，最終的に日本への石油の輸出を全面禁止にしたことで，日本は石油の輸入先がなくなってしまった。また③は安い外国製品が大量に輸入された場合，同様のものを作る国内の産業が輸入品と同等の価格かそれよりも安く価格を設定して売ることができないと，輸入品に負けてしまいその産業が打撃を受けることになる状態を考えればよい。

問3 ② 第二次世界大戦後，1948年に発足したのはWTOではなくGATT関税及び貿易に関する一般協定。GATTがWTOに1995年に引き継がれて現在に至っている。

問4 ④ 国際分業が行われている場合，それぞれの国々の工業の発達度合いなどによって，部品の製造や全体の組み立てなど様々な工程が国をまたいで行われるが，部品の製造を担当する国からの部品供給が止まった場合，他からその部品を調達したり代替部品を調達することができなければ，作業を停止せざるを得なくなる。

やや難 問5 普通，原油や天然ガスは地層の中にその物質があり，そこからそれを採掘しているが，シェールガスやシェールオイルというものは，ケツ岩という岩の中に含まれているガスや油を取り出すもので，液状のものを採掘するのと違い，固形の岩石を採掘し，そこから油やガスを分離させることが必要なので，現在，シェールガスやシェールオイルが地下にあるとされる場所は割と広範囲にあるが，これを掘り出す技術を持っている国はごく一部に限られている。

4 (日本の歴史－幕府があった時代に関する問題)

問1 ④ 坂上田村麻呂が活躍したのは8世紀末から9世紀頭。この時期の天皇は桓武天皇。1は聖武天皇，②は推古天皇の時代の聖徳太子，③は元明天皇。

重要 問2 ① 承久の乱の後に設置されたのは六波羅探題。遠国奉行は江戸時代に江戸以外の幕府の直轄地に設置されたもの。 ③ 鎌倉幕府で裁判を扱ったのは問注所。 ⑤ 源実朝が殺害された後，将軍職を空けることもできないので，源氏の遠縁にあたる都の貴族などを形式的には将軍として立てた。

問3 ③ 建長寺を建てさせたのは鎌倉幕府の北条時頼。 ④ 慈照寺東求堂同仁斎を建てさせたのは室町幕府の足利義政。

問4 ア ② 「ターヘル＝アナトミア」を翻訳したのは杉田玄白と前野良沢。 イ 浮世絵の「東海道五十三次」の作者は歌川広重。

5 (日本の歴史ー明治以降の歴史に関する問題)

問1 ③ 廃藩置県によって従来の藩主は役割を失い，新たに中央政府から府知事や県令が派遣された。 ④ 1873年に出された徴兵令では20歳以上の男子に3年の兵役が課されたが，兵役を免れる条件がいろいろとあった。

問2 イ 1946年→ア 1947年→ウ 1950年→エ 1956年の順。

6 (日本の歴史－太平洋戦争後の現代の歴史に関する問題)

問1 ④ 前の東京オリンピックが開催されたのは1964年で，これに合わせて東海道新幹線や首都高速が設置された。

問2 ②，⑦ Aは1992年なのでウ，Bは2009年なのでエ，Cは1965年なのでイ，Dは1956年なのでア。

問3 ④ 2020年は，7月の第3月曜日だった海の日を7月23日の開会式前日に，10月の第2月曜日だった体育の日を7月24日の開会式の日にして，名称もスポーツの日に，8月11日だった山の日を8月10日の閉会式の日にそれぞれ動かす。

7　**(政治―参議院選挙に関連する問題)**

問1　2019年の参議院選挙での変更点は2点あり，1つは参議院議員が242名の定数を最終的には248に増やすということで，2019年の選挙では改選される半数分として3増え，選挙区で1，比例代表で2増やし，選出されたのは124名。また，比例代表において，参議院は非拘束名簿式を採用しているので各党への議席数の割り当てが決定した後，党内で個人で得票が多い候補者から順に当選者を確定させていく形式になっているが，個人票とは関係なく優先的に当選させられる特定枠を2名分設けることができるようになった。

衆議院の解散による総選挙の後に召集される国会は特別国会であるが，参議院の選挙の場合には臨時国会になる。なお，衆議院でも任期満了による総選挙の場合には臨時国会となる。

問2　障がいの有無，性別，年齢などに関係なく，すべての人が使いやすいデザインをユニバーサルデザインと呼んでいる。

重要　問3　投票は国民が自分の政治的な意見に近い候補者へ投票することで，国民の意思を政治に反映させる機会となっているが，投票率が低くなることで，投票したごく一部の人々の意見のみが反映される形になり，国民の総意というものからはかけ離れたものになってしまうことが危惧される。このことに関連する選択肢が①と②と④。③は小選挙区制にみられる問題点。

8　**(政治―消費税に関する問題)**

①　消費税の増税分は社会保障に充てるとされている。

9　**(時事―国際的に活躍した日本人に関する問題)**

〈Ⅰ〉　緒方貞子は国連難民高等弁務官として活躍した人物。2019年10月に亡くなった。

〈Ⅱ〉　中村哲は福岡出身の脳神経外科医。パキスタンやアフガニスタンでの医療活動を行うなかで現地の水問題を解決するための井戸掘りの事業や農業支援などの活動も行っていた。2019年12月にアフガニスタンで現地のゲリラによる銃撃を受け亡くなった。

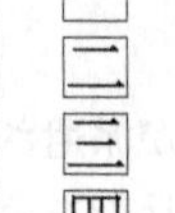

★ワンポイントアドバイス★

通り一遍の勉強ぐらいだとわかりづらい問題もあるが，記号選択の問題は正解を見つけられない場合には消去法で答えを絞り込んでいく方が早いこともあるので，臨機応変に対応していくことが必要。

＜国語解答＞　≪学校からの正答の発表はありません。≫

一　(1)　体裁　(2)　義務　(3)　操縦　(4)　署名　(5)　委(ねる)　(6)　延期

二　(1)　ウ　(2)　エ　(3)　油断　(4)　ウ　(5)　ウ　(6)　ウ　(7)　イ

三　(1)　自分の実力　(2)　イ　(3)　C・E　(4)　ウ　(5)　包容力　(6)　ウ

四　(1)　エ　(2)　見果てぬ夢　(3)　エ　(4)　ウ　(5)　あうん　(6)　人が認識し　(7)　ウ　(8)　イ

五　(1)　イ　(2)　ア　(3)　ウ　(4)　プライベート　(5)　私がマコち　(6)　(し)どろ(も)どろ　(7)　ウ　(8)　ア　(9)　はだ　(10)　エ　(11)　私の受け止　(12)　(例)　子どもたちだけでなく自分も成長するために，試行錯誤しながら正解を探し続けること。(40字)

○推定配点○

一　各2点×6　二　(3)・(5)・(7)　各3点×3　他　各2点×4

三　(3)　2点(完答)　他　各3点×5

四 (1)・(3)～(5) 各2点×4 他 各3点×4
五 (2)・(4)・(6)・(9) 各2点×4 (12) 5点 他 各3点×7 計100点

＜国語解説＞

基本 一 （漢字の書き取り）

(1)は，しっかり整った形式のこと。(2)は，それぞれの立場に応じて当然しなければならない務め。(3)の「操」は手にしっかり持つ，「縦」は手からはなす，という意味。(4)は，自分の氏名を文書に書きしるすこと。(5)の音読みは「イ」。熟語は「委任」など。(6)は，予定の期日をのばすこと。

二 （詩－細部の読み取り，空欄補充，ことばの意味，表現技法）

(1) ぬけている連の一行目の「その時に」が指す部分を確認する。「その時に」「父や母……などが……ゆがんだ顔のイメージで／かたどられる(ある形に似せて作る)」とあり，「その時」は何かを作っていることが読み取れるので，「紡ぎはじめる」「織りはじめる」の後のウに入る。

(2) 人間ではないものを人間に見立てて表現するアは「青春が……襲ってくる」，文節をふつうの順序とは逆にするイは「なんにもわかりはしないさ／あれだけぢゃ」など，他のものにたとえるウは「嵐のように」，体言である名詞で終わるオは「……いつも断片」など，でいずれも用いられている。対照的な二つの言葉を同じ形で並べるエは，用いられていない。

(3) Ⓐを言いかえた語は，気をゆるすこと，という意味の「油断」である。

(4) Ⓑ直前の連で，「こどもたちの視る」「断片」を「おとなたちは」「なんにもわかりはしないさ」としながらも，直後の連ではその「断片」を「こどもたちは永く記憶にとどめている」と述べているので，直前の内容とは対立する内容をつなげるウが入る。

やや難 (5) Ⓒの「襲ってくる」，直後の「なぎ倒され」，さらにⒸのある連のすぐ後の連(ぬけている連)で，Ⓒのようになって，こどもたちが記憶を紡ぎ，織りはじめる時に，良くないイメージで作られるのは，やはり哀しいことではないのか，とあるので，ウが適切。「襲ってくる」「なぎ倒され」の意味に触れていない他の選択肢は不適切。

基本 (6) Ⓓは，後に打消しの語をともなって，全く，という意味。

重要 (7) こどもたちに対する「お菓子ばかり」「栗鼠」という表現には，小さくてかわいいイメージがあるが，そのようなイメージのまま，おとなたちが油断している間にこどもたちは断片だった記憶を紡ぐようになる，ということを表現しているので，イが適切。「お菓子」「栗鼠」からイメージできる，小さくてかわいいものとして，こどもを見ているという，おとなの油断を説明していない他の選択肢は不適切。

三 （論説文－大意・要旨・細部の読み取り，空欄補充）

(1) Ⓐ直後の2段落で，筆者は点の甘い方が教育的効果は大きそうに思っているが，本当に学生のためを思うなら，「自分の実力をきびしく反省させる機会を与える(21字)」方が正しいという考え方もある，と述べているので，この部分のはじめの5字を書きぬく。

(2) Ⓑ前で，お互いに批判的すぎる社会は居心地が悪いが，常軌を逸した危険な行動をするような事態になる危険性はどのような社会にも潜んでおり，こういう危険を防ぐには，それぞれがある種の辛さを持っていることが必要である，と述べているので，イが適切。

基本 (3) ⒸⒹのある文を整理すると，人間の辛さが全然必要でないような社会はなく，一人一人の人間も，一生「甘さ」だけで無事に暮せる人はよほど運の好い人で，そういう場合も誰かが代りに「辛さ」を引き受けている，となる。ⒺⒻのある文は，科学者は気難しい，すなわち「甘さ」よりも

「辛さ」が目立つと思われがちのようである，ということを述べている。

重要 (4) Ⓖ直後の段落前半で，学問が飛躍的な進歩をする時は，誰かが今まで思いもかけなかった新しい考えを思いつくとか，新しい物事を見つけだすとかいうことがきっかけとなっていて，自分の持っている既成の概念や知識と相容れない(＝受け入れられない)ようなものを受け容れる気持ちを持っていなければ，自分や他人の心にある新しい大切なものがしぼんでしまう，と述べている。自分の概念や知識とは異なるものも受け入れることで，新しい考えなどが思いつくということなので，ウが適切。

重要 (5) Ⓗは，建設的な役割を果たした学者に見出されるもので，直後の段落後半で，学者に大切な心構えとして「甘さと言うか包容力というかオープンマインドネスというか」と説明しており，指定されているのは漢字三字の言葉なので，「包容力」である。

やや難 (6) アの「辛さは全く必要ない」，イの「天災」，エの「大衆に分かりやすい研究」は述べていないので，合っていない。ウは「しかしどういう……」で始まる段落で述べている。

四 (論説文－大意・要旨・細部の読み取り，空欄補充，ことばの意味，慣用句)

(1) 直後の2段落で，「新たな常識」であるⒶについて，インターネット書店だけでなく現実の書店の巨大化で，これまでになく整った環境で「本を選ぶ」ことができるようになり，世界中の本はすべて手に入り，誰もが好きなものを自由に選べるようになる，といっても過言ではない，と説明しているので，エが適切。

(2) 「世の中に不要な……」で始まる段落で，Ⓑをふまえて，すべての本に行きつく回路は開かれていたほうがよい，と述べ，さらにこのことを「見果てぬ夢」を手にした人々が……と続けているので，「見果てぬ夢」を書きぬく。

(3) 「すべての本」を好きなように選んで手に入れられるようになったことを不安に思い，倦みはじめている状況で，タイミングが悪くて一冊の本を買えなかった以上の気持ちをⒸと述べているので，がっかりするという意味のエが適切。

(4) Ⓓは「手間をかけずにバリエーションを増やす」やり方なので，むだを省いて能率的であるさまという意味のウが適切。アは明るく考えてくよくよしないさま，イは根本にもどって全体を考えるさま，エは実行するさま。

基本 (5) 「あうん(阿吽)の呼吸」の「阿」は吐く息，「吽」は吸う息のこと。

(6) Ⓕ直前の段落で，「人が認識し，現実に見ることのできる本の量には限界がある(27字)」と述べている。

重要 (7) Ⓖの「アルゴリズムを借りたプロセス」は，検索エンジンを使って最適な本を選ぶことである。直前の「検索エンジンを使って，あたかも自分の手で選んだかのような結果をスライドショーのように繰り出し続けることと，物理的に本を発見することは同じではない」をふまえてⒼを述べており，このことは，物理的に本を発見することは自分と本の中に記憶される，ということなので，ウが適切。「アルゴリズムを借りたプロセス」＝検索エンジンを使って本を選ぶこと，と自分の手で物理的に本を発見することの違いをふまえて説明していない他の選択肢は不適切。

やや難 (8) 最適な本を「すべて」の中から選ばなければならない理由は，いったいどこにあるだろう，と述べているので，アは合っていない。イは「こうした，人力……」で始まる段落で述べている。見果てぬ夢を手にした人々があまり幸せそうに見えないのは，喧伝される自由＝「すべて本」を好きなように選んで手に入れられること，がそれほど楽しくないからだと述べているので，「読書の時間を日々の生活から捻出することができない」とあるウは合っていない。「最適な一冊」を選びとる方法として，どういう回路を経てきたとしても，どれほどの違いがあるだろうか，と述べているので，エも合っていない。

五 **(小説－情景・心情・細部の読み取り，空欄補充，ことばの意味，慣用句，記述力)**

(1) Ⓐの「心配」は，泰子先生に呼ばれた，えな先生に対するもの，「好奇」は強い興味や関心を持っていることなので，イが適切。

(2) Ⓑは，えな先生に対する泰子先生の態度で，後半「いつものように……」で始まる段落で，えな先生＝「私」は泰子先生をいつも威圧的(相手をおさえつけるさま)に感じていることが読み取れるので，同じような意味のアが適切。

(3) 「あてはまらないもの」を選ぶことに注意。Ⓒ直前の泰子先生の話から，イはあてはまる。また，えな先生の苦情を本人ではなく園に言ったことから，ア，エもあてはまる。ウの「意地を張った負けおしみ」は描かれていないので，あてはまらない。

(4) ⒹⒺには，英語の「プライベート(private)」が入る。

重要 (5) 「萌香ちゃんのお母さんは……」で始まる段落で，「私がマコちゃんに憧れたように，萌香ちゃんが私のピンクのネイルを素敵だと感じてくれたなら，爪噛みしなくなるかもしれないと思ったのだ。」という「私」の心情が描かれており，この心情がⒻの理由となっている。

(6) 「し<u>どろ</u>も<u>どろ</u>」の「しどろ」は，設問に書かれてある意味で，「しどろ」の意味を強調する「もどろ」を組み合わせた言葉。

(7) Ⓗ直前で，ネイルを取った後の「私」の手を泰子先生がほめていたことを，萌香ちゃんのお母さんから「私」は聞いたことでⒽのようになっているので，ウが適切。

(8) Ⓘは，泰子先生がネイルを取った後の「私」の手をほめていたという話を，萌香ちゃんのお母さんが「私」にしていたことをそばで聞いていた泰子先生の言葉である。直後で「きまり悪いそうに」＝恥ずかしそうにしていることも描かれているので，アが適切。

基本 (9) Ⓙは，実際に見聞きしたり体験したりして，実感として感じるという意味で，「はだ(で感じる)」が入る。

重要 (10) ネイルのことで頭ごなしにえな先生を注意してしまったが，どう説明していいかわからなかったと言うえな先生が，泰子先生自身の経験を聞いたことで，やりがいに気づいたことがⓀ前で描かれているので，エが適切。アの「人知れず悩んでいた」，イの「保護者とのやり取り」に「安心した」は不適切。Ⓚに「おどけた(ふざけること)」とあるので，ウの「驚いた」も不適切。

重要 (11) 「いつものように……」で始まる段落で，「いつものようにきつく言われているのに，威圧的には感じなかった」のは，「私の受け止め方が変わったから(14字)」であることが描かれている。

やや難 (12) 「ひとつひとつが……」で始まる段落で，試行錯誤で，合っているかどうかわからない正解を探し続けることで，子どもたちも「私」も伸びていく，という「私」の心情が描かれている。この部分を，「自分が幼稚園にいる理由」としてまとめていく。

★ワンポイントアドバイス★

詩では，独特な言葉で作者の感じた世界が表現される。作者が感じていること，表現しようとしていることを，しっかり読み取っていこう。

MEMO

大切なことはメモしておこうネ！

2019年度

★★★★★★★★★★★★★★★★★★★★★★★★

入　試　問　題

2019年度

青山学院中等部入試問題

【算　数】（50分）　＜満点：100点＞

□ にあてはまる数を入れなさい。円周率を使う場合は3.14とします。

1　$17+3\times(15-10\div5)-18\div2\times3=$ □

2　$\frac{13}{25}-0.48\div\left(\frac{5}{3}-\frac{3}{5}\right)=$ □

3　$5\frac{1}{4}\times\frac{5}{7}\div\left(2\frac{1}{3}-\square\right)=7.5$

4　1から9までの整数から7つを選んで，それぞれaからgとします。下のような式が成り立つとき，eは □，fは □，gは □ です。

$$a\times a=b \qquad c+d=a$$
$$c\times e=f \qquad c+g=f$$

5　1Lサイズの牛乳パックの重さは50gです。これを1個リサイクルすることで，二酸化炭素の排出量を23.4g削減できます。また，二酸化炭素14kgは1本の杉の木が吸収する二酸化炭素量と同じです。ある年の国内の牛乳パックのリサイクル量は68.5千tでした。この年の二酸化炭素削減量は，約 □ 万本分の杉の木が吸収する二酸化炭素量に相当します。（小数第1位を四捨五入すること）

6　姉，妹，弟はそれぞれお金を持っています。□ 円持っていた姉は，330円使ってから弟に400円あげると，弟の持っているお金は姉の残りのお金の$\frac{3}{4}$倍になり，また，妹の持っているお金は弟の持っているお金の$\frac{6}{5}$倍より180円多く，姉より20円少なくなりました。

7　三角形ABCの面積は10㎠です。図のように三角形ABCの辺CAをAの方に延長して CA：AD＝1：2 となるように点Dをとります。同じように，AB：BE＝1：3，BC：CF＝1：4 となるようにそれぞれ点E，Fをとり，三角形DEFを作りました。三角形DEFの面積は □ ㎠です。

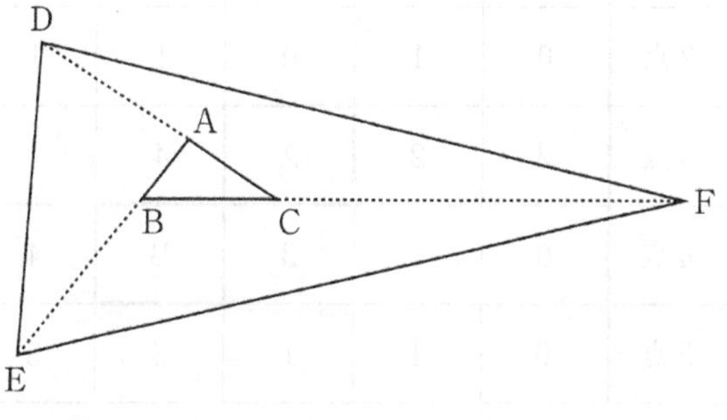

8

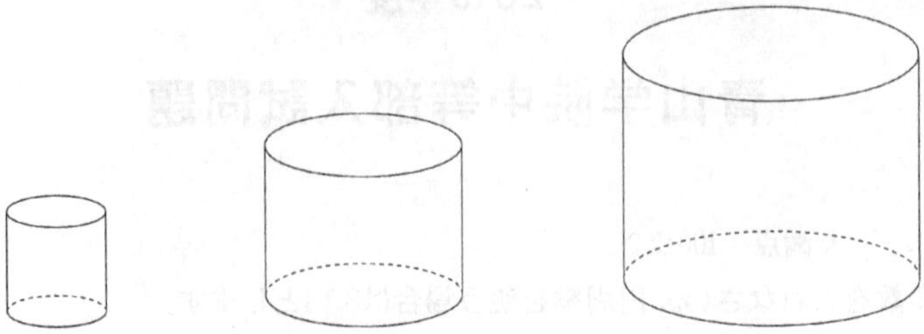

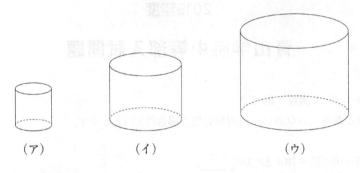

図のように３つの円柱状の容器（ア）（イ）（ウ）があります。底面の半径は，（イ）は（ア）の２倍，（ウ）は（イ）の1.5倍で，高さは，（イ）は（ア）の1.5倍，（ウ）は（イ）の1.5倍です。（イ）を満水にして空の（ウ）に何回か水を入れたところ，水があふれてしまいました。このとき，あふれた水の量は（ア）の □ 杯分です。

9 ある中学校の生徒が一列に並んでハイキングコースを歩いています。

最後尾（さいこうび）にいた守くんが1.8km先の先頭まで走って行ったところ，９分で先頭に着くことができましたが，先頭にいた先生に最後尾に戻るよう指示されました。そこで，守くんはその場で列が過ぎるのを待っていると，27分で最後尾になりました。

もし，守くんが行きと同じ速さで走って戻ったならば □ 分 □ 秒で最後尾に着きます。

10 ある美術館の入館料は１人1000円ですが，20人を超えると超えた人数分は１人800円になります。ある70人の団体で，電車が遅れたため何人かが遅刻しましたが，半数以上の人が集まっていたので先に入館することにしました。先に入館した人たちと，遅刻した人たちの２回に分けてそれぞれ入館料を支払（しはら）うと，その合計は63600円になりました。先に入館したのは □ 人です。

11 あるクラスで５点満点の国語と算数のテストを行ったところ，得点の分布が下の表のようになりました。国語の平均点が3.6点，算数の平均点が3.5点のとき，AとBに入る人数は，A □ 人，B □ 人です。

算＼国	1点	2点	3点	4点	5点
1点	0	0	1	2	0
2点	0	1	0	1	1
3点	2	2	A	4	1
4点	0	1	3	B	4
5点	0	1	1	3	5

単位（人）

12　図のように，中心角が90度のおうぎ形を点線で２回折りました。㋐の大きさは ☐ 度です。

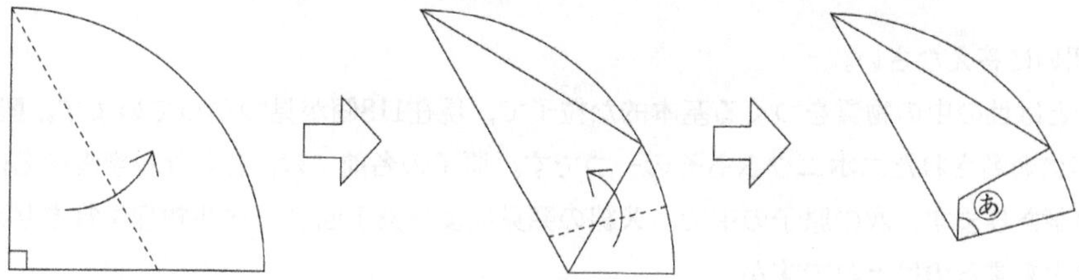

13　ある和菓子屋さんでは，どらやきが入っている箱Ａ，もなかが入っている箱Ｂ，まんじゅうが入っている箱Ｃを売っています。

この３種類の箱の値段と個数については，次のことがわかっています。

① Ａ２箱の値段は，Ｂ１箱とＣ１箱の値段の和に等しい。

② Ｂ２箱の値段は，Ｃ５箱の値段と等しい。

③ Ａ，Ｂ，Ｃ１箱ずつに入っているお菓子の個数の合計は23個である。

(1) Ａ，Ｂ，Ｃの値段の比を最も簡単な整数の比で表すと，☐：☐：☐ です。

(2) Ｃのまんじゅうの数を５個減らした箱Ｄを作りました。このとき，Ａ２箱の値段とＤ７箱の値段が等しくなりました。また，ＡとＤに入っているお菓子の個数も等しくなりました。Ｄ１箱の値段が400円のとき，どらやき，もなか，まんじゅうの１個当たりの値段はそれぞれ，どらやき ☐ 円，もなか ☐ 円，まんじゅう ☐ 円です。

14　表は，あるクラスの算数のテストの結果です。

このテストは第１問が10点，第２問が５点，第３問が５点の20点満点です。第１問を正解した人は22人，第２問を正解した人は17人いました。

合計点	20点	15点	10点	5点
人数	4人	13人	8人	6人

(1) 第２問と第３問の両方を正解した人は ☐ 人です。

(2) 第３問を正解した人は ☐ 人です。

【理　科】（25分）＜満点：50点＞

1 次の問いに答えなさい。

(1) 原子とは世の中の物質をつくる基本的な粒子で，現在118個が見つかっています。酸素や炭素，2017年に命名されたニホニウムもその一つです。原子の名前には，有名な科学者の名前に由来するものがあります。次の原子の中で，X線の発見により第1回ノーベル物理学賞を与えられた科学者に由来するのはどれですか。

ア　キュリウム　　イ　ノーベリウム　　ウ　コペルニシウム
エ　レントゲニウム　　オ　アインスタイニウム

(2) 次の植物の中で，春の七草に含まれない植物を選びなさい。

ア　クズ　　イ　カブ　　ウ　ダイコン　　エ　ハハコグサ　　オ　セリ

(3) 地表付近の暖かい空気の下に冷たい空気が入り込むと，強い上昇気流が生じ［　A　］が発生します。［　A　］の中では水蒸気が小さな氷の粒となり，落下の途中で水滴になったり，一部がとけたりします。そのような水滴や，とけかかった氷の粒は，落下の途中に再度上昇気流によってまい上げられると，再び氷の粒になります。これをくり返すうちに氷の粒はだんだんと大きな氷のかたまりになり，ついには地上に落下します。

① ［A］にあてはまる雲の種類を選びなさい。

ア　高積雲（ひつじ雲）　イ　層雲（きり雲）　ウ　乱層雲（雨雲）　エ　積乱雲（入道雲）

② 上空から降る直径5㎜以上の氷の粒を何といいますか。ひらがなで答えなさい。

(4) 図のように，ガラスごしに鉛筆を見ました。どのように見えますか。

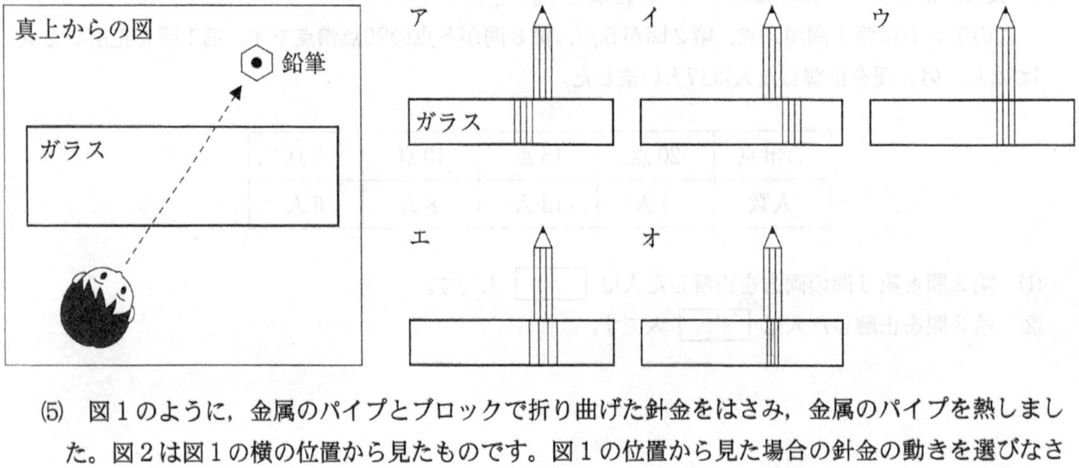

(5) 図1のように，金属のパイプとブロックで折り曲げた針金をはさみ，金属のパイプを熱しました。図2は図1の横の位置から見たものです。図1の位置から見た場合の針金の動きを選びなさい。

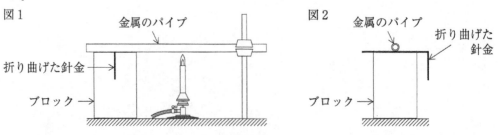

図1

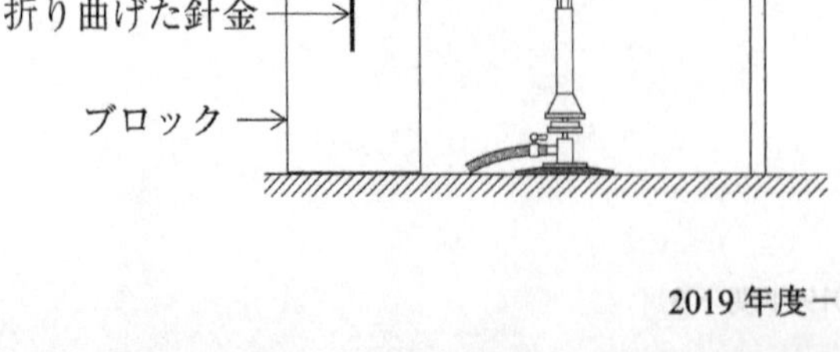

図2

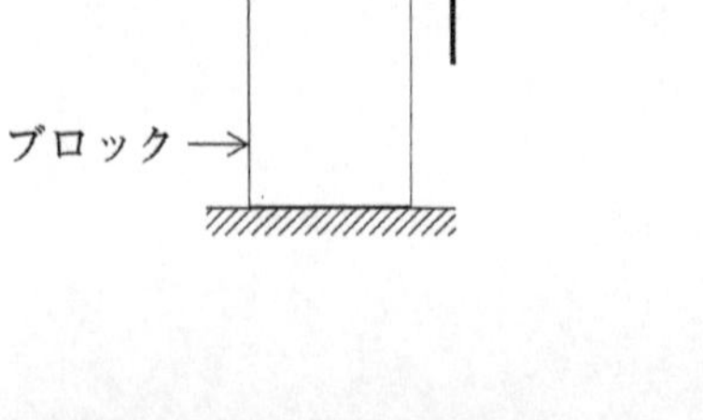

ア　時計回りに動く　　　　　　イ　反時計回りに動く
ウ　左右に大きくゆれる　　　　エ　その場で細かくふるえる

2　青山君はある日，昆虫館に行きました。次の文章は青山君が書いたそのときの記録です。

> 昆虫館には昆虫類だけでなく，いろいろな節足動物が飼育されていました。節足動物とは，外骨格と呼ばれる丈夫な硬い殻におおわれ，からだやあしに節のある動物のことを指すそうです。この節足動物には昆虫類のほかに，クモ類，甲殻類，多足類の３つのグループがあり，からだの分かれ方やあしの本数がグループごとに違うそうです。
> 昆虫類の育ち方には，カブトムシやタマムシのようにさなぎの時期がある完全変態と，さなぎの時期がない不完全変態という２つのパターンがあるそうです。
> 係のおじさんに，野外の昆虫の数を調査する方法「標識再捕獲法」を教えてもらいました。今度近くの公園に飛んでいるアカトンボ（アキアカネ）の数を調べてみようと思いました。

⑴　右図はダニのイラストです。からだのつくりから，ダニは節足動物のどのグループにふくまれますか。

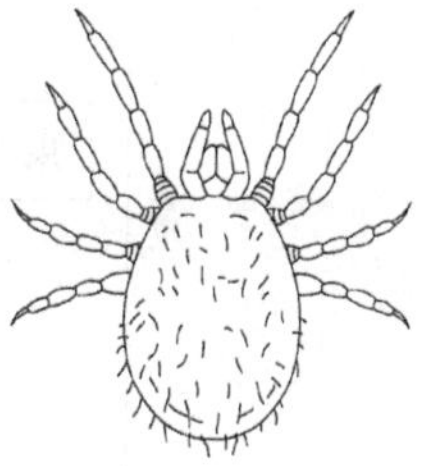

ア　昆虫類　　イ　クモ類　　ウ　甲殻類　　エ　多足類

⑵　タマムシのからだは３つの部位に分かれています。空気をからだの中にとり入れる気門は３つの部位のどこにありますか。

⑶　不完全変態である昆虫を２つ選びなさい。
ア　カイコガ　　イ　ナナホシテントウ　　ウ　アブラゼミ
エ　ヒアリ　　　オ　オオカマキリ　　　　カ　アカイエカ

⑷　青山君は後日，「標識再捕獲法」を利用して，近くの自然公園に生息するアカトンボの数を調べてみることにしました。「標識再捕獲法」とは，以下のように行います。

> 1. ある地域にすむ動物を一定数（□匹）捕まえて，それぞれにマークをつけて放す。
> 2. しばらくして再びその動物を捕まえ（○匹），そのうちマークがついているものの数（△匹）を数える。
> 3. １と２から次の関係が成り立つ。【地域全体にすむ動物の数】：□＝○：△
> 4. この比を利用してその地域全体にすむ動物の数を推定する。

この方法をもとにして，次のように調べてみました。
１日目：30匹捕まえ，そのすべてにマークをつけた。
２日目：再び40匹捕まえ，そのうち５匹にはマークが確認できた。

①　この公園に生息するアカトンボの数を推定しなさい。

②　標識再捕獲法を用いて調べるためにはいくつか必要な条件があります。その条件を２つ選びなさい。
ア　２回目の採集では，マークをつけたトンボを狙って捕まえること
イ　２回目の採集までに，自然公園の外から新たにたくさんのトンボが飛んでくること

ウ　マークをつけたトンボが，すぐに自然公園の外へ移動していかないこと

エ　マークをつけたことで，そのトンボが外敵に襲(おそ)われやすくなること

オ　マークのついたトンボと，ついていないトンボが公園内で混ざって生息すること

3　下の図は日本で冬の南の空に見える，主な星座の位置関係を表しています。A～Eの記号がついた星は，すべて一等星です。

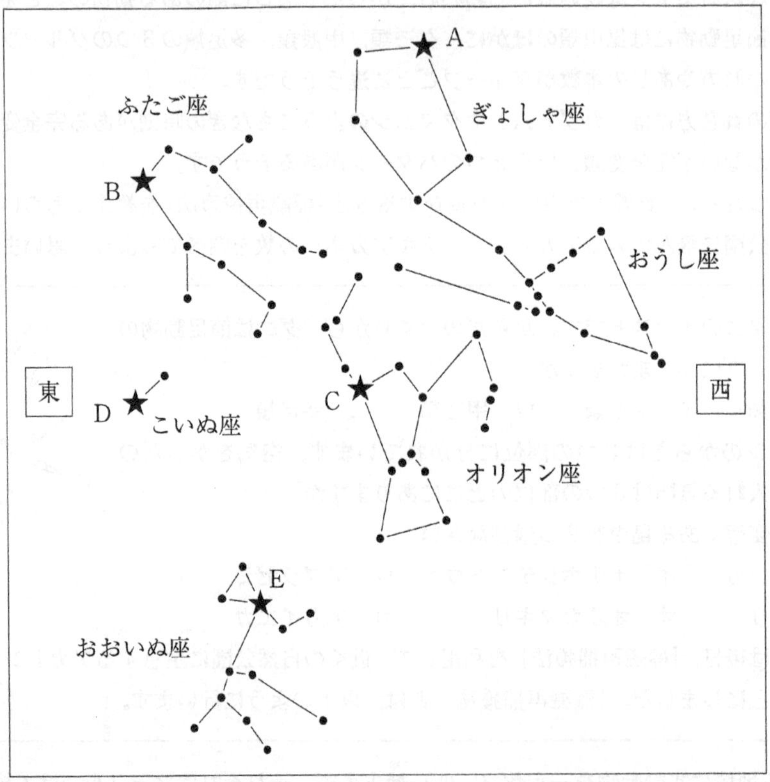

(1)　図の記号がついた星の中で，最も赤く光って見える星の記号と名称(しょう)を答えなさい。

(2)　冬の大三角形を作る３つの星をすべて選び，A～Eの記号をアルファベット順で答えなさい。

(3)　図の星や星座は東から西へ移動して見えます。その時の様子を説明したものとして正しいものを選びなさい。

ア　CとDの星では，Cの方が先に東の空にあらわれる

イ　A～Eの星の中で，最後に東の空にあらわれるのはBである

ウ　BとEの星では，Bの方が先に西の空にしずむ

エ　A～Eの星の中で，最後に西の空にしずむのはEである

(4)　日本のある地点において，2月15日の８時ちょうどにAの一等星が南中しました。同じ地点で２月２日にAが南中していた時間を選びなさい。ただし，星が南中してから次に南中するまでにかかる時間は，23時間56分とします。

ア　８時52分　　イ　８時26分　　ウ　８時６分

エ　７時34分　　オ　７時８分

⑸　日本の地点Xで１月のある日の夜，南の空にオリオン座が右の図のように見えました。この時に，オーストラリアの地点Yではオリオン座がどのように見えると考えられますか。下の図より選びなさい。ただし，地点Xと地点Yは北半球と南半球のちがいはあるものの，緯度と経度は同じとします。

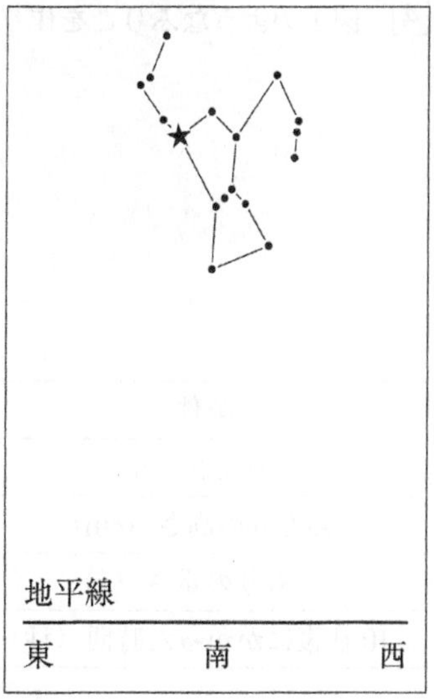

ア

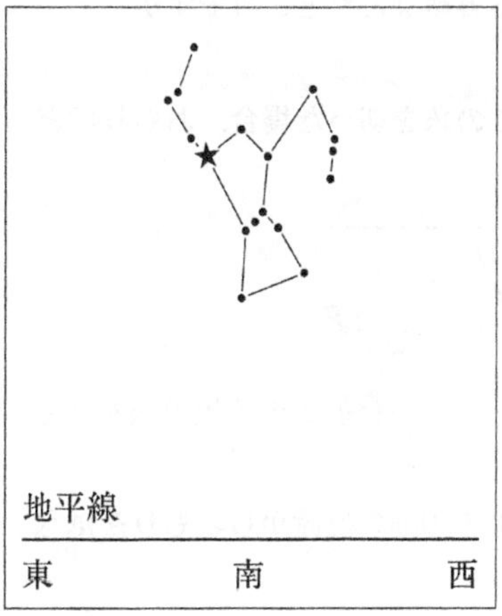

イ

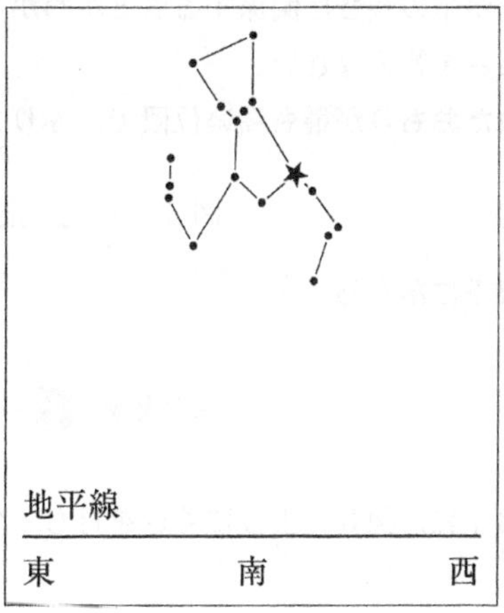

ウ

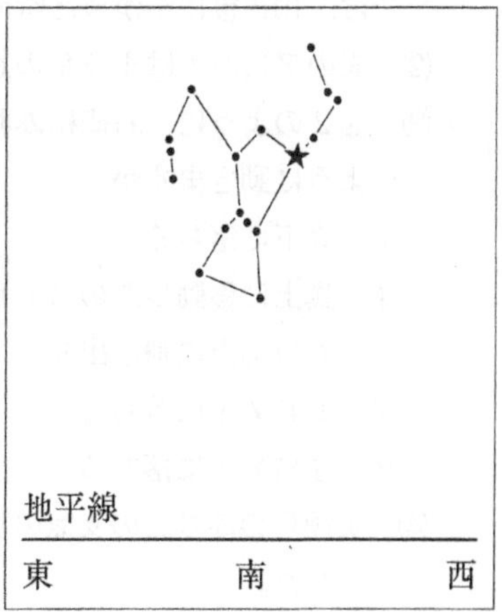

エ

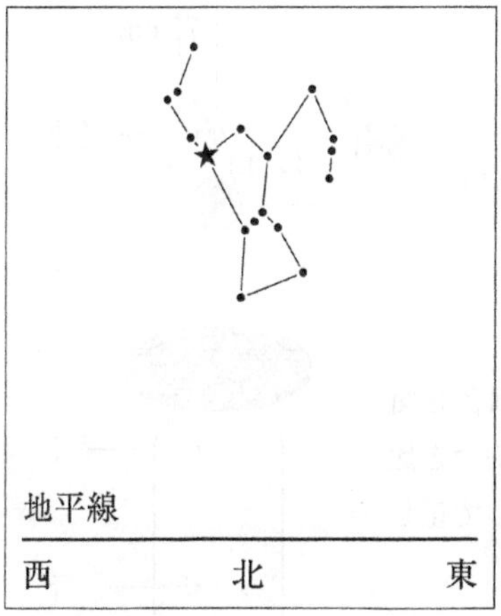

オ

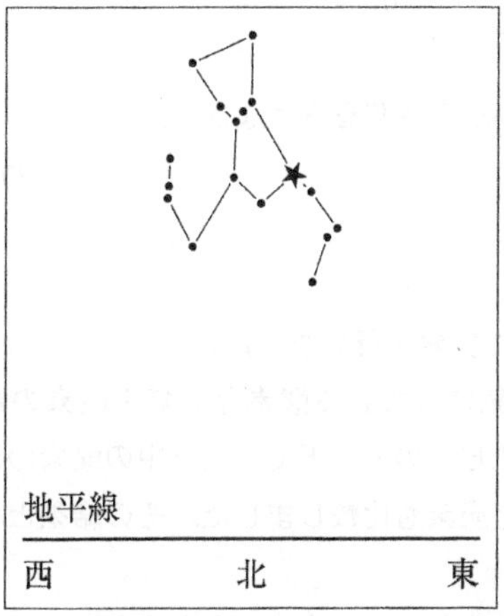

カ

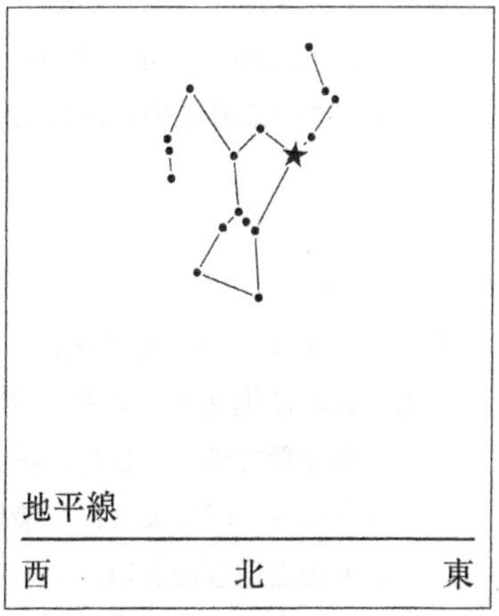

4 図1のようなふりこを作り，条件を変えて実験して表にまとめました。

図1

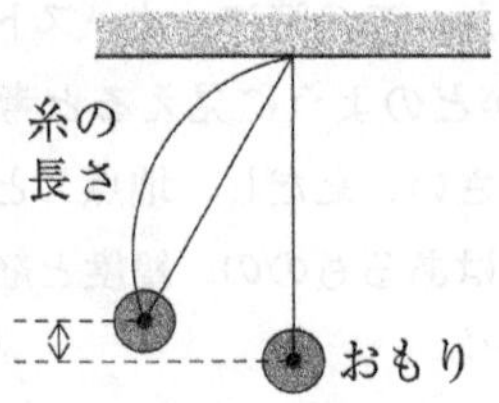

条件	実験A	実験B	実験C	実験D	実験E	実験F
糸の長さ（cm）	25	25	100	100	400	ア
おもりの高さ（cm）	20	20	10	20	15	5
おもりの重さ（g）	10	30	30	30	40	10
10往復にかかった時間（秒）	10	10	20	20	40	30

(1) 実験AとBの結果から，10往復にかかった時間はおもりの重さによらないことがわかります。では，10往復にかかった時間が糸の長さに関係することがわかる実験はどれとどれですか。

(2) 表のアにあてはまる糸の長さを答えなさい。

(3) 図2のように，右側にふれたおもりが最も高い位置で，ふりこの糸を切った場合，おもりはどのように動きますか。

ア 真下に落ちる

イ 真上に移動したのち，真下に落ちる

ウ 右斜(なな)め上に飛び出す

エ 右斜め下に落ちる

オ 左斜め下に落ちる

図2

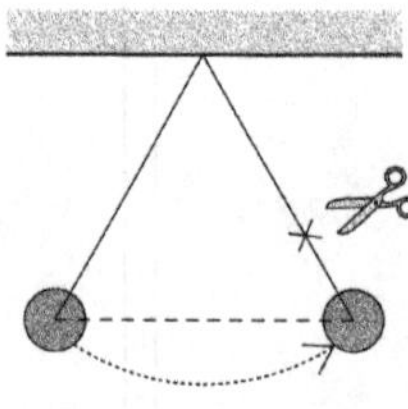

(4) 実験Cのふりこの支点の真下に，図3のようにくぎを打ち，高さ20cmの位置からおもりをはなしました。

① 右側に最も大きくふれた時のおもりの高さを選びなさい。

ア 5cm　イ 10cm　ウ 20cm

エ 30cm　オ 40cm

② このふりこの10往復にかかる時間を答えなさい。

図3

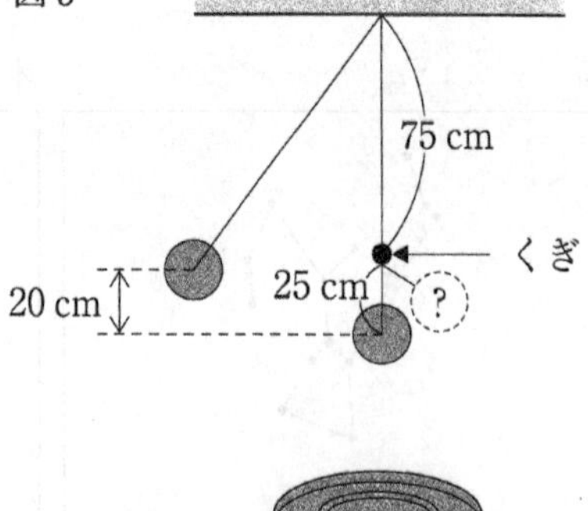

5 集気ビンとろうそくを使って実験を行いました。

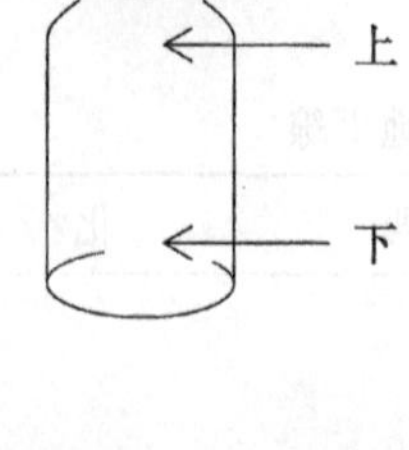

(1) 最初に集気ビンの中の空気に含まれる酸素と二酸化炭素の割合を気体検知管で調べました。集気ビンの上，下で，空気中の酸素の割合を比べたのち，同じように二酸化炭素も比較しました。その結果として正しいものを選びなさい。

ア 酸素，二酸化炭素ともに集気ビンの上のほうが多かった

イ　酸素，二酸化炭素ともに集気ビンの下のほうが多かった

ウ　酸素は上のほう，二酸化炭素は集気ビンの下のほうが多かった

エ　酸素は下のほう，二酸化炭素は集気ビンの上のほうが多かった

オ　酸素と二酸化炭素の割合は，ともに集気ビンの上と下で変わらなかった

⑵　次に１本のろうそくに火をつけて，集気ビンをさかさまにかぶせ，しばらくおくと，ろうそくの火が消えました。集気ビンをよく観察すると，内側のガラスがくもっていました。

①　集気ビンの内側のガラスがくもっていたのは，水が生じたためです。ろうそくを燃やすことによって生じた二酸化炭素は，ろうそくの成分である炭素が変化したのですが，水が生じたのはろうそく中のどんな成分が変化したためですか。

②　ろうそくが燃えた後の集気ビンに石灰水を入れたところ，白くにごりました。これは水に溶けにくい炭酸カルシウムという物質ができたためです。炭酸カルシウムを主成分としないものを選びなさい。

ア　卵の殻　　イ　チョーク　　ウ　サンゴ　　エ　ヒトの骨　　オ　貝殻

③　ろうそくが消えた後，集気びんの真ん中あたりの空気中の酸素と二酸化炭素の割合を調べると次のどの結果になりますか。最も近いものを選びなさい。

ア　酸素21％　　二酸化炭素０％

イ　酸素17％　　二酸化炭素４％

ウ　酸素４％　　二酸化炭素17％

エ　酸素０％　　二酸化炭素21％

オ　酸素０％　　二酸化炭素100％

⑶　次に長さの違うろうそく２本に火をつけて，集気ビンをさかさまにかぶせたところ，長いろうそくの火が先に消え，短いろうそくの火が後に消えました。長いろうそくの火が先に消えた理由として正しいものを選びなさい。

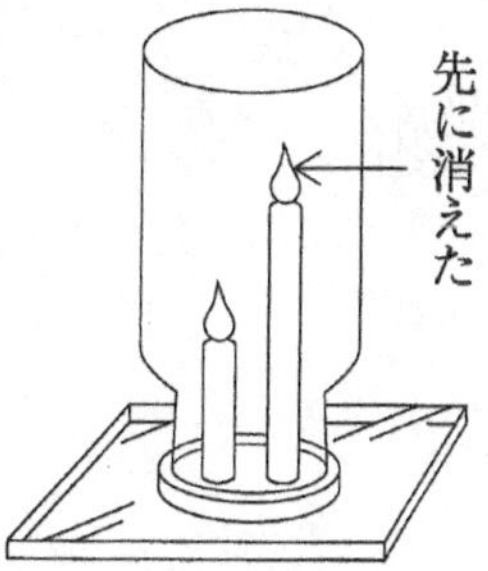

ア　燃えて生じた純粋な二酸化炭素が，上から長いろうそく付近までたまったから

イ　燃えて生じた二酸化炭素が下にたまり，純粋なちっ素が上から長いろうそくの付近までたまったから

ウ　酸素の割合が少ない空気が，上から長いろうそく付近までたまったから

エ　もともと集気ビンの下のほうが酸素の割合が多いから

オ　集気ビン内の空気の流れが上の方で強くなったから

【社　会】 (25分)　　＜満点：50点＞

【注意】　・特に指示がないものは，すべて漢字で答えなさい。

1　次の図を見て，あとの問いに答えなさい。　(編集上の都合により82%に縮小してあります。)

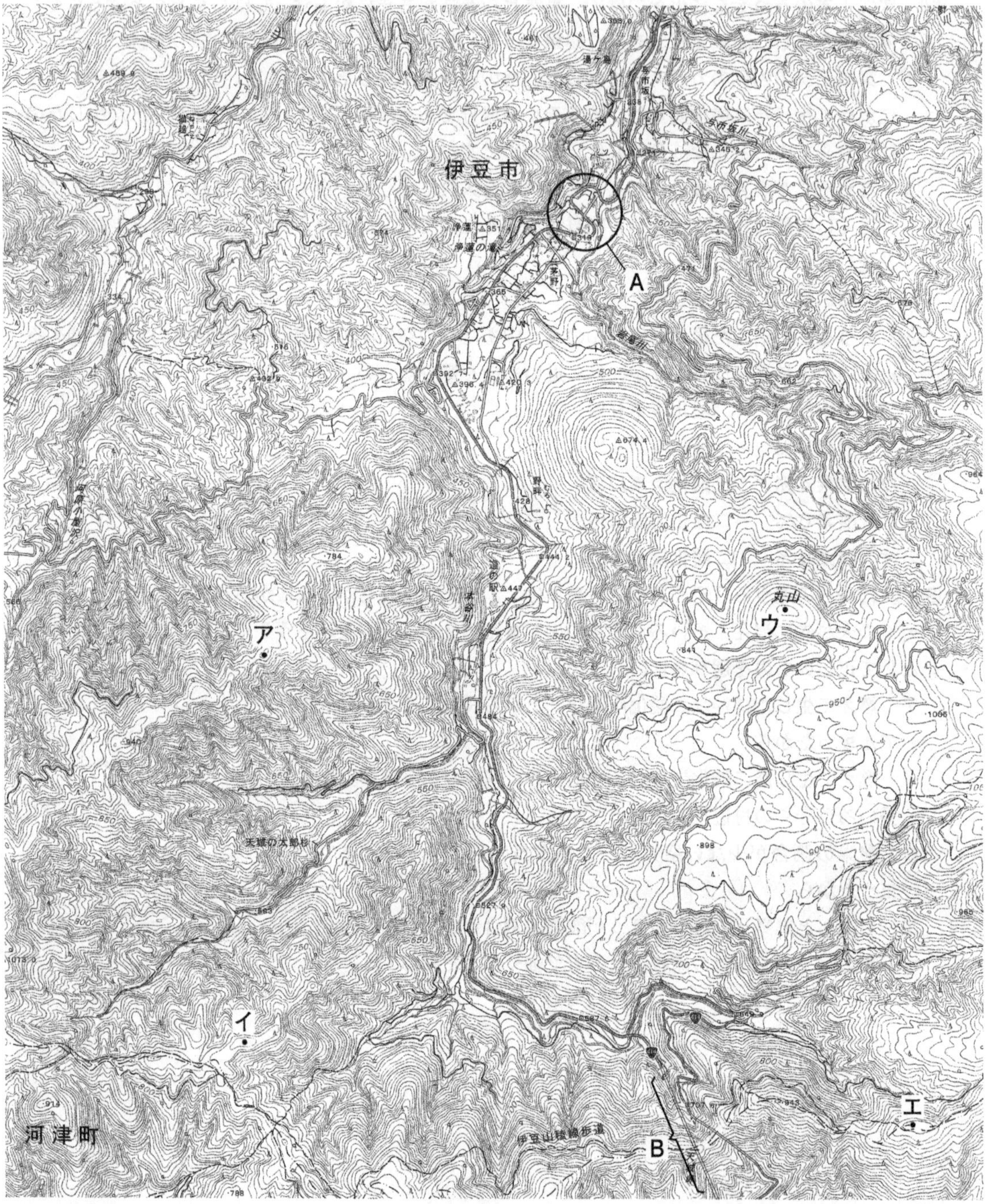

＊国土地理院発行２万５千分の１地形図「湯ヶ島(ゆがしま)」を加工して作成

問１　前のページの図のＡの部分では，道が蛇行(だこう)しています。一般的に道を蛇行させる理由として最も適切なものを次の①～④から選び，番号で答えなさい。

①　地球は球体なので，平面の地図上では蛇行していても，実際にはそれが最短のルートだから。

②　道を蛇行させることで，勾配(こうばい)を弱くすることができるから。

③　道を蛇行させることで，交通事故を減らすことができるから。

④　道を蛇行させることで，自然災害が発生したときに被害(ひがい)を最小限に抑(おさ)えることができるから。

問２　図のＢ周辺の地形から，Ｂの部分にはどのような構造物があると考えられますか。（Ｂ周辺の地図記号は一部加工してある）カタカナで答えなさい。

問３　図のア～エの地点の標高を比べた時に，最も標高が高い地点はどれですか。記号で答えなさい。

問４　日本周辺には４枚のプレートがあります。その中で伊豆半島が乗っているプレートの名称(めいしょう)を答えなさい。

2　次の文章を読み，あとの問いに答えなさい。

> 日本はⓐ大小さまざまな島によって国土が構成されています。ⓑ本州・北海道・九州・四国といった大きな島を含めて，2万５千分の１海図で島の周囲が0.1km以上の島の数は6,852にのぼります。

＊島のデータについては，日本海洋データセンター「JODCニュース」34号（1987年）による

問１　文章中の下線部ⓐに関連して，次の⑴・⑵にあてはまる島を次の①～⑥から選び，それぞれ番号で答えなさい。

⑴　2013年にこの島のすぐ近くで起こった噴火(ふんか)活動により新たに陸地ができ，その部分が元からあった島と結合して面積が拡大した。

⑵　日本の中で朝鮮半島に最も近い場所に位置する島。古くから大陸・朝鮮半島との交流があり，江戸時代は朝鮮通信使を迎えた。

①　隠岐(おき)の島(しま)　②　西之島(にしのしま)　③　口永良部島(くちのえらぶじま)　④　沖ノ鳥島(おきのとりしま)　⑤　対馬(つしま)　⑥　壱岐(いき)

問２　文章中の下線部ⓑは世界で７番目に大きな島です。「（　３　）大陸」以上の面積をもつ陸地は大陸，それ未満の面積のものが島とされます。世界で最も大きな島はデンマーク領の（　４　）です。空欄（３）と（４）の組み合わせとして正しいものを次の①～⑥から選び，番号で答えなさい。

①　（３）南極　（４）ニューギニア

②　（３）南極　（４）グリーンランド

③　（３）南アメリカ　（４）ニューギニア

④　（３）南アメリカ　（４）グリーンランド

⑤　（３）オーストラリア　（４）ニューギニア

⑥　（３）オーストラリア　（４）グリーンランド

3 次の文章を読み，あとの問いに答えなさい。

> 2018年６月，キリスト教と潜伏（せんぷく）キリシタンに関連する遺産が世界文化遺産に登録されました。江戸時代，キリスト教が禁じられた中で信仰（しんこう）をもち続けた希少な宗教文化が評価されました。

問１　この世界遺産の構成遺産は全部で12カ所あり，２つの県に点在しています。２つの県の組み合わせとして正しいものを次の①～⑥から選び，番号で答えなさい。

①　熊本県・鹿児島県　　②　熊本県・佐賀県　　③　熊本県・長崎県
④　佐賀県・鹿児島県　　⑤　佐賀県・長崎県　　⑥　長崎県・鹿児島県

問２　この世界遺産の構成遺産で，幕末に潜伏キリシタンが神父に信仰を告白した，現存する国内最古の教会を漢字五字で答えなさい。

問３　江戸時代，キリシタンの取り締（し）まりが厳しくなるきっかけとなった，「島原・天草一揆（いっき）」の説明として正しくないものを次の①～④から１つ選び，番号で答えなさい。

①　一揆の原因の１つに，島原や天草の領主による圧政があった。
②　キリシタンを中心に３万数千人の人々が一揆をおこした。
③　天草四郎時貞（ときさだ）を総大将として幕府軍とはげしく戦った。
④　将軍徳川綱吉（つなよし）が大軍を送り，一揆をおさえた。

4 次の文章を読み，あとの問いに答えなさい。

> <u>平城京は中国の都を手本に</u>，碁盤（ごばん）の目（め）のように区画され，平城宮のほぼ中央には（　ア　）がありました。また，平城宮の近くには貴族の広い屋敷（やしき）が立ち並び，遠いところには下級役人や一般の人びとが住んでいました。平城京の中心には南北に（　イ　）大路（おおじ）がつくられました。

問１　文章中の下線部の組み合わせとして正しいものを次の①～④から１つ選び，番号で答えなさい。

①（中国）隋（ずい）　（都）北京（ペキン）　　②（中国）隋　（都）長安（ちょうあん）
③（中国）唐（とう）　（都）北京　　④（中国）唐　（都）長安

問２　文章中の（ア）と（イ）の組み合わせとして正しいものを次の①～④から１つ選び，番号で答えなさい。

①（ア）大極殿　（イ）朱雀（すざく）　　②（ア）大極殿　（イ）玄武（げんぶ）
③（ア）羅城門　（イ）朱雀　　④（ア）羅城門　（イ）玄武

5 右の年表はある人物に関するできごとをまとめたものです。これを見て，あとの問いに答えなさい。

問１　表中（ア）と（イ）の組み合わせとして正しいものを次のページの①～④から１つ選び，番号で答えなさい。

年　代	主なできごと
1156	（　ア　）天皇の武士として戦う
1159	平治の乱がおこる
1167	太政大臣になる
1180	孫が（　イ　）天皇になる
1181	死去

① （ア）後鳥羽　（イ）安徳
② （ア）後鳥羽　（イ）一条
③ （ア）後白河　（イ）安徳
④ （ア）後白河　（イ）一条

問２　年表の人物と，その人物が一族の守り神としてまつり海上交通の安全を祈った場所の組み合わせとして正しいものを次の①～④から１つ選び，番号で答えなさい。

① （人物）源頼朝　（場所）鶴岡八幡宮（つるがおかはちまんぐう）　② （人物）平清盛　（場所）鶴岡八幡宮
③ （人物）源頼朝　（場所）厳島神社（いつくしま）　④ （人物）平清盛　（場所）厳島神社

6　次の文章を読み，あとの問いに答えなさい。

> お正月恒例（こうれい）の箱根駅伝は，片道約100kmを２日かけて10人の選手がタスキをつないで往復します。その道のりはおおよそ江戸時代の東海道に沿（そ）って決められていて，東京を出発し，宿場のあった川崎（鶴見），戸塚，平塚，小田原を通って箱根（芦ノ湖（あしのこ））までを結んでいます。

問１　文章中の下線部のように，宿場（宿駅）を引き継（つ）ぎ手紙やものを運んだ江戸時代の職業を何といいますか。ひらがなで書きなさい。また，江戸と京都を結ぶもう１つの街道を次の①～④から選び，番号で答えなさい。

① 西海道　② 甲州街道　③ 中山道　④ 東山道

問２　文章中の下線部の小田原には，豊臣秀吉の天下統一に最後まで抵抗（ていこう）した大名の城がありました。ここで秀吉を相手に戦った大名親子の名前として正しいものを〈Ⅰ群〉から１つ選び，番号で答えなさい。また，秀吉が天下を統一した年号を〈Ⅱ群〉から１つ選び，番号で答えなさい。

〈Ⅰ群〉
① 北条早雲・氏綱（うじつな）　② 北条氏政（うじまさ）・氏直（うじなお）
③ 北条時政・義時　④ 北条時頼（ときより）・時宗

〈Ⅱ群〉
⑤ 1575　⑥ 1582　⑦ 1590　⑧ 1598

7　次の〈A〉・〈B〉の史料を読み，あとの問いに答えなさい。

> 〈A〉　47条　日本国民は，どのような人でも法律の前では，平等の権利をもつ。
> 51条　日本国民は，検えつを受けることなく自由に思想・意見・論説を書いたり出版したりすることができる。
> 78条　国会は，みんなから選挙で選ばれた人をもって行う。
> （原文の一部をやさしくしてあります）

> 〈B〉　明治政府が憲法を制定するにあたり，その中心となった①伊藤博文は，皇帝の権力の強い②イギリスの憲法を模範（もはん）としました。1885年に③内閣制度をつくり，自らが初代④内閣総理大臣となりました。⑤1889年，天皇が国民にあたえるという形で憲法が発布されると，翌年初めての選挙が実施され，第１回の議会が開かれました。

問１　史料〈A〉は東京郊外の農家の蔵から発見されたもので，当時の小学校の先生を中心とした人びとによってつくられました。この憲法案の名称を答えなさい。

問２　史料〈B〉は明治政府が発布した大日本帝国憲法について説明したものです。この文章には正しくない箇所が１カ所あります。解答欄に正しくない箇所の番号を書き，正しい語句を答えなさい。

8　次の文章を読み，あとの問いに答えなさい。

> 2020年，東京でオリンピック・パラリンピックが開催される予定です。東京という地名は150年前に詔書が発せられ，東京府が設置されたことにより誕生しました。

問１　東京で起きたできごととして正しくないものを次の①～④から１つ選び，番号で答えなさい。

① 1883年，鹿鳴館が完成し舞踏会などが開かれた。
② 1945年３月10日，大空襲によって焼け野原となり，多くの死傷者がでた。
③ 1923年９月１日，関東大震災によって大きな被害が発生した。
④ 1945年，太平洋戦争の講和会議が開かれた。

問２　1964年の東京オリンピック以前のできごとを次の①～⑤からすべて選び，番号で答えなさい。

① 朝鮮戦争が始まった　　② 日中平和友好条約が結ばれた
③ 日韓基本条約が結ばれた　　④ 沖縄が日本に復帰した
⑤ 日本とソ連の国交が回復した

9　次の〈A〉・〈B〉の文章を読み，あとの問いに答えなさい。

> 〈A〉　ここ数年，日本ではさまざまな権利を行使できる年齢を引き下げる動きが起こっています。昨年６月には成人年齢を20歳から18歳に引き下げる法律が国会で成立しました。施行予定は2022年４月１日，現在小学６年生の皆さんが中学校を卒業した直後のタイミングです。

> 〈B〉　昨年７月に成立した改正公職選挙法により，参議院の定数が増加しました。参議院は３年ごとに総定数の半分を選挙で選びなおしますが，初めて適用となる今年夏の参議院議員選挙では，議員１人あたりの人口が最も多い（　あ　）選挙区の改選数がこれまでの３議席から４議席に増えます。また，比例代表の改選数が48議席から（　い　）議席となります。

問１〈A〉の下線部に関して，皆さんが18歳になった時，どのようなことができるようになるのでしょうか。次の①～⑤から適切なものをすべて選び，番号で答えなさい。

① 親の同意がなくても結婚することができるようになる。
② 親の同意がなくてもクレジットカードを作ることができるようになる。
③ たばこを吸うことは禁じられているが，お酒を飲むことができるようになる。

④　衆議院議員選挙に立候補することができるようになる。

⑤　国民投票で投票することができるようになる。

問２　〈B〉の文章中の空欄（あ）と（い）の組み合わせとして正しいものを〈Ⅰ群〉から１つ選び，番号で答えなさい。また，比例代表の選出に関しては〈B〉の文章中の下線部の変更と同時に特定枠が導入されることになりました。特定枠導入に関する説明として正しくないものを〈Ⅱ群〉から１つ選び，番号で答えなさい。

〈Ⅰ群〉

①　（あ）埼玉　　（い）50
②　（あ）神奈川　（い）50
③　（あ）埼玉　　（い）52
④　（あ）神奈川　（い）52

〈Ⅱ群〉

⑤　政党は，特定枠を利用するかどうかを選ぶことができる。

⑥　政党は，比例区で立候補させる候補者全員を特定枠に入れることはできない。

⑦　特定枠に入った候補者は，その中で個人名の得票数の多い順に当選する。

⑧　比例代表の選出は，個人の得票数によらず特定枠に入った候補者から先に当選する。

10　次の文章を読み，あとの問いに答えなさい。

人間が豊かで快適な生活を追求することにともなって，自然環境に大きな影響を与えるようになりました。プラスチックを例に考えてみましょう。ペットボトル飲料やレジ袋を使った経験は皆さんにもあると思います。プラスチックは使用後，ごみとして捨てられることもあり，とても便利なので世界で年間約３億トン以上生産されています。しかしリサイクルされるのはそのうちの一部で，少なくとも800万トンが海に流れ込んでいるとみられており，環境問題の１つになっています。プラスチックごみに関しては，昨年主要７カ国首脳会議（G７）でリサイクルなどの数値目標や具体的な行動を促す取り決めがまとめられました。また，使い捨てプラスチック製品の使用を取りやめることを決めた企業も増えてきています。国や企業の取り組みに加え，私たち一人ひとりも行動することが必要です。

問１　最近注目されている海洋汚染の原因として，プラスチックごみが紫外線や波で砕かれ大きさが５ミリ以下になったものがあります。これを何といいますか。「プラスチック」につながるカタカナ四字を答えなさい。

問２　次の（ア）～（エ）は，環境問題に関連する出来事です。これらの出来事を古い順（起こった順）に並べた時，２番目と４番目の組み合わせとして正しいものを下の①～④から選び，番号で答えなさい。

（ア）　パリ協定が発効した。

（イ）　日本で公害対策基本法が成立した。

（ウ）　足尾銅山鉱毒事件が起こった。

（エ）　地球温暖化防止会議で京都議定書が採択された。

①　（２番目）イ　　（４番目）ア

② （２番目）ウ　（４番目）エ

③ （２番目）イ　（４番目）エ

④ （２番目）ウ　（４番目）ア

問３　文章中の下線部より環境への負荷が少ないといわれている「３Ｒ」の行動を１つ，カタカナで答えなさい。

11　次の文章を読み，あとの問いに答えなさい。

> 昨年７月，西日本において「平成30年７月豪雨」が発生し，多くの死者・行方不明者が出ました。大規模災害発生時の支援方法には「プッシュ型支援」と「プル型支援」というものがあります。「プッシュ」と「プル」はそれぞれ英語で「押す」と「引く」という意味です。

問　「プル型支援」の内容や特徴として正しいものを次の①～⑤からすべて選び，番号で答えなさい。

① 被災した自治体の要請・要望を待たずに，国などが送り先や物資を決めて送る方法。

② 被災した自治体に対し，国などが復興のために他の地域から企業を誘致する方法。

③ 被災した自治体の要請・要望を受けてから，国などが必要な物資を送る方法。

④ 被災者が必要としているものと，国などの支援内容との間にずれが発生してしまう。

⑤ 被災者が必要としているものの把握に時間がかかり，支援が遅れてしまう。

ア　水野先生が帰り一安心の父だったが弓子の気持ちがわからず不安をかかえる一方で、弓子は水野先生が自分のことを両親にしっかりと話してくれてうれしく思う気持ち。

イ　思いがけない水野先生の登場で緊張（きんちょう）した父だったが少しずつにその緊張もほぐれる一方で、弓子は両親の誤解が何とかうすれてこれからの生活を楽観する気持ち。

ウ　出張のつかれもなくなるほどの出来事にとまどう父だったが何とかやり過ごし軽口を言う一方で、弓子はその発言を流しながら父の真意をさぐりつつ落胆（らくたん）する気持ち。

エ　娘に対する自分の不徳を感じる父だったが今までのわだかまりが解けて安心する一方で、弓子は自分の持っていた偏見も認めて父に対し素直（すなお）になろうとする気持ち。

「しかし、水野先生が弓子の学校の先輩だったとはな。ひとは見かけによらないなんて言うと、飛んで帰ってきてしかられそうだな」

そこでⒿ父の顔が自然にほころび、弓子もホッと息をついた。

「おとうさん、おかえりなさい」

いきなり言ったので、「なんだ、どうした」と父にけげんな顔をされた。

「さっき、出張から帰ってきたときに言わなかったから」

弓子が言うと、父が合点してうなずいた。

「おう、ただいま。そして、弓子にも、おかえりなさいだ。電車が動いていなくて、本当によかったな」

そこで父はふとおもいついたという顔で、「よし。明日、みんなで散歩に行こう」と言った。

「そうね、そうしましょう」

母が応じて、太二もうれしそうにしている。久しぶりに家族四人で土手を歩けるのだとおもうと、弓子はみるみるからだに力がわいてきた。

——もっと勉強がしたい。もっと、もっと、勉強がしたい。

胸のうちで唱えながら、弓子は明日を待ち遠しくおもった。

（佐川光晴『大きくなる日』集英社）

(1) Ⓐに入る語を答えなさい。

ア 言いそびれた　イ ふっ切れた

ウ 悲しくなった　エ いらだった

(2) Ⓑに入る語を答えなさい。

ア 混乱ぶり　イ 激高ぶり　ウ 急変ぶり　エ 失望ぶり

(3) Ⓒを含む傍線部は「前置きをぬきにして問題の要点に入ること」という意味です。漢字二字を入れ四字熟語を完成させなさい。

(4) ——Ⓓ「……」にはどのような意味の言葉が続くと考えられますか。

ア 夫の至らなさを認めつつも、娘を見放す言葉。

イ 娘の非行を責めつつも、その無事を喜ぶ言葉。

ウ 自分の未熟さを反省しつつ、娘をかばう言葉。

エ 先生へ感謝しつつ、夫の言動を弁解する言葉。

(5) ——Ⓔ「弓子さんの足をひっぱるような態度」の具体的な内容を、本文中から二十二字で探し、はじめの五字を答えなさい。

(6) ——Ⓕ「問いつめる口調」とありますが、水野先生は「問いつめる口調」の中でも弓子の父を傷つけないよう話を進めています。先生のその配慮がわかる部分を指摘しつつ、先生が父に一番伝えたかったことを四十五字以上五十五字以内で答えなさい。

(7) ——Ⓖ「わたくしが弓子さんの先輩だからです」とありますが、それが暗示されている部分は本文中に何度か出てきます。その中で一番はじめに書かれている一文を探し、はじめの五字を答えなさい。

(8) ——Ⓗ「居心地が悪い」とありますが、弓子はそう口にする一方で内心では自分の学校に愛着を感じています。そのことがわかる部分を本文中から九字で書きぬきなさい。

(9) Ⓘには、「無理な日程で物事を進めること」の意味の漢字三字の熟語が入ります。次の漢字を組み合わせて、その熟語を完成させなさい。

軍　強　雪　飛　行

(10) ——Ⓙ「父の顔が自然にほころび、弓子もホッと息をついた」とありますが、この時の父と弓子の気持ちを答えなさい。

だった。

「たしかに授業料や入学金はよその学校よりも高いし、なかには〝お嬢様〟を地で行くような裕福なご家庭の娘さんもいらっしゃいますけれど、あの学校の先生方は実に芯の強い立派な方々ばかりなんですよ」

水野先生は父と母を交互に見つめながら、さらに話をつづけた。

「ご両親から支持されていないとおもったら、子どもが自分の力を伸ばせるわけがないじゃありませんか。まして、これまでとはちがう環境にひとりで飛びこんでいるんです。わざわざ高い授業料を払っているのに、Ⓔ弓子さんの足をひっぱるような態度をとるのはなぜなんですか？」

弓子は、父がこんなにもやりこめられているところをはじめて見た。しかし、だからといって、自分がテストでわざと悪い点数をとったことが正当化されたとはおもっていなかった。たしかに両親から認められていないのは苦しかったが、弓子も地元の公立中学校に対して偏見を持っていたのだから、水野先生のように父だけを一方的に責める気にはなれなかった。

「わたくしがもうしあげたことについて、おとうさまはどうおもわれますか？」

父はじっと考えこんでしまい、すぐには返事ができないようだった。

「ところで、わたくしがどうしてこんなにも弓子さんの肩を持つのか、ふしぎにおもわれませんか？」

それまでのⒻ問いつめる口調から一転して、水野先生が楽しそうな声で言った。

「それは、Ⓖわたくしが弓子さんの先輩だからです。はるか四十数年まえに、わたくしもあの清楚を絵に描いたようなセーラー服を着て毎朝賛美歌をうたい、神様に祈りをささげていたんですもの。われらが学び舎を低く見られて黙っていられるわけがないじゃありませんか」

まさか、そんなこととは夢にもおもっていなかったので、弓子は声が出なかった。

「弓子さん、Ⓗ居心地が悪いだなんてとんでもない。先生方に全力でぶつかってごらんなさい。かならず本気でこたえてくれますから。そうするうちに、あなたは母校というものがひとりの人間にとっていかに大切な場所なのかを、身をもって理解するのです。さあ、これからあなたが切りひらく輝かしい未来とわれらが学び舎の永久の繁栄を願って、校歌をうたいましょう！」

そう言うと水野先生が右手をふったので、弓子は背筋を伸ばして歌いだした。初めの一、二小節は父や母や太二の目が気になって口がひらかなかったが、校歌を歌うよろこびのほうがまさった。水野先生が低音のパートをうけもってくれて、弓子は澄んだ声で高らかに歌いつづけた。

「いやあ、まいった。いい歌が聴けたのは良かったが、ここまで圧倒されたのは初めてだ」

水野先生のご主人が運転する車が遠ざかると、父がそう言って両腕を伸ばした。

「三泊四日の［Ⅰ］での出張よりも、うちに帰ってきてからの二時間のほうがしんどかった」

「おとうさん、お風呂がまだですけど、はいりますか？」

母にきかれて、「ああ、そうだったな」と父がつぶやいた。

携帯電話にむかって話す水野先生は街灯の下にいて、電話には母が出ているようだった。

「じつは、十五分ほどまえに駅前で弓子さんにお会いしましてね。ええ、いままでいろいろお話をうかがっていたところなんです。そうでしたか。では、おとうさまに家にもどられるようにお伝えください。わたくしたちは、もうお宅のすぐまえまで来ております。ええ、角の街灯のところです」

水野先生がそう言ったかとおもうと、すぐに玄関のドアが開いて母が飛びだしてきた。

「先生、もうしわけありません。まずはおはいりになってください。弓子も、ほら」

母は大あわてで水野先生を家にひきいれると、「ちょっとすみません」と断って奥にむかった。父の携帯電話にかけて、はやく家に帰ってくるように言うのだろう。

「弓子さん、トイレをお借りしてもいいかしら」

水野先生を洗面所に案内してから、弓子はダイニングルームのイスにすわった。テーブルのうえはきれいに片づいていたが、キッチンには食べ残されたトンカツや、ごはんがはいったままのお茶碗がおかれていて、自分が出て行ったあとの［Ⓑ］が見えるようだった。

父が家に戻り、水野先生の指示で二階の部屋にいた太二も呼ばれた。

水野先生の指示で、まずは父と母が並んですわった。つづいて両親とむかいあって弓子と太二がすわると、水野先生は長方形のテーブルの短い辺に移動して、立ったまま話しだした。

「時間もないので［Ⓒ］直入にもうしあげますが、わたくしは弓子さんが学習意欲を失った一番の原因はおとうさまにあるとおもいます」

水野先生の指摘が心外だったらしく、父が眉間にしわをよせた。

「先生、おことばですがⒹ……」と母が口を開こうとすると、水野先生がそれをさえぎった。

「いけませんよ、おかあさま。ご主人の考えが正しいとおおもいなら、そんなときこそ、どんなヘリクツをこねてでもいいから、お子さんの味方になってあげるのが母親の役目ってものじゃありませんか」

母をいさめると、水野先生はふたたび父にむかって話しかけた。

「勝手な推測で恐縮なんですが、おとうさまは中学から私立の学校に通うことに対して偏見をお持ちなのではありませんか？」

それは弓子もかねてよりおもってきたことだった。図星だったらしく、父は水野先生に反論しなかった。

「お嬢様学校と世間では呼ばれていても、そこが本当はどういうところなのかを見きわめようとする努力が、あまりに足りなかったのではないでしょうか？　小学校での、おとうさまの熱意あふれるふるまいをよくよくぞんじあげているだけに、弓子さんのお話を聞いて残念でなりませんでした。学園祭にも、体育祭にも、一度も行かれていないそうですが、としごろの女の子なら、父親に来てもらいたくないとおもうのは当たりまえですよね。どうしてそこを明るく朗らかにおしきれなかったのか、わたくしにはわかりません」

父はなにか言いたそうだったが、的確な反論をおもいつかないよう

架線の点検かなにかで運転を見合わせてるっていうでしょ」

そう言って肩をすくめると、水野先生は自分の住まいは五つ先の駅の近くなのだとおしえてくれた。

「いまさっき、夫に車でむかえにきてくれるようにたのんだんだけど、三、四十分はかかるとおもうのよね。こんなにひとが集まっちゃって、暑いったらありゃしない。誰か音楽でも鳴らさないかしら。そうしたら、お祭りみたいになっておもしろいのに」

もともと陽気な先生だが、それにしてもハイだとおもっていると、弓子は水野先生が少し酔っているのに気づいた。

「あら、バレちゃった。でもだいじょうぶよ、たいして飲んでないから。その証拠に、久しぶりに会うあなたのこともちゃんとわかったでしょ。すっかりきれいになっちゃって。学校はどう？　楽しい？」

水野先生はやさしい笑顔で弓子を見つめた。小学校の職員室で先生方に合格の報告をしたときに、水野先生がことのほかよろこんでくれたのを弓子はおもいだした。

「とても楽しいです。仲のいい友だちも何人かいて」

とっさにとりつくろったものの、弓子はかえって [A] 。

「誰かと待ちあわせ？　でも、そんな感じでもないみたいね」

このままでは家出をしようとしていることを見ぬかれてしまうとおもったが、逃げだそうにも周囲はひとでいっぱいだった。

立ち話をする中で、水野先生は昨年の運動会の時に、弓子の父に世話になった話をする。

「本当にすてきなおとうさんね。もちろん、おかあさんも」

――そうなのだ。水野先生が言うとおり、おとうさんもおかあさんも本当にすばらしいひとなのだ。それなのに、わたしだけが二人をいらだたせて、悲しませて……。

泣いてはいけないとおもっても、弓子は涙があふれてとまらなくなった。

「あら、たいへん。弓子さん、どうしたの？　わたしがなにかよけいなことを言ったのかしら。すみません、ちょっと通してください。弓子さん、むこうで休みましょう」

脇を支えられて、弓子は水野先生と一緒に駅前のひとごみをぬけだした。

「お店ならすわって話せるけれど、知りあいに聞かれたらこまるわよね？」

水野先生にきかれて、弓子は小さくうなずいた。

「それじゃあ、おうちまで送っていくあいだに、歩きながら話すのはどうかしら。わたしで力になれるなら、いくらでも助けてあげるから」

弓子には、水野先生のもうしでを断るだけの気力もなかった。そして夜道を家へとむかいながら、中学受験をきっかけにして生じた両親との行きちがいを話した。さらに、水野先生にきかれるままに、理数系課目で悪い点数をとったのはわざとであることまでうちあけてしまった。

「もしもし、横山さんのお宅ですか？　夜分にすみません。わたくしは第一小学校で教員をしております水野多美子です。そうです、太二くんが一年生のときに担任をさせていただいた水野です」

日本では「場」の雰囲気も一緒に明らかにしようとする違い。

エ 「非を認める」ことがすぐに責任追及するとはならない日本に対して、諸外国では自己の正当性の放棄につながるという違い。

(4) ——Ⓓ「あまり論理性がなくわけがわからない」とはどういうことですか。あてはまるものをすべて選びなさい。

ア 日本人はすべてにおいて責任の所在を明らかにしようとはしないこと。

イ 相手が非を認めれば、最初は認めなかった自分の非を口にすること。

ウ 素直に非を認めないことを欧米人は利己的で見苦しいとすること。

エ 責任の追及よりも面子をたてることが優先され謝罪しないこと。

オ 「場」の雰囲気を重視するあまり責任があいまいになっていること。

(5) Ⓔ に入る語を答えなさい。

ア しかし　イ その上　ウ つまり　エ また

(6) ——Ⓕ「「場」の雰囲気を良くして、事態を無難に収める」とありますが、これを可能にしていることが説明されている部分をふくむ一文を本文中から探し、はじめの五字を答えなさい。

(7) Ⓖ に入る語を答えなさい。

ア 無関心　イ 無遠慮　ウ 無難　エ 無粋

(8) Ⓗ に入る適切な表現を本文中から十五字で探し、はじめの五字を答えなさい。

(9) Ⓘ に入る、「利点・価値」の意味を持つカタカナ四字の語を答えなさい。

(10) 本文の内容と合っているものを答えなさい。

ア 諸外国の人々にはなかなか理解されないが、日本人は「すみません」という言葉を「場」の雰囲気を良くするために使っており、責任の所在を明らかにするのはすべて見苦しい行為であると見なしている。

イ 日本人がすぐに謝るのは相手の気持ちを傷つけまいとする思いやりであり、何でもかんでも白黒はっきりさせることよりも特定の個人の責任を明らかにしつつ、その場の全員で責任を分有する目的がある。

ウ 日本人は「場の責任」で物事を片付ける傾向があるので、ときに無責任体制で物事が進み、思わぬ事件・事故が起きた場合に被害者・加害者の差がなく平和的な解決が実現できると思われている。

エ 日本人はやたらと「すみません」を連発し、欧米人から批判的に評されることもあるが、それは相手への共感性が高いことに起因するものであり、必ずしも責任逃れの保身が目的ではない。

五

次の文章を読み、あとの問いに答えなさい。

横山弓子は私立の女子校に通う中学三年生。一学期のテストで成績が著しく下がったのだが、それにはある理由があった。しかし、もともと中学受験することを快く思っていなかった父に成績のことを責められ、反動的に家出してしまう。行く当てもなくさまよっていると、今は五年生になった弟太二の一年生の時の担任である水野先生と出会った。

「もう、イヤになっちゃうわよね。わたしはむかしの教員仲間と会って食事をしていたんだけど、みんなと別れて電車に乗ろうとおもったら、

これは先に述べた、特定の個人でなく「場」に責任を帰するという発想が、日本文化の中に強く根づいているということと関係する。「場の責任」なのだから、被害者と加害者の間で白黒つけずに、［Ⓗ］を模索する。それに加えて、加害者側に位置づけられる集団においても、「場の責任」なのだから、その集団のメンバー全員が責任を自覚し、たまたまクレームを受けた人物が直接の担当者に代わって謝罪するということが行われる。

責任を追及せずに、ものごとを穏便に解決する日本的なやり方は、このような「場の責任」という発想のもとに成り立っているのである。

この平和なやり方が、ときに無責任体制につながる。何か事故が起こった場合など、日本的組織の対処能力の低さが指摘され、責任者不在の構造が批判される。そのようなケースを何度も経験しているのに、一向に対処能力の向上が見られない。企業を見ても、政府を見ても、相変わらず責任が曖昧なため、いざというときの即座の対応ができない。海外のメディアが呆れるばかりでなく、日本の多くの一般市民も呆れている。

なぜ改善されないのか。それは、右に示してきたように、個人の責任を追及せず、「場の責任」という発想をもつことで、ものごとを平和に解決することができるといった大きな［Ⓘ］があるからに他ならない。

ただし、このような「場の責任」の発想は、非常に繊細な問題をはらんでいる。被害者と加害者両者の出会う場を良好なものにするために、双方が相手を思いやり、悪いようにはしないという暗黙の前提の上に成り立つものである。もし、その前提をなおざりにする者が出た場合、責任逃れという形に悪用されるということも起こってくる。

明らかに責任を問われるべき人物が、「場の責任」の発想を楯に責任を逃れ、被害者側がやりきれない思いにさせられるような事態は、そうしたケースの典型といえる。【中略】

「海外ではそうではないのに、日本はおかしい」式の議論が日本ではしばしば見られる。「すみません」に関しても、自分が悪くないのに、やたらと「すみません」を連発するのは日本人ぐらいで、非常に見苦しいなどと言われることがある。そもそもホンネでは自分が悪いと思っていないのに、形だけ「すみません」と謝るのはいやらしいと批判的に評されることもある。

だが、この手の議論は、ここまでに見てきた「すみません」の効用を見過ごしている。「すみません」という言葉は、相手を思いやり、「場」の雰囲気を保つという重要な役割を担っているのである。

（榎本博明『「すみません」の国』日本経済新聞出版社）

＊欺瞞…人をあざむき、だますこと

(1) ［Ⓐ］に入る適切な一語を考え、ひらがなで答えなさい。

(2) ［Ⓑ］に入る語を答えなさい。

ア 絶対化　イ 正常化　ウ 単純化　エ 合理化

(3) ――Ⓒ「「非を認める」ことの意味が違う」とはどういうことですか。

ア 「非を認める」ことが謝罪することと同じである諸外国では、日本のようにその責任が強く求められることがないという違い。

イ 「非を認める」ことが日常の行動となっている日本では、諸外国のように相手を傷つけまいとする気持ちを優先させるという違い。

ウ 「非を認める」ことが個人の責任を明らかにする諸外国に対して、

だ。このような事情によって、日本人はすぐに謝ることになる。

つまり、非を認めて謝る潔さをよしとする美学があり、非を認めて謝る者を責め立てて責任を追及するようなことはしない文化であるために謝りやすいということに加えて、相手の立場への共感性が高いために、すぐに謝るのである。

ここで改めて気がつくのが、どこまでも自分に非がないと主張し続ける欧米人やアラブ人と、すぐに非を認めて謝る日本人とでは、Ⓒ「非を認める」ことの意味が違うということである。

前者では、非を認めることは、どちらの責任が追及されるべきかを決する「正しさを競う」争いに負けることを意味する。それゆえに、必死の攻防戦の様相を呈する。そこが、日本的感覚をもつ者からすれば、あまりに利己的で見苦しいということになる。

一方、日本人の場合、非を認めることは、その「場」の雰囲気を良好に保つことを意味する。謝罪というものに、責任の追及よりも、面子を立てるという意味合いが大きく伴う日本では、一方が非を認めれば、他方も「まあまあ、そう言わずに」ということで自分にも非があったと表明するなど、思いやりの交流が生じ、「場」の雰囲気が良くなる。そこが、欧米的感覚をもつ者からすれば、Ⓓあまりに論理性がなくわけがわからないということになる。

［Ⓔ］、日本において非を認めるということは、Ⓕ「場」の雰囲気を良くして、事態を無難に収めることであり、真実の追求や責任の糾弾とは切り離されたものなのである。ゆえに、白黒はっきりさせるより、曖昧なまま良好な雰囲気を醸し出すことに力点が置かれる。

このように、どちらの責任かをはっきりさせずに、「お互い様」という落としどころにもっていき、双方の面子を立てながら「場」の雰囲気を良好に保つというのは、言ってみれば個人の責任でなく「場の責任」とする発想である。

だれか個人が悪いというのではなく、その「場」の状況が特定のトラブルを生んだ。ゆえに、悪者探しをして、特定の個人を責め立てたり、責任を追及したりといった［Ⓖ］なことはせず、ものごとを平和に収拾させる。このような発想が背景にあるからこそ、気軽に謝罪することができる。

アメリカなどに行って強い違和感を感じるのは、店側、会社側にミスがあって、クレームを言いに行ったときの対応だ。日本的感覚からすれば、丁重な謝罪があり、気持ちよく適切な対処をしてもらえることを当然のように期待する。ところが、よくある反応は、

「私の担当じゃない」

というものだ。私も、そのような対応をよく受けたものだ。だれでも代行できそうなものなのに、担当者は休みだと言われ、何度も出直したことがある。

日本では、直接の担当者でなくても、何かトラブルが発生し、客からクレームがあった場合には、

「ご迷惑をおかけして、申し訳ありません」

と謝罪するのがふつうだ。自分の担当じゃないから自分は関係ないといった態度をとることは、まず考えられない。この場合は、「私」の責任として謝罪するというのではなく、「弊社」の責任として謝るのだ。日本では、責任は個人に帰せられるのではなく、集団のメンバー全員に分有されているのである。

ア　太陽や月などの天体の動きによって時間の経過を認識している。
イ　身の回りにある植物の成長によって時間の経過を認識している。
ウ　時計やこよみの正確さを信用して時間の経過を認識している。
エ　睡眠欲や食欲などの欲求によって時間の経過を認識している。

(2) ――Ⓑ「モノサシ」とは何を示していますか。
ア　目盛　　イ　基準　　ウ　計算　　エ　測量

(3) ――Ⓒ「時間に対する内発的な感覚」を一語で言いかえた言葉を本文中から書きぬきなさい。

(4) Ⓓは多くの場合「Ⓓ住」として「生活のもっとも基本となる条件」を示します。Ⓓにあてはまる漢字二字を考え答えなさい。

(5) ――Ⓔ「ほぼ間違いなく、三〇歳のときに感じる「一年」のほうが長いはず」なのはなぜですか。「～から」に続くように、本文中から二十四字で探し、はじめと終わりの四字を答えなさい。

(6) Ⓕに入る「自分の立場や見方だけにもとづく考え」の意味になる言葉を考え、漢字二字で答えなさい。

(7) 本文の内容と合っているものを答えなさい。
ア　若いころは相対的にタンパク質の新陳代謝速度が早いが、体内時計で感じる時間経過のスピードも早いので、年齢が低い程なにもかも早く感じてしまうものである。
イ　年を重ねるにつれて新陳代謝の速度は遅くなるが、物理的な時間の経過はまったく変わらないので、そこに生じる差が錯覚を生み、実感として時間の経過を早く感じてしまう。
ウ　人生が充実していると時間の経過は早く感じると言われているが、実際の時間の経過は体内時計もふくめてその長さは変わらないので、時間が短く感じるというのはあくまで錯覚である。
エ　三歳の時と三〇歳の時の一年間の長さは物理的には同じ長さであるが、タンパク質の新陳代謝速度の上昇が深く関わっているので、感覚的には後者の方が短く感じる。

四

次の文章を読み、あとの問いに答えなさい。＊問題の作成上、一部本文をかえたところがあります。

ホンネと裏腹にⒶで謝罪する心理には、保身のために謝罪をするという＊欺瞞的な面とともに、相手の気持ちを傷つけまいとして謝罪する思いやりに溢れる面がある。

日本人がすぐに謝るのは、このうち後者の面が強いのではないか。

自分の立場からしかものごとを見ることができなければ、このような意味での謝罪は行われない。自分の視点をⒷしがちな欧米人などは、それぞれに自分だけが正しいと信じ、自分の視点から自分には非がないという自己主張をどこまでもし続けるばかりであるため、激しく対立せざるを得ない。

一方、自分の視点を相対化し、相手の視点に立って見ることができれば、一方的な自己主張はしにくくなる。自分の視点からすれば何の落度もないのだが、相手にしてみれば、それは腹が立つし、非常に困るだろうということがわかる。相手の立場に自分を置き換えて、相手の気持ちに共感できてしまう。そうすると、自分の視点からの自己主張を続けるのは利己的でみっともないという感じがする。いかにも大人げなく、恥ずかしい。「共感性が高い」のが、日本文化の大きな特徴のひとつといってよい。「みっともないことを嫌う」のも日本文化の特徴のひとつ

くらいで一日二四時間。七回眠ったからおおよそ一週間が経っただろう。もうそろそろ一ヵ月が経過した頃かな。そして……とうとう一年。

もちろん、このような生活が、たとえ Ⓓ が足りたとしても、まともに続けられるとは思えないが、これはあくまで思考実験である。

私が三歳のとき、この実験を行って自分の「時間感覚」で「一年」が経過したとしよう。そして私が三〇歳のとき、もう一度この実験を行って「一年」を過ごしたとする。いずれも自分の体内時計が一年を感じた時点が「一年」ということである。それぞれの実験では、実際の物理的な経過時間を外界で計測しておくとする。

さて、ここが大事なポイントである。三歳のときに行った実験の「一年」と三〇歳のときに行った実験の「一年」では、どちらが実際の時間としては長いものになっただろうか。

意外に思われるかもしれないが、Ⓔほぼ間違いなく、三〇歳のときに感じる「一年」のほうが長いはずなのだ。なぜか。

それは私たちの「体内時計」の仕組みに起因する。生物の体内時計の正確な分子メカニズムは未だ完全には解明されていない。しかし、細胞分裂のタイミングや分化プログラムなどの時間経過は、すべてタンパク質の分解と合成のサイクルによってコントロールされていることがわかっている。つまりタンパク質の新陳代謝速度が、体内時計の秒針なのである。

そしてもう一つの厳然たる事実は、私たちの新陳代謝速度が加齢とともに確実に遅くなるということである。つまり体内時計は徐々にゆっくりと回ることになる。

しかし、私たちはずっと同じように生き続けている。そして私たちの内発的な感覚は極めて Ⓕ 的なものであるために、自己の体内時計の運針が徐々に遅くなっていることに気がつかない。

だから、完全に外界から遮断されて自己の体内時計だけに頼って「一年」を計ったとすれば、三歳の時計よりも、三〇歳の時計のほうがゆっくりとしか回らず、その結果「もうそろそろ一年が経ったなあ」と思えるに足るほど時計が回転するのには、より長い物理的時間がかかることになる。つまり三〇歳の体内時計がカウントする一年のほうが長いことになる。

さて、ここから先がさらに重要なポイントである。タンパク質の代謝回転が遅くなり、その結果、一年の感じ方は徐々に長くなっていく。にもかかわらず、実際の物理的な時間はいつでも同じスピードで過ぎていく。

だから？　だからこそ、自分ではまだ一年なんて経っているとは全然思えない、自分としては半年くらいが経過したかなーと思った、そのときには、すでにもう実際の一年が過ぎ去ってしまっているのだ。そして私たちは愕然とすることになる。

つまり、歳をとると一年が早く過ぎるのは「分母が大きくなるから」ではない。実際の時間の経過に、自分の生命の回転速度がついていけていない。そういうことなのである。

人間は、こうした時間感覚だけでなく、さまざまな錯覚をする。この世にある事物に対して、その実際のありようとは違った感じ方をしてしまうのである。

（福岡伸一『新版　動的平衡』小学館新書）

(1)　――Ⓐ「私たちは時間の経過をどのように把握するのだろうか」に対する作者の考えはどれですか。

【国　語】〈五〇分〉〈満点：一〇〇点〉

【注意】・句読点や「　」も一字とします。

一　次のカタカナを漢字に直しなさい。

(1) 夕日にソまる　(2) ルス番をする
(3) キコウ文を書く　(4) テンラン会に行く
(5) よい伝統をキズく　(6) 役員にリッコウホする

二　※問題に使用された作品の著作権者が二次使用の許可を出していないため、問題を掲載しておりません。

三　次の文章を読み、あとの問いに答えなさい。

一日が瞬（またた）く間（ま）に終わる。あるいは一年があっという間に過ぎる。子供の頃（ころ）はもっともっと一年が長く、充実（じゅうじつ）したものだったのに――。

なぜ大人になると時間が早く過ぎるようになるのか。誰（だれ）もが感じるこの疑問は、ずっと古くからあるはずなのに、なかなか納得（なっとく）できる説明が見当たらない。この難問について生物学的に考察してみよう。

三歳（さい）の子供にとって、一年はこれまで生きてきた全人生の三分の一であるのに対し、三〇歳の大人にとっては三〇分の一だから――。

こんな言い方がある。よく聞く説明だが、はっきり言って、これは答えになっていない。確かに自分の年齢（ねんれい）を分母にして一年を考えると、歳をとるにつれて一年の重みは相対的に小さくなる。しかし、だからと言って一年という時間が短く感じられる理由にはならない。

ここで重要なポイントは、私たちが時間の経過を「感じる」、そのメカニズムである。物理的な時間としての一年は、三歳のときも三〇歳のときも同じ長さである。にもかかわらず、私たちは三〇歳のときの一年のほうをずっと短いと感じる。

そもそもⒶ私たちは時間の経過をどのように把握（はあく）するのだろうか。自分がこれまで生きてきた時間をⒷモノサシにして（あるいは分母にして）時間を計っているのだろうか。もしそうなら先の説明も一理あることになる。

でも、これは違（ちが）う。私たちは自分の生きてきた時間、つまり年齢を、実感として把握してはいない。大多数の人は自分が「まだまだ若い」と思っているはずだし、一〇年前の出来事と二〇年前の出来事の「古さ」を区別することもできない。

もし記憶（きおく）を喪失（そうしつ）して、ある朝、目覚めたとしよう。あなたは自分の年齢を「実感」できるだろうか。自分が何歳なのかは、年号とか日付とか手帳といった外部の記憶をもとに初めて認識（にんしき）できることであって、Ⓒ時間に対する内発的な感覚は極（きわ）めてあやふやなものでしかない。したがって、これが分母となって時間感覚が発生しているとは考え難い。

一年があっという間に過ぎる。時間経過の謎（なぞ）は、実は私たちの内部にある、この時間感覚のあいまいさと関連している、というのが私の仮説である。それはこういうことである。

今、私が完全に外界から隔離（かくり）された部屋で生活するとしよう。この部屋には窓がなく、日の出日の入り、昼夜の区別がつかず、また時計もない。

この中で、どのようにして私は時間の感覚を得ることができるだろうか。それはひとえに自分の「体内時計」に頼（たよ）るしかない。だいたいこれ

MEMO

大切なことはメモしておこうネ！

2019年度

解 答 と 解 説

《2019年度の配点は解答欄に掲載してあります。》

＜算数解答＞《学校からの正答の発表はありません。》

[1] 29　[2] 0.07　[3] $1\frac{5}{6}$　[4] e 4　f 8　g 6　[5] 229万本分

[6] 2730円　[7] 360cm²　[8] 3.75杯分　[9] 5分24秒　[10] 52人

[11] A 6人　B 1人　[12] 75度

[13] (1) 7：10：4　(2) どらやき 280円　もなか 250円　まんじゅう 80円

[14] (1) 7人　(2) 16人

○推定配点○

[13]・[14] 各7点×4([13](2)完答)　他 各6点×12([4]・[11]各完答)　計100点

＜算数解説＞

[1] (四則計算)

17＋3×13－27＝17＋12＝29

[2] (四則計算)

$\frac{13}{25}-\frac{12}{25}\div\frac{16}{15}=\frac{13}{25}-\frac{12}{25}\times\frac{15}{16}=\frac{13}{25}-\frac{9}{20}=0.07$

[3] (四則計算)

$\square=1\frac{4}{3}-\frac{15}{4}\times\frac{2}{15}=1\frac{4}{3}-\frac{1}{2}=1\frac{5}{6}$

基本 [4] (数の性質，推理)

a×a＝b，c＋d＝a　→　aは3，bは9である。

c＋d＝3，c×e＝f　→　cは2，dは1である。

2×e＝f，2＋g＝f　→　eは4，fは8，gは6である。

重要 [5] (割合と比，単位の換算，概数)

牛乳パック0.05kgのリサイクル量は二酸化炭素削減量0.0234kgに相当して，500kgのリサイクル量は二酸化炭素削減量234kgに相当し，これは杉の木$234\div14=\frac{117}{7}$(本)が吸収する二酸化炭素量に等しい。したがって，68500×1000(kg)のリサイクル量は$68500\times1000\div500\times\frac{117}{7}$より，杉の木，約229万本が吸収する二酸化炭素量に等しい。

重要 [6] (割合と比，相当算)

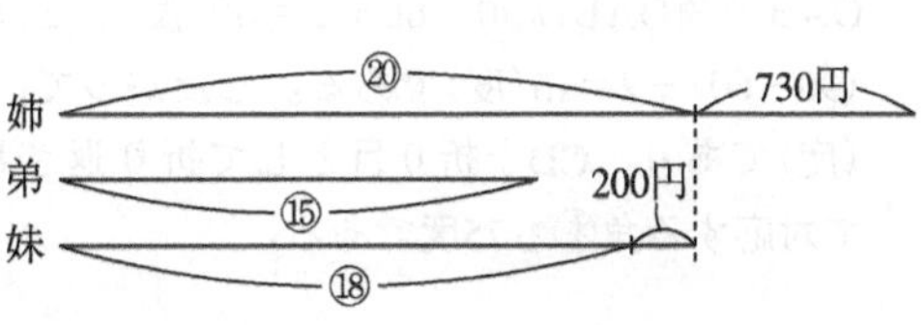

右図において，330＋400＝730(円)少なくなった姉の金額を20(問題文中の分数の分母4，5の最小公倍数)にすると，弟の金額は$20\times\frac{3}{4}=15$，妹の金額は$15\times\frac{6}{5}=18$と180円になる。したがって，20－18＝2が180＋20＝200(円)に相当し，最初

の姉の金額は200÷2×20＋730＝2730(円)である。

基本 7 **(平面図形，割合と比)**

右図において，三角形ABCの面積が$10cm^2$のとき，三角形ADB，BEC，CFAの面積はそれぞれ$20cm^2$，$30cm^2$，$40cm^2$であり，全体の面積は10＋20×4＋30×5＋40×3＝360(cm^2)である。

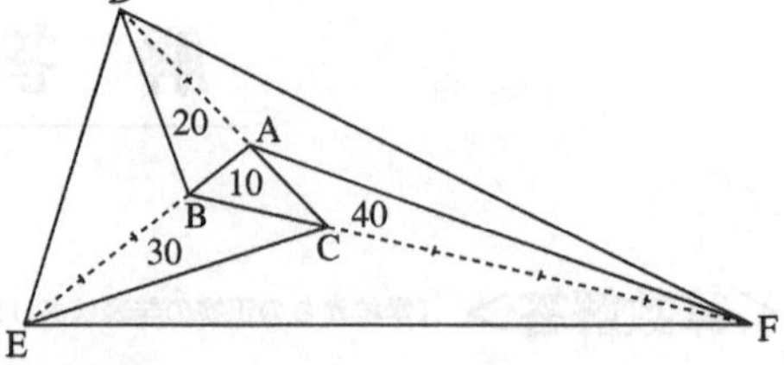

重要 8 **(平面図形，相似，立体図形)**

(ア)，(イ)，(ウ)の底面の半径を1，2，3，高さを4，4×1.5＝6，6×1.5＝9にすると，これらの容積の比は(1×1×4)：(2×2×6)：(3×3×9)＝4：24：81になる。したがって，81÷24＝3…9より，あふれた水量は24×4−81＝15であり，これは(ア)の15÷4＝3.75(杯)に相当する。

重要 9 **(速さの三公式と比，旅人算，通過算，単位の換算)**

守君と生徒の列の速さの差と生徒の列の速さの比は27：9＝3：1であり，守君と生徒の列の速さの比は(3＋1)：1＝4：1である。したがって，守君と生徒の列の速さの和は4＋1＝5に相当し，守君が戻る時間は27÷5＝5.4(分)すなわち5分24秒である。

【別解】 守君と生徒の列の分速の差…1800÷9＝200(m)

生徒の列の分速…$1800\div27=\frac{200}{3}$(m)

守君の分速…$200+\frac{200}{3}=\frac{800}{3}$(m)

したがって，守君が戻る時間は$1800\div\left(\frac{800}{3}+\frac{200}{3}\right)=5.4$(分)

重要 10 **(鶴亀算)**

先に入館した人…20人は1人1000円，その他は1人800円　遅刻した人…1人1000円

この条件で計算すると，遅刻した人は{63600−1000×20−800×(70−20)}÷(1000−800)＝18(人)，先に入館した人は70−18＝52(人)である。

重要 11 **(統計と表，平均算，鶴亀算)**

算数の合計点…1×3＋2×3＋3×9＋3×A＋4×8＋4×B＋5×10＝3×A＋4×B＋118(点)

国語の合計点…1×2＋2×5＋3×5＋3×A＋4×10＋4×B＋5×11＝3×A＋4×B＋122(点)

クラスの人数…(122−118)÷(3.6−3.5)＝40(人)

A＋Bの人数…40−(3×2＋9＋8＋10)＝7(人)

したがって，算数の合計点で計算するとBの人数は(3.5×40−118−3×7)÷(4−3)＝1(人)，Aの人数は7−1＝6(人)である。

算＼国	1点	2点	3点	4点	5点
1点	0	0	1	2	0
2点	0	1	0	1	1
3点	2	2	A	4	1
4点	0	1	3	B	4
5点	0	1	1	3	5

やや難 12 **(平面図形，図形や点の移動)**

右図において，三角形OPBは正三角形であり，直角三角形OABの角OABは90−60÷2＝60(度)，三角形OACの角COAは(90−60)÷2＝15(度)である。したがって，角DCAは15＋60＝75(度)であり，CDを折り目として折り返された図形ECDPにおいて対応する角あも75度である。

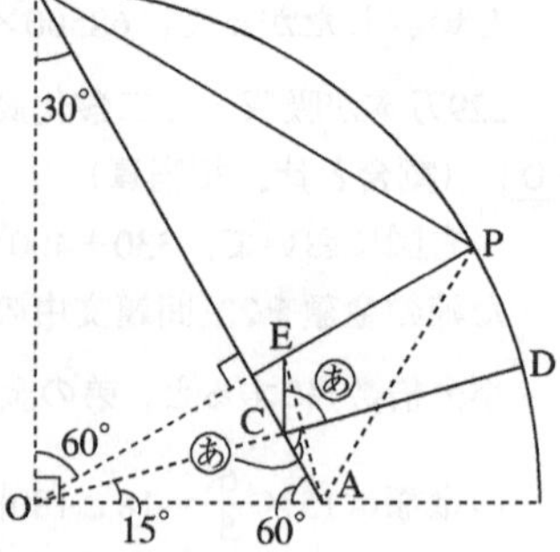

13 (割合と比)

各箱の値段をA，B，C，Dで表す。

基本 (1) B×2＝C×5であり，B：C＝5：2であるから，A×2＝B＋Cにおいて，A＝(5＋2)÷2＝3.5であり，A：B：Cは3.5：5：2＝7：10：4である。

やや難 (2) (1)より，D×7＝7×2であり，Dは2であるから，Dが400円のとき，Aは400÷2×7＝1400(円)，以下，同様にBは2000円，Cは800円である。したがって，「まんじゅう」1個の値段は(800－400)÷5＝80(円)，Aの「どらやき」の個数はDの「まんじゅう」の個数に等しく400÷80＝5(個)であるから，「どらやき」1個は1400÷5＝280(円)，Bの「もなか」の個数は23－(5＋5×2)＝8(個)であり，「もなか」1個は2000÷8＝250(円)である。

やや難 **14 (統計と表，推理)**

(1) 右の表において，計算する。

エ…22－(4＋13)＝5(人)　ウ…8－5＝3(人)

ア＋オ…17－(4＋3)＝10(人)

したがって，第2問と第3問を両方，正解したのはウの3人と3問正解の4人を含めて3＋4＝7(人)。

(2) (1)より，イ＋カはア＋イ＋オ＋カからア＋オを引いた13＋6－10＝9(人)であり，第3問を正解したのは4＋3＋9＝16(人)である。

	第1問 (10)	第2問 (5)	第3問 (5)		
	○	○	○	20点	… 4人
ア	○	○	×	15点	…13人
イ	○	×	○	15点	
ウ	×	○	○	10点	… 8人
エ	○	○	×	10点	
オ	×	○	×	5点	… 6人
カ	×	×	○	5点	

★ワンポイントアドバイス★

比較的難しい問題は，12「折返しの角度」，13(2)「和菓子の値段」，そして最後の14「正解者数」である。これらは難問ではないが，これら以外の問題を優先して着実に得点してから，この後，時間配分を考えて解いていこう。

＜理科解答＞《学校からの正答の発表はありません。》

1 (1) エ　(2) ア　(3) ① エ　② ひょう　(4) イ　(5) イ

2 (1) イ　(2) 腹部　(3) ウ，オ　(4) ① 240(匹)　② ウ，オ

3 (1) (記号) C　(名称) ベテルギウス　(2) C，D，E　(3) ア　(4) ア　(5) オ

4 (1) B(と)D　(2) 225(cm)　(3) ア　(4) ① ウ　② 15(秒)

5 (1) オ　(2) ① 水素　② エ　③ イ　(3) ウ

○推定配点○

1 各2点×5((3)は完答)　2 各2点×5　3 各2点×5((1)は完答)　4 各2点×5　5 各2点×5　計50点

<理科解説>

1 (総合―小問集合)

(1) ドイツの物理学者であるレントゲンは，1895年にX線の発見を発表し，1901年に，第1回のノーベル物理学賞を受賞した。

重要 (2) クズは，秋の七草の一つである。また，マメ科の多年草で，赤紫色の花を咲かせる。

(3) 直径が5mm以上の氷の粒を「ひょう」といい，5mm未満の氷の粒を「あられ」という。

重要 (4) 光は，板ガラスで屈折する。また，右の図のように，ガラスから出ていくときの光は，ガラスに入るときの光と平行になるので，鉛筆は，右にずれて見える。

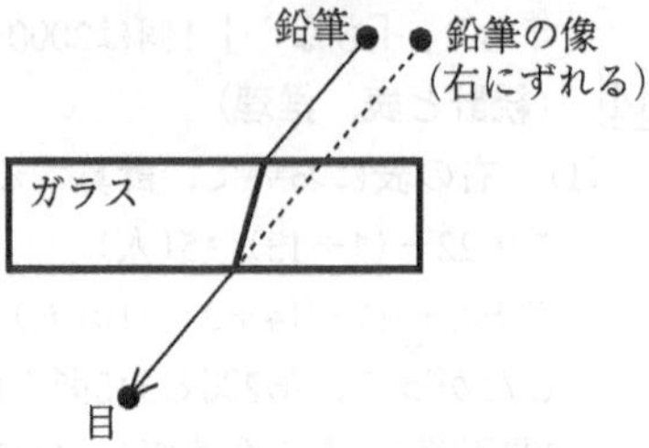

(5) 金属のパイプを熱すると，パイプは膨張して左に伸びるので，金属のパイプとブロックにはさまれた針金の部分は，反時計回りに転がり，折り曲げた針金も反時計回りに動く。

2 (昆虫と動物―節足動物)

重要 (1) クモ類のダニは頭胸部と腹部に分かれていて，頭胸部には，8本の足がついている。

重要 (2) 昆虫類のタマムシは頭部・胸部・腹部の三つの部分に分かれていて，腹部には気門があり，空気を取り入れている。

重要 (3) アブラゼミやオオカマキリにはさなぎの時期がない。

やや難 (4) ① この公園に生息するアカトンボの数を□匹とすると，□：30＝40：5より，□＝240(匹)である。② 標識再捕獲法を利用するときは，ある地域の動物が他の地域に移動したり，他の地域から移動しないようにする必要がある。また，その地域の動物どうしが，しっかり混ざり合う必要がある。

3 (星と星座―冬の星座)

重要 (1)・(2) Aはぎょしゃ座のカペラで黄色，Bはふたご座のポルックスでだいだい色，Cはオリオン座のベテルギウスで赤色，Dはこいぬ座のプロキオンで黄色，Eはおおいぬ座のシリウスで白色である。

やや難 (3) ア ほぼ同じ高さで，東寄りにあるCの星がDよりも約2時間早く東の空に出てくる。 イ 最も西にあるDと最も低い位置にあるEの星が，ほぼ同時に最後にあらわれる。 ウ 最も低い位置にあるEの星が高い位置にあるBよりも約3時間早くしずむ。 エ 最後に西の空にしずむのは，東寄りで高い位置にあるBである。

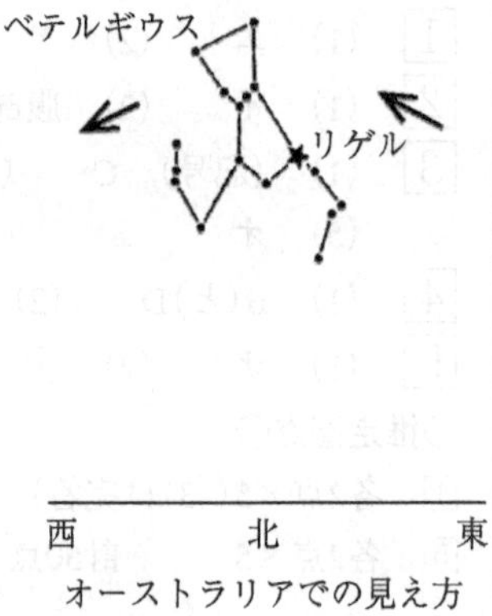

オーストラリアでの見え方

やや難 (4) 2月2日は2月15日の，15－2＝13(日)前なので，南中時刻が，13×4＝52(分)遅く，8時52分である。

やや難 (5) オーストラリアの地点Yでは，オリオン座は，北の空に上下左右が反対に見える。

4 (物体の運動―ふりこ)

(1) 糸の長さだけが違い，他の条件をそろえた実験BとDを比べると，糸の長さが，100÷25＝4(倍)になると，10往復にかかった時間が，20÷10＝2(倍)になることがわかる。

重要 (2) 実験AとFを比べると，10往復にかかった時間が，30÷10＝3(倍)になっているので，糸の長さは，25×9＝225(cm)である。

重要 (3)　ふれたおもりが最も高い位置で，ふりこの糸を切った場合，おもりは真下に落ちる。

(4)　①　おもりは，右側の同じ高さに上がる。　②　図3は，100cmと25cmのふりこを組み合わせたものなので，10往復にかかる時間は，$\frac{20+10}{2}=15$(秒)である。

5　(燃焼－ろうそくの燃焼)

(1)　空気中に含まれている気体の体積の割合は，上側と下側では変わらない。

(2)　①　ろうそくが燃えるとき，ろうそくに含まれている水素や炭素が，空気中に含まれている酸素と結びついて，水や二酸化炭素が生じる。　②　ヒトの骨に含まれているのは，リン酸カルシウムという物質である。　③　ろうそくが燃えると，約4％の酸素が使われ，21－4＝17(％)程度になり，二酸化炭素も約4％増加する。

やや難 (3)　集気ビンをさかさまにかぶせたまま，ろうそくを燃やしたので，びんの中では，対流がほとんど起こらず，ビンの上側にある酸素が使われることで，長いろうそくから先に火が消えていく。

★ワンポイントアドバイス★

生物・化学・地学・物理の4分野において，基本問題に十分に慣れておこう。その上で，各分野の計算問題にもしっかりとり組んでおこう。

＜社会解答＞《学校からの正答の発表はありません。》

1　問1　②　　問2　トンネル　　問3　エ　　問4　フィリピン海プレート

2　問1　(1)　②　　(2)　⑤　　問2　⑥

3　問1　③　　問2　大浦天主堂　　問3　④

4　問1　④　　問2　①　　5　問1　③　　問2　④

6　問1　(職業)　ひきゃく　　(街道)　③　　問2　(Ⅰ群)　②　　(Ⅱ群)　⑦

7　問1　五日市憲法[日本帝国憲法]

　問2　(箇所)　②　　(語句)　ドイツ[プロシア，プロイセン]

8　問1　④　　問2　①，⑤

9　問1　①，②，⑤　　問2　(Ⅰ群)　①　　(Ⅱ群)　⑦

10　問1　マイクロ(プラスチック)　　問2　①　　問3　リサイクル[リユース，リデュース]

11　問　③，⑤

○推定配点○

1　各2点×4　　2　各1点×3　　3　各2点×3　　4　各2点×2　　5　各2点×2

6　問1　各2点×2　　他　各1点×2　　7　問2箇所　1点　　他　各2点×2

8　問2　2点(完答)　　問1　1点　　9　問1　2点(完答)　　問2　各1点×2

10　問2　1点　　他　各2点×2　　11　2点(完答)　　計50点

<社会解説>

1 (日本の地理ー地形図の読み取り，日本の大地形についての問題)

問1 ② 等高線に対して垂直に交わるように道を作ると，傾斜が急になるので，斜面の場合には道を蛇行させることで傾斜を緩くすることができる。

問2 山地がある場合に，山の斜面に沿って道や鉄道を設置するのが無理ならば，山地を貫く形でトンネルを掘ることになる。

問3 設問の地形図は縮尺が2万5千分の1のものなので，等高線は10m間隔で引かれている。5本に1本，太い等高線があるので，それを数えていくとわかりやすい。だいたいアは800m，イは850m，ウは940m，エは1000mになっている。

やや難 問4 日本列島がある場所の南側から伊豆半島のあたりに広がってきているのがフィリピン海プレート。フォッサマグナの東側の関東，東北，北海道の東側にあるのが太平洋プレート。関東，東北，北海道が乗っているのは北アメリカプレート。フォッサマグナから西の地域が乗っているのはユーラシアプレート。

2 (日本の地理ー日本列島に関する問題)

問1 (1) 西之島は小笠原諸島の父島や母島の西にある無人島で，この島のすぐそばの海の中でおこった海底火山の噴火によって，新島ができ，その後も噴火活動が続いて陸続きとなった。

(2) 対馬は九州の北西にあり，朝鮮半島と九州のちょうど中間のあたりにある。江戸時代にここに置かれた対馬府中藩の藩主となったのが宗氏。宗氏が李氏朝鮮と日本との間をとりもち，朝鮮との貿易を独占していた。

問2 大陸と島の定義の際に使われるのがオーストラリア大陸で，地球上の大陸の中では最小のもの。この大陸よりも小さい陸地が島となる。世界最大の島はデンマーク領のグリーンランド。地図の図法によってはグリーンランドは実際の大きさとはかけ離れた大きさで描かれていることもあるので注意が必要。

3 (日本の歴史ー江戸時代に関する問題)

問1 ③ 天草は熊本県で，島原は長崎県。

やや難 問2 大浦天主堂は，幕末の1865年に創建された日本最古のキリスト教の教会。安土桃山時代に処刑された26聖人に捧げて，殉教の地に立てられている。

重要 問3 ④ 島原・天草一揆は1637年に起こっており，徳川家光の時代なので誤り。

4 (日本の歴史ー平城京に関する問題)

問1 ④ 平城京は唐の都の長安を手本として作られた。現在のペキンのところに都を設定した王朝の最初は元。

問2 ① 都の中央を南北に貫く形で作られた通りが朱雀大路で，大極殿は朱雀大路の北端に設けられたもの。大極殿は古代の朝廷の正殿になるもので，朝廷の機能の中心となる建物。都の入り口の朱雀大路の南端には羅城門が設けられていた。

5 (日本の歴史ー平清盛に関する問題)

問1 ③ 1156年の保元の乱で後白河天皇側に平清盛と源義朝がつき，崇徳上皇側に平清盛と源義朝のそれぞれの父親がついた。保元の乱の後の平治の乱で源義朝を倒した平清盛は権力を握り，自分の娘を天皇に嫁がせ，生まれた子を安徳天皇として，天皇の外戚としての影響力をもつようになる。

問2 ④ 平氏にゆかりの神社が広島の厳島神社。鶴岡八幡宮は源氏の源義家にゆかりの神社。

6 (日本の歴史ー安土桃山時代から江戸時代に関する問題)

問1 ひきゃく(飛脚)は文書や軽荷物を運んだ運送業で，身軽な恰好の人が走ったり早歩きをしたりして運ぶものもあれば，馬に乗って運ぶものもあった。この飛脚は街道沿いの宿場，宿駅で交代しながらリレーの様に軽荷物を運んだ。江戸と京都を結ぶ街道は東海道の他に，江戸から今の群馬，長野，岐阜，滋賀を通って京都へ行く中山道もあった。滋賀県の草津で東海道と中山道は合流する。

やや難 問2 小田原の北条氏は室町時代の守護大名の伊勢氏が北条氏を名乗るようになったもので，北条早雲の代が最初。秀吉の時代のものは北条氏政・氏直の代で，1590年に豊臣秀吉に屈した。

7 （日本の歴史ー明治時代の歴史に関する問題）

やや難 問1 五日市憲法は，五日市の教員をやっていた自由民権運動家の千葉卓三郎が起草したもの。当時の憲法案としては，人権に関する内容が多く画期的なものとされている。

重要 問2 ② 大日本帝国憲法を伊藤博文が作成する際に手本としていたのはドイツ(プロシア)の憲法。当時の様々な国々の憲法の中では，ドイツのものは君主である皇帝の権限が強く，天皇中心の国家を目指していた日本にとっては理想に近いものであったため手本とした。

8 （日本の歴史ー明治から後の時代の歴史に関する問題）

問1 ④ 太平洋戦争の講和会議は1951年にアメリカのサンフランシスコで開催された。

問2 ①の朝鮮戦争が始まったのは1950年，⑤の日本とソ連の国交回復は1956年。②の日中平和友好条約は1978年，③の日韓基本条約は1965年，④の沖縄返還は1972年。

9 （政治ー人権，選挙に関する問題）

問1 ③ 成人年齢は引き下げられても飲酒，喫煙に関する年齢制限は変わらず，現行の20歳以上のままになっている。 ④ 選挙権の年齢は18歳以上に引き下げられたが，立候補する被選挙権の年齢は変更されていない。

重要 問2 今回の選挙法の改正は参議院の選挙においての「一票の重さ」の格差を是正するためのもので，現行では242人の参議院議員を6(選挙区で2，比例代表で4)増やすことになる。参議院選挙は3年ごとに半数ずつの改選となっているので，2019年の選挙では選挙区で1，比例代表で2増やす。今回の法改正で選挙区で定数が増えるのは埼玉県で，比例代表には新たに特定枠という制度が設けられる。参議院の比例代表は衆議院とは異なる非拘束名簿式となっており，政党が候補者を当選させる順位をあらかじめ設定せず，候補者名での投票が多い候補者から当選させていく形になっているが，新しい特定枠は各党が特定枠に入れた候補者から優先的に当選させていく形になるので7が誤り。

10 （政治ー環境に関する問題）

問1 マイクロプラスチックは，現在の世の中で広く使われているプラスチック製品のゴミが細かな破片となったもの。プラスチックそのものは自然に分解するものではないが，紫外線などによって劣化して，割れたりはする。このプラスチックのゴミやその破片が海洋に広がり，魚や鳥などがその破片を体内に取り入れて死に至ることもある。

問2 ウ 足尾銅山事件を田中正造が天皇に直訴したのは1901年→イ 公害対策基本法が制定されたのが1967年→エ 京都議定書が採択されたのは1997年→ア パリ協定が発効したのは2018年。

問3 いわゆる3Rはリユースreuse(再使用)，リサイクルrecycle(再生，再利用)，リデュースreduce(削減)のこと。

11 （政治ー災害対策などに関する問題）

問 プル型支援とは，被災地からの要求に応じて国などが支援を行うもので，プッシュ型支援とは，災害が起こった直後から国などが被災地の要求を待たずに支援を行うもの。③と⑤はプル型支援についての説明，①と④はプッシュ型支援の説明となっている。②は別のもの。

★ワンポイントアドバイス★

正誤問題は基本的な知識を問うものが中心だが，よく見ないと，誤りに気付くのが難しいかもしれない。用語を見て時代，場所などが当てはまるかどうかをよく考えることが重要。試験時間に対して問題数は多いがあせらずに。

＜国語解答＞《学校からの正答の発表はありません。》

一 (1) 染　(2) 留守　(3) 紀行　(4) 展覧　(5) 築　(6) 立候補

二 (1) イ　(2) イ　(3) エ　(4) エ　(5) ① (例) 結婚
② 世界を受けとった(8字)

三 (1) エ　(2) イ　(3) 体内時計　(4) 衣食
(5) 私たちの ～ 遅くなる(から)　(6) 主観　(7) イ

四 (1) たてまえ　(2) ア　(3) エ　(4) イ・オ　(5) ウ　(6) つまり，非
(7) エ　(8) 「お互い様　(9) メリット　(10) エ

五 (1) ウ　(2) ア　(3) 単刀　(4) エ　(5) 学園祭にも　(6) (例) 小学校では熱意あふれるふるまいをしていたのだから，環境の違う中学校でも弓子を支持してあげるべきだということ。(54字)　(7) 小学校の職　(8) 校歌を歌うよろこび
(9) 強行軍　(10) エ

○推定配点○

一 各2点×6　二 (3)・(5) 各3点×3　他 各2点×3
三 (2)・(4)・(6) 各2点×3　他 各3点×4
四 (1)・(2)・(5)・(7)・(9) 各2点×5　他 各3点×5((4)は完答)
五 (1)～(3)・(9) 各2点×4　(6) 7点　他 各3点×5　計100点

＜国語解説＞

基本 一 （漢字の書き取り）

(1)の音読みは「セン」。熟語は「染料(せんりょう)」など。(2)の「留」右上は「刀」であることに注意。(3)は旅先での出来事や感想などを書いた文。(4)の「覧」を「賢」などと間違えないこと。(5)の音読みは「チク」。熟語は「建築(けんちく)」など。(6)の「補」は「衤(ころもへん)」であることに注意。

二 （詩－主題・細部の読み取り，空欄補充，ことばの意味，表現技法）

(1) 第一連と第二連の1行目～3行目が「男の…」／「女の…」，「少し…」／「少し…」，「いつのまにか」／「いつのまにか」とあり，似ているあるいは同じ言葉が対応して並んでいるので，イの対句が用いられている。アは人間ではないものを人間に見立てる技法，ウは最後が体言(名詞)で終わる技法，エは「にっこり」「きらきら」など状態をそれらしい音で表す技法。

基本 (2) Ⓐは目を大きく開いて見るという意味。

やや難 (3) Ⓑ前の「街のいつものざわめきが／いつものようなのはいい」，第四連で「誰もそれに気づかなかったとしても」「樹々の梢(枝の先)が」「伸びたのはいい」，第五連で「めでたいこの日にも」「どこかで人は死んでいる」が「彼がこの世界を遺してくれたのはいい」とあることから，「平凡

は平凡のまま」＝幸せに見える平凡の中にこそ，「ドラマになろうとしている」＝樹々の成長や，誰かが死んでいるというような心を動かされる出来事が待っているということなので，エが適当。アは「光り輝いて見えて至上の祝福を与えようとしている」，イは「二人の努力の結晶」，ウは「愛のあふれる特別な行動の積み重ねによって」がいずれも不適当。

(4)　Ⓒは「常」＝変わることなく永久に不変であること，「ならぬ」＝～ではない，すなわち永久に不変であることはない，という意味なので，エが適当。

重要　(5)　①　詩の題名が結婚を祝うという意味の「祝婚」なので，Ⅰには「結婚」が入る。　②　Ⅱは第一，二連の「男」と「女」が結婚した「めでたい日」である「今日」，この「ふたり」は「世界を受けとった(8字)」と第七連にあるので，この語を書きぬく。

三　(論説文－大意・要旨・細部の読み取り，空欄補充，ことばの意味)

(1)　Ⓐ後「一年が」から続く3段落で，時間経過の謎は私たちの内部にあり，時間の感覚は睡眠など自分の感覚で感じる「体内時計」に頼るしかないと述べているので，エが適当。「体内時計」に触れていない他の選択肢は不適当。

基本　(2)　Ⓑは物事を評価する基準という意味なので，イが適当。

重要　(3)　(1)でも考察したように，Ⓒ直後から続く3段落でⒸの説明をしており，時間の感覚は「体内時計」に頼るしかないと述べている。

(4)　Ⓓは，衣服と食物と住居という生活していく基礎となるものという意味の「衣食住」である。

重要　(5)　Ⓔ直後の2段落で，タンパク質の新陳代謝速度が体内時計の秒針であるとともに「私たちの新陳代謝速度が加齢とともに確実に遅くなる(24字)」ことで体内時計は徐々にゆっくりと回ることになるが，私たちは体内時計が遅くなることに気づかないので，三〇歳の体内時計が一年を感じるにはより長い物理的時間がかかるため，三歳の体内時計より長いことになると述べている。

(6)　Ⓕは「自分の立場や見方だけ」という意味なので「主観(的)」である。反対語は第三者の立場から観察して考えるという意味の「客観(的)」。

やや難　(7)　歳をとると自分の生命の回転速度が実際の時間についていけないため，一年が早く過ぎるという錯覚をすると述べているので，「年齢が低い程なにもかも早く感じてしまう」とあるアは合っていないが，イは合っている。体内時計は徐々にゆっくり回ると述べているので，ウの「体内時計もふくめてその長さは変わらない」，エの「タンパク質の新陳代謝速度の上昇」は合っていない。

四　(論説文－大意・要旨・細部の読み取り，接続語，空欄補充，ことばの意味)

(1)　Ⓐは「ホンネと裏腹(反対であること)」なので，本心とは異なる表向きの考えという意味の「たてまえ」が入る。

基本　(2)　Ⓑは「自分だけが正しいと信じ」ている欧米人の，自分には非がないという視点なので，他から制限されないさまという意味のアが入る。イは変わったところがなく普通であるさま，ウは簡単にするさま，エはむだをなくすさま。

(3)　Ⓒ直後の2段落で，欧米人やアラブ人にとって非を認めることは「正しさを競う」争いに負けることを意味するのに対し，日本人にとって非を認めることは責任の追及よりもその「場」の雰囲気を良好に保つことを意味することが述べられているので，エが適当。欧米人やアラブ人はどこまでも自分に非がないと主張し続けるので，アの「諸外国では」「責任が強く求められることがない」，イの「諸外国のように相手を傷つけまいとする」は不適当。「『場』の雰囲気も一緒に明らかにしようとする」とは述べていないのでウも不適当。

(4)　「責任の追及よりも，面子を立てるという意味合いが大きく伴う日本」と述べているが「すべてにおいて責任の所在を明らかにしようとはしない」とは述べていないので，アはあてはまらない。一方が非を認めれば，他方も自分にも非があったと表明すると述べているので，イはあてはまる。非を認めないことを「利己的で見苦しい」とするのは日本的感覚であることを述べているので，ウはあてはまらない。日本では謝罪に面子を立てる意味合いが大きく伴うと述べているので，「謝罪しない」とあるエもあてはまらない。非を認めることは責任の糾弾とは切り離され，曖昧なまま良好な雰囲気を醸し出すことが述べられているので，オはあてはまる。

重要 (5) Ⓔは直前の具体的内容を言い換えてまとめた内容が直後で続いているのでウが入る。

やや難 (6) Ⓕは非を認める日本人のことで，Ⓕ前「つまり，非を」で始まる段落で述べているように，日本人には「非を認めて謝る潔さをよしとする美学があり，非を認めて謝る者を責め立てて責任を追及するようなことはしない文化であるために謝りやすいということに加えて，相手の立場への共感性が高いために，すぐに謝るのである」という背景があるため，Ⓕを可能にしているので，この一文のはじめの五字を答える。

(7) Ⓖには，微妙な事情や人の気持ちがわからないという意味のエが入る。アは関心が無いこと，イは遠慮が無いこと，ウは良くも悪くもないこと。

(8) Ⓗは，被害者と加害者の間で白黒つけずに模索(探すこと)するものである。Ⓗ前「このように」で始まる段落の「落としどころ」はもめごとや話し合いなどでお互いが納得しておだやかに解決する点という意味なので，「『お互い様』という落としどころ(15字)」のはじめの五字を答える。

(9) Ⓘに入る「メリット」の反対語は，欠点，損失という意味の「デメリット」。

(10) 責任の所在を明らかにするのは「すべて」見苦しいとまでは述べていないので，アは合っていない。日本では責任は個人に帰せられるのではなく，集団のメンバー全員に分有されていると述べているので「特定の個人の責任を明らかにしつつ」とあるイも合っていない。「場の責任」の発想は責任逃れという形に悪用されることも起こってくると述べているので「平和的な解決が実現できる」とあるウも合っていない。エは最後の2段落で述べられているので，合っている。

五 (小説―情景・心情・細部の読み取り，空欄補充，ことばの意味，四字熟語)

(1) Ⓐは，学校のことを聞かれた弓子が本音を隠してとりつくろったことで，かえって「悲しくなった」ということである。この後の場面で弓子が泣いてしまっていることも手がかりにする。

(2) Ⓑは，弓子が出て行ったあと，食べ残されたトンカツやごはんがはいったままのお茶碗がそのままおかれているキッチンの様子なのでアが入る。

基本 (3) Ⓒの「単」を「短」，「刀」を「頭」などと間違えないこと。

重要 (4) Ⓓ直前の「おことばですが」は相手に反論や弁解をするときの丁寧な言い方で，ここでは弓子を家まで送ってくれた水野先生に感謝しつつも，原因は弓子の父にあるという水野先生に弁解しようとしているので，エが適当。水野先生に反論や弁解しようとしていることを説明していない他の選択肢は不適当。

(5) 水野先生は，弓子の父は中学から私立の学校に通うことに偏見を持ち，世間で言うお嬢様学校が本当はどういうところなのか見きわめようとする努力があまりに足りなかったのではないかと指摘している。弓子の父がそのような考えを持っているため「学園祭にも，体育祭にも，一度も行かれていない(22字)」というⒺのような態度をとることに対し，水野先生は弓子の父を問いつめているのである。「具体的な内容」という指示があるので，弓子の父の実際の行動，態度を答えることに注意する。

やや難 (6) 「お嬢様学校」で始まるせりふで，水野先生は弓子の父を問いつめつつも「小学校でのおとうさまの熱意あふれるふるまいをよくぞんじあげているだけに，弓子さんのお話を聞いて残念でなりませんでした」とあるように，かつての弓子の父は積極的に学校に関わっていたことも話している。偏見を持ち，中学校に関わろうとしない弓子の父に対し「小学校では熱意あふれるふるまいをしていたのだから，環境の違う中学校でも弓子を支持してあげるべきだということ。(54字)」というような内容で，弓子の父に配慮しつつ一番伝えたかったことを説明していく。

(7)　本文前半「水野先生はやさしい」で始まる段落で，弓子が小学校の職員室で合格の報告をしたとき，水野先生が「ことのほか(予想以上に，意外に)」よろこんでくれたことを回想している。弓子が合格したのが自分の母校だったため，水野先生は予想以上によろこんだということなので，この一文のはじめの五字を答える。他に「たしかに」で始まるせりふも水野先生が弓子の通う学校の先輩であることが暗示されている。

重要　(8)　Ⓗ後で，水野先生に「校歌を歌いましょう！」と言われた弓子は「校歌を歌うよろこび(9字)」を感じているので，この部分を書きぬく。

(9)　「強行軍」は「きょうこうぐん」と読む。

重要　(10)　Ⓙ後の弓子の父の「電車が動いていなくて，本当によかったな」という言葉から，電車が動いていないことで水野先生と出会う→弓子は水野先生に悩みを打ち明ける→水野先生が弓子の気持ちを両親に話す→弓子の気持ちを理解できた→弓子も父に理解してもらえて安心した，ということが読み取れるので「弓子の気持ちがわからず不安をかかえる」とあるア，「父の真意をさぐりつつ落胆する」とあるウは不適当。水野先生が弓子のことを両親にきっぱりと話してくれているので，イの「両親の誤解が何とかうすれて」も読み取れない。水野先生が弓子のことを両親に話してくれたことで父も反省し，弓子の気持ちも理解でき，「地元の公立中学校に対して偏見を持っていた」弓子も父と自然な会話をしていることから，エが適当。

★ワンポイントアドバイス★

小説では，行動や表情に表れた心情を具体的に読み取っていくことが重要だ。

MEMO

大切なことはメモしておこうネ！

平成30年度

★★★★★★★★★★★★★★★★★★★★★★★★★★★★

入　試　問　題

平成30年度

青山学院中等部入試問題

【算　数】 (50分)　　＜満点：100点＞

□ にあてはまる数を入れなさい。円周率を使う場合は3.14とします。

1 $6+18\div\{10-4\times(7-5)\}=$ □

2 $\left\{16-\left(\frac{5}{6}-\frac{3}{4}\right)\div\frac{1}{4}\times 8\right\}\div 2\frac{2}{3}=$ □

3 $\frac{1}{12}\times\left(12\frac{4}{5}+\square\right)-0.75=\frac{2}{3}$

4 縦40cm，横64cmの長方形の紙２枚をそれぞれ４cmずつの幅（はば）に切り，これをつないで長いテープを作ります。

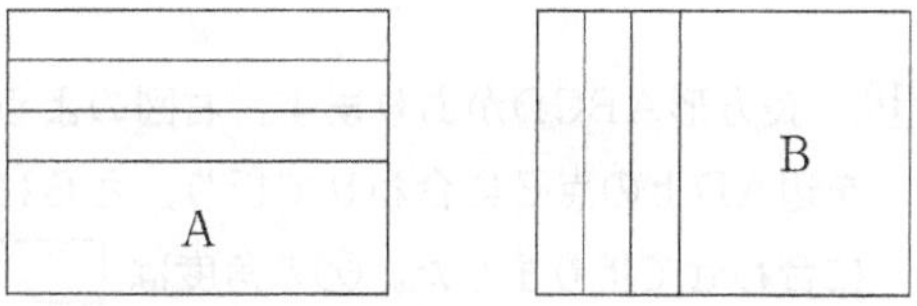

１枚目はAのように切って，のりしろを１cmずつにしたテープを作りました。

２枚目はBのように切って，のりしろを □ cm ずつにしたテープを作ったところ，２本のテープの長さは同じになりました。

5 ある品物を200個仕入れました。仕入れ値の25％が利益になるように定価をつけ，品物の９割を売った後，残りはすべて定価の１割引で売ったところ，売上金額は267300円となりました。

この品物の仕入れ値は１個 □ 円です。

6 太郎君は旅行を計画しました。全体の予算の$\frac{3}{5}$を交通費にして，実際に旅行に行ったところ，交通費は予定の$\frac{4}{3}$倍かかり，その他の費用は予定より2100円少なくすみました。

その結果，全体の費用は予算の$\frac{9}{8}$倍になりました。はじめの予算は □ 円です。

7 図のように，直線上の点Aを中心にして半径３cmの円をかき，Aの右側で直線と交わった点をBとします。次にBを中心にして同じ半径の円をかき，Bの右側で直線と交わった点をCとしてこの作業を繰（く）り返します。円を20個かいたときにできる図形の周の長さは □ cmです。

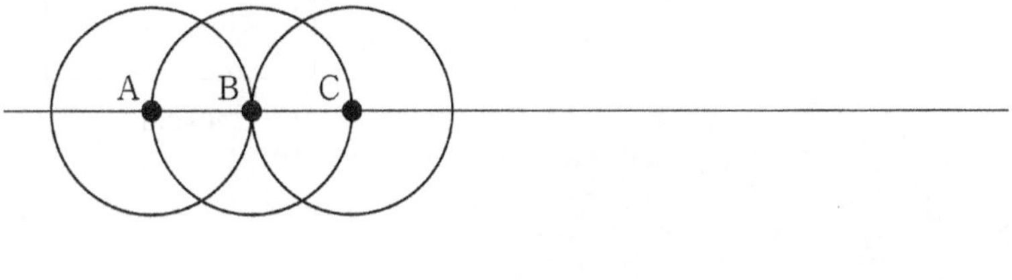

8 ある果物屋さんで，下の表のようにA，B，Cのつめ合わせを合計40セット作ります。
りんご216個，もも129個，みかん203個を余ることなくつめ合わせると，Aは □ セット，Bは □ セット，Cは □ セット作れます。

くだもの／つめ合わせ	りんご	もも	みかん
A	7	4	3
B	3	3	6
C	5	2	8

単位（個）

9 花子さんは，いくつかのテストを受けたところ，全教科の平均点は72点で，算数以外の教科の平均点は全教科の平均点より1.75点低く，国語以外の教科の平均点は全教科の平均点より1.25点高くなりました。国語と算数の点数の差が24点のとき，算数は □ 点です。

10 長方形ABCDがあります。右図のように，頂点Cを辺AD上の点Eに合わせて折り，さらに点Fを点Eに合わせて折りました。㋐の角度は □ 度です。

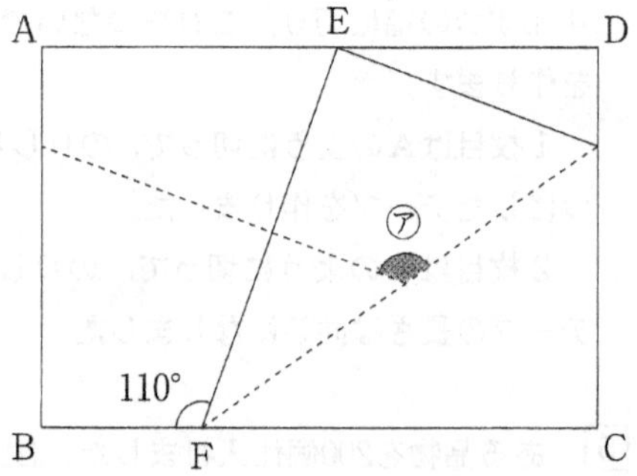

11 右図のような直方体の容器と直方体Aがあります。直方体Aを容器の上の面から一定の速さで垂直に下ろし，同時に毎分2Lの水を容器の中に注ぎました。直方体Aは容器の底につくと同じ速さで上ります。直方体Aが上がる途中で容器が満水になったので，水を注ぐのをやめ，そのまま直方体Aを完全に引き上げたところ，容器の水位は40cmとなりました。
直方体Aは毎分 □ cmの速さで動いています。

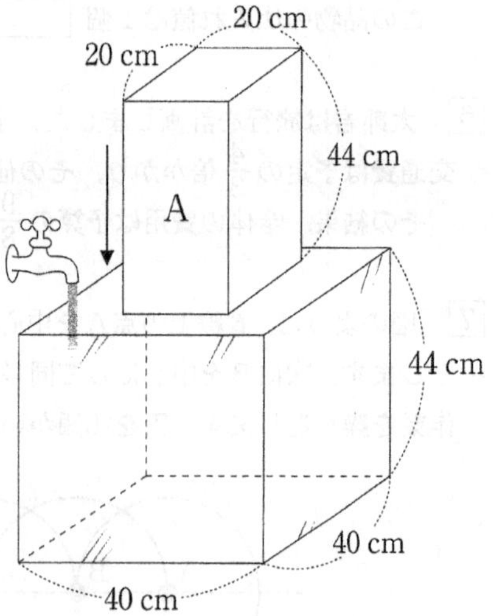

12 長方形ABCDがあります。右図のように，三角形ACDを頂点Cを中心に45度回転して三角形ECFに移動しました。色のついた部分の面積は ＿＿ cm^2です。

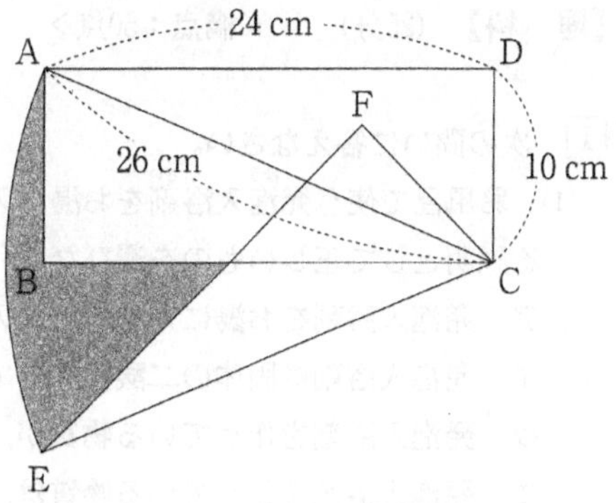

13 図のような面Aが正方形で，面Aと面Bの面積の比が 3：5 である直方体が2つあります。その1つを，面Aと平行な面で2つの立体アとイに分けたところ，表面積の比は 7：9 でした。
もう1つの直方体は，面Bと平行な面で2つの立体ウとエに分けました。
このとき，アとウ，イとエの体積がそれぞれ同じになりました。
（ただし，直方体の6つの面の面積の合計を表面積といいます。）

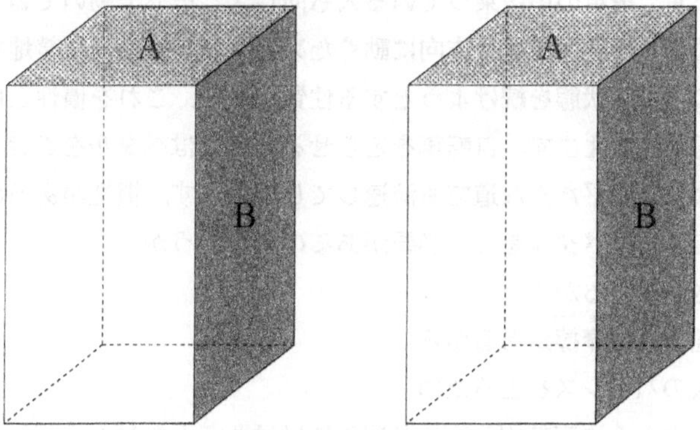

(1) 立体ア，イの体積の比を最も簡単な整数の比で表すと ＿＿ ： ＿＿ です。
(2) 立体ウ，エの表面積の比を最も簡単な整数の比で表すと ＿＿ ： ＿＿ です。

14 ひろ子さんとまさお君の2人は50mのプールの両端（はじ）から同時に泳ぎだし，何度か往復してそれぞれ1500m泳ぎました。ひろ子さんとまさお君は何回かすれ違（ちが）いますが，2回目にすれ違ったのはひろ子さんが1度目に折り返してから20m進んだ位置でした。ただし，2人の泳ぐ速さはそれぞれ一定です。
(1) 1回目に2人がすれ違ったのは，ひろ子さんが泳ぎ始めて ＿＿ mのところです。
(2) 2人が最後にすれ違ったのは，まさお君が泳ぎ終わる ＿＿ m手前です。

【理　科】（25分）＜満点：50点＞

1　次の問いに答えなさい。

(1)　お風呂で使う発泡入浴剤をお湯に入れると，入浴剤から二酸化炭素の泡が出ます。この泡が出る説明として正しいものを選びなさい。

ア　発泡入浴剤をお湯に入れると，入浴剤のすき間に閉じ込めた二酸化炭素が出てくる。

イ　発泡入浴剤は固体の二酸化炭素で，お湯に入れると気体の二酸化炭素に変わる。

ウ　発泡入浴剤を作っている物質が，お湯の中で二酸化炭素とその他の物質に変わる。

エ　発泡入浴剤を作っている物質は，お湯（水）を二酸化炭素に変える性質を持っている。

オ　発泡入浴剤が，お湯の中に溶けている二酸化炭素を集め泡にするはたらきをする。

(2)　古代ギリシアの科学者アルキメデスは，浮力に関する原理を発見しました。このほかにアルキメデスが説明したものを選びなさい。

ア　てこの原理　　イ　地動説　　ウ　振り子の等時性

エ　原子の周期表　　オ　万有引力の法則

(3)　動いている電車の中でジャンプしても同じところに着地するのはなぜでしょうか。これは次のように説明されます。電車の中に乗っている人も同じスピードで動いていて，ジャンプしたときも空中で電車と同じスピードで進行方向に動くために，同じところに着地するのです。このように物体にはもとの運動の状態を続けようとする性質があり，これを慣性といいます。

　次に自転車の運動を考えます。自転車を走らせるときにはペダルをこぎますが，動き出した後もペダルをこがないと，平たんな道でも減速してしまいます。慣性があるのに，なぜ同じスピードを維持するときにも，ペダルをこぐ必要があるのでしょうか。

ア　自転車の重さが加わるから

イ　空気抵抗や地面との摩擦があるから

ウ　乗っている人のバランスをとるため

エ　慣性は，車輪のように回転する物体の運動にははたらかないから

オ　慣性は，動いているものに乗っている人（もの）にはたらくから

(4)　青山学院中等部では庭でカブトムシを飼っています。カブトムシはおがくずの中に卵を産み，幼虫はおがくずの中で成長します。おがくずの中に手を入れると，内部がわずかに暖かいときがあります。おがくずが暖かい理由として正しいものを選びなさい。

ア　おがくずは日の光を集めやすいから

イ　おがくずがくさるときに熱を出すから

ウ　おがくずには保温作用があり暖かい日の熱を保温しているから

エ　おがくずは水にぬれると熱を出すから

オ　カブトムシの幼虫が熱を出すから

(5)　皆既日食は，月と太陽のみかけの大きさがほぼ同じであることから起きる現象です。地球から太陽までの距離が1億5200万km，太陽の直径が139万km，地球から月までの距離が38万kmとした場合，月の直径を整数で求めなさい。

2　オオカナダモの葉を使って次の実験を行いました。

［実験］　ビーカーに水を入れ，ストローで十分に息をふきこみました。このビーカーに，オオカナダモの葉を5枚入れたところ，すべての葉が底に沈みました。その後，ビーカーに蛍光灯で光を当てました。しばらくするとオオカナダモの葉が浮かび，水面に達すると再び底に沈み，その後，再び浮かぶということをくり返しました。なお，浮かんでくるオオカナダモの葉には泡がついていました。

(1)　オオカナダモの葉についていた泡の中の気体の主な成分を答えなさい。

(2)　光を当てているときにオオカナダモの葉が行っているものを選びなさい。

ア　光合成だけ行っている　　イ　呼吸だけ行っている

ウ　光合成と呼吸どちらも行っている　　エ　光合成も呼吸も行っていない

(3)　しばらくするとオオカナダモの葉は光を当てても浮かばなくなりました。

①　息をふきこんだ直後の水と，葉が浮かばなくなった状態の水，それぞれにうすい青色のBTB液を加えた場合の色の組み合わせとして正しいものを選びなさい。

ア　息をふきこんだ直後－うすい青色　　葉が浮かばない状態－うすい青色

イ　息をふきこんだ直後－黄色　　葉が浮かばない状態－黄色

ウ　息をふきこんだ直後－うすい青色　　葉が浮かばない状態－黄色

エ　息をふきこんだ直後－黄色　　葉が浮かばない状態－うすい青色

②　葉が再び浮き沈みをするためにはどうしたらよいでしょうか。２つ選びなさい。

ア　蛍光灯をもう１つ増やす　　イ　水を減らす

ウ　オオカナダモの葉を数枚追加する　　エ　メダカを入れる

オ　しばらく暗い状態にした後，光を当てる

(4)　オオカナダモは南米に生えていたものが，日本に持ち込まれて自然繁殖するようになったものです。オオカナダモと同様に，国外から日本に持ち込まれて，自然繁殖するようになった植物を２つ選びなさい。

ア　ハルジオン　　イ　ツユクサ　　ウ　セイタカアワダチソウ

エ　ナズナ　　オ　ヨモギ　　カ　クズ

3　恐竜はかつて大繁栄しましたが，ある時期を境にほとんどは絶滅してしまい，その化石は限られた年代の地層でのみ発掘されています。

(1)　発掘された場合，化石ではないものをすべて選びなさい。

ア　氷漬けのマンモス　　イ　固まった樹液　　ウ　波の痕跡

エ　ゴカイの巣穴の痕跡　　オ　火山灰

(2)　恐竜の化石が見つかる年代の地層を選びなさい。

ア　１万年前　　イ　10万年前　　ウ　100万年前

エ　1000万年前　　オ　１億年前　　カ　10億年前

(3)　恐竜絶滅の原因が隕石の衝突だとする説があります。その説において，恐竜が絶滅するまでに起きる事柄を隕石の衝突から順番に並べ，その中で２番目と４番目にあたるものを答えなさい。

ア　太陽の光が届きにくくなる　　イ　肉食恐竜の数が減少する　　ウ　植物の数が減少する

エ　草食恐竜の数が減少する　　オ　大気を塵が覆う

(4) 生物は長い時間の経過とともに変化し，共通の祖先から枝分かれして多様化してきました。現在目にする鳥類は，恐竜を祖先にもつと考えられています。

下図は，共通の祖先から魚類が枝分かれし，その後両生類とは虫類が枝分かれしたことを説明しています。このような図を系統樹といいます。系統樹では，枝分かれの時期が新しいほど，その生物同士が近い関係であることを表しています。つまり，両生類は魚類よりも，は虫類と近い関係であることを意味しています。

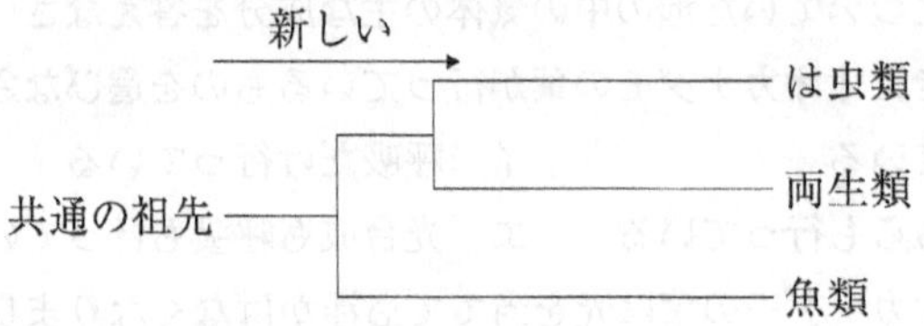

ある研究によると，恐竜のグループであるオビラプトロサウルス類，アロサウルス類，ケラトサウルス類およびティラノサウルス類と，鳥類において，次のａ，ｂが分かっています。

ａ	ティラノサウルス類はケラトサウルス類よりアロサウルス類と近い関係である。
ｂ	オビラプトロサウルス類はティラノサウルス類より鳥類と近い関係である。

① ａとｂにおいて系統樹をそれぞれ描(えが)いた場合，下図の Z に入るグループをそれぞれ選びなさい。

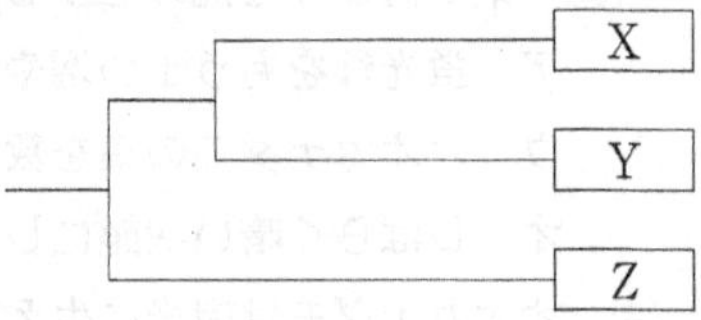

ア オビラプトロサウルス類
イ アロサウルス類
ウ ケラトサウルス類
エ ティラノサウルス類
オ 鳥類

② ａとｂの条件から１つの系統樹を描いたところ，右図のようになりました。 iii ， iv に入るグループをそれぞれ選びなさい。

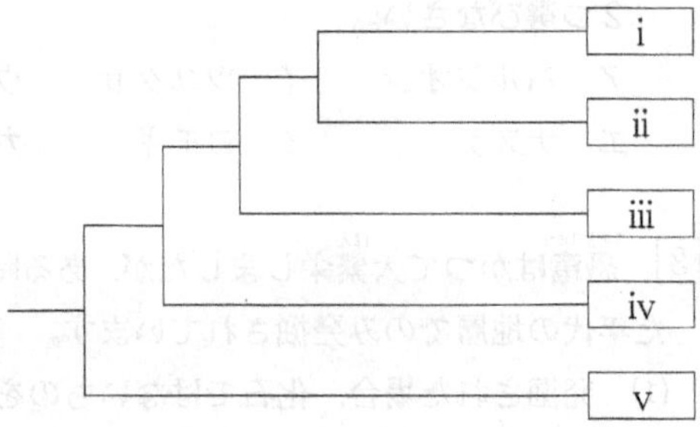

ア オビラプトロサウルス類
イ アロサウルス類
ウ ケラトサウルス類
エ ティラノサウルス類
オ 鳥類

4 近年，石油や石炭に変わるエネルギー源として，水素が注目されています。水素はエネルギーを取り出す際に，石油や石炭と違い二酸化炭素を出さないため，「究極のクリーンエネルギー」と呼ばれることがあります。水素で動く自動車を例に考えてみましょう。この自動車の内部では水素と外の空気の中から取り入れた気体Ａを使い，電気エネルギーを発生させます。そしてこの電気エネルギーを利用して走行しますが，この時に出るのは水のみで，二酸化炭素は出しません。

(1) 水素を使って電気エネルギーを発生させる発電装置をなんと呼びますか。正しいものを選びなさい。

ア　リチウムイオン電池　　イ　燃料電池　　ウ　アルカリ乾電池
エ　鉛蓄(なまりちく)電池　　オ　マンガン乾電池

(2)　気体Aの特徴について述べた文のうち，誤っているものを選びなさい。
ア　空気より少し軽い
イ　無色透(とう)明である
ウ　水に溶けにくい
エ　物が燃えるのを助けるはたらきがある
オ　金属のさびの原因になる

(3)　実験室で水素を発生させるとき，反応させる物質と気体を集める方法の組み合わせについて，表のア～カの中から正しいものを選びなさい。集める方法のa～cは，図に描(えが)いてある方法を示しています。

記号	反応させる物質	集める方法
ア	二酸化マンガン ＋ オキシドール	a
イ	石灰石 ＋ 塩酸	b
ウ	亜鉛(あえん) ＋ 塩酸	c
エ	亜鉛 ＋ 塩酸	a
オ	二酸化マンガン ＋ オキシドール	b
カ	石灰石 ＋ 塩酸	c

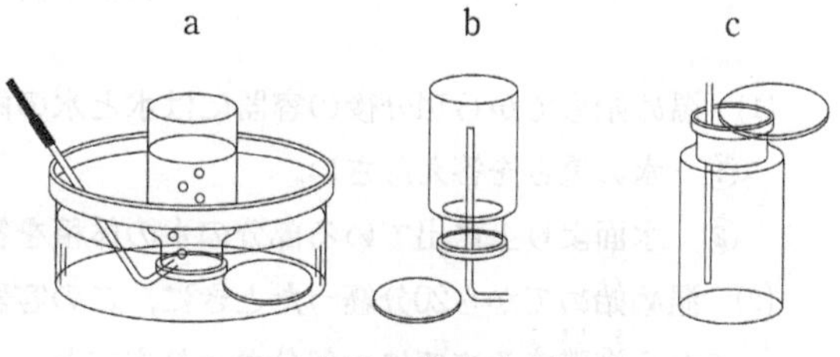

図　気体を集める方法

(4)　ある水素で動く自動車が，燃料の水素5kgをすべて消費するために，外の空気は何kg必要ですか。ただし気体Aが占める重さは，空気全体の重さの23%であるとし，水素1gとちょうど反応する気体Aは8gです。計算で割り切れない場合は，四捨五入により整数で答えなさい。

(5)　この自動車に使われる水素の製造方法の1つとして天然ガスから生産する方法があります。この方法では水素と一緒に二酸化炭素が出てしまいます。

ある水素で動く自動車が5kgの水素を使って700kmを走行しました。この時使った水素を製造するために，水素1gあたり9.6gの二酸化炭素が出されたとします。一方，同じ700kmを走ったあるガソリン車は，ガソリンの製造過程も含めると合計80kgの二酸化炭素を出しました。この場合，水素で動く自動車は同じ距離を走ったガソリン車の何倍の二酸化炭素が出ますか。次の中から適当なものを選びなさい。

ア　0.1倍　　イ　0.3倍　　ウ　0.6倍　　エ　0.9倍　　オ　1.7倍

5　－20℃の冷凍(とう)庫から100gの氷を出し，容器に入れて，一定の熱を加えて温めました。次のページのグラフは，温めた時間と温度の関係を表したものです。熱を加えると，氷や水の温度が上がりますが，氷がとけている間は温度が変わらないことがわかります。

水1cm^{3}の重さは1g，氷1cm^{3}の重さは0.9gとして計算しなさい。また，計算で割り切れない場合は，四捨五入により小数第1位で答えなさい。ただし，加えられた熱は容器や空気への移動はなく，水や氷だけに伝わるものとします。

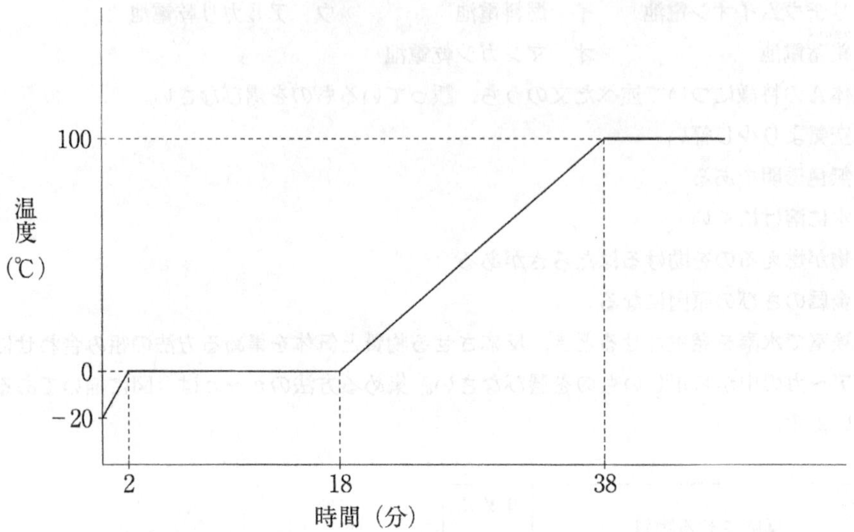

⑴ 温め始めてから14分後の容器には水と氷の両方があり，氷は水に浮(う)いていました。

① 氷の重さを答えなさい。

② 水面より上に出ている部分の氷の体積を答えなさい。

⑵ 温め始めてから20分経ったときに，この容器の中に−20℃の氷を50ｇ入れました。氷を追加してから沸騰(ふっとう)するまでに，何分かかりますか。

⑶ 100ｇの水の温度を10℃上げることのできる熱の量で，0℃ の氷を何ｇとかすことができますか。

⑷ 0℃の氷120ｇに100℃の水を60ｇ加えました。氷は何ｇ残っていますか。

【社　会】（25分）　＜満点：50点＞

【注意】　特に指示がないものは，すべて漢字で答えなさい。

1　次の文章を読み，あとの問いに答えなさい。

日本人の１人あたりの年間総労働時間は，1960年の2426時間が2014年には1741時間となりました。このようなⓐ労働時間の短縮は，多様な余暇の過ごし方を生み出しました。労働時間の短縮にともない，海外旅行をする日本人も増え，1990年に1000万人を突破した日本人海外旅行者数は，2016年には1712万人に達しました。

国内では1987年に総合保養地域整備法が制定され，その後のⓑリゾート開発に大きな影響を与えました。全国で612万ha以上が指定されましたが，1990年代の（　X　）後，環境破壊などの問題点が指摘され，反対運動も起き，複数の大規模レジャー施設が閉鎖に追い込まれました。この反省から自然環境と調和した観光資源の重要性が認識されるようになり，同時に環境を守る取り組みが行われるようになっています。その１つの例としてⓒ和歌山県天神崎の自然保護運動があります。

近年では，観光による経済効果や地域活性化の可能性についてさまざまな施策が考えられており，その中で広がりを見せているのがⓓニューツーリズムです。観光庁によると「従来の物見遊山的な観光旅行に対して，これまで観光資源としては気づかれていなかったような地域固有の資源を新たに活用し，（　ア　）型・交流型の要素を取り入れた旅行の形態」の総称を指します。これらは地域活性化との結びつきが期待されています。

日本固有の自然や文化は日本人だけでなく，海外からの観光客にとっても大変魅力的な観光資源です。次のページの図１で示したⓔ訪日外国人旅行者数は（　Y　）の発生した翌年以降増え続け，2016年には過去最高を記録しました。このうち，アジア地域からの旅行者数は約（　イ　）万人です。国内外からの旅行者の訪問先の例として，ⓕ国内にある世界遺産（2017年現在，21ヶ所）をあげることができます。世界遺産は1972年のユネスコ総会で採択された世界遺産条約に基づいて世界遺産リストに登録された，遺跡・景観・自然など人類が共有すべき「顕著な普遍的価値」を持つ物件のことで，移動が不可能なものやそれに準ずるものが対象となっています。３つ種類があり，ⓖ自然遺産・文化遺産・さらにその両方を満たす複合遺産に区分されています。世界遺産は単なる観光資源ではなく，地球の生成と人類の歴史によって生み出され，現在を生きる世界中の人々が過去から引き継ぎ，未来へと伝えていかなければならない人類共通の宝物です。わたしたち一人ひとりが世界遺産の存在を知り，関心を持ち，保護していく姿勢を持つことが大切です。

＊年間総労働時間のデータについては，「毎月勤労統計調査（厚生労働省）」による

＊観光に関するデータについては，「平成29年版観光白書（国土交通省観光庁）」による

問１　文章中の（X）と（Y）にあてはまる出来事の組み合わせを次の①～④から選び，番号で答えなさい。

①　X　バブル経済崩壊　　Y　阪神・淡路大震災

②　X　バブル経済崩壊　　Y　東日本大震災

③　X　世界金融危機　　Y　阪神・淡路大震災

④　X　世界金融危機　　Y　東日本大震災

問２　文章中の（ア）と（イ）にあてはまる語句や数字を次の①～⑧から選び，番号で答えなさい。ただし，（イ）に関しては次のページの図１と図２から読み取って答えなさい。

① 通過　② 見学　③ 体験　④ 鑑賞
⑤ 1,800　⑥ 1,900　⑦ 2,000　⑧ 2,100

図１

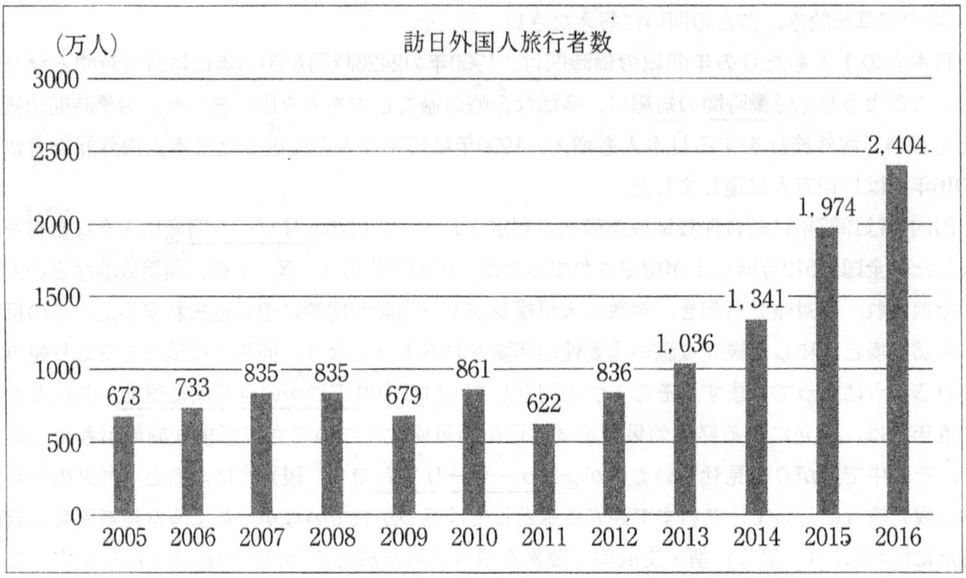

＊「平成 29 年版観光白書（国土交通省観光庁）」より作成

図２

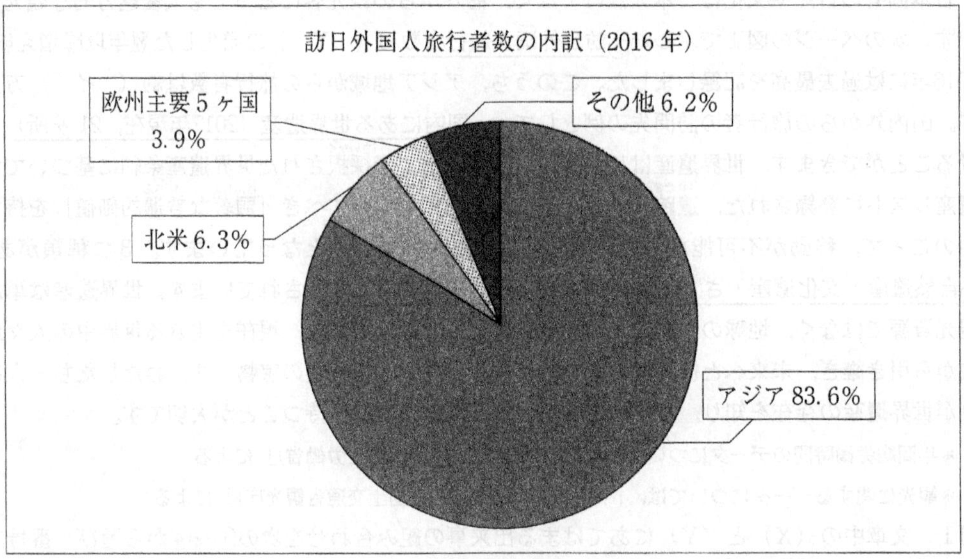

＊「平成 29 年版観光白書（国土交通省観光庁）」より作成

問３　文章中の下線部ⓐに関し，正しくないものを次の①～④から１つ選び，番号で答えなさい。

① 日本では大企業や官公庁を中心に週休二日制が普及した。

② 日本人１人あたりの総労働時間は，現在でもフランス・ドイツ・イギリスよりも長い。

③ 日本の年間の法定祝日日数は，フランス・ドイツ・イギリスよりも多い。

④ 日本の年次有給休暇付与日数（※）は，フランス・ドイツ・イギリスよりも多い。

※休んでも出勤と同じように給料が支払われる年間の休暇日数

問4　文章中の下線部ⓑに関し，日本ではさまざまなリゾート開発や地域づくりの例があります。次のAとBの文に該当(がいとう)する地名を下の①～⑥から選び，番号で答えなさい。

A　鳥居前町(とりいまえまち)として発達した都市。江戸時代に参宮者(さんぐうしゃ)が増加し，ほぼ60年の周期で行われたお陰(かげ)参りは，その頂点を示すものであった。2013年の式年遷宮(しきねんせんぐう)時には，関連行事が始まる8年前からプロモーションを強化，鉄道事業者による観光特急の導入などソフト面を重視した展開がなされた。

B　1970年代のスキーワールドカップ・国体の開催(かいさい)をきっかけに，スキーブームの中で観光客数をのばし，そのブームのかげりを見越して，ワインやチーズといった農業振興(しんこう)との連携(れんけい)やテレビドラマにより年間を通した観光にシフトした。訪日外国人を対象とするさまざまな工夫をほどこしたプロモーションに力を入れており，その例の1つとしてアジア圏を中心とした現地PRがある。

①　蔵王(ざおう)　②　越後湯沢(えちごゆざわ)　③　富良野(ふらの)　④　出雲(いずも)　⑤　日光(にっこう)　⑥　伊勢(いせ)

問5　文章中の下線部ⓒに関し，19世紀のイギリスで始まった，国民から寄せられる基金をもとに地方公共団体や民間団体が自然環境や歴史的環境を守る運動を何といいますか。カタカナで答えなさい。

問6　文章中の下線部ⓓに関し，これに含まれる「エコツーリズム」の説明として最も適当なものを次の①～④から1つ選び，番号で答えなさい。

①　豊かな自然地域などを訪れ，観察・体験などを通じて自然の生態系や歴史・文化などを学び保護する観光活動。

②　歴史・文化的な価値のある工場や遺構(いこう)などを見学し，保護する観光活動。

③　自然・温泉に親しみ，身体に優しい料理を味わって心身ともに癒(いや)され，健康を回復・増進・保持する観光活動。

④　決められた場所を，バスなどを利用して効率よく見学する団体旅行による観光活動。

問7　文章中の下線部ⓔに関し，2016年における訪日外国人旅行者数の上位5ヶ国・地域を示した表1のA～Cに該当する国の組み合わせを下の①～⑥から選び，番号で答えなさい。

	A	B	C
①	中国	アメリカ	韓国
②	中国	韓国	アメリカ
③	韓国	アメリカ	中国
④	韓国	中国	アメリカ
⑤	アメリカ	韓国	中国
⑥	アメリカ	中国	韓国

表1

国・地域	%
A	26.5
B	21.2
台湾	17.3
香港	7.7
C	5.2

＊「平成29年版観光白書（国土交通省観光庁）」より作成

問8　文章中の下線部ⓕの中で2017年に世界文化遺産に登録された「『神宿る島』宗像(むなかた)・沖ノ島と関連遺産群」に含まれる沖ノ島は，4世紀後半から500年あまりにわたって祭祀(さいし)（宗教行事）が行われたことから約8万点の出土品が国宝に指定され，「海の（　ウ　）」ともよばれています。（ウ）にあてはまる語句を漢字で答えなさい。

問9　文章中の下線部ⓖの自然遺産に，日本では4ヶ所が登録されています。その中の「白神山地」の特徴(とくちょう)を説明した文として，正しいものをあとの①～④から1つ選び，番号で答えなさい。

また，その位置を図３の⑤～⑧から選び，番号で答えなさい。

① この地域は，湿原や池・沼が散在し，ハイマツ群落や高山植物の花畑がある。ナキウサギなどの氷河期以来の動物も生息している。

② この地域は，スギの原生林が有名で，特に1966年にこの地で発見された最大のスギの木は，「縄文杉」と名前がつけられた。

③ この地域は，ブナなどの落葉樹に覆われた原生林で，特別天然記念物のニホンカモシカなどが生息している。

④ この地域は，カタツムリの仲間などが高い固有率をほこり，外来種の持ち込みが厳しく制限されている。

図３

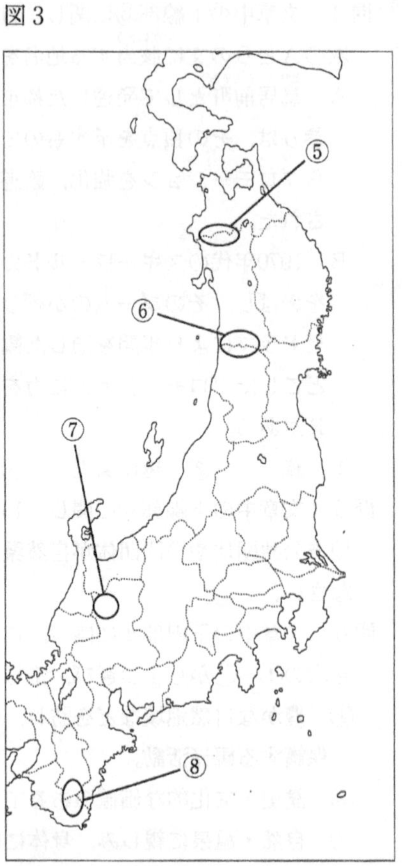

＊「最新地理図表GEO　白地図データ（日本全図）」を加工して作成

問10　文章中の下線部⑧に関し，日本にある世界遺産について，正しくないものを次の①～④から１つ選び，番号で答えなさい。

① 「富士山－信仰の対象と芸術の源泉」は，文化遺産として登録されている。

② 「ル・コルビュジエの建築作品－近代建築運動への顕著な貢献」（国立西洋美術館本館）は，文化遺産として登録されている。

③ 東京都初の世界遺産は，「小笠原諸島」である。

④ 「紀伊山地の霊場と参詣道」は，複合遺産として登録されている。

2　次の〈A〉～〈C〉の文章を読み，あとの問いに答えなさい。

〈A〉　日本では，国会が唯一の立法機関です。法律案の提出から「委員会での審議・採決」を経て，「本会議での審議・採決」を衆議院・参議院で行い，両院で可決されれば法律案は成立となります。

問１　下線部の仕事として正しいものを次の①～④から１つ選び，番号で答えなさい。

① 最高裁判所の判決を審査する。

② 裁判官として，ふさわしくない人を辞めさせる裁判を開く。

③　最高裁判所長官を任命する。

④　地方裁判所の裁判官を指名する。

問２　昨年６月に国会で成立，７月に施行された「テロ等準備罪」を新設する改正組織犯罪処罰法の審議が行われた過程で，与党が参議院法務委員会で討論や採決を省略する「（　ア　）」の手続きを取りました。（ア）にあてはまる手続きの名称を次の①～④から選び，番号で答えなさい。

①　中間報告　　②　採決省略　　③　一括審議　　④　議長判断

〈B〉　昨年７月，日本とEUは交渉開始から約４年４ヶ月の歳月をかけて，（　イ　）の大筋合意に至りました。（　イ　）は関税の引き下げだけでなく，貿易を妨げている事がらをなくすことを目的としています。

問３　（イ）にあてはまるアルファベットの略称を次の①～④から選び，番号で答えなさい。

①　TPP　　②　GATT　　③　EPA　　④　FTA

〈C〉　昨年７月，国連において，加盟する193ヶ国中122ヶ国の賛成で（　ウ　）条約が採択されました。

問４　文中の（ウ）にあてはまる語句を次の①～④から選び，番号で答えなさい。

①　部分的核実験禁止　　②　核不拡散　　③　新戦略兵器削減　　④　核兵器禁止

問５（ウ）条約に関し，<u>正しくないもの</u>を次の①～④からすべて選び，番号で答えなさい。

①　この条約では，核兵器の開発・保有・使用を禁止しているが，核兵器を利用した威嚇については「核の傘」に依存する国々にも影響を与えるため，明記されなかった。

②　アメリカやロシアなどの核保有国および他国の「核の傘」の下にある国々はこの条約に賛成しなかった。

③　この条約の前文には，日本語のヒバクシャ（被爆者）という言葉がそのまま使われている。

④　日本は唯一の戦争被爆国として，この条約案をつくるにあたり核保有国と非核保有国の橋渡し役を担った。

3　次の文章を読み，あとの問いに答えなさい。

前方後円墳は３世紀後半に大和地方を中心につくられ始めました。巨大な<u>古墳</u>をつくるためには，設計や土木工事の段階において，それぞれ高度な知識や技術が必要でした。中国や朝鮮からの渡来人の知識や技術が古墳づくりにいかされています。

問１　下線部の説明として正しいものを次の①～④から１つ選び，番号で答えなさい。

①　古墳の周りや頂上には人物・家屋・動物などをかたどった土偶が置かれていた。

②　日本最大の前方後円墳は奈良県の大仙（仁徳陵）古墳で５世紀につくられた。

③　古墳には円墳・方墳などさまざまな形があり，九州地方から東北地方までつくられた。

④　古墳におさめられていたものは宗数的な勾玉や銅鏡で，よろい・かぶと・馬具の軍事的なものはおさめられていなかった。

問２　４世紀から７世紀に渡来人によって日本に伝わったものとして正しくないものを次の①～⑤からすべて選び，番号で答えなさい。

①　稲作　②　銅鐸（どうたく）　③　漢字　④　仏教　⑤　鉄製農具

4　次の文章を読み，資料を見て，あとの問いに答えなさい。

> 右の資料は、弓矢を持ち、馬に乗って京の貴族のやしきをおそっている武士たちの様子が描かれています。武士は朝廷（ちょうてい）や貴族の勢力争いにかかわって次第に力をもつようになっていきました。

資料

＊ボストン美術館所蔵「平治物語絵巻」

問１　資料の戦いに勝ち，武士で初めて政治の中心となる最高の地位についたのはだれですか。その人物と地位の組み合わせとして正しいものを①～④から選び，番号で答えなさい。

①　（人物）源頼朝　　（地位）征夷（せいい）大将軍
②　（人物）源頼朝　　（地位）太政（だいじょう）大臣
③　（人物）平清盛　　（地位）征夷大将軍
④　（人物）平清盛　　（地位）太政大臣

問２　平安時代の文化の説明として正しくないものを次の①～④から１つ選び，番号で答えなさい。

①　遣唐使（けんとうし）の中止などにより，中国文化の影響が弱まり日本独自の文化が生まれた。
②　紫式部（むらさきしきぶ）は「枕草子」，清少納言（せいしょうなごん）は「源氏物語」を書いた。
③　かな文字の発明により，女性も文字に親しみ始めた。
④　束帯（そくたい）とよばれる男性の服装（ふくそう）や十二単（じゅうにひとえ）とよばれる女性の服装が生み出された。

5　右の年表を見て，あとの問いに答えなさい。

年	出来事
	ア
1867	大政奉還が行われる
	イ
1873	ⓐ地租改正（ちそかいせい）が行われる
	ウ
1885	内閣制度ができる
	エ
1890	ⓑ第一回帝国議会が開かれる
	オ

問１　江戸幕府が政権を朝廷に返し，約260年続いた江戸幕府は終わりを告げた。大政奉還（ほうかん）が行われた城とそれを行った人物の組み合わせとして正しいものを次の①～④から選び，番号で答えなさい。

①　（城）江戸城　　（人物）明治天皇
②　（城）二条城　　（人物）明治天皇
③　（城）江戸城　　（人物）徳川慶喜（とくがわよしのぶ）
④　（城）二条城　　（人物）徳川慶喜

問２　次のＡ～Ｄの事がらは年表中のア～オのどの時期にあてはまりますか。正しい組み合わせをあとの①～⑥からすべて選び，番号で答えなさい。

Ａ　大日本帝国憲法（だいにっぽんていこくけんぽう）が発布（はっぷ）される。

B　西南（せいなん）戦争が起こる。
C　薩英（さつえい）戦争が起こる。
D　廃藩置県（はいはんちけん）が行われる。

①　A　ウ　B　ア　　②　A　エ　C　ア　　③　A　オ　D　エ
④　B　イ　C　ウ　　⑤　B　ウ　D　イ　　⑥　C　オ　D　ウ

問３　下線部ⓐを行った明治政府の主（おも）な目的を15字以内で説明しなさい。

問４　下線部ⓑに関し，どのような人に選挙権が与えられましたか。正しいものを次の①～④から選び，番号で答えなさい。

①　国に直接税金を15円以上納（おさ）めている満18歳以上の男子。
②　国に直接税金を15円以上納めている満18歳以上の男女。
③　国に直接税金を15円以上納めている満25歳以上の男子。
④　国に直接税金を15円以上納めている満25歳以上の男女。

6　次の問いに答えなさい。

問　1945年の①～④の出来事を起こった順に並べ，２番目と３番目にくる番号を答えなさい。

①　玉音放送（ぎょくおん）　②　東京大空襲（くうしゅう）　③　沖縄占領（せんりょう）　④　広島に原爆投下

(7) ――Ⓖ「もっと食べて」と何度も何度もうながす好恵の母親の行動は、母親のどのようなきっかけから生じた思いからくる、何のための行動ですか。「きっかけ」と、母親の「思い」と「目的」にふれて「～ための行動」に続くよう、五十字以上六十字以内で説明しなさい。

(8) Ⓗに入る語を答えなさい。

ア 落胆(らくたん)　イ 感嘆(かんたん)　ウ 神妙(しんみょう)　エ 安堵(あんど)

(9) この小説を説明した次の文章について、あとの問いに答えなさい。

六月十日（日）、待ちに待った好恵のお誕生会。ところが、〈私たち〉が受け取ったのは、おばさんからの「帰ってね」のたった一言だった……。

その後、〈私たち〉は好恵に「誕生会の恨みを誕生会で返す」という復讐計画を立てた。昔の人がよく言うⒾだが、この計画を立ててから、〈私〉は人から受ける視線がいかに恐ろしいものかを極度の緊張の中で思い知った。他人へ仕返しすることで、こんなにも心を締(し)めつけられるなんて…〈私〉は毎日恐怖や緊張と大きなⒿ感に襲(おそ)われた。それでも、七月八日（日）の自分の誕生会さえ終われば、このⒿ感からきっと解放される…そう信じていたが、むしろさらに重くのしかかった。それだけじゃない。一生に一度しかない十歳の誕生日、〈私〉は当たり前のように家族や友人と楽しく過ごせたけれど、その「当たり前」が「当たり前」にできなかった好恵の気持ちはどうなるの?…このとき初めて〈私〉は自分のことしか考えなかったことに気づかされた。そして、思わず彼女の境遇(きょうぐう)に同情した。

その夜、なりゆきで好恵の家で夕飯をごちそうになったとき、好恵やおばさんたちの様子を見て、〈私〉はⓀ言い表せない心境にも気づくことができた。別れ際に好恵が見せた何とも言えないあの表情、彼女にも〈私〉のこれまでの悔いてきた思いに気づいてもらえただろうか。

① Ⓘに入ることわざを十字で答えなさい。

② Ⓙに入る語を自分の言葉で漢字二字で答えなさい。

③ ――Ⓚ「言い表せない心境」とは何ですか。それに該当(がいとう)する一文を本文中から探し、はじめの五字を答えなさい。

好恵は私を遮るようにして自転車のハンドルを握りしめ、かすれ声でささやいた。

「え」

「うちのお母さんの料理、おいしかったって、明日、学校でみんなに言ってくれる?」

私たちを包んでいたなまぬるい夜気が、ふいにぴしゃりと肌を打った気がした。私はとっさに目を伏せ、からから回る自転車のペダルを見下ろした。そして、その回転が止まってからようやく顔を持ちあげた。

好恵は唇を踏んばって私の答えを待っていた。

「うん。言うよ」

それだけ返すのが精一杯だった。

「おばさんの料理、おいしかったって、明日、みんなに言う」

今にも泣きそうなくせに意地でも泣かない好恵の顔が、なんともいえない Ⓗ の表情に変わった。好恵は小さくうなずき、ふうっと息を吐いて、私の自転車から手を放した。それからすばやく回れ右をして、もう用は済んだというふうにてのひらをぶらぶらやりながら、廊下で男子を追いまわすときのような軽快な駆け足で、深い夜のむこうへと遠ざかっていった。

（森絵都『永遠の出口』集英社）

(1) Ⓐを含む傍線部は「書き表されていないルール」という意味です。漢字二字を入れなさい。

(2) Ⓑを含む傍線部は「その場をごまかす」という意味です。二字を入れ、慣用表現を完成させなさい。

(3) ――Ⓒ「みんなの顔が、瞬時に一層、赤く染まった」のはなぜですか。

ア 最初から抱いていた悪い予感が的中し、息苦しくなったから。

イ せっかくの好意が仇となり、恨み辛みがこみ上げてきたから。

ウ 招かれざる客だと分かり、行き場のない憤りを感じたから。

エ 朝食抜きで今にもお腹が鳴りそうで、恥ずかしくなったから。

(4) Ⓓに入る語を答えなさい。

ア 判断した　イ 決意した　ウ 理解した　エ 感心した

(5) ――Ⓔ「好恵は遠い昔でもふりかえるようにわざわざ首を傾けた」について以下の問いに答えなさい。

① 〈好恵〉が意図して鈍い反応をしたのは、「すまし顔」という表現からも分かりますが、このときの〈好恵〉の心情が表れている描写を本文中から五字以内で書きぬきなさい。

② このときの〈好恵〉の気持ちとそのようにふるまった理由を説明するものとして最も適当なものはどれですか。

ア 〈私〉ときちんと仲直りしたくて誕生日プレゼントを届けたものの、あまりの気まずさに後悔しているから。

イ できれば〈私〉と顔を合わせたくないが、プライドから何も気にしていない体を装う必要があったため。

ウ クラス中に悪口や噂を広められて、さらに自分を陰で仲間外れにした〈私〉を困らせようと思ったから。

エ 〈私〉から誕生会の話題をふられるのではないかと内心恐れているが、それを悟られないようにするため。

(6) ――Ⓕ「あさっての方向」の意味を答えなさい。

ア 見当違いのところ　イ 二人の足下のあたり

ウ 〈私〉が来た方向　エ 鬼門にあたる方角

「夕ごはん……」

と、そのとき、背中からおばさんの声がした。

「夕ごはん、まだなら食べていきなさい」

最初のうち、私はそれが自分にむけられた言葉とは思えなかった。あのおばさんがこんなことを言うわけがない。しかし、ふりむくとおばさんは怖いくらいにまっすぐに、確かに私を見つめていた。

【中略】

アジフライ。ピーマンとウインナーの炒めもの。かぼちゃの煮つけ。ツナサラダ。味噌汁。

テーブルの上はそれなりににぎやかだったけれど、しかし静かな晩餐だった。好恵は学校にいるときの十分の一もしゃべらず、お姉さんは終始ぶすっとしていて、弟一人が悪たれをつき続け、それをおばさんがたしなめる。好恵はなにも無限のエネルギーを持っているわけじゃなく、あのサービス精神は学校でのみ発揮されるのだと私は初めて知った。そういう私も緊張で口が強ばり、「Ⓖもっと食べて」とうながすおばさんにうなずき返すのがやっとだったけれど。

おばさんは数分おきに「もっと食べて」とくりかえした。ウインナーを独占しようとする弟の手をはたいて、小皿に私のぶんを確保してくれもした。そのくせ、おかずの量を気にしているのか自分はほとんど箸を伸ばそうとしない。

もしかして——。あいかわらず気難しげな顔をして、それでも必死に私を気遣うおばさん。そしてその様子をじっと見据える好恵の横顔をながめているうちに、私はなぜ今、自分がここにいるのかわかったような気がした。

好恵にとって一生に一度の十歳の誕生日。あの日、私たちはここへ来なければよかったと後悔したけれど、好恵も好恵で私たちを呼ばなければよかったと後悔し、おばさんもまた何らかの悔いをその胸に抱えてきたのかもしれない。

そう思った瞬間、あまり馬の合わない友人宅での居心地の悪い夕食会は、何か大事な意味を宿した苦行へと変わった。取り返しのつかない何かを取り返そうとするように「もっと食べて」を連発するおばさんは、確かに私のどこかを満たし、そしてきっと、好恵のどこかを癒したのだ。

「ごちそうさまでした。おいしかったです」

夜も更けて皿も空になると、私は疲れた様子のおばさんに礼を言い、「もう来んなよ、クソバカ女」と憎まれ口を叩く弟を柱の陰でこづいてから、好恵の家を後にした。いいと言うのに、好恵は途中まで送るとついてきた。

もう一日早ければ織姫と彦星も再会できたにちがいない空の下、街灯に照らしだされた藪蚊の群れのむこうに無限の瞬きを望みながら、私たちは無言で家への道を歩いた。私は自転車を押しながら。好恵はその後ろからてくてくと。途中、私が「もういいよ」と何度も好恵をふりかえったのは、黙りこんだきりの彼女をおもんぱかってのことではなく、自転車に乗って帰ったほうがよほど速いからなのだが、好恵はそのたびに「もうちょっと」と見送りの距離を引き延ばした。

何か言いたげで、なのに言えずにいた好恵がようやくその一言を口にしたのは、そんなやりとりが幾度となく続いた後、「ほんとにもういいから」と私が自転車のサドルに跨ろうとした瞬間だ。

「……ってくれる?」

そして今日はどこで何を思い、過ごしていたんだろう。

誕生会の終了と同時に、私はこの胸のもやもやから解放されるはずだった。なのにもやもやは増す一方で、瞼の裏に焼きついた好恵の視線はなおも私を苦しめる。ついてない、と心底思った。私の誕生会が七月八日でなかったら、秋や冬の終わりのほうだったら、私は例年通りに何も考えず楽しい一日を過ごしていたはずだ。一年で一番幸せな一日。なのに、好恵の次に生まれたばかりにすべてがだいなしになってしまった。ついてない。ついてない。ついてない……。

「紀ちゃん」

と、そのとき、襖のむこうから姉の声がした。

入るよ、とノックもせずに現れた姉は、ベッドに伏せた私のもとへずかずかと歩みより、黄色いリボンのかかったたんぽぽ文具店の包みを差しだした。

「今、家の前であんたの友達みたいな子に会ってさ。これ、あんたに渡してって」

「え」

「直接渡せばって言ったら、自転車に乗っていっちゃった」

姉から受け取った包みのリボンをほどくと、私が大好きなキャラクターの豪華な文具セットが入っていた。そこで、私は思わず自転車に飛び乗り、好恵の家へと向かった。彼女の家の前で自転車を荒っぽく乗りすてると、私は深呼吸をし、勇気を出して玄関のチャイムに手を伸ばした。

どうか鬼母が出ませんように。

どきどきしながらブザーを押すと、数秒後に「はい」と低い声がして、扉が開かれた。

「ひっ」

現れたのは鬼母だった。

「あ……ら」

エプロン姿のおばさんは、濡れた手をそのポケットのあたりでぬぐいながら、私に困惑の目をむけた。夕食時のせいか、扉のむこうからは炒めもののいい匂いが香ってくる。後ずさる私を前に、おばさんはその匂いをたどるようにふりかえり、好恵はどうのとぶつぶつ言いながら奥の部屋へと踵を返した。私のことを憶えていたらしい。

数秒後、重たい足音と共に好恵が現れた。

「どうしたの」

開口一番に問われ、私はたじろいだ。好恵の声には「なんか用?」とでもいうような、白々とした響きがあったからだ。

「あの……その、プレゼントありがとう」

言葉につまった末、いきなり本題に入ると、

「え? ああ、あれか」

自転車にはまだぬくもりが残っているはずなのに、Ⓔ好恵は遠い昔でもふりかえるようにわざわざ首を傾けた。リアクションの達人にしては鈍すぎる反応。私はますます勢いをそがれて動揺した。すまし顔をⒻあさっての方向へむけている好恵を見ていると、自分がここに何を期待して来たのかわからなくなってくる。

苦しい沈黙の末、ひとまずここは撤退だ、と逃げることにした。じゃ、それだけ、と早口で言いながら背をむけ、ドアノブに手をかける。

「好恵とは一応、仲良くする。でも、もう私たちのお誕生会には呼ばない。お誕生会の恨みはお誕生会で返すべきだし、それに、休日のパーティーまではクラスメイトの目も届かないでしょ」

最初、春子がこの復讐案を口にしたとき、私はなんという妙案だろうとすっかり［Ⓓ］。誕生会の恨みを誕生会で返すというのは確かに道理にかなっているし、あれだけのことをされたのだからこれくらいはして当然と、私たちは全員一致で好恵を今後の誕生会から閉めだすことを決議した。

自分のうかつさに思い至ったのは、その決議から数日が流れてからのことだ。

私は肝心なことを忘れていた。

グループで二番目に十歳を迎えた好恵に続く、三番目の十歳。

好恵に最初に手を下すいやな役まわり……。

そう、私は三週間後に誕生日を控えていたのだ。

七月八日。七夕の翌日にあたる私の誕生日は日曜日だった。この年も織姫と彦星は逢いびきを果たせず、母は朝から窓辺に垂らしていた笹を片付けると、代わりに折り紙や紙テープで居間を彩った。すでにごちそうの下準備は整えられ、冷蔵庫には子供心をそそる食材がぱんぱんに詰まっている。中でもひときわ目を引いたのは、『HAPPY BIRTHDAY NORIKO』とホワイトチョコで描かれた手作りのチョコレートケーキだ。食器棚にはお菓子の数々もスタンバイされていて、中には普段あまり食べさせてもらえない体に悪そうなものもある。これがいつもの誕生日なら、私は幸福度一二〇パーセントで宙に浮いていたことだろう。

しかし、私は疲れきっていた。

好恵を誕生会からしめだすことに決めたあの日から三週間、私は人の視線とはこんなにも怖いものかとつくづく思い知らされながら過ごした。いつ、好恵に誕生会のことをきかれるのか。いつ、好恵は自分が誕生会に招かれないことを悟るのか。私は絶えずびくびくと好恵の視線ばかりを気にしていたのだ。

好恵に「おはよう」と声をかけられるだけで、私は招待状の催促でもされたように顔を赤くした。会話の途中で沈黙が訪れるたび、「ところで、紀ちゃんのお誕生会だけど……」と切りだされるのではないかとどぎまぎした。毎日が緊張の連続。七月八日が近づくほどにその緊張は高まっていった。

これほど自分が小心者とは知らなかった。復讐がこれほどの苦痛を伴うものとも知らなかった。ついに誕生日を迎えたその日、だから私は誕生会やプレゼントの喜びより、ようやくその苦痛から解放される喜びのほうが大きかったのだ。

誕生会は滞りなく進んで、終わったと思う。もともと滞りなど起こりようもないパーティーだ。

【中略】

みんなの帰った後、急にがらんとなった部屋の中で、私は一気に脱力した。もらったプレゼントをしまうのも億劫で、その場に散らかしたまま二階へ上がると、部屋のベッドにどてっとうつぶした。甘いケーキの味はとうに忘れ、苦い後味ばかりが残っていた。

一生に一度しかない十歳の誕生日。

もう永遠に取り戻せない特別な一日。

好恵はあの日、どんな思いで十代への第一歩を踏みだしたんだろう。

じもじと顔を見合わせた。まさか。そんな。いや、バカな。困惑を隠せない私たちの中で、好恵だけがただ一人、普段以上にニコニコと嬉しそうにはしゃいでいた。

　リーダー格の春子がしびれを切らしたように「プレゼント」と声を上げたのは、ただ好恵のおしゃべりをきくだけで一時間近くが経過した頃だ。

「そろそろプレゼント、渡そうよ」

　この場に展開をもたらすことで、パーティーの始まりをうながすような言い方だった。

「うん、そうだね」

「プレゼント、プレゼント」

「お誕生会だもんね」

　しかし、私たちが次々にプレゼントを渡し、そのたびに好恵が歓声を上げて、とうとう最後の包みが開かれても、ケーキとごちそうは依然として姿を現さなかった。

「好恵、ちょっと」

　階段の下からおばさんの声がしたのは、すっかり無口になった私たちに、さすがの好恵も言葉少なになった二時すぎのこと。その少し前に玄関の戸が軋む音をきいたから、おばさんは私たちへのお返しでも買いに出ていたのかもしれない、とにわかに希望が射してきた。が、それもほんのつかの間にすぎなかった。

「ちょっと待ってて」と階段を下りていった好恵は、数分後、ごちそうのお皿一つ運んでくるでもなく、ただ赤い目をして戻ってきたのだ。

「好恵、どうした」

「なんかあったの」

　私たちが何をきいても答えず、戸口に立ちつくしたまま泣きそうな顔をしている。代わりにその答えを私たちに告げたのは、少し遅れて階段を上ってきた好恵のおばさんだった。

「うちはね、誕生会はやらないことになってるの。お姉ちゃんも、弟も。だから、好恵が何言ったか知らないけど、今日は帰ってね」

　帰ってね。

　私たちの一人一人を見回しながら、確かにおばさんはそう言った。

　窓からの明々とした陽を浴びていた©みんなの顔が、瞬時に一層、赤く染まった。誕生会では歓迎されるのが当然の権利と考えていた私たちは、この唐突な拒絶の受けとめかたがわからずに静まり返った。くう、と誰かのお腹が鳴っても、いつものような忍び笑いはきこえず、その音はただ虚しく宙に浮いたきりだった。

　やがておばさんが低いため息とともに階下へ消えると、好恵は泣き顔を隠すように襖をへだてたとなりの部屋へ閉じこもり、残された私たちも床に散ったリボンを踏みながらその部屋を出て、さっさと家に帰った。

私たち五人は「冗談じゃない！」と好恵の悪口を言いふらした。結果、翌日にはクラス全員に知れ渡ったが、周囲はむしろ好恵に同情的で、「意地悪なお母さん」「鬼母」と伝説を残して忘れ去られようとしていた。

　私たちは好恵を許さなかった。

　そこで、ひそやかな復讐を企てた。

なっているということ。

(5) ――Ⓔ「相手の顔をつぶさずに、上手に自分の顔を立てるようにしないといけない」と日本人が振る舞うのはなぜですか。「～から」に続くように、本文中から十八字で探し、はじめの五字を書きぬきなさい。

(6) 本文の内容と一致するものをすべて選びなさい。

ア 日本人は協調性を大切に考えているので、多くの人の前で相手の面子をつぶさないように配慮している。

イ 神の存在の意識が低い日本人は行動を抑制することが難しく、世界的に評価が低くなってしまっている。

ウ 失敗をしたときに「恥ずかしい」と感じるのは、日本人が周りに向けて面目を気にしているからである。

エ 世間の目や関わりの薄い人からどう見られているかを強く気にする最近の日本人は行動が萎縮気味である。

オ 日本人の若者は欧米の影響を受けやすく、個人主義を見習おうとして周りの視線をあまり気にしていない。

五 次の文章を読み、あとの問いに答えなさい。

好恵は平凡な女の子だった。愛嬌はあるが、大雑把でバランスの悪い顔立ち。中肉中背で勉強も運動も人並み。でも、サービス精神旺盛でリアクションの達人だったから、男子からは一番人気があった。私は、そんな好恵と今年も同じクラスになった。

「今度の日曜日、あたしのお誕生会やるから、みんなで来てね」

と、好恵からの誘いを受けたのは、まだ四年生も板についていない六月のことだった。

誕生会は私たちのビッグイベントだ。グループの誰かが誕生日を迎えるたび、私たちはその誕生会に必ず出席し、自分のときにもグループ全員を招待する。それが仲間内の不 Ⓐ となっていたから、好恵が誕生会を開くのもごく当然のことだった。

にもかかわらず、好恵からの招待を受けた私たち五人は、そろって「あれ」というふうに黙りこんでしまった。今年も好恵の誕生会はないのではないか、と思っていたからだ。

一年前の六月十日、真っ先に九歳を迎えた春子に次いで、当然、開かれるものと思っていた好恵の誕生会は、「お母さんが病気になったから」の一言でお流れとなった。私たちはしかたなしにプレゼントだけを渡して Ⓑ を濁したけれど、ケーキもごちそうもプレゼントのお返しもない誕生日はひどく味気なかった。

好恵のお誕生会の当日、私たちはみな色とりどりのリボンで包んだプレゼントを手に、胸をときめかせて初めて彼女の家を訪れた。

色鮮やかな飾りの施されたリビングを期待していた私たちが通されたのは、玄関わきの階段を上った好恵の部屋で、そこには楽しい会を思わせる装飾のひとつもなければ、ごちそうの匂いもなかったのだ。「あらあらみんな、今日はどうもありがとうねえ」と、甘い声で出迎えてくれるおばさんの姿もない。

どうもおかしい。ごちそうのために朝食を抜いて臨んだ私たちは、も

いという答えが即座に返ってきた。ある学生がこんなことを話してくれた。

「自分は『世間体』といったものはあまり気にしていない。もし大学を卒業してきちんと就職もせずフリーターになったとしても、そんなライフスタイルに自分が納得でき、周囲の友達もそんな自分を受け入れてくれれば、別に恥ずかしいとは思わない。親はそんな自分を見てきっと『世間体が悪い』と思うかもしれないが……」と。

これを世代間のギャップと取るべきか、日本人の考え方の変化と取るべきか難しいところだ。

先に述べたように、特に若い世代で変化は見られるものの、多くの日本人の「顔」はソト、特に世間に向けられている。

内［Ⓑ］で家族には威張っているが、家（これも「ウチ」の領域）から一歩出たとたんに腰が低くなる、いわゆる「外面がよい」というのも、いかに日本人が世間の評価や視線を気にしながら生活をしているかを物語るものだろう。

日本人の顔や面子は、それだけで独立して存在するものではない。自分の顔と相手の顔が相互に依存しているし、連動している。様々な状況で配慮しなければならない、あるいは守らなければならないのは、自分の顔や面子だけではない。

基本的には、Ⓔ相手の顔をつぶさずに、上手に自分の顔を立てるようにしないといけないし、場合によっては、自分の顔より相手の顔を立てないといけないケースもある。

特に自分よりも目上の人間に公衆の面前で恥をかかせたり、面目丸つぶれの状態に陥れたりするのは、絶対に避けなければならない。いかに不条理であっても「和」「調和」「協調性」といったことに価値をおき、集団の一員としての人間関係を重視する日本人にとって、これは絶対に守らなければならない基本的なルールである。

個人主義の欧米の社会では、自分の面子だけを心配していればよいが、日本人はそうはいかないのがつらいところだ。「私の顔」と「あなたの顔」の両方に配慮してコミュニケーションをしないと、いろいろ問題が起きてしまうだろう。

（中西雅之『なぜあの人とは話が通じないのか？』光文社）

＊緩衝…二つのものの間にある対立などをやわらげること

(1) ［Ⓐ］に入る語を答えなさい。

ア 系統的に　イ 全体的に　ウ 常識的に　エ 対照的に

(2) ［Ⓑ］（二カ所）には共通の人物名が入ります。ひらがな四字で人物名を入れ、「内［Ⓑ］」という慣用句を完成させなさい。

(3) ――Ⓒ「世間の目」の「目」とはどのようなものですか。本文中から五字で書きぬきなさい。

(4) ――Ⓓ「周りの視線などまったく気にしていない」とはどういうことですか。

ア 欧米人は世間を気にしないので、日本人の行動は海外で受け入れられないということ。

イ 若い人たちはソトからどう見られているか、ということには気を配らないということ。

ウ 身近で親しい人たちには、どのように見られても誤解されない自信があるということ。

エ 欧米の個人主義が急速に伝わり、世間に対する意識は年々低く

り疑問に感じることはない。

欧米人と違って、神の存在によって自分の行動の善悪が判断されることはまずないが、だからといって日本人がハチャメチャな行動をするかというとそうでもない。世界的にも安全な国で調和の精神で暮らす礼儀正しい国民というイメージがある。

では、神を持たない日本人の行動を規制しているものはなにか。それは「世間の目」であり、みっともない行為をして世間から冷たい目で見られることが、とても恥ずかしいということになる。「面子」と「世間体」を失って「恥」をかくことが、日本人にとってはなにより怖いことなのである。

ここで世間とはどういう存在かを考えてみよう。

日本人のコミュニケーションを理解するとき、「ウチ（内）」と「ソト（外）」の二つの領域を考える必要がある。ウチは「身内」「ウチ（自分の会社）の人間」「内［Ⓑ］」という言葉に表されるような「自分が帰属する集団」を指し、ソトは自分にとっての部外者である「自分が帰属するもの以外の集団」などを指す。

日本人はこの二つの世界をハッキリと区別していて、態度や行動パターンに違いが見られるという。

世間は、この「ウチ」と「ソト」の二つの世界の中間に位置し、ある種のバッファー・ゾーン＊（緩衝地帯）になっている。

世間には、自分となんらかの関わり合い（利害関係）を持つ、自分のことをある程度知る、その「存在」や「視線」を意識する不特定多数の人間が含まれる。たまたま同じ空間を一時的にでも共有する人たち（同じ電車に乗っている人、同じ通りを歩いている通行人、同じ店で買い物や食事をしているお客）、ご近所さん。企業であれば、メディアや、消費者としての一般大衆が、すべて「世間」の中に含まれる。

ミスをしたり、不祥事を起こしたりすれば「世間に対して顔向けができない」「恥ずかしい」ということになる。要するに「Ⓒ世間の目」が、「恥」という不快な感情をベースにして日本人の行動をある意味で規制していると言えよう。

外の世界は「ウチ」に対しての「ソト」であり、この二つは関連性があるが、よく考えると日本人には、「ソト」の世界の遥か向こうにさらに「ヨソ」の世界があることに気づく。

外国では、現地の人間は日本人にとってウチの人間でも、ソトの人間でもない。自分の周りにいるのはすべて自分とは無関係なよそ者である。外国の空港に降り立つやいなや、「世間」が一瞬のうちに消滅し、行動抑制のタガが外れてしまう。

パリやローマの高級店でブランド品を買いあさったり、高級レストランで食事中に大勢で騒いだりして現地の人々が眉をひそめようがお構いなし。「旅の恥はかきすて」とばかり、傍若無人な振る舞いをする一部の日本人の行動は、まさにこれである。

同様に、日本の中でも最近の若者の一部では、この「世間」の存在が希薄になってきているという観察もできる。通勤電車の中で化粧をしたり、朝食代わりの菓子パンを頬張ったりする若者、ドアの横でいちゃつく若いカップルなど、Ⓓ周りの視線などまったく気にしていない様子である。

ゼミの学生に聞いてみたところ、彼らが気にするのは基本的にはウチの人間、特に「友達」の評価であって、「世間」という意識はあまりな

「座敷童子」とは、もともと東北地方（特に岩手を中心）に伝えられる家の守り神で、童児の姿で子どもには見えても大人には見えない、あるいは、それがいる家には幸いがもたらされ、いなくなると落ちぶれる、などという伝承がある。

京都にある〈源じい〉の家は、周囲で都市開発が進み、とうとう最後の砦となってしまった。この詩は、その家に〈ぼく〉が足を踏み入れるところから始まる。

Ⓓずいぶん久しぶりに訪れた〈源じい〉の家は、昔ながらの木造家屋。昔の人のⒺ人知れない苦労や努力がたくさん詰まった家。今は誰も住んでいないが、この家はご先祖さまが「生きた証」であり、家族の［Ⓕ］がそこに刻み込まれ、人の［Ⓖ］を感じさせる場所でもある。そして、ここへ来ると必ず迎えてくれる〈あいつ〉は、ご先祖さまと〈ぼく〉とをつなげる役目をしていた。

ところが、〈あいつ〉とも今日が最後。冷たく無機質なビルになってしまえば、もうここに来ても同じような［Ⓖ］を感じられなくなるだろう。

〈あいつ〉のまわりに巻き上がった「流れていこうとする風」が【町全体が開発によって新しく生まれ変わろうとしていること】であるならば、「流れに逆らおうとする風」は、【町全体が［Ⓗ］ということ】と言い換えることもできる。

「変わるもの」と「変わらないもの」――古い歴史をもつ京都の町並みの秘めた物語は、同時に作者のたどってきた幼少期の残像風景でもあるかもしれない。

① 〈ぼく〉が――Ⓓ「ずいぶん久しぶりに訪れた」のは詩中のどのような表現から分かりますか。詩中の言葉を用いて「～から」に続くように、その理由を十五字以上二十字以内で答えなさい。

② ――Ⓔ「人知れない苦労や努力」は、詩中のどのような表現から分かりますか。五字以上十字以内で答えなさい。

③ ［Ⓕ］に入る語を詩中から一語で書きぬきなさい。

④ ［Ⓖ］（二カ所）に入る語を自分の言葉でひらがな四字で答えなさい。

⑤ ［Ⓗ］にはどのような表現が適切ですか。詩全体の内容をふまえて、「～ということ」に続くように、十五字以上二十字以内で説明しなさい。

四 次の文章を読み、あとの問いに答えなさい。

人間の道徳観や倫理観のベースとなっているものは、多くの欧米人にとってはキリスト教の教えであり、韓国や中国を含む東アジアでは儒教の教えである。

日本もかつては儒教思想が幅を利かせていたが、明治維新、そして戦後の西洋文化流入の中で急速にその影響力を失っていった。「義理」「人情」「孝行」「忠誠心」といった概念はもともと儒教のものであったが、今日の日本では、特に儒教との結びつきを意識せずに用いられることのほうが多いだろう。

キリスト教世界では「神」がきわめて大きな存在であり、人間の行動を見守り、それを厳しく律している。神への背信行為は「罪」となり、人間は相応の「罰」を受けることになる。

［Ⓐ］日本人の多くは無宗教であり、正月には神社に初詣に出かけ、結婚式は教会で挙げ、死んだら寺にあるお墓に入ることについて、あま

足をバラン　バランと動かして
ケタケタと笑う
そして

(天明の大火を知ってるか
三条河原の釜ゆで刑も
金閣寺の天をこがす炎も
おいらは　知っているんだぜ)

Ⓑあいつは生意気に
ぼくの知らない長い歴史のことを
しゃべりまくる　その度に
あいつのまわりに
風が巻き上がる

ぼくは　その流れる風の中で
たしかに聞いたんだ
流れていこうとする風と
流れに逆らおうとする風の中での
Ⓒさけび声を

源じいの古い家は
もうすぐこわされて
そこにビルが建つという

あいつは
これから　どこへ行くのだろう

(小沢千恵『つるばら』らくだ出版)

(1)　この詩は、多くの表現技法を用いながら効果的に展開されています。使われているものをすべて選びなさい。

ア　擬人法　　イ　見立て　　ウ　呼びかけ　　エ　倒置法
オ　比喩　　カ　対句　　キ　擬態語

(2)　Ⓐに入る語を答えなさい。

ア　ちらばっていた　　イ　かくれていた
ウ　よどんでいた　　エ　まいあがっていた

(3)　――Ⓑ「あいつは生意気」とありますが、〈ぼく〉はなぜこのように感じたのですか。

ア　座敷童子のほうが〈ぼく〉の知らないことをたくさん知っていたから。
イ　座敷童子があたかも源じいの家の主であるかのようにふるまったから。
ウ　座敷童子はいつも〈ぼく〉に向かって軽薄そうな甲高い声で笑うから。
エ　座敷童子が誰も聞いていないのに、出すぎたおしゃべりを続けたから。

(4)　Ⓒに入る語を答えなさい。

ア　悔しい　　イ　悲しい　　ウ　恋しい　　エ　激しい

(5)　この詩を説明した次の文章について、あとの問いに答えなさい。

エ　霊は体とは切り離された概念

(6) ――Ⓖ「物質のみではない人間のあり方を回復するためには、心の他に霊といった概念を必要とするように思われる」とはどういうことですか。

ア　体の唯物化を防ぐために、体の概念を含まないものを想定することで希薄化した精神に焦点を当てる必要があるということ。

イ　現代において物質としての体の実体は解明されているため、心と深いつながりのある霊の概念の解明が急がれるということ。

ウ　科学では心を解明することは不可能であるため、霊の概念を解明することの方が人間らしさの回復の近道であるということ。

エ　物質としての体は制御可能とする医学に抵抗するためには、以前は信じられていた霊の概念を復活させるべきだということ。

三　次の詩を読み、あとの問いに答えなさい。

座敷童子　　小沢千恵

源じいの家は
商店町の高いビルのまん中で
たった一軒
重石みたいな　黒いかわら屋根が
地面に張りついて
建っていた

古い木戸をあけると
もう何年も　何百年も前の
冷えきった空気と
古ぼけた天井や壁には
ご先祖さまのため息と
汗の結晶がほこりとなって
Ⓐ

そして　ぼくが
吹き抜けのうす暗い台所の
タナの上を見上げると
あいつは　いつも
待ちくたびれたような顔をして
じーっと
ぼくを　見おろしている

「やあー　元気だったかい?」
(ああ……)

あいつは
いつ見ても
ざんばら髪の頭に
つつ袖姿の着物で
高いタナの上に腰かけて

心臓のことと書いてある。Ⓔこの意味は現代人にとってはほとんど死語になっている。しかし語源的にいうと、心という字は心臓の象形文字であるといわれている。ちなみに中医学（東洋医学のこと）における経絡図で、心経というと心臓系を意味する。このように心の元来の意味は心臓である。

しかし、現在では心は精神の意味にもなっている。つまり心は身と同じように、その言葉自体で身体と精神の意味を含んでいる概念であるといえる。このことは注目すべきことであろう。心身一元論であるという以前に、心は身と同じように心の一字で心身一元的なのである。

次に「霊」の概念について少し考えてみたい。まず心との区別を考えておきたい。現代では体は精神とは関係なく、ますます物質化してきているが、体の唯物化が進むほど人間の精神面が希薄になる傾向がある。果たしてそれでよいのであろうか。この危惧を解決するためには、物質を排除した純粋な精神の存在を考える必要がある。そう考えると、心は体と関係があるので、心とは異なる概念を持ち出さねばならない。それを「霊」と考えたい。聖霊とか霊魂とも表現される。

心は体とは切り離せないものであるために、体が死んでしまうと一緒に喪失してしまう。このことは自明のこととして、現代では理解されている。しかし一昔前までは、霊魂は肉体が滅ぶと体から出てゆくものと考えられていた。つまり［Ⓕ］なのである。

遺伝子工学の進歩によって、クローン人間の出現が取り沙汰される現状において、Ⓖ物質のみではない人間のあり方を回復するためには、心の他に霊といった概念を必要とするように思われる。霊の実体は何かといったことは、ここでは論ずることをひかえよう。これは心理学ではなく、宗教が考えるテーマであろう。

（春木豊『動きが心をつくる』講談社現代新書）

(1) ――Ⓐ「身は体以上の意味内容をも含んでいる」とはどういうことですか。このことを言い換えたものを本文中から三十五字以上四十字以内で探し、はじめの五字を答えなさい。

(2) ［Ⓑ］に入る語を答えなさい。

ア　身分や社会　　イ　孤独と集団

ウ　自己や他者　　エ　本音と建前

(3) ［Ⓒ］・［Ⓓ］に入る語を、本文中からそれぞれ漢字一字ずつで書きぬきなさい。

(4) ――Ⓔ「この意味は現代人にとってはほとんど死語になっている」とはどういうことですか。

ア　心と精神の概念は区別しにくいため、そこに中医学の範囲である心臓系の概念を取り入れるということ。

イ　心と身体の関係は密接であり、身体の一部である心臓はすでに解明し終えた古い概念であるということ。

ウ　心の中には精神の他に「霊」の意味を含んでいるため、心の字から死を連想することが多いということ。

エ　心という字から心臓という意味を連想する人は少なく、それ自体で精神と身体の意味を含むということ。

(5) ［Ⓕ］に入る語を答えなさい。

ア　霊は体から生じるという概念

イ　霊は身の対極にあるという概念

ウ　霊は体以上の意味を含んだ概念

【国語】（五〇分）〈満点：一〇〇点〉

【注意】句読点や「」も一字とします。

一　次のカタカナを漢字に直しなさい。

(1) ヤオモテに立つ　(2) フクショウの景品

(3) お金をタイシャクする　(4) シュウトク物置き場

(5) 結婚式のヨキョウ

二　次の文章を読み、あとの問いに答えなさい。

身体は「体」と「身」に分けて考えることができる。体は最近の医学において示されているように、ますます物質化、物体化が進んでいる。体を物体・物質と見る見方の歴史は長い。二〇世紀以降、幾分あいまいなところがあった生命に関しても遺伝子のメカニズムが解明されたことにより、あっという間に生命もかなりの程度までコントロールできるようになってしまった。遺伝子工学によって、生命（生物）の合成がなされようとしている。あるいは臓器移植は明らかに臓器の部品化である。あたかも車の部品を交換するように、人から人へと移し代えることができるようになった。

このような医学の現状を進歩と見るか、破滅と見るかは個人の価値観によるが、確かなことは体は物体であるという物質観・物体観をますます深めることになっているということである。

これに対して、身はどうであろうか。現代の医学では身体のうちの体だけを扱っていて、身は放棄されてしまっている。現代人も身に関しての関心は薄れているのが現状のように見える。

しかし身という言葉は、日常かなり使われているのである。たとえば魚の切り身という場合、身は肉を表すような意味に使われる。これは体と同じといえる。しかしⒶ身は体以上の意味内容をも含んでいる。「身構える」というと体ではあるが、単なる体ではなく、体のありようを示しているといえる。あえていえば、「心構え」に通ずるものである。

さらに体の意味を離れて、「わが身」や「御身」というときには、体ではなく［Ⓑ］を表す意味になっている。また「身内」というときには、仲間を表す。「身分」となると明らかに人間の社会的な意味を表している。

さらに心の意味すら持つことがある。たとえば「身を焦がす」とは明らかに心の状態を表している。「身に沁みてわかる」とは理解の仕方が深いことを意味しているといえる。

このように、身は身体的な意味を含みつつ明らかに体とは異なる概念として、日常使われている。身は物質や物体とは異なっている。体が物体化・物質化すればするほど、身は体とは異なる身体の別の意味を強調する意義を持っている。すなわち身は物質的な存在としての［Ⓒ］とは異なり、それ自体で［Ⓓ］をも含む概念なのである。東洋では精神と身体を分けないという心身一元論が謳われているが、実は身のみで心身一元的なのである。

身・体の次元に対して、精神（心・霊）の次元はどのように考えられるであろうか。まず「心」である。心というと精神のことであると思うのが一般的であろう。これは間違いではないが、一歩深めて考え直す必要がある。心という字を辞典で引いてみると、まず第一の意味として、

MEMO

大切なことはメモしておこうネ！

平成30年度

解答と解説

《平成30年度の配点は解答用紙に掲載してあります。》

＜算数解答＞《学校からの正答の発表はありません。》

1 15　2 5　3 4.2　4 0.6cm　5 1080円　6 28000円

7 138.16cm　8 A 19　B 11　C 10　9 86点　10 125度

11 毎分2.25cm　12 75.33cm^2　13 (1) 2：3　(2) 41：49

14 (1) $23\frac{1}{3}$m　(2) $33\frac{1}{3}$m

＜算数解説＞

1 (四則計算)

$6+18\div2=15$

2 (四則計算)

$(16-32\div12)\times3\div8=(48-8)\div8=5$

3 (四則計算)

$\square=\frac{17}{12}\times12-12.8=4.2$

基本 4 (植木算)

A…64cmのテープをのりしろ1cmで$40\div4=10$(本)つなぐと，$64+63\times(10-1)=631$(cm)

B…40cmのテープを$64\div4=16$(本)つないで631cmにするには，のりしろを$(40\times16-631)\div(16-1)=0.6$(cm)にする。

重要 5 (売買算，割合と比)

仕入れ値を100にすると，$200\times0.9=180$(個)の売上げは$100\times1.25\times180=125\times180=22500$，$200-180=20$(個)の売上げは$125\times0.9\times20=250\times9=2250$であり，これらの合計は$22500+2250=24750$である。したがって，実際の仕入れ値は$100\times267300\div24750=1080$(円)である。

やや難 6 (割合と比，相当算)

予定では交通費が$\frac{3}{5}$，その他が$1-\frac{3}{5}=\frac{2}{5}$であったが，実際には交通費が$\frac{3}{5}\times\frac{4}{3}=\frac{4}{5}$，その他が$\frac{2}{5}$より2100円少なく，$\frac{4}{5}+\frac{2}{5}=\frac{6}{5}$が$\frac{9}{8}$より2100円多い。したがって，予定の旅行費用は$2100\div\left(\frac{6}{5}-\frac{9}{8}\right)=28000$(円)だった。

基本 7 (平面図形，植木算)

右図のように，円を20個描くと，全体の周は$6\times3.14\times\left\{\frac{2}{3}\times2+\frac{1}{3}\times(20-2)\right\}=44\times3.14=138.16$(cm)になる。

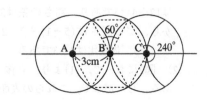

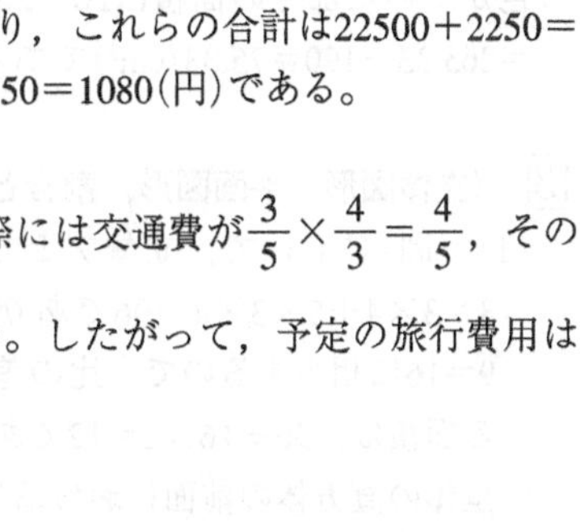

重要 **8** （統計と表，消去算）

A，B，Cの各セットの数をア，イ，ウで表す。右の2つの式について①－②は，3×ア＋3×ウ＝216－129＝87(個)，ア＋ウ＝87÷3＝29(個)…③であり，ア＋イ＋ウ＝40(個)であるから，イは40－29＝11(個)である。②より，4×ア＋3×11＋2×ウ＝129，4×ア＋2×ウ＝129－33＝96，2×ア＋ウ＝96÷2＝48…④　④－③より，アは48－29＝19(個)，ウは29－19＝10(個)である。

7×ア＋3×イ＋5×ウ＝216(個)…①
4×ア＋3×イ＋2×ウ＝129(個)…②

やや難 **9** （平均算）

算数より国語が24点低く，「算数の点数」と「算国以外の教科の点数」についての平均点と「算数の点数－24点」と「算国以外の教科の点数」についての平均点との差が1.75＋1.25＝3(点)である。したがって，全教科は24÷3＋1＝9(教科)であり，算数は72×9－(72－1.75)×8＝648－562＝86(点)である。

基本 **10** （平面図形）

右図において，角EFGは(180－110)÷2＝35(度)でありLKはEFの垂直二等分線であるから，角㋐は35＋90＝125(度)

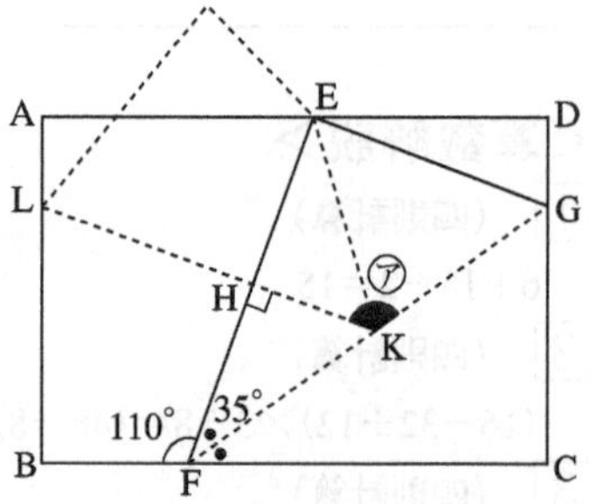

重要 **11** （立体図形，図形や点の移動，速さの三公式と比，単位の換算）

容器に水を入れた時間は40×40×40÷2000＝32(分)，このときの容器内のAの深さは40×40×(44－40)÷(20×20)＝16(cm)である。したがって，Aの分速は(44×2－16)÷32＝$\frac{9}{4}$(cm)である。

やや難 **12** （平面図形，図形や点の移動）

右図において，三角形FGCは直角二等辺三角形であり，FG：GEは10：(24－10)＝5：7であるから，三角形GECの面積は10×24÷2÷(5＋7)×7＝70(cm^2)である。したがって，色がついた部分の面積は26×26×3.14÷8－(10×24÷2＋70)＝265.33－190＝75.33(cm^2)である。

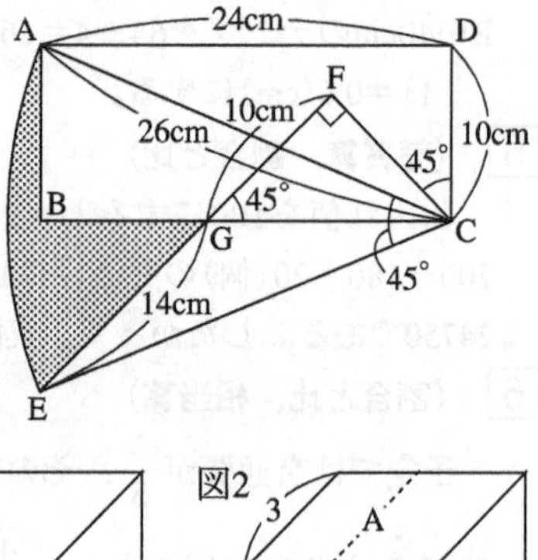

やや難 **13** （立体図形，平面図形，割合と比）

(1)　図1において，立体アとイの表面積の和は3×3×4＋5×3×4＝96であり，これが比の7＋9＝16に相当するので，比の差9－7＝2に相当する面積は，96÷16×2＝12である。したがって，全体の直方体の前面におけるアとイの面積の差は12÷4＝3であり，高さの差は3÷3＝1であるから，アの高さは(5－1)÷2＝2，イの高さは5－2＝3，体積比は2：3である。

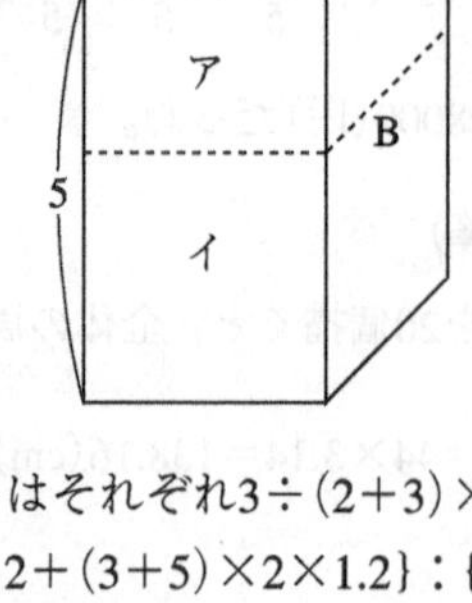

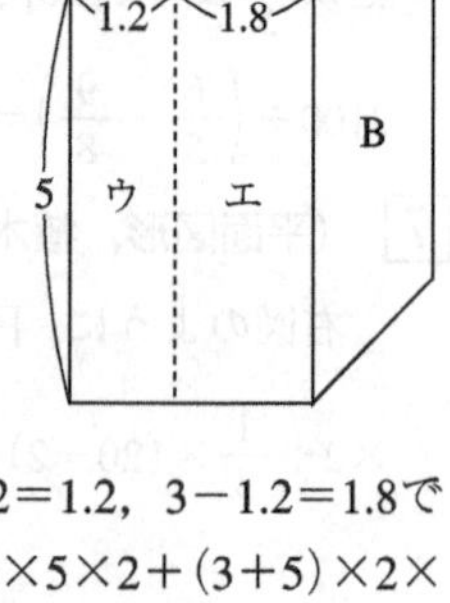

(2)　図2において，(1)より，立体ウとエの横の長さはそれぞれ3÷(2＋3)×2＝1.2，3－1.2＝1.8である。したがって，これらの表面積の比は{3×5×2＋(3＋5)×2×1.2}：{3×5×2＋(3＋5)×2×

1.8}＝24.6：29.4＝41：49である。

重要 14 （速さの三公式と比，割合と比，規則性）

(1)　図3において，ひろ子さんとまさお君が2度目にすれ違うまでに泳いだ距離の比は(50＋20)：(50×2－20)＝7：8である。したがって，2人が初めてすれ違うまでにひろ子さんは50÷(7＋8)×7＝$23\frac{1}{3}$(m)泳いでいる。

図3

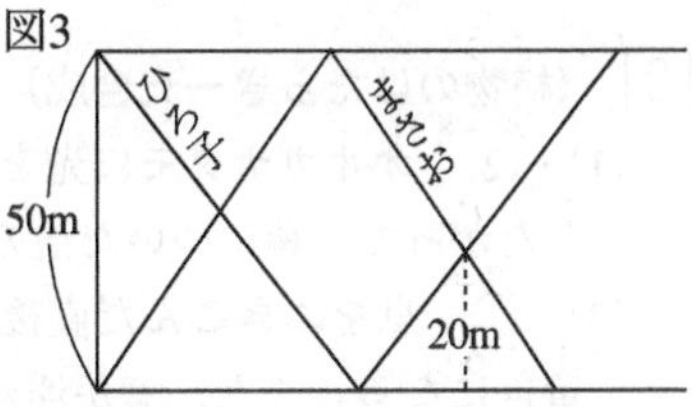

(2)　(1)より，まさお君が1往復する時間を14とすると1500÷(50×2)＝15(往復)する時間は14×15＝210である。一方，ひろ子さんが1往復する時間は14÷7×8＝16であり，210÷16＝13…2より，210－2＝208にスタート位置に戻る。したがって，右図において，2つの相似な三角形の辺の比は{208－(210－7)}：{210－(208－8)}＝1：2であり，2人が最後にすれ違うのはまさお君が泳ぎ終わる50÷(1＋2)×2＝$\frac{100}{3}$(m)手前である。

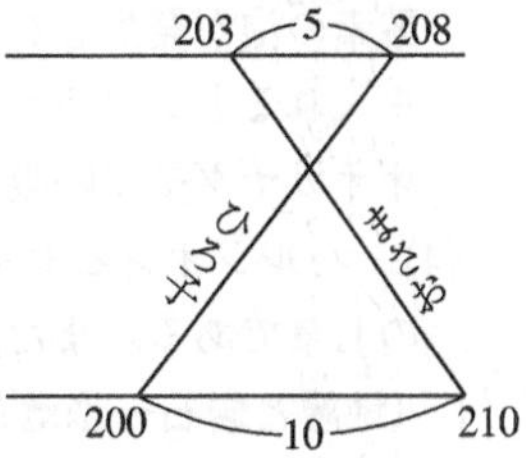

★ワンポイントアドバイス★

差がつきやすい問題は，6「相当算」，9「平均算」，11「水位変化」，12「図形移動と面積」，13「面積比」，14「速さ」の問題である。したがって，1～5までの問題で着実に得点してから，この後，時間配分を考えて解いていこう。

＜理科解答＞《学校からの正答の発表はありません。》

1　(1)　ウ　(2)　ア　(3)　イ　(4)　イ　(5)　3475(km)

2　(1)　酸素　(2)　ウ　(3)　①　エ　②　エ，オ　(4)　ア，ウ

3　(1)　ウ，オ　(2)　オ　(3)　(2番目)　ア　(4番目)　エ　(4)　①　a　ウ　b　エ　②　iii　エ　iv　イ

4　(1)　イ　(2)　ア　(3)　エ　(4)　174(kg)　(5)　ウ

5　(1)　①　25(g)　②　2.8(cm^3)　(2)　57(分)　(3)　12.5(g)　(4)　45(g)

＜理科解説＞

1 （総合－小問集合）

(1)　発砲入浴剤には固体の炭酸水素ナトリウム(重そう)とクエン酸が含まれていて，お湯に入れると，二酸化炭素が発生する。

(2)　アルキメデスは，浮力の原理やてこの原理などを発見した。また，地動説はコペルニクス，ふりこの等時性はガリレオ・ガリレイ，万有引力の法則はアイザック・ニュートンが発見し，原子の周期表はメンデレーエフがつくった。

(3)　自転車の運動においては，空気抵抗や地面との摩擦がはたらき，運動の妨げになるので，同じ力で自転車をこがないと，一定の速さで運動することはできない。

(4)　おがくずが発酵するときに熱が出る。

(5)　地球から太陽までの距離は1億5200万km，太陽の直径が139万km，地球から月までの距離が38万kmなので，月の直径は，$139\times\frac{38}{15200}=0.3475(\mathrm{km})=3457(\mathrm{km})$である。

2　（植物のはたらき－光合成）

重要　(1)・(2)　オオカナダモに光を当てると，二酸化炭素と水を材料にして，でんぷんと酸素をつくる。したがって，葉についた泡の主な成分は酸素である。また，植物は，一日中呼吸を行っている。

(3)　①　息をふきこんだ直後には，二酸化炭素が多くとけているので，酸性になり，BTB溶液は黄色になる。また，葉が浮かばない状態では，水中の二酸化炭素が無くなり，光合成ができず，酸素の泡が発生しなくなっているので，液はもとのようにうす青色になっている。　②　メダカを入れるとメダカが呼吸を行うので，水中の二酸化炭素が増える。また，しばらく暗くすると，オオカナダモが呼吸を行うので，水中に二酸化炭素が増える。

重要　(4)　ハルジオンとセイタカアワダチソウは帰化植物である。なお，ナズナは春の七草，クズは秋の七草である。また，ヨモギは昔から薬草として使われている。

3　（地層と岩石－恐竜と化石）

重要　(1)　樹液や巣穴などの古代の生物のあとはすべて化石である。

(2)　恐竜は，中生代の約2億500万年前～約6500万年に繁殖していた。

(3)　隕石が衝突した後に起きたできごとの順に並べると，オ→ア→ウ→エ→イになる。

重要　(4)　①　a，bは，次のような関係になる。

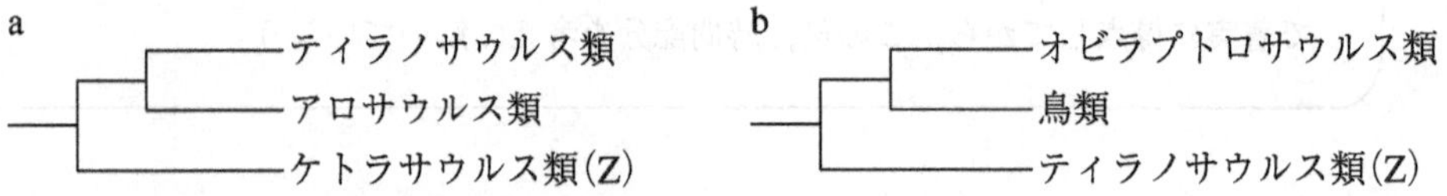

②　a，bの関係から，次のような系統樹が考えられる。

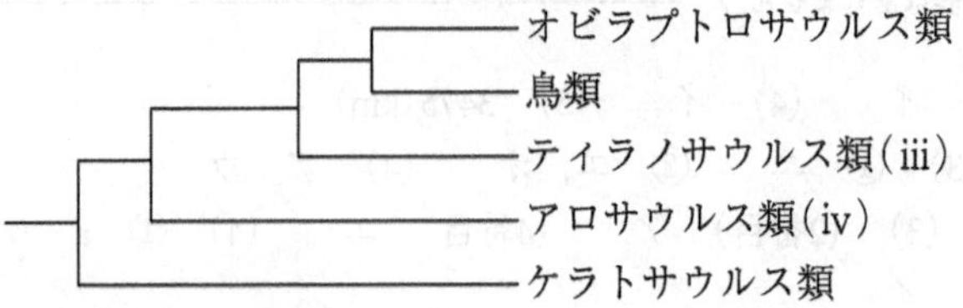

4　（気体の性質－燃料電池）

重要　(1)　燃料電池は，水素と酸素が結びつくときに発生するエネルギーを電気に変える装置である。

重要　(2)　酸素は，空気の約1.1倍の重さである。

重要　(3)　水素は最も軽い気体である。また，水に溶けにくいので，水上置換法で集める。なお，オキシドールに二酸化マンガンを加えると酸素，塩酸に石灰石を加えると二酸化炭素がそれぞれ発生する。

(4)　水素1gと反応する酸素は8gなので，5kgの水素と反応する酸素は，$5\times8=40(\mathrm{kg})$である。また，酸素の重さは空気全体の23%なので，空気の重さは，$40\div0.23=173.9\cdots(\mathrm{kg})$より，約174kgである。

(5)　1gの水素を製造するために9.6gの二酸化炭素が発生するので，5kgの水素が使われるときに発生する二酸化炭素は，$5\times9.6=48(\mathrm{kg})$である。一方，同じ距離を走ったときに，ガソリンからは80kgの二酸化炭素が発生するので，水素で動く自動車は同じ距離を走ったガソリン車の，$48\div80=0.6$(倍)の二酸化炭素が発生する。

やや難 5 （状態変化ー水の状態変化）

(1)　①　グラフから，氷は2分後にとけ始め，18分後にとけ終わっている。したがって，氷がとけるのにかかる時間は，18－2＝16(分)である。温め始めてから14分後は，氷がとけ始めてから，14－2＝12(分後)なので，100gの氷のうちで，とけ残っている氷の重さは，$100\times\frac{16-12}{16}=25$(g)である。　②　氷1cm^{3}の重さが0.9gなので，25gの氷の体積は，$1\times\frac{25}{0.9}=27.77\cdots$(cm^3)より，約27.8cm^{3}である。25gの氷は，25g(25cm^3)の水を押しのけて水に浮くので，水面から上に出ている氷の体積は，27.8－25＝2.8(cm^3)である。

(2)　この容器の中に，途中から，－20℃の氷を50g入れ，沸騰するまでの時間をはかるので，最初から，－20℃の氷100＋50＝150(g)を加熱したのと同じである。したがって，沸騰するまでにかかる時間は，$38\times\frac{150}{100}=57$(分)である。

(3)　100gの水が0℃から100℃まで上がるのに，38－18＝20(分)かかるので，10℃上がるのにかかる時間は，$20\times\frac{10}{100}=2$(分)である。したがって，2分間にとかすことができる0℃の氷の量は，$100\times\frac{2}{16}=12.5$(g)である。

(4)　(3)より，100gの水の温度を10℃上げることかのできる熱の量で，0℃の氷12.5gをとかすことができるので，100℃の水60gがとかすことができる0℃の氷は，$12.5\times\frac{60\times100}{100\times10}=75$(g)なので，とけ残った氷は，120－75＝45(g)である。

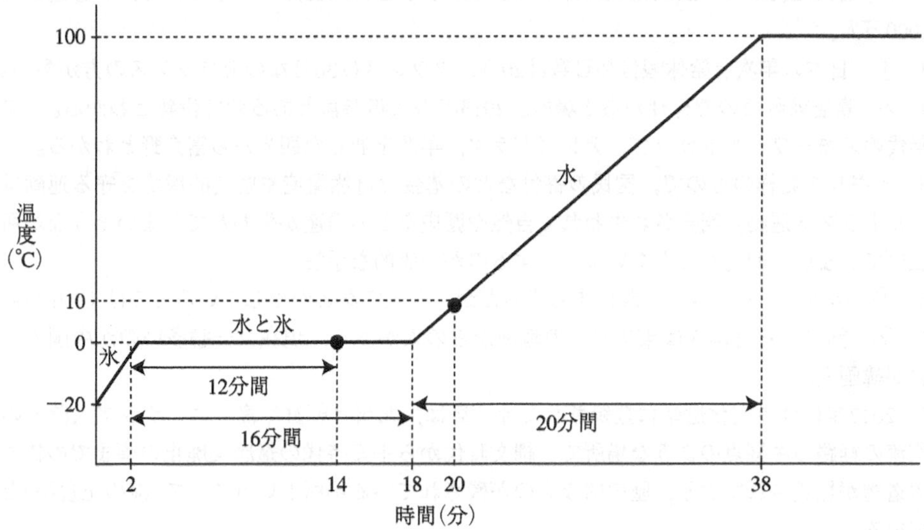

★ワンポイントアドバイス★
生物・化学・地学・物理の4分野において，基本問題に十分に慣れておこう。その上で，各分野の計算問題にもしっかりとり組んでおこう。

＜社会解答＞《学校からの正答の発表はありません。》

1 問1 ② 問2 ア ③ イ ⑦ 問3 ④ 問4 A ⑥ B ③
問5 ナショナルトラスト(運動) 問6 ① 問7 ② 問8 正倉院
問9 (文) ③ (位置) ⑤ 問10 ④

2 問1 ② 問2 ① 問3 ③ 問4 ④ 問5 ①, ④

3 問1 ③ 問2 ①, ②, ⑤

4 問1 ④ 問2 ②

5 問1 ④ 問2 ②, ⑤ 問3 政府の財政収入の安定化を図る。 問4 ③

6 問 (2番目) ③ (3番目) ④

＜社会解説＞

1 (日本の地理ー日本の休暇・旅行に関する事柄についての問題)

問1 (X) バブル経済は1986年から1991年頃までの空前の好景気。この時期，株式や不動産などの価値が急激に上昇し，その売買で利益を得る人も増えた。 (Y) 東日本大震災は2011年3月11日に東北地方の太平洋沖を震源として発生した。

問2 (ア) エコツーリズムは，自然・歴史などの地域の観光資源を掘り起こして，旅行者が滞在してその地域のものを体験したり地域の人々と交流したりする要素を取り入れた旅行の形態。

(イ) 図1と図2から，2404万人の83.6%を算出すると約2010万人となるので，一番近いのが⑦の2000万人。

問3 ④ 日本の年次有給休暇付与日数は20日，フランスは30日なのでフランスの方が多い。

やや難 問4 A 鳥居前町なので神社がある場所。2013年の式年遷宮とあるので伊勢とわかる。 B 1970年代のスキーワールドカップ，テレビドラマ，年間を通した観光から富良野とわかる。

問5 イギリス発祥のもので，国民の寄付などの基金で自然環境や歴史的環境を守る運動はナショナルトラスト運動。開発され失われて自然や歴史などの遺産が失われてしまいそうな場所を買い上げてしまい，開発ができないようにするのが一般的な手法。

問6 ① エコツーリズムの定義はまちまちだが，観光庁などが出しているものは①の内容。

問7 ② 訪日する外国人は東アジアの地域からの人が多く，現在，一番多いのが中国人で，二番目が韓国人。

重要 問8 2017年に世界文化遺産に登録された沖ノ島は，九州と朝鮮半島，ユーラシア大陸との間での交流の経路の中継点のような場所で，縄文時代から平安時代の遣唐使廃止の頃までの様々な時代の遺物が発見されており，歴史的なものが残されている場所ということで「海の正倉院」とよばれている。

問9 白神山地は青森県と秋田県の県境の場所である⑤に位置する。ブナの原生林が残されている場所として世界自然遺産に登録されている。①の説明は知床，②は屋久島，④は小笠原のもの。

問10 ④ 「紀伊山地の霊場と参詣道」は文化遺産。日本には複合遺産はない。

2 (政治ー国会，貿易，時事に関する問題)

問1 ② 裁判官の身分を問う弾劾裁判所は国会に設置する。①に該当する権限をもつものはない。③は内閣の役割。④は最高裁の指名した者の名簿の中から内閣が任命する。

やや難 問2 ① 2017年6月にテロ等準備罪に関する法案は衆議院で審議した後，参議院では討論や採決が省略された中間報告という形式で成立。国会での審議は本来，委員会で審議した後，本会議で採決して院の議決が成立するが，その議案の成立を急ぐ場合や，委員会での審議が長引きなかなか本会議にまわされない場合に，委員会の審議の途中でも中間報告を求め，これで議決とすることがある。2017年6月のこの場合以前にも何回か同様の手続きが取られたことはある。

問3　③　2017年7月にEUとの間で大筋合意に達したのはEPA経済連携協定。FTA自由貿易協定に締約国の間での様々な経済の連携強化，協力促進を含むものになっている。

問4　④　2017年7月に国連で採択されたのは核兵器禁止条約。部分的核実験禁止条約，核不拡散条約，新戦略兵器削減条約は今までにあったもの。

問5　①　この条約は核兵器の全面廃止を求めるものなので，このような保留はない。　②，③は正しい。　④　日本はこの条約に反対の立場をとっているので誤り。

3　(日本の歴史ー古墳に関する問題)

重要　問1　①　古墳の時代には土偶はない。埴輪の誤り。土偶は縄文時代。　②　大仙古墳は奈良県ではなく大阪府にあるので誤り。　④　武具類も古墳から出土しているので誤り。

問2　①　稲作は弥生時代にはすでに日本に伝わっているので誤り。　②　銅鐸も弥生時代にはあるので誤り。　⑤　鉄製農具も弥生時代には日本に伝わってはいたので誤り。

4　(日本の歴史ー平安時代に関する問題)

問1　④　平清盛は，1156年の保元の乱と1159年の平治の乱に勝ち，権力を握り，1167年に武士としては初めて太政大臣になった。

問2　②　枕草子の作者が清少納言で，源氏物語の作者は紫式部。

5　(日本の歴史ー明治以降の歴史に関する問題)

問1　④　大政奉還は京都の二条城で1867年10月13日に15代将軍徳川慶喜が諸大名に打診し，その翌日に朝廷に申し出て受理された。

重要　問2　Aは1889年，Bは1877年，Cは1863年，Dは1871年なので，年表中のAがエ，Bがウ，Cがア，Dがイに入る。

問3　地租改正は土地の値段を設定して，その地価の3%を現金で地租として地主に納めさせるもの。従来の租税にあたるものは米などの現物で，それを現金化する段階で目減りしたり，米の価格の変動により，政府が得られる現金も変動したが，地租改正により，ほとんど変動のない現金収入を政府が得られるようになった。

問4　1890年の第一回帝国議会の際の衆議院議員を選んだ有権者は直接国税を15円以上納入する25歳以上の男子で，全国民の1%ほどしかいなかった。

6　(日本の歴史ー1945年の出来事に関する問題)

問　②　3月10日　東京大空襲→③3月26日～6月23日　沖縄戦→④　8月6日　広島に原爆投下→①　8月15日　玉音放送の順。

★ワンポイントアドバイス★

正誤問題は基本的な知識を問うものが中心だが，よく見ないと誤りに気づくのが難しいかもしれない。用語を見て時代，場所などが当てはまるかどうかをよく考えることが重要。試験時間に対して問題数は多いがあせらずにやろう。

＜国語解答＞《学校からの正答の発表はありません。》

一 (1) 矢面 (2) 副賞 (3) 貸借 (4) 拾得 (5) 余興

二 (1) 体が物体化 (2) ウ (3) Ⓒ 体 Ⓓ 心 (4) エ (5) エ (6) ア

三 (1) エ・オ・カ・キ (2) ウ (3) ア (4) イ (5) ① (例) 古ぼけた天井や壁にはほこりがたまっていた(20字) ② ため息と汗の結晶(8字) ③ 歴史 ④ (例) ぬくもり ⑤ (例) 何年も何百年もずっと変わらないでいる(18字)

四 (1) エ (2) べんけい (3) 評価や視線 (4) イ (5) 集団の一員 (6) ア・ウ

五 (1) (不)文律 (2) お茶 (3) ウ (4) エ (5) ① 重たい足音 ② イ (6) ア (7) (例) 好恵の誕生日に紀子たちを拒絶したことをきっかけに生じた後悔から紀子と好恵に対する謝罪として母なりに紀子をもてなそうとする(60字) (8) エ (9) ① 目には目を歯には歯を ② (例) 圧迫 ③ あの日，私

＜国語解説＞

基本 一 (漢字の書き取り)

(1)「矢面に立つ」は敵の矢を防ぐために正面から立つはだかることから，非難などを受ける立場に立つこと。(2)は正式の賞にそえておくられる賞品や賞金のこと。(3)は貸すことと借りること。(4)は落とし物などを拾うこと。(5)はその場をさらに楽しくするためにするかくし芸などの出し物のこと。

二 (論説文―要旨・細部の読み取り，空欄補充)

やや難 (1) Ⓐ前後で，体は物体であるという物質観・物体観をますます深めることになっているのに対し，現代の医学では体だけを扱って身は放棄されてしまっているが，身という言葉は体のありようや心の意味すら持つことがあるということがⒶの説明として述べている。これらの内容をふまえて「このように」で始まる段落で，「体が物体化・物質化すればするほど，身は体とは異なる身体の別の意味を強調する(37字)」と述べており，この部分がⒶの言い換えになっているので，はじめの五字を答える。

基本 (2) Ⓑは自分自身である「わが身」や相手の身に対する敬語である「御身」を表す意味のことなので，ウが入る。

(3) Ⓒは直前の「体が物体化・物質化すればするほど，身は体とは異なる身体の別の意味を強調する意義を持っている」という一文を言い換えているので，物質的な存在としての「体」とは異なり，となる。Ⓓは直後で，身のみで心身一元的であることが述べられているので，それ自体＝身自体で「心」をも含む概念なのである，となる。

重要 (4) Ⓔ前後と次段落で，「心」という字の辞典での第一の意味が心臓であることは，現代人にとっては死語(現在は使用されなくなった言語)になっているが，現在では心は精神の意味にもなっており，心はそれ自体で身体と精神の意味を含んでいる概念であるといえると述べているので，エが適当。死語を適切に説明していない他の選択肢は不適当。

(5) Ⓕは直前で，心は体が死んでしまうと一緒に喪失してしまうことは自明のこととして現代では理解されているが，一昔前までは霊魂は肉体が滅ぶと体から出てゆくものと考えられていたことが述べられているので，エが適当。体とは切り離せない心に対して，体とは切り離されたもの

として霊を心と対比させて述べていることを読み取る。

重要 (6) 「次に」で始まる段落で，体の唯物化(体という物質だけを考えていくさま)が進むほど人間の精神面が希薄(弱く乏しいこと)になる傾向があり，この危惧(心配し気がかりであること)を解決するためには物質を排除した純粋な精神の存在を考える必要があることを述べており，このことをⒼでも述べているので，アが適当。イの「心と深いつながりのある霊の概念」，ウの「科学では心を解明することは不可能」，エの「以前は信じられていた霊の概念」とは述べていないので，それぞれ不適当。

三 (詩と解説文一主題・要旨・細部の読み取り，空欄補充，表現技法)

基本 (1) 4行目「重石みたいな」，は「みたいな」を用いた直喩法の比喩。19行目「じーっと」，28行目「バラン　バラン」は擬態語。29行目「ケタケタ」は笑い声なので擬音語ともいえる。25行目と26行目，32行目と33行目はそれぞれ同じような語句が対応した形になっているので対句。42～43行目は，普通の文であれば40行目と41行目の間に入るが，位置を逆にしているので，倒置法。アは人間でないものを人間に見立てる技法，イはあるものを別のものに見立て言い換える技法，ウは作者があるものに呼びかける技法。

(2) Ⓐはしばらくぶりに源じいの家の古い木戸をあけたときの様子なので，長い間空気が流れずたまっていたという意味の「よどんでいた」が入る。

重要 (3) Ⓑ前後に「あいつ」は「ぼくの知らない長い歴史のことを」「知っているんだぜ」と「しゃべりまくる」とあるので，アが適当。

(4) 最後の2連にあるように，源じいの家はもうすぐ取りこわされることになっている。Ⓒはその源じいの家に「長い歴史」とともに住んでいた「あいつ」＝座敷童子が，その長い歴史を「ぼく」にしゃべりまくるときに巻き上がる風の中の「さけび声」である。その声は「流れに逆らおうとする風」すなわち新しくビルを建てるために古い家をとりこわすようなことに逆らおうとする風の中の「さけび声」なので，古い家がこわされてしまうことを悲しむという意味でイが入る。

やや難 (5) ① 第2連で，源じいの家の古い木戸をあけると，「古ぼけた天井や壁に」「ほこり」がたまっていた様子が描かれており，長い間室内に誰も入らなかったために「ほこり」がたまっていたということなので，この部分を用いてⒹの理由をまとめる。 ② Ⓔは「昔の人」のもので，第2連の「ご先祖さまのため息と汗の結晶」は「昔の人」である「ご先祖さま」の苦労や努力を表している。 ③ Ⓕは家に「家族」のものとして「刻み込まれて」いるものなので，36行目の「歴史」が入る。 ④ Ⓖはかつてご先祖さまが住んでいた木造家屋の源じいの家から感じるもので，「冷たく無機質なビル」からは感じられないものなので，「人」のあたたかみという意味で「ぬくもり」が入る。 ⑤ Ⓗは「流れていこうとする風」＝【町全体が開発によって新しく生まれ変わろうとしていること】に対する「流れに逆らおうとする風」なので，町全体が生まれかわらないこと，という意味の表現が入る。昔も今も変わらないということなので，詩の語句を用いて「何年も何百年もずっと変わらないでいる(18字)」というような表現で説明する。

四 (論説文一大意・要旨・細部の読み取り，空欄補充，慣用句)

(1) Ⓐ前後で，「神」がきわめて大きな存在であるキリスト教世界に対して，日本人が無宗教であることを述べており，違いがある二つを比べているので「対照的に」が入る。アは順序正しく組み立てられているさま。

基本 (2) 「内べんけい(弁慶)」は，家の中ではいばるが，外ではおとなしくいくじがないこと。

(3) 「内［ Ⓑ ］」で始まる段落で，日本人が「世間の評価や視線」を気にしながら生活していることが述べられており，Ⓒのある文も「世間の目」が日本人の行動をある意味で規制していることを述べているので，Ⓒ「目」＝「評価や視線(5字)」である。

(4)　Ⓓは最近の日本の若者のことで，直後の2段落で述べられているように，「世間」や「世間体」は気にしていないので，イが適当。日本の若者について説明していないア，エは不適当。日本の若者が気にするのは「友達」の評価であることは述べているが，「どのように見られても誤解されない自信がある」とは述べていないのでウも不適当。

重要　(5)　本文後半「特に自分」で始まる段落で，自分より目上の人間に公衆の面前で恥をかかせたり，面目丸つぶれの状態に陥れたりするのは絶対に避けなければならないのは「集団の一員としての人間関係を重視する(18字)」日本人にとって絶対に守らなければならない基本的なルールであることが述べられているので，Ⓔの理由として「集団の一員……重視する」のはじめの五字を書きぬく。

やや難　(6)　アは(5)でも考察したように，「特に自分」で始まる段落で述べているので一致する。「欧米人と」で始まる段落で「日本人」は世界的にも礼儀正しい国民というイメージがあることを述べているので，イは一致しない。ウは「ミスをしたり」で始まる段落で述べているので一致する。「同様に」から続く3段落で，最近の日本の若者が気にするのは「友達」の評価であり，「世間」という意識はあまりないことを述べているのでエと，「欧米の影響を受けやすく，個人主義を見習おうとして周りの視線をあまり気にしない」とあるオも一致しない。

五　(小説ー情景・心情・細部の読み取り，空欄補充，ことばの意味，ことわざ・慣用句)

(1)　Ⓐを含む傍線部は「不文律(ふぶんりつ)」である。

基本　(2)　Ⓑを含む傍線部は「お茶を濁した」で，茶の湯の作法を知らない者がまっ茶を適当にかき回しごまかしたことからとも言われる。

重要　(3)　好恵からお誕生会に誘われた「私たち」はプレゼントを用意して好恵の家に行ったが，Ⓒ直前で，好恵の母親に誕生会はやらないことになっているから「帰ってね」と言われたことが描かれている。またⒸ直後で，誕生会では歓迎されるのが当然の権利と考えていたが，「この唐突な拒絶の受けとめかたがわからずに」という「私たち」の様子が描かれていることからも，自分たちが招かれてもいない客であり，好恵の母親に拒絶されたことで憤りを感じているものの，それをどこにぶつければいいのかみんなはわからなかったので，ウが適当。拒絶された憤りで「赤く」なっているので，ア，エは不適当。「この唐突な拒絶の受けとめかたがわからずに」とあるので「恨み辛みがこみ上げてきた」とあるイも不適当。

(4)　Ⓓ直前で「なんという妙案(すぐれたよい考え)だろう」と思っているので，エが適当。

やや難　(5)　①　Ⓔは，好恵からの誕生日プレゼントのお礼を言いに来た「私」に対する好恵の様子である。好恵は「私」の誕生日にプレゼントを持って来てくれたが，好恵の誕生日会以来，「私」たちと好恵は気まずい関係になっているため，お礼を言いに来た「私」にそっけなくⒺのように鈍い反応をしているのである。Ⓔ前で，Ⓔのようにわざとそっけなくしようとしている好恵の様子を「重たい足音」と描写している。　②　①でも考察したように，好恵と「私」は気まずい関係になっているため，好恵はできれば「私」と顔を合わせたくないと思っており，「私」にお礼を言われても，自分を保つために何も気にしてないふりをする必要があったので，イが適当。アの「後悔している」，ウの「困らせようと思った」，エの「内心恐れている」はそれぞれ好恵の心情として不適当。

(6)　Ⓕは，まったく見当違いの方向という意味。

やや難　(7)　Ⓖ後「もしかして」から続く2段落で，好恵の誕生日に「私」たちを歓迎せずに拒絶したことで何らかの悔いを抱えていたのかもしれない，という好恵の母親に対する「私」の思いが描かれている。そのような悔いを抱えていた好恵の母親は，好恵や「私」への謝罪として「私」を夕ごはんに招き，Ⓖのようにもてなそうとしているのである。「私」たちを拒絶したことを「きっかけ」に，好恵や「私」に対する「思い」から，母なりに「私」をもてなそうという「目的」で，Ⓖのような行動をしていることを具体的に説明していこう。

(8)　Ⓗは，好恵の母親の料理がおいしかったことを学校でみんなに言うことを約束してくれた「私」に対する好恵の表情なので，安心するという意味のエが入る。アはがっかりすること，イは感心してほめること，ウはおとなしく素直なこと。

重要　(9)　①　Ⓘは「誕生会の恨みを誕生会で返す」すなわち，されたことを同じことでやり返すことなので，害を受けたら同じようなことで報復することのたとえである「目には目を歯には歯を(10字)」ということわざが入る。　②　Ⓙは好恵を自分の誕生会に呼ばないことで，「私」が恐怖や緊張とともに感じている心情である。自分の誕生会が終われば「解放される」と思ったが，「さらに重くのしかかった」心情なので，精神的に強く押さえつけられるという意味の「圧迫(感)」が入る。　③　「好恵にとって」で始まる段落で，好恵の家で夕飯をごちそうになった「私」は，必死に「私」を気遣うおばさん，その様子を見据える好恵の様子を見て，「あの日，私たちはここへ来なければよかったと後悔したけれど，好恵も好恵で私たちを呼ばなければよかったと後悔し，おばさんもまた何らかの悔いをその旨に抱えてきたのかもしれない」ということに気づいたことが描かれている。この一文がⓀの心境なので，はじめの五字を書きぬく。

★ワンポイントアドバイス★

論理的文章では，テーマは何か，どのようなキーワードを用いて論じているか，など，おさえるべきポイントをしっかりおさえて読み進めていこう。

MEMO

大切なことはメモしておこうネ！

平成29年度

★★★★★★★★★★★★★★★★★★★★★★★

入　試　問　題

平成29年度

青山学院中等部入試問題

【算　数】（50分）　＜満点：100点＞

□にあてはまる数を入れなさい。円周率を使う場合は3.14とします。

1　$\{24-15\div(11-8)\}\times2+5=$ □

2　$\left(0.75\times\frac{8}{9}+2.25-1\frac{5}{6}\right)\div$ □ $=\frac{1}{8}$

3　$(14\times$ □ $+13\times$ □ $-12\times$ □ $)\div\frac{5}{8}=18$　※□には同じ数が入ります。

4　10haは，たて2.5cm，横□kmの長方形と同じ面積です。

5　$\frac{75}{36}$をかけても，$\frac{96}{135}$でわっても整数になる分数のうち，最も小さい分数は□です。

6　アイスキャンディーの棒には「A」「B」「はずれ」の３つのうちのどれか１つが書かれています。「A」の棒１本または「B」の棒３本でアイスキャンディーがもう１本もらえます。
75人の子どもが１人１本ずつアイスキャンディーを食べたところ，その食べ終わった棒で９本のアイスキャンディーがもらえました。「B」の本数は「A」の本数の４倍より１本少ないことがわかっています。このとき「はずれ」のアイスキャンディーを食べた子どもの人数は□人です。

7　太郎君と２才年下の弟とおじいさんの３人の年齢(れい)の和は78才です。４年後に兄弟２人の年齢の和は，おじいさんの年齢の$\frac{1}{4}$になります。現在の太郎君の年齢は□才です。

8　図の三角形ＡＢＣは，正方形の折り紙を対角線で半分に切ったものです。これを図のように折ったとき，㋐の角度は□度です。

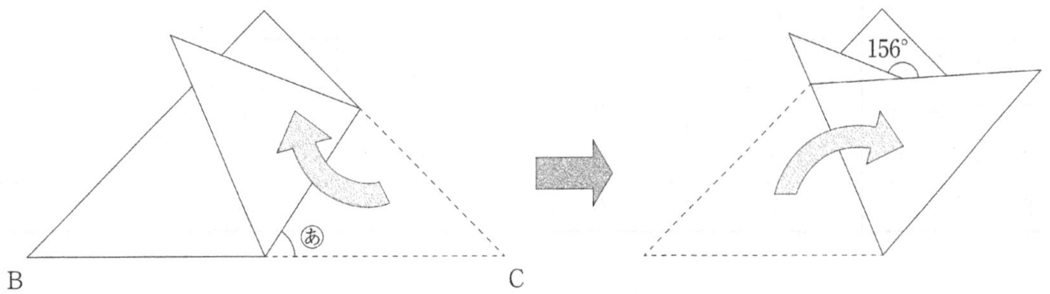

9 開店前から行列のできているケーキ屋があります。この行列ははじめから一定の割合で増えており，開店後もその割合は変わりません。レジが1つのときは開店から1時間40分で行列がなくなりますが，レジが2つのときは30分で行列がなくなります。どちらのレジも1人の支払いにかかる時間は同じです。行列ができはじめたのは開店の ☐ 分前からです。

10 図は直径6㎝の半円と，点A，Bを中心とする半径6㎝のおうぎ形を組み合わせたものです。このとき，色のついた部分の面積は ☐ ㎠です。

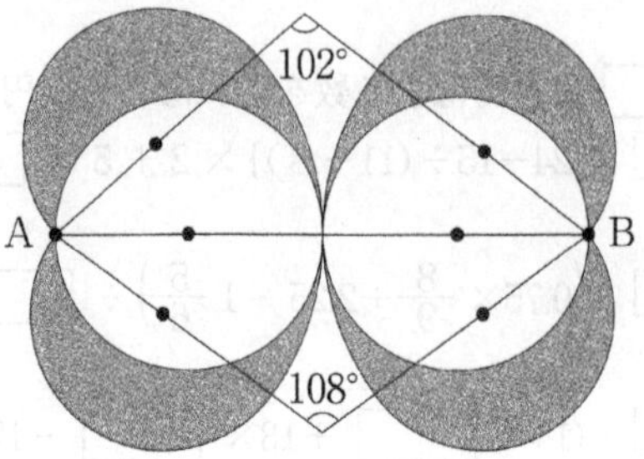

11 図のような1辺の長さが1㎝の正方形ABCDがあります。
4つの点P，Q，R，Sは，それぞれ頂点A，B，C，Dを同時に出発し，それぞれ1秒間に1㎝，2㎝，3㎝，4㎝の速さで周上を矢印の方向に移動します。
4つの点が同じ頂点に集まるときがありますが，5度目に集まるのは出発してから ☐ 秒後です。

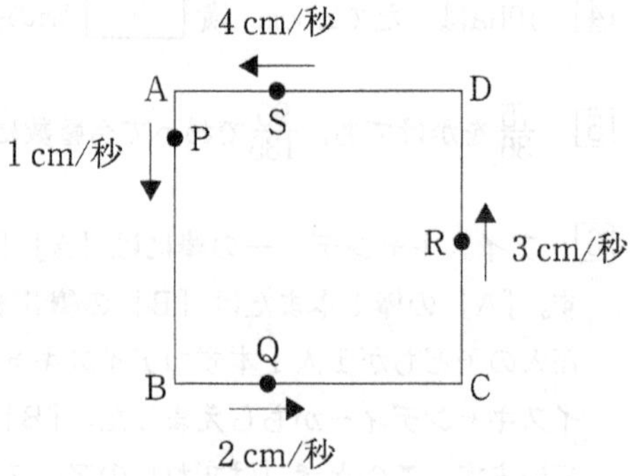

12 表はあるクラスの生徒の通学手段と登校時間の様子を表しています。
8時までにクラス全体の8割の生徒が登校します。電車のみを利用する生徒のうち，7:40までに登校する生徒の2倍が7：50～8：00に登校し，バスのみを利用して登校する生徒は電車のみを利用する生徒の$\frac{3}{16}$倍です。表の㋒に入る人数は ☐ 人です。

	徒歩のみ	自転車のみ	電車のみ	バスのみ	電車＋バス
～7：40	0	1	㋐	0	0
7：40～7：50	0	1	10	㋒	0
7：50～8：00	0	0	㋑	3	1
8：00～8：10	2	0	4	1	1
8：10～	1	0	0	0	0

13 図１のような直方体の水そうにしきり板㋐と㋑の２枚を側面に平行に立てて，水そうの底面をＡ，Ｂ，Ｃの３つの部分に分けました。この水そうのＡのところに一定の割合で水を入れ続けたとき，時間と水位（水そうの底面から一番高い水面の位置）の関係のグラフは図２のようになりました。（ただし，しきり板の厚さは考えないことにします。）

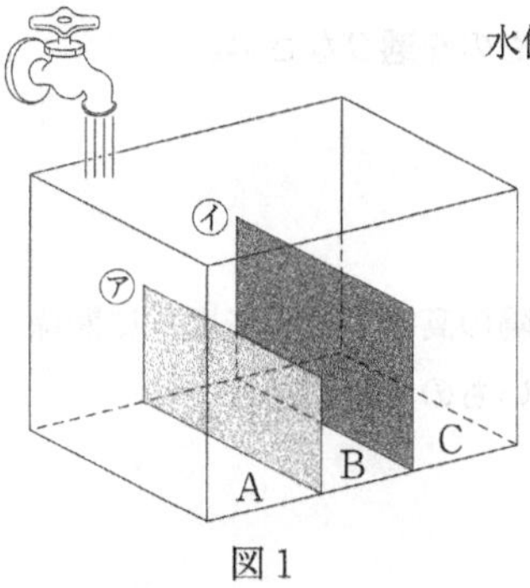

図１

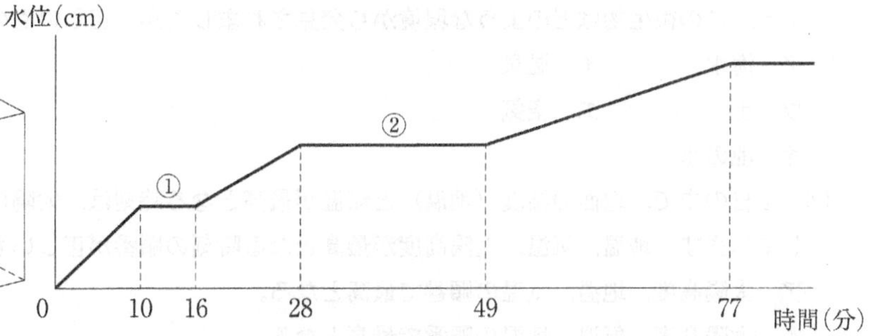

図２

(1) ２枚のしきり板㋐と㋑の高さの比は □ ： □ です。

(2) 水そうの水をすべてぬき，底面Ｂと底面Ｃのところにそれぞれ小石を入れて，最初と同じ条件で水を入れなおしました。すると，図２の①と②の横線の長さの比が１：４となり，小石を入れる前より４分早く満水になりました。
底面Ｂと底面Ｃに入れた小石の体積の比は □ ： □ です。

14 幅（はば）が10mの踏切（ふみきり）があります。警報機は電車が踏切にさしかかる30秒前に鳴りだし，踏切を通過して10秒後に鳴りやみます。電車Ａは長さ115m，時速75kmで，電車Ｂは長さ150m，　時速54kmとします。

(1) 電車Ａが踏切を通過するとき，警報機が鳴り始めてから鳴り終わるまでは □ 秒間です。

(2) あるとき，電車Ａが踏切に近づき警報機が鳴り始めました。さらに，反対側から電車Ｂが踏切に近づいてきました。このとき，電車Ａと電車Ｂは1405m離（はな）れていたので，警報機が鳴り始めてから鳴り終わるまでは □ 秒間でした。

【理　科】（25分）　＜満点：50点＞

1 次の問いに答えなさい。

(1) 2015年にノーベル生理学・医学賞を受賞した大村智(さとし)博士は，寄生虫による病気で苦しむ人を救う薬の開発に，大きく貢献(こうけん)しました。それは，寄生虫に効く物質をつくる微(び)生物を発見したためです。この微生物はどのような環境から発見されましたか。正しいものを選びなさい。

ア　海水　　イ　温泉
ウ　土　　エ　空気
オ　池の水

(2) 1日の中で，地面の温度（地温）と気温が最高となる時刻は，太陽の高さ（太陽高度）に関係しています。地温，気温，太陽高度が最高となる時刻の順番が正しいものを選びなさい。

ア　太陽高度，地温，気温の順番で最高となる。
イ　太陽高度，気温，地温の順番で最高となる。
ウ　太陽高度と地温は同時，その後気温が最高となる。
エ　太陽高度と気温は同時，その後地温が最高となる。
オ　太陽高度，その後地温と気温が同時に最高となる。
カ　どれも同じ時刻で最高となる。

(3) 水素は，軽いという性質を利用して1930年代には飛行船に使われていました。しかし，燃えやすい気体であるために爆(ばく)発事故がおき，現在では使われていません。また同じ理由で，風船にも水素は使われていません。現在，風船に使われている気体は何ですか。

ア　メタン　　イ　アルゴン
ウ　窒(ちっ)素　　エ　フロン
オ　ヘリウム

(4) 地球には重力があるためにものは落ちます。17世紀ガリレオは，すべてのものは同じ速さで落ちることを証明しました。しかし，空気中でコインと木の葉を同時に落とすと，コインの方が速く落ちます。これは空気による抵抗(ていこう)が理由です。空気がない装置の中で実験すると空気の抵抗を受けないために，コインと木の葉は同じ速さで落ちます。月面でコインと木の葉を同じ高さから落とすと，どのような結果になりますか。

ア　地球上で空気がある状態で実験した時と同じ結果になる。
イ　地球上で空気がない装置で実験した時と同じ結果になる。
ウ　コインのほうが木の葉より速く落ちるが，速さは地球上よりゆっくり落ちる。
エ　同時に落ちるが，地球に比べてゆっくり落ちる。
オ　落ちない。

(5) 次の文の①にあてはまる人名を下から選び，②には適当な言葉をひらがなで入れなさい。

「（　①　）は凧(たこ)を使った実験で，自然現象の（　②　）が電気であることを発見しました。彼は政治家でもあり，アメリカの独立にも力をつくしました。」

ア　フランクリン　　イ　エジソン
ウ　ファラデー　　エ　アンペール
オ　ダビンチ

2　右の図のように，葉のついたヒマワリの茎を食紅で赤く着色した水につけ，茎の部分から葉をビニール袋で覆いました。１日たつと，ビニール袋には水滴がついていました。水滴を観察したあと，葉と茎をうすく切り，その断面を顕微鏡で観察しました。

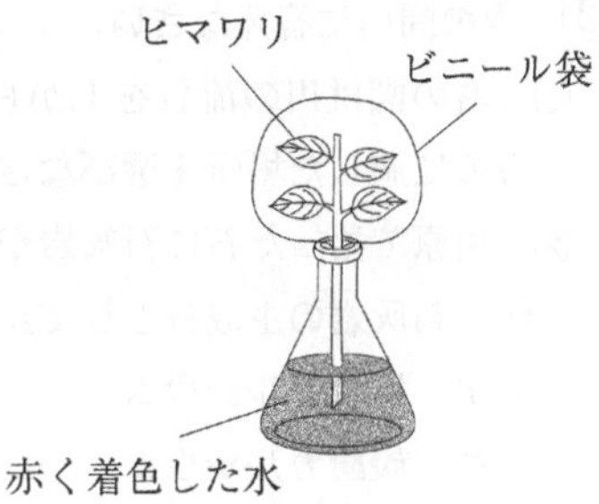

⑴　水滴の色として正しいものを選びなさい。

ア　うすい赤色　　イ　濃い赤色

ウ　赤色　　エ　黄色

オ　無色

⑵　ビニール袋に水滴が見られたのは，気孔から水蒸気が放出されたためです。植物が水蒸気を放出する理由として，正しいものをすべて選びなさい。

ア　根から吸収した養分を全身に運ぶため。

イ　葉の温度を上げるため。

ウ　二酸化炭素を吸収しやすくするため。

エ　からだの水分量を調節するため。

オ　呼吸作用を盛んにするため。

⑶　多くの植物では，気孔は葉の裏側で多く観察されます。しかし，植物の特性上，葉の表側にのみ気孔をもつ植物もあります。その植物はどれですか。

ア　サクラ　　イ　トウモロコシ　　ウ　スイレン　　エ　オオカナダモ

⑷　下の図は茎の断面，および葉の断面のスケッチです。それぞれ正しいものを選びなさい。ただし，赤く染まって観察される部分は黒く塗りつぶしています。

【茎】

ア　　イ　　ウ　　エ

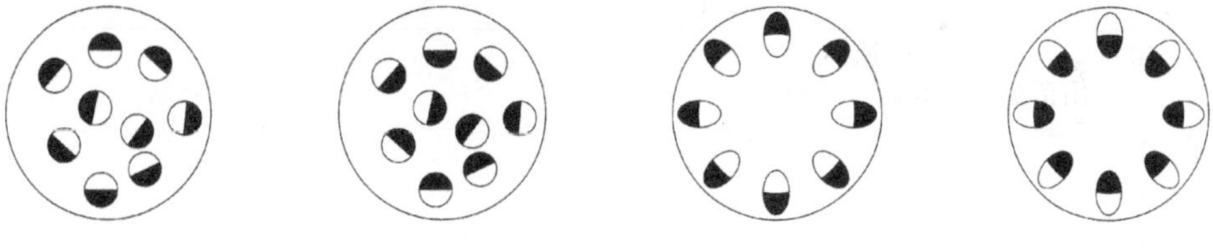

【葉】

ア　　イ　　ウ　　エ

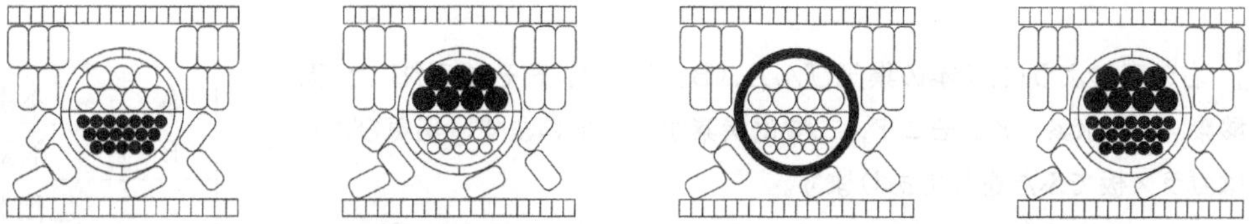

⑸　種子に含まれる物質の割合は，植物の種類によって異なります。ヒマワリの種子に最も多く含まれる物質はどれですか。

ア　タンパク質　　イ　デンプン　　ウ　脂肪　　エ　水　　オ　ミネラル

3 次の問いに答えなさい。

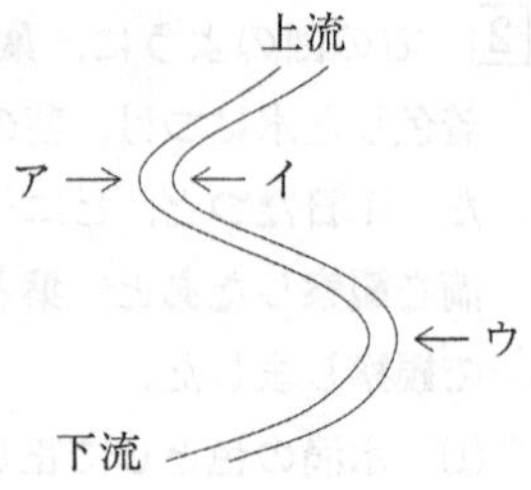

(1) 右の図は川の流れを上から見た図です。この川の川原で石を拾うのに適した場所を選びなさい。

(2) 川原で拾った石に石灰岩が含まれていました。

① 石灰岩の主成分として正しいものを選びなさい。

ア 塩化カルシウム　　イ 塩化ナトリウム
ウ 炭酸カルシウム　　エ 酸化カルシウム
オ 水酸化カルシウム　　カ 炭酸水素ナトリウム

② 石灰岩は川原で拾うことができる他の石より小さめでした。その理由として適当なものを選びなさい。

ア 流れが強いところを流されてきたため。　　イ 川の水に溶けやすい性質があるため。
ウ 大きな塊になれない性質があるため。　　エ 硬いが割れやすい面をもつため。
オ 他の岩石よりも柔らかいため。

(3) 次の文は水の流れと水深について説明したものです。①，②にそれぞれ漢字１文字を入れなさい。

「川の流れがまっすぐなところでは，川の中央部は流れが（ ① ）いため，水深は（ ② ）くなる」

(4) 下の図は川の高さと，山頂からの距離との関係を表した図です。たい積作用が強くなる地点（A地点）が正しく表されているものを選びなさい。

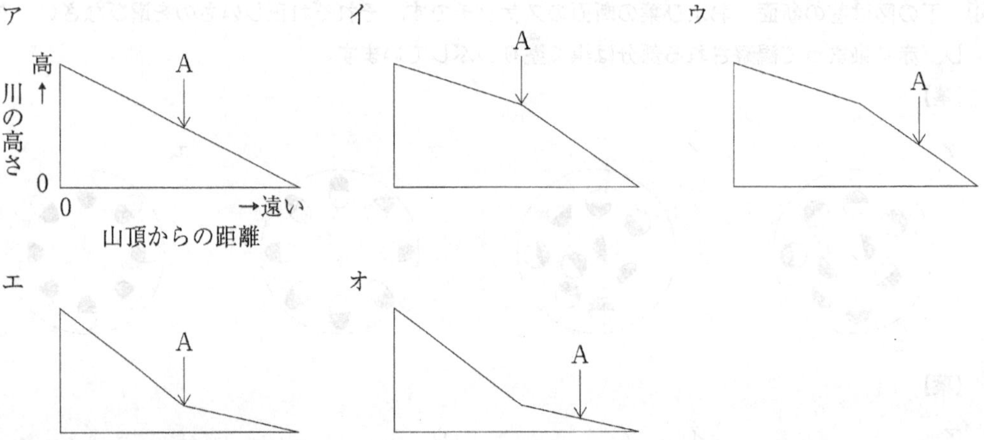

4 右の表のように，5本の集気びんA，B，C，D，Eそれぞれに水素，酸素，塩化水素，アンモニア，二酸化炭素が入っています。集気びんにはガラス板でふたをしてあります。

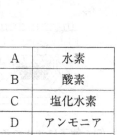

A	水素
B	酸素
C	塩化水素
D	アンモニア
E	二酸化炭素

(1) A～Eの集気びんの重さをはかりました。ガラス板をはずして５秒ほど待った後，再びふたをして重さをはかりました。重くなった集気びんが２つありました。それはどれですか。

(2) 集気びんに気体を入れ直し，水を少し入れてよく振りました。

① それぞれの集気びんに緑色のＢＴＢ液を入れました。色の変化がないものはどれですか，す

べて選びなさい。

② ①の集気びん5本それぞれに亜鉛（あえん）を入れたところ，気体が発生したものがあります。その集気びんの記号と発生した気体を答えなさい。

(3) 空の集気びんに二酸化炭素を入れ，100mLの水を入れてよく振りました。この集気びんを温めて60℃にしたところ，泡（あわ）が出てきました。60℃までに出てきた泡を集めたところ，二酸化炭素が64mL含まれていました。下の表は，二酸化炭素がいろいろな温度の水100mLにどのくらい溶けるかを表しています。

温度（℃）	0	20	40	60
100 mLの水に溶ける二酸化炭素の体積（mL）	117	88	53	36

① 100mLの水を入れてよく振った時には，何mLの二酸化炭素が溶けていましたか。

② 温める前の温度はおよそ何℃であったと考えられますか。適当なものを選びなさい。

ア 5℃　イ 10℃　ウ 15℃　エ 20℃　オ 25℃　カ 30℃

5 光について答えなさい。

(1) 光の三原色は赤色，緑色，青色です。この3つの色を混ぜることで，さまざまな色を作り出すことができます。例えば，赤色と緑色の光を重ねると黄色の光を作り出すことができます。

赤色　＋　緑色　→　黄色

その他の色は次のように作ります。

赤色　＋　青色　→　赤むらさき色

青色　＋　緑色　→　空色

赤色　＋　緑色　＋　青色　→　白色

暗い部屋で，図1のように左上から赤色の光，右上から緑色の光を当てました。すると光が重なったところは黄色になりました。中心に棒を立てると，図2のように赤色と緑色の影（かげ）ができました。

① 図2の状態からさらに中央奥から青色の光を当てて，3つの光が重なるようにしました（次のページの図3）。すると，影は3つできました。影Aの色を答えなさい。

② 図3の光の配置は変えず，一つの光を消しました（次のページの図4）。すると影Bは赤色になりました。影Cの色と背景の色を答えなさい。ただし，影Cができないときには影の色は×と答えなさい。

（図1）

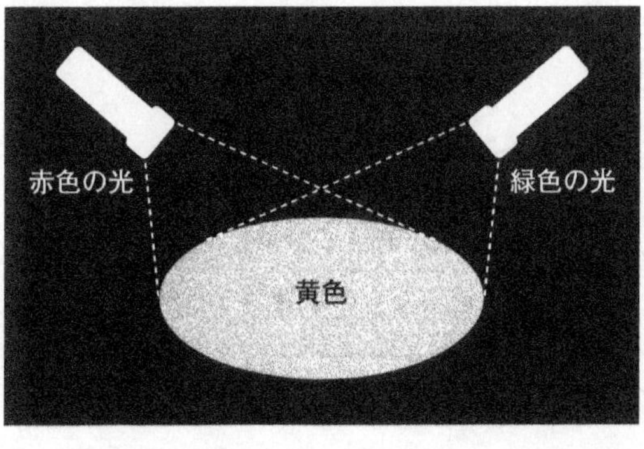

（図2）

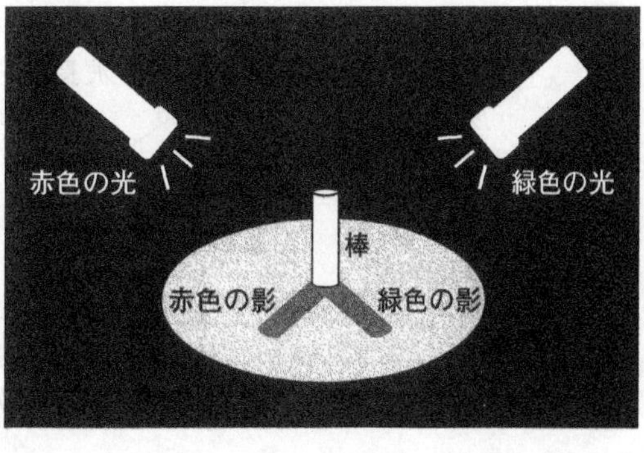

（図３）

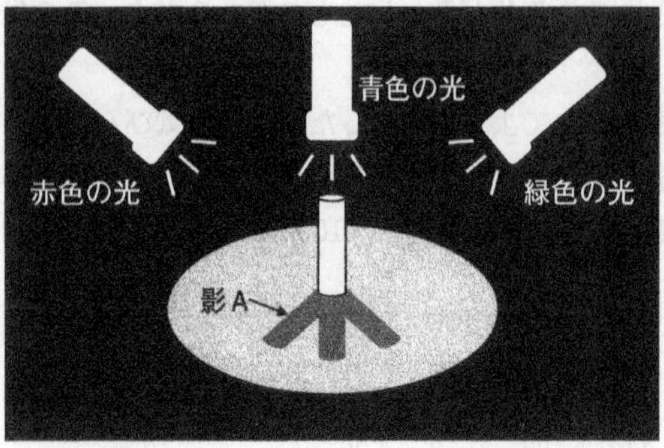

（図４）

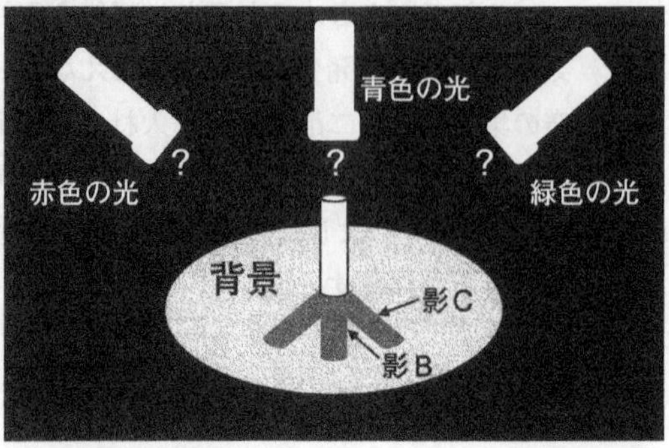

⑵　光には目で見ることのできない光もあります。電子レンジで使われるマイクロ波はその一つです。マイクロ波は食品中の水に当たって作用し，食品を温めます。

①　コンビニエンスストアで買ったお弁当には次のような表示がありました。

加熱時間　　1500W　40秒　　／　　500W　２分

1500Wや500Wは電子レンジの性能を表す数値です。 500Wの電子レンジを使うと，２分で温まるということです。

このお弁当を800Wの電子レンジで温めるには何分何秒かかりますか。

②　ガラスと金属の容器のそれぞれに同じ量の水を入れて，容器と同じ材質のふたをしました。２つの容器を同時に電子レンジに入れて，短い時間，加熱しました。水の温度が高くなったのはどちらですか。また，その理由として適当なものを選びなさい。なお，この実験で使う金属は，電子レンジに入れても火花が出ないように加工してあります。

ア　金属は熱を伝えやすいため。

イ　金属は光を反射するため。

ウ　金属は電流を流しやすいため。

エ　同じ体積のとき，金属はガラスより重いため。

オ　ガラスは光を屈折させるため。

⑶　光は波の性質を持ち，その波の長さ（波長）の違いで使い方，名称などが異なります。例えば，目に見える光（可視光線）である赤色の光は，紫色の光に比べて波長が長いことが分かっています。

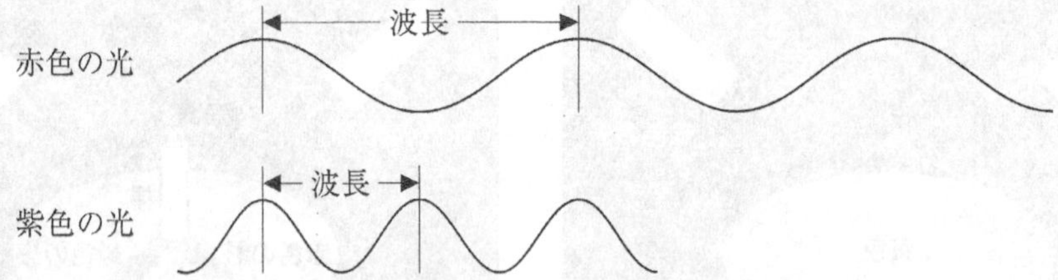

いろいろな光を波長の長い順に並べると次のページのようになります。

【波長が長い】							【波長が短い】
電波（長波）	— マイクロ波	— A	— 可視光線	— B	— C	— ガンマ線	

A～Cには赤外線（家電のリモコンに使われる），X線（レントゲン写真に使われる），紫(し)外線（日焼けの原因）が入ります。正しい組み合わせを選びなさい。

ア　A：赤外線　B：紫外線　C：X線
イ　A：赤外線　B：X線　C：紫外線
ウ　A：紫外線　B：赤外線　C：X線
エ　A：紫外線　B：X線　C：赤外線
オ　A：X線　B：赤外線　C：紫外線
カ　A：X線　B：紫外線　C：赤外線

【社　会】（25分）　＜満点：50点＞

【注意】 特に指示がないものは，すべて漢字で答えなさい。

1　日本の村落に関する次の文章を読み，あとの問いに答えなさい。

村落の立地にとってまず必要なものは水です。水のとぼしい土地では，村落が生活用水や農業用水を得られるところに立地します。

河川が山地から平地に流れ出るところで，小石や砂が堆積して形成された傾斜のゆるやかな地形を（　ア　）といいます。この地形の中央部は水はけが（　A　），川が地下にもぐってしまい，小石や砂の堆積が途切れる末端部で再びわき水となって地表面にあらわれます。このように（　ア　）の末端部は水を得やすいため，村落が立地します。

平野の中で，周囲の土地より一段と高く，表面が平らになった地形を（　イ　）といいます。この地形の表面は火山灰などが堆積していることが多く，水の便が悪いため，開発が遅れがちです。（　イ　）では比較的浅いところに地下水がある場合，その上に村落が立地します。

一方，低湿地では水はたやすく手に入りますが，（　X　）ことが村落の重要な立地条件になります。河川が上流から運んできた土砂が河口付近に堆積して形成された低くて平らな土地を（　ウ　）といいますが，この地形の大部分は水はけの（　B　）低湿地であるため，古くからの村落は河川に沿って形成されたわずかに高い自然堤防の上に立地しています。（　エ　）平野西部の木曽川・長良川・揖斐川の合流地域には，村落や水田全体を人工堤防で囲んだ（　オ　）と呼ばれる村落が発達していました。

日本の村落は，高度経済成長期以降，一部で都市化や工業化が進みましたが，大部分の村落は過疎化や高齢化が進み，中には廃村になった村もあります。村落の活性化は，農地を保全し，食料自給率を維持し，国土の荒廃を防ぐ上で全国的に取り組むべき重要な課題です。

問１　文章中の（ア）～（オ）にあてはまる語句を次の①～⑬から選び，数字で答えなさい。

①　伊勢　　②　岡崎　　③　濃尾　　④　近江　　⑤　海岸平野
⑥　三角州　　⑦　丘陵地　　⑧　台地　　⑨　扇状地　　⑩　河岸段丘
⑪　環濠集落　　⑫　輪中　　⑬　円村

問２　文章中の（A）と（B）にあてはまる語句の組み合わせとして正しいものを次の①～④から選び，数字で答えなさい。

①　（A）悪く　　（B）悪い
②　（A）悪く　　（B）良い
③　（A）良く　　（B）悪い
④　（A）良く　　（B）良い

問３　文章中の（X）にあてはまる適切な文を考え，10字程度で答えなさい。「被害」という語句を必ず使用すること。

問４　下線部のように，過疎化・高齢化の進行によって共同生活の維持が難しくなり，その存続が危ぶまれている集落のことを「○○集落」といいます。漢字２字で答えなさい。

2 次の図1を見て，あとの問いに答えなさい。(※編集の都合で，85％に縮小してあります。)

図1

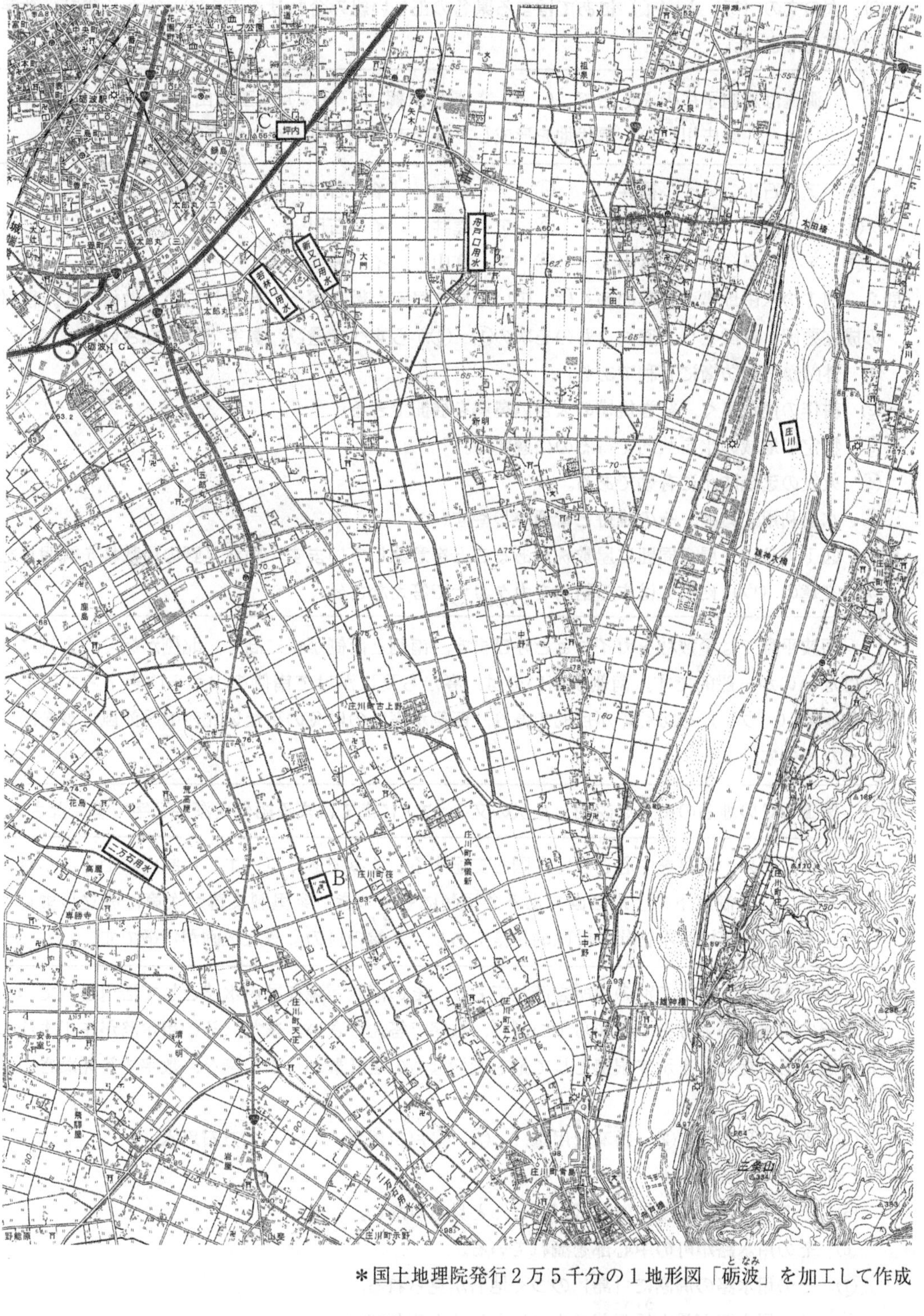

＊国土地理院発行2万5千分の1地形図「砺波（となみ）」を加工して作成

問１　図１のＡの庄川について，次の⑴と⑵の問いに答えなさい。

⑴　この川は①「南から北」と，②「北から南」のどちらに流れていますか。数字で答えなさい。

⑵　次の文の（ア）と（イ）にあてはまる県名の正しい組み合わせを下の③～⑧から選び，数字で答えなさい。

> 源流は烏帽子岳のふもとで，（　ア　）県白川郷，（　イ　）県五箇山をつらぬいて流れ，（　イ　）県庄川町から扇状地を形成し，高岡市伏木で日本海に注ぎます。

③　ア　石川　　イ　福井　　　④　ア　富山　　イ　石川

⑤　ア　岐阜　　イ　福井　　　⑥　ア　福井　　イ　石川

⑦　ア　岐阜　　イ　富山　　　⑧　ア　富山　　イ　岐阜

問２　図１の水田地帯の村落の多くは，広い地域に民家が散らばって存在している散村です。散村の成立要因・特徴として適切なものを次の①～⑤からすべて選び，数字で答えなさい。

①　外敵からの防衛に有利である。

②　耕作の便が良く，経営規模の大きい農業を展開できる。

③　特定の地域の水を共同で得るのに適する。

④　火災の延焼防止に有効である。

⑤　水を利用する際，その維持と管理がしやすい。

問３　図１のＢは家屋の周囲に屋敷林があることを意味しています。砺波平野の屋敷林を説明した次の文章の（ウ）にあてはまる語句をカタカナで答えなさい。

> 砺波平野では屋敷林をカイニョと呼びます。南側と西側が特に高く，北側が低く，東側にはないのが一般的です。南側が高いのは，春から夏にかけて南側の山から吹き下ろす高温乾燥の（　ウ　）を防ぐのが目的であり，西側が高いのは冬の冷たい北西の季節風と雪を防ぐためです。

問４　図１のＣの地名の由来を説明した次の文の（エ）にあてはまる語句を漢字２字で答えなさい。

> ８世紀初め，天皇を中心として全国を支配するしくみである（　エ　）制度ができあがりました。この制度下の土地区画である条里制にもとづき，条里制集落が次第に成立しました。条里制集落は日本古代の計画的村落であり，碁盤の目のような区画が特徴です。

問５　庄川本流は，かつて別の場所を流れており，その流れが現在は用水路として活用されています。その用水路の名称をⅠ群から１つ選び，数字で答えなさい。また，その用水路が庄川本流の旧河道であったことを示す根拠として最も適切なものをⅡ群から１つ選び，数字で答えなさい。

〈Ⅰ群〉

①　若林口用水　　②　新又口用水　　③　舟戸口用水　　④　二万石用水

〈Ⅱ群〉

⑤　その用水路の周囲には村落がほとんど見られない。

⑥　その用水路が町の中心部を流れている。

⑦　その用水路の周囲に「島」のつく地名が見られる。

⑧　その用水路が最も標高差の小さいところを流れている。

3 次のA～Cはそれぞれある人物について書かれたものです。これらの文章を読み，あとの問いに答えなさい。

> A　わたしの祖父や父は，おまえたちの仲間だった。だから将軍になってからもお前たちに対して遠慮（えんりょ）があった。だが，わたしは生まれながらの将軍である。だから，これからは，わたしはお前たちのことを家来としてあつかう。これが不満ならば幕府に対して戦いをしかけてもかまわない。

> B　わたしが天皇になったころ，都では伝染病（でんせん）がはやり，地方ではききんや貴族の争いが起こるなど，世の中が乱れていた。そこでわたしは仏教の力で人びとの不安をしずめて国を守ろうと考え，地方には国分寺を，都にある（　ア　）には大仏をつくるように命じた。

> C　わたしが幕府の８代将軍であったころ，大名どうしの争いが起こり，戦乱で京都は荒（あ）れ果ててしまった。わたしは政治を行う力を失い，京都の東山（ひがしやま）の別荘（べっそう）ですごした。

問１　Aの人物が行ったこととして正しくないものを，次の①～⑤からすべて選び，数字で答えなさい。

① 大名を取りしまるために，参勤交代の制度を作った。
② 長崎でポルトガルと中国にかぎって貿易をゆるし，鎖国（さこく）を完成させた。
③ 東南アジアの国々とのあいだで，朱印船（しゅいんせん）貿易をはじめた。
④ 島原・天草一揆（いっき）が起こると，翌年，これを鎮圧（ちんあつ）した。
⑤ 家康をまつるために日光東照宮（にっこうとうしょうぐう）を改築した。

問２　Bの天皇と（ア）にあてはまる寺の名前の正しい組み合わせを次の①～④から選び，数字で答えなさい。

① B　桓武（かんむ）天皇　（ア）唐招提寺（とうしょうだいじ）
② B　桓武天皇　（ア）東大寺（とうだいじ）
③ B　聖武（しょうむ）天皇　（ア）唐招提寺
④ B　聖武天皇　（ア）東大寺

問３　Cの人物名（姓名（せいめい））を漢字で答えなさい。また，Cの人物が将軍であった時代の文化の説明として正しいものを，次の①～④から１つ選び，数字で答えなさい。

① 雪舟が多色刷（ず）りの版画の基礎（きそ）をつくった。
② 千利休が活躍（かつやく）し茶道が完成した。
③ 禅宗の影響を受けた簡素で気品のある枯山水（かれさんすい）の庭園がつくられた。
④ 「浦島太郎」「一寸法師（いっすんぼうし）」などの浮世草子（うきよぞうし）が流行した。

問４　下線部の戦いの名称（めいしょう）と，そのときに途絶（とだ）えたが現在は復活している祭の正しい組み合わせを次の①～④から選び，数字で答えなさい。

① 応仁（おうにん）の乱　祇園（ぎおん）祭
② 応仁の乱　葵（あおい）祭
③ 山城国一揆（やましろのくにいっき）　祇園祭
④ 山城国一揆　葵祭

問5　次の写真D・Eの建てられた時代をふくめ，A～Eの時代を古い順に並べた時，2番目と4番目になるのはどれですか。正しい組み合わせを次の①～⑥から選び，数字で答えなさい。

写真D

写真E

①　2番目　D　　4番目　A　　②　2番目　B　　4番目　A
③　2番目　D　　4番目　C　　④　2番目　E　　4番目　C
⑤　2番目　E　　4番目　D　　⑥　2番目　B　　4番目　D

4　次の文章を読み，あとの問いに答えなさい。

青山学院の東門から15分ほど歩くと，青山霊園という大きな墓地に着きます。春になると桜の名所として多くの人びとが訪れるその場所には，歴史の1ページをかざった多くの人びとが今も眠っています。明治維新の際，薩摩藩の中心人物として活躍し，1878年，紀尾井坂で暗殺された（　ア　），関東大震災のあと東京市長としてその復興と都市計画に取り組んだ（　イ　），また政治家以外にもドイツから帰国後，伝染病研究所などを創設した医学者の（　ウ　）などのお墓が置かれています。

問1　（ア）にあてはまる人物名とその業績について，正しいものをⅠ群・Ⅱ群からそれぞれ1つ選び，数字で答えなさい。

〈Ⅰ群〉
①　坂本竜馬　②　伊藤博文　③　大久保利通　④　板垣退助　⑤　西郷隆盛

〈Ⅱ群〉
⑥　それまで仲の悪かった薩摩藩と長州藩を結びつけ薩長同盟を結ばせた。
⑦　自由民権運動の先頭に立って，「民撰議院設立の建白書」を政府に提出した。
⑧　皇帝の権力の強いドイツの憲法を参考にして，憲法の草案を作った。
⑨　新政府軍の代表として，江戸城総攻撃の際，幕府側の勝海舟と話し合った。
⑩　版籍奉還や廃藩置県などを行い，地租改正や殖産興業をおしすすめた。

問2　下線部が起こった年を西暦で答えなさい。また，（イ）にあてはまる人物名を次の①～④から選び，数字で答えなさい。
①　渋沢栄一　②　後藤新平　③　植木枝盛　④　木戸孝允

問3　（ウ）に入る人物名とその業績について，正しいものをあとのⅠ群・Ⅱ群からそれぞれ1つ選び，数字で答えなさい。

〈Ⅰ群〉

① 鈴木梅太郎　② 北里柴三郎　③ 志賀潔　④ 野口英世

〈Ⅱ群〉

⑤ 細菌学の研究をし，黄熱病ですぐれた研究を行った。

⑥ 細菌学の研究をし，破傷風の治療法を発見した。

⑦ 細菌学の研究をし，ペスト菌を発見した。

⑧ 細菌学の研究をし，赤痢菌を発見した。

5　右の年表を見て，あとの問いに答えなさい。

年	出来事
	ア
1956	日本が国際連合に加盟する。
	イ
1964	東京オリンピックが開かれる。
	ウ
1972	沖縄が日本に復帰する。
	エ
1995	阪神・淡路大震災が起こる。
	オ

問１　日本が国際連合に加盟する際に国交回復した国と，現在その国との間に領土問題が存在する場所の組み合わせとして，正しいものを次の①～④から選び，数字で答えなさい。

① ソ連（現ロシア）　尖閣諸島

② ソ連（現ロシア）　北方領土

③ 中華人民共和国　尖閣諸島

④ 中華人民共和国　北方領土

問２　次のＡ～Ｄの出来事は年表中のア～オのどの時期にあてはまりますか。次の①～⑥の組み合わせから正しいものを１つ選び，数字で答えなさい。

Ａ　アメリカで同時多発テロが起こる。

Ｂ　サンフランシスコ平和条約が結ばれる。

Ｃ　日韓基本条約が結ばれる。

Ｄ　ベルリンの壁が崩壊する。

① Ａ オ　Ｂ イ　　② Ａ エ　Ｃ ア

③ Ａ オ　Ｄ オ　　④ Ｂ ア　Ｃ イ

⑤ Ｂ ア　Ｄ エ　　⑥ Ｃ ウ　Ｄ オ

6　国際連合について，あとの問いに答えなさい。

国際連合には，国際平和と安全の維持を主な任務とする安全保障理事会があります。安全保障理事会は５カ国の常任理事国と，（　ア　）カ国の非常任理事国で構成されています。日本は2015年10月，非常任理事国に選出され，その任期は2016年１月から２年間です。

2017年１月，（　イ　）氏が新しく国連事務総長に就任しました。事務総長は事務局の代表であり，国連内部の仕事にとどまらず，紛争の調停など様々な活動を行っています。今回初めて，全加盟国が参加する総会で候補者への質問が行われるなど，事務総長選出の透明性を高めるための新しい取り組みがなされたことからも話題になりました。

問１　上の文章中の（ア）にあてはまる数字を答えなさい。また，（イ）にあてはまる人物名として正しいものを次の①～④から選び，数字で答えなさい。

① ヘレン・クラーク

② ベスナ・プシッチ

③ イリーナ・ボコヴァ

④ アントニオ・グテーレス

問２ 次の文章中の（ウ）にあてはまる語句を漢字２字で答えなさい。また，（ウ）の保護と問題解決をあつかう国連の機関を下の①～④から選び，数字で答えなさい。

国連の調査によると，2015年末時点で紛争や迫害（はくがい）で故郷を追われた人々は6530万人をこえています。その数は前年より約580万人多く，過去最多となっており，世界各国に対応が求められています。昨年ブラジルで開催（かいさい）されたオリンピック・パラリンピックでは，初めて結成された（　ウ　）選手団が出場しました。オリンピックで10選手を率いて団長を務めたケニア出身のロルーペさんは次のように話しました。「世界の国家首脳（しゅのう）に呼びかけたい。行動してほしい，と。理想は（　ウ　）選手団のない世界だ。これが私たちの終着点ではない。」

① WHO　② WTO　③ UNHCR　④ UNICEF

7 日本の行政は内閣のもと，たくさんの機関が担当する分野の仕事に取り組むしくみになっています。日本の行政機関について，次の問いに答えなさい。

問 数年以内に京都に全面移転することが決まっている庁をⅠ群から１つ選び，数字で答えなさい。また，この庁とスポーツ庁が属している省をⅡ群から選び，数字で答えなさい。

〈Ⅰ群〉

① 観光庁（かんこう）　② 文化庁（ぶんか）　③ 宮内庁（くない）　④ 特許庁（とっきょ）　⑤ 消費者庁（しょうひしゃ）

〈Ⅱ群〉

⑥ 総務省（そうむ）　⑦ 厚生労働省（こうせいろうどう）　⑧ 国土交通省（こくどこうつう）　⑨ 文部科学省（もんぶかがく）　⑩ 経済産業省（けいざいさんぎょう）

8 次の問いに答えなさい。

問１ 昨年６月，イギリスでＥＵ離脱（りだつ）の是非（ぜひ）を問う国民投票が行われ，ＥＵ離脱が決定しました。ＥＵについて説明した次の①～⑤の文のうち，正しくないものをすべて選び，数字で答えなさい。

① 加盟した国に対しては，共通通貨ユーロの使用が義務づけられている。

② すべての加盟国どうしで，ヒト・モノ・カネの移動が完全に自由である。

③ 離脱を初めて決めた国はイギリスである。

④ 最も新しく加盟した国は，クロアチアである。

⑤ 加盟国は，2017年１月現在，イギリスを含めて29カ国である。

問２ イギリスは連合王国ですが，世界中にイギリス国王を共通の象徴（しょうちょう）とする「イギリス連邦（れんぽう）」の一員でもあります。次の国はイギリス連邦の一員です。この国の国名（正式名称でなくてよい）をカタカナで答えなさい。また，その国の位置を次のページの図２のア～キから選び，記号で答えなさい。

この国では2016年３月に現在の国旗Aを国旗Bに変更するかどうかの国民投票が行われましたが，開票の結果，現在の国旗Aを維持(いじ)することを決定しました。

国旗A

国旗B

図２

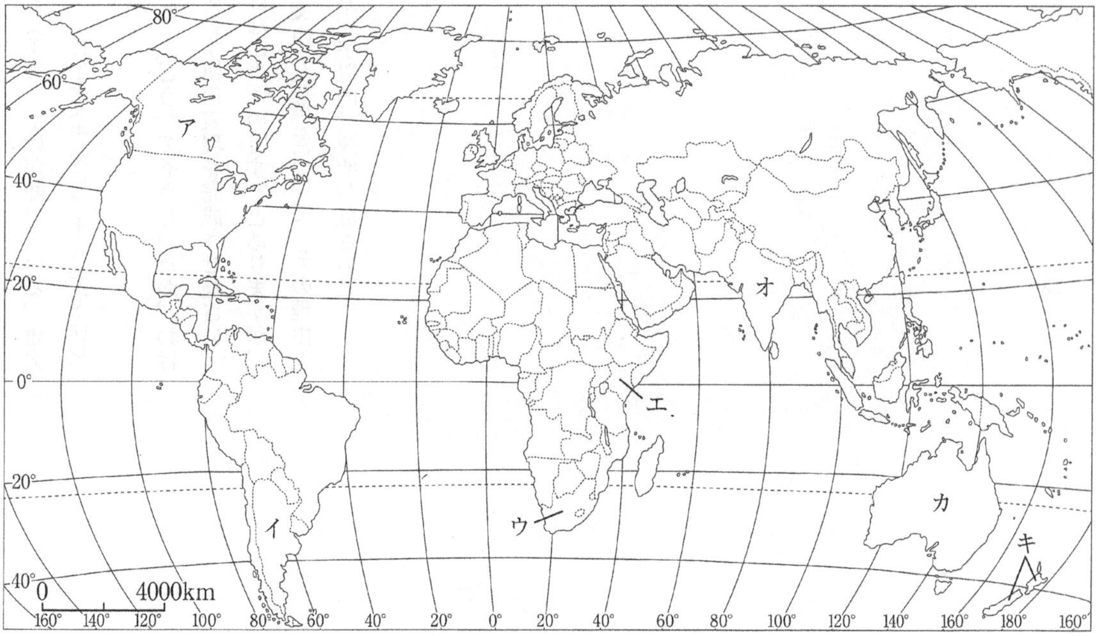

※『最新地理図表GEO　白地図データ（世界全図）』を加工して作成

(9) ――Ⓘ「ひとりのおじいさん」と〈美音〉だけが知っている、雄太の意外な人物像を、「人物」に続くように本文中から二十六字で探し、はじめと終わりの四字を答えなさい。

(10) Ⓙ に適切なひらがな四字を入れ、「どうしてそうなったか、わけが分からずぼんやりするようす」を表す慣用表現を完成させなさい。

(11) ――Ⓚ「行ってみたくても、行けなかったのです」とありますが、なぜ「行けなかった」のですか。文中の言葉を用いて、その理由を「～から」に続くよう四十字以上五十字以内で説明しなさい。

ア　先を悲観している
イ　人に腹立てている
ウ　何かを恐れている
エ　自分を責めている

(2) ――Ⓑ「漢」の意味を答えなさい。
ア　主役　イ　名人　ウ　勇者　エ　男性

(3) ――Ⓒ「気に入っていました」とありますが、それはなぜですか。
ア　傷ができた理由を話題にして正義の味方という自分を周囲にアピールできるから。
イ　子猫を助けて恥ずかしく思いつつも〈美音〉から勲章をもらった気がしたから。
ウ　自分が傷ついても中学生に立ち向かっていった名誉のあかしだと思っていたから。
エ　硬派で猫好きという世間のイメージが自分にとっての自負につながっていたから。

(4) ――Ⓓ「顔をとろけさせて」と対照的な〈雄太〉の表情を本文中から六字で書きぬきなさい。

(5) ――Ⓔ「きゅっと口をむすんで」に込められている〈美音〉の心情を答えなさい。
ア　友人たちのいる場でも、きちんと自分の淡い恋心を打ち明けようという思い
イ　周囲の友だちから冷やかされても、自分で別れと感謝を伝えようという思い
ウ　雄太の硬派なイメージがくずれても、大切な宝物を雄太に渡そうという思い
エ　今後たとえ二人が気まずくなっても、雄太の優しさから卒業するという思い

(6) ――Ⓕ「そのメモ帳を手で払いのけてしまいました」とありますが、左の文章はその理由を説明したものです。（　）に入る表現を、Ⓕより前の本文中から十二字で見つけ、はじめと終わりの四字を答えなさい。

そのメモ帳を受けとると、（　　　　　　）思えて受けとれなかった

(7) Ⓖ に入る〈美音〉の表情を答えなさい。
ア　泣きそうな顔
イ　いきり立った顔
ウ　驚いた顔
エ　不愉快な顔

(8) ――Ⓗ「ぎくしゃくした足どり」について、このときの〈雄太〉の心情を答えなさい。
ア　まるで自分が異空間に迷い込み、現実に帰れなくなるのではと不安になった。
イ　日常の延長線上にありながらも、起こりえない現実に直面し思わず動揺した。
ウ　次々にふしぎな出来事が起こり、手帳に書かれた美音の言葉に恐怖を感じた。
エ　これでやっと自分が未来へと一歩前進することができると確信して緊張した。

まさかと思いながら、ふるえる手で、中を開くと、最初のページに、かわいい字で、雄太へのメッセージが書いてありました。

『雄太くん。あのとき、子猫とわたしを助けてくれて、ありがとう。クリスマスの頃には、一度日本に帰るから、そしたら遊ぼうね。約束ね。美音』

そんなことがあるはずがない、と、雄太は思いました。

でも、そのメモ帳は、たしかに、そこにあったのです。

雄太は、レジのお兄さんのほうに、Ⓗぎくしゃくした足どりで近づきました。

黙って差し出すと、

「お代はいいよ。そのメモ帳は進呈しよう」と、お兄さんは微笑みました。

「コンビニたそがれ堂から、この街のヒーローへのプレゼントさ。ぼくから、いや、このお店の常連さんからのプレゼントっていうことにしようかね」

缶詰のコーナーのあたりに、Ⓘひとりのおじいさんが立っていました。

しましまのあたたかそうなセーターを着たその人は、懐かしそうな笑顔で雄太のほうを見ると、深く頭を下げて、店を出て行きました。

（あのセーターの、しましまの色……）

なんだか見覚えがある色だと思ったら、去年助けた、あのおじいさん猫の、そのしま模様に似ていたのでした。

店を出ると、外はまっ暗でした。いつの間に、夜になったのでしょう？　なにかの魔法がかかったように、一気に時間が流れたようでした。

ネオンサインが輝く中を歩いていると、知っているはずの道なのに、どこか異世界に迷い込んだような気がしました。

まるで「狐に［Ⓙ］た」みたいだな、と、雄太は思いました。たしかこんなふうな気分を言う言葉だったと思います。

「ああ、早く帰らないと、母ちゃんに怒られちまう。晩めし、残ってるかな？」

赤いメモ帳をしっかり握りしめて、雄太は走りました。そうしないと、失くしてしまいそうな気がしたのです。手の中から、消えてしまいそうな。

（夢見てるんじゃないかな……おれ）

けれど、家に帰って、お母さんにただいまを言って、部屋に帰っても、まだそのメモ帳は、手の中にあったのでした。

【中　略】

それから、一か月が過ぎました。

少しずつ十二月が近づいてくるのが、いまの雄太の一番の楽しみです。

クリスマスには、美音が帰ってくるのです。アメリカから、飛行機に乗って。

あのコンビニには、あれきり行っていません。

Ⓚ行ってみたくても、行けなかったのです。

（村山早紀『コンビニたそがれ堂』ピュアフル文庫）

(1)　――Ⓐ「そんな気分」とありますが、このときの〈雄太〉の「気分」を説明するものを答えなさい。

席をけるように立ち上がった雄太は、とっさに、

「いらねえよ」

と、Ⓕ<u>そのメモ帳を手で払いのけてしまいました。</u>

美音の目に、涙が浮かびました。あの雨の日に見た涙のような、悲しい涙でした。

美音は床にしゃがみこみ、赤いメモ帳をそっと拾い上げると、教室から出て行きました。静かに、何も言わないで、うつむいて出て行きました。

雄太は、体が凍りついたように、それを見ていることしかできませんでした。

それきり、雄太は美音と話しづらくなりました。美音も教室で雄太と目が合うたびに、なにか言いたそうにしては、［Ⓖ］になってうつむくばかりで。

雄太は、美音に謝らなければ、と思っていたのですが……。

やがて一学期が終わり、夏休みになりました。長い夏休みが終わって二学期が始まると、美音の席は、がらんと空いていました。

先生が、美音は家の都合で、アメリカに行ったのだ、と、クラスのみんなに言いました。夏休みのあいだに引っ越したのだと。

そうして初めて、雄太は気づいたのでした。

お別れに、記念のために、美音はあのメモ帳を、雄太にプレゼントしたかったのだと。内気だったから、そしてたぶん、お別れがとても悲しかったから、そのことを、美音はあのとき、雄太にとっさに話せなかったのだと。だから、ただ一生懸命に、メモ帳を差し出していたのだと。

【中　略】

「あの子はきっと、猫好きのおれが喜ぶと思って、とっておきの大切なものをくれようとしたのに。あのメモ帳は、あの子の宝物だったのに。きっとあの子は、さみしい悲しい気持ちのままで、日本とお別れしたんだ。おれは最低だ。あんなやさしくて、いい子を傷つけちまったんだ……」

もう一度、あの日がやり直せるなら。何度目かで、雄太はそう思いました。

（あのメモ帳が、いま目の前にあれば、いまここにあれば、大事に、受け取るのに）

そのとき、レジのお兄さんが言いました。

「ああ、そのメモ帳だったら、ほら、そのへんの棚にあるよ」

まさか、と、雄太は思いました。あのメモ帳は、美音のメモ帳は、世界にたった一つ。コンビニなんかにあるわけがありません。

けれどお兄さんは笑って言いました。

「このコンビニは、大事な探しものがある人がくる店だ。それがどんなものだって、お客さんに必要なものは必ず売っている、不思議なコンビニなのさ。まあだまされたと思って、その棚を見てごらんよ」

お兄さんの指がさすほうを、雄太は、ふらりと振り返りました。

文房具の棚があります。ノートがあって、レポート用紙があって……。

「あっ」

雄太はそのメモ帳に駆けより、拾い上げました。子猫の写真がついたメモ帳です。

とびきりかわいい子猫の写真も、赤く素敵なデザインも、間違いなく美音のメモ帳と同じでした。

「……うちはママが、とってもとってもひどい猫アレルギーなの。猫の毛があると息が苦しくなるの。おうちには連れて帰れない。せめて雨がやむまで、抱いててあげるから。そうしたら、少しはあったかいよね。……ごめんね。ごめんなさい。」

「……おい。ちょっと待て」

雄太が声をかけたのは、子猫が気になったというのもあるのですが、美音がせきとくしゃみを交互（こうご）にしていて、呼吸が苦しそうだったからでした。

びっくりしたような顔をしている美音の手から、白い子猫を抱き取（と）って。

「ひょっとして、ママだけじゃなく、おまえも、猫アレルギーなんじゃないのか？」

「……」

「しょうがねえなあ、もう。おれにまかせろ」

そうして、その子猫は、雄太の家の十匹（ぴき）目の猫になったのでした。

雄太と美音は、その日まで、口をきいたことがありませんでした。ふたりとも無口なほうだったし、教室で、席が離（はな）れていたからです。

本当のことを言うと、雄太は、美音のことを、ひそかに、かわいいな、と思っていました。だけど、女の子に対して、そんなことを思う自分が、軟派な感じがして許せなくて、見えないふり、なんとも思っていないふりをしていたのです。

でもその日から、ふたりは少しずつ、話すようになりました。なによりも美音が、子猫の話を聞きたくて、雄太に話しかけてくれるようになったからでした。

そんなとき、雄太は人がいない場所に美音を呼んで、続きをこっそり話したりしたのですが、そんなふうに、学校で、ふたりだけの秘密みたいにして、子猫の話をするのは、いつかとっておきの大事な時間になってゆきました。

美音も楽しそうだったし、雄太も、猫好きがばれてしまっている美音の前だったら、いくらでもⒹ顔をとろけさせて、子猫のかわいいしぐさの話ができたのです。

でも、ふたりの仲が良くなるにつれて、雄太の友人たちが、面白（おもしろ）半分に冷やかすようになってきました。

そんなある日のことでした。

放課後に、友だちと教室で話していた雄太のところに、急に美音が走ってきました。

Ⓔきゅっと口をむすんで、きれいなメモ帳を、雄太に差し出しました。みんなの目の前で。雄太を、雄太だけを、まっすぐに見上げて。

それは、とびきりかわいい子猫の写真がついた、赤いメモ帳でした。そのメモ帳は、美音の大切な宝物だと、雄太は知っていました。買ったまままもったいなくて使えないでいたくらい、美音のお気に入りだったのです。

（どうして、おれに、こんな大切なものを？）

顔を真っ赤にして立ちつくす美音を見つめて、雄太はなにも言えませんでした。

友だちみんなが、ふたりを冷やかして、わいわいはしゃぎ始めました。雄太が怒（おこ）ってもやめようとしません。美音はただ雄太を見つめて、メモ帳を差し出しています。

んたちまでいます。

「……ほら、あれが」

「ああ、あの子が」

そんな感じで。

（なんか、気持ち悪いなあ……）

【中　略】

「おでこにけんかの傷あとが光る、無口だけどかっこいい男」

それが、学校での雄太でした。

実際雄太は、言葉少なく、正義Ⓑ漢、「男らしいね」と言われる子なのですが、内面は「猫好きで、かわいいものが大好きで、涙もろい心やさしい少年」だったりして、でも、それを、自分以外の誰にも気づかれたくないのでした。

（だって恥ずかしいじゃんか……）

男は硬派に生きるべきだ。と、つねづね雄太は思っていました。

雄太は、シリアスな顔を作ると、雑誌を手にレジに向かいました。

ガラス窓に、額の傷が、長く光って映ります。それほどに目立つ、大きな傷あとなのですが、雄太はかっこいいと思ってⒸ気に入っていました。

怪我をしたのは、去年の冬のことでした。河原で年老いた猫をいじめていた中学生に、それをやめさせようと飛びかかっていって、そうしてできた傷だったのです。

雄太は投げられてもけられても、中学生に飛びついてゆき、最後は額がぱっくりさけて血が流れても、まだ向かっていったので、中学生は怖くなったのか、捨てゼリフを残して、逃げ出してくれたのでした。

（あのときの猫、元気かなあ……）

このときの猫は、その後十日間雄太が看病し、家に置くか河原にもどすか迷った結果、河原にもどしました。それきり、見かけることはありませんでした。

（じいさん猫……元気ならいいんだけど。美音なら、あんなとき、どうしたかな……）

その子のことを思い出すと、ため息が出ました。

くるくるした瞳と、やさしい声と、やわらかそうな髪。

（おれ、あんないい子を傷つけて、泣かしちまったんだよな……）

ため息は、何度も出ます。止める気力もありません。

「なあ少年」と、レジの向こうのきらきらのお兄さんが、おつりを渡してくれながら、雄太に話しかけてきました。

「いったいぜんたい、なにを落ちこんでるんだ？　よかったら、どうだ、話さないか？　悩みごとっていうのは、人に話すことで、楽になるっていうぞ」

【中　略】

雄太が美音と初めて話したのは、今年の、梅雨の頃のことでした。

通学路にある住宅地のごみ捨て場のそばで、雨が降る中、捨てられていた小さな子猫。その子猫を抱いて、かわいそうかわいそうと泣いていたのが、美音でした。

「ごめんね」と、美音はぬれた子猫に謝っていました。抱きしめて、泣いていました。

板です。

「最近できたのかな？……いや、それにしては、なんか古くねえか？」

雄太は、ポケットに手をつっこんで、ドアをくぐりました。

おでんの匂いがします。レジのそばに立てかけられた手書きのメニューに「おいしいお稲荷さんあります」と朱色の字で書いてあるのが目立ちました。

お客さんが、何人かいます。きれいなお姉さんとすれ違ったとき、その人に足がないように見えて、雄太は、ぎょっとしました。足もとが、すうっとかすんでいるのです。床が、透けて見えます。体が、浮いています。

まさかと思って目をこすったら、細い白い足が、ちゃんとありました。

お姉さんは雄太を笑顔でちらっと振り返ると、レジでお金を払って、ハイヒールをならして、お店を出て行きました。

首をかしげながら、雑誌でも立ち読みしようと、棚に近づいたら、

「いらっしゃい。どうした少年、元気がないな」

レジのお兄さんに声をかけられました。

長い髪は銀色で、目は光る金色です。なんだかきらきらした感じのお兄さんが、白地に赤のしましまの制服に、小さな赤い蝶ネクタイをして、帽子なんてかぶって、レジの向こうで、にっこり笑っています。

（なんだ、こいつは……？　コンビニの兄ちゃんが、あの髪に目ってありか？）

妙だし、なぜだか怖いのです。細くてとがった感じの顔がなにかに似ているからだ、と思ったら、いつかお祭りの屋台で見た、白い狐のお面に似ているようなのでした。

「おいおい。そんなにひくなよ。雄太くん。取って食いやしないからさ」

お兄さんは笑いました。コンビニの店員さんにしては少しばかり丁寧じゃない話し方だと思いましたが、やわらかくて、明るい笑顔と、声でした。

（目と髪はたしかにあれだけど、やさしそうな、イケメンの兄ちゃんだよなあ……）

なんでこの顔が、狐のお面に見えたんだろう、と。雄太は首をかしげました。よくよく見れば、見なくても、ふつうの、ハンサムなお兄さんの顔です。

それにしても、不思議なのは……。

「……おい、兄ちゃん。おれの名前、なんで知ってるんだよ？」

お兄さんはレジのそばにあるおでんの鍋を、おたまで楽しそうに混ぜながら、

「そりゃ知ってるさ。だってきみは、この界隈の有名人だからね。街でうわさの、正義のヒーローじゃないか。風早中央小学校五年三組の江藤雄太くん」

雄太は自分の耳を疑いました。

「おれはただの小学生だぞ？」

有名人なんかであるはずがありません。ましてや正義のヒーローだなんて。

でも気がつくと、店にいるほかのお客さんたちがみんな、雄太のほうを見たり、振り返ったりしているのでした。そっと指をさしたり、物陰から見つめていたり。にこにこ笑いながらささやき交わしているおばさ

文中から二十五字で探し、はじめと終わりの五字を答えなさい。

(3) ――Ⓓ「やはり箸が中心の食様式になっていくと思われる」と筆者が考えるのはなぜですか。

ア　箸は、日本の伝統文化に根づいた道具であるがゆえに、世界のあらゆる料理を取り入れた食事様式についていけないから。

イ　箸は、場面や素材に応じて多様な形態をとることができるため、美しい見た目にこだわる日本食には必要不可欠だから。

ウ　箸は、自分が思う通りに食べ物を扱うことができるので、どのような場であっても臨機応変に対応することができるから。

エ　箸は、食事様式が複雑化するほど使いづらい道具だが、ナイフやフォークよりも優れていると認めざるをえないから。

(4) Ⓔには「量」と反対の意味の言葉が入ります。漢字一字で答えなさい。

(5) Ⓑ・Ⓕに入る接続詞を答えなさい。

ア　または　イ　すなわち　ウ　しかし　エ　なぜなら　オ　さて

(6) ――「伝統的な日本料理」について以下の問いに答えなさい。

① 「伝統的な日本料理」にとって、調理する際に大切にされてきたことは何ですか。本文中から十二字で探し、はじめの四字を書きぬきなさい。

② 「伝統的な日本料理」における箸の役割について説明している文として正しいものはどれですか。

ア　さまざまな食材の個性を融合させ調和させることで新たな味を生み出すもの。

イ　料理を味わうためだけでなく、見た目の美しさを生み出す際にも役立つもの。

ウ　無駄をそぎおとした機能的な形が、盛り付けられた料理の美をひきたてるもの。

エ　日本独自の用具であり、調理と食事の両方にとって欠かすことのできないもの。

五　次の文章を読み、あとの問いに答えなさい。

> 風早の街の駅前商店街のはずれに、夕暮れどきに行くと、古い路地の赤い鳥居が並んでいるあたりで、不思議なコンビニを見つけることがあるといいます。そのコンビニには、この世で売っているすべてのものが並んでいて、そうして、この世には売っていないはずのものまでがなんでもそろっているというのです。店の名前は、たそがれ堂。不思議な魔法のコンビニです。

雄太は、秋のその夕方、アスファルトの道をけとばすようにしながら、歩いていました。胸の奥が苦しくて重たくて、なにかを壊してしまいたいような、自分を殴りつけてやりたいような、Ⓐそんな気分で歩いていました。

と、そのコンビニエンス・ストアにでくわしたのです。

そのコンビニは、夕暮れの赤い空の下、ぽつんとそこにありました。学校のそばの大通りをはずれた、裏通りのビルのすき間の向こう。古い赤い鳥居が、いくつも並んでいるあたりです。鳥居のそばに、ひょっこりと建っていたのです。

こんなコンビニ知らないなと、雄太は思いました。稲穂のマークの看

様式にマッチするか、日本人は箸の形にいつも繊細な心配りをしているのである。食事様式が複雑になればなるほど、数多くの食品の中から必要なものを取り出す機能においては箸が最もふさわしい食事用具であることを日本人は自覚しているといえる。

わが国は地理的な位置関係から、古代より中国大陸から先進文化を学んできた。十六、七世紀にはポルトガルやオランダを通して初めて直接ヨーロッパ文化に出会った。この後、徳川幕府は鎖国政策を採るのであるが、その二五〇年余の年月の間に、それまでに影響を受けた国々の文化および唯一開かれた長崎から入る諸外国の文化を自国流に消化し、純粋に日本の風土に育まれる文化と同化させ、いわゆる日本文化を醸成させたといえる。

日本を紹介するのに挙げられる能や歌舞伎、茶道、華道、伝統的な日本料理などはこの時代に洗練されたのである。料理の面からいえば、北半球のほぼ温帯に位置し、四季の変化がはっきりしているわが国では、折々の滋味豊かな海の幸、山の幸の食品材料を使って、食品本来の持ち味を活かすように調理することが重視された。幸いに現代と違って山紫水明の時代であったので、調理に使う水の Ⓔ の良いことは食品の持ち味を引き出すのに適していた。諸外国の料理にあるような何種類かの食品を共に煮るとか炒めるのではなくて、箸でつまめる大きさで、その食品の形に合った切り方をし、それぞれの食品の色を生かし、素材の固さに合わせた煮方をした。そうした各々の煮物を、色、形、味の調和よく一つの器に盛る「炊き合わせ」のような料理が生まれた。仏教の影響で獣肉食は避けられ、魚介類の料理が発達した。鳥類や魚介類を切り捌くのを「割」といい、煮ることを「烹」というので、日本料理の多くが「割烹」と称し、特に魚介類の料理が専門であることを示した。Ⓕ、「さしみ」に見られるように「包丁の冴え」が望まれた。また、日本料理の調理には終始「菜箸」が使われ、天ぷらには太い菜箸を使い、盛り付けには細身の菜箸あるいは真魚箸が使われる。盛り付け用の菜箸は、料理された品を組み合わせて器に姿よく盛り付けるのに適している。そして食事には、二本の細い棒の箸が用いられた。それは、食品の個性を生かして料理された繊細な味を他の味と混じることなく味わえるという特長をもつ。

一八世紀に入り、イギリス、アメリカ、フランスなどの諸国との積極的な接触があり、一七世紀以来の鎖国政策が解けて一九世紀（一八六八年）の明治維新となり、中国の濾過器なしに欧米文化に全面的に浴することになった。二〇世紀半ばの第二次世界大戦敗戦後は交通通信機関や物流部門のめざましい発達により、世界各国の文化に個人レベルで接することができるようになった。最近では外国の品々が日本にいながら簡単に手に入れることができ、生活様式も伝統的といわれる様式から欧風を取り入れた折衷式に変化した。

（向井由紀子、橋本慶子『ものと人間の文化史一〇二　箸』法政大学出版局）

(1) Ⓐ にはどれが入りますか。

ア　食事用具として使いづらさばかりが目立つ道具
イ　本来の用途以外の補助的な役割に意味がある道具
ウ　料理の味を引き立てるさまざまな働きをする道具
エ　器具そのものがもつ具体的な機能のための道具

(2) ——Ⓒ「食事用具としての合理性」とありますが、箸の持つどのような特徴が食事用具として合理的なのですか。「〜点」に続くように本

た結果を招く場合がある。

エ　政治家や権力者といった社会的地位などが高い人間の言葉をすぐに受け入れてしまう人間の愚かさを暗に示している。

オ　一概に良識派が発信する情報というのは有害なものであり、安易に耳を傾けてはならないという警鐘を鳴らしている。

四　次の文章を読み、あとの問いに答えなさい。

箸は日本人の食生活と密接に関係し、一五〇〇年の歴史をもつ食事用具である。箸はただ二本の棒にすぎないが、食事が始まり、箸として手に持つと、さまざまな働きをすることができる。食べ物をきりわける、つまむ、はさむ、すくいあげる、（海苔などを）まきつける、ほぐすなどの食事中に必要な機能を、単なる二本の棒であるのに、あたかも手の指の延長のように自由に操ることができる。これに対して、ナイフやフォークやスプーンなどはその形状から予想できるように、［　Ⓐ　］である。

ナイフやフォークは平らな皿（プレート）に盛られた料理を食べるのに適している。箸は平らな皿からでも深い椀からでも、食べ物を自由にはさんだりつまみ上げたりすることができる。魚の骨から容易に身を取り外したり、見た目にも美しく食品を一つの皿に盛り合わせるのも箸ならではの機能である。箸という食事道具を用いるようになったのは二〇〇〇年以上も前の中国においてであるが、ヨーロッパでは手以外の食事道具を用いる試みはこれより少なくとも約一〇〇〇年遅れて始まっている。

中国では斉家文化時代（紀元前二〇〇〇年頃）餐叉（フォーク状の食事用具）が用いられたことがある。［　Ⓑ　］、あまり使われないまま姿を消し、箸が食事用具として早くから定着したのであった。中国は箸と匙を用いるが、日本は箸が食事道具の中心となった。日本で箸だけで食事をするのは調理形式や食事様式によるということが大きな理由であるが、それは日本の文化と深いつながりがある。

日本で箸だけで食事をするようになった大きな理由は、膳の上の食器を持ち上げて食べること、そして木の椀を用いることである。箸を右手に持ち、左手に椀を持つことによって食事は円滑にできるわけである。日常、ナイフやフォークを使っている人にとっても、箸は少し馴れれば充分使うことができるので、Ⓒ食事用具としての合理性を一面から肯定するものであると考えられる。それは先にも述べたように、人間の手指はこのような食事用具を操ることができるようになっているからである。

食習慣、食様式の違いから、フォークを持つか箸を持つかという二つの食事様式に分かれたのである。ヨーロッパでは獣鳥肉の焼き物が主であり、日本では肉質のやわらかい魚介類や野菜などの煮物が主であったという違いはあるが、なんらかの食事用具を用いるという点は共通している。現在の日本は和、洋、中華と、ほとんど世界のあらゆる料理を取り入れた食事様式になっており、将来ますますその傾向は進むと考えられる。しかし、食べ物を口に運ぶ用具はどのようにあるべきかを考えるとき、食様式によってスプーンまたはフォークがふさわしい用具であっても、Ⓓやはり箸が中心の食様式になっていくと思われる。近頃の箸は長く細身になる傾向があるが、テーブルの雰囲気に合わせたものであろう。このように、箸の形がどのようになれば使いやすいか、また、食事

かだまして小屋に入れようという気持ち。

ウ　Ⓑはせっかくの提案を疑われあざ笑う気持ち、Ⓔは自由をほしがるニワトリを心配する気持ち。

エ　ⒷⒺ両方とも自分たちの真意をかくして、表面を取りつくろおうとする気持ち。

(3)　Ⓒ に入る語を答えなさい。

ア　平和的　イ　協力的　ウ　科学的　エ　積極的

(4)　――Ⓓの「人間はどんどんニワトリ小屋をたててしまった」とありますが、それはなぜですか。

ア　この際ニワトリとの話し合いはむだなので、どんどんおしこめてしまおうと考えたから。

イ　小屋が完成して初めて、ニワトリたちを自由にしてあげることができると判断したから。

ウ　実際に小屋を建ててみないと、人間にとってもこの話がいい話かどうか分からないから。

エ　小屋さえできていれば、ニワトリの心が少しでもかたむいた時にすぐに入れられるから。

(5)　――Ⓕの中の「そう」(二カ所)が指す内容は何ですか。二つ答えなさい。

ア　人間がニワトリに提案していることは信用できるということ。

イ　人間は気づかいながらもニワトリをだまそうとしていること。

ウ　人間が言う通りニワトリの中にネコのスパイがいるということ。

エ　人間の提案は何回も話し合いによって改められるということ。

オ　人間に危険を取り除いてもらえば自由が手に入るということ。

(6)　――Ⓖ「良識派」では、あえて「」が付けられていますが、それはなぜですか。

ア　良識派が仲間に対して強引に主張を押し通したことを読者に強調するため。

イ　良識派が出したこの考え方が最も優れているということを読者に強調するため。

ウ　彼らの決定が節度をわきまえた健全な判断であることを読者に訴えるため。

エ　本当に良識であるのかどうか、読者に考える余地を与えるため。

(7)　――Ⓗ「その後のことは、もうだれもが知っているとおりのことだ」とありますが、このようになってしまうことが暗示されている部分は本文中に何度か出てきます。その中で一番はじめに書かれている一文を探し、はじめの五字を答えなさい。

(8)　この文章の筆者は、直接的な表現を避け、人間とニワトリとのたとえ話に託すことによって自身の主張を伝えています。これを寓話といいますが、筆者はこのたとえ話を通して我々に何を伝えようとしていますか。次のア～オの文章を読み、間違っているものをすべて選びなさい。

ア　良識派の意見は、社会に受け入れられやすい考え方のことであり、特に意見のない者はその言動・主張に従うのがよい。

イ　一見あるいは一聞するともっともらしい言葉でも、しっかりとした分析に裏付けられたものであるか、厳しくその内容を検証する必要がある。

ウ　誰もが当然のこととして疑いなく受け入れる言葉でも、あやまっ

かったそのときは終わった。だが、〈妹〉の姿はもうここにはない。そこで、作者は［Ⓕ］の輝きに生前の〈妹〉と「木琴」の姿を重ね合わせているのである。

① ——Ⓒ「過去の〈妹〉の生活を語る部分」は第何連ですか。あてはまる連数を算用数字ですべて挙げなさい。

② ［Ⓓ］に入る語を詩中から一語で書きぬきなさい。

③ ——Ⓔ「長かったそのときは終わった」ことが分かる部分を詩中から十字以内で書きぬきなさい。

④ ［Ⓕ］に入る語を詩中から一語で書きぬきなさい。

［三］ 次の文章を読み、あとの問いに答えなさい。

昔は、ニワトリたちもまだ、自由だった。自由ではあったが、しかし原始的でもあった。たえずネコやイタチの危険におびえ、しばしばエサをさがしに遠くまで遠征したりしなければならなかった。ある日そこに人間がやってきて、しっかりした金網つきの家をたててやろうと申し出た。むろんニワトリたちは［Ⓐ］に警戒した。すると人間はⒷ笑って言った。見なさい、私にはネコのようなツメもなければ、イタチのようなキバもない。こんなに［Ⓒ］な私を恐れるなど、まったく理屈にあわないことだ。そう言われてみると、たしかにそのとおりである。決心しかねて、迷っているあいだに、Ⓓ人間はどんどんニワトリ小屋をたててしまった。

ドアにはカギがかかっていた。いちいち人間の手をかりなくては、出入りも自由にはできないのだ。こんなところにはとても住めないとニワトリたちがいうのを聞いて、人間はⒺ笑って答えた。諸君が自由にあけられるようなドアなら、ネコにだって自由にあけられることだろう。なにも危険な外に、わざわざ出ていく必要もあるまい。エサのことなら私が毎日はこんできて、エサ箱をいつもいっぱいにしておいてあげることにしよう。

一羽のニワトリが首をかしげ、どうも話がうますぎる、人間はわれわれの卵を盗み、殺して肉屋に売るつもりではないのだろうか？　とんでもない、と人間は強い調子で答えた。私の誠意を信じてほしい。それよりも、そういう君こそ、ネコから金をもらったスパイではないのかね。

これはニワトリたちの頭には少々むずかしすぎる問題だった。スパイの疑いをうけたニワトリは、Ⓕそうであることが立証できないように、そうでないこともまた立証出来なかったので、とうとう仲間はずれにされてしまった。けっきょく、人間があれほどいうのだから、一応は受入れてみよう、もし工合がわるければ話し合いで改めていけばよいという、Ⓖ「良識派」が勝をしめ、ニワトリたちは自らオリの中にはいっていったのである。

Ⓗその後のことは、もうだれもが知っているとおりのことだ。

（安部公房『安部公房全集９』新潮社）

(1) ［Ⓐ］に入る語を答えなさい。

ア　感情的　　イ　本能的　　ウ　打算的　　エ　直接的

(2) ——ⒷⒺそれぞれの「笑って」には、「人間」のどのような気持ちがこめられていますか。

ア　Ⓑは思いがけず警戒されとまどう気持ち、Ⓔはなんとかニワトリの危険を取り除こうという気持ち。

イ　Ⓑは自分たちの考えを見すかされて逆上する気持ち、Ⓔはどうに

【国　語】〈五〇分〉〈満点：一〇〇点〉

【注意】句読点や「　」も一字とします。

一　次のカタカナを漢字に直しなさい。

(1) 危険なゲキヤク　(2) 技術カクシン

(3) 鼻がキく　(4) キカク外の大きさ

(5) コショウした機械

二　次の詩を読み、あとの問いに答えなさい。

木琴　金井　直

Ⓐ妹よ
今夜は雨が降っていて
お前の木琴がきけない

お前はいつも大事に木琴をかかえて
学校へ通っていたね
暗い家の中でもお前は
木琴といっしょにうたっていたね
そしてよくこう言ったね
「早く街にⒷ赤や青や黄色の電燈がつくといいな」
あんなにいやがっていた戦争が
お前と木琴を焼いてしまった

妹よ
お前が地上で木琴を鳴らさなくなり
星の中で鳴らし始めてからまもなく
街は明るくなったのだよ
私のほかに誰も知らないけれど
妹よ
今夜は雨が降っていて
お前の木琴がきけない

（飛高隆夫・野山嘉正編『展望現代の詩歌第3巻　詩Ⅲ』明治書院）

(1) ――Ⓐ「妹」とありますが、実際にはこの作者に「妹」は存在しません。では、この「妹」とはどのような人を指しますか。詩全体を読み、詩中の言葉を用いて五字以上十字以内で答えなさい。

(2) ――Ⓑ「赤や青や黄色の電燈」はここでは何を象徴していますか。

ア　混乱　イ　平和　ウ　開花　エ　家族

(3) この詩を説明した次の文章について、以下の問いに答えなさい。

この詩は、Ⓒ過去の〈妹〉の生活を語る部分と、〈妹〉へ語りかける部分と大きく二分される。

〈妹〉は「木琴」が大好きで、昼も夜もいつも「木琴」とともにいた。当時、「木琴」を好む女の子はどこにでもいるごく普通の子で、そのやわらかな音色は、Ⓓによる不安定な日常や、不安定な人々の心をまるで大きく包み込むような穏やかさをもっていた。

Ⓓによる理不尽で不自由に満ちた生活に耐え、やっとⒺ長

平成29年度

解答と解説

《平成29年度の配点は解答用紙に掲載してあります。》

＜算数解答＞《学校からの正答の発表はありません。》

1 43　2 $8\frac{2}{3}$　3 $\frac{3}{4}$　4 4000km　5 $19\frac{1}{5}$　6 56人

7 6才　8 57度　9 75分前　10 $47.1cm^2$　11 19秒後　12 2人

13 (1) 4：7 (2) 7：13　14 (1) 46秒間 (2) 72秒間

＜算数解説＞

1 (四則計算)

$(24-5)\times 2+5=38+5=43$

2 (四則計算)

$\square=0.75\times 8\times\frac{8}{9}+2.25\times 8-1\frac{5}{6}\times 8=\frac{16}{3}+18-8-\frac{20}{3}=14\frac{4}{3}-6\frac{2}{3}=8\frac{2}{3}$

3 (四則計算)

$\square\times(14+13-12)=18\times\frac{5}{8}=\frac{45}{4}$　$\square=\frac{45}{4}\div 15=\frac{3}{4}$

重要 4 (単位の換算)

10haは$10\times 10000=100000(m^2)$，2.5cmは$2.5\div 100=0.025(m)$であり，横は$100000\div 0.025\div 1000=100000\div 25=4000(km)$である。

基本 5 (数の性質)

分母…75(＝15×5)と135(＝15×9)の最大公約数15

分子…36(＝12×3)と96(＝12×8)の最小公倍数12×24である。

したがって，求める分数は$\frac{12\times 24}{15}=\frac{96}{5}$である。

重要 6 (数の性質)

「Bの本数」＝「Aの本数」×4－1が3の倍数になるとき，(Aの本数，Bの本数)＝(1，3)，(4，15)，(7，27)…と続き，(4，15)の場合におまけの本数が4＋15÷3＝9(本)になる。したがって，「外れ」の人数は75－(4＋15)＝56(人)である。

重要 7 (年令算，割合と比，相当算)

弟の年令がAのとき，太郎の年令がA＋2であり，4年後の2人の年令の和がA×2＋2＋4×2＝A×2＋10になり，4年後のお祖父さんの年令は(A×2＋10)×4＝A×8＋40である。したがって，4年後の3人の年令の和はA×2＋10＋A×8＋40＝A×10＋50が78＋4×3＝90に等しくAが(90－50)÷10＝4であり，現在の太郎の年令は4＋2＝6(才)である。

重要 **8** **（平面図形）**

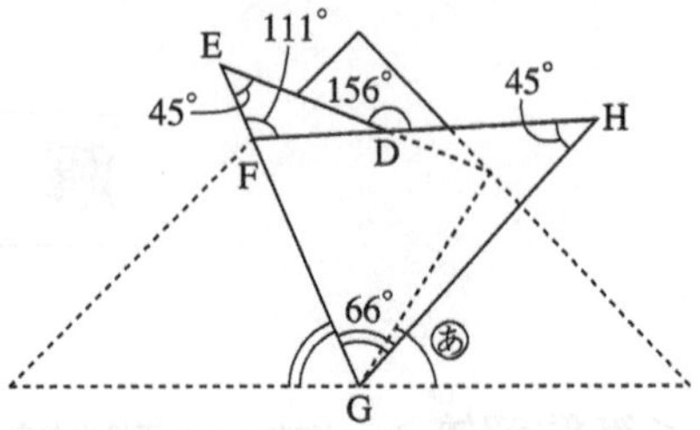

右図において，角EFDは156－45＝111（度），角FGHは111－45＝66（度）であり，角㋐は，(180－66)÷2＝57（度）

やや難 **9** **（ニュートン算，単位の換算）**

1つのレジを通る人が1分に1人であるとすると，レジ1つのときに1時間40分すなわち100分でレジを通る人と，レジ2つのときに30分でレジを通る人との人数の差が，1×100－2×30＝40（人）になり，1分で行列に加わる人の割合は40÷(100－30)＝$\frac{4}{7}$（人）である。したがって，最初に並んでいた人数は2×30－$\frac{4}{7}$×30＝$\frac{300}{7}$（人）に相当し，この行列ができ始めた時刻は$\frac{300}{7}$÷$\frac{4}{7}$＝75（分前）である。

重要 **10** **（平面図形）**

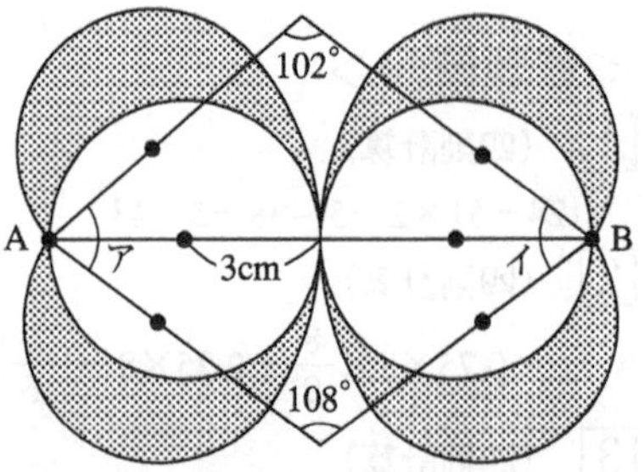

右図において，角ア・イの和は180×2－(102＋108)＝150（度）であり，外側の弧によって囲まれた図形全体の面積は半径3cmの円2個分の面積とおうぎ形の面積6×6×3.14÷360×150＝47.1（cm^2）の和になる。したがって，これらから半径3cmの円2個分の面積を引くと，色がついた部分の面積は47.1cm^2になる。

やや難 **11** **（平面図形，図形や点の移動，速さの三公式と比，旅人算，数の性質，規則性）**

SとP…Sは1÷(4－1)＝1÷3＝$\frac{1}{3}$（秒後）に重なり，その後，$\frac{1}{3}$＋4÷3＝$\frac{1}{3}$＋$\frac{4}{3}$＝$\frac{5}{3}$（秒後），$\frac{5}{3}$＋$\frac{4}{3}$＝3（秒後）に重なる。

RとP…Rは2÷(3－1)＝2÷2＝1（秒後）に重なり，その後，1＋4÷2＝3（秒後）に重なる。

QとP…Qは3÷(2－1)＝3÷1＝3（秒後）に重なる。

したがって，1回目，3秒後に4点が同じ頂点で集まり，この後，P～Sがそれぞれ1周する時間，すなわち，4÷1＝4（秒），4÷2＝2（秒），4÷3＝$\frac{4}{3}$（秒），4÷4＝1（秒）の最小公倍数である4秒ごとに4点が同じ頂点で集まり，5回目は3＋4×(5－1)＝19（秒後）である。

重要 **12** **（統計と表，割合と比）**

問題の表より，8：00から後に登校する2＋4＋1×3＝9（人）が全体の10－8＝2（割）に相当するので，全体の人数は9÷0.2＝45（人）である。また，電車のみ・バスのみの人数の和は45－(2×1＋1×5)＝38（人）であり，バスのみの人数は38÷(16＋3)×3＝6（人）であるから，㋒は6－(3＋1)＝2（人）である。

13 **（立体図形，グラフ，割合と比）**

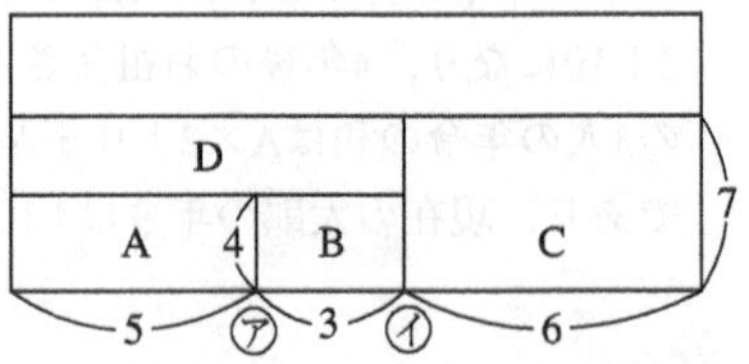

重要 (1)　右図において，問題のグラフから，A・Bに水がたまる時間は16分，A・B・Dに水がたまる時間は28分であり，㋐と㋑の高さの比は16：26＝4：7である。

やや難 (2)　右図において，問題のグラフから，AとBの横の長さの比は10：(16－10)＝5：3であり，CとDの横の長さの比は28：(49－28)＝8：6であるから，BとCの横の長さの比は3：6＝1：2，(1)より，これらの面積の比は(1×4)：(2×7)＝2：7であり，これがそのままBとCの体積比になる。ここで，Cの体積をグラフの②の時間に合わせて49－28＝21にすると，Bの体積は2×(21÷7)＝6になる。また，Bに入れた石の体積をP，Cに入れた石の体積をQにすると，満水になる時間に対応してP＋Q＝4になり，(6－P)：(21－Q)＝1：4である。したがって，6－P＋21－Qは27－4＝23であり，Pの体積は6－23÷(1＋4)＝1.4，Qの体積は4－1.4＝2.6であり，これらの体積比は1.4：2.6＝7：13である。

14 **(通過算，速さの三公式と比，単位の換算)**

基本 (1) 電車Aの秒速は75÷3.6＝$\frac{125}{6}$(m)であり，10mの踏切を通過するのに(10＋115)÷$\frac{125}{6}$＝6(秒)かかるので，警報が30＋6＋10＝46(秒間)鳴る。

やや難 (2) 電車Bの秒速は54÷3.6＝15(m)であり，電車Aによって警報が鳴り始めたとき，電車Bから踏切までの距離は1405－$\left(\frac{125}{6}\times30+10\right)$＝770(m)，電車Bが踏切に達するまでの時刻は770÷15＝$51\frac{1}{3}$(秒後)である。したがって，電車Bが10mの踏切を通過するのに(10＋150)÷15＝$10\frac{2}{3}$(秒)かかるので，警報が鳴り終わる時刻は$51\frac{1}{3}+10\frac{2}{3}+10$＝72(秒後)であり，警報は72秒間，鳴る。

★ワンポイントアドバイス★

差がつきやすい問題は，6「数の性質」から最後の14「通過算」までの問題である。したがって，1～5までの問題で着実に得点してから，この後，時間配分を考えて，自分にとって解きやすい問題を優先して解いていこう。

＜理科解答＞ 《学校からの正答の発表はありません。》

1 (1) ウ　(2) ア　(3) オ　(4) エ　(5) ① ア　② かみなり

2 (1) オ　(2) ア，エ　(3) ウ　(4) (茎) エ　(葉) イ　(5) ウ

3 (1) イ　(2) ① ウ　② オ　(3) ① 速　② 深　(4) エ

4 (1) A(と)D　(2) ① A，B　② (びん) C　(気体名) 水素
(3) ① 100(mL)　② イ

5 (1) ① 赤むらさき(色)　② (影C) 青(色)　(背景) 赤むらさき(色)
(2) ① 1(分)15(秒)　② (容器) ガラス　(理由) イ　(3) ア

＜理科解説＞

1 **(総合－小問集合)**

(1) 大村智(さとし)博士は，土中の微生物から寄生虫を駆除する物質を発見し，それをもとに寄生虫に効く薬である「イベルメクチン」を開発した。

重要 (2) 太陽高度は正午頃，地温は午後1時頃，気温は午後2時頃にそれぞれ最高になる。

重要 (3) ヘリウムは，水素の次に2番目に軽い気体であるが，不燃性の気体である。

(4) 月面上では地球上の6分の1の重力しかないので，地球上よりもゆっくり落ちる。

(5) ベンジャミン・フランクリンは，アメリカの政治家であり，科学者である。電気に関する凧(たこ)の実験と避雷針(ひらいしん)の発明をした。

重要 **2** （植物のはたらき，植物のなかま－蒸散，気孔，種子）

(1)・(2)　葉の裏に多くある気孔からは，水が水蒸気になって出ていくので，ビニール袋には水滴がつく。また，この働きを蒸散といい，植物の体温の調節という働きもある。

(3)　スイレンは，水面に葉を広げるので，葉の表側にしか気孔はない。

(4)　根から吸い上げた水が通る道管は，茎では内側にあり，葉では表側にある。

(5)　ヒマワリ以外にも，アブラナ，ゴマなどの種子にも脂肪が多い。

3 （地層と岩石－川の流れと岩石）

(1)　曲がった川の内側に川原ができる。

重要 (2)　石灰岩は，サンゴや貝殻の成分である炭酸カルシウムが海底などで押し固められてできるたい積岩である。また，化石を含むことが多く，とてもやわらかい岩石であり，塩酸に溶けて，二酸化炭素が発生する。

重要 (3)　まっすぐな川は，中央付近の流れが最も速く，川底が深くなる。

(4)　エのA地点のように，川の傾きが急にゆるやかになる中流付近では，土砂がたい積して，扇状地ができる。

4 （気体の性質－気体の判別）

(1)　水素とアンモニアは空気よりも軽いので，ガラス板をはずすと，集気びんから出て行き，かわりに空気が入ってくる。したがって，再びふたをして重さをはかると重くなる。

(2)　①　水素と酸素は水に溶けにくく水溶液をつくらない。なお，塩化水素は水に溶けて塩酸，二酸化炭素は水に溶けて炭酸水となり，酸性を示すので，BTB液は黄色になる。また，アンモニアは水に溶けてアンモニア水となり，アルカリ性を示すので，青色になる。　②　塩酸と亜鉛が反応すると，水素が発生する。

(3)　①　表から，60℃の水100mLに溶ける二酸化炭素は36mLである。64mLの二酸化炭素が出てきたので，最初に溶けていた二酸化炭素は，36＋64＝100(mL)である。　②　水100mLに溶ける二酸化炭素は，0℃では117mL，20℃では88mLなので，100mLが溶けたときの温度は約10℃である。

5 （光や音の性質－光の三原色，光と波長）

(1)　①　図3の影Aの部分には，緑色の光が届かず，赤色と青色が混じるので赤むらさき色になる。　②　図4の影Bには青色の光が届かないので，赤色と緑色が混じれば黄色になるはずである。実際には，赤色になったので，緑色の光が消されたことがわかる。したがって，影Cには青色の光だけが届き，背景は，赤色と青色の光が混じるので赤むらさき色になる。

(2)　①　1500Wであれば40秒，500Wであれば2分(120秒)かかるので，1500×40＝500×120＝60000より，800Wの場合にかかる時間は，60000÷800＝75(秒)より，1分15秒である。　②　ガラスはマイクロ波を通すので，中の水がマイクロ波によって温められるが，金属は，マイクロ波を反射するので，中の水は温まらない。

(3)　赤色の光の外側には赤外線(A)，紫色の光の外側には紫外線(B)がある。また，X線は，紫外線より波長が短い。

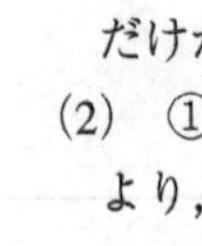

★ワンポイントアドバイス★

生物・化学・地学・物理の4分野において，基本問題に十分に慣れておこう。その上で，各分野の計算問題にもしっかりとり組んでおこう。

＜社会解答＞《学校からの正答の発表はありません。》

1 問1 ア ⑨ イ ⑧ ウ ⑥ エ ③ オ ⑫ 問2 ③ 問3 洪水などの水害の被害がない 問4 限界集落

2 問1 (1) ① (2) ⑦ 問2 ②，④ 問3 フェーン 問4 律令
問5 （Ⅰ群） ④ （Ⅱ群） ⑦

3 問1 ②，③ 問2 ④ 問3 （人物） 足利義政 （文化） ③ 問4 ① 問5 ④

4 問1 （Ⅰ群） ③ （Ⅱ群） ⑩ 問2 1923年 （人物） ②
問3 （Ⅰ群） ② （Ⅱ群） ⑥

5 問1 ② 問2 ⑤

6 問1 ア 10カ国 イ ④ 問2 ウ 難民 機関 ③

7 問 （Ⅰ群） ② （Ⅱ群） ⑨

8 問1 ①，②，⑤ 問2 （国名） ニュージーランド （位置） キ

＜社会解説＞

1 （日本の地理ー村落に関する問題）

基本 問1 （ア） 扇状地は山間部を流れてきた川が平地に出るところで流れが緩やかになり，運搬してきた土砂が扇形に広がって堆積してできる地形。 （イ） 台地は周囲よりも高く盛り上がり，上は平らになっている地形。（ウ） 三角州は川の河口付近にできる地形で河川の運んできた細かい土砂が堆積してできる。 （エ） 濃尾平野は岐阜県と愛知県にまたがる平野。かつての美濃の国と尾張の国の国名から付いた名称。 （オ） 輪中は濃尾平野の木曽三川の流域に見られる，家屋や田畑の周囲を堤防で囲み水害を避けられるようにしたもの。

問2 扇状地は，河川が山間部から平地に出てきたところに形成されるものなので，河口付近にできる三角州と比較すると粒子の粗い土砂が堆積するので水はけは良い。一方，三角州は粒子の細かい粘土などに近い土砂が堆積するので，水はけは悪い。

重要 問3 水を得やすい低い土地に集落がある場合，水害対策が重要であり，河川や湖沼などの近くの場合には万が一そこから水があふれて洪水になった場合に水没しにくい場所などを選ぶ必要がある。

問4 地域社会は，ある程度様々な年齢層の人間が一定数以上いないと，共同体としての機能を失ってしまう。過疎化，高齢化が進行しその様な状態になりかかっている，共同体としての存続が危ぶまれる集落を限界集落という。

2 （日本の地理ー地形図の読図，土地利用の変遷に関する問題）

問1 (1) 地図の右側にある庄川の周りを見て，海抜高度の数字を読み取る。地図の上の方にある数字の方が小さいので海抜高度が低いので庄川の流れは「南から北」になっていると判断できる。
(2) 合掌造りの集落が世界遺産になっている白川郷・五箇村を思い出せれば，岐阜県の白川郷，富山県の五箇山という県名がわかると思う。

やや難 問2 ② 砺波平野の散村はたびたび川が氾濫してきた場所に形成されたものなので，各戸の家屋が比較的高い場所に建てられ，その周りにそれぞれの家の農地が広がる形になっている場所がほとんど。 ④ 富山のこのあたりは風が強く，たびたび大きな火災が起こったこともあり，その延焼を防ぐために各戸の家屋を離してあるともされる。

問3 フェーン現象は風が山を越えて吹きおろす際に，山を越える段階で水分を落としてしまった

空気が乾いた熱風となって吹き降ろすもの。いくつかの条件とこのフェーン現象とが重なると大火事が発生することもある。

問4 701年，大宝律令が制定され，天皇を中心とした国家体制がつくられた。律令は律が今日の刑法にあたり，令は行政法にあたる。

やや難 問5 庄川は今日の流路になるまでに西の方から次第に東へと流路が変わってきた。その旧河道を活かした用水路は一番西にある二万石用水であり，たびたび氾濫していた場所なのでその中でも海抜の高い場所に「島」という地名がのこってもいる。

3 （日本の歴史ー人物の史料に関する問題）

やや難 問1 Aは徳川家光。②は鎖国時代に日本での貿易を許されたのはポルトガルではなくオランダなので誤り。③は朱印船貿易を始めたのは徳川家康なので誤り。

問2 Bは聖武天皇。仏教の力で伝染病や争乱を鎮め守ってもらうために都に東大寺，各国に国分寺，国分尼寺を建てさせ，そこで祈らせた。

やや難 問3 Cは足利義政。①は，雪舟が大成したのは水墨画で多色刷りの版画ではない。多色刷りの版画は江戸時代のもの。②は千利休が茶道を大成するのは安土桃山時代なので誤り。④は「浦島太郎」「一寸法師」はお伽草子と呼ばれる文学作品のもの。浮世草子は江戸時代の風俗小説のこと。

問4 足利義政の時代に，将軍の後継ぎなどをめぐって起こった戦乱が応仁の乱。この戦乱で途絶えたのが祇園祭。祇園祭は京都の八坂神社の7月に行われる祭りで，一か月にも及ぶ長いもの。葵祭は京都の下鴨神社，上鴨神社で5月に行われる祭り。京都の三大祭りはあと平安神宮の時代祭。

問5 写真Dは厳島神社で平安時代末のもの。写真Eは宇治の平等院鳳凰堂で藤原頼通が建てさせたもの。時代順に並べ替えるとB奈良時代→E平安時代半ば→E平安時代末→C室町時代→A江戸時代の順。

4 （日本の歴史ー明治時代以降の人物に関する問題）

基本 問1 設問で問われているのは大久保利通。大久保利通は薩摩藩出身で西郷隆盛らとともに幕末から明治初頭に活躍し版籍奉還や廃藩置県を推し進め，征韓論に反対して西郷とは対立したので⑩に該当する。他の選択肢の人物はそれぞれ，坂本竜馬は⑥，伊藤博文は⑧，板垣退助は⑦，西郷隆盛は⑨に該当する。

やや難 問2 関東大震災は1923年9月1日に起こった。震災の立て直しのために東京市長として活躍したのが後藤新平。

やや難 問3 北里柴三郎は1885年にドイツに留学しコッホに師事し，破傷風の菌の培養に成功し，血清療法を確立した。また，北里柴三郎はペスト菌を独自に発見はしたが同じころにペスト菌を発見し，ペストとの関連性を確認したのはフランスのアレクサンドル・イエルサンという医師で，ペストの学名もこの医師の名にちなんだものになっている。鈴木梅太郎はビタミンB1の発見者，志賀潔は赤痢菌の発見者，野口英世は黄熱病の研究者。

5 （日本の歴史ー昭和以降の歴史に関する問題）

問1 日本が国際連合に加盟するのは，当初は1951年のサンフランシスコ会議と同時を狙ったが，ソ連の反対によりかなわず，1956年にソ連との間で日ソ共同宣言を出し国交回復を行った後になる。しかし，ソ連(現ロシア)との間では北方領土の問題がまだ解決しておらず，平和友好条約は結ばれていない。尖閣諸島をめぐり日本ともめているのは中国。

重要 問2 Aは2001年なのでオ，Bは1951年なのでア，Cは1965年なのでウ，Dは1989年なのでエの時期になる。

6 （政治ー国際連合に関する問題）

問1 国連の安全保障理事会は常任理事国5，非常任理事国10の15カ国からなる。非常任理事国の任期は2年だが，再任は可能。2017年1月から国連の事務総長に就任したのは元ポルトガル首相のアントニオ・グテーレス。ヨーロッパの国出身の事務総長としては初代のリー(ノルウェー)，2代目のハマーショルド(スウェーデン)，4代目のワルトハイム(オーストリア)に次ぐ4人目となった。

問2　2016年のリオデジャネイロオリンピックでは，史上初めて難民選手団が結成され，話題となった。UNHCRは国連難民高等弁務官事務所の略。

7　(政治ー日本の省庁に関する問題)

問　東京への一極集中を解消するために省庁を地方に分散するという話はかなり前から出ていたが，いまだに実現はしておらず，今回文化庁を京都へ移転するということが決定されたのは初めてのこと。他に消費者庁や総務省統計局，特許庁，中小企業庁，観光庁，気象庁なども移転案は出たが，先送りか立ち消えになっている。

文化庁はスポーツ庁とともに文部科学省に属している。文化庁は芸術創作活動の振興，文化財の保護，著作権の保護，国語の改善・普及・施策，宗教に関する事務を掌握する。

8　(政治ーEU，イギリスに関連する問題)

やや難

問1　①　EU加盟国すべてがユーロの使用を義務付けられているのではない。イギリスやデンマークは最初からユーロを導入する義務はなく，この二国以外は原則ユーロの導入が義務付けられているがまだ国内の体制が整っていないなどの条件で導入していない国もある。　②　EU加盟国の中で国境の通行を完全に自由化するシェンゲン協定というものがあり，これに加盟していない国は国境の通行が自由にはなっていない。　⑤　2017年1月の段階でEUの加盟国はイギリスを含めて28カ国。

問2　イギリスはかつて植民地として支配していた国々を含めたイギリス連邦というものも形成しており，この中の国々の多くの国旗は左上にユニオンジャックがある。この国旗を改変し，ユニオンジャックの代わりにシダの葉をあしらった国旗の案を出したのが，ニュージーランドで場所はキ。

★ワンポイントアドバイス★

正誤問題は基本的な知識を問うものが中心だが，よく見ないと，誤りに気づくのが難しいかもしれない。用語を見て時代，場所などが当てはまるかどうかをよく考えることが重要。試験時間に対して問題数は多いがあせらずに。

＜国語解答＞ 《学校からの正答の発表はありません。》

一　(1)　劇薬　(2)　革新　(3)　利(く)　(4)　規格　(5)　故障

二　(1)　戦争で死んだ人(7字)　(2)　イ　(3)　①　2・3　②　戦争　③　街は明るくなった(8字)　④　星

三　(1)　イ　(2)　エ　(3)　ア　(4)　エ　(5)　イ・ウ　(6)　エ　(7)　ある日そこ　(8)　ア・エ・オ

四　(1)　エ　(2)　あたかも手～とができる　(3)　ウ　(4)　質　(5)　Ⓑ　ウ　Ⓕ　イ　(6)　①　食品本来　②　イ

五　(1)　エ　(2)　エ　(3)　ウ　(4)　シリアスな顔　(5)　イ　(6)　軟派な感～

許せなく(思えて…)　(7)　ア　(8)　イ　(9)　猫好きで～やさしい(人物)
(10)　(狐に)つままれ(た)　(11)　(例)　たそがれ堂は大事な探しものがある人がくる店だが，雄太は大事な探しものだった美音のメモ帳を手に入れた(から)。(49字)

＜国語解説＞

基本　一　(漢字の書き取り)

(1)は使い方や使用料などを間違えると生命にかかわる医薬品のこと。(2)は古くからの方法などを変えて新しくすることで，対義語は「保守(ほしゅ)」。(3)は身体などの機能がよく働くこと。同音異義語の「効く(薬などの効き目がある)」などと間違えないこと。(4)は物事の基準となる社会一般の標準。同音異義語の「企画」などと間違えないこと。(5)の「故」を「古」など，「障」を「章」「彰」などと間違えないこと。

二　(詩一心情・情景・細部の読み取り)

基本　(1)　第3連に「あんなにいやがっていた戦争が／お前(＝妹)と木琴を焼いてしまった」とあることから，「妹」は戦争で焼かれた＝「戦争で死んだ人」ということである。

やや難　(2)　第2連に「暗い家の中」とあるが，戦争中は夜に家から明かりがもれると，敵の戦闘機の標的になってしまうため，夜でも明かりをつけずに生活していたのである。街がⒷのようになるということは，戦争がなくなって，敵の標的になることを気にすることなく明るい生活ができることなので，Ⓑはイを象徴している。

重要　(3)　①　この詩はⒸと〈妹〉へ語りかける部分と二分されると述べているので，〈妹〉へ語りかける部分は「妹よ」がある第1，4，5連，Ⓒは第2，3連になる。　②　Ⓓは「不安定な日常」，「理不尽で不自由に満ちた生活」をもたらすものであり，詩中で「暗い家」にさせ，「(妹が)いやがっていた」ものであるので「戦争」が入る。　③　Ⓔは戦争が終わったことなので，(2)でも考察したように，夜になっても暗くする必要がなくなったのである。第4連の「街は明るくなった」が，戦争は終わったことを表している。　④　第4連に，戦争で死んだ妹が「星」の中で木琴を鳴らし始めてから，とある。妹はこの世にいなくなってしまったが，好きだった木琴を鳴らしている妹の姿を夜空に輝く「星」に重ね合わせているのである。「今夜は雨が降っていて／お前の木琴がきけない」は，雨が降ると星が見えなくなり，星の中で木琴を鳴らしている妹の姿が見えなくなってしまうことを表している。

三　(物語文一主題・要旨・細部の読み取り，指示語，空欄補充)

基本　(1)　空欄Ⓐは，ニワトリが動物の本能として人間を警戒しているさまなので，生まれつきそなわっている能力や習性のままに行動するさまという意味のイが入る。アは理性を失って感情をあらわにするさま，ウは損得を考えて行動するさま，エは直接であるさま。

重要　(2)　本文は，人間がニワトリをうまくだまして金網つきの家＝オリに入れて，結局人間たちのものにしてしまうという話である。人間はそのような真意をかくして，ⒷとⒺどちらもネコやイタチにおそわれる危険やエサの心配をして，ニワトリに警戒されないよう表面をとりつくろって「笑って」いるので，エが適当。アは全文，イは「見すかされて逆上する」，ウは「あざ笑う」「心配する」がそれぞれ不適当。

(3)　Ⓒは直前の「ネコのようなツメ」「イタチのようなキバ」に対するもので，人間である私はネコやイタチのように危険ではないということをニワトリに話しているので，アが適当。

(4)　Ⓓ直前で描かれているように，人間に金網つきの家を建ててやろうといわれても，ニワトリたちは決心しかねて迷っていた。迷っているということは，人間の言うことを受け入れてニワトリ小屋に入る可能性があり，ニワトリたちが小屋に入る気になったらすぐには入れるよう，ニワトリたちが迷っていても人間たちは先にどんどん小屋を建てたので，エが適当。アは全文，イは「ニワトリたちを自由にしてあげることができる」，ウは「人間にとってもこの話がいい話かどうか分からない」がそれぞれ不適当。

(5)　Ⓕはスパイの疑いをうけた一羽のニワトリが考えたことである。Ⓕ直前の段落で描かれているように，最初の「そう」は「そう」であることが「立証できないこと」であるので，人間がわれわれ(＝ニワトリ)の卵を盗み，殺して肉屋に売るつもりではないのか，ということを立証できない，ということである。二番目の「そう」は「そう」でないことも「立証出来なかった」ことなので，自分(＝一羽のニワトリ)も含めてニワトリの中にスパイがいないことも立証出来なかった，ということである。人間がニワトリをだまそうとしていることが立証できないように，ニワトリの中にスパイがいないことも立証出来なかったので，一羽のニワトリは仲間はずれにされてしまったのである。

重要 (6)　筆者が特定の語句に「　」をつけるのは，その語句の意味をそのまま受け取るのではなく，読者にその語句の意味を考えてもらうためである。「良識派」とは物事の健全な考え方や判断力をもつ集まりという意味で，本文では人間の言うことを疑わずに受け入れ，何かあれば話し合いで改めていけばよい，と考えるニワトリたちのことである。結局ニワトリたちは人間にだまされてしまうので，「良識派」のニワトリたちの考えが本当に良識であるのかを読者に考えてもらうために，「　」が付けられている。アは「強引に主張を押し通した」，イは「最も優れているということを読者に強調する」，ウは「節度をわきまえた健全な判断である」がそれぞれ不適当。

(7)　Ⓗは一羽のニワトリが疑った通りに，人間はニワトリをだましてまんまと自分たちのものにしてしまったということである。人間がニワトリたちをだますのは，冒頭の場面の「ある日そこに人間が」で始まる一文から始まり，「こんなに」で始まる一文，「諸君が自由に」から続く3文，「とんでもない」から続く3文で描かれており，一番はじめは「ある日そこ」で始まる一文である。

やや難 (8)　「間違っているもの」を選ぶことに注意。本文は，ニワトリたちがもっともらしい「良識派」の考えによって人間の言うことを受け入れた結果，一羽のニワトリが疑っていた通りになってしまった話である。アは「特に意見の」以降が間違っている。イ，ウは筆者の主張と同じである。エは「社会的地位などが高い人間の言葉をすぐに受け入れてしまう」ことは読み取れないので間違っている。オは「一概に良識派が発信する情報というのは有害なもの」とは読み取れないので間違っている。

四　**(論説文ー大意・要旨・細部の読み取り，指示語，空欄補充，反対語)**

(1)　Ⓐは「ナイフやフォークやスプーン」のことで，「その形状から」ナイフであれば切るということ，フォークであれば料理にさすということ，スプーンであればスープなどをすくうこと，というように，それぞれの器具そのものがもつ，切ったりさしたりという具体的な機能のための道具である，ということである。

(2)　Ⓒは直後で述べられているように，人間の手指は箸のような食事道具を操ることができるようになっているため，箸は食事用具として理にかなっているということである。直後の「人間の手指は……なっている」の部分は32字で指定字数に合わないため，この部分と同様のことを述べている，冒頭の段落の「あたかも手の指の延長のように自由に操ることができる（25字）」の部分を抜き出す。

重要 (3)　Ⓓ前後で，現在の日本は世界のあらゆる料理を取り入れた食事様式になっているが，食様式によってスプーンやフォークがふさわしい用具であっても，やはり箸が中心の食様式になっていくと思われるのは，食様式が複雑になるほど数多くの食品の中から必要なものを取り出す機能においては箸が最もふさわしい食事用具であることを日本人は自覚しているからであることが述べられている。この内容の要旨として適当なのはウ。アの「ついていけない」は不適当。「日本を紹介」で始まる段落で，日本料理の調理には菜箸が使われ，食事に用いる箸は他の味と混じることなく味わえる特長を持つことが述べられており，「美しい見た目にこだわる日本食には必要不可欠」とは述べていないので，イも不適当。エも「使いづらい道具」「認めざるをえない」が不適当。

基本 (4) 「量」は容積や重さなど物が空間でしめる大きさのことで，対義語は実際の性質や内容という意味の「質(しつ)」。

(5) Ⓑは直前の内容(中国でフォーク状の餐叉が用いられたことがあること)とは相反する内容(あまり使われないまま姿を消したこと)が続いているので「しかし」が入る。Ⓕは直前の内容(日本料理の多くが魚介類の料理が専門であること)をふまえて成り立つこと(「包丁の冴え」が望まれたこと)が続いているので「すなわち」が入る。

やや難 (6) ① 二重傍線「伝統的な日本料理」のある段落前半で，伝統的な日本料理は「食品本来の持ち味を活かす」ように調理することが重視されたことが述べられている。 ② 「伝統的な日本料理」のある段落で，それぞれの食品の色や素材に合わせた煮方をした煮物を一つの器に盛る「炊き合わせ」のような料理が生まれたこと，日本料理の調理に使われる菜箸は器に姿よく盛り付けるのに適していること，食事に用いる箸は食品の個性を生かした繊細な味を他の味と混じることなく味わえること，が述べられている。この内容の要旨として適当なのはイ。アの「融合させ」以降，ウの「無駄をそぎおとした」は不適当。「中国では」で始まる段落で，中国でも箸を用いることが述べられているので，エの「日本独自の用具」も不適当。

五 (小説ー主題・情景・心情・細部の読み取り，空欄補充，ことばの意味，慣用句)

(1) Ⓐ直前に「自分を殴りつけてやりたいような」とあるので，エが適当。

(2) Ⓑの「漢」は「男」という意味で，「正義漢」は正義を重んじて行動する男性のこと。

(3) Ⓒは額の傷のことで，直後で描かれているように，年老いた猫をいじめていた中学生をやめさせようと，投げられてもけられても中学生に飛びかかってできた傷である。中学生が逃げ出すまで額がさけて血が流れても中学生に立ち向かっていき，猫を守ったことの名誉のあかしだと思っていたため，Ⓒのように思っている。アの「周囲にアピールできる」，イの「〈美音〉から勲章をもらった気がした」，エの「世間のイメージが自分にとっての自負につながっていた」がそれぞれ不適当。

(4) Ⓓはうっとりとしてしまりのない表情になっている様子である。最初の【中略】直後の場面の，「シリアスな顔」はまじめで真剣な様子の表情なので，Ⓓと対照的な表情である。

重要 (5) Ⓔ後の【中略】直前で，アメリカに行く美音がお別れに，記念に雄太にメモ帳をプレゼントしたかったことに雄太が気づいたことが描かれている。Ⓔ前後で描かれているように，猫がきっかけで話すようになり，仲良くなった雄太と美音を雄太の友人たちが面白半分に冷やかすようになったが，周囲に冷やかされてもお別れの記念にきちんと自分から別れと感謝を雄太に伝えてメモ帳をわたしたいと決心したことを，Ⓔは表している。アの「淡い恋心」，ウの「雄太の硬派なイメージがくずれても」，エの「雄太の優しさから卒業する」がそれぞれ不適当。

重要 (6) 2番目の【中略】後の場面の「本当のことを」で始まる段落で，雄太は美音のことをかわいいと思っていたが，女の子をそのように思う自分が「軟派な感じがして許せなく」てなんとも思っていないふりをしていたことが描かれている。Ⓕでも，美音からメモ帳を受けとって美音と仲良くするのは「軟派な感じがして許せなく」思えて，雄太はメモ帳を受けとれなかったのである。

(7) Ⓕ直後で描かれているように，雄太にメモ帳を受けとってもらえなかった美音は悲しい涙を浮かべて教室から出て行った。雄太は美音に話しづらくなり，美音も悲しい気持ちのままでいたので，雄太と目が合ってなにか言いたそうにしても，「泣きそうな顔」になってうつむくだけだったのである。

重要 (8)　Ⓗはあるはずのない美音のメモ帳が，コンビニのたそがれ堂にあった時の雄太の様子である。美音のメモ帳を受けとらずに美音を傷つけたことは事実で，その気持ちのままたそがれ堂にいるが，あるはずのない美音のメモ帳が店にあるという，起こりえない現実に直面して動揺し，Ⓗのようになっているので，イが適当。アの「不安になった」，ウの「恐怖を感じた」，エの「未来へと」以降がそれぞれ不適当。

(9)　Ⓘは直後の内容から，中学生がいじめていたのを，額に傷を負っても雄太がやめさせて守った年老いた猫であることが読み取れる。また「でもその日から」から続く3段落で，子猫をきっかけに話すようになった美音には猫好きであることがばれているので，ふたりだけで子猫の話をするのは大事な時間になっていたことが描かれている。雄太が年老いた猫を助けたり，美音の代わりに子猫を飼うことになったりする心やさしい少年であり，猫好きであるのは「ひとりのおじいさん」＝年老いた猫と美音だけが知っていることなので，最初の【中略】直後の場面の「猫好きで，かわいいものが大好きで，涙もろい心やさしい」という表現が，雄太の意外な人物像の説明になる。

基本 (10)　「狐に つままれ た」の「つままれる」は化かされること。狐に化かされたときのように原因や道理がわからず不思議な状態になることから。

やや難 (11)　3番目の【中略】直後の場面で，コンビニのたそがれ堂にいる雄太は，美音がお別れの記念に宝物の赤いメモ帳をくれようとしたのに，払いのけて受け取らなかったことを後悔していた。しかし，レジのお兄さんが「このコンビニは大事な探しものがある人がくる店だ」と話し，お兄さんに言われた通りの棚を見ると，あるはずのない美音のメモ帳があり，狐につままれた気分になりながらもメモ帳を持って家に帰っている。美音のメモ帳という大事な探しものを手に入れたため，大事な探しものがある人がくる店であるたそがれ堂には行きたくても行けなかった，ということである。たそがれ堂がどのようなコンビニであるかをしっかり読み取って説明していこう。

★ワンポイントアドバイス★

小説や物語文では場面ごとの読み取りとともに，お話全体の設定や主題など，部分と全体の両方をながめながら読み進めていこう。

MEMO

大切なことはメモしておこうネ！

データ対応

収録から外れてしまった年度の
問題・解答解説・解答用紙を弊社ホームページで公開しております。
巻頭ページ＜収録内容＞下方のQRコードからアクセス可。

※都合によりホームページでの公開ができない内容については，
次ページ以降に収録しております。

(6) ――Ⓕ「わたしの理想にかなう人」とありますが、この女性が心から思う理想の人物とはどんな人ですか。

ア　下等な職業の人　　イ　高貴な家柄の人

ウ　身分の低い人　　エ　出世欲の高い人

(7) ――Ⓖ「よろしかったら、ご一緒に」という青年の提案を女性はこの後断ります。その理由を次の中から選びなさい。

ア　自分のついたこれまでのうそがばれてしまうのをおそれたから。

イ　この青年が好みでなく、これ以上ついてこられても迷わくだから。

ウ　自分の出自である高貴な家柄が具体的にわかっては困るから。

エ　これからちがう用事があり、そのため車に乗る必要がないから。

(8) Ⓗ に入る言葉を選びなさい。

ア　あわてた　　イ　おこった

ウ　気どった　　エ　うれしそうな

(9) ――Ⓘ「下手」の本文中での読みを答えなさい。

(10) ――Ⓙ「そのあとに腰をおろしたのが灰色のドレスの女であった」とありますが、この展開が暗示されている最初の一文を本文中から探し出し、はじめの五字を書きぬきなさい。ただし、句読点も一字とします。

(11) ――Ⓚ「しばらくのあいだ決心がつきかねたように」とありますが、この「決心」とはどのようなものですか。

ア　彼女の不思議な行動をとがめようという決心

イ　彼女の思いに応えてあげようという決心

ウ　彼女の正体をあばいてやろうという決心

エ　彼女のことをあきらめようという決心

(12) この「自動車を待つ間」という作品の作者であるO・ヘンリは「賢者の贈り物」や「最後の一葉」で知られるとおり、作品の結びに思わぬ結末をもたらすことでも有名です。この物語の思わぬ結末とはどのようなものですか。三十五字以上四十字以内で答えなさい。

文字がついていますでしょう？　では、もう一度、さようなら」

足早に、Ⓗようすで彼女は夕闇の中へ歩き去った。青年がその美しい姿に見とれていると、彼女は公園の外れの舗道まで行き、そこから舗道に沿って自動車が置いてある角のほうへ歩いて行った。彼は、彼女との約束を裏切って、躊躇なく、公園の木立や灌木の植込みの中を、彼女が進むのと平行に、その姿を見うしなわぬよう見えがくれにつけはじめた。

彼女は角のところまで行くと、ちらと横を向いて自動車に一べつをくれると、そのまま自動車のわきをすりぬけて、どんどん通りを横ぎって行った。折よくとまっていた車のかげにかくれて、青年は、じっと彼女の行動を見まもった。公園の向う側の歩道をⒾ下手へ歩いて行くと、彼女は、例のきらびやかな電飾看板がかかっているレストランへはいって行った。そこは、よくそのへんで見られるあのけばけばしいレストランの一つで、店内は、白ペンキを塗りたくり、鏡が飾ってあって、安直に、しかもちょいと豪奢な気分で食事のできる店だった。女はレストランの一番奥の部屋へはいって行ったかと思うと、帽子とヴェールをぬいで、すぐにまた出てきた。

出納係の机は入口のすぐ近くにあった。それまでそこに腰かけていた赤毛の若い女が、腰かけから降りてきたが、降りながら、あてつけがましく掛時計にちらと目をやった。Ⓙそのあとに腰をおろしたのが灰色のドレスの女であった。

青年は両の手をポケットに突っこんで、ゆっくりと歩道をひきかえして行った。街角で彼の足は、そこに落ちている小型の紙表紙の本を蹴とばした。本は芝生のところまでとんで行った。表紙の絵で、さっき女が読んでいた本だとわかった。彼は何気なくそれをひろいあげて見た。本の題は「新アラビア夜話」――作者はスティヴンソンという名であった。彼はそれをもとの草の上に放り投げ、Ⓚしばらくのあいだ決心がつきかねたように、そのへんをぶらぶらしていた。やがて、そこにおいてあった自動車に乗りこみ、クッションによりかかると、運転手に向って、ふたことだけ言った。「アンリ、クラブへ」

（O・ヘンリ「自動車を待つ間」新潮文庫『O・ヘンリ短編集』㈠）

＊欣然…よろこんで物事をするさま

⑴　――Ⓐ「あなた方」とありますが、これはどのような人たちのことですか。具体的に言っている部分を本文中から八字で書きぬきなさい。

⑵　――Ⓑ「なれなれしい態度」とありますが、青年のなれなれしさをよく表した言葉を本文中から一語で書きぬきなさい。

⑶　――Ⓒ「青年は遠慮勝ちに訂正した」とありますが、これは青年のどのような立場を反映したものですか。――Ⓐから――Ⓒの間の本文中から一語で書きぬきなさい。

⑷　――Ⓓ「それこそ単調そのものですわ」とありますが、彼女が物語る生活ぶりとはどのようなものですか。

ア　満ち足りた生活の中で、何不自由なく生活している。

イ　だれもがうらやむ生活の中で、実は貧乏な生活をしている。

ウ　質素な中であっても、向上心を持って生活している。

エ　周囲をあざむきながらも、自分をつらぬいて生活している。

⑸　Ⓔに入る言葉を選びなさい。

ア　青年への好意　　イ　現実社会の厳しさ

ウ　周囲への憧れ　　エ　二人の身分の相違

眼(まな)ざしで、さぐるように彼を見た。

「あなたはどんなお仕事をしていらっしゃいますの、パーケンスタッカーさん？」と彼女はきいた。

「たいへん下等な職業です。しかし、ぼくは出世を望んでいます。さっきあなたは、身分の低い男でも愛することができるとおっしゃいましたが、あれは本気なのですか？」

「ええ、本気ですわ。でも、わたしは、『かもしれない』と申したのですわ。だって、いまは大公のこともあるし侯爵のこともありますもの。でも、どんな職業でも卑(いや)しすぎるということはないはずですわ、Ⓕわたしの理想にかなう人でしたら」

「ぼくはいまレストランで働いているのです」とパーケンスタッカー君は、はっきりと言った。

女は、ちょっとたじろいだようであった。

「給仕(きゅうじ)としてではないでしょうね？」と彼女は、やや哀願(あいがん)するように言った。

「労働は神聖ですわ、でも——従僕(じゅうぼく)とか——給仕とか——」

「ぼくは給仕ではありません。出納(すいとう)係をしているんです」——真向いの、公園の反対側に接した大通りに、「レストラン」と綴(つづ)られた、きらびやかな電飾(でんしょく)看板が光っていた。——「あすこに見えるあのレストランの出納係をしているんです」

女は、左の手首の、きれいな飾りのついている腕環(うでわ)にはめこまれた小さな時計をのぞき、あわてて立ちあがった。そして、腰のあたりで手にもっているけばけばしいハンドバッグに例の本を突っこんだ。しかし、そのハンドバッグには、いささか本が大きすぎた。

「なぜ、今日はお勤めをしていらっしゃらないのですか？」と彼女はきいた。

「今日は夜勤なのです」と青年は答えた。「勤務時間までに、まだ一時間あります。もう一度お会いできないでしょうか？」

「わかりませんわ。多分お会いできると思います——でも、二度とこんな気まぐれを起すことはないかもしれませんわ。とにかく、急いで行かなければなりません。晩餐会がありますし、それからお芝居へ行かなければなりません——ああ、毎日毎日、同じことのくり返しですわ！　きっとあなたは、ここへいらっしゃるとき、公園の向うの入口においてある自動車にお気づきになったと思いますけれど——白い車体の自動車ですわ」

「車輪の赤い車ですね」と青年は考えこむように眉(まゆ)を寄せてききかえした。

「そうですわ。わたしは、いつもあれでまいりますの。あすこで運転手のピエールが待っているのです。ピエールは、わたしが広場の向うの百貨店で買物をしていると思っているのですわ。自分の運転手までだまさなければならないような束縛(そくばく)された生活をご想像くださいな。では、さようなら」

「もうだいぶ暗くなりました」とパーケンスタッカー君は言った。「公園には無法者がたくさんいます。Ⓖよろしかったら、ご一緒(いっしょ)に——」

「わたしの気持を、すこしでも尊重してくださるおつもりがあったら」と女は、きっぱりした口調で言った。「わたしが立ち去ってから十分間だけ、このベンチを離(はな)れないでくださいな。あなたをとがめるつもりはございませんけれど、自動車には、たいてい、その持主の名前の組合せ

「わたしはそんなことは、考えませんわ」と女は言った。「わたしはそれほど詮索好きではありません。わたしがここへきて、こうして腰かけているのは、人間の偉大な、共通の、いきいきした心に、曲りなりにもふれることができるのは、ここだけだからですわ。わたしにふりあてられた人生劇での役割は、そういういきいきした動きがすこしも感じられないところにあるのです。なぜわたしがあなたに言葉をおかけしたか、その理由がおわかりになりますか、ミスター・――?」

「パーケンスタッカー」と青年はその後に自分の名をつけ足した。ここで彼は熱烈な希望にみちた表情になった。

「おわかりにならないでしょう?」と女は、ほっそりした指を一本立てて、かすかに笑った。「でも、すぐにおわかりになりますわ。新聞や雑誌に名前を出さずにおくことなど、とうていできませんものね。写真だってそうですわ。こうして小間使のヴェールと帽子をかぶっているからこそ、どうにか身分をくらまして外出することができるのですわ。あなたにお見せしたいくらいですわ、うちの運転手が、わたしが気がつかないと思って、わたしのこのお忍びの外出姿を、あきれたように見ていたようすを。うち明けて申しますと、もっとも高貴な家柄を示す姓が五つか六つありますけれど、わたしの姓は、生れながらにして、その一つなのですわ。わたしが言葉をおかけしたのも、スタッケンポットさん――」

「――パーケンスタッカーです」と©青年は遠慮勝ちに訂正した。

「――パーケンスタッカーさん、せめて一度でも、自然のままの人間と――いやしい富の虚飾や、はかない社会的な優越などに汚されてない人とお話がしたかったからですわ。おお! わたしが、どんなにうんざりしているか、あなたにはおわかりにならないでしょう――金、金、金! ほんとにうんざりしますわ。それに、わたしの周囲の人たちにしても、みんな同じ型につくられた、くだらない操り人形が踊っているようなものなのです。娯楽も、宝石も、旅行も、社交も、あらゆる種類の贅沢も、もうほとほといやになりましたわ」

「ぼくは、いつも思っていたんです」と青年は、躊躇しながらも、勇気を出して言った。「お金というものは、さぞかしすばらしいものだろうと」

「過不足のない財産、それが一番のぞましいと思いますわ。何百万とあってごらんなさい、そうしたら――」彼女は絶望的な身ぶりで結論した。

「Ⓓそれこそ単調そのものですわ」そして、彼女はまた言葉をついだ。

「つくづくいやになりますわ。ドライブ、正餐会、お芝居、舞踏会、晩餐会、しかもそれが、どれもこれも、あり余るほどのお金で飾りたててあるのですもの。どうかすると、シャンパン・グラスのなかで鳴るあの氷の音を聞いただけで、頭が変になることがありますわ」

> 女性はこの後、上流階級の華やかな世界の話を続け、ドイツの とある公国の大公とイギリスの侯爵から求婚されていると話す。

「なぜ、こんなことを、あなたにお話しせずにはいられないのか、おわかりになりますか、パッケンスタッカーさん?」

「パーケンスタッカーです」と青年は小さな声で訂正した。「ほんとうに、ぼくがあなたのご信頼を、どんなにありがたく思っているか、あなたにはおわかりにならないでしょう」

女は、いかにも［Ⓔ］を示すのに適した、落ちついた、非人間的な

四　※問題に使用された作品の著作権者が二次使用の許可を出していないため、問題を掲載しておりません。

五　次の文章を読み、あとの問いに答えなさい。

> 夕方の公園でいつも読書をする美しい女性と、その女性に好意を持ちつつも遠くから眺めている青年。ある日青年は彼女が不注意で落とした本を拾い上げ、初めて彼女に声をかけた。その日の彼女の服装は帽子にヴェール、そして灰色のドレスであった。

女は、ゆったりと彼を眺めまわした。平凡な、きちんとした服装、表情にも、とり立てていうほどの特徴のないのが特徴となっている容貌である。

「よろしかったら、おかけになってもかまいませんことよ」と彼女は張りのある、おっとりとしたアルトの声で言った。「ほんとうは、おかけになっていただきたいのですわ。本を読むには、もう暗すぎますもの。お話をしたほうがよろしいのです」

幸運に仕える下僕は＊欣然として彼女のかたわらに腰をかけた。

「おわかりでしょうか」と彼は、公園で行われる集会の議長が開会の言葉をいうときの例の紋切型の言葉を用いて言った。「ぼくは、ずいぶん女のひとを見てきましたが、あなたほど、ほんとうにうっとりするようなひとは見たことがないということが？　ぼくは昨日も、あなたに注意をひかれておりました。あなたのその美しい目に、一人の男がふらふらになってしまったことなど、おまえさんは、ごぞんじないと思います」

「あなたがどういうお方か存じませんけれど」と女は冷やかな口調で言った。

「お忘れになってはいけませんわ、わたしがレディだということを。でも、たったいま、あなたがおっしゃったおまえさんという言葉は大目にみてあげますわ。まちがいではあっても、それほど不自然なまちがいではないでしょうから――Ⓐあなた方のあいだではね。おかけくださいと、わたしは申しあげましたけれど、そのために、わたしに向ってそんななれなれしい言葉を使うのでしたら、いまのお誘いは取消しますわ」

「心から失礼をおわびいたします」と青年は詫びた。さっきまでの満足の表情は後悔と恥ずかしさの表情に変っていた。「ぼくが悪かったのです、ほんとうは――つまり、公園にはいろいろな女がいますので――それで――むろん、あなたはご存じないでしょうけれど――」

「そのお話は、どうぞもうやめてくださいな。むろん、わたしにはわかっていますわ。それよりも、わたしに教えてくださいな、あちこちの小径をぞろぞろ通ってゆく人たちのことを。あの人たちは、どこへ行くのかしら？　なぜ、あのように急ぐのかしら？　あの人たちは幸福なのかしら？」

青年は、たちまちそれまでのⒷなれなれしい態度をかなぐり捨てた。いまや自分の役割は、完全に受身であるとさとったからである。しかし、どういう演技を期待されているのか、彼には見当がつかなかった。

「あの人たちを見ていると面白いですね」と彼は相手の気持にさぐりを入れながら答えた。「これこそすばらしい人生劇です。夕食をとりに行く人たちもいるし、また――その――どこか別のところへ行く人もいる。あの人たちは、いったいどういう過去をもっているのでしょうかね？」

あめ玉は上のおさとうがとれて
少しべたついたまま　ふくろにもどり
山みちをはるばる　それをかえしにゆく
しゃぶりかけも入ったまま先方にもどし
さて　祖母はその家を出る
かえりにお菓子屋へよって同じあめ玉をかう
「なめてもいいの？　かえさないの？」
と　Ⓐ　しゃぶりはじめ
さっきのあめ玉と　このあめ玉と
どうちがうのか　Ⓑさっぱり判らない
物をもらうと「わいろ」になるのだと
ただそれだけをききかけて走ってゆく
海風をふくれた　頬にうけて
「わいろ」のあめ玉だって甘かったとふと思う。
私の祖父は　Ⓒ　であった。
息子がお世話になりましてと、
たとい　とうもろこしを焼いてもって来ても
祖母は叮嚀にそれをかえすのであった。

（川崎洋『すてきな詩をどうぞ』筑摩書房）

(1)　Ⓐ　に入る言葉を答えなさい。

ア　真意を聞き返して　イ　念を押して
ウ　根を詰めて　エ　地団太を踏んで

(2)　――Ⓑ「さっぱり判らない」について、このときの〈私〉の心情として適当なものはどれですか。

ア　困惑　イ　期待　ウ　遠慮　エ　失望

(3)　Ⓒ　に入る言葉を答えなさい。

ア　お医者さん　イ　判事さん　ウ　職人さん　エ　地主さん

(4)　左はこの詩を説明した文章です。以下の問いに答えなさい。ただし、Ⓒ　には(3)で答えたものが入ります。

この詩は、〈私〉がある客から「あらぁ、かわいいねぇ。これをあげましょう。」などと言われてあめ玉を一袋もらったところから始まる。嬉しくて何も考えずに〈私〉が砂糖部分をしゃぶり始めたところを、祖母がやって来て客へ返しに行くという話だ。祖母との思い出の一コマをただ回想しただけのように思われるが、たとえ幼い孫が　Ⓓ　と知らずに受け取ったものでも、何とかして先方に返すという、Ⓒ　を夫にもつ　Ⓔ　あふれるⒻ祖母の強い信念が感じられる。この祖母の行動は、人としてあるべき姿・根源的な指標を幼い〈私〉に教えるためでもあったのかもしれない。

①　Ⓓ　に入る言葉を詩中から書きぬきなさい。

②　Ⓔ　に入る言葉を答えなさい。

ア　正義感　イ　危機感　ウ　優越感　エ　罪悪感

③　――Ⓕ「祖母の強い信念」が特に表れている部分を詩中から三十字以上三十五字以内で見つけ、はじめと終わりを三字ずつ書きぬきなさい。

る）霊力のある星座として信仰を集めていました。ほかの星座についても四季折々の位置の変化を細やかに読み取っていました。

腕時計も天気予報もなく、天然自然の変化を身体全体をアンテナとして察知したのは超能力でもなんでもない、ごく当たり前のことでした。けれど、今の私たちのアンテナはすっかり錆びてしまい、既製のデータなしには一日の行動を決定できずにいるのです。我々の日常に不可欠な腕時計は、江戸人から見れば「Ⓕ時の手鎖」と見えるかもしれません。〔エ〕

（杉浦日向子『お江戸風流さんぽ道』小学館文庫）

＊木戸　町の境界に設けた防犯のためのゲート

＊木戸番　木戸の守衛

(1) 次の文は〔ア〕～〔エ〕のどの位置に入りますか。

彼らは、決まった時刻に決まったコースを毎日巡るので、在宅の人は売り声を聞いて、今何時か知ることができましたし、来るはずの時刻に来なければ、じきに雨が降ると察しました。

(2) ――Ⓐ「一斉に通勤・下社という集団移動は稀だった」のはなぜですか。

ア　町人たちの時間に対する感覚がとてもゆるかったから。

イ　それぞれの仕事によって働く時間帯に差があったから。

ウ　現代に比べると、自宅で仕事をする人が多かったから。

エ　当時は個人の意識が強く、集団で行動しなかったから。

(3) ――Ⓑ「各町内は一部の木戸を閉めます」という理由を本文中から十三字で探し、はじめと終わりの三字を書きぬきなさい。

(4) ――Ⓒ「腕に気合を入れる職人衆」とはどういうことですか。

ア　自分の仕事に対しては高いプライドを持っている職人たち

イ　気が短くてけんかっ早く、とても威勢のよかった職人たち

ウ　時間に対してはルーズでも、高い技術力を持った職人たち

エ　これから始まる一日の仕事に気持ちを高めていく職人たち

(5) ――Ⓓ「風向きや湿気、雲行きなどによる仕入れの判断」について、なぜこのような判断をするのですか。「…するから」に続くように、本文中から十七字で探し、はじめと終わりの三字を書きぬきなさい。

(6) ――Ⓔ「雲行きが怪しい」という慣用句と同じ意味になるように、次の（　）に入る語をひらがな三字で答えなさい。

（　　　）な予感がする。

(7) ――Ⓕ「時の手鎖」とはどのような意味ですか。

ア　自然現象を的確にとらえる、超能力とも思える憧れのもの

イ　一見不必要にも思えるが、自然の変化を細やかに読み取る便利なもの

ウ　時をわがものとし、自然と人間を結びつけ美しく飾ってくれるもの

エ　自然の流れの中での生活に反し、自分たちをしばりつけるもの

三

次の詩を読み、あとの問いに答えなさい。

あめ玉　　竹内　てるよ

来客のもって来て私にくれたあめ玉を
もらって　しゃぶったばかりを祖母に呼ばれ
それを口から出されてとられてしまう

【国　語】（五〇分）〈満点：一〇〇点〉

【注意】句読点や「　」も一字とします。

一　次のカタカナを漢字に直しなさい。

(1) 彼女の才能がハッキされた
(2) 夜中に床にツく
(3) それではスジが通らない
(4) 明るくホガらかな性格
(5) イサギヨい決断
(6) お年玉をチョキンする

二　次の文章を読み、あとの問いに答えなさい。

時計を持たない庶民の暮らしには、朝、昼、夕方そして夜の区別で十分でした。起床時間も職種でバラバラ、食事は定時ではなく空腹時にとります。自営業ならば日によっても労働時間が違い、季節によって職種を変える人も多く、フリーターに近い世渡りが奇異ではありませんでした。Ⓐ一斉に通勤・下社という集団移動は稀だったのです。

引け四つ（夜の十時前後）にⒷ各町内は一部の＊木戸を閉めますが（すべての木戸が閉められたわけではありません）、あらかじめ＊木戸番に「今日は遅いよ」とひと声かけておけば、通れます。本来は、町を区切る木戸を閉めたあとは通行が規制されます。これにより不審者の夜間通行を阻止することができました。かといって夜遊びがかなわないのかといえば、大丈夫。町内の住人であると日頃からはっきり知られていれば「顔パス」でオーケー。とはいえ、度重なれば、「また、おまえか」と呆れられるのは必至です。門限破りもほどほどにということです。

時間ばかりか、江戸には曜日もなかったので、週休はなく、土日・平日の別もありません。盆と正月以外に公の休日は定められていませんから、連休に行楽地がごった返し、道が大渋滞するということもありません。休日の多くは、その家の忌日（供養すべき命日）などの個々の事情により、いっせい共通の休暇に振りまわされないマイペースの予定を組むのも自在でした。〔ア〕

江戸城の近くに住んでいる人の中には、登城と下城を知らせる城の太鼓を営業時間の目安にする人もいました。登城する侍の袴の衣擦れのシュッシュッという音を聞いて、Ⓒ腕に気合を入れる職人衆もいたことでしょう。〔イ〕

外で仕事をするほど、お天道様すなわち時刻の推移に敏感です。例えば、天秤棒の前後の籠に商品をぶら下げて売り歩く「振り売り」は、空を見て仕事をします。晴れならば長く稼ぎ、雨だと早じまい。気分の問題もありますが、天気に対して感覚が鋭く、Ⓓ風向きや湿気、雲行きなどによる仕入れの判断も的確です。「Ⓔ雲行きが怪しいから、少なめに仕入れて手前で切りあげよう」という具合で、空の荷を持ち帰って長屋の戸を閉めたとたん、雨がザーッと降るなんてことも珍しくないとか。〔ウ〕

時計も曜日もなかった江戸ですが、五感で感じる時の流れには敏感です。太陽の位置で時刻を知り、月の位置で日にちを知り、星を見て季節の移ろいを読み取ります。江戸の人の月への関心は深く、月の微妙な欠け方の違いを、「十六夜」「十七夜」などと風雅に呼び分けています。星については、北斗七星は古くから知られており、（一年中天空に見られ

ウ　リテラシーの平均化によって、人々がまるで同じような表現をしているから
エ　リテラシーの無力化によって、人々の感情表現の方法が貧困化しているから

(4)　「ことばのダシのとりかた」について、あとの問いに答えなさい。
①　――Ⓒ「言葉を正しく削ってゆく」作業、Ⓓ「厚みのある意味をえらぶ」作業の裏づけに必要なことは何ですか。本文中から五字で書きぬきなさい。
②　［Ⅲ］に入る適語を本文中から二字で書きぬきなさい。
③　――Ⓔ「自分の言葉」を得るためには、さまざまな工程が必要であると書かれていますが、これは、「言葉」がどのようなものだからですか。「［　］もの」に続くように本文中から四十字以上四十五字以内で探し、はじめと終わりを三字ずつ書きぬきなさい。

(5)　［Ⅳ］に入る適語を選びなさい。
ア　けれども　イ　つまり　ウ　だから　エ　なぜなら

(6)　次の文章は、――Ⓕ「そうした新しい～という感覚がのこる」を説明したものです。［①］～［③］にあてはまる適語を本文中から探し、書きぬきなさい。ただし、すべて漢字二字が入ります。

> 我々の技術は、［①］を［②］することや多くの便益を得ることと引きかえに、［③］を失ってしまっているのかもしれない。そのことにうすうす気づきながらも、我々は日々の生活を送っている。

(7)　この文章の内容と一致（いっち）するものを選びなさい。
ア　技術革新が進んだ社会では、人は多くの経験をもとに素早く判断し、効率的に必要なものを選び取る必要がある。
イ　平安時代の心のやりとりは素晴らしく、賞賛に値するので、現代でもそれを継承（けいしょう）して取り組んでいくのが望ましい。
ウ　人は、非日常的・非効率的なものの中から得られるものが数多いことを分かっていながら、利便性を追求している。
エ　日々の習慣における多くの失敗や後悔の中からリテラシーというものは洗練され、表現の多様性につながっている。

鍋が言葉もろともワッと沸きあがってきたら
火を止めて、あとは
黙って言葉を漉しとるのだ。
言葉の澄んだ奥行きだけがのこるだろう。
それが言葉の一番ダシだ。
言葉の本当の味だ。
だが、まちがえてはいけない。
他人の言葉は［Ⅲ］にはつかえない。
いつでもⒺ自分の言葉をつかわねばならない。

そうした「言葉のダシのよく効いた」日々のリテラシー、読み書き能力が、わたしは、人それぞれにとっての文化というものだろうと考えています。効率と便益を生みだすものが技術だとすれば、文化というのはずっと非効率で、そうすることがいいと思うからそうするといったくらいの便益しかもたらさない。［Ⅳ］、人の生き方の姿勢をつくるものはそうした日々の習慣としての文化だろうと思っています。習慣をつくりだすのが文化です。

次から次へ新しい便益の高いものが世に出て、すぐまた消えてゆきます。Ⓕそうした新しい便益の高いものに次々に手をだしながら、しかし、ふりかえって、その賑やかさのなかに、何かが決定的に欠けているという感覚がのこる、ということを、もうずっと繰り返しているような感じがします。けれども、どこか「言葉の本当の味」が感じられないというような日々がまだまだつづくような気もします。

（長田弘『なつかしい時間』岩波書店）

【語注】
1　リテラシー…読み書きの能力や、それを活用する能力
2　ヴォキャブラリー…語彙　本文では、日本語の単語全体をさす
3　呵呵大笑…大声でからからと笑うこと

(1)　――Ⓐ「そういうもの」とはどのようなものですか。「［　］もの」に続くように十五字以上二十字以内で、本文中の語を使って説明しなさい。

(2)　［Ⅰ］・［Ⅱ］にあてはまる組み合わせとして最も適当なものを選び、記号で答えなさい。
ア　Ⅰ容易に　Ⅱ難しく　　イ　Ⅰゆたかに　Ⅱ貧しく
ウ　Ⅰ明瞭に　Ⅱ不明瞭に　エ　Ⅰ積極的に　Ⅱ消極的に

(3)　――Ⓑ「すぐにあからさまな表情をもつ絵文字にたよるようになった」のはなぜですか。
ア　リテラシーの無表情化によって、人々の喜怒哀楽がはっきりしなくなったから
イ　リテラシーの無個性化によって、人々が間合いをとることが苦手になったから

ぐにあからさまな表情をもつ絵文字にたよるようになったのも、いまわたしたちのもつ言葉がそれだけ表情をなくした言葉になっている、その渇きのせいなのかもしれません。

技術革新というものの命題は、時間を短縮するということです。ところが、リテラシー、読み書き能力というものは習得によって、習熟によって、ながく時間をかけてしか得られない、そういうきわめて日常的な性質をもっています。日々の習慣となってはじめて得られる、そういうリテラシー、読み書き能力によって人が手に入れるのは経験と判断です。その経験と判断は、失敗や後悔のような苦い経験や間違いからみちびかれることも少なくありません。

そういうリテラシー、読み書き能力のありようについて、わたしは「ことばのダシのとりかた」という詩を書いたことがあります。（略）

かつおぶしじゃない。

まず言葉をえらぶ。

太くてよく乾いた言葉をえらぶ。

はじめに言葉の表面の

カビをたわしでさっぱりと落とす。

血合いの黒い部分から、

Ⓒ言葉を正しく削ってゆく。

言葉が透きとおってくるまで削る。

つぎに意味をえらぶ。

Ⓓ厚みのある意味をえらぶ。

鍋に水を入れて強火にかけて、

意味をゆっくりと沈める。

意味を浮きあがらせないようにして

沸騰寸前サッと掬いとる。

それから削った言葉を入れる。

言葉が鍋のなかで踊りだし、

言葉のアクがぶくぶく浮いてきたら

掬ってすくって捨てる。

ア　せっかくの画題をみすみすあきらめるのはいやだったから
イ　このチャンスをのがすとチョーク画にチャレンジする機会を失ってしまうから
ウ　またしても志村に自分がまかされたような気持になってしまうから
エ　自分がすこしの勇気さえ持てば志村と仲良くできると思ったから

(9)　Ⓙに入る、「自分」の一言を次の中から選びなさい。
ア　今日でぼくはずいぶんチョーク画についてわかったよ。
イ　次の展覧会では君よりも良い画を出品するさ。
ウ　もはやぼくの画は君には勝てないさ。
エ　コロンブスはよく出来ていたね、ぼくはおどろいちゃった。

五　次の文章を読み、あとの問いに答えなさい。

平安時代の宮廷を舞台とする恋愛物語を読んでいたら、心のやりとりというのは全部歌をとどける、そのお返しをする、気に染まなかったら歌なしで何も記さず、山吹の薄葉に、カワラナデシコの花一輪だけ、使いにもたせてやる。そんなやりとりの繰り返しがそのまま物語になってゆきます。そういう心のやりとりをする習慣が、その時代の文化でした。そういう習慣をささえたものは何だったかと言えば、歌を詠み、歌を送る、返すという確かな注1リテラシー、読み書き能力です。

文化が習慣になるのに決定的な力となってきたものが、リテラシー、読み書き能力の確かさでした。心のやりとりの道具が、郵便、手書きの手紙、ワープロの手紙、電話、携帯電話、FAX、パソコンのメール、携帯メール、多々さまざまになったままの、いまはどうでしょうか。そうした道具、機器は、時代のリテラシー、読み書き能力をどれだけ確かにするものとなっているかということを考えるのです。

いま、実に多様なコミュニケーションの道具、ツールをわたしたちにもたらしてきたもの、もたらしているものは、技術であり、たゆみない技術の革新から、たゆみない道具の変化がもたらされ、それがたゆみなく新しい状況を次から次にもたらしているのにもかかわらず、それらのきわめてすばやい技術の展開によってひろくもたらされてきたのは、習熟の欠如です。技術を習熟するということがなくなった、あるいは習熟することが必要とされなくなった。

経験知というもの、経験して知るということが大切なことでなくなった。できるかできないかは、それは道具の能力の問題であって、もうそれぞれの人の能力の問題ではなくなっています。そう言ってよければ、人の能力を問う必要がなくなった。そういうふうになってきています。技術というものはⒶそういうものであり、そのことによってわたしたちがどれほど多くの便益を得てきたかは言うまでもないことなのですが、一つだけどうしてもまずいことがのこったままになった。それはリテラシー、読み書き能力の無表情化、無個性化、平均化、そしてその結果としての無力化です。

携帯電話やFAXやパソコンのメールや携帯メールが、言い回しや注2ヴォキャブラリーを［Ⅰ］するのでなく、逆に、ニュアンスや表情をどれほど［Ⅱ］してきたか、ということを考えます。笑うは爆笑で、破顔一笑も注3呵呵大笑もない。わかったは了解で、合点も承知もない。頃合や時分を計るということもなく、なにより間や間合をとることが、人と人のあいだに、いつかなくなりました。メールなどで、Ⓑす

心はまったく消えてしまい、かえって彼が可愛くなってきた。そのうちに書き終わったので、

「できた、できた！」とさけぶと、志村は自分のそばに来たり、

「おや君はチョークで書いたね」

「初めてだからまるで画にならん、君はチョーク画を誰に習った」

「そら先だって東京から帰ってきた奥野さんに習った。しかしまだ習いたてだから何にも書けない」

「　Ⓙ　」

それから二人は連れ立って学校へ行った。この以後自分と志村はまったく仲がよくなり、自分は心から志村の天才に服し、志村もまた元来がおとなしい少年であるから、自分をまたなき朋友として親しんでくれた。二人で画板をたずさえ野山を写生して歩いたことも幾度か知れない。

まもなく自分も志村も中学校に入ることとなり、故郷の村落をはなれて、県の中央なる某町に寄留することとなった。中学に入っても二人は画を書くことを何よりの楽しみにして、以前と同じく相伴うて写生に出かけていた。（国木田独歩「画の悲しみ」岩波文庫『日本児童文学名作集』上）

【語注】　1　さなきだに…そうでなくてさえ　2　四、五十間…約百メートル

(1)「Ⓐこそものの Ⓑ（なれ）」について、それぞれの空らんに二字ずつの言葉を入れ、ことわざを完成させなさい。

(2) ――Ⓒ「天性好きな画では全校第一の名誉を志村という少年にうばわれていた」とありますが、「自分」が志村をライバル視する一方で、志村も「自分」のことを意識しているのが分かる一文を探し、はじめの五字を答えなさい。

(3) ――Ⓓ「塁を摩そう」とはどのような気持ちですか。

ア　いつの日か周囲から良い評価をもらおうという気持ち
イ　どうにかして志村に画の実力で上回ろうという気持ち
ウ　画以外の実力ではすべて上回っているので満足する気持ち
エ　自信のある画でも勝つことができずにくやしく思う気持ち

(4) ――Ⓔ「こどもながらも自分は人気というものをにくんでいた」とありますが、それはなぜですか。

ア　人気が増すと画の出来がますますよくなっていくから
イ　人気が画の出来以上に作者の評価を定めるから
ウ　人気は勉学の成績とは関係なく、画の出来だけで決まるから
エ　人気は人の思いではなく、勉強と画の両方の成績から決まるから

(5) ――Ⓕ「不公平な教員や生徒」のうち、「生徒たち」を指す表現を本文中から七字で書きぬきなさい。

(6) ――Ⓖ「一見自分はまず荒肝を抜かれてしまった」とありますが、それはなぜですか。次の説明文の（　）に入る語句を本文中から書きぬきなさい。

自分と志村の画のできばえは（①）と（②）という歴然とした差があったから

(7) Ⓗ方□方 には四字熟語が入ります。それぞれ適切な漢数字を入れて、四字熟語を完成させなさい。

(8) ――Ⓘ「さりとて引返えすのはなおいやだし」と感じたのはなぜですか。

きたので、いつかそこに臥(ね)てしまい、自分は蒼々(そうそう)たる大空を見上げていると、川瀬(かわせ)の音がそうそうとして聞こえる。若草を薙(な)いでくる風が、得ならぬ春の香を送って面(かお)をかすめる。いい心持ちになって、自分はしばらくじっとしていたが、突然(とつぜん)、そうだ自分もチョークで画いてみよう、そうだという一念に打たれたので、そのまま飛び起き急いで宅に帰り、父の許しを得て、すぐチョークを買い整え画板を提(ひっさ)げすぐまた外に飛び出した。

このときまで自分はチョークを持ったことがない。どういう風に書くものやらまるで不案内であったがチョークで書いた画を見たことはたびたびあり、ただこれまで自分で書かないのはとうていまだ自分どもの力におよばぬものとあきらめていたからなので、志村があのくらい書けるなら自分もいくらかできるだろうと思ったのである。

再び先の川辺へ出た。そしてまず自分の思いついた画題は水車、この水車はその以前鉛筆で書いたことがあるので、チョークの手始めに今一度これを写生してやろうと、堤(つつみ)をたどって上流の方へと、足を向けた。

水車は川向こうにあってその古めかしいところ、木立の繁(しげ)みに半ばおおわれている按排(あんばい)、蔦葛(つたかずら)がはいまとうている具合、こども心にもおもしろい画題と心得ていたのである。これを対岸から写すので、自分は堤を下りて川原の草原に出ると、今まで川柳(かわやなぎ)の蔭(かげ)で見えなかったが、一人の少年が草のうちにすわってしきりに水車を写生しているのを見つけた。自分と少年とは注2四、五十間(けん)へだたっていたが自分は一見して志村であることを知った。彼は一心になっているので自分の近づいたのに気もつかぬらしかった。

おやおや、彼奴が来ている、どうして彼奴は自分の先へ先へとまわるだろう、いまいましい奴だと大いにしゃくにさわったが、①さりとて引き返すのはなおいやだし、どうしてくれようと、そのままつっ立って、志村の方を見ていた。

彼は熱心に書いている。草の上に腰(こし)から上が出て、その立てたひざに画板が寄せかけてある。そして川柳の影(かげ)が後ろから彼の全身をおおい、ただその白い顔の辺りから肩先(かたさき)へかけて楊(やなぎ)をもれたうすい光がおだやかに落ちている。これはおもしろい、彼奴を写してやろうと、自分はそのままそこに腰を下ろして、志村その人の写生に取りかかった。それでも感心なことには、画板に向かうともはや志村もいまいましい奴など思う心は消えて書く方にまったく心をとられてしまった。

彼は頭を上げては水車を見、また画板に向かう、そしておりおりさも愉快(ゆかい)らしい微笑(びしょう)をほおに浮(う)かべていた。彼が微笑するごとに、自分も我知らず微笑せざるをえなかった。

そうするうちに、志村は突然起(た)ち上(あ)がって、その拍子(ひょうし)に自分の方を向いた、そしてなんにもいいがたき柔和な顔をして、にっこりと笑った。自分も思わず笑った。

「君は何を書いているのだ」と聞くから、

「君を写生していたのだ」

「ぼくはもはや水車を書いてしまったよ」

「そうか、ぼくはまだできないのだ」

「そうか」といって志村はそのまま再び腰を下ろし、もとの姿勢になって、

「書きたまえ、ぼくはその間にこれを直すから」

自分は画きはじめたが、画いているうち、彼をいまいましいと思った

ないときでも校長をはじめみんながこれを激賞し、自分の画はたしかに上出来であっても、さまで賞めてくれ手のないことである。Ⓔこどもながらも自分は人気というものをにくんでいた。

ある日学校で生徒の製作物の展覧会が開かれた。その出品はおもに習字、図画、女子は仕立物等で、生徒の父兄姉妹は朝からぞろぞろと押しかける。取りどりの評判。製作物を出した生徒は気が気でない、みなそわそわして展覧室を出たり入ったりしている。自分もこの展覧会に出品するつもりで画紙一枚に大きく馬の頭を書いた。馬の顔を斜に見たところで、むろん少年の手にはあまる画題であるのを、自分はこの一挙によってぜひ志村に打ち勝とうという意気込みだから一生懸命、学校から宅に帰ると一室にこもって書く、手本を本にして生意気にも実物の写生を試み、幸い自分の宅から一丁ばかりはなれた桑園のなかに借馬屋があるので、幾たびとなくその厩に通った。輪廓といい、陰影といい、運筆といい、自分はたしかにこれまで自分の書いたものはもちろん、志村が書いたもののうちでこれに比ぶべき出来はないと自信して、これならばかならず志村に勝つ、いかにⒻ不公平な教員や生徒でも、今度こそ自分の実力に圧倒さるるだろうと、大勝利を予期して出品した。

出品の製作はみんな自宅で書くのだから、何人も誰が何を書くのか知らない、またたがいに秘密にしていた。ことに志村と自分はたがいの画題をもっとも秘密にして知らさないようにしていた。であるから自分は馬を書きながらも志村は何を書いているかという問いを常にいだいていたのである。

さて展覧会の当日、おそらく全校数百の生徒中もっとも胸をとどろかして、展覧室に入った者は自分であろう。図画室はすでに生徒および生徒の父兄姉妹でいっぱいになっている。そして二枚の大画（今日のいわゆる大作）が並べてかかげてある前はもっとも見物人がたかっている。二枚の大画はいわずとも志村の作と自分の作。

Ⓖ一見自分はまず荒胆をぬかれてしまった。志村の画題はコロンブスの肖像ならんとは！　しかもチョークで書いてある。元来学校では鉛筆画ばかりで、チョーク画は教えない。自分もチョークで画くなど思いもつかんことであるから、画のよしあしはともかく、まずこの一事で自分はおどろいてしまった。そのうえならず、馬の頭と髭髯面をおおう堂々たるコロンブスの肖像とは、一見まるで比べものにならんのである。かつ鉛筆の色はどんなにたくみに書いてもとうていチョークの色にはおよばない。画題といい色彩といい、自分のは要するに少年が書いた画、志村のは本物である。技術の巧拙は問うところでない、かかげてもって衆人の展覧に供すべき製作としては、いかに我慢強い自分も自分の方がいいとはいえなかった。

注1 さなきだに志村崇拝の連中は、これを見て歓呼している。「馬もいいがコロンブスはどうだ！」などいう声があっちでもこっちでもする。

自分は学校の門を走り出た。そして家には帰らず、すぐ田圃へ出た。止めようと思うても涙が止まらない。口惜しいやら情けないやら、前後夢中で川の岸まで走って、川原の草のうちにぶったおれてしまった。

足をばたばたやって大声を上げて泣いて、それで飽き足らず起き上がってそこらの石を拾い、Ⓗ方□方に投げつけていた。

こう暴れているうちにも自分は、彼奴いつのまにチョーク画を習ったろう、何人が彼奴に教えたろうとそればかり思いつづけた。

泣いたのと暴れたのでいくらか胸がすくとともに、しだいにつかれて

こと」と続くように、本文中から八字で書きぬきなさい。

(2) ——Ⓑ「交換可能なにおいや色」とはどういうものですか。

ア 個性とは言いがたく、自分だけが良かれと思っているもの

イ 良い個性と言えず、自分自身も変えたいと思っているもの

ウ 一定の役職についた者が、身につけなければいけないもの

エ 誰でも真似できるような、特徴をもった強くてくさいもの

(3) ——Ⓒ「自分を脱臭・脱色していくと」どのような存在になりますか。たとえとして表現しているところを探し、「［　］になる」と続くように、本文中から四字で書きぬきなさい。

(4) ［Ⓓ］に入る、「へりくだった態度」という意味を持つ二字の漢字を答えなさい。

(5) ［Ⓔ］・［Ⓕ］に入る言葉をそれぞれ答えなさい。

ア たとえば　イ そして　ウ つまり　エ しかし

オ だからこそ

(6) ——Ⓖ「『かけがえのなさ』がこの社会から失われつつあ」るのは何が原因ですか。本文中から五字で書きぬきなさい。

四 次の文章を読み、あとの問いに答えなさい。

画を好かぬこどもはまず少ないとしてそのうちにも自分はこどものとき、何よりも画が好きであった。（と岡本某が語りだした）。

［Ⓐ］こそものの［Ⓑ］とやらで、自分も他の学課のうち画では同級生のうち自分におよぶものがない。画と数学となら、はばかりながら誰でも来いなんて、自分も大いに得意がっていたのである。しかし得意ということは多少競争を意味する。自分の画の好きなことはまったく天性といってもよかろう、自分を独りで置けば画ばかり書いていたものだ。

独りで画を書いているといえばしごくおとなしく聞こえるが、そのくせ自分ほど腕白者は同級生のうちにないばかりか、校長が持てあましてしばしば退校をもっておどしたのでも全校第一ということが分かる。

全校第一腕白でも数学でも。しかるにⒸ天性好きな画では全校第一の名誉を志村という少年にうばわれていた。この少年は数学はもちろん、その他の学力も全校生徒中、第二流以下であるが、画の天才に至ってはまったく並ぶものがないので、わずかにⒹ塁を摩そうかともいわれる者は自分一人、その他は、ことごとく志村の天才をあがめたてまつっているばかりであった。ところが自分は志村を崇拝しない、今に見ろという意気込みでしきりとはげんでいた。

元来志村は自分よりか歳も兄、級も一年上であったが、自分は学力優等というので自分のいる級と志村のいる級とを同時にやるべく校長から特別の処置をせられるので自然志村は自分の競争者となっていた。

しかるに全校の人気、校長教員をはじめ何百の生徒の人気は、おとなしい志村に傾いている、志村は色の白い柔和な、女にしてみたいような少年、自分は美少年ではあったが、乱暴な傲慢な、喧嘩好きの少年、おまけにいつも級の一番をしめていて、試験のときはかならず最優等の成績を得るところから教員は自分の高慢がしゃくにさわり、生徒は自分の圧制がしゃくにさわり、自分にはどうしても人気がうすい。そこでみんなの心持ちは、せめて画でなりと志村を第一として、岡本の鼻柱をくだいてやれというつもりであった。自分はよくこの消息を解していた。そして心中ひそかに不平でならぬのは志村の画かならずしもよくできてい

もっとも、Ⓑ交換可能なにおいや色というものもあります。部下に威張り散らす強烈なにおいを持った上司同士は交換可能だったりします。またこのタイプのくさい上司が来たよ、ここできっと同じような説教するに決まってる、と思っていると果たしてまた同じような説教をする、とかいったことはあります。これはあまり個性的なにおいとは言えないですが、本人だけが自分は個性的だと思っているのでタチが悪いということもあります。

いずれにしても、いい子であろうとする、周りと抵抗なく過ごしていい評価をもらおうとすることだけに一所懸命になってⒸ自分を脱臭・脱色していくと、私たちはどこまでも交換可能な、自分らしさを見失う方向へ向かっていくことになるのです。

他の人から評価をもらいたいなら、自分をさらけ出し、自分のかけがえのなさで勝負すればいいのですが、私たちの多くは自信もないし、自分のかけがえのなさがどこにあるのかも分かっていませんから、自分を脱色・脱臭して、私は誰にでも合わせることができます、空気を読むことができます、自己主張も強くありません、私というのは大した人間ではありませんからどうぞよろしく、と［Ⓓ］に出て評価を取ろうとする人が圧倒的に多くなってしまいました。

［Ⓔ］、そういう人たちは、ある時自分が交換可能だということに気がついてしまいます。［Ⓕ］困ってしまうのです。私のような人間はこの世の中にどこにでもいる。何かあればすぐ誰かと交換されてしまう。他の人は私が他の人と交換されても何も困らないと気づいて、愕然とするのです。

「交換可能」の反対語が、「かけがえのない」ということです。それは人と人とが交換可能でない、とも言えるし、人とお金が交換可能でない、つまり私の価値はお金ではないということでもあります。私はモノとも交換可能でない、私は単なる学歴でも会社の役職でもありません。私自身がかけがえのないものなのです。

そのⒼ「かけがえのなさ」がこの社会から失われつつあります。すべての人が、自分はいつか交換されてしまうんだろうな、とどこかで感じているような状況になっています。いつ交換されるかわからないという感覚のもっとも厳しい言い方が、「消耗品」であったり「使い捨て」であったり、ということでしょう。

（中略）

一人ひとりが、自分自身をかけがえのない人間だと思うことができなくなってしまい、「自己信頼」を失ってしまっている。そして社会の中に本来あるはずの「社会に対する信頼」も失われている。

しかし、自分も信頼できない、社会も信頼できない、そんな状態で人間は生きていけるのでしょうか？

その答えは、断じてNOです。

そんな状態では人間は生きていくことはできません。そんな社会では重大な問題が次から次へと起きてきます。

人の心が壊れはじめたのか……、と思えるような事件がこのところ日本では次々と起こってきています。それらの事件の背後には、この「信頼の崩壊」があるのです。（上田紀行『かけがえのない人間』講談社現代新書）

(1) ――Ⓐ「そういうもの」は何を指していますか。「［　］ないという

ものへの対応の仕方はけっして[E]的なものではない。そこに、自分が主体的に入ることによって、さまざまな違いを主体的に受け止められる。つまり、Ⓕ虫を食べてみること、あるいは、食べようとしても手の伸びない自分に気づくことである。この気づきをスタート地点にしてさまざまなことに対して、どうしてだろうと疑問を持つことができる。

（野中健一『虫食む人々の暮らし』ＮＨＫブックス）

(1) [A]（二か所）には共通する言葉が入ります。「き」で始まるひらがな四字で答えなさい。

(2) ――Ⓑについて「危なっかしい」のはなぜですか。

ア 自分たちと違う食習慣を持つ文化を否定することにつながるから
イ 同じ価値観を持たない人々に憎しみの気持ちを抱いてしまうから
ウ 「日本人」は異文化の食習慣を受け入れないという誤解を生むから
エ 自分たちの好みにこだわり、食の新たな可能性を無視しているから

(3) [C]にはどれが入りますか。

ア 客観的な観察力によるもの
イ 差別的な考え方によるもの
ウ 一面的な見方から来るもの
エ 一方的な誤解から来るもの

(4) ――Ⓓ『当たり前』の美味しさ」とはどういうことですか。

ア その地域の風土や気候に合った美味しさ
イ その地域で長い間親しまれてきた美味しさ
ウ その地域の人が工夫して改良した美味しさ
エ その地域でしか味わうことのできない美味しさ

(5) [E]にあてはまるのはどれですか。

ア 主観　イ 普遍　ウ 個別　エ 具体

(6) ――Ⓕ「虫を食べてみること」について筆者はどう考えていますか。

ア 虫を食べることで人間と自然のかかわり方を見つめ直すことができる
イ 虫を食べる経験を通して異なる社会に住む人々に共感することができる
ウ 虫を食べる時の自分の反応を見つめることが異文化理解の第一歩である
エ 昆虫食を考えることにより、その地域や社会の問題点が明らかになってくる

三

次の文章を読み、あとの問いに答えなさい。

自分の色を消し自分のにおいを消してしまった透明人間は、他の透明人間と容易に交換が可能です。

個性的な人間というのはなかなか交換できません。「あの人の近くに行くと、いい人はいい人なんだけどちょっとくさすぎて疲れるなあ」、とか、「あの人いい人なんだけど色が強すぎて、ちょっと近づいては離れるっていうふうにしないとこっちまで染められちゃいそうだなあ」とか、においや色が強い人は言われてしまうこともありますが、やはり個性のある人というのはⒶそういうものなのです。余人をもって代えがたい、あのにおいが出せてあの色を持っている、ということにおいて代えがたいのです。アーティストとかを見ても、すごいにおい、すごい色を発している人が多いことに気づくでしょう。

【国語】〈五〇分〉〈満点：一〇〇点〉

【注意】句読点や「　」も一字とします。

一　次のカタカナを漢字に直しなさい。

(1)　きれいな和紙でホウソウする
(2)　ムし暑い気候
(3)　冷たい空気をスう
(4)　ショウボウショの角を曲がる
(5)　足にケイショウを負う

二　次の文章を読み、あとの問いに答えなさい。

「虫を食べる」と言えば、ゾッとする人、露骨にいやがる人も多い。頭では納得しても、いざじっさいの場面となり、目の前にすると拒否するというパターンがある。食べものに対する個人の好き嫌いはあって当然だ。形を拒否する者が多いのも理由として当然だ。ただそこで、なぜ形によって嗜好が違うのだろうという疑問を持つことが、文化を考えていく［Ⓐ］になるのだ。それを、「私たちの文化では虫を食べない」「日本人としては食べるものではない」など、根拠がふたしかなまま「私たち」や「日本人」という一般化をはかって自分が食べられない理由とする人がいる。個人の好き嫌いや価値観を当然のものだと考え、それを標準化することは、そうでない人たちを排除する姿勢にもつながりかねない。

Ⓑ<u>このような安易な一般化は危なっかしい。</u>地域や文化を考える上で陥らないよう気をつける点である。

昆虫を食べるのは、「貧しいからだ」「他に食べものがないからだろう」「海から離れて魚がないからだ」、このようなよく言われる理由づけは、いずれもみずからの食生活を正の基準として、昆虫食はそれよりも劣ったものとしてとらえる、［Ⓒ］ではないだろうか。また、虫を食べる人自身も、しばしばその理由を「貴重なタンパク源」という言葉で説明してしまう。これでは、仕方なく食べていると受け取られてしまう。

虫を「美味しい」と受け入れる感覚も、逆に「不味い」「嫌い」と拒否する感覚も、個人の嗜好に基づくように見えて、実は社会的あるいは文化的文脈の中に組み込まれている。昆虫食も各地で行われてきた慣行として成り立っている。それは、地域の社会の中で一つの価値観として共有されている。すなわち、「当たり前」のものなのだ。Ⓓ<u>「当たり前」の美味しさは</u>、ある社会を理解する糸口にもなる。イモムシやカメムシを食べたことのない人から見れば、それらを食べることにゾッとするかもしれない。スズメバチに挑み、家で飼育するなどということも、危険この上ないと心配するかもしれない。「食べたことがある」あるいは「食べることを知っている」という虫から、身近にいても食べることなど思いもよらないような虫まで、「食べる」か「食べない」かという単純な価値観と行為の違いから、昆虫とその背後の社会を見る［Ⓐ］ができる。そしてその違いは、「食べる」か「食べない」かにとどまらず、食べ方、採り方など技術の違いとしても細分化してとらえていくことができるようになる。昆虫食を慣行としてとらえられることで、食用にする人たちの広がりが、地域や民族などの単位としても現れる。そして、個人、地域、民族など広がりのスケールの複層的な違いが見られる。ある

ら三十字以内で探し、はじめの五字を答えなさい。

(6) ——Ⓕ「大変好い意味に解釈して」とはどういうことですか。次の文を完成させて説明しなさい。ただし①は本文中から四字で書きぬき、②にはア〜エの中から選ぶこと。

> 私が人力車にのらなかったのは、父への（ ① ）のつもりであったのに、（ ② ）ことを評価し、優しく受け止めている。

ア 自分の意志を貫いた　イ 父の教えを守った
ウ 妹を心から思いやった　エ 母の言葉にしたがった

(7) ══「私はその言葉を胸に痛く聞きながら」とありますが、このように感じたのはなぜですか。三十字以内で説明しなさい。

私はお母さんの言葉を黙って聞いていました。何と云われても仕方のないことでした。

「お父さんのお気持を踏みつぶしてしまった。」

――それは自分が、しようとしてしたことではありながら、今、お母さんの言葉できかされると、たまらない悲しい気持でした。私が黙っているのを見ると、お母さんはこんどは優しく云いました。

「お風呂が湧いているからすぐに与志子と入っておいで。――帰ってきたらすぐ風呂に入れるように、湧しておいてやれと、お父さんがわざわざ事務所から電話をかけておよこしになったんですよ。」

私はその言葉を胸に痛く聞きながら、与志子と二人して湯殿へ入って行ったのでした。

与志子は暖かい湯気に包まれると、もうさっき雪の中での出来ごとはすっかり忘れてしまったように、明るい無邪気な顔を石鹸の泡の中で笑わせていました。でも私の心は、そうたやすく和ぎませんでした。自分の意地を充分に通してしまったあとに湧くいつもの寂しさ――でした。

湯殿の硝子戸が、いきなりガラリと明きました。

事務所から帰って来たお父さんでありました。

「みい助もよし兵エも（これは父の機嫌のいい時に呼ぶ私達の愛称です）帰ったね。お前たちなぜ人力車に乗って来なかったのだい。Ⓔ母さんが随分心配していたぞ――でも今日は全くお父さんがまいった。ふだんお父さんがあんなに云っていたのだからなあ――お前たちだけ人力車にのせようなんて、これはお父さんが悪るかった。」

私はお父さんの言葉を聞いているうちに、自分の胸を埋めている固い意地の、みるみる砕けてゆくのを感じました。お父さんは私の、お父さんに楯ついている意地っぱりな心を、Ⓕ大変好い意味に解釈して、自分を咎めていらっしゃるのです。そんなにもお父さんは、私を信じていらっしゃるのです。このお父さんの信用と愛情とが、私の心を烈しく打ちました。私は眼のうちに、急につき上げてくる熱いものを感じました。けれど、私はお父さんにそれを見られるのが恥かしかったので、いきなりジャブジャブと手拭を桶に浸して、顔を洗ったのでありました。

（日本児童文学大系22『冬の日』北川千代　ほるぷ出版）

(1) Ⓐに入る言葉を答えなさい。

ア 痛切　イ 痛快　ウ 沈痛　エ 悲痛

(2) ――Ⓑ「つむじ曲り」と同様の意味をもつ言葉になるよう、「つむじ」を別の言葉に置きかえなさい。

(3) ――Ⓒ「姉の言葉の針」は、次のどの気持ちによるものですか。

ア みんなの苦労を思いやるどころか、自分だけ楽をしようとすることへの失望

イ 甘い考えに流されて、父親から言われた教えをやぶろうとしていることへの怒り

ウ 日ごろから面倒をみているのに、みんなの前で姉を悪者にしたことへの恨み

エ 姉が父親に反発している時に、父親の好意に甘えようとしていることへのいらだち

(4) Ⓓに入る言葉を答えなさい。

ア あいらしい　イ いじらしい

ウ たわいない　エ あざとい

(5) ――Ⓔ「母さんが随分心配していた」ことが分かる様子を本文中か

の様子を見て、人力車屋さんがもう一度云いました。

「では、小さい嬢ちゃんだけでも乗っておいでになりませんか。」

与志子は私の顔を見ながら立ちどまりました。Ⓑつむじ曲りの、意地っぱりの姉さんさえ居なかったら――いえ、明日も又学校へつれて来てもらうことさえなかったら――すぐにもとんで行って幌の中に入りたかったのに違いありません。しかし、その与志子の気持を私は知ると、まるで彼女が自分を裏切りでもしたような憤りを感じたのです。

「よっちゃん、乗りたければ一人で乗っておいで、みんながあるいて帰るのに、あなただけ乗っていいつもりなら乗ってゆくといい。」

いくら小さい与志子でも、Ⓒ姉の言葉の針をしらない筈はなかったのです。与志子はかぶりを振って、黙って私についてあるき出しました。

私は勝ち誇ったように、妹に云ったものです。

「そうよ。みんな他の子があるくのに、私たちばかり人力車で帰るのはわるいことよ。」

けれど、私の心のうちに、ほんとうにそういう気持があったでしょうか。私がそう云う言葉をくりかえしたのは、ただお父さんに対する意地だけだったのです。それに私は、妹に人力車に乗って帰られることが厭だったのです。何故――それは自分も乗りたくってたまらないものだったからです。

吹雪の路を、私は妹の手を握り、弟と肩をよせてあるいてゆきました。風の横なぐりにくる度に、眼のあけられなくなる私たちは、立ちどまっては又あるき出しました。人力車屋さんは路の半程まで、私たちについて、しきりに乗ることをすすめていましたが、やがて根気が尽きたようにだんだん足を早めて、いつか雪の向うに見えなくなってしまったのです。人力車屋さんの姿が見えなくなると、与志子はしくしく泣き出しました。

可哀そうに――妹は、いつか姉さんの心が折れて、自分に人力車に乗れと云ってくれはしないか――と、心だのみにしていたのです。私は与志子の［　Ⓓ　］心持を察しると、小さな肩を抱きしめてあやまりたい気持で一ぱいでした。けれど私はその気持を、心とはまるで反対な言葉で云い現したのでありました。

「そんなに泣くほど乗りたければ、一人でさっさと乗って行けばいいのに――ほんとうに、厭なひとよ。」

あとはだんまりこくってあるいてゆくばかりでした。

家に着いた時には、もうそとはうす暗く、室内には明りが光っていました。人力車屋さんの報告が先に行っていたとみえて、私たちが玄関を入るとすぐ、お母さんが駈け出してきました。

「まあ、なぜ人力車にのって来なかったの、あれはお父さんが、折角おやりになったんだのに――自分が乗りたくなかったら、せめて与志子だけでも、乗せて帰すが好かったではないか。可哀そうに、こんな小さい者を歩かせて――」

与志子が急に、ワッと声をあげて泣き出しました。

「ほんとに姉さんらしくもない強情よ。」

と、お母さんは与志子の髪を撫でながらつづけました。

「お父さんは今朝、あんなにしてお前たちを出しておやりになったのが、あとで可哀そうにおなりになったればこそ、御自分が負けて人力車をおやりになったんだのに、そのお気持を踏みつぶしてしまうなんて……」

専用の貨物列車）で通学することを許される。しかし、喜んで出かけようとした矢先、事情を知った父から反対されてしまう。自分の子どもたちだけをのせることはできない、歩けないほどの雪ではない…それが父の言い分であった。「私」は、腹立たしい思いで学校へ向かったのであった。

最後の時間の終るころ、小使いさんが教室に入ってきました。そして先生に何かささやくと、又そっと出てゆきました。（一年生の与志子は姉さんの私を待つために、寒いので今日は私の机の傍に、並んでチョコンと腰かけて、みんなの授業をみておりました）

やがて授業時間が終った時、先生は私たちの方を見ていいました。

「うちから人力車が迎いにきているよ。」

あ！と叫びたいほどの意外さでありました。私は叫びたい声を飲んだまま、思わず与志子の方を振り向きました。その時の与志子の小さい顔の、どんなにか子供らしい嬉しさに輝いていましたことか――おお、与志子はこんなにも喜んでいるのです。ほんとうに小さい与志子にとって、この雪の一里の路は、どんなに遠く悲しい路であったかしれないのです。

――だのに――私は――

私は妹のような素直な心で、父のはからいを喜びはしなかったのです。

「お父さんはとうとう、自分の説をまげてしまったではないか、そしてとうとう人力車なんかよこしたではないか。お父さんは今朝のことで、きっと私たちに気の毒をしたと思っているのだ――」

何となく今朝のしかえしをしたような、やや Ⓐ な気持でした。

それだけではない。私はそこまで折れてきた父の心をしると、なおもっと意地わるくなったものです。

「お父さんは今朝あんなにも云ったくせに――いま頃人力車をよこしたって、誰が乗って帰るものか。」

門の前には一台の人力車が待っていました。人力車屋さんは私たちの姿を見ると、幌をひらいていいました。

「お嬢さんたちだけ乗ってお帰りなさいましとおっしゃいました。坊ちゃんは男だから……」

いいかけようとする言葉を、みんなまできかずに私はつっぱねたのでした。

「男だって女だって寒いことは同じだわ。――私、乗らないで歩いて帰る――けさお父さんは、雪位にあるけないことはないとおっしゃったんだもの――私たちだけのせて、他の子をのせないなんてことは出来ないって、ちゃんとそうおっしゃったんだもの。」

「でも――」と、人力車屋さんは困ったように云いました。

「折角お迎いにきたんですから。」

「厭。私たちは歩いてかえる――お父さんが今朝おっしゃったんだから――」

私は与志子の顔に湧いているであろう失望の色を、わざと知らないふりをして、ぐんぐん先に立ってあるき出しました。けれど、与志子は今朝のように、すぐ私については来ませんでした。可哀そうに、与志子は、行く手をすっかり閉している雪の幕におびえたように、心残りらしく人力車の方をふりかえって、あるき出ししぶっているのです。その与志子

さい。

(4) ――Ⓓ「どこか頑なに十一歳を生きていた」とありますが、「頑なに」こだわっている内容を本文中から十八字で探し、はじめと終わりを四字ずつ書きぬきなさい。

(5) ――Ⓔ「びっくりしただけ」とありますが、なぜそのように感じたのですか。

ア 自分自身では思ってもみなかったことを光一くんに言われたから
イ 男子なのにわたしの知らないような難しい言葉を知っていたから
ウ 同い年の男子である光一くんが突然、私のことを説得し始めたから
エ 一緒に仕事をしている光一くんと初めて目が合ってしまったから

(6) Ⓕ にあてはまる言葉はどれですか。

ア おもしろい　イ 難しい
ウ どん感な　エ いきいきとした

(7) ――Ⓖ「わたしの心は、ほわりと軽くも温かくなって行く」のように感じたのはなぜですか。

ア 光一くんはわたしの予想以上にしっかりと働いてくれて、わたしの責任の重さを解いてくれたから
イ いやいや引き受けた飼育委員の仕事は毎日動物たちとふれあい、命の大切さが感じられたから
ウ 動物たちに対するていねいな仕事ぶりを見て、光一くんに好意を寄せ始めていたから
エ わたし自身について意地を張っていたのを、光一くんがいとも簡単にほぐしてくれたから

(8) ――Ⓘ「とてもりっぱに見えた」のはなぜですか。

ア きたない小屋には不似合いだったから
イ 委員の仕事を少しでも楽にできるから
ウ 現代的な工夫を取り入れたものだから
エ 光一くんが心をこめて作り上げたから

(9) ――Ⓙ「自分が歯痒い」とありますが、どのような思いからですか。

ア 光一くんのことをもっと知りたいのに、まだ表面上のことしかよくわかっていない
イ 光一くんともっとおしゃべりがしたいが、自分から積極的に話しかけるのは難しい
ウ 飼育委員で一緒になったのがきっかけだが、光一くんほどの動物好きにはなれない
エ 光一くんはわたしのことを誤解しているようなので、もっと正しくわかってほしい

(10) Ⓚ にあてはまる部分を本文中から二十一字で探し、はじめと終わりを四字ずつ書きぬきなさい。

五 次の文章を読み、あとの問いに答えなさい。問題の都合上、表記を変えた部分があります。

【あらすじ】「私」たち兄弟は、父の勤め先のある田舎にくらしている。小学校までは遠く、幼い「私」たちにとって容易な道のりではない。父は優しいが、学校のことには厳しく、どんな天候であろうと子ども達を歩いて学校へ通わせていた。

ある雪の朝。「私」たちは、強風を心配する母から、今朝だけは汽車（会社

光一くんは、飼育委員の仕事を怠けなかった。いいかげんに済ますことも Ⓗ を抜くこともしなかった。むしろ、わたしより熱心に取り組んでいた。

夏休みには、ちゃんと当番表をこしらえて、友だちや先生にも協力してもらって、毎日、登校しなくていいように工夫した。ニワトリ小屋に新しい餌場や水飲み場も作った（プラスチックの桶とペットボトルを組み合わせた簡単なものだったけれど、Ⓘとてもりっぱに見えた）。学校近くの農家を回って、野菜の屑を分けてもらい餌に混ぜたりもした。野菜屑とはいえ新鮮で、ニワトリもウサギも餌箱に入れたとたん、夢中でついばみ、かぶりついた。

光一くんが自分から飼育委員に立候補したと聞いたのは、水飲み場を作っている最中だった。

ずっとやりたかったんだと光一くんは言った。

「五年生になったら、絶対立候補するって決めてたんだ」

飼育委員は五年生だけの役目だ。五年生しか、なれない。

「飼育委員の仕事……好きなの」

ペットボトルを光一くんに渡す。光一くんは、それを針金で作った輪っかに差し込み、水の出方を調べる。うなじを幾筋もの汗が伝っていた。

「動物、好きなんだ。犬でも猫でもウサギでも」

「ニワトリも？」

「あ……ニワトリのことは、あんまり考えてなかった。でも、コースケやコッコやクックはかわいい。飼育委員になってから、ニワトリがかわいいって思えるようになった」

わたしは嬉しかった。三羽の白色レグホーンのことをかわいいと言ってくれる人が傍にいることが嬉しかった。

光一くんともっといろんな話がしたかった。でも、何をどう話したらいいのか見当がつかない。軽やかに、適当におしゃべりする技術をわたしは、ほとんど持ち合わせていなかった。

Ⓙ自分が歯痒い。痛いほど歯痒い。

「円藤も、動物好きだよな」

光一くんが顔を上げ、額の汗を拭う。わたしは、 Ⓚ だけ……とは言えなかった。

（ナツイチ製作委員会編『あの日、君とGirls』より
あさのあつこ「下野原光一くんについて」集英社文庫）

(1) Ⓐ にあてはまる言葉はどれですか。

ア 匹　イ 羽　ウ 頭　エ 尾

(2) ――Ⓑ「がっかりした」とありますが、なぜそのように感じたのですか。

ア ウサギだけならまだしも、ニワトリの世話までしなくてはならないことを知らなかったから

イ 飼育委員を一緒にする光一くんは、学校のなかでも評判のよくない、問題のある生徒だったから

ウ 飼育委員の仕事はほぼ毎日欠かさずにやらなければならず、これから多くの時間をついやすから

エ 責任の重い仕事なのに、男子はいいかげんだという印象があって仕事に自信が持てなかったから

(3) Ⓒ・Ⓗ にそれぞれあてはまる身体の一部を漢字一字で書きな

た。今でもまだ、そういうところはあるけれど、思い込みの強い性質なのだ。

光一くんに会って、変わった。

光一くんが変えてくれた。

「円藤って、飄々としてるね」

ウサギ小屋の掃除をしながら光一くんに言われたことがある。飄々の意味がわからなかった。

糞を掃き集めていた手を止め、わたしは振り向く。光一くんがわたしを見上げていた。

目が合った。

柔らかな淡い眸だ。

光一くんと目を合わせたのは、このときが初めてだった。

「飄々って？」

わたしが尋ねる。光一くんが首を傾げる。

「うーん。大らかってことかなぁ。あんまり、ごちゃごちゃこだわらない、みたいな……感じかな」

「そんなことないよ」

大声で否定していた。

自分で自分の声に驚いてしまった。

ウサギの糞の臭いが鼻孔に広がって、咳き込む。

ごほっ、ごほごほ。

「円藤、だいじょうぶか？」

「うん……だいじょうぶ。ちょっと……Ⓔびっくりしただけ」

「びっくりするようなこと、言ったっけ？」

「言ったよ」

わたしは臭いにむせて、また、咳いていた。

光一くんが片手でわたしの背中を叩く。これにも、驚いた。もう五年生だ。男子と女子の距離が何となく開いていく時期だった。距離の取り方をみんな、手探りしている時期だった。

こんなにあっさりと背中を叩いてくれるなんて、叩けるなんて不思議だ。

「何を言ったかなあ」

背中を叩きながら、光一くんが呟く。妙にのんびりした口調だった。光一くんに合わせるように、となりのニワトリ小屋で雄鶏のコースケがのんびりと鳴いた。

コケー、コケーッコー。

おかしい。

おかしくてたまらない。

噴き出してしまった。笑いが止まらない。

「えー、今度は笑うわけかぁ。どうしたらいいんだろうなぁ」

光一くんの一言に、わたしはさらに笑いを誘われる。

おかしい、おかしい。ほんと、おかしい。

何て、[Ⓕ]人だろう。

何て、ヘンテコで愉快な人だろう。

知らなかった。

下野原光一くんて、こんな人だったんだ。

笑いながら、Ⓖわたしの心は、ほわりと軽くも温かくなって行く。

心地よかった。

【国　語】（五〇分）〈満点：一〇〇点〉

【注意】句読点や「　」も一字とします。

一　次のカタカナを漢字に直しなさい。

(1) 市場をドクセンする　(2) 物知りハカセ

(3) 音楽会のショウタイケン　(4) レンメンと受けつがれる

二　※問題に使用された作品の著作権者が二次使用の許可を出していないため、問題を掲載しておりません。

三　※問題に使用された作品の著作権者が二次使用の許可を出していないため、問題を掲載しておりません。

四　次の文章を読み、あとの問いに答えなさい。

五年生の一年間、一緒に飼育委員をやった。

小学校で飼っているウサギとニワトリの世話をするのだ。

ウサギは三［Ⓐ］、ニワトリも三羽いた。

飼育委員は毎年、なり手のない役だ。

毎日水替え餌やり、飼育小屋の掃除の仕事があるし、連休や夏休みといった長期の休みでも毎日のように、登校しなければならないからだ。

わたしは、じゃんけんで負けて飼育委員を押し付けられた。生き物は好きで、家にも猫二匹と犬が一匹いるから世話自体はそんなに苦痛ではなかったけれど、これで、お休みが潰れちゃうなと考えると少し憂鬱な気分にはなった。

五年生は二クラスしかなくて、飼育委員は各クラス一名ずつ。

わたしと光一くんだった。

最初、Ⓑがっかりした。

落胆なんて言葉をまだ知らなかったけれど、本当に身体の力が抜けるような気がした。

飼育委員で、しかも相手が男の子なんて、最低、最悪だ。動物の世話を真面目にしてくれる男子なんているわけがない、と、わたしは思い込んでいたのだ。

光一くんも、じゃんけんかくじ引きで無理やり押し付けられた［Ⓒ］だろう。きっと、すごくいいかげんで、無責任で、途中で仕事を放棄することだって十分に考えられる。

覚悟しなくちゃ。

わたしは覚悟した。

ウサギもニワトリも、世話をしてやる者がいなければ死んでしまう。殺すわけにはいかない。自分に預けられた生命を無視できるほど、わたしは図太くはなかった。優しいわけではない。『わたしのせいで殺してしまった』なんて思いを引きずりたくないのだ。図太くないうえに、誰かに上手に責任転嫁できるほど器用でもなかったのだ。

不器用で、生真面目で、融通がきかない。

付き合い難い人だ、かわいげのない子だと言われていた。でも、しょうがない。これが、わたしだ。

不器用でも、生真面目でも、融通がきかなくても、わたしはわたしを生きるしかない。

わたしは、開き直ったように、でもⒹどこか頑なに十一歳を生きてい

(7) ――Ⓖ「高位高官になることが人間の真の幸福ではない」とありますが、これは人夫も同じように考えています。それがわかる部分を三十字で探し、はじめの五字を書きぬきなさい。

(8) ＝＝「なんだかうれしくないように思われる」のはなぜですか。次の文を完成させなさい。

古い通帳は、（　二十五　～　三十字以内　）から。

かに見つけてもらえたろうか？　それとも、あの人夫は、Ⓕまだ屑物の倉庫の中にいるだろうか？〃

だが光吉は、またいつか言うかもしれない。

Ⓖ高位高官になることが人間の真の幸福ではない。むしろ、紙屑と一緒に倉庫にいることこそ人間の真の幸福だ、と。

（住井すゑ「美談」『住井すゑ・初期短編集Ⅰ』冬樹社）

【語注】　人夫＝力仕事に従事する労働者

(1)　――Ⓐ「光吉は惜しいと思うよりも心配だった」とありますが、光吉にとってこの通帳はどのようなものですか。そのことが最もよくわかる一文を本文中から探し、はじめの五字を書きぬきなさい。

(2)　――Ⓑ「そっと廊下の隅でひろげてみた」とは光吉のどのような思いのあらわれですか。

ア　全校生徒の前で叱られる不安を、通帳を見ることで落ちつかせている

イ　せっかく通帳が見つかったので、二度と失くさないよう用心している

ウ　大事な貯金が減っているのではないかと思い、心配になっている

エ　探していた通帳が見つかった喜びを、ゆっくりかみしめている

(3)　――Ⓒ「すっかり目がさめました」とありますが、どのような状況から目がさめたのですか。

ア　小さい頃からがんばって勉強をしながらお金をためていった状況

イ　めぐまれた生活に慣れきって、お金の尊さに目を向けずにいた状況

ウ　貯金もせずにぜいたくばかりしている自分をはずかしく思っている状況

エ　貧しさに不満を持ちながら、わずかな銭すらも大切にしないでいる状況

(4)　Ⓓに、「わずかのものも積み重なれば高大なものとなる」という意味の、「なる」で終わることわざをひらがなで答えなさい。

(5)　――Ⓔ「これは美談です」とはどのような内容を指していますか。

ア　人夫は捨てられた通帳のお金を使ったが、思い直して光吉をはげます手紙をそえて返してくれたこと

イ　光吉が家の仕事を手伝いながらした貯金が人夫の心を動かし、それによって通帳がもどってきたこと

ウ　光吉は子供でありながら家の仕事を手伝い、古い教科書を売るなどして家計のためにつくしていること

エ　人夫と光吉は見知らぬ者同士であるにも関わらず、たがいを気にかけてそのやさしさが相手を救ったこと

(6)　――Ⓕ「まだ屑物の倉庫の中にいるだろうか？」にある光吉の思いはどれですか。

ア　努力していたことが認められて、つらい生活からぬけ出せただろうか

イ　思わぬ大金が手に入って、なに不自由ない生活が送れているだろうか

ウ　人知れぬ淋しさに寄りそってくれるやさしい人に出会えただろうか

エ　屑物倉庫での労働こそが、真の幸福であることに気づいただろうか

「はい、僕のです。」
光吉は思わず通帳につかみかかった。
「はははは、君は、これ、どこで失くした。」
「はっきりとは、わかりません。」
「そうだろうなア。」
「けど、古い教科書だの、雑誌だのと一緒に、屑屋へやってしまったのはたしかです。」
「そうだ。そのとおりだよ。たしかにこれは屑屋さんの手に渡ったんだ。だけど、回り回って、再び持ち主の手に帰って来たんだ。これからは大切にしたまえ。なお、どうしてこの通帳がかえって来たか。くわしいことは、朝会の時に校長先生から話していただくことになっているよ。」
光吉はそう聞くと、また一つ心配になった。校長先生はいったいどんな話をされるのだろうか？　全校生徒の前で、自分の不注意をお叱りになるんじゃなかろうか？　しかし、たとえそうでも、光吉はやはり嬉しかった。光吉は、今は少しくらい叱られても、それはあたりまえのことだと思いながら、十銭、十銭と、四十八回も並んでいる通帳を、Ⓑそっと廊下の隅でひろげてみた。
さて、朝会の時間が来たが、校長先生はいつもよりむしろ上機嫌のにこにこ顔で「今日はみなさんにうれしいお話を聞かせましょう」と語り出した。それによると、屑屋に渡った光吉の通帳は、問屋から東京の製紙会社に行き、そこの倉庫に積み込まれたが、ふとした機会から倉庫の係＊人夫の眼にとまり、いたくその人夫を感激させ、結局、その人夫の手で学校あてに送り返されて来たのだった。

「それで、その人夫の手紙ですが、今、読み上げますから皆さん、静かに聞いているんですよ。」
校長先生はそう話を区切って人夫の手紙を読んだ——。
「大切な貯金通帳を失くした松村光吉君はどんなにがっかりしていることでしょうか。しかし僕にとっては、まことにありがたい通帳です。僕は今日まで人間の屑でしたが、この通帳のおかげで、Ⓒすっかり目がさめました。田舎の人たちは、子供の頃から、こんなにして貯金をしているのですね。十銭など、金銭とは思わず、酒に一円、煙草に五十銭と費やしながら、なお絶えず不平不満でいた自分がはずかしくなりました。ああ、［　Ⓓ　］。松村君の通帳は、やがて五円にもなろうとしています。しかも毎月の十銭は、おそらく松村君が、家の仕事など手伝ってもらった尊いお金なのでしょう。僕は千万の大金が尊いのではなく、十銭ずつの貯金こそほんとうに尊いのだということを悟りました。松村君ありがとう。これからも十銭貯金をつづけて下さい。」
手紙を読み終えて校長先生は言った。
「Ⓔこれは美談です。全く、嬉しい話ではありませんか。」
光吉も、その人夫は、たしかにいい人だと思った。しかし、どこか普通の人とは違っているような気がして仕方がなかった。そのためか、光吉は考えると妙に淋しかった。
その後も、光吉は幾度かその妙な淋しさを経験し、だんだん大人の年齢に近づいて行った。そして青年学校を卒業する頃になって、光吉は初めて長い間の淋しい思いを言葉にまとめることが出来た。
〃——僕の通帳はあの人夫に見つけてもらえたが、あの人夫も、誰

ア　恵まれた状態の中で自由自在に動き続ける力
イ　無意識のうちにも満ちあふれてくる自然な力
ウ　年齢という限界を超えてもなお失われない力
エ　若いころからきたえ続けたことで得られる力

(8)　作家にとって、――Ⓗ「まさに幸運と呼ぶべき」なのはどのようなことですか。本文中から二十三字で探し、はじめと終わりを五字ずつ答えなさい。

五　次の文章を読み、あとの問いに答えなさい。

探しても探しても、どこへ雲隠れしたのか、光吉の貯金通帳は見つからない。Ⓐ光吉は惜しいと思うよりも心配だった。それは小学校へ入学した時、村の産業組合から〝十銭〟と記入したのをもらったもので、以来まる四か年、光吉は毎月一定の日に十銭ずつ積んで来た。それがふいに見えなくなったのだ。

「学校で失くしたんじゃねえのか?」

母親は、もう九割まではそうだと信じている。けれども、光吉には学校で失くしたおぼえはない。光吉はたしかに、教科書の間へ挟んで家へ持って帰ったのだ。

その時、ひらめくように光吉は思い出した。教科書、あッ!　そうだ。貯金通帳は教科書に挟んだままになっていた。その教科書を、光吉は新学年がはじまるころ、屑屋に売ってしまったのだ。母親も、それは姉譲りの古いもので、もう下に誰も使うものが居ないのだから、売ってそのゼニで帳面でも買えと言ったのを、今も明らかにおぼえている。

「それはとんだことをしたなア。」

母親は、余りにも思いがけぬことだけに口惜しがった。父親は光吉をなぐさめるように、「組合に話せば、いつでも新しいのをくれるよ。組合の貯金台帳には、ちゃんと光吉がいくら積んだか記してあるんだからなア」と言ってくれる。

けれども、光吉は、やはり晴々とはしなかった。光吉には、十銭、十銭と四年間にわたって記入された、あの手垢まみれの通帳は、単なる紙のとじ合わせではなく、何だか生きもののような気がする。それも光吉とはごく身近な、親類筋の生き物だ。いや、光吉自身、その通帳の中で息づいている……そんな感じさえもするのである。だから、かりに新しい通帳に、四年間の積金四円八十銭也と記入してもらっても、光吉としてはなんだかうれしくないように思われる。

「仕方がない。学校の先生にわけを話して、先生から組合へ頼んでいただこう。」

貯金日の二十五日の朝、光吉はそう決心して家を出た。ところが、学校に着いて、カバンを席に入れていると「松村君、ちょっと……」と受け持ちの山田先生に呼ばれた。何のことか見当はつかなかったが、特別叱られるようなおぼえもないので、光吉はそのまま職員室について行った。

「松村君、貯金通帳を失くしゃしないかね。」

光吉は一瞬きょとんとした。

「ほら、これは君の通帳だろう。」

つては軽々とできたはずのことが、ある年齢を過ぎると、それほど簡単にはできないようになっていく。速球派のピッチャーの球速が、ずるずる落ちていくのと同じことだ。もちろん人間的成熟によって、自然な才能の減衰をカバーしていくことは可能だ。速球派のピッチャーが、ある時点から変化球を主体にした頭脳的なピッチングに切り替えていくように。しかしそれにももちろん限界というものがある。喪失感の淡い翳もそこにはまたうかがえるはずだ。

その一方で、才能にそれほど恵まれていない──というか水準ぎりぎりのところでやっていかざるを得ない──作家たちは、若いうちから自前でなんとか筋力をつけていかなくてはならない。彼らは訓練によって集中力を養い、持続力を増進させていく。そしてそれらの資質を（ある程度まで）Ⓖ才能の「代用品」として使うことを余儀なくされる。しかしそのようにしてなんとか「しのいで」いるうちに、自らの中に隠されていた本物の才能に巡り合うこともある。スコップを使って、汗水を流しながらせっせと足元に穴を掘っているうちに、ずっと奥深くに眠っていた秘密の水脈にたまたまぶちあたったわけだ。Ⓗまさに幸運と呼ぶべきだろう。しかしそのような「幸運」が可能になったのも、もとはといえば、深い穴を掘り進めるだけのたしかな筋力を、訓練によって身につけてきたからなのだ。晩年になって才能を開花させていった作家たちは、多かれ少なかれこのようなプロセスを経てきたのではあるまいか。

【語注】　アウトフィット＝装備
　　　　　自由闊達さ＝自由にのびのびと行動すること

（村上春樹『走ることについて語るときに僕の語ること』文春文庫）

(1) ──Ⓐ「長編小説を書くという作業は、根本的には肉体労働である」とありますが、筆者がそのように認識しているのは長編小説を書くことがどのようなことであると考えているからですか。次の文の（　）に入る表現を本文中から二十二字で探し、はじめと終わりを五字ずつ答えなさい。

> 長編小説を書くということは、肉体労働のように（　　）ことであると考えているから。

(2) Ⓑ にはどれがあてはまりますか。

ア 砕く　イ 護る　ウ 削る　エ 惜しむ

(3) 「Ⓒなく」の Ⓒ に「ま」から始まるひらがな四字を入れ、「行き渡らないところがないさま」の意味を持つ表現を完成させなさい。

(4) ──Ⓓ「様々な難関は易々とクリアしていける」ということを比喩している表現を本文中から十二字で書きぬきなさい。

(5) ──Ⓔ「向こうからやってくる」とはどのようなことですか。

ア 努力を続けて手に入れることができる
イ 知らないうちになんとかなってしまう
ウ その時にだけ力を発することができる
エ 他のものでなら十二分に補えてしまう

(6) ──Ⓕ「自然な勢いと鮮やかさを失っていく」とありますが、それを人は何で補っていますか。本文中から五字で書きぬきなさい。

(7) ──Ⓖ「才能の「代用品」」とはここではどのようなものを指していますか。

(6) ――Ⓗ「プライバシーをこういう視点で見る」を言いかえた部分を、――Ⓗより後ろの本文中から二十〜二十五字で探し、はじめと終わりを五字ずつ答えなさい。

(7) ――Ⓘ「根っこのところでは、考え方につながりがある」とあるのは、なぜですか。

ア　自分に関わる情報はしっかりと守られなければならず、そのために官庁や役所、プライバシーが活用されているから

イ　自分に関わる情報は必ず知る権利をともなっており、たとえ政府であってもその権利を侵害することはできないから

ウ　自分に関わる情報は自分が見せるか見せないかを決めるものであり、それを他人に決められるのはあやまりであるから

エ　自分に関わる情報は本来管理者がはっきりしているのだが、現代ではその原則が軽視され情報が一人歩きしているから

(8) Ⓙ に入る「顔」を使った漢字二字の熟語を答えなさい。

四　次の文章を読み、あとの問いに答えなさい。

Ⓐ長編小説を書くという作業は、根本的には肉体労働であると僕は認識している。文章を書くこと自体はたぶん頭脳労働だ。しかし一冊のまとまった本を書きあげることは、むしろ肉体労働に近い。もちろん本を書くために、何か重いものを持ち上げたり、速く走ったり、高く飛んだりする必要はない。だから世間の多くの人々は見かけだけを見て、作家の仕事を静かな知的書斎労働だと見なしているようだ。コーヒーカップを持ち上げる程度の力があれば、小説なんて書けてしまうんだろうと。しかし実際にやってみれば、小説を書くというのがそんな穏やかな仕事ではないことが、すぐにおわかりいただけるはずだ。机の前に座って、神経をレーザービームのように一点に集中し、無の地平から想像力を立ち上げ、物語を生みだし、正しい言葉をひとつひとつ選び取り、すべての流れをあるべき位置に保ち続ける――そのような作業は、一般的に考えられているよりも遥かに大量のエネルギーを、長期にわたって必要とする。身体こそ実際に動かしはしないものの、まさに骨身を Ⓑ ような労働が、身体の中でダイナミックに展開されているのだ。もちろんものを考えるのは頭（マインド）だ。しかし小説家は「物語」という＊アウトフィットを身にまとって全身で思考するし、その作業は作家に対して、肉体能力を Ⓒ なく行使することを――多くの場合酷使することを――求めてくる。

才能に恵まれた作家たちは、このような作業をほとんど無意識的に、ある場合には無自覚的におこなっていくことができる。とくに若いうちは、ある水準を超えた才能さえあれば、小説を書き続けることはさして困難な作業ではない。Ⓓ様々な難関は易々とクリアしていける。若いというのは、全身に自然な活力が充ち満ちているということなのだ。集中力も持続力も、必要とあらばⒺ向こうからやってくる。こちらからあえて求めるべきことは、ほとんど何もない。若くて才能があるということは、背中につばさがはえているのと同じなのだ。

しかしそのような＊自由闊達さも多くの場合、若さが失われていくにつれて、次第にそのⒻ自然な勢いと鮮やかさを失っていく。か

己管理権、と考えたほうがわかりやすい。いつも見せ歩いている顔だが、それをよほどの理由もないのに勝手に撮影したり、ましてや公表するのは、やはりプライバシーを踏みにじったことになるのである。

Ⓗプライバシーをこういう視点で見ると、個人情報が、本人の知らないところで出回っているらしいことも、気にしていい。情報化時代とやらで、どこで入手したのか、住所・電話番号はもとより、年齢、性別、出身校、家族構成、はては趣味や資産までキャッチしているらしいダイレクト・メールが、ひんぱんに送られてくる。子どもが高校に進学したとたん「奨学ローン」の案内が送られてきた。まるでこちらの生活をのぞき見されているようで、気味が悪い。

プライバシーを自己情報の自己管理権と考えると、プライバシーとは逆向きの「情報公開」とのつながりもよくわかる。プライバシーとなると「教えなーい」と言われるが、情報公開は「教えろ！」と迫るのだから、一見したところは正反対だが、Ⓘ根っこのところでは、考え方につながりがある。

情報公開とは、官庁や役所がもっている公的情報を国民に知らせること、国民が知ることだが、そうすべきなのは、官庁や役所がもっている情報が、ほかでもない国民のものだからである。主権在民であれば、政府も地方自治体も国民・住民が主役であって、国民・住民から託されて仕事をしているにすぎない。その仕事の過程で集まってきた情報、集めた情報は、主役が「見せろ！」と言えば「はい」とさしだすのが、原則だろう。

個人の情報を自分で管理するのがプライバシー。だとすると、国民の政府・官庁・役所であれば、その情報は、役人がではなく、国民が管理もできるのが原則のはず。それを見せろと迫られて、［Ⓙ］を変えることはない。

（森英樹『主権者はきみだ』岩波ジュニア新書）

(1) ［Ⓐ］［Ⓑ］に入る言葉をそれぞれ答えなさい。

ア　はずかしがる　　イ　激しくおこる
ウ　調子に乗る　　エ　大笑いする
オ　はじをかかせる

(2) ――Ⓒ「顔は、その人の個性の象徴」とはどういうことですか。

ア　顔や性格がたとえ似ていても同一ではない人物像
イ　バランス感覚を反映した均整のとれた顔立ち
ウ　その人自身のあらゆることを表した一つの形
エ　豊かな表情からうかがえる好ましい将来の姿

(3) ［Ⓓ］に入る、「私的」の意味を持つ六字のカタカナ語を答えなさい。

(4) ［Ⓔ］［Ⓖ］に入る言葉をそれぞれ答えなさい。

ア　こうしてみると　　イ　さらには
ウ　そればかりか　　エ　ところが
オ　また

(5) ――Ⓕ「皮膚感覚でわかっていない」とはどういうことですか。

ア　内面は理解しても外見上理解していない
イ　実感をともなった上での理解をしていない
ウ　感覚的な温度差をもって理解していない
エ　文化の差を頭に入れた理解をしていない

ア　人は一カ所に落ち着いていることができない
イ　人はさまざまな人とかかわり合う機会が多い
ウ　人は過去から未来へ動き回ることができる
エ　人は枝をふり回して多くの人に傷をつける

(5)　――Ⓔ「剪定鋏を私自身の内部に入れ、小暗い自我を／刈りこんだ」とはどういうことですか。

ア　他人の力によって自分自身の自我をより正していくこと
イ　自然の不思議な力を利用して自我のやみを照らすこと
ウ　出すぎた自我をそれぞれの判断で整理していくこと
エ　周りの人の自我とぶつかりあうことで角が丸くなること

三　次の文章を読み、あとの問いに答えなさい。

「顔を貸せ」とすごむのは、いっしょにこいということであって、顔だけはずして貸すことではない。会合に「顔を出す」といっても身体ごと出席する。「顔に泥（どろ）をぬる」といえば、そういう美顔術もあるが、Ⓐことをいう。「顔から火が出るよ」とⒷ人に、「それはたいへん！」と消火剤（ざい）をぶっかける人はいない。

Ⓒ顔は、その人の個性の象徴（しょうちょう）。だからこのように、その人のまるごとを、「顔」という言葉にことよせて言いあらわす。この顔を他人が無断で写真にとったり、その写真を無断で公表したりすると、プライバシーの侵害（しんがい）だ、と問題になることがある。

もっとも、「顔」がプライバシーだとすると、すこし妙（みょう）ではある。プライバシーというと、その人のⒹなこと、知られたくないこと、という印象が強い。ところが顔は、身体の他の部分のようにふだん衣類でおおって隠（かく）しているところではない。だれにでも見せて歩く。「知られたくない」などと言っていては、部屋から一歩も出られない。だれにでも平気で見せているものが、たまたま写真にとられて公表されたからといって、なぜ目くじらをたてるんだろう。

このなぞは、指紋（しもん）のことといっしょに考えると解ける。

（中　略）

指紋をおいそれと警察や役所に採られたくない、という気分はだれにもある。自分が特定され、それを採られるときは何か犯罪をおかしたとき、という現実があるからだろう。だから指紋は知られたくないもの、つまりプライバシーにふくまれる。

Ⓔ、顔も指紋も身体の一部ではある。そのためか、指紋を定住外国人からも強制的に採る制度を憲法に違反（いはん）しないとしたある判決は、平気で「指紋それ自体は、身体の外表の紋様にすぎず、個人が私生活の一部として秘匿（ひとく）したい個人の情報ではない」と言いはなった。指紋は指先の皮膚（ひふ）もよう、別にはずかしいものではないから、まあいいだろう、というこの発想には、指紋をとおして個人情報がいもづる式に入手できることへの緊張感（きんちょうかん）が、それこそ指先ほどもないし、日本人と同じ生活をしているのに、外国人だというだけで指紋をむりやり採られる屈辱感（くつじょくかん）が、Ⓕ皮膚感覚でわかっていない。

Ⓖプライバシーとは、顔であれ指紋であれ、たんに自分の私生活上のことというより、自分のもっている自分の情報は、それを他人に知らせるかどうかを自分で決めること、つまり自己情報の自

【国語】（五〇分）〈満点：一〇〇点〉

【注意】句読点や「」も一字とします。

一 次のカタカナを漢字に直しなさい。

(1) 着物のウラジ　(2) エイセイ面に注意する
(3) 注文をウケタマワる　(4) ユウビンが届く
(5) カンビョウをする

二 次の詩を読み、あとの問いに答えなさい。

樹　吉野　弘

人もまた、一本の樹ではなかろうか。
樹の自己主張が枝を張り出すように
人のそれも、Ⓐ見えない枝を四方に張り出す。

身近な者同士、Ⓑ許し合えぬことが多いのは
Ⓒ枝と枝とが深く交差するからだ。
それとは知らず、いらだって身をよじり
互いに傷つき折れたりもする

仕方のないことだ
枝を張らない自我なんて、ない。
Ⓓしかも人は、生きるために歩き回る樹
互いに刃をまじえぬ筈がない。

枝の繁茂しすぎた山野の樹は
風の力を借りて梢を激しく打ち合わせ
密生した枝を払い落す――と
庭師の語るのを聞いたことがある。

人は、どうなのだろう？
Ⓔ剪定鋏を私自身の内部に入れ、小暗い自我を
刈りこんだ記憶は、まだ、ないけれど。

（『吉野弘詩集』ハルキ文庫）

(1) ――Ⓐ「見えない」のはなぜですか。
ア 心理的には外れたところに存在するから
イ 人には見えないようにかくしているから
ウ あってないような弱々しいものだから
エ 自分自身では意識や自覚をしていないから

(2) ――Ⓑ「許し合えぬこと」とは何をいっていますか。
ア 自我と自我がぶつかり合ってしまうこと
イ お互いの欠点が見えて認め合えないこと
ウ 同じ方向でいつもきそい合ってしまうこと
エ あまえ合って言うべきことが言えないこと

(3) ――Ⓒ「枝と枝と」とあるが、この「枝」とは何を指していますか。一・二連の中から一語で答えなさい。

(4) ――Ⓓ「しかも人は、生きるために歩き回る樹」とはどういうことを強めていますか。

のはたいへん苦痛だから。

ウ　休学する一年間の勉強の遅れは相当なもので、おそらく将来の進路にかかわってしまうから。

エ　母娘ふたりでつつましく暮らしてきたのに、入院にかかる費用は生活を苦しめてしまうから。

(2)　――Ⓑ「原爆」が広島に投下された年月日を次から選びなさい。

ア　一九五〇年　八月九日

イ　一九四五年　八月六日

ウ　一九四〇年　八月九日

エ　一九三五年　八月六日

(3)　――Ⓒ「他人の病状については、いつの間にか本人以上に精通してしまう」のはなぜですか。次から選びなさい。

ア　病院は病気に関する情報があふれているため、誰に聞いても教えてくれるから。

イ　本人の前では病状についてふせている一方、いないところで話題になるから。

ウ　患者達は身近な親族より、他人の方が気がねなく病状を打ち明けられるから。

エ　外の世界からへだてられているぶん、病院内の情報を皆知りたがっているから。

(4)　――Ⓓ「記代のことを敬遠するようになっていた」のはなぜですか。解答欄にあうように本文中から二十字以内で見つけ、はじめと終わりを三字ずつ書きぬきなさい。

記代が　（　二十字以内　）　から。

(5)　文中に出てくる二つの「うらやましく」について、次の問いに答えなさい。

①　記代は禎子のどのようなところをうらやましく感じたのですか。周囲との関わりをふまえて二十五～三十字で説明しなさい。

②　禎子をうらやむ心情を短く言い表した語を本文中から三字で書きぬきなさい。

(6)　――Ⓔ「うとましく感じられてならなかった」のはなぜですか。「～から」につながるように十四字で見つけ、はじめと終わりを三字ずつ書きぬきなさい。

(7)　――Ⓕ「せまり来る死の恐怖とたたかっているすがた」とありますが、そのように感じられたのはなぜですか。

ア　死がせまっていることを周囲に隠し、母親の前でも気丈にふるまっていたから。

イ　死をも恐れずに病気と正面から向き合って、周囲の人たちに元気を与えたから。

ウ　間近にせまる死を受け入れずに、希望を持って日々を明るく過ごしてきたから。

エ　死を予感しながらも快活さを失わず、母に甘えることで自分を支えていたから。

た。ふだんは、気味が悪くて、昼間でも近よれそうもない死者の部屋に、ふたりはなんの恐怖感もなくはいることができた。

簡単な祭壇の前におかれた小さな棺のなかに、少女は眠るようによこたわっていた。ふたりは、お線香をあげ、長い間、掌をあわせた。

外は、つゆの雨が、だらだらとふりつづいていた。おまいりをおえて、病棟に通じるうす暗いわたりろうかを歩いていたときだった。

ふと、うしろを歩いていた禎子が立ちどまった。

「うちも、ああして死ぬんかしらん……」

禎子のつぶやくような低い声に、記代はおどろいてふりかえった。禎子は、わたりろうかの中ほどに立って、暗い雨の庭を見つめていた。

「ばかなこと、いいんさんな！」

記代は、思わず知らず、両手で禎子の肩をつかんだ。禎子の体にふれたのは、これがはじめてだった。うすいゆかたの布地をとおして、禎子の異常に骨ばった体の感触が、記代の指さきにつたわってきた。

（この子は、こんなにやせていたのか。）

それは、ふだん快活にふるまっている禎子のものとは信じられないくらいに、細くてよわよわしかった。

「姉ちゃーん。」

禎子が、たまりかねたように記代の胸に顔をうずめて泣きはじめた。この子は、自分の病気のことを知ってるんだ。知っていて、必死で耐えている。そう考えると、いままでの禎子の行動が、がらりとちがって見えてきた。彼女が活発に行動するのも、母親にあまえるのも、Ⓕせまり来る死の恐怖とたたかっているすがたではなかったのか。

「サダちゃん……。」

記代は、泣きながら、心の底からしたしみをこめて、彼女をだきしめた。大がらな記代のうでのなかで、禎子は、いつまでもいつまでも泣きつづけた。

おもえば、佐々木禎子が、生命の燃えつきる最期の時期に、大倉記代にめぐりあったことは、ただひとつのなぐさめだったといえる。

家のなかでは、つねにものわかりのよいお姉さんとして、妹や弟をかわいがり、入院後も小さな患者のめんどうをみていた禎子にとって、生涯にただひとり、胸に顔をうずめて泣くことのできる、お姉さんにめぐりあえたのだ。

この夜以来、記代と禎子は急速にうちとけていった。

（那須正幹『折り鶴の子供たち』PHP研究所）

(1) ——Ⓐ「十四歳の少女にとって、～　気分にさせられた」とあるのはなぜですか。次から選びなさい。

ア　学校は自分にとって日常生活の中心であり、級友から自分だけ取り残される感じがしたから。

イ　元は元気だった十四歳の少女にとって、一年もの間運動できない

て、短く宣言する。
「サダちゃん、すまんけど、ちょっとしずかにしてくれる。いま、本読みよるんよ。」
「あ、ごめん。」
禎子は、まったくめんぼくなさそうに、こそこそとベッドにもぐりこむのだった。
そういえば、禎子はちかごろ友人がくると、すぐに部屋をでて屋上に行くようすだ。禎子の友人たちは、かならず三、四人がつれだってくる。
中学一年生の見舞い客は、そこにむらがって立っているだけでにぎやかだ。禎子は、記代に気がねして、友人たちを屋上につれていくらしかった。友だちも、それほど長くはいなかった。せいぜい三十分ほどでもどってくる。屋上からエレベーターでおりてくる禎子は、そのときだけ、みょうにさみしそうにしていた。友だちは、みな中学生として新しい生活をはじめている。そのなかで、自分ひとり、この白い病室にとじこめられているのだ。禎子の気もちは、記代にもわかるような気がする。
それでも記代は、禎子がときおりうらやましく思えてならなかった。
月に一、二度、禎子は家に帰っていたし、家族の人も、ひまをみつけては、病院にやってきた。
とくに母親のふじ子は、足しげくやってきては、病室に泊っていくのである。小ぶとりの母と、小がらな禎子が、だきあうようにして寝ているようすは、いかにも仲のよい親子にみえる。
だが、記代には、そんな母娘の寝すがたまでが、なにやらⒺうとましく感じられてならなかった。
「ふん、なによ。中学生にもなって。みっともないったら、ありゃあしない。」
そんな舌うちのひとつもしたくなる。
記代の母は戦前からの職業婦人だったせいか、あっけないほどさばさばしていて、とても記代と、そい寝なぞしてくれそうもなかった。記代だって、そんなべたべたした母娘の関係はねがいさげだった。いや、もしかしたら記代も、母親に思いきりあまえたかったのかもしれないが……。
六月にはいると、禎子の病状がふたたび悪化してきた。一時、縮小していた首のリンパ節が肥大してきた。脾臓のはれも、医師の触診によると、指二本のはばのしこりができている。
ただ白血球数だけは、輸血の続行によって、なんとか一万から二万までの間を維持していたが、それとても正常人の二倍をこえる数値だった。
そのころ、おなじ小児科病棟に入院していた五歳の女の子が死亡した。禎子とおなじ急性白血病患者である。まだミルクのにおいがのこっていそうな、色白の少女を、禎子はもちろん、記代もよく知っていた。
少女の死んだ夜、ふたりはどちらともなく、少女におわかれをすることにした。女の子のなきがらは、病院の霊安室に安置されてい

いや、ひとりだけ記代にちかい年齢の少女がいた。二月の終わりころ入院してきた佐々木禎子である。この少女のことは、看護婦さんや、同室のおとなの患者さんたちのひそやかな会話のなかから、もれ聞いていた。Ⓑ原爆のため白血病という重い病気にかかり、けっして快方にむかってはいないということも知っていた。

まったく病院というところはふしぎなところで、Ⓒ他人の病状については、いつの間にか本人以上に精通してしまうものなのである。

原爆症におかされた少女。記代も最初、そのうわさをきいたときは、すくなからずショックをうけたし、遠くから禎子のすがたを、同情をもってながめていた。

しかし、そうした悲しいうわさとはうらはらに、禎子はあきれるほどほがらかで快活だった。入院して一週間もしないうちに、病棟の子どもたちと仲よくなり、また同室のおばさんたちにもかわいがられるようになった。

あれが重い病気にかかった少女なのだろうか。記代は、ろうかを走りまわり、屋上にかけのぼっていく禎子のうしろすがたを、なかばはぐらかされたような気もちでながめていた。

記代自身はといえば、入院以来、ただただ自分の病気をのろい、貝のように自分のからにとじこもっていた。母娘ふたりだけの生活になれてしまったせいか、他人との交流がおっくうな性格でもあった。

同室のおばさんとも、あまり深いつきあいもしなかった。小さな子どもたちは、はっきり言って、うるさいばかりだった。せいぜい、ごくかぎられたお気にいりの子どもと遊んでやるくらいだ。こうした記代の態度は、しぜんに周囲の患者や看護婦にもつたわり、Ⓓ記代のことを敬遠するようになっていた。すくなくとも、記代には、そうみえたのである。

禎子は、あらゆる面で、記代と対照的だった。サダちゃん、サダちゃんと、おとなも子どももしたしみをこめてよんでいる。彼女の歩くところ、つねに二、三人のちびっ子がくっついている。

彼女が、よその病室に遊びに行き、おとなの患者さんに髪をあんでもらっている光景を見たときには、この二歳下の女の子に、軽いしっとのようなものを感じた。

（中　略）

天気のよい日、むかいの外科病棟の患者さんが、いたずら半分に、鏡で禎子や記代の顔に、チカチカ日光を反射させる。すると、禎子は間髪をいれずとびおきると、自分も手鏡をもって部屋をとびだすのだ。ふたりの部屋は北むきだから直射日光があたらない。禎子は、日光のあたっているよその部屋にいれてもらって、そこから外科病棟にチカチカのおかえしをするのだ。

小学校時代、サルというニックネームがついていた禎子だけに、こうしたすばやい行動はお手のものだった。

記代には、そんな禎子の活発さが、うらやましくもあった。自分だって、禎子といっしょにはしゃぎまわりたい。心のどこかに、そうした気もちがあったけれど、記代は、そんな気もちをおしつぶし

(1) ――Ⓐ「年譜にはしょせん書きこめないそんな中学生活の思い出」を大切にする筆者の、基本的な生き方を述べた部分を二十字で見つけ、はじめと終わりの三字を書きぬきなさい。

(2) Ⓑに適当なひらがな二字を入れなさい。

(3) ――Ⓒ「それどころか」とある理由について説明した次の文を完成させなさい。必要な語は（　）内の指示にしたがい本文中より書きぬくこと。

（　四字以内　）にもかかわらず（　四字以内　）を（　六字　）いたから。

(4) Ⓓに体の部分を表す漢字一字を入れなさい。

(5) ――Ⓔ「説教」に〃　〃印がついているのはどうしてですか。

ア　学年の違いをこえた行為だから
イ　強い責任を感じての行為だから
ウ　説教といえるような行為ではないから
エ　効果を期待できるような行為ではないから

(6) ――Ⓕ「相手が悪い」とあるのはなぜですか。「～だから」につながるように十二字で書きぬきなさい。

(7) ――Ⓖ「良識」という語にこめられた気持ちは次のどれですか。

ア　問題の解決より在校生一人一人を大切にする学校への敬意
イ　何としても争いを避けようと努力する学校への同情
ウ　両方の生徒を仲良しに育てようとする学校への親近感
エ　両者の言い分を立て、白黒を明確にしない学校への皮肉

(8) Ⓗにあてはまる二字の熟語はどれですか。

ア　希望　イ　青春　ウ　自由　エ　苦悩

四　次の文章を読み、あとの問いに答えなさい。

大倉記代が広島赤十字病院に入院したのは、昭和二十九（一九五四）年十二月、広島市立国泰寺中学二年の冬だった。肺浸潤という結核性の病気で、長期の療養が必要だった。当時十四歳だった彼女は、小児科病棟では最年長者である。

記代にとって、発病につづく闘病生活は、苦痛の連続だった。

生まれてまもなく父をうしない、母ひとり子ひとりで育ってきた。生活はけっして楽ではなかったけれど、母娘ふたりの、ある意味で気ままな毎日だった。その暮らしが、発病とともにいっきょにくずれてしまった。医師の話では、すくなくとも半年の入院と、おなじくらいの自宅療養をかくごしなくてはならないという。むろん学校は一年間休学となろう。Ⓐ十四歳の少女にとって、一年の留年は、一生の運命をくるわされてしまったような気分にさせられた。

最初のころこそ、病気なのだから、病気さえなおればと、自分をはげましていたが、それも単調な入院生活がつづくうち、いつしかあせりと絶望のくりかえしにかわっていった。

入院したころは、足しげく見舞ってくれた友人たちも、新学期になってからは、めっきり足が遠のいてしまった。二年生の間ならクラスメートだが、進級した級友たちにとって、記代は、もうクラスの友だちではなくなってしまったのかもしれない。

病院のなかに、おなじ年ごろの友人でもできればなぐさめにもなるだろうが、あいにく小児科病棟の子どもたちは、小学校にもあがっていないちびっ子ばかりだった。

三　次の文章を読み、あとの問いに答えなさい。

　昨年暮、わたしの五十年の詩業が一冊の文庫にまとめられることになって、郡山市に生まれた大正十四年から現在までの年譜づくりに没頭した。過去を跡づける記録など取っておかない主義だったから、年次など正確を期するのは容易ではなく、ことのほかてこずったが、書いているうちに思いがけない遠い昔のことが絵のようにあざやかにうかんできて、けっこう楽しい作業でもあった。なかでも昭和十三年安積中学校入学から十八年卒業まで五年間の中学生活は、あとからあとから思い出がふくらんできて、しばしば筆を措いて甘美な回想にふけったことだった。

　Ⓐ年譜にはしょせん書きこめないそんな中学生活の思い出のなかから、再び忘却のかなたにしまいこむにはおしい思い出をひとつ。

　たしか五年生になりたての晩春のころ。四年生に札［Ⓑ］のワルがいて、低学年生がいじめに泣かされたり、Ⓒそれどころかその彼をリーダーとする一味は、気弱なわれわれの級友をさえおびやかしていた。つい［Ⓓ］にあまり、五年生の責任においてⒺ〝説教〟しなければということになり、彼を放課後の教室に呼び出した。常にポケットに竹刀のツバをしのばせているというしたたかな彼との押し問答のあげく、カッとなったS君が彼をなぐった。手を出したのはS君ばかりではない。生意気だ、やっちまえとどなりながら数人が余勢をかって鉄拳をふるったのは、当時の中学生気質としては当然だったろう。ただし昨今の中高校生らのリンチのような、程度もほども知らぬ無法なものではなく、けがひとつ負わせるものでなかったのは無論である。

　だが相手が悪かった。その男の父親は市の有力者で、彼はその権勢をカサに着ての日ごろの横暴だった。当然父親は学校に談じこんできた。医師に勝手に書かせたのだろうけがの診断書を添え、S君を名ざしで処分しなければ告訴するというのである。緊急職員会議が続けられた。S君はわが学年を代表する優等生であり、それは職員室も十分に承知だったが、何分にもⒻ相手が悪い。学年主任のS先生が苦境に立たされている、という情報も伝わってくる。五年生対四年生の対立意識も騒然と高まった。わたしたちも、放っておけばストライキにも発展しかねない状況に追いこまれた。わたしたち有志は夜遅くまで対策を練った。わたしは徹夜で長文の嘆願書を巻紙に書き、早朝自転車で登校、校門前で同級生に呼びかけては署名を集め、S先生に提出した。S君はわれわれの代表であり、今回の制裁は五年生全員の意志であって連帯責任だ、という、有志一同退学覚悟でS君の処分阻止を願ったものだった。

　S先生も退職願をふところに、その嘆願書を職員会議で朗読されたという。結局学校側のⒼ良識は、時間かせぎで処分保留のままうやむやに事態を収めてしまったようだ。

　結末はともかく、目を充血させて、嘆願書を持って学校へ自転車を走らせたあの朝のああいう緊張は、半世紀をへだてたいま思い返してもなつかしい。精いっぱいムキなって生きていたあのころこそ、まさに［Ⓗ］そのものだったといえよう。

（菊地貞三『行雲流水』花神社）

て正道を⑥トくかのような「正」と、どこか肌合いが違う。正月はどちらなのだろう。正義の月？　正確な月？　それとも――。
そんなことを考えていたら、京都のお茶会に招かれた。ある雑誌で茶の湯を特集するのに、客として出たのである。しかし私の立場は、連客といって、いわば補佐するような役割を受け持ち、その茶席では他の方が主役であった。その役の呼び名が「正客」。招く側の主人に、招かれる側の代表として応接する。Ⓕこれだな、と思った。正しい正しくないというのとは別の、中心、基、といったもう一つの意味がそこにはある。正月の「正」も、そして選挙の時の「正」の字の使われ方も、何かを始める時の、中心、基礎となるようなものを表しているのだ。
正月は、一年の開始、全ての基である。時間には過去から未来まで棒のごとく続くものもあれば、毎年くり返される輪のようなものもある。正月はその輪の時間に付けられた⑦キザみ目である。この月を大事に過ごし、二月につなげ、三月を迎えることで、充実した一年を過ごすことができる。実際は、昨年など一月も二月もあっという間に過ぎ去って、気が付くと秋になっていたのだが、それはそれ、またこうして正月がやってくる。正月はⒼ一年経つと元のところに戻ってくれる、私たちにくり返し与えられるⒽチャンスなのだ。そのことを静かにかみしめて、元旦を迎えたい。

（船曳建夫『一字一話』角川書店）

【語注】　清冽＝清らかで冷たいこと。
閑職＝仕事の少ない、ひまな職務。

(1)　――①～⑦のカタカナを漢字に直しなさい。
(2)　「Ⓐ□□を利かせる」が「勢力をふるう」という意味の慣用句になるように、□□にひらがなを入れなさい。
(3)　Ⓑ（二カ所）に漢字一字を入れなさい。
(4)　――Ⓒ「右側には蛇が這っているような線」の部分は「邪」の部首になっていますが、部首名を答えなさい。
(5)　「Ⓓ□角□面」の空欄に同じ漢字を入れて、四字熟語を完成させなさい。
(6)　「Ⓔ選」の画数を算用数字で書きなさい。
(7)　――Ⓕはどのようなことですか。
ア　「正月」の「正」と「正客」の「正」は同じような意味を持っている。
イ　「正客」は、「主役にふさわしい、正しい客」という意味である。
ウ　お茶会に招かれた人々は、「主役」と「脇役」に分けられてしまう。
エ　選挙の時の「正」は、「正確を求める」ということで使われている。
(8)　――Ⓖ「一年経つと元のところに戻ってくれる」というように感じるのは、時間をどのようにとらえているからですか。本文中から七字で書きぬきなさい。
(9)　――Ⓗ「チャンス」について、正月は何の「チャンス」ですか、本文中から十字で書きぬきなさい。

いる。
教室のまどから見える〈おとうさん〉は、夏は［Ⅰ］まみれになって働き、冬は凍ってしまうくらいの冷たい［Ⅱ］にさらされ、年中危険と背中合わせになりながらひたすら働いている。
〈おとうさん〉がこうして仕事を続けられる理由は、家族の存在があるからであり、父のあたたかい気持ちによって作者は強く心を打たれ、その思いは最後の［Ⓒ］という言葉に表れている。

① ［Ⅰ］にあてはまるひらがな二字を入れなさい。
② ［Ⅱ］にあてはまる漢字一字を入れなさい。
③ ══「父のあたたかい気持ち」をはっきり示す部分を詩中から二十五～三十字で見つけ、はじめと終わりの三字を書きぬきなさい。
④ ［Ⓒ］にはどれがあてはまりますか。
ア いい仕事についてみせるから。
イ いい子になってみせるから。
ウ いい点数をとってみせるから。
エ いいおとうさんになってみせるから。

二 次の文章を読み、あとの問いに答えなさい。

お正月は、昔の日本の香りがする。お彼岸もお盆も、かつてのものとは別物になり、代わりにクリスマスやバレンタインデー、果てはハロウィンといった新手の年中行事がⒶ［　］を利かせている。しかし、元旦は漂う空気からして清冽に思え、空には静かに光が満ち、心の中の日本の風景がいまもこの日だけには現れるようだ。

この「正」という字はみごとに、名は［Ⓑ］でなく、［Ⓑ］が名を表している。斜線も曲線もなく、縦と横の線だけから成るそれは、その持つ意味にふさわしいつら①ガマえをしている。「正」の反対の字はいろいろ考えられるが、たとえば正邪の「邪」だと、左側には斜めの線やⓒ右側には蛇が這っているような線があって、まるで対照的に思える。漢字の字源は別として、いまある「正」という漢字の形状は、持っている意味そのままに見える。それゆえに、やや窮屈とさえ言えるかもしれない。Ⓓ［　］角［　］面、たとえば幼いころ、学校に感じたものの全てがそこにつまっているかのようだ。正義、正確、正解……。学校に②フテキオウであった私には、この「正」が苦手に感じられる。

しかし、この字、学校では別のかたちでも現れた。読者も③オボえていらっしゃるだろう、学期始めの委員のⒺ選挙の時、票を数える際に、一票毎にタテヨコの線を足していって「正」を作り、この字一つが五票分としてカウントされたのだ。黒板に書かれた××君と○○君の姓名の下に、「正」の字の列が伸びていく。大人④ドウヨウ、子供も選挙には⑤コウフンする。私などは、学級委員は無理だったが、図書委員あたりには選ばれたこともあり、先生によってはそんな脇役も投票で選ばせていたような記憶がある。閑職であれ、自分の名前の下に「正」の字が並ぶことによって、みんなから選ばれるのはうれしかった。その時の「正」はころころとしたサイコロのようで、親しみが湧いた。この「正」と、正面からやってき

【国語】（五〇分）〈満点：一〇〇点〉

【注意】句読点や「　」も一字とします。

一　次の詩を読み、あとの問いに答えなさい。（わかりやすい表記になおしたところがあります）

ペンキ屋

溝田清盛（小学六年）

おとうさんはペンキ屋をしていなさる。
汽船のどうばらや
軍艦（ぐんかん）のマストや
グレンなどをぬりなさる。
教室のまどから
いま港の高いグレンをながめている。
あのグレンも、おとうさんによってぬられている。
あの上からおちたら、
おとうさんはこっぱみじんになってしまう。
それを思うと胸がどきどきと鳴ってくる。
Ⓐだがそんなことは一生にない。
夏は暑いおてんとうに
ぎらぎらとてらされて
冬はかんかんに鉄はこおって
手さきはくされるようになるとおっしゃる。
おとうさんは、どんなにひどい仕事をしてでも
子どもをしあげずにはおかんとおっしゃる。
［Ⓑ］
おとうさんのすがたが、グレンのてっぺんで
あんなにちいさくサルのように見える。
おとうさん、しっかりおやりまっせ、
ぼくは［Ⓒ］

（滑川道夫『こどもの詩』牧書店）

【語注】マスト＝帆柱（ほばしら）。
グレン＝船から重い荷物をあげて陸へおろしたり、反対に船に荷物を積んだりする起重機。クレーン。

⑴ ——Ⓐ「だがそんなことは一生にない」と作者が言い切るのは、何の表れですか。

ア　〈おとうさん〉が事故にまきこまれやしないかという不安感
イ　〈おとうさん〉に不幸が起こらないようにという強い願い
ウ　〈おとうさん〉がもつ仕事に対する情熱へのあこがれ
エ　〈おとうさん〉には事故をおこす余裕（よゆう）すらないという悲しさ

⑵ ［Ⓑ］はどれがあてはまりますか。

ア　ああ、楽しそうだな。　イ　ああ、うれしいな。
ウ　ああ、ありがたいな。　エ　ああ、元気があるな。

⑶ この詩を説明した次の文章について、以下の問いに答えなさい。

> 今、作者の〈おとうさん〉は、港で高い起重機（グレン）の上でペンキをぬり、作者はそれを胸をどきどきさせながら見つめて

MEMO

大切なことはメモしておこうネ！

解答用紙集

○月×日　△曜日　天気（合格日和）

◆ご利用のみなさまへ

＊解答用紙の公表を行っていない学校につきましては、弊社の責任において、解答用紙を制作いたしました。

＊編集上の理由により一部縮小掲載した解答用紙がございます。

＊編集上の理由により一部実物と異なる形式の解答用紙がございます。

人間の最も偉大な力とは、その一番の弱点を克服したところから
生まれてくるものである。　――カール・ヒルティ――

東京学参株式会社

青山学院中等部　2024年度

◇算数◇

※ 145%に拡大していただくと，解答欄は実物大になります。

1	
2	
3	%
4	人
5	個
6	か月後
7	点
8	km
9	点　点　点

10	底面の面積の比	：
	高さの比	：
11		度
12		cm^2
13	(1)	と
	(2)	
	(3)	
14	(1)	：
	(2)	L

青山学院中等部　　2024年度　　◇理科◇

※ 149%に拡大していただくと，解答欄は実物大になります。

1

(1)	(2)	(3)	(4)	(5)	
				①	②
			m		

2

(1)		(2)	(3)		(4)	(5)
①	②		①	②		

3

(1)	(2)	(3)	(4)	(5)
			m	

4

(1)	(2)	(3)		(4)	(5)
		溶けている物質	気体		
%		塩化水素・ミョウバン・ホウ酸		g	g

5

(1)		(2)		(3)		(4)	
①	②	①	②	①	②	①	②

青山学院中等部　2024年度　◇社会◇

※ 145％に拡大していただくと，解答欄は実物大になります。

1

問1		問2	問3	問4	問5	
地形名	作用				〈Ⅰ〉	〈Ⅱ〉

2

問1	問2			問3		問4	
	〈Ⅰ〉	〈Ⅱ〉	〈Ⅲ〉	樹種	府県	空港	理由
	島						

3

問1	問2	問3	
		〈Ⅰ〉	〈Ⅱ〉

4

問1			問2	問3
〈Ⅰ〉	〈Ⅱ〉			
	1番目	4番目		

5

問1		問2	
①	②	〈Ⅰ〉	〈Ⅱ〉
			運動

6

問1		問2
〈Ⅰ〉	〈Ⅱ〉	

7

問1	問2	問3	問4	
			〈Ⅰ〉	〈Ⅱ〉
			首相	

青山学院中等部　2024年度

◇国語◇

※ 143％に拡大していただくと，解答欄は実物大になります。

・句読点や「　」などの記号も一字とします。
・記号の付いているものはすべて記号で答えなさい。

一

(1)	(2)	(3)	(4)	(5)
クヨウ	ヒダイ　化	ノ　ばす	ダイチョウ	オンコウ

二

(1) ①	(1) ②	(2)	(3)	(4) ①	(4) ②

三

(1)	(2)	(3)	(4)	(5)	(6)	(7)

四

(1)	(2) I	(2) II	(2) III	(3)	(4)	(5)	(6)	(7)	(8)

五

(1)	(2)	(3) ①	(3) ②	(4)	(5)	(6)	(7)	(8)	(9)	(10)	(11)
			っとする								45 50

青山学院中等部　2023年度

◇算数◇

※ 147％に拡大していただくと，解答欄は実物大になります。

1	
2	
3	
4	mm
5	g
6	人
7	g
8	票

9		分速　m
10	(1)	
	(2)	枚
11		cm^2
12		cm
13		度
14	(1)	：
	(2)	：

青山学院中等部　2023年度　◇理科◇

※ 137%に拡大していただくと，解答欄は実物大になります。

1

(1)		(2)	(3)	(4)		(5)
①	②			①	②	

2

(1)	(2)	(3)	(4)	
			①	②
	→ → → →			

3

(1)	(2)	(3)	(4)	
			①	②
℃				℃

4

(1)	(2)	(3)	(4)	(5)
g	g	g		gの力で　m

5

(1)	(2)		(3)	(4)	
	①	②		①	②
			g	mL	℃

青山学院中等部　2023年度

◇社会◇

※ 149%に拡大していただくと，解答欄は実物大になります。

1

問1	問2		問3	問4	問5		問6	
	集落跡	理由			〈Ⅰ〉	〈Ⅱ〉	〈Ⅰ〉	〈Ⅱ〉

2

問1	問2	問3	問4

3

問1	問2	問3		問4		
		記号	和歌集	〈Ⅰ〉	〈Ⅱ〉人物	〈Ⅱ〉事柄
				銀山		

4

問1	問2	問3	問4	
			〈Ⅰ〉	〈Ⅱ〉

5

問1	問2	問3	問4	
			（3）	（4）

青山学院中等部　2023年度

◇国語◇

※ 159％に拡大していただくと，解答欄は実物大になります。

・句読点や「　」などの記号も一字とします。
・記号の付いているものはすべて記号で答えなさい。

一

(1)	(2)	(3)	(4)	(5)
アズ　　ける	コウソウ　　建築物	リョウシュウショ	アヤマ　　る	キゾク　　意識

二

(1)	(2)	(3) ③	(3) ④	(4)	(5)	(6)	(7)
		風	風				

三

(1) I	(1) II	(2)	(3)	(4)	(5)	(6)	(7)	(8)

四

(1)	(2)	(3)	(4)	(5)

(6) ①	(6) ②

(6) ③

														30
									40					

(6) ④

五

(1)	(2)	(3)	(4)	(5)	(6)

(7)

①	②	③
	様子	

青山学院中等部　2022年度

◇算数◇

※ 147%に拡大していただくと，解答欄は実物大になります。

1	
2	
3	
4	円
5	点
6	
7	負け □ 回　あいこ □ 回
8	cm^3

9		□ 秒後　□ 回
10		度
11	(1)	8時 □ 分 □ 秒
	(2)	8時 □ 分 □ 秒
12	(1)	cm^2
	(2)	cm^2
13	(1)	km
	(2)	□ 時 □ 分 □ 秒

青山学院中等部　2022年度

◇理科◇

※ 125%に拡大していただくと，解答欄は実物大になります。

1

(1)	(2)	(3)	(4)	(5)

2

(1)		(2)	(3)	(4)
A	B			

3

(1)		(2)	(3)	(4)
①	②			
	時　分			

4

(1)	(2)	(3)	(4)		(5)
			①	②	
性					

5

(1)	(2)	(3)		
		①	②	③
g	cm^3	cm^3		t

青山学院中等部　2022年度

◇社会◇

※ 149%に拡大していただくと，解答欄は実物大になります。

1

問1		問2	問3	問4	問5	問6	問7	問8	
名称	番号							〈Ⅰ〉	〈Ⅱ〉

2

問1		問2		問3	
語	番号	藩名	番号	〈Ⅰ〉	〈Ⅱ〉
		藩			

3

問1	問2	問3

4

問1		問2
〈Ⅰ〉	〈Ⅱ〉	

5

問1	問2	
	A	B

問3		問4	問5	
〈Ⅰ〉	〈Ⅱ〉		位置	首都
条約				

6

問1	問2		問3	問4		問5
	〈Ⅰ〉	〈Ⅱ〉		説明	定数	

青山学院中等部　2022年度

◇国語◇

※ 159％に拡大していただくと，解答欄は実物大になります。

・句読点や「　」などの記号も一字とします。
・記号の付いているものはすべて記号で答えなさい。

一

(1)	(2)	(3)	(4)	(5)	(6)
イ　サ み足	エンムス び	キシュ	エヒメ 県	ラクチョウ	フ　ワ 雷同

二

(1)	(2)	(3)	(4) ①		(4) ②	(4) ③
			Ⓓ	Ⓔ		

三

(1)	(2)	(3)	(4)	(5)	(6)
			～　行為		

(7) Ⅰ	(7) Ⅱ	(7) Ⅲ	(7) Ⅳ	(8)

四

(1)	(2)	(3)	(4)	(5)	(6)	(7)

五

(1)	(2)	(3)	(4)

(5) ①	(5) ②	(5) ③
	5　10	

(6)

40　50 きっかけ

(7)

青山学院中等部　　2021年度

◇算数◇

※ 149%に拡大していただくと，解答欄は実物大になります。

1	
2	
3	

4	円
5	分ごと
6	円
7	ア　人　エ　人

8	人　点
9	通り
10	：
11	度
12	cm^2

13	(1)	番	(2)	回
14	(1)	cm	(2)	仕切り　cm　高さ　cm

青山学院中等部　2021年度

◇理科◇

※ 147％に拡大していただくと，解答欄は実物大になります。

記号のついているものはすべて記号で書き入れなさい。

1

(1)	(2)	(3)	(4)		(5)
			A	B	
		倍			

2

(1)	(2)	(3)	(4)	(5)

3

(1)	(2)	(3)		(4)	(5)
		①	②		

4

(1)	(2)	(3)
と		

(4)	(5)	
	加える溶液	体積
	水酸化ナトリウム水溶液　・　塩酸	cm^3

5

(1)	(2)	(3)	(4)	(5)
g		個	cm	cm

青山学院中等部　2021年度　◇社会◇

※ 149%に拡大していただくと，解答欄は実物大になります。

1

問1	問2	問3

2

問1	問2		問3		問4		問5
	大名	地域	語群	選択肢	番号	位置	

3

問1	問2	問3	問4

4

問1		問2		問3
番号	人形	番号	楽器	

問4		問5		問6	
2番目	4番目	番号	人物名	できごと	選択肢
			首相		

5

問1		問2		問3		問4
（ 1 ）	（ 2 ）	番号	時期	番号	国名	

6

問1	問2	
	〈Ⅰ〉	〈Ⅱ〉

※ 149%に拡大していただくと，解答欄は実物大になります。

・句読点や「　」も一字とします。
・記号の付いているものはすべて記号で答えなさい。
・※の欄には何も書かないこと。

一

(1)	(2)	(3)	(4)	(5)	(6)
コクソウ	エイセイ	サ　　す	ヒヒョウ	コウコウ	タイマイ

二

(1)	(2)	(3)	(4) ①	(4) ②	(4) ③

三

(1)	(2)	(3)	(4)	(5)
	〜			

(6) ①	(6) ②	(7)	(8)	(9)

四

(1)	(2)	(3)	(4)	(5)	(6)

(7) Ⅰ	(7) Ⅱ	(8)

五

(1)	(2)

(3)

30

35

(4)	(5)	(6)
〜	り　り	

(7)	(8)	(9) ①	(9) ②

青山学院中等部　　2020年度　　◇算数◇

※ 147％に拡大していただくと，解答欄は実物大になります。

1	
2	
3	

4	本分
5	ア　　人　イ　　人
6	mL
7	m
8	点

9		段
10		： ：
11		cm^2
12		cm
13	(1)	cm
	(2)	cm
14	(1)	人
	(2)	人

青山学院中等部　2020年度

◇理科◇

※ 106％に拡大していただくと，解答欄は実物大になります。

記号のついているものはすべて記号で書き入れなさい。

1

(1)	(2)	(3)	(4)	(5)

2

(1)		(2)	(3)	(4)	
				①	②

3

(1)	(2)	(3)	(4)	(5)
			%	m

4

(1)	(2)	(3)	(4)	(5)
色				

5

(1)	(2)	(3)	(4)	(5)
g	cm	g		

青山学院中等部　　2020年度

◇社会◇

※ 152％に拡大していただくと，解答欄は実物大になります。

番号のついているものはすべて番号で書きなさい。

1

問1	問2	問3

2

問1		問2
(A)	(B)	

3

問1	問2	問3	問4	問5
台				革命

4

問1	問2	問3	問4			
			ア		イ	
			番号	語句	番号	語句

5

問1	問2

6

問1		問2	問3
年	番号		

7

問1	問2	問3
	デザイン	

8

9

〈Ⅰ〉	〈Ⅱ〉

青山学院中等部　2020年度　◇国語◇

※ 149％に拡大していただくと，解答欄は実物大になります。

・句読点や「　」も一字とします。
・記号の付いているものはすべて記号で答えなさい。
・※の欄には何も書かないこと。

一

(1)	(2)	(3)	(4)	(5)	(6)
テイサイ	ギム	ソウジュウ	ショメイ	ユダ　ねる	エンキ

二

(1)	(2)	(3)	(4)	(5)	(6)	(7)

三

(1)	(2)	(3)	(4)	(5)	(6)

四

(1)	(2)	(3)	(4)	(5)

(6)	(7)	(8)

五

(1)	(2)	(3)	(4)	(5)

(6)	(7)	(8)	(9)	(10)	(11)
し　　も					

(12)
15
30
35　40

青山学院中等部　2019年度

◇算数◇

※この解答用紙は144％に拡大していただくと，実物大になります。

1	
2	
3	

10	人
11	A 人　B 人
12	度

4	e　f　g
5	万本分
6	円
7	cm^2
8	杯分
9	分　秒

13	(1)	：　：
	(2)	どらやき 円　もなか 円　まんじゅう 円
14	(1)	人
	(2)	人

青山学院中等部　　2019年度　　◇理科◇

※この解答用紙は134％に拡大していただくと，実物大になります。

記号のついているものはすべて記号で書き入れなさい。

1

(1)	(2)	(3)		(4)	(5)
		①	②		

2

(1)	(2)	(3)	(4)	
			①	②
			匹	

3

(1)		(2)	(3)	(4)	(5)
記号	名　称				

4

(1)	(2)	(3)	(4)	
			①	②
と	cm			秒

5

(1)	(2)			(3)
	①	②	③	

青山学院中等部　2019年度

◇社会◇

※この解答用紙は140%に拡大していただくと，実物大になります。

番号のついているものはすべて番号で書き入れなさい。

1

問1	問2	問3	問4
			プレート

2

問1		問2
(1)	(2)	

3

問1	問2					問3

4

問1	問2

5

問1	問2

6

問1		問2	
職業	街道	Ⅰ群	Ⅱ群

7

問1	問2	
憲法	箇所	語句

8

問1	問2

9

問1	問2	
	Ⅰ群	Ⅱ群

10

問1					問2	問3
				プラスチック		

11

問

青山学院中等部　2019年度　◇国語◇

※この解答用紙は148％に拡大していただくと，実物大になります。

・句読点や「　」も一字とします。
・記号の付いているものはすべて記号で答えなさい。

一

(1)	(2)	(3)	(4)	(5)	(6)
ソ まる	ルス 番	キコウ 文	テンラン 会	キズ く	リッコウホ

二

(1)	(2)	(3)	(4)	(5) ①	(5) ②

三

(1)	(2)	(3)	(4)	(5) はじめ		(5) 終わり		(6)	(7)
					～		から		

四

(1)	(2)	(3)	(4)	(5)	(6)

(7)	(8)	(9)	(10)

五

(1)	(2)	(3)	(4)	(5)
		直入		

(6)
20
40
45　55

(7)	(8)	(9)	(10)

青山学院中等部　　平成30年度　　　　◇算数◇

※この解答用紙は144%に拡大していただくと，実物大になります。

1	
2	
3	
4	cm
5	円
6	円
7	cm
8	A　B　C

9	点
10	度
11	毎分　cm
12	cm^2

13	(1)	:
	(2)	:
14	(1)	m
	(2)	m

○推定配点○　⑬・⑭　各7点×4　他　各6点×12（⑧完答）　計100点

/100

青山学院中等部　平成30年度　◇理科◇

※この解答用紙は127％に拡大していただくと，実物大になります。

記号のついているものはすべて記号で書き入れなさい。

1

(1)	(2)	(3)	(4)	(5)
				km

2

(1)	(2)	(3)			(4)	
		①	②			

3

(1)	(2)	(3)		(4)			
		2番目	4番目	①		②	
				a	b	iii	iv

4

(1)	(2)	(3)	(4)	(5)
			kg	

5

(1)		(2)	(3)	(4)
①	②			
g	cm^3	分	g	g

○推定配点○　1　各2点×5　2　各2点×5((3)②・(4)各完答)
3　各2点×5((3)2番目・4番目，(4)①・②各完答)　4　各2点×5
5　各2点×5　計50点

/50

青山学院中等部　平成30年度

◇社会◇

※この解答用紙は140％に拡大していただくと，実物大になります。

番号のついているものはすべて番号で書き入れなさい。

1

問1	問2		問3	問4		問5
	ア	イ		A	B	運動

問6	問7	問8	問9		問10
			文	位置	

2

問1	問2	問3	問4	問5

3

問1	問2

4

問1	問2

5

問1	問2

問3														
														15

問4

6

問	
2番目	3番目

○推定配点○　1　各2点×11(問4・問9完答)　2　各2点×5(問5完答)　3　各2点×2
4　各2点×2　5　各2点×4(問2完答)　6　2点(完答)　計50点

/50

青山学院中等部　平成30年度　◇国語◇

※この解答用紙は148％に拡大していただくと，実物大になります。

・句読点や「　」も一字とします。
・記号の付いているものはすべて記号で答えなさい。

一

(1)	(2)	(3)	(4)	(5)
ヤオモテ	フクショウ　の景品	タイシャク　する	シュウトク　物	ヨキョウ

二

(1)	(2)	(3) Ⓒ	(3) Ⓓ	(4)	(5)	(6)

三

(1)	(2)	(3)	(4)

(5)
① 　　　　　　　　　　15　　　　　　から
② 　　　5　　　　③　　　④
⑤ 　　　　　　　　　　15　　　　　　ということ

四

(1)	(2)	(3)	(4)	(5)	(6)
	内				

五

(1)	(2)	(3)	(4)	(5) ①	(5) ②	(6)
不						

(7)
　　　　　50　　　　ための行動

(8)	(9) ①	(9) ②	(9) ③
		感	

○推定配点○　一　各2点×5　二　(1)・(4)・(6)　各3点×3　他　各2点×4
三　(1)・(2)・(4)　各2点×3((1)は完答)　他　各3点×6
四　(1)・(2)　各2点×2　他　各3点×4((6)は完答)
五　(3)・(5)・(9)　各3点×6　(7)　5点　他　各2点×5　計100点

/100

青山学院中等部　　平成29年度

◇算数◇

※この解答用紙は144％に拡大していただくと，実物大になります。

1	
2	
3	

4	km
5	
6	人
7	才
8	度
9	分前

10	cm^2
11	秒後
12	人

13	(1)	：
	(2)	：
14	(1)	秒間
	(2)	秒間

○推定配点○　⑬・⑭　各7点×4　　他　各6点×12　　　計100点

／100

青山学院中等部　平成29年度　◇理科◇

※この解答用紙は144％に拡大していただくと，実物大になります。

記号のついているものはすべて記号で書き入れなさい。

1

(1)	(2)	(3)	(4)	(5)	
				①	②

2

(1)	(2)	(3)	(4)		(5)
			茎	葉	

3

(1)	(2)		(3)		(4)
	①	②	①	②	

4

(1)	(2)			(3)	
	①	②		①	②
		びん	気体名		
と				mL	

5

(1)			(2)			(3)
①	②		①	②		
	影C	背景		容器	理由	
色	色	色	分　秒			

○推定配点○　1　各2点×5((5)完答)　2　各2点×5((2)・(4)各完答)
3　各2点×5((3)完答)　4　各2点×5((1)・(2)①，②各完答)
5　各2点×5((1)②・(2)②各完答)　計50点

／50

青山学院中等部　平成29年度

◇社会◇

※この解答用紙は140％に拡大していただくと，実物大になります。

記号のついているものはすべて記号で書き入れなさい。

1

問1					問2
ア	イ	ウ	エ	オ	

問3													問4
									10				集落

2

問1		問2	問3	問4		問5	
(1)	(2)					Ⅰ群	Ⅱ群

3

問1	問2	問3		問4	問5
		人物	文化		

4

問1		問2		問3	
Ⅰ群	Ⅱ群	年	人物	Ⅰ群	Ⅱ群

5

問1	問2

6

問1		問2	
ア　カ国	イ	ウ	機関

7

問	
Ⅰ群	Ⅱ群

8

問1	問2	
	国名	位置

○推定配点○
1 問3・問4　各2点×2　　他　各1点×6
2 問2～問4　各2点×3（問2完答）　他　各1点×4
3 問1・問2人物　各2点×2　　他　各1点×4
4 問2年号　2点　　他　各1点×5　　5 各1点×2
6 問1ア・問2ウ　各2点×2　　他　各1点×2　　7 各1点×2
8 問1・問2国名　各2点×2　　問2位置　1点　　計50点

/50

※この解答用紙は148％に拡大していただくと，実物大になります。

・句読点や「　」も一字とします。
・記号の付いているものはすべて記号で答えなさい。

一

(1)	(2)	(3)	(4)	(5)
ゲキヤク	カクシン	キ	キカク	コショウ
	技術	鼻が　く	外	

二

(1)　5
(2)
(3)　①　②　③　④

三

(1)　(2)　(3)　(4)　(5)　(6)　(7)　(8)

四

(1)
(2)　～
(3)　点
(4)
(5)　Ⓑ　Ⓕ
(6)　①　②

五

(1)　(2)　(3)　(4)　(5)
(6)　～　思えて…
(7)　(8)
(9)　～　人物
(10)　狐に　た
(11)　40　から

○推定配点○
一　各2点×5
二　(3)②・④　各2点×2　他　各3点×4
三　(1)・(3)　各2点×2　他　各3点×6（(5)・(8)は各完答）
四　(1)・(4)・(5)　各2点×4　他　各3点×4
五　(2)・(7)　各2点×2　(11)　4点　他　各3点×8　計100点

／100

〈ダウンロードコンテンツについて〉

本問題集のダウンロードコンテンツ、弊社ホームページで配信しております。現在ご利用いただけるのは「2025年度受験用」に対応したもので、**2025年3月末日**までダウンロード可能です。弊社ホームページにアクセスの上、ご利用ください。

※配信期間が終了いたしますと、ご利用いただけませんのでご了承ください。

中学別入試過去問題シリーズ

青山学院中等部　2025年度

ISBN978-4-8141-3157-0

[発行所] 東京学参株式会社

〒153-0043　東京都目黒区東山2-6-4

書籍の内容についてのお問い合わせは右のQRコードから ⇒

※書籍の内容についてのお電話でのお問い合わせ、本書の内容を超えたご質問には対応できませんのでご了承ください。

2024年4月5日　初版